Les politiques du Travail (1906-2006)

Collection « Pour une histoire du travail »

Dirigée par Jacques LE GOFF

Bruno BÉTHOUART,
Le ministère du Travail et de la Sécurité sociale. De la Libération au début de la Ve République, 2006, 368 p.

Pierre FOURNIER,
Quarante ans, place de Fontenoy, 2006, 210 p.

Sous la direction de
Alain Chatriot, Odile Join-Lambert et Vincent Viet

Les politiques du Travail
(1906-2006)
Acteurs, institutions, réseaux

Presses universitaires de Rennes
Collection « Pour une histoire du travail »
2006

Ouvrage publié avec le concours
du Comité d'histoire des administrations chargées du Travail,
de l'Emploi et de la Formation professionnelle

UHB Rennes 2 – Campus de La Harpe
2, rue du doyen Denis-Leroy
35044 Rennes Cedex
www.pur-editions.fr

ISBN 978-2-7535-0392-2
Dépôt légal : 2e semestre 2006

Remerciements

Ce livre est issu des travaux d'une rencontre scientifique internationale organisée à Paris les 18 et 19 mai 2006. Ce colloque, préparé dans le cadre des manifestations du centenaire du ministère du Travail, n'aurait pu se tenir sans les soutiens du Comité d'histoire des administrations chargées du Travail, de l'Emploi et de la Formation professionnelle (CHATEFP), de la Direction de l'administration générale et de la modernisation des services (DAGEMO), de la Direction de l'animation de la recherche, des études et des statistiques (DARES), de la Direction de la recherche, des études, de l'évaluation et des statistiques (MiRe) du ministère de la Santé et des Solidarités, et de l'Institut de recherches économiques et sociales (IRES). Ce colloque, sous le haut patronage de Gérard Larcher, ministre délégué à l'Emploi, au Travail et à l'Insertion professionnelle des jeunes, s'est déroulé à Paris, salle Pierre Laroque, dans le bâtiment historique du ministère du Travail.

Tous les membres du comité scientifique de cette rencontre ont joué un rôle important dans la préparation et l'organisation des débats. Certains ont présidé l'une des sessions : Jean-Luc Bodiguel (CNRS-MSH Ange Guépin), Patrick Fridenson (EHESS), Norbert Olszak (université Robert Schuman-Strasbourg 3), Catherine Omnès (université de Versailles-Saint-Quentin-en-Yvelines) et Udo Rehfeldt (IRES), auxquels il faut joindre Michel Lucas (président du CHATEFP), Didier Renard (université Lyon 2) et Danièle Voldman (CNRS-Centre d'histoire sociale du XXe siècle). D'autres membres du comité ont tenu le rôle essentiel de rapporteurs sur les différents textes : Herrick Chapman (New York University), Christoph Conrad (université de Genève) et Pierre Maclouf (université Paris IX-Dauphine). D'autres collègues ont aussi accepté cette tâche difficile : Gilles Pollet (IEP de Lyon), Marc Olivier Baruch (EHESS), Michel Margairaz (université Paris VIII), Hervé Joly (CNRS-LARHRA-ISH) et Jean-Claude Daumas (université de Franche-Comté) ; Yves Lequin (université Lyon 2) avait tiré les conclusions. Avec les interventions d'un public actif et les débats animés qui ont eu lieu, ces rapports ont permis à tous les auteurs de contributions de retravailler largement leur texte. Nous en sommes à tous très reconnaissants.

Pour leur aide précieuse dans la préparation du colloque et du livre, nous souhaitons remercier chaleureusement Michel Lucas, président du CHATEFP, Elie-Jean Vergnes, secrétaire du CHATEFP, Dominique Guyot, son prédécesseur à cette fonction, et leurs équipes : Martine Comte et Nicole Lejeune.

Enfin, nous remercions Patrick Fridenson pour sa relecture des épreuves de ce manuscrit.

Introduction

Alain Chatriot, Odile Join-Lambert et Vincent Viet

Les textes rassemblés dans cet ouvrage sont issus d'un colloque [1] qui n'aurait sans doute pas eu lieu sans la célébration du centenaire du ministère du Travail et de la Prévoyance sociale, ni la détermination du Comité d'histoire des administrations chargées du travail, de l'emploi et de la formation professionnelle (CHATEFP) [2]. Que l'initiative d'une telle manifestation ne soit pas venue des milieux scientifiques en sciences humaines et sociales, mais de l'administration du Travail elle-même [3], s'explique en grande partie par la structuration des champs disciplinaires sur l'histoire de l'État et par l'état des recherches sur les ministères sociaux et leurs compétences.

Comme le rappelait naguère Pierre Rosanvallon [4], l'histoire de l'État s'est longtemps contentée de discours généraux ou d'études spécialisées qui ne construisaient pas toujours rigoureusement leur objet. S'il existe quelques exceptions, comme l'ouvrage atypique de Pierre Legendre [5], l'État a rarement été inscrit au cœur de la réflexion des chercheurs, y compris quand leurs travaux s'appuyaient sur les données, catégories et représentations produites par son administration. Ses périmètres, pouvoirs, effectifs, moyens financiers et pratiques sont restés en fait peu explorés, cantonnés pour ainsi dire dans la rubrique des « choses égales par ailleurs » ou d'un donné implicitement construit, voire fantasmé. La difficulté à saisir l'État à la fois dans sa totalité et sa complexité dissuaderait, au demeurant, les chercheurs de travailler dans la longue ou moyenne durée, cependant qu'elle les conduirait à privilégier des angles d'attaque forcément réduits. De là des incursions ou des coups de sonde dans l'histoire des corps [6] (faut-il ici rappeler qu'il existe plus

1. Un seul communicant au colloque n'a pas pu transmettre le texte remanié de sa communication.
2. Qui publie depuis plusieurs années de nombreuses sources et données factuelles Voir la série des *Cahiers du Comité d'histoire*, dont le numéro 1 est paru en octobre 1998, le 2-3 en janvier 2000, le 4 en septembre 2000, le 5 en mai 2001 et le 6 en janvier 2003, auxquels il faut ajouter plusieurs suppléments. Il faut aussi souligner les apports de l'Association pour l'étude de l'histoire de l'inspection du travail.
3. La MiRe avait lancé, en 1997, un programme de recherches sur l'administration sanitaire et sociale, et organisé, sur ce thème, un colloque en 2001 (cf. M. Burdillat, « L'administration sanitaire et sociale dans le champ du débat politique et social », *Revue française des Affaires sociales*, n° 4, octobre-décembre 2001, p. 13-29).
4. P. Rosanvallon, *L'État en France de 1789 à nos jours*, Paris, Seuil, 1990.
5. P. Legendre, *Trésor historique de l'État en France. L'administration classique*, rééd., Paris, Fayard, 1992.
6. Pour s'en tenir aux corps de fonctionnaires des ministères sociaux : V. Viet, *Les voltigeurs de la République. L'Inspection du travail en France jusqu'en 1914*, Paris, CNRS Éditions, 1994,

de deux cents corps distincts dans les ministères sociaux ?), des fonctionnaires [7], des institutions [8], des politiques publiques, de l'État acteur économique [9], ou encore d'une protection sociale, rarement vue dans toute sa diversité [10]. Ceux qui ont relevé le défi d'une approche globale l'ont fait pour des périodes courtes et paroxystiques, comme les guerres, révélateurs implacables du fonctionnement ou des dysfonctionnements de l'administration [11].

Éléments de bilan historiographique

Il n'est pas inutile, dans ces conditions, de se référer aux grandes tentatives de synthèse qui ont fait une place aux administrations sociales. La première émane du publiciste Maurice Block, auteur d'un *Dictionnaire de l'administration française*, plusieurs fois réédité et refondu entre 1856 et 1905. Sous son regard incisif s'est progressivement construit, à partir des années 1870, un État républicain dont les fonctions se sont ramifiées et affirmées à mesure que ses domaines d'intervention faisaient l'objet d'une réglementation et que la rationalité administrative se mêlait de regrouper ou d'ordonner les éléments constitutifs desdites fonctions. La question qui hante cette œuvre d'érudition est à la fois celle du périmètre et du contenu de l'intervention de l'État, sans oublier son corollaire, la contrainte organisée. Sans y déroger, le « Travail », comme objet administratif, n'accède au statut de rubrique à part entière que dans la cinquième édition (1905), soit un an avant la création officielle du ministère du Travail et de la Prévoyance sociale ! Cette irruption tardive [12] dans un dictionnaire de facture libérale vient moins du retard français en matière de réglementation du travail que de la reconnaissance du caractère désormais irréversible de celle-ci et de l'existence, enfin avérée, d'une administration du travail. La nouvelle rubrique, rédigée par Maurice Bellom, comporte plus de cinquante feuillets ordonnés autour de six chapitres : « éducation du travail » ; « organisation du travail » ; « réglementation du travail » ; « risques du travail » ; « étude des conditions du travail » ; « conventions internationales ».

2 vol. ; J.-L. Robert (dir.), *Inspecteurs et Inspection du Travail sous la IIIe et la IVe République*, Paris, La Documentation française, 1998 et V. de Luca, *Aux origines de l'État-providence. Les inspecteurs de l'Assistance publique et l'Aide sociale à l'enfance (1820-1930)*, Paris, INED/PUF, 2002.

7. M. O. Baruch et V. Duclert (dir.), *Serviteurs de l'État : une histoire politique de l'administration sous la Troisième République*, Paris, La Découverte, 2000.
8. A. Chatriot, *La démocratie sociale à la française. L'expérience du Conseil national économique, 1924-1940*, Paris, La Découverte, 2002 ; A. Aglan, M. Margairaz et P. Verheyde (dir.), *La Caisse des dépôts et consignations, la Seconde Guerre mondiale et le XXe siècle*, Paris, Albin Michel, 2003.
9. M. Margairaz, *L'État, les finances et l'économie : histoire d'une conversion 1932-1952*, Paris, CHEFF, 1991, 2 vol.
10. Cf. M. Dreyfus, M. Ruffat, V. Viet et D. Voldman (dir.), *Se protéger, être protégé. Une histoire des Assurances sociales en France*, Rennes, Presses universitaires de Rennes, 2006.
11. M. O. Baruch, *Servir l'État français. L'administration en France de 1940 à 1944*, Paris, Fayard, 1997.
12. Dans l'édition de 1891, le « travail » a cependant droit à deux pages renfermant trois sous-chapitres : « les accidents du travail », la « durée du travail des adultes » et le « Conseil supérieur du travail ». L'auteur, Charles Nicolas (directeur au ministère du Commerce et de l'Industrie), précise que le « travail » est abordé de manière dispersée dans plusieurs chapitres du dictionnaire.

La même volonté d'ordonner les arborescences administratives de l'État se retrouve dans le projet qui sous-tend le tome X de l'*Encyclopédie française* de 1935, dirigée par Lucien Febvre et Anatole de Monzie [13] : *L'État moderne. Aménagement et crise*. Le ton adopté dans ce volume n'est plus celui du Maurice Block de la Belle Époque, car la Première Guerre mondiale cristallise de nouveaux enjeux. Il ne s'agit plus de savoir jusqu'où l'État doit obliger et s'obliger à intervenir, bien que son « impéritie » durant les hostilités ait été vivement décriée ; mais, dans un environnement international marqué par une forte rivalité idéologique entre les régimes politiques et administratifs nationaux, d'optimiser et rationaliser son intervention, considérée désormais comme inéluctable et irrévocable. La double question du périmètre et du contenu disparaît ainsi devant une analyse de plus en plus fonctionnaliste : comment l'État assume-t-il ses prérogatives [14], et comment doit-il s'adapter aux nouveaux défis posés par son extension et un environnement politique, économique et social de plus en plus instable ?

Faute, aujourd'hui, d'une réflexion générale et transversale sur le rôle et les fonctions de l'État, l'approche sectorielle est devenue la règle. Elle concerne au premier chef les ministères à vocation sociale dont le Travail est la première expression administrative au XXe siècle [15]. Comment, en effet, ne pas souligner la congruence entre leurs divisions juridico-institutionnelles (santé ; travail – emploi – formation professionnelle ; affaires sociales : protection sociale : prévoyance libre et obligatoire ; aide et action sociales ; population – immigration – migrations) et les investigations scientifiques dont ils font l'objet ? Comme en témoigne la structure des réponses aux appels à projets de recherche – très souvent transversaux – lancés par la Mission Recherche de la Direction de la recherche, de l'évaluation, des études et des statistiques (MiRe-Drees), ces divisions confortent insidieusement le cloisonnement des domaines de recherche, orientent le questionnement scientifique et poussent à minorer le rôle des interrelations entre les divers pôles de compétences.

Mais l'état de la recherche sur l'histoire des ministères sociaux – laquelle ne saurait se confondre avec celle de leurs structures – est aussi le fruit de l'évolution interactive des sciences humaines et sociales et de leurs orientations internes. Or les choses, à cet égard, ont considérablement changé depuis une trentaine d'années. Alors qu'elle était dans les années 1970 un enjeu de tout premier ordre, essentiellement portée par l'histoire sociale, la connaissance historique du travail, du social et du sanitaire est devenue une finalité « ordinaire » pour les disciplines historiques, confrontées à l'éclatement de leurs domaines de recherche et à l'émergence de chantiers collectifs (histoire des femmes, histoire des sciences et des techniques, histoire des entreprises, histoire de la vie privée, etc.). À l'inverse, les sciences socia-

13. Sur la genèse de cette encyclopédie, cf. M. HALBWACHS et A. SAUVY, *Le point de vue du nombre 1936*, Édition critique sous la direction de M. Jaisson et E. Brian, Paris, INED, 2005 et « Lucien Febvre et l'*Encyclopédie française* », *Cahiers Jaurès*, 163-164, janvier-juin 2002.

14. Cf. deuxième partie du tome X : « Ce que fait l'État et comment il le fait ». Section A : « Activités et fonctions de l'État ». Section B : « Les instruments de l'État moderne ».

15. P. MACLOUF, « L'"administration publique du Travail" comme objet de connaissance, perspectives pour l'histoire du ministère du Travail », *Revue française des Affaires sociales*, avril-juin 2001, p. 121-139.

les n'ont sans doute jamais ressenti autant la nécessité de construire leurs objets dans la durée, et d'emprunter aux historiens certaines de leurs méthodes, comme la consultation et l'exploitation raisonnée d'archives.

Cette normalisation s'est opérée à la faveur de l'essoufflement du paradigme ouvriériste de l'histoire sociale qui, encore dans les années 1970, conduisait les historiens – en l'absence d'études rigoureuses sur les instruments de contrôle et de régulation administratifs – à considérer les réformes républicaines, notamment sociales, comme des leurres ou des subterfuges destinés à contenir les secousses dont le mouvement ouvrier était régulièrement porteur. Non que ces réformes eussent été oubliées ou occultées, mais leur interprétation était sélectivement rapportée aux intérêts d'une classe « industrielle et bourgeoise », dont l'État apparaissait comme le dépositaire ou le serviteur empressé. C'étaient la geste ouvrière, les luttes collectives, les rapports sociaux, le syndicalisme en action, les accès de fièvre du mouvement social qui fascinaient alors les historiens. Une telle approche contrariait le renouvellement des histoires du travail, qui tentaient souvent maladroitement de faire une place aux institutions et à la législation.

Rien d'étonnant donc si les premières thèses sur la genèse contemporaine de l'État social sont nées hors des questionnements et cadres de pensée de l'histoire du mouvement ouvrier. Jean-André Tournerie est, à cet égard, le premier historien à s'être intéressé à la naissance et aux premiers pas du ministère du Travail et de la Prévoyance sociale [16]. Le mérite de cet auteur sans émules [17] – aucun chercheur ne s'est depuis lors attaqué à l'histoire séculaire de ce département [18] – est d'avoir introduit, à contre-courant de l'histoire ouvrière, mais sans rejeter son héritage, les structures administratives dans une histoire sociale qui s'écrivait jusque-là sans l'État. Fait remarquable, la même année était publiée la thèse d'Henri Hatzfeld qui introduit toute la société dans une histoire sociale qui sélectionnait jusque-là ses protagonistes en fonction des rapports de classe [19]. C'est en rapportant, en effet, l'histoire de la protection sociale, considérée dans ses différentes composantes, aux métamorphoses de la structure sociale que cet auteur a pu montrer, sur près d'un siècle, la construction de la Sécurité sociale en interaction avec la société française. Sans ces deux thèses, la *Revue française des Affaires sociales* [20] et le Comité d'histoire de la sécurité sociale, fondé par Pierre Laroque en 1973, auraient continué d'accu-

16. J.-A. Tournerie, *Le ministère du Travail. Origines et premiers développements*, Paris, Cujas, 1971.

17. V. Viet, « Cent ans de relations sociales : un fil d'Ariane pour une histoire du ministère du Travail ? », *Revue française des Affaires sociales*, dossier spécial « Pour une histoire du ministère du Travail », avril-juin 2001, p. 105-119.

18. Une compilation a été réalisée dans le cadre du centenaire du ministère du Travail, sous le titre : *Un siècle de réformes sociales. Une histoire du ministère du Travail (1906-2006)*, Paris, La Documentation française/ministère de l'Emploi, de la Cohésion sociale et du Logement, 2006.

19. H. Hatzfeld, *Du paupérisme à la sécurité sociale. Essai sur les origines de la sécurité sociale en France 1850-1940*, Paris, Armand Colin, 1971 (réédité en 1989 puis en 2004 aux Presses universitaires de Nancy).

20. Citons en particulier quelques études : M. Bargeton et A. Ziegler, « Historique des ministères sociaux », *Revue française des Affaires sociales*, janvier-mars 1971, p. 60-176 et B. Friot, « Les ministères sociaux et leurs services centraux depuis 1946 », *Revue française des Affaires sociales*, janvier-mars 1996, p. 141-171. Voir aussi le numéro anniversaire que la *RFAS* consacre à ses 60 ans, n° 4, 2006.

muler, dans une indifférence quasi générale, de nombreux matériaux sur l'histoire de l'État providence.

La situation qui prévaut aujourd'hui est bien différente. Plus rien ne sépare significativement l'histoire sociale des sciences sociales qui s'intéressent à ses objets, hormis le poids de son héritage qui continue de « produire » – marginalement mais avec des renouvellements – des travaux sur le mouvement ouvrier[21]. Tandis que l'histoire politique s'intéresse de plus en plus à l'État et à son administration[22], l'histoire sociale s'ouvre, comme les sciences sociales, à l'étude des formes de régulation sociale des sociétés contemporaines[23]. Mais elle doit aujourd'hui composer avec des communautés scientifiques solidement structurées autour de la sociologie du travail, de l'ergonomie, de l'économie du travail, de la statistique appliquée au travail et à l'emploi, et de la démographie, qui travaillent depuis les années 1960 en osmose, voire en symbiose, avec les administrations chargées du travail, de l'emploi et de la formation professionnelle. Friandes des données statistiques produites par l'INSEE, l'INED ou les directions chargées de l'évaluation des politiques ou dispositifs publics (DARES, DREES), ces communautés ont indirectement consolidé, grâce au traitement de bases de données ou de séries reconstituées, la connaissance historique des évolutions du travail, des conditions de travail, de la structure socioprofessionnelle de la population et de celle des revenus[24]. Elles sont aujourd'hui pleinement reconnues : la sociologie du travail constitue, par exemple, un pôle à part entière de la sociologie dont la contribution à la réflexion générale sur le lien social s'est, au contact de la philosophie et de l'histoire, vigoureusement affirmée depuis la redécouverte de la crise du modèle social dans les années 1980[25]. Il en est de même de l'économie du travail.

Tel n'est pas le cas des courants « hybrides » qui s'intéressent au champ de compétences des ministères sociaux. Qu'il s'agisse de l'histoire du droit du travail, très en pointe depuis le milieu des années 1980[26], de la sociologie du droit du

21. Cf. les renouvellements historiographiques sur le monde ouvrier : A. Dewerpe, *Le monde du travail en France : 1800-1950*, Paris, Armand Colin, 1989 ; C. Omnès, *Ouvrières parisiennes. Marchés du travail et trajectoires professionnelles au xxe siècle*, Paris, Éd. de l'EHESS, 1997 ; N. Hatzfeld, *Les gens d'usine. 50 ans d'histoire à Peugeot-Sochaux*, Paris, Éd. de l'Atelier, 2002.

22. C. Druelle-Korn, *Un laboratoire réformateur. Le département du Commerce en France et aux États-Unis de la Grande Guerre aux années vingt*, thèse de doctorat d'histoire, sous la dir. de S. Berstein, IEP de Paris, 2004.

23. *Ouvriers, villes et sociétés : autour d'Yves Lequin et de l'histoire sociale*, Paris, Nouveau monde éditions, 2005.

24. T. Piketty, *Les hauts revenus en France au xxe siècle. Inégalités et redistributions, 1901-1998*, Paris, Grasset, 2001.

25. P. Rosanvallon, *La crise de l'État providence*, Paris, Seuil, 1981 ; J. Donzelot, *L'invention du social : essai sur le déclin des passions politiques*, Paris, Fayard, 1984 et R. Castel, *Les métamorphoses de la question sociale : une chronique du salariat*, Paris, Fayard, 1995.

26. J. Le Goff, *Du silence à la parole, droit du travail, société, État (1830-1989)*, rééd., Rennes, Presses universitaires de Rennes, 2004 [1985] ; J.-P. Le Crom (dir.), *Deux siècles de droit du travail, l'histoire par les lois*, Paris, Éd. de l'Atelier, 1998. Voir aussi les contributions des colloques d'Aix-en-Provence et de Nantes (septembre 2003) : J.-P. Le Crom (dir.), *Les acteurs de l'histoire du droit du travail*, Rennes, Presses universitaires de Rennes, 2004 ; J.-L. Bodiguel, C.-A. Garbar et A. Supiot, *Servir l'intérêt général : droit du travail et fonction publique*, Paris, PUF, 2000 ; N. Olszak, *Histoire du droit du travail*, Paris, PUF, 1999.

travail[27], de l'économie des conventions[28], de l'histoire de la statistique[29], de la science politique[30] s'intéressant à ces domaines de recherche, tous ces courants ont en commun de ne pas dominer l'ensemble de leur discipline. Mais leurs méthodes, qui combinent souvent les instruments des sciences sociales avec ceux des historiens, paraissent bien adaptées à cet objet « carrefour » et pluridimensionnel que constitue l'histoire des administrations à vocation sociale. C'est bien du reste à la jointure de la sociologie, de l'économie, de l'histoire, du droit et de la science politique que des entreprises collectives très fructueuses ont pu naître et prospérer. Des « chantiers de la paix sociale[31] » à la « nébuleuse réformatrice[32] » en passant par l'histoire de l'Office du travail[33], de nombreux travaux pluridisciplinaires, étayés par des biographies de réformateurs sociaux[34], ont permis d'approfondir la connaissance des réseaux d'acteurs nationaux et internationaux (politiques, administratifs, syndicaux et patronaux, interprofessionnels et intellectuels) qui ont porté les politiques sociales et animé les institutions chargées de les mettre en œuvre[35]. Ces domaines ont d'ailleurs été revisités par des chercheurs américains, intrigués par la spécificité, revendiquée dans l'Hexagone, d'un modèle social français. D'importants travaux en science politique avaient d'ailleurs montré sur le terrain américain la richesse de telles approches[36]. Les premiers livres ont critiqué le réformisme républicain et ses limites[37]. Puis de vastes études ont précisé la mise en place des procédures de l'État providence en France, mettant en évidence des différences considérables, comme dans le cas des allocations familiales par exemple, qui ne sont ni organisées ni gérées de la même façon en Région parisienne (avec une caisse de

27. Cf. F. Soubiran-Paillet, *L'invention du syndicat. Itinéraire d'une catégorie juridique*, Paris, LGDJ, 1999 ; C. Didry, *Naissance de la convention collective. Débats juridiques et luttes sociales en France au début du XXe siècle*, Paris, Éd. de l'EHESS, 2002.

28. R. Salais, N. Baverez et B. Reynaud, *L'invention du chômage : histoire et transformations d'une catégorie en France des années 1890 aux années 1980*, Paris, PUF, 1986.

29. A. Desrosières, *La politique des grands nombres. Histoire de la raison statistique*, Paris, La Découverte, 1993.

30. D. Renard, « Logiques politiques et logiques de programme d'action : la création des administrations sociales sous la IIIe République », *Revue française des Affaires sociales*, octobre-décembre 2001, p. 33-39.

31. Y. Cohen et R. Baudouï (dir.), *Les chantiers de la paix sociale (1900-1940)*, Fontenay-aux-Roses, Éd. de l'ENS, 1995.

32. C. Topalov (dir.), *Laboratoires du nouveau siècle : la nébuleuse réformatrice et ses réseaux en France, 1880-1914*, Paris, Éd. de l'EHESS, 1999.

33. J. Luciani (dir.), *Histoire de l'Office du travail (1890-1914)*, Paris, Syros, 1992.

34. A. Wieviorka (dir.), *Justin Godart. Un homme dans son siècle (1871-1956)*, Paris, CNRS Éditions, 2004 ; R.-H. Guerrand et C. Moissinac, *Henri Sellier urbaniste et réformateur social*, Paris, La Découverte, 2005 ; D. Guyot (dir.), *Pierre Hamp : inspecteur du travail et écrivain humaniste, 1876-1962*, Paris, L'Harmattan, 2005 et M. Cointepas, *Arthur Fontaine (1860-1931) haut fonctionnaire de la IIIe République*, thèse de doctorat d'histoire, sous la dir. de C. Charle, université Paris I, 2005.

35. J. M. Humphreys, *Servants of Social Progress : Democracy, Capitalism and Social Reform in France, 1914-1940*, Ph.D. dir. H. E. Chapman, New York University, 2004 ; P. Toucas, *Les coopérateurs. Deux siècles de pratiques coopératives*, sous la dir. de M. Dreyfus, Paris, Éd. de l'Atelier, 2005.

36. T. Skocpol, *Protecting Soldiers and Mothers. The Political Origins of Social Policy in the United States*, Cambridge, Cambridge University Press, 1992.

37. J. Stone, *The Search for Social Peace. Reform Legislation in France (1890-1914)*, Albany, State University of New York Press, 1985 et S. Elwitt, *The Third Republic Defended. Bourgeois Reform in France (1880-1914)*, Baton rouge, Louisiana State University Press, 1986.

compensation formellement indépendante des industriels de la mécanique) et dans le Nord (autour du consortium textile)[38]; d'autres se sont intéressés aux milieux réformateurs ou aux revendications syndicales[39].

C'est dire qu'un net déséquilibre continue de se manifester entre, d'un côté, les recherches – parcellaires – sur l'évolution historique de la protection sociale[40], la comparaison des systèmes de protection sociale[41], l'économie sociale[42], les retraites[43], les politiques de la famille[44] et de la population[45]; et, de l'autre, les recherches à tonalité historique sur le travail[46], l'emploi[47], la formation professionnelle, les relations sociales ou professionnelles et la santé au travail[48]. Un tel déséquilibre a partie liée avec les interrogations portant sur le devenir ou le cheminement des États providence depuis le début des années 1970, qui n'ont pas d'équivalent dans la sphère du travail où les mutations sont le plus souvent conjuguées au présent, sans postuler d'éventuelles continuités historiques.

Les apports du colloque

L'enjeu du colloque sur l'histoire du ministère du Travail était de promouvoir de nouvelles approches qui dépassent les études strictement internes de l'administration du Travail en situant celle-ci dans son environnement social et international. L'innovation s'est surtout manifestée par le souci, commun à plusieurs textes, d'intégrer une démarche pluridisciplinaire : sociologues, économistes et politistes ont pris en compte des données factuelles puisées dans les archives tandis que les historiens ont apportés des éléments nouveaux d'interprétation. Traditionnellement

38. S. PEDERSEN, *Family, Dependence, and the Origins of the Welfare State : Britain and France, 1914-1945*, Cambridge, Cambridge University Press, 1993; P. NORD, « Welfare State in France, 1870-1914 », *French Historical Studies*, 1994, 18, 3, p. 821-838; P. V. DUTTON, *Origins of the French Welfare State. The Struggle for Social Reform in France, 1914-1947*, Cambridge, Cambridge University Press, 2002 et T. B. SMITH, *Creating the Welfare State in France, 1880-1940*, Montréal, McGill-Queen's University Press, 2003.
39. A. STEINHOUSE, *Workers' Participation in Post-Liberation France*, Lanham, Lexington Books, 2001.
40. M. DREYFUS, B. GIBAUD et A. GUESLIN, *Démocratie, solidarité et mutualité : « autour de la loi de 1898 »*, Paris, Economica, 1999; B. VALAT, *Histoire de la Sécurité sociale (1945-1967). L'État, l'institution et la santé*, Paris, Economica, 2001.
41. Les volumes sur les rencontres internationales organisées par la MiRe comportent de nombreuses incursions dans l'histoire des systèmes de protection sociale : *Comparer les systèmes de protection sociale en Europe* : vol. 1 : *Rencontres d'Oxford*, 1994; vol. 2 : *Rencontres de Berlin*, 1995; vol. 3 : *Rencontres de Florence*, 1997; vol. 4 : *Rencontres de Copenhague*, 2 tomes, 1999.
42. A. GUESLIN, *L'invention de l'économie sociale, idées, pratiques et imaginaires coopératifs et mutualistes dans la France du XIXe siècle*, Paris, Economica, 2e éd. 1998 [1987].
43. B. DUMONS et G. POLLET, *L'État et les retraites, genèse d'une politique*, Paris, Belin, 1994.
44. R. LENOIR, *Généalogie de la morale familiale*, Paris, Seuil, 2003.
45. P.-A. ROSENTAL, *L'intelligence démographique. Sciences et politiques des populations en France (1930-1960)*, Paris, Odile Jacob, 2003.
46. O. MARCHAND et C. THÉLOT, *Le travail en France, 1800-2000*, Paris, Fernand Nathan, 1997.
47. Les recherches sociohistoriques sur le chômage sont plus développées que celles qui portent sur l'emploi : C. TOPALOV, *La naissance du chômeur, 1880-1910*, Paris, Albin Michel, 1994.
48. V. VIET et M. RUFFAT, *Le choix de la prévention*, Paris, Economica, 1999; C. OMNÈS et A.-S. BRUNO (dir.), *Les mains inutiles : inaptitude au travail et emploi en Europe*, Paris, Belin, 2004; S. BUZZI, J.-C. DEVINCK et P.-A. ROSENTAL, *La santé au travail, 1880-2006*, Paris, La Découverte, 2006.

cantonnée à l'étude des relations professionnelles (travaux sur le syndicalisme et les relations industrielles) ou des systèmes de protection sociale, la dimension de comparaison internationale a été étendue à de nouveaux objets, tels que les institutions, les conventions et réseaux internationaux ayant partie liée avec l'action du ministère du Travail.

Ce dernier est apparu comme une administration à géométrie variable, dont la configuration a changé tout au long du XXe siècle, en fonction des problèmes économiques et sociaux, du poids politique de ses dirigeants et des rapports de forces avec les partenaires politiques. Cette administration n'a pas de frontières *a priori* et se meut au carrefour de plusieurs mondes qu'elle influence autant qu'elle est façonnée par eux, y compris sur la scène internationale quand elle participe à des négociations bilatérales ou multilatérales. Une telle plasticité est accentuée par le fait que l'administration du Travail ne dispose ni d'un maillage territorial fin, ni d'un grand service local capable de passer de l'action juridique à la régulation économique, comme le rappelle le témoignage de Claude Chetcuti. L'articulation avec les entreprises, le monde associatif, les organisations professionnelles et syndicales est assurée par des fonctionnaires en nombre restreint sur le terrain, et par des établissements qui ont reçu délégation de compétences. L'une des finalités du ministère du Travail serait ainsi, pour reprendre l'expression d'un témoin, de construire des canaux de transmission, notamment avec les entreprises et les syndicats.

Changements de dénominations, changements de frontières

Ce sont d'abord les enjeux liés aux changements de dénomination et de frontières qui ont retenu l'attention, et dont l'actualité est fortement rappelée par les témoignages de Gabriel Mignot et de Mireille Elbaum. Trois communications ont porté sur le terrain de l'emploi (de la main-d'œuvre à l'emploi, des politiques de la main-d'œuvre aux politiques de l'emploi, de lutte contre le chômage à la gestion de l'encadrement du chômage). La tension entre la protection de la main-d'œuvre et sa gestion est analysée par Vincent Viet : le ministère du Travail s'est appliqué à flexibiliser le marché du travail, sans porter atteinte au caractère universaliste du droit du travail et de la protection sociale, mais au prix de pratiques discriminantes et de clivages institutionnels. Les frontières entre travail et emploi, droit du travail et droit de l'emploi ont perdu de leur netteté originelle, surtout après la Seconde Guerre mondiale, ne serait-ce que parce que le Code du travail s'est largement ouvert à la législation de l'emploi. Pierre Maclouf propose un nouveau découpage chronologique des politiques d'emploi, habituellement scindées entre la première moitié du XXe siècle, la période de croissance forte (de 1945 à 1973) et les deux décennies suivantes. Il montre l'existence d'une véritable institution de l'emploi, lorsqu'un ensemble de règles et d'organes se sont combinés en 1962 autour d'un même objectif : l'« équilibre de l'emploi ». Dans sa synthèse sur les politiques de l'emploi entre 1945 et 1974, Jacques Freyssinet dévoile, en s'appuyant sur les travaux du Commissariat général au Plan notamment, les inflexions de cette politique, trop longtemps présentée comme un « long fleuve tranquille ».

C'est sur le terrain de l'agriculture et du logement qu'ont été éclairés de façon plus précise les enjeux – très actuels, comme en témoignent Jean Courdouan et Jean Lavergne – des changements d'attribution du ministère, et l'existence d'un débat permanent sur la nécessité de compétences larges ou réduites. René Bourrigaud et Claire-Élise Michard restituent ainsi les conflits de compétence entre le ministère du Travail et celui de l'Agriculture à propos du contrôle des lois et des institutions sociales en agriculture lors de deux moments essentiels : le régime de Vichy et la Libération. Hélène Frouard étudie le sens du cheminement qui conduit les Habitations à loyers modérés à entrer dans les attributions du nouveau ministère du Travail en 1906, puis à passer sous la tutelle du ministère de l'Hygiène, de l'Assistance et de la Prévoyance sociale entre 1920 et 1924, avant de réintégrer le grand ministère du Travail, de l'Hygiène, de l'Assistance et de la Prévoyance sociales jusqu'en 1930, date qui marque leur départ pour le ministère de la Santé publique puis pour celui de la Reconstruction et de l'Urbanisme en 1947. Ce faisant, elle éclaire d'un nouveau jour l'importance traditionnellement accordée à l'année 1928 dans le domaine de l'urbanisme social[49], en montrant qu'à partir du moment où les assurances sociales deviennent effectives, le divorce est consommé entre le Travail, d'une part, la prévoyance libre et l'habitat pour des futurs propriétaires de l'autre : le ministère du Travail se tourne alors vers les salariés, et le logement social devient une politique à part. En y ajoutant les problèmes de coordination entre le ministère du Travail et celui de l'Éducation étudiés par Odile Join-Lambert, on mesure le poids de la hiérarchie implicite entre ministères en fonction de leurs budgets et de leurs moyens. Une chronologie spécifique du ministère du Travail se dessine, avec des temps forts quant à l'étendue de sa politique dans le domaine social qui ne correspondent pas nécessairement aux périodes où ce ministère a le plus d'effectifs ou de moyens budgétaires.

Ministère du Travail et territoires

Autre point fort du colloque, le rapport du ministère du Travail aux territoires. Axée sur la diversité des territoires, des cultures et des usages locaux, cette perspective permet de sortir des schémas réducteurs ou d'une conception globalisante des relations entre l'État et les organisations patronales et ouvrières. Dans la plupart des cas, en effet, les usages et initiatives locaux ont précédé les initiatives nationales. Ces usages ont aussi « accommodé » le droit national – comme l'ont fait aussi les inspecteurs du travail sur le terrain – en fonction des caractéristiques locales, les grandes villes jouant à cet égard un rôle moteur. Ce qui souligne au passage la capacité d'innovation des périphéries, dont le rayon d'action serait avant tout horizontal, autant d'ailleurs que le caractère polycentrique des lieux de fabrication du droit du travail. Avec l'étude de Françoise Bosman, Claude Chetcuti et Jean-François Eck sur le Nord-Pas-de-Calais, il s'agit d'aller cette fois des territoires vers l'État, et de voir comment la législation du travail a été reçue et appliquée sur la longue durée.

49. Cf. actes du colloque « Autour de l'année 1928. Le social et l'urbain », *Vie sociale*, n° 3-4, 1999.

L'étude met à la fois en évidence le rôle pilote joué par le Nord-Pas-de-Calais en matière d'accidents du travail et de prud'hommes avant 1914 et la spécificité de ces deux départements dans l'entre-deux-guerres au regard de la densité des institutions locales et du rôle des collectivités territoriales. L'étude de Philippe Hamman sur le cas de la Lorraine annexée, soumise aux lois sociales du Reich, fait ressortir l'existence d'un département moins « pilote » que « laboratoire » des politiques de protection sociale et de travail. Mais, lorsqu'il s'agit de territoires colonisés, comme dans le cas de l'Afrique occidentale française (AOF) étudié par Florence Renucci, le constat est en demi-teinte. L'auteur restitue les débats agités qui ont eu lieu à différents niveaux du gouvernement et des organisations syndicales locales, sur l'élaboration d'un Code du travail spécifique à l'outre-mer et l'application ou non de la législation sur le temps de travail et le passage aux 40 heures. Dans ce jeu très complexe, la loi devient, avec retard, effective, mais les ajustements locaux et le contexte de colonisation impliquent des différences notoires avec la métropole au point que peu de salariés sont concrètement concernés. Cet aspect est également illustré par le témoignage de Jean-Paul Chaze.

Le colloque a ainsi permis de mieux cerner l'effectivité du droit et la distinction entre droit et pratiques, notamment grâce aux huit témoignages d'acteurs présents à la tribune et lors des débats avec la salle : le ministère du Travail est apparu dans la durée comme un ministère de régulation juridique, avec une distinction très nette entre ceux qui conçoivent la réglementation du travail et ceux chargés d'en contrôler l'application. La tendance est ancienne, puisque les relations de travail étaient pensées, avant même l'existence de conventions collectives, comme une matière de droit. Dans le prolongement de cette analyse de la mise en œuvre du droit, une réflexion s'est engagée sur les frontières entre les secteurs public et privé. Celles-ci se sont déplacées dans la durée, mais des zones de recoupement ont toujours existé depuis la création du ministère du Travail et la mise en place d'une législation protectrice, comme le montre l'étude d'Odile Join-Lambert sur les risques professionnels dans l'enseignement technique. Sur le plan juridique, la situation de la Fonction publique et des « établissements publics » est plus complexe qu'il y paraît. Si, depuis 1945, le Code du travail régit théoriquement les relations de travail du secteur privé, laissant au droit public le soin d'en faire autant dans le secteur public, la frontière entre les établissements publics assujettis et les autres établissements de l'État reste difficile à tracer, surtout en matière de législation sur l'hygiène et la sécurité. Même constat, dans un tout autre domaine, dans l'étude de Michel Dreyfus sur les assurances sociales et la législation de 1928 et 1930, qui relève l'efficacité de cette législation, notamment en comparaison avec les retraites ouvrières et paysannes d'avant-guerre : les développements très détaillés relatifs au personnel, au découpage du territoire opéré pour administrer les caisses ou au problème du contrôle exercé sur les caisses à caractère plutôt « privé » ou « public » sont riches d'enseignements sur l'ambiguïté de la distinction entre droit public et privé.

Le rôle du ministère du Travail au tournant du siècle…

Le colloque a aussi alimenté des interprétations divergentes sur le rôle joué par le ministère du Travail face aux acteurs syndicaux[50] et patronaux, au moment de la création du ministère et pendant la période de Reconstruction consécutive à la Seconde Guerre mondiale. Si certains chercheurs estiment que ce rôle fut important, d'autres sont plus circonspects. Pour les années 1900, certains historiens, comme J.-A. Tournerie, mettent en avant l'action réformatrice de Millerand qui a joué un rôle très important lorsqu'il était, de 1899 à 1902, ministre du Commerce, de l'Industrie et des P et T dans le cabinet Waldeck-Rousseau, en créant le « noyau dur » du ministère du Travail, en développant les structures paritaires et en incitant les inspecteurs du travail à aller à la rencontre des organisations syndicales. Dans le même sens, d'autres auteurs insistent sur la constitution d'un « champ » entre 1900 et 1914 dont la direction du Travail est le pôle central, animant une nébuleuse de conseils et de commissions spécialisés, ce qui permet à A. Fontaine d'intervenir dans divers lieux et société, au Parlement notamment. Les rencontres internationales d'avant 1914 attestent aussi le rôle du ministère du Travail comme interlocuteur international. Le texte de Jacques Le Goff met également en avant le rôle du ministère et sa construction d'un nouveau « pragmatisme ». Avec le paritarisme, successivement introduit dans le Conseil supérieur du Travail, les commissions départementales du Travail, les conseils du Travail et le rôle de conciliation assumé par les inspecteurs du travail, la République radicale s'efforce de créer les conditions d'une concertation pacifiée entre le patronat et le prolétariat, dont les relations ne peuvent être réglées dans le cadre conflictuel de l'entreprise. Du côté des organisations ouvrières, si la CGT affirme que seule compte l'action directe du prolétariat contre le patronat et que le syndicalisme n'a rien à attendre de l'État, sa majorité confédérale s'en remet au législateur et au ministère du Travail pour résoudre les principaux problèmes quotidiens de la classe ouvrière.

Cependant, le bilan apparaît à d'autres historiens plus mince. Dans le cas des commissions départementales du Travail par exemple, qui sont certes des organes consultatifs, on constate que les membres ouvriers n'ont pas été nommés dans tous les départements, que ces commissions se réunissent très rarement et que les syndicats les boudent en raison de leur fonctionnement : en définitive, elles sont impuissantes. L'action du ministère se heurte à une double opposition, celle des organisations syndicales patronales, qui n'acceptent la nouvelle législation sociale que lorsqu'elles ne peuvent pas faire autrement, après avoir tout mis en œuvre pour en retarder l'application et en limiter la portée, et celle de la CGT, qui campe, du moins officiellement, dans une sorte d'isolationnisme social renforcé par la politique répressive de Clemenceau. Ainsi, malgré l'existence d'un interlocuteur ministériel avant 1906 et la production effective de textes, le bilan apparaît mitigé. Le ministère de l'Intérieur et la Présidence du Conseil sont très présents. Dans beaucoup de domaines, le patronat fait échouer les tentatives de Millerand, comme le

50. Sur cet aspect, cf. H. Chapman, M. Kesselman et M. Schain (dir.), *A Century of Organized Labor in France : a Union Movement for the Twenty-First Century ?*, New York, St. Martin's Press, 1998.

montre l'étude de Danièle Fraboulet sur l'UIMM. Cette dernière possède un pouvoir d'influence sur le Parlement, le Conseil d'État et le Gouvernement lui-même. Elle a fait d'emblée la démonstration de son efficacité auprès des pouvoirs publics en prenant la tête de la mobilisation patronale contre le décret Millerand qui installait les conseils du Travail chargés de régler par arbitrage les conflits sociaux. Elle intervient tout au long de la chaîne législative, de l'élaboration de la loi jusqu'au décret d'application. Sur une autre organisation patronale, Pierre Vernus montre, grâce à une monographie sur le patronat de l'ennoblissement textile lyonnais entre 1880 et 1914, que l'irruption de la législation et la création du ministère du Travail ne constituent pas un tournant. D'un côté, les industriels associent une politique de bas salaires et une gestion paternaliste de la main-d'œuvre ; de l'autre, ils refusent de négocier directement avec les syndicats et font le choix de la confrontation en recourant systématiquement au *lock-out*. Cependant, cette stratégie n'exclut pas les concessions et les contacts entre les deux camps qui aboutissent, par exemple, à un accord sur les salaires, plusieurs fois renouvelé et qui peut être analysé comme une quasi-convention collective. L'historienne Sabine Rudischhauser, dans son étude des débuts du droit des conventions collectives en France et en Allemagne, montre qu'en France, le fait que les universitaires associent les conventions collectives au corporatisme suffit à susciter l'hostilité du patronat. L'idée de rendre la convention obligatoire pour « moraliser la concurrence », en empêchant un patron déloyal de payer des salaires plus bas que ses concurrents, est aussi beaucoup moins présente qu'en Allemagne.

... et à la Libération

En ce qui concerne le poids du ministère du Travail à la Libération, là encore, les interprétations divergent. Pour certains historiens, le ministère du Travail constitue le baromètre des rapports de forces politiques et sociaux : réformateur avec A. Parodi, favorable aux organisations syndicales avec A. Croizat, il s'inscrit après D. Mayer dans le jeu politique[51]. Il n'aurait eu que peu de rôle spécifique avant l'arrivée de P. Bacon, suivant les travaux de Bruno Béthouart. Dans son étude sur le ministère du Travail et l'évolution de la protection sociale de la Libération aux débuts de la Ve République, l'auteur établit que les années 1950 sont sans doute des années fastes pour le ministère, mais qu'une nouvelle dynamique se met ensuite en place, dans un système politique français où la responsabilité devient beaucoup plus diffuse. Dans le régime de la Ve République en effet, le Premier ministre essaie de s'imposer dans les politiques d'emploi et de protection sociale, alors qu'elles constituaient le monopole du ministère du Travail dans les années 1950. L'étude de Michèle Dupré, Olivier Giraud, Michèle Tallard et Catherine Vincent souligne pour cette même période la stagnation de la production législative du ministère du Travail, qui contraste avec les dynamiques mises en œuvre par la jeune République

51. Dans ce sens, cf. par exemple M. Dreyfus (et collab.), « Ressources et contraintes. Regards croisés sur la CGT des années 1950 », E. Bressol, M. Dreyfus, J. Hedde et M. Pigenet (dir.), *La CGT dans les années 1950*, Rennes, Presses universitaires de Rennes, 2005, p. 13-31.

fédérale allemande[52]. Le seul point saillant en France est fourni par l'ordonnance de 1959 qui organise, sans grand succès, un système facultatif d'intéressement des salariés aux bénéfices et de participation au capital et la loi de 1966 renforçant les prérogatives des comités d'entreprise.

Accordant un rôle différent au ministère du Travail à la Libération, Adam Steinhouse montre comment, malgré les changements de dirigeants politiques, l'idée d'un ministère du Travail « arbitre » continue de cheminer. Il examine les tendances conservatrices qui émergent en 1946-1947, lorsque la politique de l'État cesse d'encourager la participation des travailleurs et même l'en empêche. En 1945, H. Hauck, directeur des Relations professionnelles au ministère du Travail, exhorte les inspecteurs à faciliter le développement des comités d'entreprise. En revanche, en 1947, les inspecteurs soutiennent le patronat, afin de limiter le rôle des comités d'entreprise et l'influence de la CGT[53].

Örjan Appelqvist, dans son analyse comparative de la Suède et la France dans l'après-guerre, privilégie la thèse de la rupture et souligne les différences entre les deux pays. Il attribue les innovations de l'après-guerre à la force des volontés nationales pendant la guerre, et considère l'exclusion des travailleurs comme un des principes sous-jacents à la stratégie de modernisation de la France, fondée sur l'association d'un État dirigiste et d'un patronat puissant. Alain Chatriot met au contraire l'accent sur la continuité. Il analyse les débats qui se tiennent après la Libération autour de la composition et la fonction d'un nouveau Conseil économique et de la question de la représentation syndicale au sein des négociations collectives. Depuis les ministres du Travail jusqu'aux administrateurs du ministère les plus importants, tous avaient réfléchi à ces questions dans les années 1930 et étaient de fins connaisseurs des questions sociales. Ainsi, lorsque Parodi établit les critères pour juger de la représentativité d'un syndicat en 1945, il s'appuie largement sur les expériences de 1936 sur le même sujet. Cependant, la politique de la Libération apporte une nouveauté, puisque les communistes, les gaullistes et le MRP, pour des raisons différentes, cherchent à créer une institution plus puissante, capable de représenter des intérêts sociaux et économiques. De son côté, Nicolas Hatzfeld examine l'histoire d'une invention peu connue des années 1940, les comités d'hygiène et de sécurité (CHS), créés en vertu d'un décret de 1947. Malgré leur implantation médiocre dans les années 1950 et 1960, ils participent d'une démocratie participative.

L'hypothèse d'un poids nouveau du ministère du Travail est également étayée par le texte de Lucie Tanguy, qui s'intéresse à un aspect peu connu de l'histoire des relations entre l'État et les syndicats de salariés, l'institutionnalisation de la formation syndicale au cours des années 1950-1970. Le ministère du Travail conçoit comme une nécessité le développement du rôle des syndicats comme fonctionnaires du social. Le développement de la formation des militants, sur lequel témoigne notamment Marcel David pour la période des années 1950, répond à une nécessité

52. Sur ce point, cf. également U. Rehfeldt, « Démocratie économique et cogestion : une mise en perspective historique », *La Revue de l'IRES*, n° 3, 1990, p. 59-80.
53. On manque cependant de travaux sur le rôle de l'inspection pendant la Seconde Guerre mondiale et dans la période de l'après-guerre.

fondamentale : la préparation à l'exercice des nouvelles responsabilités qui leur sont dévolues après 1945. L'initiative n'en revient pas aux syndicats, mais à l'État.

Acteurs et outils de l'action publique

Prolongeant cette réflexion, le colloque a approfondi la question des acteurs et des outils de l'action publique, éclairée notamment par le témoignage de Claude Seibel. Ce sont d'abord les interactions entre chercheurs et praticiens qui retiennent l'attention de Laure Pitti. Elle s'intéresse aux migrations dans la période 1945 à 1984. En s'appuyant sur le dépouillement exhaustif des revues éditées par le ministère, elle met en relation l'évolution des structures et des politiques, d'une part, et l'analyse de contenu des revues du ministère, d'autre part. Jusqu'à la fin des années 1970, les auteurs sont presque exclusivement des acteurs du ministère ; en revanche, à partir des années 1980, le rôle des experts extérieurs s'accroît. Étienne Pénissat et Béatrice Touchelay montrent de leur côté comment s'est construite une culture statistique scientifique sur les salaires entre 1914 et 1952, à l'articulation du contrôle administratif et de la production du savoir : administrateurs, juristes, universitaires produisent du sens et du savoir sur des systèmes de mesures qui nécessitent, pour être suffisamment légitimes, d'être admis dans les négociations par des partenaires aux intérêts divergents.

C'est sur le rôle des femmes inspectrices du travail entre 1892 et 1974 que l'étude d'Anne-Sophie Beau et Sylvie Schweitzer apporte des éclairages inédits, l'irruption des femmes dans l'administration venant briser « l'entre soi » d'un corps qui se pensait au masculin, selon l'expression de Marc Olivier Baruch pendant le colloque. Le cas des inspectrices du travail apparaît exemplaire des évolutions sociales : voilà des femmes qui faisaient appliquer des lois alors qu'elles n'élisaient pas le législateur et qui n'avaient guère de possibilité de promotion. Deux profils se dégagent. Le premier est celui des femmes des classes aisées, le plus souvent mariées d'ailleurs à des hommes issus du même milieu qu'elles. Elles sont volontaires pour un travail qui donne prise sur la société quand, à l'époque, peu de métiers offrant des responsabilités leur sont ouverts. Le second profil est celui des filles de couches plus populaires, qui ont commencé leur vie active comme institutrices. Dans un deuxième temps, quand est créé un grade inférieur, celui de contrôleur, les profils changent et ce d'autant mieux que la société est plus ouverte aux femmes issues des groupes lettrés et désirant exercer des responsabilités : médecins, avocates, juges et même ingénieures.

Mais que deviennent les responsables du ministère en temps de crise ? L'étude de Jean-Pierre Le Crom sur l'épuration du ministère du Travail à la Libération montre que la collaboration fonctionnelle, c'est-à-dire la participation des agents aux opérations de Relève et au STO, a été moins sanctionnée que la collaboration idéologique. L'épuration administrative a durement touché les cadres les plus importants, remplacés par des résistants chargés de mettre en œuvre une politique différente de celle de Vichy. Elle a donc aussi constitué une opportunité politique pour un ministère qui fonctionnait jusqu'alors sur des schémas pyramidaux privilégiant les promotions à l'ancienneté[54].

---

54. Pour une autre perspective sur la même période, cf. J.-C. Daumas, O. Dard et F. Marcot (dir.), *L'occupation, l'État français et les entreprises*, Paris, Association pour le développement de l'histoire

L'ouverture à la comparaison internationale

Un dernier apport, ouvrant de vastes pistes de recherche, concerne l'ouverture à la comparaison internationale, dont les enjeux liés au genre ont récemment été étudiés[55]. Elle peut se faire par l'étude d'une organisation internationale comme le BIT étudié par Isabelle Moret-Lespinet, et dont témoigne aussi Jean Courdouan. Caroline Douki, David Feldman et Paul-André Rosental adoptent aussi une approche internationale. Cette étude dresse une comparaison de la place respective du ministère du Travail en France, en Italie et au Royaume-Uni, à l'intérieur de l'architecture gouvernementale et en termes de responsabilité dans le champ social. La comparaison permet ici de réinterroger l'expérience française en questionnant l'ensemble de l'appareil étatique autour de la question de l'interministérialité. Elle nous apprend que la question des travailleurs migrants était connue avant la Grande Guerre et impliquait déjà une régulation qui dépassait les frontières nationales et les modèles nationaux.

Les perspectives de recherche

Les apports de cette rencontre scientifique, comme l'ensemble des travaux existants, ne doivent pas faire oublier que de nombreux points restent encore mal connus faute de travaux de recherche. Quatre grandes thématiques appellent de nouvelles études concernant l'histoire interne du ministère, l'action publique en matière de travail et d'emploi, la confrontation du ministère avec les acteurs sociaux et enfin l'expérience française vue dans le cadre d'une comparaison internationale.

Les acteurs et les structures du ministère se prêtent notamment à des enquêtes sur la longue durée. Analyser plus systématiquement les origines sociales, géographiques et professionnelles des hommes et des femmes qui ont animé les services du ministère, connaître le déroulement des carrières et la gestion du personnel, et saisir aussi bien les figures prestigieuses que celles plus modestes devraient permettre non seulement d'incarner l'histoire du ministère mais d'en comprendre les réseaux, les cultures et donc les marges d'action politique. L'existence ou non dans le temps d'une élite de hauts fonctionnaires spécialisés dans les questions du travail, le poids de la culture juridique pendant une large partie du siècle constituent des points à approfondir. Un élément aussi simple que la variation des effectifs de ces administrations n'a pas fait l'objet d'une enquête historique. L'analyse historique du rôle des corps d'inspection a bien été faite pour la première partie de la IIIe République mais mériterait d'être réalisée pour la période de l'après-Seconde Guerre mondiale, comme plus largement celui de l'ensemble des corps de fonctionnaires du ministère[56]. À côté de ces éléments quantitatifs qui ne sont pas à négliger, le recueil de

économique, 2000 ; H. Joly (dir.), *Les comités d'organisation et l'économie dirigée du régime de Vichy*, Caen, Centre de recherche d'histoire quantitative, 2004.

55. Pour une comparaison fructueuse des politiques du travail, cf. L. L. Downs, *L'inégalité à la chaîne. La division sexuée du travail dans l'industrie métallurgique en France et en Angleterre*, Paris, Albin Michel, 2002.

56. Pour la richesse des études de corps administratifs, cf. O. Join-Lambert, *Le receveur des postes, entre l'État et l'usager, 1944-1973*, Paris, Belin, 2001.

témoignages devrait aider à tracer une histoire plus précise des administrations du travail et de l'emploi ; ceux que nous publions dans ce volume ouvrent, chacun à leur manière, de nombreuses pistes de recherche. De ce point de vue, l'initiative du comité d'histoire du ministère visant à encourager la constitution d'archives orales permettra sans doute d'en savoir davantage.

À ces approches classiques de l'histoire de l'administration doivent s'ajouter des recherches fondées sur les acquis de la sociologie des organisations. Les différentes structures du ministère, nationales et départementales, ne sont pas encore toutes connues. L'histoire des services et institutions du ministère ne peut se réduire à une simple description de l'administration mais doit s'élargir à la compréhension de la signification politique des variations d'organigrammes, de tutelles, d'associations avec d'autres départements ministériels. Derrière ces structures de nature diverse (ainsi de la création des délégations) se pose aussi la question de l'évolution du budget du ministère du Travail et de l'Emploi et donc du rapport de celui-ci avec le Parlement et le ministère des Finances.

Décrire la complexité des formes institutionnelles ne suffit pas à saisir les pratiques de l'État : il faut saisir celui-ci dans son fonctionnement, tant dans les « temps ordinaires » que durant des phases de crises. L'influence des guerres et les crises politiques et sociales sont autant d'entrées à prendre en compte. Au-delà des travaux existants et réunis dans ce volume, des thèmes peuvent être approfondis. L'étude du ministère dans les deux conflits mondiaux du XXe siècle doit encore être précisée. On peut en effet suivre des processus d'adaptation, d'extension, de gestion des contraintes par les acteurs du ministère dans ces moments paroxystiques. L'ordre colonial, avec son droit et ses codes, ses pratiques administratives et judiciaires, sa diversité, est un espace privilégié pour l'ensemble des questions liées à l'histoire politique des administrations[57] et il constitue un terrain de choix pour l'histoire des politiques du travail. Dans les crises sociales françaises (1919, 1936, 1947, 1968, 1995), le rôle du ministère du Travail reste méconnu peut-être parce qu'il a parfois été marginalisé par rapport à d'autres lieux politiques comme l'hôtel Matignon, siège du président du Conseil puis du premier ministre, mais on manque sur ce point de travaux empiriques qui l'expliqueraient. Les contributions scientifiques autour du centenaire du ministère ont aussi montré que certaines périodes de son histoire restaient assez floues : des enquêtes limitées à des moments précis devraient permettre d'enrichir notre vision des politiques du travail et des différents acteurs institutionnels qu'elles mobilisent.

Au-delà du fonctionnement du ministère, c'est l'ensemble des actions dont il a été le promoteur qui doit être considéré. Deux grandes dimensions réclament ici des analyses complémentaires : les prises de décision et les échelles dans le temps et dans l'espace des politiques publiques. L'origine des réformes dans le cadre des politiques de l'emploi et de la formation professionnelle oblige à saisir des processus qui ne se limitent pas au seul ministère mais qui l'inscrivent au contraire dans un

57. Cf. les dossiers : « L'État et les pratiques administratives en régime colonial : l'exemple français, milieu XIXe siècle-milieu XXe siècle », *Outre-mers revue d'histoire*, 338-339, 1er semestre 2003 et « Sujets d'Empire », *Genèses*, 53, décembre 2003.

réseau d'institutions et d'acteurs. L'étude des politiques publiques doit alors aussi bien être menée sur des échelles temporelles longues que par des approches micro-historiques qui redéploient la complexité des enjeux à l'œuvre. De telles démarches sont nécessairement pluridisciplinaires – confrontant les approches des historiens, des politistes, des sociologues, des économistes et des gestionnaires, comme l'a bien montré une étude récente sur l'histoire de la réduction du temps de travail[58]. Dans ces perspectives, le rôle du Parlement (aussi bien la Chambre des députés que le Sénat) devrait être mieux connu à propos des questions de travail et de protection sociale. Plus intéressée par la sociologie électorale et partisane, l'histoire parlementaire a un peu délaissé le volet des politiques publiques qu'elle devrait pourtant pouvoir éclairer et cela dans différentes configurations institutionnelles (le Parlement n'a bien sûr pas le même rôle avant 1914, à la fin des années 1930, sous la IVe République ou sous la république gaullienne).

Mais au-delà des décisions politiques et administratives, il faudrait aussi étudier les différents espaces où se réalisent ces actions publiques. De ce point de vue-là, nos connaissances sont très inégales suivant les périodes et les territoires. Quatre niveaux au moins doivent être pris en compte : le local (municipal, départemental ou régional), les branches d'activité, l'échelon national, l'espace international. Si ces dimensions sont présentes dans le livre, les débats du colloque ont montré l'importance de ces variations d'échelle pour apercevoir l'ensemble des pratiques du ministère. Sur maintenant près d'un siècle, le rôle de l'Organisation internationale du travail (OIT) et du Bureau international du travail (BIT) nécessite que les chercheurs en sciences sociales s'y intéressent réellement.

Ces réflexions sur la construction de l'action publique nécessitent la prise en compte d'une pluralité d'acteurs et interdisent toute approche seulement interne du ministère. Comme toutes les administrations, celle du Travail est ouverte sur la société. Comme l'ont montré les analyses de Pierre Rosanvallon, si le jacobinisme a été un discours dominant en France durant les deux derniers siècles, les pratiques politiques et sociales sont beaucoup plus diversifiées[59]. Les acteurs syndicaux (ouvriers, employés, fonctionnaires, cadres) et patronaux sont ici des partenaires directs de l'action du ministère. Il faut espérer que l'historiographie du syndicalisme offre des travaux qui permettent de confronter les confédérations ouvrières aux politiques étatiques[60]. À la fois acteurs revendicatifs, forces de résistance et pôles d'expertise, ils constituent tous, dans leur diversité, des figures centrales du ministère[61]. Sur certaines périodes, institutions et associations sont des relais de l'action politique. Longtemps peu aperçus par l'historiographie, on commence à disposer de travaux,

58. P. FRIDENSON et B. REYNAUD (dir.), *La France et le temps de travail (1814-2004)*, Paris, Odile Jacob, 2004.
59. P. ROSANVALLON, *Le modèle politique français. La société civile contre le jacobinisme de 1789 à nos jours*, Paris, Seuil, 2004.
60. Cf. parmi les travaux récents d'histoire du syndicalisme : M. PIGENET, P. PASTURE et J.-L. ROBERT (dir.), *L'apogée des syndicalismes en Europe occidentale, 1960-1985*, Paris, Publications de la Sorbonne, 2005 ; D. TARTAKOWSKY et F. TÉTARD (dir.), *Syndicats et associations, concurrence ou complémentarité ?*, Rennes, Presses universitaires de Rennes, 2006.
61. P. FOURNIER, *Quarante ans place de Fontenoy*, Rennes, Presses universitaires de Rennes, 2006.

encore à développer, sur ces espaces intermédiaires qui ont tenu un rôle central sur la manière de poser la question sociale dans la France des XIXe et XXe siècles[62]. Comme la plupart des politiques publiques, celles du travail et de l'emploi sont directement en prise avec l'ensemble des questions sociales et économiques[63].

De plus, le ministère doit être étudié en phase avec les évolutions de la société française. Avant d'être un ministère des salariés de l'industrie et du commerce, ce département a été un ministère des salariés protégés par le droit du travail et celui de la prévoyance (épargnants, rentiers, petits propriétaires, etc.) pour la plupart non salariés. Les mutations de ses structures internes et de ses services déconcentrés doivent de ce fait être analysées à la lumière des transformations de la société française et du monde du travail (déclin progressif des classes moyennes non salariées au profit des classes moyennes salariées). Cette piste de recherche invite clairement à englober, dans une même histoire, l'ensemble des ministères sociaux, au mépris des récents découpages institutionnels qui commandent, bien souvent, les investigations des chercheurs.

Même si la construction du colloque s'est voulue internationale, les dimensions comparatives restent encore trop limitées[64]. Tâche ardue mais dont la richesse historiographique est certaine lorsqu'il s'agit d'étudier les grandes questions de l'histoire politique et sociale[65]. L'ouverture internationale pose ici deux types de questions : la circulation internationale des projets et les comparaisons des « modèles » nationaux. L'histoire croisée s'intéresse de plus en plus aux phénomènes de transferts et d'acculturation de pratiques et de projets entre différents pays. Sur les questions sociales et économiques, c'est un point essentiel qui se déploie historiquement des congrès internationaux du début du XXe siècle aux mesures induites par la construction européenne, en passant, entre autres, par les mobilisations des différentes Internationales (syndicales et politiques).

Enfin, les vertus des comparaisons internationales qui devront être menées à l'avenir sur ces questions aideront à la fois à mieux analyser des points concrets sur les relations professionnelles, les fonctionnements des administrations, les types de politiques contre le chômage par exemple, mais aussi à mieux comprendre par effet retour chacune des spécificités nationales. Le décalage du regard, comme nous l'ont prouvé les collègues étrangers qui ont participé au colloque scientifique dont ce livre est issu, apporte ainsi l'un des meilleurs renouvellements des nécessaires interrogations sur l'histoire et le présent du ministère du Travail français.

---

62. C. LEMERCIER, *Un si discret pouvoir. Aux origines de la Chambre de commerce de Paris, 1803-1853*, Paris, La Découverte, 2003 ; J. HORNE, *Le Musée social. Aux origines de l'État providence*, Paris, Belin, 2004.
63. On peut ici dresser un parallèle avec les politiques de consommation : cf. A. CHATRIOT, M.-E. CHESSEL et M. HILTON (dir.), *Au nom du consommateur. Consommation et politique en Europe et aux États-Unis au XXe siècle*, Paris, La Découverte, 2004.
64. On pense ici aux remarques de Christoph Conrad durant le colloque. Cf. aussi C. CONRAD, « Les États-providence en comparaison. État des approches en sciences sociales et en histoire », *Histoire et sociétés*, 6, 2e trimestre 2003, p. 90-98.
65. Pour une proposition récente : A. CHATRIOT et D. GOSEWINKEL (dir.), *Figurationen des Staates in Deutschland und Frankreich, 1870-1945. Les figures de l'État en Allemagne et en France*, Munich, Oldenbourg, Pariser Historische Studien des Deutschen Historischen Institut Paris, 2006.

Première partie

LE MINISTÈRE ET LES TERRITOIRES DU TRAVAIL

L'État local dans les relations du travail : le Nord-Pas-de-Calais (1841-1981)

Françoise Bosman, Claude Chetcuti et Jean-François Eck

Parmi les nombreuses études consacrées à l'application du droit du travail, peu se situent à l'échelle locale. Celle-ci permet pourtant d'aborder plusieurs questions non dépourvues d'intérêt. Tout au long des quelque cent cinquante années qui séparent 1841, date de la première loi sur l'emploi des enfants dans les manufactures, de 1981, moment à partir duquel s'affirme l'urgence d'une refondation du « modèle social français », la législation nationale s'applique-t-elle de manière uniforme ou différenciée sur l'ensemble du territoire ? Dans sa mise en œuvre, quelle est la place assignée aux différentes catégories d'acteurs : autorités administratives et judiciaires, élus et collectivités locales, particuliers, entreprises ? L'expérience acquise, les dispositifs concrets mis en œuvre pour cette application suscitent-ils des aménagements, modifications ou remises en cause au niveau central ? Ces questions sont abordées sur une région spécifique : le Nord-Pas-de-Calais. Outre le fait que les auteurs y exercent ou y ont exercé leur activité professionnelle [1], ce choix s'explique par plusieurs raisons.

La première tient à l'ancienneté et à l'intensité de la présence de l'industrie dans la région. En 1841, le département du Nord est, Seine exclue, celui qui possède le plus grand nombre d'entreprises soumises à la nouvelle loi. Applicable aux ateliers et manufactures occupant plus de 20 salariés ou mettant en œuvre des machines à vapeur ou mues mécaniquement, excluant le travail à domicile, ne concernant guère des branches comme la métallurgie, l'industrie du verre, la construction mécanique où l'emploi des femmes et des enfants est limité, elle vise au premier chef l'industrie textile. Or le Nord, surtout dans l'arrondissement de Lille, connaît dans ce domaine une croissance alors exceptionnelle. Puis, lorsqu'une dizaine d'années plus tard l'extraction minière démarre dans le Pas-de-Calais, dans le prolongement du bassin du Hainaut français exploité dès le siècle précédent, l'équilibre régional se trouve entièrement perturbé. En un demi-siècle, de 1846 à 1911, les ruraux deviennent mino-

1. Un groupe de travail s'est constitué à cet effet, autour de membres de l'Association pour l'étude de l'histoire de l'inspection du travail, de représentants du ministère du Travail, d'archivistes, de bibliothécaires, d'universitaires : le GETEL (Groupe d'étude sur l'État et les acteurs locaux dans les relations du travail).

ritaires, passant de 57 à 42 % de la population dans le Nord et de 74 à 47 % dans le Pas-de-Calais. Malgré un exode rural massif, il faut recourir aux immigrés, provenant d'abord de Belgique, notamment à Roubaix, ville davantage belge que française au milieu du XIXe siècle, puis de pays de plus en plus lointains : Polonais après 1920, Algériens et Marocains après 1945. S'y ajoutent les travailleurs saisonniers, nécessaires aux industries agroalimentaires, venus souvent de Picardie, voire de régions plus éloignées comme la Bretagne. Cet afflux de main-d'œuvre pose à l'administration des problèmes inconnus à ce niveau des autres départements. La densité du réseau urbain est une autre spécificité marquante de la région, qui en rend l'étude attractive. Riches d'une tradition d'intervention qui remonte à l'époque médiévale, les villes du Nord-Pas-de-Calais deviennent à partir des années 1890 des terres d'élection du socialisme municipal. Quelles en sont les conséquences pour l'action des pouvoirs publics ? La situation frontalière, enfin, est susceptible d'exercer une influence à multiples dimensions. Elle favorise les courants d'échange avec la Belgique, tant au niveau institutionnel que doctrinal. Elle expose la région, à trois reprises au cours de la période, à des occupations allemandes. Celles-ci ont-elles eu pour les travailleurs des effets entièrement négatifs ou, comme en Alsace-Moselle, paradoxalement bénéfiques, comme l'introduction des dispositions du droit social allemand ou la création d'institutions orientant la main-d'œuvre en fonction des besoins de l'occupant ?

Nous espérions pouvoir répondre à ces questions grâce aux ressources archivistiques abondantes présentes dans la région : archives départementales et municipales qui, plus encore qu'ailleurs, compte tenu de l'exceptionnelle densité humaine et industrielle, devaient permettre de suivre l'action des services compétents en matière de main-d'œuvre et d'emploi, tant au niveau de l'État que des collectivités territoriales ; les archives d'entreprises et de syndicats ouvriers et patronaux devaient fournir un utile complément[2]. Pour montrer dans quelle mesure ces espoirs ont été ou non satisfaits, nous suivrons l'intervention de l'État dans les relations locales de travail en Nord-Pas-de-Calais durant ses quatre phases successives : de 1841 à 1892, période où la région fait figure de précurseur dans le domaine de la protection sociale organisée, puis de 1893 à 1938, années qui correspondent à l'affirmation de la spécificité nordiste, ensuite de 1939 à 1944, où la guerre, puis l'occupation allemande nécessitent un examen particulier et, enfin, de 1945 à 1981, où l'on assiste à la rénovation et à la régionalisation des services locaux de protection du travail.

1841-1892 : le Nord, précurseur de la protection sociale organisée

Première application de la loi (1841-1868)

Le Nord est le premier département français visé par l'application de la loi du 22 mars 1841 concernant le travail des enfants et des filles mineures dans les manufactures[3]. Aussi, dès les semaines suivant la promulgation de la loi, le ministre du

2. Ces archives sont conservées à Roubaix, au Centre des Archives du Monde du Travail.
3. Les archives départementales du Nord (ADN) et du Pas-de-Calais (ADPdC) sont particulièrement riches dans cette période et à un moindre degré pour la suivante (1918-1938). On consultera notam-

Commerce exige-t-il du préfet la mise en place rapide des commissions spéciales d'inspection. Le préfet prévoit la création d'une commission par arrondissement, mais se heurte à de grandes difficultés, surtout dans l'arrondissement de Lille où est justement concentrée la plupart des établissements assujettis (en 1853 ils seront 457 sur les 575 alors recensés dans le département). Dès 1837, lors des consultations organisées par le ministère, les chambres consulaires et les conseils de prud'hommes s'étaient en effet élevés contre toute législation nationale inspirée de la loi britannique de 1835, défendant l'idée d'une réglementation locale. Ce n'est donc qu'avec retard que naît la commission de Lille, bientôt scindée en deux pour tenir compte du poids de Roubaix-Tourcoing.

Aidés par les vice-présidents de la commission de Lille, Charles Kolb-Bernard et Auguste Mourcou, les préfets : le vicomte de Saint-Aignan (1837-1845), Maurice Duval (1845-1851), Charles Besson (1851-1857) abattent une tâche considérable : information et animation des commissions locales, attention portée à la scolarisation des enfants occupés en usine (ce qui suppose un effort considérable des communes, notamment à Lille, Roubaix et Tourcoing), transmission à l'administration centrale des remarques et propositions du conseil général et des employeurs, saisine du parquet.

L'information des employeurs ne se limite pas à la diffusion de circulaires reprenant les principales dispositions de la loi du 22 mars 1841. Elle est constamment tenue à jour, comme le montre le fait que, dès le 30 mai 1845, est diffusée la première décision de la chambre criminelle de la Cour de cassation prise deux semaines auparavant concernant l'interprétation des articles 5 et 8 de la loi. Cette affaire montre que dans le département de l'Aube aussi, où a été dressé le procès-verbal à l'origine des poursuites, les inspecteurs du travail bénévoles n'hésitaient pas à verbaliser.

Les préfets successifs élaborent des documents de contrôle à destination des inspecteurs. Ils proposent d'instaurer des horaires de travail uniformes pour chaque profession, ce que refuse le ministre au nom de la liberté d'entreprendre. Les employeurs souhaitent la création d'un poste d'« inspecteur du travail spécial », agent public, qui serait à leurs yeux plus efficace et plus impartial que les inspecteurs bénévoles. Le conseil général ayant accepté cette création en 1852, l'inspecteur Frédéric Dupont est nommé. Une collaboration étroite s'établit entre lui, le préfet et les commissions locales qui demeurent très actives. Elle permet d'intensifier la répression contre les contrevenants qui n'appliquent pas la loi. Le préfet prescrit à plusieurs reprises aux commissaires de police de rappeler à l'ordre et de sanctionner les employeurs défaillants et donne des instructions strictes à Dupont. Plusieurs dépêches adressées au procureur général près la cour de Douai demandent une « répression sévère » des contrevenants.

L'administration se soucie du résultat de ses diligences, comme le montrent les états statistiques existants pour les années 1841 à 1858. Entre 1841 et 1852,

ment ADN séries M 571, 593, 594, 605, 607, 611, 613, 614 et suppléments ; ADPdC séries M 1223 à 1228, 1647, 2042, 2117, 2177, 4674.

65 contraventions ont donné lieu à poursuite ; 112 en 1853, année qui suit l'arrivée de Dupont, 83 seulement l'année suivante, amorce d'une lente décrue puisque leur nombre tombent à cinq en 1858. Ces condamnations sont essentiellement prononcées dans l'arrondissement de Lille, dans une proportion d'au moins 80 %, voire 90 % selon les années. La part de ce contentieux est relativement modique, comparée au volume des affaires traitées dans les justices de paix. Par exemple, à Roubaix, en 1854 (année exceptionnelle), sont prononcées une douzaine de condamnations sur 923 affaires inscrites.

Les comptes rendus établis à la demande du préfet du Nord révèlent un nombre considérable d'accidents du travail dans les manufactures entraînant mutilation ou mort d'ouvriers, jeunes ou adultes. Dès 1853, le préfet Charles Besson demande à l'inspecteur spécial du travail, aux commissaires de police et aux directeurs des hospices civils d'être informé en temps réel afin de pouvoir saisir le parquet aux fins de poursuites engagées sur la base des articles 319 et 320 du Code pénal.

Relayant une proposition faite par le Conseil central d'hygiène et de salubrité du département, appuyée par le conseil général, Besson propose que la loi soit modifiée de telle manière que les établissements utilisant des machines mues par la vapeur soient obligatoirement classés dans la catégorie des établissements insalubres, incommodes ou dangereux. Cette disposition permettrait à l'administration d'imposer toutes mesures préventives aux bénéfices des travailleurs. Devant le refus du ministre, le préfet, suggère que le règlement d'administration publique prévu par la loi du 22 mars 1841 soit enfin promulgué. Nouvel échec. En 1855, considérant sans doute qu'il ne peut rien obtenir du ministre, Besson décide d'imposer *proprio motu*, en vertu de son pouvoir de police administrative, un certain nombre de « mesures de précaution » prises par voie de circulaire et applicables dans les ateliers utilisant des machines mécaniques. Jugeant que ce texte constitue un excès de pouvoir, le ministre refuse sa sanction à la circulaire préfectorale qui n'a donc valeur que de simple conseil aux employeurs.

Les juridictions régionales adoptent, au moins dans un certain nombre de cas, des positions très en avance sur la jurisprudence de la Cour de cassation. Une décision de première instance va même jusqu'à condamner un employeur à une peine de prison avec sursis. Ce jugement est certes annulé par la cour de Douai, mais celle-ci sanctionne en 1855 le défaut de surveillance de l'enfant ouvrier et, en 1861, admet que l'abstention de toute mesure de protection peut constituer une négligence condamnable sur la base des articles 319 et 320 précités.

Ainsi, durant tout le Second Empire, le département du Nord apparaît comme un département pilote dans l'application de la loi. Les préfets successifs sont d'ailleurs fréquemment interrogés par leurs collègues des autres départements sur l'intérêt que présente, par exemple, la création d'un poste d'inspecteur spécial. Le Nord reste longtemps le seul à disposer d'un tel fonctionnaire jusqu'à la création d'un emploi similaire dans le Tarn. En 1868, moins de dix départements ont créé de tels postes.

Dans le Pas-de-Calais, le conseil général se préoccupe aussi d'un meilleur fonctionnement des commissions locales. Un conseiller de préfecture est désigné pour assurer l'inspection, une indemnité spéciale votée. En 1865, est nommé un inspecteur spécial, la même année une telle mesure est adoptée dans la Seine.

Vers la généralisation du système d'inspection (1869-1892)

Le décret du 8 décembre 1868 transfère la responsabilité de l'inspection aux ingénieurs en chef des mines. Ces derniers répugnent à assumer ces nouvelles fonctions qui les détournent de leur tâche principale, le contrôle des exploitations minières. Il met aussi fin à l'existence des commissions locales d'inspection et, en principe, à celle des inspecteurs spéciaux. Toutefois, dès le mois de mars 1869, les départements se voient reconnaître à nouveau la possibilité de nommer des inspecteurs placés sous l'autorité des ingénieurs des mines. En 1872, le Nord recrute deux inspecteurs spéciaux, nommés à Lille et Valenciennes. La même année, le Pas-de-Calais confie aux huit inspecteurs primaires de l'instruction publique, dûment indemnisés pour cette nouvelle tâche, la charge d'inspecteur du travail. Cette décision a des conséquences importantes. À Boulogne par exemple, l'inspecteur primaire Carpentier se montre particulièrement actif. Dès son installation, il adresse une circulaire à tous les employeurs concernés. Durant les douze mois suivants, treize industriels sont déférés devant les tribunaux et condamnés. Mais les autres arrondissements affichent de piètres résultats, car les inspecteurs primaires peinent à assumer leur double fonction (en 1879, sur quelque 1 200 établissements assujettis, 329 seulement seront visités).

En 1874, les postes de quinze inspecteurs divisionnaires sont créés au niveau national et les commissions locales d'inspection se voient rétablies. Le Nord et le Pas-de-Calais forment une seule circonscription. Dans le Nord, l'inspecteur divisionnaire dispose toujours de deux inspecteurs spéciaux. Dans le Pas-de-Calais est rétabli en 1881 le poste d'inspecteur spécial qui avait été supprimé en 1868.

Une dernière étape dans l'application de la loi de 1841 intervient en 1885. Le nombre des inspecteurs divisionnaires est alors porté à vingt et un. Mais cela n'induit sur le plan institutionnel qu'un seul changement notable : l'inspecteur divisionnaire de Lille voit sa compétence réduite au département du Nord, le Pas-de-Calais relevant désormais de l'inspecteur divisionnaire d'Amiens.

L'administration ne se contente pas d'assurer le contrôle de l'application de la loi; elle met aussi en place les tribunaux spécialisés que sont les conseils de prud'hommes, répondant ainsi, plus ou moins rapidement, aux demandes de la société civile, formulées d'abord par les fabricants et les travailleurs indépendants, puis progressivement par les salariés et leurs représentants, qu'il s'agisse d'élus politiques ou de militants issus du mouvement ouvrier. Ce n'est qu'en 1810, soit trois ans après la promulgation de la loi, que sont créés les conseils de Lille et Roubaix. Si le Nord n'apparaît pas dès l'abord au premier rang des départements où existe un conseil (quelle que soit l'étendue de sa compétence territoriale), il va combler très vite son retard. À la fin du Premier Empire, on y compte 3 conseils sur 22 existant en France, 8 sur 44 en 1848, 11 sur 49 en 1870, 20 sur 180 en 1914. Les décrets d'institution sont en outre régulièrement modifiés pour étendre la compétence territoriale ou professionnelle des conseils. Le Pas-de-Calais où dominent encore l'agriculture et l'industrie extractive, qui échappera jusqu'en 1907 à la compétence prud'homale, voit naître son premier conseil (Calais) sous la Restauration et en compte 6 en 1914.

1893-1938 : l'affirmation de la spécificité nordiste

L'inspection du travail

Le décret du 23 novembre 1893 prévoit que la France, découpée en 11 circonscriptions dirigées chacune par un inspecteur divisionnaire, doit comprendre après réorganisation 90 inspecteurs départementaux dont 15 femmes[4]. La première circonscription (Paris) dispose de 26 inspecteurs, le cinquième (Lille avec trois départements, Nord-Pas-de-Calais et Somme) de neuf, à égalité avec la onzième (Lyon et sept départements). Mais la répartition sur le terrain est très différente. Alors que dans le reste de la France les agents du service sont en poste au chef-lieu et que leur section couvre souvent plusieurs départements, dans le Nord et le Pas-de-Calais ils sont répartis sur l'ensemble de la circonscription : Lille, Roubaix-Tourcoing, Armentières, Valenciennes, Avesnes, Calais, Arras. Cette caractéristique se maintient tout au long des remaniements futurs, liés à l'accroissement des effectifs. À la veille de la Seconde Guerre mondiale, la région reste encore la deuxième pour le nombre d'agents.

Si, sur le plan quantitatif, le service paraît bien doté, son poids relatif et son implantation correspondant à l'importance et à la structure de l'industrie régionale, qu'en est-il sur le plan qualitatif? Cette question peut être abordée sous deux angles : le recrutement des agents et leur activité.

L'étude des annuaires généraux ou administratifs indique un turn-over supérieur à la moyenne nationale. La région ne fournit que peu de candidats à la fonction publique et les jeunes gens qui y sont nommés aspirent à rejoindre dès que possible leur région d'origine. Très vite, on assiste à une double situation : un noyau dur d'inspecteurs d'une part, formé souvent d'anciens instituteurs qui restent en poste dans le même département et la même résidence; des débutants d'autre part, qui ne font que passer dans la région et poursuivent leur carrière dans d'autres affectations.

Il en va autrement des inspecteurs divisionnaires, comme le montre l'exemple de Pierre Boulin. D'abord ouvrier à Saint-Étienne où il est né en 1857, il « monte » à Paris, entre dans les services municipaux et obtient une licence de physique. Reçu au concours d'inspecteur, il débute à Chambéry, puis à Lyon. Il devient inspecteur divisionnaire à Lille en 1905, où il reste en poste jusqu'en 1927. En 1910, il assiste à Lugano au congrès de l'Association pour la protection légale des travailleurs. Après la guerre, il est à plusieurs reprises expert du BIT et membre de la délégation fran-

4. Les fonds départementaux sont moins riches pour cette période. Pour le placement et le fonds de chômage, cf. les débats des conseils généraux. Pour le Pas-de-Calais, ADPdC M 7060 à 7090, 7337 à 7368. Pour le Nord, ADN, M 616, archives municipales de Lille (6 F 36 à 52) et Roubaix (F VII/C).

çaise à l'OIT. Auteur de nombreux articles sur la santé au travail, il enseigne l'hygiène industrielle à l'Institut industriel du Nord. Il cumule les fonctions, étant non seulement, comme les autres divisionnaires, chef de l'Office régional de placement, mais aussi président et directeur de la Caisse départementale des retraites, fonction qu'il conserve après sa retraite, devenant alors directeur au Consortium textile de Roubaix et l'un des principaux collaborateurs du délégué général Désiré Ley[5].

L'activité des inspecteurs du travail est grande, sous l'impulsion notamment de Boulin. En témoignent le nombre des visites et des procès-verbaux, nettement supérieur à la moyenne nationale, mais aussi les articles écrits par eux dans le *Bulletin de l'inspection du travail*. L'implantation locale des inspecteurs et leur ancienneté dans le poste en font tout naturellement des interlocuteurs privilégiés, non seulement pour les groupements professionnels et les syndicats, mais également pour les municipalités, notamment celles qui ont été conquises par les socialistes. Cela les conduit, en tout cas dans le Nord, à cumuler fréquemment les fonctions d'inspecteur du travail chargé d'une section avec celles de directeur d'office départemental (Lille) ou municipal (Roubaix, Tourcoing) de placement, ce qui n'est pas sans soulever l'hostilité de certains milieux patronaux[6].

Cette situation les amène aussi à intervenir souvent dans les conflits du travail, ouverts ou latents, avec l'aval de leur supérieur hiérarchique et du corps préfectoral, même si celui-ci est d'abord réticent, voire hostile. En 1910, Henri Bourrillon, plus connu en littérature sous le nom de Pierre Hamp, qui démarre à Cambrai, en tant qu'inspecteur stagiaire, une carrière de treize années (1909-1922) dans les cadres de l'inspection du travail, se fait rappeler à l'ordre, à l'initiative du sous-préfet, pour être intervenu dans un conflit opposant les teinturiers-apprêteurs de Caudry à leurs ouvriers[7]. Par contre, après 1918, les inspecteurs sont encouragés à intervenir et à jouer un rôle de conciliateur. Les rapports de police font état de multiples interventions lors des grèves tout au long des années 1920-1935.

En juin 1936, avant même que le nouveau ministre du Travail, Jean-Baptiste Lebas, demande qu'il soit mis fin aux grèves avec ou sans occupation d'usine, l'inspecteur divisionnaire rend compte quotidiennement au préfet des nombreuses interventions, souvent efficaces, de ses collaborateurs. Très vite, les procédures de conciliation des conflits (commissions départementales d'arbitrage) sont mises en place. Dans le département du Nord, sur 669 conflits portés à la connaissance des autorités entre juillet 1936 et août 1939, une grande partie est soumise à la commission départementale, présidée le plus souvent par l'inspecteur divisionnaire ou l'un de ses adjoints.

---

5. Après Gervois (1927) et Vincent (1937), Croisier (1943) occupe le poste de divisionnaire jusqu'en 1960. Son successeur Robert Bailet devient six ans plus tard inspecteur général, aussitôt détaché dans le poste de directeur général de l'AFPA nouvellement créée. Le poste de directeur régional de Lille devient alors un tremplin puisque, de 1966 à 1985, trois des quatre successeurs de Bailet seront nommés inspecteur général.
6. Centre des archives du monde du travail (CAMT), 1996-110-0640, Consortium textile.
7. Sur ses activités d'inspecteur du travail dans le Nord, D. GUYOT (dir.), *Pierre Hamp, inspecteur du travail et écrivain humaniste, 1876-1962*, Paris, L'Harmattan, 2005, p. 19-114.

Les autres acteurs

Dans le domaine de l'hygiène et de la sécurité, le patronat nordiste, en premier lieu celui du textile, mène une action importante qui mériterait à elle seule une étude particulière. Dans la dernière décennie du XIXe siècle est fondée l'Association des industriels du Nord de la France (AINF), dont les ingénieurs sont à même d'expliciter aux entreprises les dispositions du Code du travail ou les injonctions des inspecteurs du travail, et de les conseiller sur tous les problèmes d'hygiène et de sécurité. De même, on ne peut passer sous silence l'action menée depuis 1935 par l'Institut de médecine du travail de Lille, qui s'adapte aux constantes évolutions de cette discipline, faisant figure de pionnier en ce qui concerne la collaboration avec les autres institutions sociales, en particulier la Caisse régionale d'assurance maladie et les collectivités locales.

Tout au long de la période 1893-1938, les départements du Nord et du Pas-de-Calais sont naturellement dotés des diverses commissions créées par le ministère du Commerce puis du Travail. La taille des départements conduit à la création de sous-commissions du Travail au niveau des arrondissements qui, semble-t-il, fonctionnent assez régulièrement dans les années 1920 et 1930. Par contre, pas plus que dans le reste de la France, la loi du 17 juillet 1908 créant des comités consultatifs du travail ne trouve dans le Nord ou le Pas-de-Calais un accueil favorable, comme le montre l'échec des quelques initiatives prises par l'administration.

Il convient enfin d'insister sur le rôle des municipalités. Elles se sont très tôt intéressées au placement des travailleurs, ne serait-ce que pour réglementer l'activité des bureaux et agences de placement, dont l'agrément incombe aux maires (décret du 25 mars 1852). En 1884, les premiers services municipaux de placement sont institués à Lille. Cinq ans plus tard suivent Cambrai et Caudry. La loi du 14 mars 1904 sur le placement n'est pas sans produire quelques effets, avec la création d'organismes sans but lucratif comme l'Union française de la jeunesse à Lille, ainsi que la floraison de nouvelles initiatives municipales, à Maubeuge notamment.

La guerre donne une nouvelle impulsion aux services publics de placement. Leur nombre passe en France de 32 – assurant 30 000 placements – en 1913 à 120 en 1918. Les départements du Nord et du Pas-de-Calais, ayant été occupés ou traversés par la ligne de front, sont restés en grande partie, jusqu'en 1918, à l'écart de ce mouvement. Après l'Armistice, les solutions adoptées diffèrent d'un département à l'autre. Dans le Nord, des offices municipaux sont créés à Denain, Roubaix, Tourcoing, Valenciennes dès 1919, puis à Cambrai, Douai, Dunkerque, Maubeuge et Armentières (ce dernier en 1931). À Lille, l'office départemental joue le rôle d'office local. À Dunkerque, des bureaux spécialisés pour les dockers et gens de mer sont créés. Tous ces offices, sauf celui de Douai, ont un rôle qui dépasse le cadre strictement communal et s'étend soit aux communes avoisinantes, soit même à l'arrondissement. Trois d'entre eux, dont l'office départemental, sont, on l'a dit, dirigés par des inspecteurs du travail. Dans le Pas-de-Calais par contre, la structure est différente : l'office départemental, dirigé par un chef de division de préfecture, possède des correspondants dans une centaine de communes – généralement employés à temps partiel –, mais on ne trouve pas à proprement parler d'offices municipaux disposant d'un personnel et d'un budget propres.

Lille est l'une des sept villes de France métropolitaine où, dans les années 1920, sont installés des services régionaux de l'Office national de la main-d'œuvre et du Service national de contrôle de la main-d'œuvre étrangère. Le décret du 25 janvier 1933 leur substitue un organisme unique, le Service national de la main-d'œuvre étrangère. À la tête de l'Office régional de Lille se trouve un inspecteur du travail, Lévèque, ancien chef du service départemental de placement. Puis en 1935, tandis que le Service national est supprimé, le service régional passe sous l'autorité directe de l'inspecteur divisionnaire.

Durant les années 1930, dans chacun des deux départements, on assiste à la création de quelque 400 fonds municipaux de chômage. La totalité des communes importantes est ainsi concernée. Leurs dépenses sont couvertes à 90 % par l'État. La part restant à la charge des budgets communaux bénéficie chaque année de crédits importants votés par les deux conseils généraux.

1938-1944 : la guerre, une parenthèse ?

Plusieurs travaux l'ont déjà montré : la période de la Seconde Guerre mondiale a été, en France, propice à l'extension de la protection sociale organisée[8]. Dans le Nord et le Pas-de-Calais, rattachés dès la fin des combats au *Militärbefehlshaber in Belgien und Nordfrankreich* qui siège à Bruxelles et est représenté à Lille par l'*Oberfeld Kommandantur 670*, s'y ajoute l'immédiateté de la présence allemande. Il en résulte une forte spécificité qui, assez paradoxalement, renforce le rôle déjà joué dans la région par les instances locales de protection du travail.

En juillet 1938, la loi sur l'organisation de la nation en temps de guerre confie à l'inspection du travail un rôle important dans la réquisition, individuelle ou collective, de la main-d'œuvre nécessaire au fonctionnement des entreprises en temps de guerre. Le décret du 1er septembre 1939 instaure un véritable contrôle de l'emploi.

Dès la première quinzaine de juin 1940, les préfets et les autorités allemandes d'occupation se préoccupent, conjointement ou séparément, de réparer les lourds dommages infligés aux infrastructures par les violents combats. Il s'agit, en déblayant les décombres, en remettant en route les établissements industriels, d'éviter tout désordre, de réduire le chômage et, pour les Allemands, d'assurer la participation de l'économie régionale à l'effort de guerre du Reich.

C'est ainsi que le contrôle allemand s'étend sur l'ensemble des produits et des salariés. Dès juillet 1940, des réunions sont organisées à Lille et Valenciennes avec les représentants des industries mécaniques et sidérurgiques. En février 1941 est signée une convention franco-allemande sur l'utilisation des matières premières textiles. Dans cette perspective, un bon fonctionnement du marché du travail est indispensable pour permettre la reprise de l'activité locale dans tous les secteurs

8. Pour la période 1940-1942, cf. ADN et ADPdC, séries 1 W.

industriels, ainsi que le recrutement de techniciens et d'ouvriers qualifiés au bénéfice des usines d'outre-Rhin.

Peu au fait de l'organisation administrative française ou la dédaignant car la jugeant peu efficace, l'administration allemande ne s'adresse pas à l'autorité préfectorale. Pour elle, le seul interlocuteur est Vincent, inspecteur divisionnaire du Travail placé à la tête du service régional de la main-d'œuvre, même si celui-ci, nous l'avons vu, n'a souvent qu'un rôle de coordination des services départementaux ou municipaux. L'organisation des services de placement ne répond pas, loin s'en faut, aux normes allemandes, qu'il s'agisse du nombre des unités locales, de l'effectif et de la qualification des agents, du mode de fonctionnement ou des méthodes de travail. Ainsi se remettent en place les services de placement, sous l'autorité de l'inspecteur divisionnaire qui se trouve confronté à une double contrainte : lutter contre le chômage, mais aussi donner des gages, au moins apparents, aux autorités allemandes en ce qui concerne le recrutement d'ouvriers dirigés outre-Rhin.

Dès son premier rapport adressé le 27 août 1940 au ministère du Travail, Vincent expose les mesures qu'il a dû prendre ou s'apprête à prendre sous la pression allemande : d'une part, le renforcement et la décentralisation du contrôle des chômeurs, placés sous l'autorité directe des inspecteurs du travail, chargés de la direction effective des bureaux de placement ; d'autre part, l'élaboration immédiate d'un plan de réorganisation de ces services. Dans les semaines qui suivent, un schéma est élaboré : maillage au plus près des entreprises, recrutement de personnel, notamment de « placeurs techniciens » issus des grandes catégories socioprofessionnelles. Après quelques remaniements, trente-deux bureaux dans le Nord, vingt dans le Pas-de-Calais fonctionneront en 1941. Les préfets, Fernand Carles dans le Nord et Amédée Bussière dans le Pas-de-Calais ne peuvent qu'acquiescer, même s'ils ne savent pas dans un premier temps comment financer cette opération. La loi du 11 octobre 1940 intervient à point nommé, confirmant le rôle joué par l'inspecteur divisionnaire et fixant les modalités de financement des services.

Durant le second semestre de cette même année 1940, inspecteurs du travail et services de placement sont soumis à la pression croissante des autorités allemandes qui s'efforcent de recruter des travailleurs pour l'Allemagne, bien avant que l'on parle de « relève » ou que soit mis en œuvre le STO. Dans le Nord-Pas-de-Calais, une ordonnance de l'administration militaire allemande en date du 15 octobre 1940, dont l'exécution est confiée aux inspecteurs du travail, impose un strict contrôle de l'emploi au bénéfice des chômeurs pères de famille ou mariés que les entreprises ont obligation d'embaucher en priorité.

Les inspecteurs du travail ne peuvent refuser d'organiser des réunions d'information. Ils s'opposent néanmoins à toute communication aux *Feldkommandanturen* locales des fichiers ou listes de chômeurs. Une circulaire du ministre René Belin aux divisionnaires (20 novembre 1940) les conforte dans cette position, mais la pression allemande en vue du recrutement de travailleurs volontaires est toujours plus forte, comme le montre un long rapport de l'inspecteur divisionnaire Vincent au ministre exposant qu'il est sommé par les Allemands de collaborer plus efficacement. Après une rencontre à l'administration centrale, Vincent est reçu à Vichy par l'amiral

Darlan le 2 décembre. Le lendemain, une dépêche de René Belin confirme que les listes de chômeurs, secourus ou non, ne doivent faire l'objet d'aucune communication. Ultérieurement, des circulaires de Darlan en date des 7 juin et 16 juillet 1941 traitant de l'exécution des ordres donnés par les autorités d'occupation, et plus spécialement du recrutement de la main-d'œuvre française par l'Allemagne, confortent cette position.

Au printemps 1941, une autre affaire montre l'ambiguïté de la situation de l'administration régionale, chargée d'appliquer les instructions ministérielles tout en étant en même temps étroitement contrôlée par les autorités d'occupation. Il s'agit de l'envoi, dans les dépôts de main-d'œuvre de l'Aisne, de 1 000 chômeurs recrutés pour des travaux de force et réclamés par le commissaire au chômage à l'inspecteur divisionnaire. Ce dernier est obligé d'en référer aux Allemands qui interdisent tout départ pour l'Aisne, ayant eux-mêmes besoin de 5 000 travailleurs volontaires pour les usines allemandes. L'inspecteur divisionnaire réussit cependant à se tirer de ce mauvais pas en arguant auprès des autorités françaises que les chômeurs aptes aux travaux de force ne forment qu'un effectif extrêmement faible parmi tous les inscrits au chômage dans les bureaux des départements de son ressort. Le gouvernement de Vichy doit se contenter de cette présentation.

À cet aspect répressif, que nous ne pouvons que brièvement évoquer, se superposent d'indéniables progrès dans le fonctionnement des institutions locales de travail. La période de la guerre permet la montée en puissance des bureaux de main-d'œuvre, comme le montrent les comptes rendus détaillés d'activité qu'envoie à l'OFK 670, puis aux préfets, l'inspecteur divisionnaire du travail. Les documents sont révélateurs du progrès des méthodes. L'analyse des besoins se fait désormais par types de métiers. Des fichiers d'entreprises sont constitués. Une diffusion périodique des offres d'emploi non satisfaites est mise en place. Elle couvre les trois départements de la circonscription (Nord, Pas-de-Calais et Somme), mais est aussi diffusée dans les départements voisins, notamment en Seine-Maritime. Après 1942, l'activité des services de placement s'efface devant l'intervention des organismes engagés dans la collaboration, tel le Commissariat régional au travail des jeunes.

1945-1981 : la régionalisation, condition de la rénovation des institutions locales du travail

Les ambitions réformatrices

À la Libération, toutes les structures régionales pâtissent du discrédit d'avoir été mises en place par le régime de Vichy et d'avoir facilité l'emprise allemande sur l'économie et la société françaises[9]. Les projets de réforme territoriale tendant à un redécoupage de l'espace, comme la création de trente ou quarante grands départe-

9. Les versements effectués aux ADN et ADPdC pour les années considérées sont très lacunaires voire inexistantes, tant en ce qui concerne les SETE que l'ANPE ou l'AFPA. Ont été utilisées les archives privées de Claude Chetcuti, chargé de mission auprès du préfet de Région (1965-1967) puis directeur départemental (1974-1976) et régional (1979-1981) du Travail et de l'Emploi à Lille.

ments, ou à la modification du rôle des préfets se heurtent à l'opposition des élus locaux. On en revient donc au statu quo ante. Cela ne signifie pas pour autant absence de volonté réformatrice, bien au contraire.

Le Nord de la France connaît, de 1945 à 1960, la Reconstruction, suivie d'une période d'intense activité industrielle, avant de subir, à partir du début des années 1960, un sérieux tassement. Ce dernier est lié à la crise des activités traditionnelles (textile, sidérurgie) et à la reconversion du bassin charbonnier, entamée dès le début des années 1950 à l'ouest du Pas-de-Calais, puis progressivement étendue aux autres parties du bassin, au rythme des plans gouvernementaux.

Dans ce contexte, quel est l'impact de la réorganisation administrative issue de la Libération, qui réduit le rôle des inspecteurs divisionnaires du travail à un simple contrôle administratif des services ? Les deux départements appartiennent toujours à la cinquième circonscription qui, jusqu'en 1960, s'étend aussi à l'Aisne et à la Somme. Le décret du 27 avril 1946 réorganisant les services du travail et de la main-d'œuvre réserve un sort particulier à cette circonscription, ainsi qu'à celle de Paris : l'inspecteur divisionnaire y exerce en même temps les fonctions de directeur départemental du travail dans le département chef-lieu, ce qui conforte son statut tant auprès des préfets que des milieux économiques et professionnels. Les services du travail et de la main-d'œuvre y sont confrontés aux mêmes problèmes que les autres régions industrielles : mise en œuvre des réformes de la Libération (représentation du personnel, comités d'entreprise, santé au travail), régulation du marché du travail et satisfaction des besoins en main-d'œuvre. Quelques points particuliers peuvent toutefois être notés.

Les services de la main-d'œuvre sont naturellement organisés au niveau départemental, mais les bureaux de main-d'œuvre (BMO), dont le nombre n'a pas été réduit à la Libération (52 dans les deux départements du Nord et du Pas-de-Calais), exercent leur activité en liaison étroite et suivant les directives des inspecteurs du travail, surtout dans les villes autres que le chef-lieu où les inspecteurs apparaissent comme les responsables locaux de l'ensemble des services. Jusqu'en 1967, date de mise en place de l'Agence nationale pour l'emploi (ANPE), l'ordonnance du 24 mai 1945 relative au contrôle de l'emploi reste assez largement appliquée, tant en ce qui concerne les licenciements (même individuels) qu'en ce qui concerne les placements. Cette situation, que l'on rencontre également, quoiqu'à un moindre degré, en Alsace-Moselle, est évidemment due à la densité du réseau des bureaux de main-d'œuvre, tout autant qu'à la qualité des liens tissés avec les milieux professionnels durant l'entre-deux-guerres, mais surtout depuis 1939 par les services de placement. Les résultats obtenus par eux dans le Nord et le Pas-de-Calais soutiennent la comparaison avec ceux obtenus dans d'autres pays d'Europe du Nord, contrairement à la situation constatée dans le reste du pays qui justifie les conclusions du rapport de F.-X. Ortoli et la création en juillet 1967 de l'ANPE.

En ce qui concerne l'inspection du travail, des observations analogues peuvent être faites. L'ancienneté de l'implantation du service, sa décentralisation, mais aussi la permanence des inspecteurs dans leurs postes, la considération dont ils jouissent les font apparaître plus souvent comme des médiateurs sociaux que comme des agents répressifs. Sans doute ce lien personnel existe-t-il ailleurs. Mais ici, surtout dans la grande industrie (sidérurgie, métallurgie, chimie, textile), cette autorité s'inscrit dans une longue tradition. En 1947, la totalité des postes d'inspecteurs est occupée (12 dans le Nord, 5 dans le Pas-de-Calais). Ce nombre décroît ensuite rapidement, pour tomber en 1955 à 10 pour les deux départements. On ne retrouve le niveau antérieur qu'en 1973, avec le début de la réalisation du plan Fontanet d'accroissement des effectifs. Mais beaucoup d'inspecteurs continuent à effectuer toute leur carrière dans la même ville, tels ceux de Béthune et de Cambrai, nommés en 1943 et 1947, qui ne quittent leur résidence qu'à l'âge de la retraite, après vingt-cinq années, voire davantage, passées dans le même poste. Évidemment, l'activité, mesurée à travers le nombre de contrôles, s'en ressent et la saisine des tribunaux répressifs est exceptionnelle. Même si l'ambition réformatrice issue de la Libération s'émousse, le Nord et le Pas-de-Calais conservent ainsi leur originalité.

Vers la prise en compte des particularités régionales

Dans le Nord, les milieux économiques sont plus marqués qu'ailleurs par un souci de travail collectif. Le patronat s'organise très vite au niveau régional au sein du CISE (Comité interprofessionnel social et économique), qui regroupe l'ensemble des activités non agricoles des deux départements, tant du secteur privé que du secteur public (les Houillères de bassin du Nord-Pas-de-Calais y sont représentées). La volonté de mener une réflexion active sur l'évolution de la région conduit à la création en 1953 du Comité d'études régionales économiques et sociales (CERES), financé par les milieux patronaux et les deux départements, bientôt reconnu comme comité régional d'expansion. Son conseil d'administration regroupe non seulement les représentants des collectivités territoriales, des chambres de commerce et du patronat, mais également ceux des syndicats ouvriers (à l'exception de la CGT). Des membres de l'administration participent à ses travaux (préfectures, INSEE, direction régionale du Travail) et c'est d'ailleurs le recteur de l'Académie de Lille, Guy Debeyre, qui en assure la présidence durant une longue période [10].

L'administration du travail participe activement à ce mouvement, d'autant plus qu'elle-même est en cours de rénovation. Mais le nouveau directeur général du travail et de la main-d'œuvre, Pierre Laurent, entend ne pas perturber par une réforme d'ensemble immédiatement applicable le bon fonctionnement des services. Aussi choisit-il la mise en place progressive de nouvelles structures, les échelons régionaux de l'emploi (ERE) [11].

Le premier ERE est créé en 1961 à Nancy. Deux autres le sont l'année suivante à Lille et à Nantes. Leur tâche est double. Il s'agit, d'une part, de participer à l'information des salariés sur l'évolution des emplois et les possibilités de promotion et, d'autre part, d'étudier cette évolution dans le cadre régional, tant au point de vue qualitatif que quantitatif, et de constituer ainsi progressivement un corpus de travaux coor-

10. ADN série 11W.
11. C. Chetcuti, « Politique active de l'emploi et rénovation des services du travail et de la main-d'œuvre », *Cahiers du CHATEFP*, n° 4 ,2000.

donnés permettant une approche renouvelée des problèmes de l'emploi. L'expérience s'inspire largement des pratiques du service public de l'emploi britannique.

Dès sa création, l'ERE de Lille, qui couvre deux circonscriptions (Lille, Amiens) et cinq départements, mais dont l'activité est centrée sur le Nord et le Pas-de-Calais, travaille en liaison étroite avec la direction régionale de l'INSEE, l'inspection principale de l'Enseignement technique, le CISE et le Service interdépartemental de l'apprentissage qui en dépend. De même, des liens sont développés avec le CERES et l'ASSEDIC du Pas-de-Calais, pionnière en matière de statistiques de l'emploi.

Cette imbrication entre les services locaux du Travail et l'administration régionale, dirigée de 1963 à 1971 par le préfet Pierre Dumont – qui appelle auprès de lui les inspecteurs du travail, successivement chargés de l'ERE comme chargés de mission –, porte bientôt ses fruits. Les rapports et les études sur l'emploi sont présentés en termes identiques devant la Commission régionale de la main-d'œuvre et la CODER. Des travaux sont menés en liaison étroite avec l'INSEE et l'Université (au sein de cette dernière est créé en 1966 le Centre d'analyse du développement qui réunit fonctionnaires et enseignants-chercheurs).

À partir de 1964 se mettent en place, au sein de la direction régionale, des instruments d'analyse nouveaux : un atelier de mécanographie permettant de nombreux travaux statistiques, une bourse de l'emploi, régionale puis interrégionale, qui, outre l'établissement de statistiques rigoureuses du marché du travail, diffuse chaque semaine les offres d'emploi non satisfaites. Les quinze départements des cinq régions du Nord-Pas-de-Calais, de Picardie, de Lorraine, de Champagne-Ardenne et d'Alsace sont bientôt couverts par la collecte de telles statistiques. Ce service préfigure ainsi la Bourse nationale de l'emploi, créée par l'ordonnance du 13 juillet 1967. Il en sera le premier élément, lors de son transfert à l'ANPE en janvier 1968[12].

L'impulsion alors donnée se poursuit durant les années suivantes, puisqu'en 1980-1981, une étude portant sur le chômage des jeunes et les inégalités devant la crise (« 600 jeunes en quête d'emploi ») est financée par le Conseil régional et réalisée sous la direction d'un sociologue, chargé d'études à l'ERE.

C'est aussi à ce moment que le service local de l'inspection du travail est entièrement renouvelé. Les derniers inspecteurs nommés en 1943 ou 1946-1947 prennent leur retraite. Le département du Nord est scindé en deux directions départementales (timide réponse, mais la seule, aux propos tenus par les plus hauts responsables de l'État faisant allusion à un éventuel redécoupage de la région), la totalité des postes d'inspecteurs est occupée, d'autres emplois sont créés et surtout l'activité des agents connaît un renouveau. Parallèlement, les services de médecine du travail des deux départements sont réorganisés en profondeur par le décret du 20 mars 1979. Il n'est pas sans intérêt aussi de noter que des procès-verbaux d'inspecteurs sont à l'origine de prises de position de la Cour de cassation en matière de réglementation du travail, notamment en matière d'application des règles d'équivalence en cas de travail à temps partiel ou de règles de sécurité en cas de sous-traitance interne.

12. *Ibidem*.

Au fil des ans, le Nord-Pas-de-Calais a donc su conserver son rôle pilote en matière d'application de la réglementation du travail, non sans devoir tenir compte de la spécificité créée par sa situation frontalière, notamment dans le domaine de l'emploi, comme le montre la solution apportée au problème du transfert des salaires de travailleurs frontaliers.

Les flux frontaliers ont toujours été importants entre la Belgique et la France, notamment dans les secteurs de Valenciennes et de Maubeuge, d'une part, de Mons d'autre part, et surtout dans le nord de l'arrondissement de Lille (Roubaix, Tourcoing, vallée de la Lys). Après 1945, il ne s'agit pas seulement de régler des problèmes administratifs, de définir la zone frontalière, de réglementer la délivrance des permis de travail, mais aussi de trouver à un problème à la fois économique, social et monétaire une solution qui satisfasse toutes les parties. Les employeurs français sont confrontés à une grave pénurie de main-d'œuvre. Le gouvernement belge, pour sa part, souhaite réduire le chômage dans son pays, et donc les dépenses d'indemnisation, très élevées du fait d'une législation extrêmement généreuse. Il est tout disposé à encourager le travail des frontaliers en France et à accorder une bonification de change aux salaires transférés, alors que les patrons français sont prêts à majorer les salaires des frontaliers belges qui seront, de ce fait, doublement avantagés.

Sous l'égide des services du travail français, des réunions périodiques sont organisées et une régie financière est mise en place au sein de la direction régionale du travail, qui permet chaque mois le transfert de dizaines de milliers de paies, jusqu'à ce que les flux frontaliers, après avoir connu une lente régression, s'inversent complètement au début des années 1980.

Au terme de cette enquête, se confirme l'intérêt d'une approche locale des institutions protectrices du travail. Même si des lacunes archivistiques empêchent parfois de suivre l'action administrative avec toute la précision souhaitable, le lien existant entre niveau d'industrialisation et institutions locales du travail ressort à l'évidence. Région d'industrie ancienne, le Nord-Pas-de-Calais possède un dense maillage d'institutions protectrices, présentes d'ailleurs davantage dans le Nord que dans le Pas-de-Calais. Globalement, l'avance est notable sur le reste de la France, dès le début du XIXe siècle. Elle persiste ensuite, malgré le ralentissement de la croissance industrielle, puis l'entrée dans la désindustrialisation contemporaine au milieu des années 1960 : Lille est l'une des premières villes retenues pour accueillir un échelon régional de l'emploi, et c'est là qu'est mise en place une bourse interrégionale de l'emploi qui préfigure la future bourse nationale prévue par l'ordonnance créant l'ANPE, dont elle sera le premier élément. Même dans un pays réputé jacobin et centralisateur comme la France, l'application de la réglementation nationale est donc loin de se faire de manière uniforme. Dans ce processus, le rôle des hommes est déterminant : hauts fonctionnaires qui n'hésitent pas à outrepasser leurs pouvoirs en matière de police sur les entreprises, inspecteurs divisionnaires du travail demeurés longtemps en poste, membres du patronat, qu'ils soient adeptes du catholicisme social ou sensibles aux impératifs de croissance et de modernisation.

Enfin, loin d'être un obstacle, les spécificités historiques et géographiques sont l'une des sources de l'avance nordiste en matière de réglementation du travail. La tradition interventionniste des pouvoirs municipaux se retrouve des années 1890 à nos jours, d'Émile Basly à Lens à Pierre Mauroy à Lille, en passant par Jean-Baptiste Lebas à Roubaix ou Guy Mollet à Arras. Les rapports avec les pays voisins exercent un effet stimulant : avec la Belgique, où l'administration rencontre des problèmes de territorialité de la loi dès 1841, puis imagine, un siècle plus tard, des solutions complexes pour transférer dans le cadre du contrôle des changes les salaires des frontaliers ; avec l'Allemagne, où le rattachement au commandement militaire de Bruxelles de 1940 à 1944 conduit, pour satisfaire les besoins de l'économie de guerre du Reich, à améliorer la collecte des statistiques en matière d'emploi et à multiplier les bureaux de placement, ce qui explique en partie le choix ultérieur de la région comme terrain d'expérience en matière d'emploi et de contrôle de la main-d'œuvre. Ainsi, quelles qu'en soient les raisons, la spécificité nordiste dans les rapports entre l'État et les institutions locales du travail est une réalité. Le constater revient à en appeler à des rapprochements et à des comparaisons avec d'autres régions françaises, dans une démarche dont ce colloque pourrait être l'initiateur.

La Lorraine annexée, « laboratoire » des politiques de protection sociale entre France et Allemagne au début du XXe siècle

Philippe HAMMAN

L'étude des singularités territoriales ayant marqué le développement des pratiques et de l'effectivité du droit mérite attention pour qui désire cerner la place des services de l'État et des acteurs en présence au niveau local dans le cadre de l'élaboration et de la mise en œuvre des politiques sociales et du travail. C'est spécialement vrai pour l'Alsace-Lorraine [1], compte tenu des particularismes forgés durant l'annexion allemande, de 1871 à 1918. Le *Reichsland* (ou Terre d'Empire) [2] permet ainsi d'approcher de nouvelles modalités de gestion des relations de travail et des rapports sociaux d'entreprise. En retenant le *Bezirk* de Lorraine (issu de l'ancien département de Moselle) au début du XXe siècle, on affine l'analyse des discours courants sur les « modèles » français et allemand de protection sociale (assistance, assurance, rôle de l'État et des patrons...).

Face au paternalisme des chefs d'entreprise, l'administration allemande s'efforce d'appliquer la législation sociale bismarckienne, qui participe d'une politique de germanisation [3]. Les rouages des institutions d'assurance, et leur mise en place dans des usines où « faire du social » est jusqu'alors le monopole du patron, font l'objet d'une première partie. Ces interventions nouvelles de l'État sont ensuite évaluées en rapport aux transformations qu'elles induisent : des droits nouveaux pour le personnel ? un effacement du paternalisme ou son adaptation ? Plus largement, ressortent les contradictions d'une lutte de pouvoir, entre des industriels dont les ressources ont été affectées par l'annexion et de nouveaux acteurs politiques, syndicaux et étatiques montés en puissance à la faveur de ce bouleversement. Ces phénomènes de politisation du social entre des acteurs collectifs en interaction dans un terri-

1. De l'allemand *Elsaß-Lothringen*. On parle d'Alsace-Moselle dans les catégories françaises postérieures à 1918.
2. Sur le cadre juridique, R. REDSLOB, « Le régime politique de l'Alsace-Lorraine sous la domination allemande », *Revue de droit public et de la science politique en France et à l'étranger*, 1921, p. 5-63.
3. Voir aussi P. HAMMAN, « Figures de l'État dans l'"entre-deux" : le Reichsland d'Alsace-Lorraine, "laboratoire" d'une politique de germanisation entre France et Allemagne (1871-1918) », A. CHATRIOT et D. GOSEWINKEL (dir.), *Les figures de l'État en Allemagne et en France, 1870-1945*, Munich, Oldenbourg, 2006, vol. 72, p. 141-158.

toire contesté sont analysés dans un troisième moment[4]. Par là, ce texte interroge l'histoire du ministère du Travail et celle de l'Assurance sociale en suggérant la possibilité de faire une histoire du droit du travail qui soit distincte de l'histoire de la protection sociale, notamment à partir de régulations spécifiquement politiques.

La loi (allemande) et le règlement (d'entreprise) : le paternalisme face à la législation sociale bismarckienne

La protection sociale constitue un enjeu de première importance en Lorraine annexée, car la majorité de la main-d'œuvre y est employée dans de grandes entreprises, et le phénomène de concentration s'amplifie : si l'on comptait en 1871 sept entreprises de plus de 1 000 ouvriers, elles sont quinze en 1913. À titre d'exemple, les Wendel occupent dans le *Bezirk* lorrain 20 000 personnes en 1910, contre 4 500 en 1860[5].

Les politiques sociales, monopole des patrons paternalistes

Certains chefs d'entreprise s'écartent d'une conception purement libérale du rapport de travail, et dispensent des services qui correspondent à l'entretien d'une main-d'œuvre suffisante et adaptée[6]. Pour renforcer l'enracinement des personnels, le contour des métiers est progressivement précisé : dans la métallurgie, à Hayange, les Wendel instaurent un système de « classes » en fonction de l'ancienneté et de la nature du travail[7]. Parallèlement, émerge le thème du logement ouvrier. Des cités se développent à proximité des usines, ce qui permet de soustraire partiellement les ouvriers à l'influence rurale. En contrepartie, le patron protège ces derniers contre les aléas du métier et de la vie : des caisses de secours sont fondées. L'Exposition universelle de 1867 à Paris accueille les premières réalisations, avec en vedette Le Creusot[8]. La protection sociale occupe alors une place centrale parmi la toile des institutions patronales.

La faïencerie de Sarreguemines, en Moselle, apparaît ici exemplaire. Dès 1840, le directeur Alexandre de Geiger engage un médecin et des infirmières pour dispenser gratuitement des soins. Il prend aussi en compte l'hospitalisation d'ouvriers dont l'état de santé le justifie. Des dons et prêts de la famille dirigeante permettent d'ériger un hôpital-hospice, inauguré le 15 août 1857[9]. C'est donc très tôt que Geiger a introduit le suivi médical du personnel, et il n'en reste pas à cette seule logique d'*assistance*, mais établit une première institution d'*assurance*.

4. P. Hamman, *Les transformations de la notabilité entre France et Allemagne : l'industrie faïencière à Sarreguemines (1836-1918)*, Paris, L'Harmattan, 2005.
5. F. Roth, *La Lorraine annexée*, Nancy, Publications de l'Université, 1976, p. 372-377.
6. F. Ewald, *L'État providence*, Paris, Grasset, 1986, p. 47-140 ; R. Castel, *Les métamorphoses de la question sociale*, Paris, Fayard, 1995, p. 18 *sq*.
7. L. Reybaud, *Le fer et la houille*, Brionne, Gérard Montfort, rééd. 1977, p. 229 *sq*.
8. *Les Schneider. Le Creusot. Une famille, une entreprise, une ville (1836-1960)*, Paris, Fayard, 1995.
9. F. Verronnais, *Annuaire du département de la Moselle pour 1847*, Metz, 1847, p. 276 ; Archives municipales de Sarreguemines (AMS), section III, Q I-13, et 2 H 110.

Le 1er octobre 1847, A. de Geiger fonde la Société de prévoyance et de secours des ouvriers faïenciers. La bienfaisance s'y adresse à des « prévoyants », autant dire à de « bons » ouvriers. Les statuts de la mutuelle, précisés en 1853, l'attestent : chaque adhérent paie deux francs par mois, ce qui lui ouvre en cas de maladie une indemnité d'un franc par jour ainsi que la prise en charge du médecin. Mais, dans le cas où il quitte la faïencerie ou si la maladie est la conséquence d'une rixe, l'ouvrier perd le bénéfice de ses cotisations : il en va de la responsabilisation du personnel par rapport aux exigences de l'industrialisation. Aussi le directeur entend-il maîtriser la protection sociale de façon exclusive : il dissuade explicitement en 1857 le préfet de la Moselle de créer une société de secours mutuels à Sarreguemines, avançant que cela « est inutile car il existe un bureau de bienfaisance et une caisse de maladie et de pension de la faïencerie [10] ». On saisit alors la portée des lois sociales allemandes en termes de rupture par rapport à cette version de l'autorité patronale « naturelle ».

L'intervention de l'État allemand : un triple système d'assurance

Dès 1873, une loi d'Empire rend obligatoire la création dans toute entreprise minière d'une *Knappschaft* ou caisse de secours. Les dangers du secteur justifient cette intervention de l'État. Derrière le principe, innovant si l'on pense qu'en France il faut attendre une loi de 1894, la réalité des aides reste toutefois limitée. Le cas de la caisse des Houillères de Sarre & Moselle en 1895 le montre. Pour ses 541 membres, les versements sont estimés à 17 000 Marks, répartis comme suit : 32 pensions d'invalidité de 163 Mk, 56 pensions de veuvage de 159 Mk, et 74 prestations de 37 Mk pour des orphelins, à chaque fois par an et en moyenne – tandis que le gain annuel moyen des mineurs est évalué à 720 Mk [11].

La principale nouveauté est ailleurs. Dans les années 1880, le parlement allemand *(Reichstag)* adopte un ensemble de dispositions instituant une protection sociale légale : assurance maladie (15 juin 1883), assurance accident (6 juin 1884) et assurance invalidité-vieillesse (22 juin 1889) [12]. Cette législation pose trois principes : obligation d'assurance pour la plupart des travailleurs, définition d'un minimum de prestations, contrôle des institutions et de la gestion des fonds. Toutefois, l'État ne se substitue pas en totalité aux patrons : si l'assurance vieillesse est confiée à un Office public, pour le reste, les entrepreneurs, leurs employés et ouvriers doivent organiser l'appel des fonds et le versement des aides, moyennant l'application de certaines règles.

La loi de 1883 rend obligatoire l'affiliation à une caisse de maladie des ouvriers d'industrie dont le salaire est inférieur à 6,66 Mk par jour ou 2 000 Mk par an, ce

10. AMS, section III, FIII-17 ; F. Birck et M. Dreyfus, *La mutualité en Lorraine. Étude d'un patrimoine historique*, Paris, Mutualité française, 1988, p. 98 ; E. de Chastellux, *Annuaire de la Moselle*, 1857, p. 506.
11. ADM, 11 AL 38 ; R. Mourer, *Mineurs de charbon lorrain dans l'histoire d'une région frontalière, 1856-2004*, Sarreguemines, Éd. Faïencité, 2005, p. 83-101.
12. S. Kott, *L'État social allemand. Représentations et pratiques*, Paris, Belin, 1995.

qui englobe la quasi-totalité de la main-d'œuvre. La protection peut être organisée soit sur une base territoriale, soit au niveau d'une entreprise, si elle emploie une main-d'œuvre nombreuse. Nouveauté, des caisses locales de maladie ou *Ortskrankenkassen* sont donc établies pour englober les plus petites entreprises, où rien n'existait jusque-là. Mais, si en 1884 le nombre des assurés a doublé, ces caisses connaissent fréquemment des difficultés pour se maintenir, à l'exemple de celle des tanneurs de Sierck, close en 1906. Que les autorités poussent les caisses d'entreprise comptant moins de 100 membres à la fusion avec les caisses locales ne permet pas de relancer ces dernières[13].

De fait, les caisses d'usine antérieures à la loi de 1883, rebaptisées *Betriebskrankenkassen*, ont pu continuer leurs activités. Versant souvent des prestations déjà supérieures au niveau requis, elles prennent le dessus par rapport aux caisses locales : les 3/4 des ouvriers y sont affiliés en 1895. Significatif est, par exemple, le fait que la caisse de l'usine Wendel à Hayange comprend autant d'adhérents et bénéficie de plus de moyens financiers que celle de Thionville-Ouest. L'autorité patronale n'est donc pas directement menacée. Pour preuve, si dans les caisses locales les délégués à l'Assemblée générale sont élus en fonction de l'apport financier respectif, soit 2/3 pour les assurés et 1/3 pour les patrons, au niveau des caisses d'usine, représentants patronaux et ouvriers sont placés à égalité, et le conseil d'administration usuellement désigné par simple acclamation. Au final, le rapport entre les deux types de caisses apparaît déséquilibré, et le demeure de 1890 à 1914 : 65 % d'adhérents aux caisses d'entreprise pour 35 % aux caisses locales.

À côté de cela, le second aspect de la législation bismarckienne qu'est l'assurance accident marque un renversement de perspective. Pour les patrons, l'industrie est un bienfait que ne saurait ternir l'accident du travail, cette imperfection transitoire que l'organisation rationalisée des ateliers va faire disparaître. La logique de la loi allemande est autre : l'accident est vu comme un pourvoyeur de misère, qu'on ne peut totalement éliminer; l'assurance est définie comme un remède au problème social posé[14]. Juridiquement, l'inversion de la charge de la preuve s'ensuit : désormais, tout accident du travail ouvre droit à une indemnisation, sauf s'il est établi que la victime l'a provoqué volontairement.

Cette même loi de 1884 est marquée par l'ampleur de son champ, couvrant une pluralité de secteurs : « mines, salines, carrières, fabriques, usines mécaniques, brasseries ». Cette obligation d'assurance est encore étendue par la suite : aux transports intérieurs (1885), aux entreprises de construction (1887), et même aux artisans et travailleurs à domicile en 1893. Les recensements opérés par l'administration allemande montrent bien que l'univers de l'artisanat lorrain a adhéré à l'assurance accident dans toute sa diversité : meuniers, briquetiers, brasseurs, etc.

Dans ce contexte, sa gestion par le biais de corporations professionnelles constitue une distinction majeure par rapport à la loi française de 1898. Les patrons s'organisent en *Berufsgenossenschaften* qui perçoivent les cotisations des membres,

13. ADM, 14AL37 ; F. ROTH, *La Lorraine...*, *op. cit.*, p. 379.
14. S. KOTT, *Des philanthropies aux politiques sociales. Solutions françaises et allemandes à la question sociale en Haute-Alsace – 1850-1914*, thèse d'histoire, université Paris 7, 1991.

réceptionnent les déclarations d'accidents et versent les sommes dues. 38 corporations sont ainsi constituées au niveau du *Reichsland*. Si ce mode d'organisation éloigne l'ouvrier du centre de décision, il contribue à une certaine auto-régulation au niveau des professions pour des mesures de protection [15].

Enfin, au contraire des domaines précédents, l'assurance invalidité-vieillesse, introduite en 1889, est organisée dans le *Reichsland* sous la forme d'un Office public à Strasbourg : le *Landesversicherungsanstalt für Elsaß-Lothringen*, qui reprend le modèle des trente autres instances régionales de l'Empire. L'ensemble de la main-d'œuvre y est affiliée (à l'exception des cheminots, relevant d'un régime spécial), et les caisses patronales préexistantes sont fondues dans cette institution (sous réserve de caisses complémentaires). Le rôle déterminant des fonctionnaires allemands ressort ici. Des « hommes de confiance » *(Vertrauensmänner)*, au nombre de quatre par entité territoriale, font le lien entre l'instance publique et les assurés. Si, formellement, il s'agit de deux représentants des employeurs et deux pour la main-d'œuvre, les directeurs de cercle *(Kreisdirektoren)*, sorte de sous-préfets allemands aux prérogatives élargies, détiennent largement le pouvoir de nomination *via* la confection des listes. L'influence des syndicats demeure marginale, et il en est de même à Strasbourg, où le comité directeur est composé de trois fonctionnaires, simplement assistés de deux assesseurs, un pour la partie patronale, l'autre au nom des assurés.

Patrons et ouvriers face à la nouveauté

Il convient alors d'interroger l'hypothèse de l'émergence de droits nouveaux pour la main-d'œuvre, et celle, inverse, d'une réappropriation des politiques sociales entre les mains des patrons, par-delà les obligations légales, en fonction des trois régimes d'assurance mis en place par les autorités.

L'émergence de droits sociaux nouveaux ?

L'assurance maladie apparaît comme la pièce centrale du système social allemand. L'extension des secteurs concernés plaide en ce sens [16]. En effet, les ouvriers des industries ne sont pas les seuls affiliés. C'est aussi progressivement le cas des ouvriers agricoles (1891), des agents voyers, voituriers et mariniers (1894), des travailleurs à domicile (1899), des employés de commerce (1904), jusqu'aux domestiques en 1911. À cela s'ajoute le fait que les salariés au revenu annuel supérieur à 2 000 Mk peuvent contracter une assurance volontaire, avec un surcoût de 50 %. Leur nombre n'est pas toujours distingué dans les statistiques, mais on ne retrouve pas en Lorraine une situation comparable à Strasbourg, qui comprend 10 % d'assurés volontaires.

15. ADM, 11 AL 39-40-41 ; AMS, section III, série F (industrie).
16. On se fonde ici sur les ADM, 11 AL et 14 Z ; AMS, section III, série F ; et F. ROTH, *La Lorraine…*, *op. cit.*, p. 382-387.

Parler d'un apport de sécurité suppose également de mesurer des taux d'adhésion élevés. De ce point de vue, les chiffres sont nets : on compte en Lorraine annexée durant la décennie 1890 quelque 50 000 assurés ; ils sont plus de 100 000 en 1910, soit environ 1 habitant sur 6, et le nombre de prestataires (femmes et enfants inclus) atteint les 300 000, soit environ 1 habitant sur 2. Enfin, les caisses de maladie gèrent obligatoirement cinq types de secours. Les trois premiers constituent une avancée notable : la gratuité des soins médicaux et de pharmacie, la gratuité de l'hospitalisation, et les indemnités journalières de maladie (équivalentes à la moitié du salaire de base). À un niveau moindre, s'y ajoutent l'indemnité aux femmes qui accouchent (pour les femmes assurées et non les épouses des assurés masculins) et l'indemnité de décès, très peu élevée.

Après les 13 premières semaines qui sont prises en charge par la caisse de maladie, un ouvrier ayant subi un accident du travail relève cette fois de la caisse d'assurance accident. Cette dernière prend en charge soins médicaux et frais d'hôpital, et verse une indemnité journalière, à hauteur des 2/3 du salaire de base. Si la victime demeure en incapacité, au bout de deux ans, la rente devient permanente. En outre, en cas d'accident mortel, les survivants se voient allouer une rente, pouvant atteindre au maximum les 3/5 du salaire annuel de l'ouvrier décédé. On manque ici de données relatives à de possibles différences de traitement en fonction des corporations. Mais l'ensemble des parties peut trouver un certain intérêt à ce système. Pour les assurés, ce sont des garanties, limitées, mais réelles si on les compare à d'autres pays. Pour les employeurs, la mise en cause de leur responsabilité civile est globalement écartée. Quant aux fonctionnaires allemands, ils bénéficient d'un droit de regard, sans implication financière pour l'État.

Reste l'assurance invalidité-vieillesse qui, malgré un mode de cotisations novateur, traduit le plus les limites de la protection légale, compte tenu d'une échelle de prestations trop modeste. Les cotisations sont supportées à parité par l'employeur et l'assuré selon un système de carte-quittance. Suivant un tableau fixé par l'Office de Strasbourg, l'ouvrier calcule son versement en fonction du salaire annuel. Il paie cette somme sur 47 semaines et reçoit un timbre à coller, l'employeur faisant de même. La carte complète est ensuite adressée à l'instance d'assurance pour le calcul de la rente. L'intérêt du système tient à sa modularité : des possibilités de cotisations doubles afin de compenser une interruption de travail, ou encore de majorer les versements pour augmenter les droits à rente.

Dans la pratique, on relève toutefois deux limites. La première tient à la nécessité d'un minimum de cinq années de cotisations et d'une incapacité de plus des 2/3 pour prétendre à une rente invalidité (même si le délai est réduit à 26 semaines en 1899). Plus encore, le faible niveau des prestations servies frappe. Dans le cas d'une invalidité, la somme varie entre 114 et 140 Mk par an, en fonction de la classe, pour cinq années de versements ; la prestation maximum est fixée à 249 Mk en 1908. Quant aux retraites légales, elles ne sont versées qu'à 70 ans révolus et trente années de cotisations, avec un minimum fixe de 110 Mk par an ; leur montant moyen est à peine de 180 Mk en 1913.

Le poids des prestations supplémentaires patronales

Parallèlement, les patrons se lancent dans l'offre de prestations supplémentaires, qui leur permettent de conserver une prise sur ce levier des politiques d'encadrement des personnels. Les deux cas de l'assurance maladie et invalidité-vieillesse le soulignent.

Concernant l'assurance maladie, d'une part, entreprise par entreprise, existe la possibilité d'accorder des prestations supplémentaires, par exemple en étendant la protection de l'assuré à son épouse et ses enfants, dont les droits sont à la base restreints. De l'autre côté, le jeu sur la durée des versements apparaît rapidement comme un atout majeur pour les patrons : elle est fixée par la loi à 13 semaines seulement. D'emblée, deux manufacturiers de Forbach accordent à leurs ouvriers une couverture maladie de 26 semaines, et les Wendel vont même jusqu'à 52 semaines, moyennant une réduction du quart des sommes au-delà de la période légale. Pour les dirigeants d'entreprise, il s'agit de garder la main. Ainsi, lorsque la loi allemande du 25 avril 1903 allonge la durée des prestations à 26 semaines, plusieurs industriels prolongent les garanties supplémentaires, jusqu'à verser des secours complets pendant 39 semaines, voire 52 ; c'est le cas des Wendel et dans les Houillères.

S'agissant de l'assurance invalidité-vieillesse, la mise sur pied de caisses complémentaires d'entreprise *(Ersatzkassen)* consacre là aussi une certaine continuité de la maîtrise patronale. À nouveau, la faïencerie de Sarreguemines constitue un exemple parlant. Succédant à la société de prévoyance fondée en 1847, une Caisse des malades est créée par le directeur Paul de Geiger en 1885, conformément aux principes posés par les textes allemands. Désormais, les personnes ayant quitté la faïencerie ne perdent pas le bénéfice complet des cotisations versées. Les dispositions relatives au comité de direction et à l'assemblée générale de la caisse introduisent également des droits et devoirs précis pour les parties patronale et ouvrière. La rédaction semble ainsi rompre avec le lien de dépendance strict vis-à-vis de la direction[17].

Pareille évolution peut toutefois être nuancée si on s'intéresse à la mise en place d'une « Caisse de pension facultative complémentaire de la faïencerie ». Fondée par P. de Geiger en 1885, l'objet de l'Institution Saint-Paul est clairement d'assurer au personnel des secours supérieurs à ceux imposés par la loi : « 1. Fournir une pension viagère à ceux de ses membres qui deviendraient invalides ; 2. Fournir, en cas de mort, un secours à leurs veuves ; 3. Payer un secours temporaire à leurs enfants d'après les prescriptions des statuts ; 4. Suppléer, en cas de nécessité, à l'insuffisance du secours alloué par la caisse des malades. » Explicitement, le droit à la retraite est suspendu à la fidélité de l'ouvrier dans l'entreprise : la qualité de membre ne peut s'acquérir qu'après avoir « travaillé 5 ans consécutivement dans la fabrique ». De plus, « est exclu de l'institution sans y conserver aucun droit celui qui quitte le service de la Société ». La stabilité du personnel et sa discipline sont visées. Cela transparaît également des restrictions au versement des droits : « Est exclu – celui qui commettrait des actions qualifiées de crimes ou délits et entraî-

17. AMS, section III, FIII-17 ; ADM, 14AL83 ; Musée régional de Sarreguemines (MRS), dossier Politiques sociales.

nant une condamnation judiciaire, – celui qui serait privé des droits civils par une condamnation judiciaire. » Enfin, les dirigeants de la faïencerie récompensent de façon différenciée les personnes qu'ils jugent méritantes, à l'exemple du statut d'employé *(Beamte)*, qui consacre une promotion « sur le tas » pour : « 1. Tout agent classé, occupé aux écritures ou travaux de bureau, qui par un examen aura prouvé les capacités requises. 2. Toute personne qui par son habileté professionnelle ou par la valeur intrinsèque de ses créations originales aura un travail indépendant, ou qui exerce la direction et la surveillance d'un certain nombre d'ouvriers. »

Ces derniers bénéficient alors de conditions plus avantageuses que le régime « commun » des ouvriers : cotisations réduites, indemnités couvrant des situations plus larges et selon un plafond favorable[18]… Ces politiques peuvent être lues comme un vecteur de l'« essaimage des mécanismes disciplinaires », dont parle Michel Foucault, évoquant « l'ensemble des minuscules interventions techniques qui ont permis de faire croître la grandeur utile des multiplicités en faisant décroître les inconvénients du pouvoir, qui, pour les rendre justement utiles, doit les régir[19] ». Pour les dirigeants de la faïencerie, il en va de la production d'une main-d'œuvre satisfaisant aux conditions changeantes de l'industrialisation, dans un environnement régional, celui de l'annexion, où ils doivent en faire beaucoup.

On peut alors conclure que les patrons lorrains sont parvenus à rester « dans le jeu », au prix d'investissements supplémentaires de patronage. Mais une autre nouveauté reste à évaluer dans une perspective d'histoire des administrations et des assurances sociales : la politisation croissante des enjeux sociaux. En effet, si les lois allemandes sont d'abord organisées au niveau des corporations et perpétuent des rapports paternalistes plus qu'elles n'initient des droits sociaux, il y a novation dans la mesure où les instances de gestion deviennent la cible d'attaques de partis politiques et de syndicats.

La politisation de l'enjeu de la protection sociale

Au début du XXe siècle, les « avantages maison » sont confrontés à des difficultés financières croissantes alors que la conjoncture économique et politique se dégrade en Lorraine, à mesure de la montée des tensions entre la France et l'Allemagne. La main-d'œuvre peut ressentir une dégradation par rapport aux services patronaux assurés jusque-là. Or de nouveau acteurs collectifs – partis et syndicats allemands – sont apparus à la faveur de l'annexion. Tout ceci entraîne des protestations d'ouvriers éconduits, qui sont rapidement soutenues par des organisations et par les autorités allemandes. Le cas de la faïencerie de Sarreguemines permet de montrer que s'engagent des processus de politisation du mode de gestion patronal construit comme consensuel, charitable et moral.

---

18. MRS, dossier Politiques sociales ; AMS, section IV, F IV-7 ; ADM, 11 AL 38.
19. M. Foucault, *Surveiller et punir. Naissance de la prison*, Paris, Gallimard, 1975, p. 213-214.

La politisation de revendications individuelles

Alors que les contraintes de l'annexion se font de plus en plus ressentir, la protection complémentaire propre à la fabrique devient très coûteuse. Les versements sont effectués avec une parcimonie qui mécontente nombre d'allocataires. Une nouvelle misère affecte certains ouvriers, si bien que, du 3 janvier au 15 février 1899, la municipalité allemande ouvre à la Cité de la faïencerie une cantine pour les nécessiteux. Contrariés, les dirigeants de l'entreprise refusent d'évoquer cette question lors d'une réunion du Conseil de bienfaisance de la ville le 1er avril 1910[20]. L'enjeu de la protection sociale, au cœur du dispositif paternaliste, est récupéré par les responsables allemands qui trouvent là une voie pour s'affirmer face aux patrons français. De même, des syndicalistes du *Reichsland* dénoncent à leur tour les conditions de travail dans l'entreprise. Par ces deux canaux, tout conflit à la faïencerie est susceptible d'être politisé.

Ainsi, un ouvrier ne recevant pas d'aides de l'Institution Saint-Paul s'adresse le 3 septembre 1889 au maire allemand de Sarreguemines et demande à être soigné à Strasbourg aux frais de la fabrique. Le 4 mai 1902, un autre faïencier se plaint à l'administration allemande d'être privé de sa pension au motif qu'il serait aliéné. Il parle d'une « tromperie » : « Je suis frustré de la rente à vie qui m'est due devant Dieu et par le droit ; non, elle m'a été volée. » Le 26 juillet 1902, un ouvrier s'adresse également au directeur de cercle ; il reproche à la faïencerie de ne plus lui verser sa retraite, et demande l'arbitrage... de Guillaume II : « En lui présentant mes hommages les plus respectueux, je supplie mon Empereur bien aimé de me venir en aide dans sa très grande clémence pour sécher quelque peu mes larmes d'amertume. » Si les avantages matériels viennent à disparaître, certains ouvriers peuvent se tourner vers les autorités allemandes. Le patron demeure toutefois sur ses positions : il répond que « la personne en question a été chassée par sa famille », mettant en doute sa moralité, et ajoute que l'intéressé « n'est en rien invalide et vit de l'exécution de travaux agricoles ». L'obligation de s'expliquer montre cependant la dimension toute politique que prennent des conflits de travail *a priori* internes à la fabrique. Le directeur de cercle ordonne des enquêtes de l'inspection du travail. Elles n'aboutissent pas à des condamnations, mais le fonctionnaire allemand y trouve un moyen d'affaiblir la position des dirigeants de l'entreprise[21].

Que les attaques de la presse allemande se multiplient corrobore cette analyse. Les conditions d'hygiène à la faïencerie sont mises en cause comme l'élément premier des maladies dont souffrent les ouvriers, et que Paul de Geiger refuserait pourtant de couvrir. En particulier, en octobre 1891, un journaliste de la *Metzer Zeitung* considère que « les faïenciers de Sarreguemines sont exposés irrémédiablement à la maladie furtive de la fabrique, la tuberculose, qui ne peut être retardée qu'en mangeant du pain blanc au lieu du pain noir ». Ces critiques sont relayées par

---

20. *Lothringer Journal*, 22 juillet 1929 ; M. Boldorf, *Armenfürsorge im Elsass-Lothringen am Beispiel Saargemünd*, mémoire de l'université de Sarrebruck, 1991, p. 71, 90 et 135.
21. AMS, section IV, 3 F 5-6, et carton Travail-Conflits ; ADM, 14 AL 83 ; A. Pax, « L'Institution Saint-Paul », *Est-Courrier*, 1er et 8 avril 1984 ; *Saargemünder Zeitung*, 2 mai 1891.

la presse et les mouvements « de gauche » qui se développent en Alsace-Lorraine. Le 13 novembre 1891, le rédacteur de la *Elsaß-Lothringische Volkszeitung* lance à l'encontre de P. de Geiger que « la tuberculose est désormais couramment qualifiée dans la bouche des habitants "maladie de la fabrique", ce qui désigne directement la faïencerie. [...] Les ouvriers sont de ce fait les victimes du capitalisme, d'autant qu'ils sont mal payés et ne peuvent manger que du pain noir ». L'allusion à la *Metzer Zeitung* est directe. Cette médiatisation alerte l'attention du président de Lorraine (équivalent allemand d'un préfet), qui envoie ces coupures de presse au directeur de cercle avec pour consigne d'enquêter.

Les dirigeants de la faïencerie subissent ainsi des contrôles de plus en plus importants, tandis que des syndicalistes précisent leurs accusations. Un journaliste de la *Bürgerzeitung* de Forbach s'en fait l'écho en évoquant le décès de trois employés, et pas des moindres : l'un d'eux avait rang de fondé de pouvoir de P. de Geiger[22]. La mise en cause prend une ampleur particulière : nul n'est à l'abri, pas même le personnel d'encadrement. Les patrons ne peuvent pas balayer l'attaque aussi facilement que pour les ouvriers, et doivent faire face à une alliance objective entre autorités et syndicats allemands. Cette fragilité se laisse plus encore saisir durant le moment-limite de la guerre.

Les contradictions d'une lutte de pouvoir

Après la déclaration de guerre entre la France et l'Allemagne le 1er août 1914, la faïencerie de Sarreguemines est placée sous la surveillance d'un commissaire à l'industrie. Les patrons français sont pris entre deux feux : d'un côté, les autorités allemandes, de l'autre, les milieux chrétiens sociaux.

L'Institution Saint-Paul occupe une place importante à la faïencerie, dont témoignent ses interventions pour l'année 1910. Au bénéfice de quelque 3 000 membres, la caisse est sollicitée dans 1 186 cas de maladies et d'accidents. 25 416 jours d'incapacité sont recensés, ainsi que 25 morts à charge[23]. Or, le 20 octobre 1914, le conseil d'administration de la caisse ne parvient qu'à mandater le versement de la moitié du montant des pensions dues au titre du mois d'*août* passé : le modèle paternaliste est pris en défaut, au moment même où les revendications ouvrières se cristallisent. Un contentieux se crée ; les autorités allemandes voient là l'occasion de décrédibiliser des patrons français résistant à la germanisation[24].

Parmi les milieux chrétiens sociaux, le curé d'un village voisin, Woustviller, dénonce vigoureusement la gestion de l'Institution Saint-Paul. Le 3 mars 1915, il s'en prend au commissaire-surveillant dans un courrier au ministère de l'Intérieur à Berlin : celui-ci protégerait les intérêts des « actionnaires français à qui il verse même des dividendes ». Les accusations sont reprises le 1er juin par le syndicat chrétien de Sarreguemines, relatant que « seuls 15 % du montant des pensions ont

22. ADM, 14 AL 83.
23. AMS, section IV, 3 F 6, chemise Contentieux.
24. Sur la francophilie patronale, cf. P. HAMMAN, « Une entreprise de mobilisation patriotique : la production de la faïencerie de Sarreguemines (1871-1918) », *Genèses*, 47, 2002, p. 140-161.

été versés, alors qu'il existe un fonds de réserve ». Les syndicalistes demandent au maire allemand d'intervenir, insistant sur la francophilie des directeurs : « Le déficit de la caisse est dû au système désuet de financement pensé par des demi-Français (*Halbfranzosen*)[25]. »

Ces prises à partie sont autant d'indices des difficultés des patrons français. En effet, l'activité de l'entreprise chute dans le contexte de guerre : alors que la production annuelle en 1913-1914 était de 15 000 t, elle n'est que de 3 000 t en 1915. Aussi, la gestion de l'Institution Saint-Paul devient particulièrement délicate. Cet exemple le confirme : en novembre 1915, un faïencier se plaint à l'inspecteur du travail d'avoir été congédié après 33 années d'activité, c'est-à-dire juste avant qu'il ne bénéficie des droits à retraite complémentaire. Pour seule réponse, le directeur précise que « c'est l'intéressé qui avait souhaité quitter l'entreprise durant l'été pour travailler en plein air ». Reste que la démarche de l'ouvrier mécontent est significative d'un changement de mentalité chez certains faïenciers, qui semblent suivre les conseils de militants syndicaux. En effet, la rédaction des plaintes est très informée, invoquant « l'absence de comportement contraire aussi bien au § 123 du Règlement industriel qu'au § 629 du Code Civil[26] ». Cependant, l'alliance conjoncturelle entre syndicalistes et autorités allemandes pour contester les patrons francophiles va se défaire, et les conflits se recomposer autour de divisions idéologiques, de classe.

La surveillance financière de la faïencerie est exercée par deux Allemands : Alfred von Boch, président du conseil d'administration, et Camillo Schulze, commissaire industriel, qui doivent eux aussi affronter les attaques des milieux syndicaux. C'est aussi en raison de la situation financière qu'ils décident de ne plus accorder de subventions qu'« aux ouvriers nécessiteux de Sarreguemines tous les deux mois », ajoutant que « ceux de l'extérieur, possédant des terres, des vaches et même des chevaux, n'en ont pas besoin ». Le conflit se tend alors avec le curé de Woustviller. Le 2 février 1916, celui-ci écrit à plusieurs députés allemands, chrétiens et socialistes, que les restrictions ne se font qu'« au profit de la majorité des actionnaires, qui sont des Français ».

Cette implication de responsables politiques de gauche inquiète suffisamment les autorités du *Reichsland* pour qu'elles se fassent les « alliés objectifs » des patrons français. Percevant « des risques de contestation » de l'ordre, le président de Lorraine affirme à présent que « les accusations du curé sont fausses ; il est seulement un agitateur social ». Après que l'abbé a tenu de nouvelles déclarations publiques le 3 avril, l'évêque allemand de Metz prend une mesure d'éloignement pour « un soutien outrancier à l'agitation ouvrière ».

Mais l'Institution Saint-Paul demeure la source d'attaques permanentes des syndicalistes chrétiens. Paradoxalement, les patrons de la faïencerie sont relativement épargnés : c'est entre les autorités allemandes et les milieux syndicaux que le différend bat son plein. En effet, le 20 avril 1916, le président de l'Union allemande des syndicats chrétiens des ouvriers faïenciers s'élève contre le président

25. ADM, 14 AL 83 ; AMS, section IV, 3 F 6, chemise Contentieux.
26. ADM, 468 W 9 (BI 1010) et 14 AL 83 ; AMS, section IV, 3 F 6, chemise Contentieux.

de Lorraine qui a autorisé la réduction du versement des pensions à 50 % puis 34 % des montants dus par la caisse complémentaire. L'affaire remonte jusqu'au ministre de l'Intérieur à Berlin : le 26 mai 1916, ce dernier nomme un conseiller d'État pour refondre les statuts de l'Institution Saint-Paul. Le 26 septembre, le haut fonctionnaire préconise une diminution de la subvention supportée par la faïencerie, le recul de l'ouverture des droits à pension et un durcissement des conditions d'invalidité. Ces propositions sont un camouflet pour les conceptions patronales paternalistes. Elles ne seront toutefois pas appliquées. Cette fois, patrons français et représentants syndicaux s'opposent ensemble au projet. L'assemblée générale, où siègent 227 délégués ouvriers, rejette le plan allemand le 14 octobre 1916 *sine die*[27]. C'est cette complexification des rapports au sein d'un trinôme original[28] – les dirigeants de la fabrique, les représentants de l'administration impériale et les syndicats d'origine allemande – qui permet de maintenir la caisse d'entreprise, quand bien même les griefs ont pris une dimension collective.

À travers les pratiques sociales des industriels lorrains durant l'annexion allemande, on saisit l'entreprise comme un milieu « qui peut faire émerger de l'identité, de la culture, du désir de communauté[29] », et entre dès lors en interaction et en concurrence avec l'État, quant aux positions de pouvoir et aux moyens de la puissance publique, ses fonctionnaires et ses politiques, leur appropriation par les patrons paternalistes ou l'opposition de ceux-ci dans des domaines qu'ils estiment de leur monopole, à l'exemple de la protection sociale.

C'est l'intérêt pour l'histoire du ministère du Travail de ne pas se limiter aux dispositifs législatifs qui ressort, mais de prendre en compte la pluralité des territoires et des cultures où ils s'enracinent. S'intéresser aux agencements concrets et aux mises en œuvre permet de montrer comment les initiatives locales précèdent bien souvent les initiatives nationales, et le rôle moteur joué par les villes dans la capacité d'innovation. En même temps, l'expérience de la Lorraine annexée rend raison du poids des régulations spécifiquement politiques – les répercussions des idéologies, les projets politiques majeurs, etc. (à l'exemple ici des impulsions bismarckiennes) – dans les régulations sur la protection sociale et le travail. Une histoire sociale renouvelée d'un État en mutation au cours du XXe siècle se doit d'être attentive à cette pluralité des institutions, espaces, savoirs et pratiques en interaction constante ou discontinue, où prennent place des acteurs tout aussi divers : hommes politiques, (hauts-)fonctionnaires, patrons, syndicats, ouvriers et employés, etc.

Aujourd'hui encore, le « régime local » de Sécurité sociale d'Alsace-Moselle fonctionne à partir de cotisations additionnelles permettant des prestations plus élevées, et matérialise l'héritage d'une histoire singulière. Ses récentes difficultés financières n'en font plus une exception au sein du système social français : les appels ont

27. ADM, 14 AL 83 ; P. HAMMAN, *Les transformations…*, *op. cit.*, p. 206-217.
28. Le rapport de force est généralement limité à une conflictualité entre les patrons et un certain nombre d'ouvriers pour le contrôle des ressources. Cf. H. HATZFELD, *Du paupérisme à la Sécurité sociale, 1850-1940*, Nancy, Presses universitaires de Nancy, 1989, 2e éd., p. 263-264.
29. Suivant les termes d'E. ENRIQUEZ, dans R. SAINSAULIEU (dir.), *L'entreprise, une affaire de société*, Paris, Presses de Sciences Po, 1990, p. 336.

augmenté de 0,10 % depuis le 1er janvier 2006, et le taux de remboursement des médicaments par exemple a baissé de 90 % à 80 %. Mais, derrière cela, apparaissent aussi des problématiques renouvelées de la territorialité, c'est-à-dire des conditions d'affiliation à ce régime, par rapport au lieu d'activité et de résidence. La réintégration des frontaliers retraités d'Alsace et Moselle ayant travaillé en Allemagne est ici éclairante. Ce militant d'un comité de défense mosellan commente :

> « D'après les règlements communautaires, le frontalier qui réside en Moselle, Bas-Rhin, Haut-Rhin peut se faire soigner en France et en Allemagne. Et là, il y a eu une nouvelle loi, le 14 avril 1998, ils ont exclu les travailleurs frontaliers. Ils n'ont pas compris que nous sommes affiliés de fait au régime local sans payer une cotisation, du fait que nous payons en Allemagne. Maintenant il y a une nouvelle mouture de cette loi, seulement c'était une mauvaise interprétation. »

La question des rapports entre les administrations et les territoires du travail est ainsi plus que jamais d'actualité, tout comme celle des relations entre la Sécurité sociale et les institutions complémentaires. Ces enjeux ne cessent de se réincarner autour de nouvelles échelles spatiales – notamment celle de l'Union européenne –, et c'est le plus net, là encore, dans des espaces-frontières comme l'Alsace et la Moselle[30].

30. Entretien avec l'auteur, 25 février 2005. Voir nos études : « Défendre les travailleurs frontaliers : les apprentissages de la légitimation dans l'Union européenne », *Revue française de science politique*, 55, 3, 2005, p. 445-476 ; et *Les travailleurs frontaliers en Europe. Mobilités et mobilisations transnationales*, Paris, L'Harmattan, 2006.

L'élaboration du Code du travail outre-mer et la réduction du temps de travail en AOF

Florence RENUCCI

Dans le débat agité qui perdure aujourd'hui encore sur la question coloniale, l'étude historique du droit permet de nuancer certains *a priori*. Elle montre l'existence d'une législation protectrice et non uniquement répressive ainsi que l'utilisation par les sujets français du droit à leur profit contre, par exemple, l'administration ou le gouvernement. Ces phénomènes ont pu se manifester très tardivement, comme cela s'est produit en matière de droit du travail en Afrique occidentale française (AOF) et ne s'adresser qu'à une minorité (5 à 10 % de la population selon les estimations dans cette zone [1]). Pourtant, on ne saurait nier qu'ils ont existé, comme on ne saurait nier qu'avant la mise en place de cette législation progressiste, et pour une période beaucoup plus longue, le travail forcé était la règle dans cette zone.

En Afrique noire, des réformes furent entreprises dans de nombreux domaines juridiques au sortir de la Seconde Guerre mondiale, au moment où la France connaissait un bouleversement institutionnel avec la naissance de la IVe République et, outre-mer, la création de l'Union française. Le travail forcé était aboli, des plans de développement économique et social des territoires d'outre-mer étaient prescrits et la Constitution du 27 octobre 1946 posait le principe de l'égalité de tous les citoyens. Ces changements devaient également se matérialiser par un Code du travail applicable outre-mer. Il ne s'agissait pas d'une création *ex nihilo* dans la mesure où il devait s'inspirer largement de la législation métropolitaine et qu'il existait déjà des textes réglant certaines questions de droit du travail dans ces territoires [2]. L'objectif de cette codification était d'imposer massivement une législation protectrice du salarié copiée ou inspirée du droit en vigueur en métropole, afin de donner une nouvelle orientation aux pratiques économiques et sociales.

1. 297 303 salariés autochtones sur une population autochtone approximative totale de 15 955 000 personnes (« Rapport d'information fait au nom de la commission des affaires sociales sur les conditions d'application du Code du travail en Afrique occidentale française par M. Begarra, conseiller de l'Union française, Assemblée de l'Union française, 1954 », Centre des Archives d'outre-mer [CAOM], Fonds ministériels [FM], Inspection générale du travail [IGT], carton [c.] 72, p. 13).
2. H. D'ALMEIDA-TOPOR qui apporte quelques éléments d'analyse sur ce sujet dans « Recherches sur l'évolution du travail salarié en AOF pendant la crise économique, 1930-1936 », *Cahiers d'études africaines*, n° 61-62, vol. XVI, 1976, p. 111.

Une première version du Code du travail outre-mer, communément appelée « Code Moutet[3] », était intégrée au décret du 17 octobre 1947. Toutefois, un avis inséré au *Journal officiel* du 11 janvier 1948 indiquait qu'un décret du 25 novembre 1947 avait reporté l'application du Code à une date postérieure[4]. Ce report devait servir à réétudier le texte qui souffrait de deux inconvénients majeurs. D'une part, dans un souci d'égalité et d'assimilation au droit commun[5], ses rédacteurs n'avaient pas tenu compte des particularismes locaux qui empêchaient l'application de certains articles. D'autre part, il était incomplet, puisqu'il ne traitait pas, notamment, des syndicats. Malgré la présentation d'autres projets de Code (projets du conseiller de la République Durand-Réville, du groupe communiste de l'Assemblée de l'Union française et du groupe socialiste de l'Assemblée nationale), le « Code Moutet » fut retenu pour servir de base à la nouvelle législation. Refondu le 3 juin 1948 sous la forme d'un projet de loi, il fut déposé le 20 août 1948 à l'Assemblée nationale, puis à l'Assemblée de l'Union française, qui rendit un avis à son sujet le 9 mars 1949. À la suite de cet avis, un nouveau projet fut déposé à l'Assemblée nationale le 12 avril 1949. La commission des territoires d'outre-mer de l'Assemblée nationale s'en saisit alors. Le député Martine fut désigné comme rapporteur. Pourtant, au renouvellement de la commission en janvier 1950, Martine n'était pas réélu et le rapport était confié au député Léopold-Sédar Senghor qui l'abandonnait peu après. La charge en incombait alors au député Joseph Dumas. Les luttes politiques et l'intérêt relatif de l'Assemblée nationale pour cette codification entraînèrent une suite de retards préjudiciables. Finalement, après avoir été soumis au Conseil de la République, puis, de nouveau à l'Assemblée, il était publié au *Journal officiel* le 16 décembre 1952. Les chefs des principaux territoires unitaires (AOF, Afrique équatoriale française (AEF), Togo, Cameroun et Madagascar[6]) prirent rapidement les arrêtés nécessaires, tandis que certains décrets d'application manquaient encore à la fin de l'année 1953[7].

Cette promulgation tardive du Code du travail outre-mer avait des conséquences internes et externes. Elle mettait la France dans une position délicate face aux

---

3. Marius Moutet (1876-1968), avocat, député socialiste du Rhône de 1914 à 1929, puis de la Drôme entre 1929 et 1940, participa à l'élaboration de la loi du 4 février 1919 sur l'accession à la citoyenneté en Algérie dans la mesure où les autorités s'inspirèrent de son projet dans la rédaction de ce texte. À partir de cette époque, il ne cessa de commenter les questions coloniales et fut nommé, le 4 juin 1936, ministre des Colonies du gouvernement du Front populaire. Ministre de la France d'outre-mer de 1936 à 1938 et de 1946 à 1948, il fit voter le chapitre VIII de la Constitution qui prévoyait l'évolution des institutions d'outre-mer avec la création, notamment, des assemblées territoriales et la représentation des populations indigènes dans les assemblées françaises. Il est le principal promoteur du premier projet de Code du travail outre-mer.
4. D'après François Luchaire, alors professeur de droit à la faculté de Nancy, il s'agissait d'un décret antidaté « afin d'être pris à une époque où le gouvernement pouvait intervenir par décret » (F. LUCHAIRE, « Le projet de Code de travail pour les territoires d'outre-mer », *Questions pratiques de législation industrielle, économique et sociale*, janvier-mars 1950, I, p. 3 et du même auteur, *Manuel de droit d'outre-mer*, Paris, Sirey, 1949, p. 466).
5. C'est-à-dire celui qui s'appliquait, en métropole, aux citoyens français.
6. Le Code s'appliquait également à la Côte des Somalis, aux Comores, à Saint-Pierre-et-Miquelon et à la Nouvelle-Calédonie.
7. L.-P. AUJOULAT, *Code du travail des territoires d'outre-mer. Guide de l'usager*, Paris, Société d'éditions africaines, 1953, p. 18.

représentants des institutions internationales[8] qui œuvraient pour une réforme générale du système en raison de leur hostilité à l'égard du colonialisme[9]. Elle engendrait également un manque de sécurité juridique dans les territoires d'outre-mer puisque l'absence de textes promulgués empêchait une application effective des principes nouveaux qui avaient été annoncés en droit du travail. La directrice de l'inspection du travail outre-mer, Guelfi, en faisait le constat et présentait les solutions palliatives appliquées par son administration en attente de cette promulgation[10]. Lorsque la réglementation le prévoyait, elle favorisait la conclusion de conventions collectives dans les branches d'activités les plus importantes. De plus, elle avait mis en place les commissions consultatives du travail à composition paritaire dont l'objectif était de faciliter les rapports entre les organisations ouvrières et patronales. Les chefs de territoires arrêtaient ainsi leurs décisions après avis de ces commissions. Ce retard avait également des conséquences économiques[11].

De tels atermoiements peuvent s'expliquer par les difficultés à réaliser, au sein d'un système économique colonial, un code qui s'inscrivait résolument dans une logique progressiste et répondait à certaines revendications des habitants. Louis-Paul Aujoulat, secrétaire d'État à la France d'outre-mer, était conscient de cette évolution :

> « Jadis, sous le régime d'un pacte colonial installé et accepté, les problèmes étaient simples. Il s'agissait de trouver dans les territoires un débouché assez vaste pour les produits manufacturés venus d'Europe et un réservoir de matières premières à bon compte. L'économie d'outre-mer était essentiellement basée sur l'existence d'une main-d'œuvre qui pouvait être abondante parce qu'elle était très peu payée. La faiblesse des rendements était, le cas échéant, compensée par la quantité de la main-d'œuvre et par l'étendue des exploitations. Or voici qu'aujourd'hui ce régime de facilité est en voie de disparition. Il est menacé tout autant d'ailleurs par les résistances autochtones que par les appétits extérieurs. Autrefois l'économie du colonisateur pouvait se contenter de développer certains secteurs de l'économie du pays colonisé, parce que plus rentables ou plus profitables à la métropole, sans trop se préoccuper des intérêts réels de la population. Aujourd'hui l'alerte est largement donnée et les autochtones sont sur leur garde[12]. »

La tension entre progrès social et nécessités économiques est traditionnelle dans l'élaboration du droit du travail. Elle prenait une dimension particulière dans les territoires d'outre-mer car elle comportait des principes nouveaux. Quels en étaient le sens et les enjeux ? Pour répondre à cette question, il est apparu pertinent de s'intéresser à l'amélioration des conditions de travail à travers l'exemple de la réduction de la durée du travail en AOF. Cette recherche se base sur des sources juridiques classiques[13],

8. « Note du directeur adjoint des affaires politiques Delteil pour le directeur de Cabinet (à l'attention de M. J. Gouault), le 18 octobre 1952 », CAOM, FM, IGT, c. 97, p. 3.
9. « Note provenant de l'inspection générale du travail – direction des affaires politiques au ministre de la France d'outre-mer (à l'attention de M. le directeur de Cabinet), Paris, le 15 décembre 1949 », CAOM, FM, IGT, c. 97, p. 2.
10. « Note pour le ministre, signée Guelfi, s. l., le 28 octobre 1952 », CAOM, FM, IGT, c. 97, p. 3.
11. « Rapport d'information fait au nom de la commission des affaires sociales… », *op. cit.*, p. 3.
12. L.-P. AUJOULAT, *op. cit.*, p. 11.
13. Il s'agit ici de la législation et de la doctrine car la jurisprudence était encore embryonnaire sur le sujet durant cette période très brève (1947-1953).

ainsi que sur des documents d'archives provenant de l'Inspection générale du travail et conservés au Centre des archives d'outre-mer d'Aix-en-Provence (CAOM).

Une réduction du temps de travail contestée

En métropole, la loi du 23 avril 1919 disposait que la durée de travail ne pouvait dépasser huit heures par jour ou quarante-huit heures par semaine [14]. La loi du 21 juin 1936 modifiait le texte de 1919. Afin de ralentir la progression du chômage, le gouvernement décidait que la durée hebdomadaire de travail ne pouvait excéder quarante heures. Ces deux mesures ne furent pas, à leurs époques respectives, appliquées à l'AOF [15]. Le débat resurgit au sortir de la Seconde Guerre mondiale lorsque l'élaboration d'un Code du travail outre-mer fut envisagée. La rédaction de l'article 112 sur la durée du travail devait évoluer, car il constituait un terrain d'affrontement entre deux conceptions de la codification du travail. La première préconisait l'application du droit français commun en AOF, donc une véritable assimilation juridique fondée sur l'égalité, tandis que la seconde lui préférait des principes généraux et des droits pour les salariés moins avancés que ceux de la métropole au nom d'un certain réalisme économique et social.

C'est au nom de ce réalisme économique et social que le choix d'une durée légale de travail de quarante heures fut contesté. La première justification des partisans de la fixation de la durée légale à quarante-huit heures était la différence de rendement entre les travailleurs. Ainsi, il était expliqué dans une note de la direction des affaires économiques et du Plan que

> « [...] pour des raisons diverses, tenant à la fois à une formation professionnelle encore insuffisante, à une conception insuffisamment évoluée de la conscience professionnelle et à une organisation du travail imparfaite, le rendement général de la main-d'œuvre en Afrique [était] nettement inférieur [...] à celui de la métropole. Enfermer brutalement la durée du travail dans les mêmes limites que celles de la métropole, c'[était] réduire le rendement total des entreprises africaines par rapport à sa valeur actuelle et accentuer le handicap qu'elles subiss[aient] déjà par rapport à celles de la métropole, du fait de la différence de rendement [16]. »

Par conséquent, la nouvelle législation risquait d'engendrer une baisse de la production [17].

---

14. I. Leray, « La réduction du temps de travail pour tous : la loi du 23 avril 1919 sur les huit heures », J.-P. Le Crom (dir.), *Deux siècles de droit du travail. L'histoire par les lois*, Paris, Éd. de l'Atelier, 1998, p. 117-127.
15. Elles étaient pourtant applicables. Pour la loi de 1919, se référer à : H. d'Almeida-Topor, « Le travail des salariés en Afrique occidentale française dans la première moitié du xxe siècle », H. d'Almeida-Topor, M. Lakroum et G. Spittler (dir.), *Le travail en Afrique noire. Représentations et pratiques à l'époque contemporaine*, Paris, Karthala, 2003, p. 208, note 4. Voir également l'article 4 de la loi du 21 juin 1936 (*JO de la République française*, 26 juin 1936, p. 6699).
16. « Note de la direction des affaires économiques et du Plan – Bureau d'études et de documentation pour le directeur de Cabinet (à l'attention de Jacques Gouault), s. l., le 16 octobre 1952 », CAOM, FM, IGT, c. 97, p. 2.
17. « Note sur le Code de travail pour les territoires d'outre-mer. Différences avec l'avis de l'Assemblée de l'Union française, s. l. n. d. », CAOM, FM, IGT, c. 97, p. 12.

Elle nécessitait également un recours accru aux heures supplémentaires et, par conséquent, une hausse des coûts. La charge des heures supplémentaires allait se répercuter sur le montant des marchés de travaux et de fournitures, sur le prix des services et sur l'ensemble des dépenses budgétaires. Cela impliquait de demander aux contribuables un effort supplémentaire. Enfin, une telle mesure pouvait empêcher la naissance d'une véritable modernisation économique de l'Afrique à une période où la concurrence métropolitaine ou étrangère se faisait durement sentir. Le rédacteur d'une note de la direction des affaires économiques et du Plan remarquait ainsi que « déjà de nombreux exemples exist[aient] de projets abandonnés parce que la fabrication locale revenait à un prix plus élevé que l'importation de la métropole ou de l'étranger[18] ».

De tels arguments n'étaient pas considérés comme déterminants par les partisans d'une stricte égalité entre les salariés africains et métropolitains qui proposaient d'augmenter le rendement des travailleurs de l'AOF en améliorant leur alimentation, leur formation professionnelle et leur outillage[19] et qui voyaient dans la limitation de la durée du travail un moyen de résorber le chômage plutôt que d'augmenter les heures supplémentaires. Pour eux, l'application réfléchie de la semaine de quarante heures pouvait permettre de résorber un chômage qui s'accroissait rapidement en AOF (24 % dans les chemins de fer; 35 à 55 % dans les travaux publics et le bâtiment; 10 à 20 % dans le commerce et l'industrie)[20]. Ils reprenaient ainsi un argument particulièrement important dans le débat précédant, en métropole, la loi de 1936[21]. Cette conception devait l'emporter dans la détermination du temps de travail légal[22]. Celui-ci était ramené à quarante heures pour les entreprises non agricoles et à 2400 heures pour les entreprises agricoles[23]. Pourtant, de nombreuses dérogations subsistaient, suscitant des critiques de la part des représentants des employés. Ils craignaient que le recours à ces dérogations n'annihile les effets positifs de la réduction du temps de travail[24].

Le débat se portait également sur un deuxième problème lié à la réduction du temps de travail : l'impact de cette dernière sur le calcul des salaires.

18. « Note de la direction des affaires économiques et du Plan – Bureau d'études et de documentation pour le directeur de Cabinet... », *op. cit.*, p. 3.

19. *Journal officiel de la République française. Débats Parlementaires de l'Assemblée nationale. Séance du 7 avril 1951*, n° 50 (dimanche 8 avril 1951), vol. 1, 1951, p. 2909.

20. « Discussion du projet d'arrêté pris pour l'application de l'article 112 du Code du travail outre-mer et déterminant les dérogations à la durée légale du travail, s. l. n. d. », CAOM, FM, IGT, c. 72, p. 237.

21. A. Chatriot, « Débats internationaux, rupture politique et négociations sociales : le bond en avant des quarante heures (1932-1938) », P. Fridenson et B. Reynaud (dir.), *La France et le temps de travail (1814-2004)*, Paris, Odile Jacob, 2004, p. 87.

22. Article 112, alinéa 1 : « Dans tous les établissements publics ou privés [...], la durée légale du travail des employés ou ouvriers de l'un ou l'autre sexe, de tout âge, travaillant à temps, à tâche ou aux pièces, ne peut excéder quarante heures par semaine. »

23. R. Courant, *Encyclopédie juridique de l'AOF. Législation du travail de l'Afrique occidentale française. Code du travail et arrêtés généraux d'application*, l'auteur, Conakry, 1957, p. 214.

24. « Discussion du projet d'arrêté pris pour l'application de l'article 112 du Code du travail outre-mer... », *op. cit.*

Réduction du temps de travail et revendication sur les salaires

Les partisans de l'assimilation juridique affirmaient que le salaire horaire devait être calculé en fonction de la réduction de la durée hebdomadaire du travail qui passait en principe de quarante-huit heures à quarante heures de telle sorte que l'ouvrier devait gagner en quarante heures le salaire qui lui était dû auparavant pour quarante-huit heures, ce qui engendrait une hausse de 20 % du Salaire minimum interprofessionnel garanti (SMIG) horaire[25]. Les représentants des salariés faisaient valoir que l'article 2 de la loi du 21 juin 1936 instituant la semaine de quarante heures dans les établissements industriels et commerciaux de la métropole était explicite sur ce point : « Aucune diminution dans le niveau de vie des travailleurs ne peut résulter de l'application de la présente loi qui ne peut être une cause déterminante de la réduction de la rémunération ouvrière (salaires et avantages accessoires)[26]. » Ils s'appuyaient ainsi sur le principe « d'ordre public social » qui se dégageait clairement de la loi de 1936. Le texte le plus favorable au salarié devait prévaloir[27]. De son côté, le Grand Conseil de l'AOF émettait le 20 mai 1953 un vœu très proche des revendications des employés[28]. À l'inverse, les représentants du patronat de l'AOF refusaient cette idée et affirmaient qu'en France, le calcul du SMIG était basé sur la semaine de quarante-cinq heures. Ce système devait, selon eux, s'appliquer également outre-mer : pour conserver le même salaire hebdomadaire qu'auparavant avec la semaine de quarante-huit heures, le salarié devait donc fournir quarante-cinq heures de travail[29]. Lorsqu'il servait leur intérêt, les représentants du patronat de l'AOF n'hésitaient donc pas à utiliser l'argument de l'égalité juridique.

De son côté, l'administration refusait de réviser le SMIG de 20 % pour des raisons économiques, ce qui déclencha d'importantes manifestations[30]. Une telle mobilisation du secteur industriel et commercial était rendue possible par le développement du syndicalisme en Afrique[31]. Face à la persistance du mécontentement, les autorités locales décidaient, dans certains territoires, de baisser les prix afin de réduire le coût de la vie[32]. Ce résultat était insuffisant pour les salariés. Confronté aux grèves,

---

25. Le SMIG, qui venait d'être créé en métropole par la loi du 11 février 1950, fut intégré dans la législation du travail outre-mer.
26. « Rapport d'information fait au nom de la commission des affaires sociales sur les conditions d'application du Code du travail en Afrique occidentale française par M. Begarra… », *op. cit.*, p. 27. Cf. également sur ce point J. Le Goff, *Du silence à la parole. Une histoire du droit du travail des années 1830 à nos jours*, Rennes, PUR, 2004, p. 392.
27. M. Miné, *Droit du temps de travail*, Paris, LGDJ, 2004, p. 11.
28. « Vœu n° 26 GC/53 du Grand conseil de l'AOF en sa séance du 20 mai 1953 », CAOM, FM, IGT, c. 72, p. 2.
29. « Rapport d'information fait au nom de la commission des affaires sociales… », *op. cit.*, p. 26.
30. Voir sur ce point F. Cooper, *Décolonisation et travail en Afrique. L'Afrique britannique et française (1935-60)*, Paris, Karthala, 2004, p. 300 *sq*.
31. Toutefois, tous les syndicats ne s'accordaient pas sur la hausse du salaire de 20 à 25 %. Le syndicat des cadres, agents de maîtrise, techniciens et assimilés du bâtiment et de l'industrie en AOF semblait plus nuancé (voir « Syndicat des cadres, agents de maîtrise, techniciens et assimilés du bâtiment et de l'industrie en AOF à M. Laugier, inspecteur territorial du travail et des lois sociales du Sénégal, Dakar, le 24 juillet 1953 », CAOM, FM, IGT, c. 72, p. 2).
32. « Rapport d'information fait au nom de la commission des affaires sociales… », *op. cit.*, p. 28.

le ministre de la France d'outre-mer préféra répondre positivement à leurs revendications et envoya le 27 novembre 1953 des instructions aux chefs de groupe de territoires qui prescrivaient un « relèvement de 20 % des salaires dans tous les territoires où cette majoration n'était pas atteinte[33] ». Le mois suivant, le relèvement de 20 % des salaires horaires était confirmé[34]. Il semble que les employeurs aient accepté en général de répercuter cette hausse de 20 % sur les salaires réels, « tout en dénonçant les effets dangereux de cette nouvelle augmentation de salaires sur l'économie du pays[35] ». Toutefois, ces mesures furent, dans un premier temps, limitées[36]. Le ministre de l'Outre-Mer était conscient de leurs « effets dangereux » sur l'économie de l'AOF, en particulier dans une période où ce marché devait s'ouvrir à l'international et être, par conséquent, plus concurrentiel[37].

De nouveau, la conception égalitariste l'emportait. Cette victoire était, dans ce cas, essentiellement le résultat des revendications de certains parlementaires, mais également la conséquence des grèves en AOF organisées ou soutenues par des centrales syndicales. Cette assimilation juridique *stricto sensu* ne devait toutefois pas s'étendre au paiement des heures supplémentaires.

Une exception au strict égalitarisme juridique

La rémunération des heures supplémentaires était réglée, en métropole, par la loi du 25 février 1946 qui prévoyait une majoration de salaire fixée à 25 % minimum au-delà d'une durée normale de travail de quarante heures par semaine (ou d'une durée considérée comme équivalente) jusqu'à quarante-huit heures inclusivement. Au-delà de quarante-huit heures, la majoration de salaire était de 50 %[38]. Ces dispositions de la législation métropolitaine avaient été reprises en matière de majoration d'heures supplémentaires dans le projet initial adopté en première lecture. Mais durant les discussions à l'Assemblée qui se tinrent entre le 6 et le 22 novembre 1952, « une offensive très vive fut menée par les opposants au principe de la loi de 40 heures[39] ». Elle eut pour résultat la fixation des majorations pour heures supplémentaires par arrêtés des chefs de territoire :

> « Dans le projet initial, il était indiqué que de 40 à 48 heures, les heures supplémentaires devaient être payées à 25 % du salaire et que le travail effectué au-delà

33. *Ibid.*
34. A. LAFOND et J. MICHOLLIN, *Code du travail de la France d'outre-mer*, Paris, Litec, 1954, p. 17.
35. « Rapport d'information fait au nom de la commission des affaires sociales… », *op. cit.*, p. 31. *Contra* J. LECAILLON, *Les incidences économiques et financières du code du travail. Contribution à l'étude du mécanisme de la répartition des revenus dans les territoires d'outre-mer*, Dakar, Institut des hautes études de Dakar, 1954.
36. « Lettre de la Confédération française des travailleurs chrétiens – service outre-mer à Monsieur Jacquinot, ministre de la France d'outre-mer. Paris, le 18 mai 1954 », CAOM, FM, IGT, c. 72, p. 1. Dans le même sens : « Note concernant le problème des salaires en Afrique occidentale française, s. l. n. d. », CAOM, FM, IGT, c. 72, p. 2.
37. « Projet. Intervention du ministre concernant la politique des salaires suivie en application de la nouvelle durée du travail, s. l., le 4 novembre 1953 », CAOM, FM, IGT, c. 72, p. 3.
38. « Rapport d'information fait au nom de la commission des affaires sociales… », *op. cit.*, p. 43.
39. A. LAFOND et J. MICHOLLIN, *op. cit.*, p. 32.

de 48 heures devrait être payé à 50 %. Au Conseil de la République ces notions ont disparu. D'aucuns voulaient les reprendre, mais si nous avions conservé une position rigide, nous nous serions trouvés devant le vide en fin de discussion, car le règlement nous faisait l'obligation d'adopter le projet en deuxième lecture avec la majorité constitutionnelle. Nous n'étions pas sûrs de l'avoir car à l'Assemblée il y avait l'opposition de la part de certains groupes. Un compromis a été accepté [40]. »

Sur le terrain, les majorations étaient inférieures en AOF. Elles étaient également disparates, sans doute parce qu'elles étaient décidées au niveau local par les chefs de territoire à défaut de conventions collectives ou dans leur silence. L'article 113 du Code énonçait que des arrêtés des chefs de groupe de territoires ou d'un territoire devaient, si nécessaire, déterminer ces modalités « par profession, par industrie et par catégorie professionnelle » dans certaines conditions. Elles étaient comprises, dans divers territoires comme le Soudan ou le Sénégal, entre 5 et 10 % entre la quarantième heure et la quarante-huitième heure et entre 20 et 25 % au-delà de la quarante-huitième heure [41]. Les disparités de majorations d'un territoire à l'autre et avec la métropole servaient de base aux revendications des salariés qui demandaient à bénéficier des majorations les plus importantes qui se pratiquaient [42]. Des raisons économiques justifiaient les choix des chefs de territoire. Ils ne voulaient pas freiner, par un coût trop élevé, l'exécution d'heures supplémentaires qu'ils préféraient encourager afin de maintenir ou d'accroître la production.

Pourtant, l'administration constatait que le recours aux heures supplémentaires pouvait être utilisé par des employeurs de façon abusive pour réduire leurs frais. Certains employeurs avaient – semble-t-il – effectué des licenciements « en laissant entendre aux travailleurs que cela était dû à l'application du Code du travail [43] » et des entreprises licenciaient pour compression d'effectifs alors même qu'elles réclamaient aux autorités locales la permission de faire des heures supplémentaires [44]. Ce phénomène était sans doute amplifié par la largesse des autorités concernant les autorisations accordées en matière d'heures supplémentaires. Il ne semblait pas, en effet, y avoir « d'exemple d'établissement ayant sollicité l'autorisation d'effectuer régulièrement des heures supplémentaires et qui ait essuyé un refus [45] ». Cette politique – qui était contestée systématiquement et de façon unanime par les organisations syndicales de travailleurs – se justifiait pour les autorités locales par la nécessité d'octroyer aux employeurs un délai leur permettant d'étudier et de mettre en place la réorganisation de leurs établissements engendrée par la nouvelle législation en matière de durée du travail [46]. La seconde raison invoquée était l'opportunité d'assurer aux travailleurs une augmentation de rémunération relativement impor-

---

40. « Discussion du projet d'arrêté pris pour l'application de l'article 112… », *op. cit.*, p. 244.
41. « Rapport d'information fait au nom de la commission des affaires sociales… », *op. cit.*
42. *Ibid.*, p. 43-44.
43. *Ibid.*, p. 59.
44. *Ibid.*
45. « Lettre de l'inspecteur général du travail et des lois sociales de l'AOF Colonna d'Istria aux inspecteurs du travail et des lois sociales, chefs de service en AOF, Dakar, le 15 octobre 1953 », CAOM, FM, IGT, c. 72, p. 1.
46. *Ibid.*, p. 2.

tante induite par les heures supplémentaires[47]. La crainte d'une augmentation du chômage devait pourtant contrecarrer ces arguments et aboutir à une modification d'une politique trop libérale dans ce domaine[48].

Le contenu de l'article 112 concernant plus particulièrement la réduction de la durée du travail outre-mer évolua selon les intérêts en présence, contentant davantage, suivant les cas, les revendications des employeurs ou des employés. En pratique, la division entre les différents acteurs était plus complexe. Les rapports de l'administration et les positions du Conseil de la République paraissaient favorables au patronat, contrairement à celles de l'Assemblée nationale et de l'Assemblée de l'Union française, pour des raisons politiques. Toutefois, il n'existait pas une réelle unanimité au sein de l'Assemblée nationale[49], de telle sorte que ses membres privilégiaient parfois les compromis. Quant à l'Assemblée de l'Union française, ses pouvoirs étaient limités[50]. De même, au sein de l'administration, l'Inspection générale du travail cherchait à privilégier la protection de l'employé, tandis que les chefs de territoire, dont le rôle était très important puisqu'il leur revenait de préciser les modalités d'application de l'article 112, privilégiaient plus souvent des solutions intermédiaires ou l'intérêt du patronat. Ces hauts fonctionnaires disposaient de prérogatives qui revenaient en métropole à d'autres organes sans doute dans le but d'assurer une plus grande souplesse dans l'application du droit et de contrôler politiquement certaines variables économiques. Ainsi, alors que la loi du 25 février 1946 limitait à vingt heures par semaine la durée maximale des heures supplémentaires et soumettait cette possibilité à une autorisation préalable de l'inspecteur du travail après avis des organisations syndicales ouvrières, l'article 112 du Code indiquait simplement que la durée maximale des heures supplémentaires était fixée par arrêté du chef du territoire. Enfin, un dernier acteur intervint dans l'orientation des rapports de force qui allaient conduire à la semaine des quarante heures outre-mer : les syndicats. Les grèves organisées avaient pris une dimension nouvelle et inattendue qui inquiétait les autorités en raison de l'influence communiste sur les centrales syndicales[51].

Cette étude permet donc de mettre en évidence certaines caractéristiques récurrentes de la situation coloniale[52], comme l'identité et le rôle des différents acteurs nationaux et locaux dans l'élaboration du droit[53], l'existence de rapports de force ainsi que la volonté d'assimilation juridique qui s'accompagne pourtant, dans une certaine mesure, d'une adaptabilité du droit aux situations locales. Il faut noter à ce propos que les partisans de l'assimilation juridique s'écartaient parfois de leur

47. *Ibid.*
48. *Ibid.*, p. 3.
49. Voir en particulier les interventions du député de Madagascar Jules Castellani tout au long des débats parlementaires.
50. Voir sur ce point F. Luchaire, *Droits d'outre-mer*, Paris, PUF, 1959, p. 108.
51. A. Lafond et J. Michollin, *Code du travail de la France d'outre-mer*, *op. cit.*, p. 4.
52. F. Renucci, *Le statut personnel des indigènes en Algérie et en Libye (1919-1943)*, thèse de droit, université Aix-Marseille III, 2005.
53. Le travail de l'IGT dans ces territoires mériterait à lui seul une étude de plus grande ampleur.

argumentaire égalitariste pour réclamer des droits pour les employés de l'AOF dont ne bénéficiaient pas leurs homologues métropolitains. Ce fut, par exemple, le cas du député Mamadou Dia qui demandait des majorations de salaires pour des heures de travail réalisées dans le cadre de dérogations obtenues par certaines entreprises :

> « En France, il y a une jurisprudence pour l'ouvrier. Nous demandons qu'ici les heures supplémentaires soient majorées. Le travailleur africain doit être plus protégé que le travailleur métropolitain ; celui-ci étant protégé par une vieille jurisprudence dans une sorte de contrôle du travail. Tandis que le travailleur africain sort du régime du travail forcé. Et à cause de cela nous demandons davantage de garanties si l'on ne veut pas avoir un Code du travail qui sera plein de duperies pour les travailleurs [54]. »

Le Code du travail outre-mer ne disparut pas avec l'indépendance des pays d'Afrique. Les législations de certains de ces États en sont largement inspirées [55].

54. « Discussion du projet d'arrêté pris pour l'application de l'article 112… », *op. cit.*, p. 251.
55. R.-M. Lemesle, *Le droit du travail en Afrique francophone*, Paris, Edicef, 1989.

Témoignage de Jean-Paul Chaze

Jean-Paul Chaze est directeur du Travail honoraire. Après une maîtrise de droit public (faculté de droit de Toulouse), il devient inspecteur du travail dans le Tarn, la Loire-Atlantique et les Hautes-Pyrénées, de 1968 à 1979, directeur adjoint en Polynésie française (1979 à 1984), directeur départemental du Travail des Deux-Sèvres, de la Réunion et des Bouches-du-Rhône (1984 à 1993), directeur régional du Travail de Basse-Normandie (1993 à 1994) et directeur régional du Travail, de l'Emploi et de la Formation professionnelle du Nord-Pas-de-Calais et de Midi-Pyrénées (1995 à 2006).

Mon témoignage dans cette partie consacrée aux « territoires du travail » naît de mon expérience professionnelle, soit trente-huit ans de service et treize affectations dont deux outre-mer. Mon intervention se veut d'abord empirique et réflexive, en particulier à partir du terrain polynésien. Je suis certainement l'un des derniers « dinosaures », membres de ce ministère, encore en activité, qui ait effectivement mis en œuvre le Code du travail d'outre-mer du 16 décembre 1952 en Polynésie française pendant les années 1998 à 2001, surnommé localement le « Code noir » sans doute en référence au fait que ce Code avait été fait essentiellement pour les territoires africains mais aussi avec une certaine connotation péjorative quant à son origine « coloniale » en Afrique occidentale française et Afrique équatoriale française.

Une expérience en Polynésie française

À cette époque, tout récent directeur adjoint après des années d'inspecteur du travail dans des sections aussi diverses qu'Albi, Nantes, comme contractuel, Metz et Tarbes, comme titulaire, le triumvirat Jacqueline Mabit, Yves Mallet et Jean-Ange Tomi qui gérait le personnel de notre ministère avait retenu avec l'accord du ministère de l'Outre-Mer ma candidature pour le poste d'adjoint à l'inspection du travail et des lois sociales de Polynésie française, poste nouvellement créé auprès du chef de service, et cela afin de faire évoluer l'inspection du travail locale qui se consacrait essentiellement à la médiation des conflits individuels et collectifs du travail vers une véritable inspection « inspectante ».

En effet, le Code du travail d'outre-mer mettait en place une procédure de conciliation certes facultative dans le cadre du règlement préalable des litiges individuels avant de les porter devant le tribunal du travail présidé par un magistrat professionnel, cette procédure de conciliation préalable étant, elle, obligatoire dans les cas de conflits collectifs. En Polynésie, les usages locaux, la doctrine du « Aïta Pea Pea » (« pas de bisbilles »), avaient fait que, même dans les conflits individuels, la pratique de la tentative de conciliation préalable pour l'inspection du travail était devenue quasiment obligatoire et sans doute à juste titre puisque plus de 75 % de ces litiges individuels étaient réglés par un procès-verbal de conciliation signé par les parties devant l'inspecteur ou le contrôleur du travail. Cette pratique de la conciliation administrative, qui correspond très bien à l'esprit polynésien, avait donc submergé l'activité de l'inspection du travail et cela au détriment de l'activité de contrôle sur les lieux de travail de la législation du travail qui avait été quelque peu oubliée.

Cette législation du travail pourrait être considérée, vue de métropole, comme étant extrêmement simplifiée puisqu'elle tenait dans le Code du travail local, un opuscule de 70 pages, certes grand format mais écrit en gros caractères, et qui était complété par quelques textes d'application locaux, bien peu nombreux à vrai dire. Habitué que j'étais au Code Dalloz, il est vrai qu'à mon arrivée, j'étais dans l'état d'esprit de ceux qui considéraient qu'avec aussi peu de textes applicables, posant surtout de grands principes, il n'y avait pas d'activité de contrôle possible. Cependant, je me suis vite rendu compte que ce Code certes succinct était bien plus intéressant et surtout bien plus adapté à la réalité locale qu'on ne pouvait le penser de l'extérieur.

Outre le particularisme que j'ai déjà signalé, conciliation obligatoire par l'inspection du travail des conflits individuels et collectifs du travail, je retiendrai dans la vie sociale locale quelques points :

– le rôle éminent sur le territoire de la Commission du travail présidée par l'inspecteur du travail et composée des partenaires sociaux, une véritable instance chargée de donner un avis sur tous les textes sociaux applicables dans le territoire et les hauts commissaires de l'époque prenaient véritablement en compte les avis de cette commission ;

– le fait que le chef de service de l'inspection du travail, qui jusqu'alors était un administrateur de la France d'outre-mer (jusqu'à l'arrivée du chef de service que j'ai secondé à mon arrivée, M. Giral, premier directeur départemental du travail et de l'emploi à occuper ce poste), issu de la même école des cadres de la France d'outre-mer que les administrateurs territoriaux (et il occupait le troisième rang dans l'ordre protocolaire local), était aussi, en direct, responsable de l'office territorial de la main-d'œuvre et de l'AFPA – Association pour la formation professionnelle des adultes – locale ;

– les bases de la réglementation sur la durée du travail ne posaient pas de problèmes majeurs en raison de l'autolimitation apportée par les salariés et même les employeurs, habitués au phénomène particulier local du « fiu » (passées certaines limites ce n'est plus le moment de travailler !) ;

– les textes conventionnels importants sont les congés payés et le repos hebdomadaire (en cette matière, notons l'aide des Églises locales comme en Alsace-Moselle pour faire respecter strictement le repos dominical) ;

– les salariés relevant du Code du travail n'étaient pas uniquement ceux des entreprises privées mais aussi ceux de l'administration (agents contractuels) et des collectivités territoriales. Cependant je dois souligner les difficultés rencontrées par l'inspection du travail pour aller exercer des contrôles sur les sites des essais nucléaires de l'époque qui concentraient la plus grosse partie des salariés (Commissariat à l'énergie atomique et personnel civil des entreprises sous-traitantes du Centre d'expérimentations du Pacifique). Après m'avoir opposé ma non-habilitation au « secret défense » et dès lors que ma situation avait été régularisée en la matière, force est de constater que tous les prétextes ont été bons pour m'empêcher de prendre la Caravelle militaire pour me rendre sur les atolls stratégiques de Mururoa et de Fangataufa. Ce problème n'a pu en définitive être réglé que par la nomination à la demande du ministère du Travail et du ministère de l'Outre-Mer d'un contrôleur général des armées habilité à exercer les contrôles d'hygiène et de sécurité sur ces sites militaires ;

– le rôle de l'inspecteur du travail tuteur de la caisse de prévoyance sociale (sécurité sociale locale), première institution financière du territoire, ce qui lui donnait encore plus d'impact. La distribution des allocations familiales à la population des îles Marquises est par ailleurs une aventure hors du commun qui m'a laissé un très grand souvenir ;

– les élections de délégués du personnel dans les entreprises revêtaient une grande importance car elles permettaient de mesurer l'importance de la représentativité des syndicats de salariés et les subventions de fonctionnement afférentes.

Cependant, il est vrai que le manque de textes d'application restreignait souvent les moyens de l'inspection du travail. Cela était particulièrement vrai en matière d'hygiène et de sécurité. Un des principaux risques professionnels connus sur le territoire était le problème des accidents de plongée mortels ou graves dans la perliculture pour lequel aucun texte n'avait été prévu. Ce ne sera qu'une de mes successeurs, Laure Ginesty, qui mettra en place une réglementation particulière en la matière. En raison de sanctions peu dissuasives et d'une pratique plutôt axée sur la persuasion orale et la recherche du consensus, la mise en place d'une politique pénale autonome était très difficile. De plus, chaque année au moment où il nous fallait répondre aux demandes de rapports du Bureau international du travail sur la mise en application sur le territoire de la Polynésie française des conventions internationales du travail ratifiées par la France, nous nous rendions compte de certaines insuffisances.

À l'époque où je suis arrivé nous étions en pleine transition au niveau politique sur le territoire puisque se mettait en place la toute récente « autonomie » réclamée par la majorité des élus locaux et incarnée par le président Francis Sanford. Cela explique que l'assemblée territoriale et le gouvernement local aient cherché dans ce nouveau cadre à participer à la vie sociale du territoire et l'occasion du changement de corps d'origine de l'inspection du travail en raison du départ en retraite du dernier de ceux qui venaient du corps des administrateurs d'Outre-Mer (Berthoumieux) et de son remplacement par un directeur du Travail (Giral) a été exploitée localement par les élus locaux qui ont tenté un « putsch législatif » en votant un texte nommant un agent contractuel local comme inspecteur du travail (Gilbert Bechouche). Le haut-commissaire, Paul Cousseran, s'y est naturellement opposé dans le cadre du contrôle de légalité, le droit du travail ne relevant pas des compétences transférées au Territoire, à ce moment-là tout au moins. La période d'un mois pendant laquelle on cohabita, certes formellement, vit donc deux inspecteurs du travail et des lois sociales, l'un nommé par l'État, l'autre par le Territoire. La crise est résolue cependant en transférant la compétence emploi au Territoire (l'agent contractuel local a été nommé responsable de l'office de la main-d'œuvre) et en donnant des assurances aux élus sur une refonte totale du Code du travail local dans les années à venir. C'est ainsi que pendant tout mon séjour j'ai travaillé avec Gérard Blanc, chef de service de l'inspection du travail, remplaçant M. Giral rapatrié sanitaire en métropole, et un conseiller d'État en mission, à l'élaboration d'un projet de Code du travail rénové. Notre version qui essayait de simplifier et d'adapter les textes métropolitains n'a pas rencontré l'assentiment des acteurs locaux car la mode à l'époque était de vouloir copier à tout prix le Code du travail français.

La diversité des territoires du Travail

Dans mon deuxième poste outre-mer, à la Réunion, il m'est arrivé parfois de regretter le vieux Code d'outre-mer, en particulier sur la réglementation des conflits collectifs nombreux à l'époque et qui se terminaient toujours à chaud par un traitement en commission de conciliation présidée par le DDTEFP (y compris lorsqu'il m'a fallu régler une grève générale de trois semaines, en utilisant parallèlement la voie de la négociation clandestine) alors qu'il aurait mieux valu tenter de le prévenir à froid par une pré-conciliation. L'exemple que j'ai choisi outre-mer démontre que l'adaptation territoriale est donc toujours une des préoccupations des fonctionnaires de l'inspection du travail.

Mais je peux vous affirmer qu'y compris en France métropolitaine, il faut également s'adapter à cette réalité territoriale. L'application des textes est-elle la même à Marseille et à Lille ? Traitons-nous de la même façon le conflit du chantier naval de La Ciotat avec les « 110 chevaliers de la Lumière » – nom donné par la presse aux grévistes irréductibles – et celui de la Lainière de Roubaix dans le Nord ? Ayant fonctionné dans les deux régions, je suis certain de ne pas me tromper en affirmant que le contexte local, l'histoire des relations sociales, les habitudes et les usages, les rapports de force locaux, font que nous devons toujours, certes à la marge, même inconsciemment, tenir compte de ces réalités régionales. Il faut cependant veiller à ne pas tomber dans l'excès inverse et tenir compte toujours de l'intérêt général (comme le montre l'exemple de l'évolution de la législation sur l'amiante).

Cette adaptabilité pour ma part m'a permis de mieux remplir les missions d'encadrement qui m'ont été confiées par la suite. Tout est en mouvement, la société, et les rapports sociaux régissant le droit du travail. C'est pourquoi quand Marie-Caroline Bonnet-Galzy, alors « DAGEMO », directrice de l'administration générale et de la modernisation des services, a bien voulu me confier la présidence d'un groupe de travail chargé de faire des propositions sur l'évolution de l'inspection du travail, j'ai essayé de tenir compte de ce principe et cela m'a amené à proposer avec les membres du groupe de travail non seulement une progression du nombre d'agents de contrôle, mais aussi et surtout une évolution des méthodes de travail des agents de contrôle qui doivent absolument devenir de plus en plus collectives.

Je tiens à remercier le ministère du Travail de m'avoir permis pendant près de quarante ans d'être cet agent qui a pu participer modestement à l'évolution sociale de notre pays et d'avoir pu accomplir des tâches exaltantes, même si parfois elles peuvent apparaître à première vue de peu d'importance. Appartenir à un corps qui cherche à maintenir le juste équilibre entre les corps sociaux et la paix sociale est ma plus grande fierté.

Deuxième partie

Le personnel et les structures du ministère du Travail

L'inspection du travail au féminin, 1892-1974

Anne-Sophie BEAU et Sylvie SCHWEITZER

Si la place des femmes sur le marché du travail est une question évoquée avec passion depuis le XIXe siècle, la mixité des emplois est récente et date d'une petite trentaine d'années. Et encore s'agit-il souvent de mixité affichée, quand l'aptitude des femmes aux fonctions d'autorité – que celle-ci soit morale, scientifique, administrative, politique… – reste aujourd'hui encore discutée, voire contestée, malgré les indéniables mutations très contemporaines.

Dans le cadre de l'exercice des responsabilités, le cas des « inspectrices » du travail est exemplaire des évolutions sociales, des incessantes redéfinitions de ce qui spécifie les qualités des hommes et celles des femmes. Si aujourd'hui les femmes sont confrontées à un invisible « plafond de verre » qui les empêche, par exemple, d'être aussi nombreuses parmi les directeurs régionaux qu'elles le sont parmi les inspecteurs, la situation a été, pour les premières inspectrices, beaucoup plus discriminante : voilà des femmes qui faisaient appliquer des lois qu'elles ne votaient pas, situation qui nuisait à leur légitimité. Voilà des femmes qui étaient interdites de promotion, ce qui ne les empêchait pas de se dévouer à leur fonction. Il leur fallut attendre 1944 pour le droit d'éligibilité et le régime de Vichy pour un droit à la promotion et au partage des circonscriptions territoriales. Débutant avec la loi de 1892 qui instaure des inspectrices aux côtés des inspecteurs, notre étude s'achève en 1974, date de la fusion des trois corps de l'inspection – le Travail, l'Agriculture, les Transport – dont deux ne comportaient alors aucune femme inspecteur [1].

1892-1941 : inspectrice n'est pas inspecteur

Au XIXe siècle, l'ingérence d'hommes dans les ateliers féminins semble à certains difficile et « il paraît convenable à tous égards de confier à des femmes la

1. Le décret du 21 avril 1975 crée un corps interministériel unique d'inspection du travail. La source principale de cette étude est constituée par les dossiers individuels de ces inspectrices, conservés au Centre des archives contemporaines (CAC), à Fontainebleau. L'ouverture par dérogation de ces dossiers a été réalisée sous garantie d'anonymat pour les données personnelles. Sur 134 inspectrices en poste entre 1878 et 1974, 108 dossiers complets ont été retrouvés ; les autres ont été reconstitués avec d'autres sources. Avaient participé à cette étude financée par la DARES : Fabrice Flore-Thébault, Sophie Lagnier, Florent Montagnon, Mathieu Perrin et Anne-Sophie Beau.

surveillance des ateliers exclusivement occupés d'ouvrières[2] ». Parce qu'elles sont femmes, les inspectrices paraissent les mieux placées pour observer et défendre l'univers féminin, qui serait un monde spécifique. Cependant, leur admission à ces fonctions divise : en 1906, un rapport au Conseil supérieur du travail demande encore la suppression du corps des inspectrices, qui « doivent séjourner dans la rue, à toute heure de la journée ou de la nuit, en toute saison, pour surveiller l'entrée et la sortie des ouvrières de l'atelier et plusieurs fois par jour, gravir jusqu'au sommet des immeubles de cinq ou six étages pour visiter les ateliers, malgré les faiblesses et les maladies inhérentes à leur sexe. Elles ne peuvent devenir mère qu'au grand détriment de leur service[3] ». On reconnaît là les grandes thématiques qui organisent la différenciation entre le masculin et le féminin : des femmes d'abord mères avant d'être actives, physiquement faibles et structurellement malades[4]. Pour choquants qu'ils puissent paraître aujourd'hui, ces discours sont alors bien banals et aucun secteur d'emploi n'y échappe. L'évolution de la condition des femmes s'appuie sur des convictions plus féministes et égalitaires, émanant tant d'hommes que de femmes, qui, dès la fin du XIXe siècle, ouvrent certains cursus et carrières[5]. Ce sera le cas du ministère du Travail, avec le recrutement de quelques inspectrices, dont le statut – et donc le travail – reste pourtant différent de celui des inspecteurs.

En effet, la loi de 1892 – qui scelle la professionnalisation de l'inspection du travail avec un concours de recrutement national, la rémunération des inspecteurs et inspectrices par le ministère – écarte les femmes de l'exercice plein du métier. Seule la rémunération est convenue identique, contrairement à l'inégalité qui existe dans d'autres secteurs de la fonction publique, par exemple chez les enseignantes et enseignants du primaire et du secondaire[6]. La rémunération, mais pas la promotion, puisque les inspectrices ne peuvent prétendre au grade d'inspecteur divisionnaire, celui de la responsabilité et du commandement sur les autres, les hommes en particulier : on songe ici aux inspectrices de l'enseignement primaire bornées aux écoles préélémentaires et primaires de filles, quand les inspecteurs ont accès à toutes les classes[7]. Les femmes se voient donc barrer toute promotion dans

---

2. Déclaration du préfet de la Seine, citée par V. VIET, *Les voltigeurs de la République. L'inspection du travail en France jusqu'en 1914*, Paris, CNRS Éditions, 1994, 2 vol., p. 79.
3. A. BOURDERON, *L'Inspection du travail, rapport présenté par M. Bourderon au nom de la commission permanente*, Conseil supérieur du travail, P.-V. de la commission permanente, Paris, Imprimerie nationale, 1906, 52 pages, p. 14.
4. C. BARD (dir.), *Un siècle d'antiféminisme*, Paris, Fayard, 1999.
5. L. L. CLARK, *The rise of professional women in France. Gender and political administration since 1830*, Cambridge, Cambridge University Press, 2000 ; S. SCHWEITZER, *Les femmes ont toujours travaillé. Une histoire du travail des femmes, 19e-20e siècles*, Paris, Odile Jacob, 2002 ; V. de LUCA, *Aux origines de l'État providence : les inspecteurs de l'Assistance publique et l'aide sociale à l'enfance (1820-1930)*, Paris, INED, 2002 ; C. MARRY, *Les femmes ingénieurs. Une révolution respectueuse*, Paris, Belin, 2004. Pour des propos féministes au XIXe siècle, lire par exemple J. S. MILL, *L'asservissement des femmes*, rééd., Paris, Payot, 2005, préface de Sylvie Schweitzer.
6. Soit 30 % de différence de traitement. Sur ces inégalités, F. ROCHEFORT, « L'égalité dans la différence : les paradoxes de la République, 1880-1940 », M. O. BARUCH et V. DUCLERT (dir.), *Serviteurs de l'État. Une histoire politique de l'administration française, 1875-1945*, Paris, La Découverte, 2000, p. 183-198.
7. L. L. CLARK, « A battle of the sexes in a professionnal setting : the introduction of *Inspectrices primaires*, 1889-1914 », *French Historical Studies*, 1/1989, p. 96-125 ; J.-N. LUC, *L'invention du jeune enfant au XIXe siècle. De la salle d'asile à l'école maternelle*, Paris, Belin, 1997.

un cadre où le nombre de leurs circonscriptions est d'ailleurs réduit. Au début du XXe siècle, 122 inspecteurs et dix-neuf inspectrices (dont à peine six en province) sont en poste pour protéger 1,4 million d'hommes et 673 000 femmes. L'hypocrisie sociale est ici patente, puisque d'un côté il paraît « convenable » que des femmes inspectent des femmes et que, de l'autre, les inspectrices ne sont pas en nombre suffisant pour être en charge de toutes les salariées.

Parallèlement la loi de 1892 spécifie que ces femmes ne peuvent inspecter des entreprises comprenant des machines. On est là dans les représentations sociales et culturelles du XIXe siècle, quand, rappelons-le, les filles viennent à peine (en 1880) de se voir créer des lycées spécifiques qui ne mènent pas au baccalauréat, avec des enseignements qui excluent la philosophie, le grec, le latin et les mathématiques[8]. L'enseignement supérieur ne peut donc être suivi que dans des cadres dérogatoires et les grandes écoles leur sont, dans leur grande majorité, fermées. En principe ce règlement s'assouplit en 1908 où la compétence des inspectrices s'étend à « la surveillance d'ateliers dont le personnel ne serait point exclusivement féminin si le personnel masculin y est peu important ou si son emploi n'y est point habituel », ainsi qu'aux entreprises n'employant pas de matériel jugé « dangereux[9] ». De fait, tous les divisionnaires ne l'appliquent pas ou pas immédiatement. Dans la très grosse région industrielle lilloise, le divisionnaire s'abrite derrière un éventuel chevauchement des secteurs :

> « La compétence [des inspectrices] s'étendra aux établissements et entreprises de charcuterie, de photographie et tableaux, de bobinage, moulinage et autres travaux textiles, le travail des pailles, osiers, plumes, crins, la maroquinerie, les gants, les métaux fins, orfèvrerie, bijouterie, les commerces divers, les commerces forains et le spectacle, les banques, assurances, agences, les pharmacies, herboristeries et ateliers de conditionnement, hôpitaux, maisons de santé, crèches (indépendantes), les bains, la coiffure. L'objectif est d'éviter, autant que possible, qu'un même établissement reçoive la visite d'un inspecteur et celle d'une inspectrice[10]. »

À Nancy, en 1920, Cavaillé précise que ces nouvelles responsabilités « ne doivent pas excéder la compétence correspondant aux récents programmes du concours d'inspectrice[11] ». De fait, ce n'est qu'en 1932 qu'une épreuve technique est incluse dans leur concours, et encore les sujets en restent sexués : en 1932, les femmes feront leur copie sur les machines de blanchisserie et les hommes sur les meules[12].

Lors des conflits et des arbitrages du Front populaire, l'activité des inspectrices montre qu'elles sont toujours confinées dans des secteurs à main-d'œuvre très féminine et où dominent les petites entreprises. Il est vrai aussi que les tâches réservées aux inspecteurs peuvent avoir des incidences financières : en 1918, le divisionnaire lyonnais, Albert Berthiot, ne sait plus comment gérer ces nouvelles entreprises nées

8. F. MAYEUR, *L'enseignement secondaire des jeunes filles sous la IIIe République*, Paris, Presses de la FNSP, 1977.
9. Archives nationales (AN), F22 544, lettre du ministre du 15 juin 1917 à Paul Le Gouis, inspecteur divisionnaire à Rouen.
10. CAC 830 053, note du 18 juin 1930 aux inspectrices et inspecteurs.
11. AN F22 544, note de janvier 1920 au ministre.
12. Dossier d'une inspectrice, CAC 830 053.

sur le terreau du conflit et envisage de confier à Adeline Guillermont-Armand l'enregistrement des accidents du travail ; il y renonce face à l'opposition de son inspecteur « qui, en vue de bénéficier de l'indemnité allouée à cet effet, croyait pouvoir continuer l'enregistrement [13] ». Le travail des inspectrices exclut donc les moyennes et grandes industries et se déploie majoritairement dans les petits ateliers et le commerce. Leur recension est d'ailleurs un travail en soi, guère aisé : « Les inspectrices n'ont que la surveillance des allées et venues des ouvrières et leurs plaintes pour découvrir les établissements ; [...] les recherches pour la constitution d'une section forment un grand travail [...] et telle rue qui paraissait fouillée à fond aura dans trois mois une physionomie différente [14]. » Bien des patronnes de la couture logent sous les toits et escalader les étages à longueur de semaine est rude ; lors de la réorganisation des sections parisiennes aux lendemains de la Première Guerre mondiale, le divisionnaire note que certaines, qui ne comptent « guère que des blanchisseuses en rez-de-chaussée et un petit nombre de couturières en étage », devraient être réservées à des inspectrices âgées approchant de la retraite [15].

Variable, l'activité des inspectrices dépend de la taille de leur circonscription, de leur motivation et, sans doute, de leur forme physique. Le réajustement des circonscriptions est un sujet récurrent et les charges sont bien inégales : 10 300 entreprises à Lille en 1919, contre 1 000 à Toulouse et 2 500 à Nantes. À Paris, en 1920, l'inspectrice de la 35e section fait plus de 1 000 visites dans l'année, dont le dixième de nuit et autant le dimanche [16]. Les divisionnaires notent qu'efficacité rime avec obstination, avec la systématisation des contre-visites. La plupart des procès-verbaux sont dressés pour travail de nuit et manquement au repos hebdomadaire, face à des employeuses et employeurs parfois hostiles : « Lorsque nous nous sommes présentée dans le magasin, nous avons eu affaire tout d'abord à la femme Manupazzi, laquelle, très insolente, nous a répondu : "f...-moi le camp" ; son mari étant survenu s'est excusé, disant que sa femme ne savait pas [17]. » De fait, la lecture des procès-verbaux montre que les inspectrices – tout comme les inspecteurs – s'attachent à l'application des nouvelles lois, que leur rôle est donc, aussi, informatif face à des entreprises de très petite taille : elles cherchent autant à surveiller qu'à convaincre [18]. À Marseille, les deux inspectrices en poste dans les années 1920, Georgette Portes-Bories et Juliette Raffy, descendent ainsi la Canebière le dimanche matin et les jours fériés, l'une sur le trottoir des numéros pairs, l'autre sur celui des numéros impairs, et accumulent les procès-verbaux [19]. Quant à la rédaction de ces derniers, elle occupe plusieurs jours de l'année, tout comme les statistiques et les enquêtes sur les conditions de travail et les accidents ou encore les pouponnières : en

13. AN F22 544, note du 5 août 1918 au ministre du Travail.
14. VILLATE-LACHERET (Mme), *Les inspectrices du travail en France*, thèse de droit, Paris, Pedone, 1919, p. 72 *sqq*.
15. AN F22 544, lettre au ministre du 6 décembre 1919.
16. CAC 830 053/2, rapport annuel de l'inspectrice.
17. AD des Bouches-du-Rhône, 14 M 22/49, P.-V. du 21 avril 1920.
18. Sur l'histoire de la législation du travail, J.-P. LE CROM (dir.), *Deux siècles de droit du travail. L'histoire par les lois*, Paris, Éd. de l'Atelier, 1998.
19. AD des Bouches-du-Rhône 14 M 22/55, P.-V. du 23 décembre 1927.

1920, une inspectrice parisienne estime son travail de secrétariat à une trentaine de jours par an, et dix ans plus tard, à quatre-vingts [20]. À la fin des années 1930, quand la législation du travail s'épaissit, la correspondance passive de l'inspectrice tourangelle, Nancy Fabre, fait apparaître un considérable courrier de demande de renseignements sur les horaires, les salaires, toutes ces informations que les entreprises plus importantes obtiennent par voie syndicale [21]. Ce n'est qu'en 1941 que sera satisfaite une vieille revendication, soit la création d'un cadre de secrétaires-rédacteurs et un de commis d'inspection qui déchargent divisionnaires et inspecteurs d'une partie de leurs charges administratives (deux fois quarante emplois) avec, on le verra plus loin, un corps de contrôleurs.

Pour ces quelques dizaines d'inspectrices, les concours s'ouvrent rarement et la concurrence est rude. Entre 1892 et 1914, quatre concours seulement (comprenant entre quatre et sept postes) permettent de pourvoir dix-neuf circonscriptions [22]. Au lendemain de la Première Guerre mondiale, on passe à vingt-six inspectrices, par un élargissement géographique et un doublement de présence dans les zones très industrialisées : quatorze femmes dans la région parisienne, une création à Tours et à Strasbourg (nouvelle et 12e circonscription après le traité de Versailles [23]), une inspectrice supplémentaire à Lille, à Rouen, à Marseille, deux à Lyon. Enfin, au moment du Front populaire, quand le droit du travail mute largement, l'élargissement du corps s'impose à nouveau : dix-huit inspectrices sont recrutées en 1937 et 1938, puis douze en 1940, ce qui encombre l'inspection féminine pour des décennies. Les nominations se font selon le rang de classement et certaines attendent jusqu'à sept ans pour combler les départs à la retraite, les démissions – souvent pour des raisons de santé dans les premières promotions qui ne bénéficient pas de retraites convenables – et les décès [24].

De fait, le recrutement est plus compétitif aux inspectrices qu'aux inspecteurs et les centaines de candidates sont bien plus diplômées que les inspecteurs. Quand le règlement du concours demande la possession du brevet supérieur, du brevet d'études secondaires ou du baccalauréat, le niveau est parfois bien plus haut : pour les inspectrices entrées avant 1935, quatre ont une licence d'université, quand, entre 1869 et 1929, on ne compte même pas 400 titulaires de ce diplôme pour toute la France. D'autres, presque la moitié de l'effectif, sont d'anciennes institutrices, qui sortent pour partie des écoles normales, cette voie d'excellence pour les filles des classes populaires. Si l'on compare ces données avec celles des inspecteurs, bien plus souvent ouvriers et employés, la différence est nette [25].

---

20. CAC 830 053/2, rapport annuel de l'inspectrice.
21. Archives départementales d'Indre-et-Loire, 10 M 60.
22. 1892 (7 recrutements), 1901 (6), 1907 (7), 1911 (4).
23. Qui comprend le Haut-Rhin, le Bas-Rhin et la Moselle. Il faut attendre 1930 pour qu'une inspectrice germaniste puisse prendre le poste.
24. Parmi les quarante-quatre inspectrices en activité entre 1878 et 1914, six meurent en service et douze démissionnent, souvent pour raisons de santé ; par contre, parmi les vingt-sept recrutées entre 1914 et 1937, une seule meurt et il n'y a pas de démission ; pour la période postérieure à 1940, sur vingt-neuf dossiers connus, trois femmes meurent en service et trois autres démissionnent.
25. D. Reid, « L'identité sociale de l'inspecteur du travail », *Le Mouvement social*, 170, janvier-mars 1995, p. 39-59 ; D. Reid, « Les inspecteurs du travail pendant l'âge d'or : origine sociale, recrutement,

La hauteur des diplômes correspond à celle des maris et des pères : une moitié de ces femmes sont filles et épouses d'industriels, de négociants, d'hommes exerçant des professions libérales où dominent les médecins. Malgré ce que l'on lit souvent, elles ne travaillent donc pas par extrême nécessité financière et contrairement à une légende sociale qui fait des femmes diplômées et actives des « vieilles filles », soulignons que ces inspectrices ne sont célibataires que pour un tiers d'entre elles. Parmi les femmes les plus diplômées de leur temps, elles ont choisi l'inspection par féminisme, dans un souci d'indépendance matérielle pour elles-mêmes et de protection des travailleuses. De grandes bourgeoises figurent dans ces rangs, comme Aldona Sochaczewska-Juillerat. Lorsque la promotion 2002 de l'inspection du travail, réunie à Marcy-l'Étoile, prit son nom, elle fut imaginée comme une fille de Polonais émigré dans les mines du Nord, militante lors de la Commune aux côtés de Louise Michel. Or son père, Pierre, était un officier de la noblesse polonaise, antimonarchiste arrivé en France en 1836 ; il y avait épousé Aglaé Mauduit de la Grève, issue d'une vieille famille poitevine. Pour son mari, Paul Juillerat, chef de bureau à la ville de Paris, il était officier de la Légion d'honneur et auteur de plusieurs ouvrages d'hygiène sociale. Recrutée 3e au concours de 1892, nommée immédiatement à Rouen, puis mutée à Paris, démissionnaire en 1906 pour raisons de santé, Aldona Sochaczewska-Juillerat resta par contre militante au sein de la Ligue sociale d'acheteurs, qui se préoccupait du logement, des heures supplémentaires et des repos des ouvriers et ouvrières, de l'application de la loi des sièges dans les magasins... Prosélyte, elle écrivit aussi deux articles, en 1907 et 1911, dans la *Revue économique internationale* (« L'inspection du travail » et « L'activité féminine au XXe siècle »)[26].

À la même époque, Aline Valette, militante féministe et socialiste, recrutée dans le département de la Seine en 1884, se voit, après sept ans d'exercice, refuser sa titularisation définitive dans le cadre de la loi de 1892, contrairement à toutes ses collègues[27]. Telle autre, institutrice lors de son admission en 1938, trouve un *addendum* à la lettre de nomination du ministre :

> « Je tiens à vous signaler qu'aux termes de la jurisprudence, j'avais le strict droit de ne pas prononcer votre admissibilité, M. le Ministre de l'Éducation nationale m'ayant informé que vous aviez participé au mouvement de grève du 30 novembre [1938] dernier. Je me plais à penser qu'ayant l'honneur d'entrer dans le corps de l'Inspection du travail, vous ferez en sorte que je n'aie pas à déplorer, par la suite, la mesure d'extrême bienveillance que j'ai prise à votre égard[28]. »

---

carrière », J.-L. ROBERT (dir.), *Inspecteurs et inspection du travail sous la IIIe et la IVe République*, Paris, ministère de l'Emploi et de la Solidarité, 1998 ; S. LAGNIER, *Les carrières des inspectrices du travail, 1930-1950*, mémoire de DEA, université Lyon 2, 2000.

26. Sur Sochaczewski : renseignements fournis par Dominique Guyot (les deux familles ont des sites internet). Sur Juillerat : notice du *Qui êtes-vous ? Annuaire des contemporains*, Paris, C. Delagrave, 1924. Sur la Ligue sociale d'acheteurs, M.-E. CHESSEL, « Aux origines de la consommation engagée : la Ligue sociale d'acheteurs (1902-1914) », *Vingtième siècle. Revue d'histoire*, 77, 2003, p. 95-108.
27. L. L. CLARK, « Les carrières des inspectrices du travail, 1892-1936 », J.-L. ROBERT (dir.), *Inspecteurs...*, *op. cit.*
28. CAC 770 427, lettre du 18 janvier 1939.

Plus diplômées que leurs confrères mais bénéficiant d'un statut au travail largement inférieur, si ces inspectrices ne sont guère représentatives du salariat féminin dans la société française de la première moitié du XXe siècle, elles sont par contre des figures des discriminations entre les hommes et les femmes, que l'on sait repérables dans d'autres corps de la fonction publique, par exemple celui des receveurs des Postes [29].

1941-1974 : la mixité de l'inspection ?

Entre 1936 et 1974, les tâches de l'inspection et les structures hiérarchiques se modifient. Au moment du Front populaire d'abord, l'important renforcement de la législation du travail accroît le travail des inspecteurs et inspectrices et l'augmentation des effectifs se lit dans les recrutements et la création de nouveaux grades. Ensuite, l'égalité formelle des carrières féminines et masculines s'inscrit dans l'unification du statut des fonctionnaires.

Dès 1937, la promulgation des lois sociales du Front populaire entraîne le renforcement du personnel d'inspection avec la création des inspecteurs et inspectrices adjoints, moins rémunérés que les inspectrices et inspecteurs, mais aux attributions identiques, l'élargissement du corps se faisant ainsi à moindres frais, pour un doublement des effectifs : inspecteurs et inspectrices du travail peuvent désormais se consacrer en priorité aux tâches administratives et à l'organisation des tournées d'inspection [30]. En novembre 1938, lorsque s'ouvre le premier recrutement d'inspectrices adjointes, douze postes seulement sont offerts [31]. Lorsqu'en février 1940 a hâtivement lieu le recrutement, sur titres, d'inspecteurs auxiliaires et d'inspecteurs adjoints auxiliaires, trois inspectrices et quatre inspecteurs auxiliaires sont nommés, ainsi que trente-huit inspecteurs adjoints auxiliaires, dont trente-trois femmes [32]. On voit que ces dernières sont majoritaires chez les adjoints, moins rémunérés, et que la féminisation d'un grade ou d'un corps n'est pas synonyme d'égalité entre les sexes.

À partir du Front populaire, la modification des charges de l'inspection du travail est nette, d'une part dans le cadre des négociations des conventions collectives et de leur application, d'autre part dans le rôle de conseil auprès des petites entreprises. Berthe Paulin, mutée à Lyon au début de 1936, écrit comment elle a été

> « [...] chargée de la présidence de la commission d'arbitrage des conflits nés à l'occasion du contrat collectif de travail dans les hôtels, restauration, débits de boisson de Lyon et de la région. Au cours de quatre séances, nous avons réglé définitivement soixante-dix différends. Je m'occupe actuellement de faire signer trois conventions collectives relatives aux conditions de travail et de salaires dans les manufactures de

29. O. Join-Lambert, *Le receveur des Postes entre l'État et l'usager (1944-1973)*, Paris, Belin, 2001.
30. *Journal officiel* du 18 juillet 1937.
31. *Journal officiel* du 18 juillet 1937 et article 1er de la loi de 1937. Le statut de ce grade est fixé par le décret du 18 novembre 1938, *JO* du 3 décembre 1938. L'échelle salariale des adjointes et adjoints s'étend de 14000 F par an pour la 8e classe à 28000 F pour la 1re classe, alors que celle des inspecteurs et inspectrices va de 16000 F à 39000 F.
32. CAC 810 719, nominations en avril et mai 1940.

vêtement de travail (1 500 personnes), de gants, et pour la corporation des dactylographes (4 000 personnes)[33] ».

Les conventions signées, encore faut-il qu'elles soient appliquées : Gilberte Guiffaut-Lesprit, en poste à Lille, résume en 1938

> « [...] une activité absorbée par une poussière de petits différends tant au sujet des salaires que des interprétations des textes légaux ; il a fallu sans cesse, et dans une atmosphère d'incessantes réclamations, soit aiguiller les syndicats ou les ouvriers isolés vers d'autres procédures que celles de la grève avec occupation de l'usine, soit en commissions paritaires interpréter les textes législatifs relatifs à la durée du travail, aux récupérations des chômages collectifs, aux congés payés, et essayer de concilier les points de vue hostiles, pour le maintien relatif de l'ordre et de la production[34] ».

Cette indispensable présence d'arbitre entre les parties, la présidence des commissions, les nombreuses correspondances avec les employeurs participent à coup sûr d'un changement dans la perception du rôle des inspectrices et des femmes actives en général, comme en témoigne l'égalité formelle qui leur est accordée dans le cadre de la réforme des statuts de la fonction publique. À l'unification du Statut des fonctionnaires engagée par le régime de Vichy fait écho, en 1946, le Statut de la fonction publique[35]. En haut de la hiérarchie – mais dépendant désormais d'un inspecteur général – se situent les divisionnaires, qui deviennent directeurs régionaux du Travail et de la Main-d'œuvre à partir de 1962[36] : jusqu'en 1974, aucune femme n'accède à ce grade, ce qui reproduit le *statu quo ante* issu de la loi de 1892. Malgré la légère féminisation de l'administration du ministère – on pense là à Olga Raffalovich, rédacteur[37] –, la promotion des femmes aux postes de décision reste pendante...

Entre les inspecteurs divisionnaires/directeurs régionaux et les inspecteurs apparaissent les directeurs départementaux du travail. Trois femmes sont promues en mars 1942. Hasard ou nécessité, Marthe Bigueur, Gilberte Buisson et Jeanne Heller, toutes très bien notées, ont été choisies célibataires et incontestables par leur classement lors du recrutement. Pourtant, en mai 1943, un inspecteur, Fournié, dépose plainte devant le Conseil d'État pour faire annuler ces promotions. Le motif ? La loi stipule que les directeurs départementaux sont choisis parmi les « inspecteurs », alors que le vocabulaire administratif est sexué et comporte des « inspectrices ». Les résistances masculines cherchent-elles à s'appuyer sur le moindre défaut des textes ? Toujours est-il que le 17 août 1945, le Conseil d'État fait annuler les nominations des inspectrices malgré les justifications du ministère du Travail : seule Marthe Bigueur réintègre cette fonction, en 1951[38]. Entre-temps, trois femmes ont été promues en 1946 et cinq le seront entre 1961 et 1974[39]. Par le jeu des retraites,

33. CAC 830 053/27, rapport d'activité de l'année 1936.
34. CAC 830 053/23, note de synthèse de fin d'année.
35. *Journal officiel de l'État français* du 19 novembre 1941 et *Journal officiel* du 20 octobre 1946.
36. *Journal officiel* du 2 juin 1966.
37. L. L. Clark, *The rise of professional women...*, *op. cit.*
38. Jeanne Heller part à la retraite en 1946, Gilberte Buisson passe adjoint au directeur départemental en 1961.
39. 1946 : Suzanne Gérard (promotion 1935), Suzanne Jardin (promotion 1931) et Émilie Commissaire-Hanin (promotion 1927) ; 1961 : Gilberte Buisson (promotion 1935) ; Yvonne Lepy-Leclair (1968,

elles ne sont bien sûr pas toutes présentes au même moment et il nous semble que les trois promotions de 1946 correspondent à une brève époque de valorisation des femmes, tant au travail que dans la société[40].

En 1962, la stratification du corps est à nouveau accrue avec la création de l'adjoint au directeur départemental[41]. Le grade n'est accessible qu'avec dix-sept ans d'ancienneté dans le corps de l'Inspection et a été explicitement créé « pour permettre aux inspecteurs principaux [...] d'obtenir un avantage de carrière[42] ». À l'automne 1962, vingt et une inspectrices ont atteint l'ancienneté et l'échelon requis et onze sont promues pour trente-neuf inspecteurs[43]. La plus ancienne est Gilberte Buisson (promotion 1935) et qui a été à la fin de la guerre l'une des victimes de l'arrêté Fournié ; trois autres sont issues de la promotion 1937, qui comportait quatre recrutements. Récompense de fin de carrière et gage d'une retraite plus élevée, ce grade d'adjoint au directeur départemental, loin de toute fonction d'autorité et de vraie perspective de carrière, n'est refusé qu'à quatre inspectrices sur les quarante-cinq recrutées entre 1945 et 1974.

Les notations et appréciations des supérieurs hiérarchiques peuvent expliquer les résistances pour promouvoir des femmes. Le préfet du Puy-de-Dôme écrit ainsi qu'il « est hors de doute que la plupart des tâches qui s'imposent à la Direction du Travail ne conviennent pas à une inspectrice du travail. Une femme, quelle qu'elle soit, n'est pas à sa place entre ces rudes éléments[44] ». Lesdits rudes éléments sont bien ceux que l'on a refusés jusque-là au sexe féminin : le pouvoir sur leurs confrères, tant pour l'organisation que pour l'autorité. En effet, à partir de 1950, les directeurs se consacrent entièrement à la direction administrative et n'effectuent plus de missions sur le terrain. Les rapports avec les entreprises sont étroits pour autoriser embauches et débauches, arbitrer les extensions de conventions collectives, réviser les salaires, veiller aux risques industriels et à l'aménagement du temps de travail... et aussi organiser le travail des inspecteurs dans des cadres d'un droit du travail et de droits au travail et à la concertation entièrement révisés[45].

Pour les femmes, la diversification des fonctions est rendue possible par le Statut de la fonction publique de 1946, qui scelle la fin de l'inscription territoriale des inspecteurs et inspectrices : les sections d'inspectrices disparaissent (tout comme la dénomination « inspectrice ») et, au moins dans les textes, des femmes peuvent être nommées à tous les postes, ce qui respecte l'égalité proclamée par le Statut de la fonction publique et la Constitution de la IVe République. Néanmoins une inspectrice fait, en 1949, part de son amertume :

---

promotion 1956), Luce Kappes-Daveluy (1970, promotion 1953), Suzanne Laffon et Isabelle Cotton-Zaleski en 1972 (promotion 1961).

40. Ces années de sortie de guerre sont par exemple aussi celles qui comptent le plus d'élues : M. Sineau, *Profession femme politique. Sexe et pouvoir sous la Cinquième République*, Paris, Presses de Sciences Po, 2001.

41. *Journal officiel* du 28 septembre 1962.

42. CAC 770 432, note du ministère du Travail, juin 1963, au Tribunal administratif.

43. Arrêté du 28 décembre 1962.

44. CAC 770 425, rapport du préfet du Puy-de-Dôme sur le conflit chez Michelin du 22 mars 1948.

45. AD d'Indre-et-Loire, 6 W 49, 56, 65.

> « J'ai assumé dans le département le contrôle de la totalité des établissements industriels et commerciaux à l'exception des catégories ressortissant aux industries de la métallurgie, du travail des métaux, du bois, du bâtiment et des industries chimiques dont le contrôle était confié à [un] inspecteur du travail. Il a été bien entendu avec le directeur départemental, M. Pic, que cette répartition était faite à titre provisoire, et que, si mes capacités s'avéraient satisfaisantes, une nouvelle répartition des sections, sur la base territoriale, serait réalisée, supprimant toute hiérarchie dans l'importance des tâches entre l'inspecteur et l'inspectrice du travail, comme le veulent le préambule de la Constitution et l'article 7 de la loi du 19 octobre 1946 portant sur le statut de la fonction publique[46]. »

En 1954, à Dijon, l'inspectrice n'a toujours en charge que le travail à domicile, des commerces de toutes sortes et des industries traditionnellement dévolues aux femmes, le textile, les petits articles de cuir, la pelleterie et la fourrure[47].

L'investissement de toutes les circonscriptions territoriales permet aux femmes une mobilité géographique plus importante, d'ailleurs pas forcément nécessaire à leur promotion. Comme dans les générations précédentes où le nombre de circonscriptions était limité, certaines ne bougent pas. Telle inspectrice parisienne ne va pas plus loin que l'Oise : licenciée en droit, entrée au ministère du Travail à 33 ans comme auxiliaire de bureau en 1945, elle est reçue (5e/230) au concours de contrôleur adjoint en 1952 ; trois ans plus tard, elle est reclassée contrôleur et reste à Paris. Ce n'est qu'en 1961 que, reçue inspecteur, elle est mutée à Creil, où elle reste trois ans, bien qu'elle demande chaque année son retour dans la capitale, obtenu en 1965. En 1971, très bien notée en particulier pour son rôle lors des grèves de 1968, elle refuse l'avancement au grade de directeur départemental du Travail, les deux seuls postes proposés étant ceux du Puy et de Colmar : l'année suivante, classée 3e/19 à un tableau d'avancement qui ne compte que deux femmes, elle obtient un poste de directeur départemental à Paris[48]. Le statut matrimonial n'est pas une variable qui expliquerait la volonté de mobilité, puisque cette inspectrice est célibataire, quand telle autre, divorcée deux fois et mariée trois, mère d'un enfant, fait toute sa carrière à Marseille, sauf cinq mois passés à Paris, peut-être pour préparer le concours d'inspecteur (1974, 2e/14). Elle aussi est entrée au ministère du Travail comme employée de bureau à la trentaine, après plusieurs autres emplois et elle a été reçue au concours de contrôleur en 1963. Elle sera sept ans directeur adjoint du travail avant de demander sa retraite à 57 ans[49]. Qu'il s'agisse de deux mobilités géographiques, de trois ou de quatre et plus, la comparaison entre les femmes mariées et les célibataires est, de fait, plate.

D'autres femmes sont plus mobiles, en particulier des femmes mariées qui suivent leur conjoint, parfois eux aussi membres de l'inspection du travail. L'une d'entre elles, contrôleur, suit son directeur départemental de mari à la Martinique, puis à Rodez, à Quimper et à Auch. À l'heure où celui-ci prend sa retraite dans cette

46. CAC 770 425, mémoire de l'inspectrice du 28 avril 1949, dans le cadre d'un recours devant le Conseil d'État.
47. CAC 770 432, rapport du 22 février 1954 sur la répartition des sections.
48. CAC 900 603/41.
49. CAC 900 603/30.

dernière ville, elle est admise inspecteur, à l'interne : mutée à Limoges, puis à Laon, à Toulon et Châteauroux où elle termine sa carrière comme inspecteur, elle n'obtient jamais un vrai rapprochement, en particulier l'inspection d'Agen, « un poste [pourtant] accordé à un collègue du même concours et plus jeune que moi[50] ». *A contrario*, une autre inspectrice raconte comment ses mutations en pleine année scolaire déstabilisaient ses deux filles et comment sa mobilité professionnelle s'est faite aux dépens de celle de son conjoint, contrôleur. Contrôleur du travail et licenciée en droit, elle devient inspecteur à Bône, en Algérie, après un recrutement à l'interne en 1953. Elle fait partie des rapatriés de 1962 et obtient un poste à Strasbourg, où le climat lui convient mal et où elle reste cinq ans avant d'obtenir une mutation à Bordeaux ; elle devient directeur départemental à Cahors en 1970, poste qu'elle occupe ensuite à Tarbes et à Bordeaux, mobilité nécessaire pour obtenir la 1re classe et qu'elle avait décliné peu auparavant, « surtout pour son mari, [qui devrait] refaire la preuve de sa valeur indépendante de sa qualité d'époux de la directrice du travail[51] ».

Tous ces parcours s'effectuent, on le voit, en utilisant le cadre des contrôleurs de la main-d'œuvre créé sous Vichy et qui a conduit à un doublement des effectifs. Il a ouvert des possibilités de promotion au grade d'inspecteur, soit au choix, soit par la voie du concours externe et ensuite interne : en 1969, un décret prévoit l'ouverture de deux concours simultanés, avec un tiers des postes réservés à l'interne. Par ailleurs, la hauteur des diplômes peut étonner, comme pour cette inspectrice déjà citée et licenciée en droit, qui entre comme auxiliaire de bureau, quand, en 1953, le marché du travail n'est pas si tendu : les possibilités de promotion dans ce ministère seraient donc bien connues. Quant au concours d'inspecteur à l'externe, bien rares sont celles qui y sont recrutées avant la fin des années 1960. Sur les vingt-cinq postes mis au concours en 1946, on compte à peine quatre femmes et l'on peut se demander si un *numerus clausus* n'a pas été mis en place, comme pour les contrôleurs : « Un concours commun [de contrôleur] aux candidats des deux sexes a été ouvert le 16 février dernier, pour le recrutement de douze contrôleurs stagiaires : trois places au maximum pourront être attribuées aux candidats de sexe féminin[52]. » Au concours suivant, en 1956, une seule femme inspecteur est admise, pour neuf hommes et jusqu'en 1974, le nombre de reçues reste faible[53]. Ce recrutement par à-coups entraîne *de facto* de longues périodes où restent en place des inspectrices d'une même génération. Le phénomène est flagrant après les très nombreux recrutements de 1937 à 1940 et dans les années 1950, le renouvellement des cadres est au plus bas, inférieur même à ce qu'il était au début du XXe siècle :

50. CAC 870 330/10, courrier du 14 février 1972.
51. CAC 870 330/6, lettre du 6 janvier 1978.
52. CAC 870 330/6, lettre du 8 juin 1948.
53. Deux concours spéciaux ont été organisés pour le Maroc en 1949 et l'Algérie en 1953 – pour chacun desquels une inspectrice est recrutée, pour trois inspecteurs. L'état de nos connaissances donne comme recrutements de femmes : 1957 : 2 ; 1961 et 1966 : 2 à chaque concours ; les promotions à l'interne : 1954 : 1 ; 1964 : 1 ; 1966 : 1 ; 1967 : 4 ; 1968 : après les mouvements sociaux, six femmes sont embauchées en 1969, puis cinq en 1970. On compte en 2004 427 inspecteurs et 813 contrôleurs.

il faut ainsi attendre les années 1960 pour que les départs en retraite d'anciennes inspectrices se fassent plus nombreux.

Il reste incontestable que la platitude ou la diversité des grades proposés par une administration peut faire varier les profils de ses titulaires. L'inspection féminine du travail en est ici une illustration, même si une comparaison terme à terme, tant quantitative que qualitative, avec les inspecteurs hommes aurait peut-être permis de mieux comprendre les discriminations. Tant que le seul grade est celui d'inspectrice, deux profils se dégagent nettement. Le premier est celui des femmes des classes aisées, le plus souvent mariées d'ailleurs à des hommes issus du même milieu qu'elles. Elles sont volontaires pour un travail qui donne prise sur la société quand, à l'époque, peu de métiers offrant des responsabilités sont possibles. Le second profil est celui des filles de couches plus populaires, qui ont commencé leur vie active comme institutrices : elles effectuent là une mobilité sociale évidente. Dans un deuxième temps, quand s'ouvre un grade inférieur, celui de contrôleur, les profils changent et ce d'autant mieux que la société est plus ouverte aux femmes issues des groupes lettrés et désirant exercer des responsabilités : médecins, avocates, juges et même ingénieures. Enfin, à partir du milieu des années 1970, quand se multiplient les mutations sociales qui changent le statut des femmes, les femmes inspecteurs se font proportionnellement bien plus nombreuses : comme dans le reste de la fonction publique, elles sont au moins les deux tiers des rangs A. Il n'empêche que comme de vraies spécificités sexuées ont été, depuis la loi de 1892, organisées dans différents registres – inégalité du recrutement, inégalité des statuts, inégalités des carrières – les pratiques de l'inspection du travail en gardent encore trace aujourd'hui : si les femmes sont majoritaires parmi les inspectrices, elles ne le sont pas – pas encore ? – dans les grades les plus élevés.

Histoire et construction des statistiques des salaires en France (1914-1952) : une lente institutionnalisation de la fonction statistique au sein du ministère du Travail

Étienne PENISSAT et Béatrice TOUCHELAY

L'histoire de la production des statistiques des salaires entre 1914 et 1952 poursuit deux objectifs [1]. Le premier relève d'une histoire des savoirs et vise à éclairer le type de connaissances qu'une société mobilise pour appréhender un fait social tel que la rémunération du travail. Le second vise à analyser en profondeur le type d'outil utilisé par les acteurs sociaux pour intervenir dans les relations sociales et dans l'économie. Il s'agit de fournir des précisions sur les procédures qui conduisent aux statistiques et sur le rôle de ces statistiques dans les relations entre les acteurs. L'approche historique des statistiques des salaires vise également à s'écarter de l'emprise du discours de certains contemporains (experts, statisticiens, historiens mais aussi fonctionnaires ou responsables politiques) qui disqualifie les statistiques produites entre 1918 et 1939 [2]. Comme l'a montré Michel Margairaz, ce discours schématique tendait à simplifier une réelle complexité historique. Il doit être réinterprété car, malgré des lacunes évidentes, les statistiques de cette période ne laissaient pas les acteurs dépourvus de repères, sur les salaires notamment [3].

Il ne s'agit pas de prendre les statistiques des salaires pour ce qu'elles sont – une mesure quantitative d'un fait social – mais de les prendre pour ce qu'elles nous disent des rapports sociaux – catégories utilisées, intensité de leur usage, type d'acteurs les produisant… – dans un contexte historique donné. Il convient donc de replacer la production statistique dans un double contexte : celui de son ancrage pratique et scientifique et celui de son élaboration politique et administrative.

1. D'autres études concernent ces statistiques : J. LUCIANI (dir.), *Histoire de l'office du travail (1890-1914)*, Paris, Syros, 1992 ; S. BONNELLE, *Histoire du ministère du Travail : jalons pour un inventaire*, École nationale des ponts et chaussées – université de Paris Val-de-Marne, université de Marne-la-Vallée – CNRS – LATTS, sous la responsabilité scientifique de Pierre Maclouf, 1998.
2. A. SAUVY, *De Paul Reynaud à Charles de Gaulle : scènes, tableaux, souvenirs*, Paris, Casterman, 1972 et *Histoire économique de la France entre les deux guerres*, Paris, Fayard, 2 vol., 1965-1967.
3. M. MARGAIRAZ, *L'État, les finances et l'économie : histoire d'une conversion, 1932-1952*, Paris, CHEFF, 1991 ; A. CHATRIOT, *La démocratie sociale à la française : l'expérience du Conseil national économique (1924-1940)*, Paris, La Découverte, 2002.

L'évolution des statistiques de salaires est liée aux politiques des prix et à l'histoire de la statistique publique française. Il s'agit d'éclairer la façon dont cette évolution s'imbrique dans des contextes, et par conséquent dans des problématiques économiques[4], et dans une vision du rôle économique de l'État et du développement des modes d'organisation de l'appareil administratif.

Plusieurs étapes jalonnent la construction de ces statistiques, entre les données rudimentaires et irrégulières de 1918 et la statistique trimestrielle publiée en 1952. Leur développement est conditionné par l'évolution de toute une série d'intervenants, qu'il s'agisse de l'État, du patronat, des actifs occupés, des syndicats ouvriers, des statisticiens, des universitaires[5], ou encore des organismes paritaires – Conseil national économique (CNE) – et organismes internationaux – Bureau international du travail (BIT) –, qui constituent la demande de statistiques.

À l'origine de l'élaboration des statistiques se trouve toute une série d'acteurs, notamment au sein du ministère du Travail, qui tentent de modifier l'espace et les modes d'intervention sur les salaires en développant des statistiques entre 1918 et 1925. Suit une période de blocage jusqu'à 1936. Malgré un contexte relativement libéral, les débats autour des statistiques et de leur rôle dans la conduite de l'économie se développent. Le rôle dévolu à la statistique des salaires s'élargit progressivement : d'outil nécessaire à l'arbitrage des conflits sociaux, il devient un outil essentiel à la connaissance des grands agrégats économiques. La statistique publique n'échappe pas aux réformes engagées à partir de 1936. Le « passage d'une configuration libérale, républicaine et décentralisée [...] vers une [...] configuration [...] des grandes entreprises nationales de réseaux au sein d'une économie mixte[6] » oblige à reconnaître au ministère du Travail une fonction statistique. La nécessité d'organiser la répartition pendant l'Occupation contribue de façon décisive à faire admettre l'importance des statistiques obligatoires et contrôlées. À la Libération, le changement d'attitude des acteurs à l'égard des outils quantifiés, et en particulier des statistiques salariales, est confirmé.

Des tentatives pour développer les statistiques de salaires (1918-1925)

L'Office du travail, et en particulier la Statistique générale de la France (SGF) qui lui est rattachée entre 1891 et 1914, constitue un véritable centre de recherches en sciences sociales. Il organise une enquête statistique sur les salaires et sur la durée du travail en 1893, établit des monographies sur les budgets ouvriers et des statis-

4. A. Desrosières, « Du travail à la consommation : l'évolution des usages des enquêtes sur le budget des familles », *Journal de la Société française de statistique*, 144, 1-2, 2003 et « Historiciser l'action publique : l'État, le marché et les statistiques », P. Laborier et D. Trom (dir.), *Historicités de l'action publique*, Paris, PUF, 2003.
5. L. Le Van-Lemesle, *Le juste ou le riche. L'enseignement de l'économie politique, 1815-1950*, Paris, CHEFF, 2004.
6. M. Margairaz, « Les services publics économiques entre experts, praticiens et gouvernants dans le premier XXe siècle : d'une configuration historique à l'autre », *Revue d'histoire moderne et contemporaine*, 52, 3, juillet-septembre 2005, p. 132-165.

tiques des grèves. L'Office offre un nouveau support à la production de données scientifiques dans le cadre de l'administration [7].

Dès sa formation, le ministère valorise ces outils pour éclairer l'environnement social et fournir les moyens d'intervenir sur les questions du travail [8]. Les nombreuses séries statistiques du *Bulletin du ministère du Travail* attestent la qualité du savoir-faire technique et scientifique hérité de l'Office du travail.

Pourtant, les informations produites servent peu et le ministère n'a alors qu'un rôle limité.

La Première Guerre mondiale ne lui apporte ni la légitimité ni les moyens d'action nécessaires pour qu'il devienne un ministère important. La production de statistiques générales est interrompue. La conduite des politiques sociales, notamment celle des salaires, revient à d'autres ministères. Le ministère de l'Armement, sous la houlette d'Albert Thomas jusqu'en septembre 1917, joue le rôle d'aiguillon des politiques du travail. L'encadrement juridique des salaires est renforcé [9]. Leur fixation repose largement sur les contrôleurs ouvriers qui ont acquis des compétences statistiques [10]. Pour Albert Thomas et pour son collaborateur l'historien économiste François Simiand, les nouvelles réglementations doivent permettre de modifier les modes de rémunération.

Malgré son effacement dans la codification des relations du travail pendant le conflit, le ministère du Travail valorise les outils juridiques installés par le ministère de l'Armement dans l'immédiat après-guerre et jusqu'au Cartel des gauches. Plusieurs acteurs dans le et hors du ministère tentent alors de fournir à l'État les moyens d'intervenir efficacement sur le social. Ils s'appuient notamment sur le développement d'outils statistiques.

La multiplication des statistiques au sortir de la guerre

Après la guerre, les connaissances sur le travail et sur les salaires se développent de façon discontinue et les données quantifiées restent hétérogènes.

Il n'y a pas de série statistique sur les salaires au niveau national. Les statistiques publiées sont établies à une échelle locale ou bien par secteur professionnel. Elles proviennent d'un grand nombre de producteurs : groupements industriels, acteurs locaux (départements, conseils des prud'hommes, maires) ou acteurs déconcentrés de l'État (ingénieurs des mines, inspecteurs du travail).

7. C. Topalov (dir.), *Laboratoires du nouveau siècle. La nébuleuse réformatrice et ses réseaux, 1880-1914*, Paris, Éd. de l'EHESS, 1999, et plus particulièrement : I. Lespinet, « Le travail représenté : le réseau de l'Office du Travail; 1891-1914 », p. 335-354.
8. *Ibidem*, p. 335-354.
9. C. Picquenard et W. Oualid, *Salaires et tarifs : conventions collectives et grèves, la politique du ministère de l'Armement et du ministère du Travail pendant la guerre*, Paris, New Haven, PUF et Yale University Press, Publications de la Dotation Carnegie pour la paix internationale, 1928.
10. C. Didry, « L'Inspection du travail et les conventions collectives entre 1892 et 1936 », J.-L. Robert (dir.), *Inspecteurs et Inspection du travail sous la IIIe et IVe République*, Paris, CHATEFP, 1998, p. 190-203, p. 200.

Le ministère du Travail contribue peu à leur production. La SGF qui lui est rattachée jusqu'en 1930[11] recolle et publie les séries. D'autres ministères, comme celui de l'Agriculture depuis 1881, établissent des statistiques pour leurs propres besoins. La diversité des statistiques répond logiquement à la multiplicité des producteurs. Les statistiques des salaires publiées par le ministère du Travail dans les années 1920 n'échappent pas à cette règle. Même non exhaustive, leur présentation rapide confirme cette hétérogénéité : salaires journaliers moyens des mineurs établis par les ingénieurs des mines depuis 1914 ; salaires annuels moyens des ouvriers agricoles établis à partir des arrêtés préfectoraux (loi du 15 juillet 1914) qui fixent les salaires servant de base au calcul des indemnités en cas d'accident ou d'invalidité ; salaires définis conformément aux décrets Millerand de 1899 qui réglementent les marchés publics passés par l'État et bien souvent par les collectivités[12] ; taux de salaires horaires minimum des ouvriers et ouvrières à domiciles fixés par une commission centrale (loi du 10 juillet 1915) ; salaires dans la métallurgie établis dès 1921[13]. Notons aussi certaines expériences rapidement abandonnées comme celle d'une statistique établie à partir des statistiques des conflits sur les salaires. Il faut ajouter à cette liste l'enquête prud'hommes qui informe sur les salaires des ouvriers des petites industries.

Outre l'hétérogénéité des informations produites dans des conditions et avec des codes très différents, ce tableau souligne la diversité des motivations des enquêtes et de leurs commanditaires. Les statistiques se distinguent également par leur degré de fiabilité, par les populations qu'elles concernent et par leur diffusion. Les méthodes de collecte et de classification des informations manquent aussi d'homogénéité. La disparité des données est aussi importante si l'on s'intéresse aux minima fixés par décret, qui ne sont pas des salaires constatés mais des salaires « imposés » (taxés) par l'État, et qui ne sont pas forcément respectés. Les variations des catégories utilisées (salaires journaliers, hebdomadaires ou horaires, inclusion ou non des différents types d'allocations, moyenne ou mode…) ne favorisent pas l'homogénéité des séries.

Les comparaisons entre les séries sont donc périlleuses et les acteurs du ministère se gardent bien d'en effectuer. Même si le ministère reste celui qui publie le plus de séries, de nombreux articles de son bulletin commencent par de sérieuses mises en garde sur la valeur des informations fournies.

Sa pratique de diffusion systématique répond aux attentes de certains de ses responsables à l'égard des connaissances statistiques. Pour Charles Picquenard, directeur du Travail, la publicité faite aux statistiques doit à la fois favoriser le développement d'une culture statistique et fournir aux travailleurs et à leurs repré-

11. INSEE, *« 50 ans d'INSEE » ou la conquête du chiffre*, 1996.

12. Les statistiques sont collectées par les commissions locales et régionales chargées de préparer les bordereaux annexés au cahier des charges du marché correspondant. Pour le ministre, l'exploitation de ces bordereaux par l'Office du travail « constitue une enquête permanente sur les salaires et la durée du travail » qui présente « le plus haut intérêt » et rend « déjà de grands services aux diverses administrations qui y ont recours » (circulaire de R. Viviani du 12 juin 1919).

13. Ces statistiques sont publiées dans le *Bulletin du ministère du Travail* à partir de 1925. Elles sont fournies par le Groupe des industries métallurgiques, mécaniques et connexes de la région parisienne (GIM) qui procède à des enquêtes détaillées sur les salaires réellement payés.

sentants des instruments objectifs de négociations. Dans un ouvrage publié en collaboration avec le professeur William Oualid en 1928, C. Picquenard précise sa conception du rôle qu'il attribue au ministère du Travail. S'inscrivant explicitement dans les pas des réformateurs sociaux, il milite pour un ministère capable de « rapprocher patrons et ouvriers » et de garantir « la justice sociale ». Cette justice se définit principalement à travers les modalités de fixation des salaires. S'opposant à une approche « libérale » du salaire qui serait égal au prix du travail, il souhaite imposer l'idée d'un « salaire vital répondant aux besoins des ouvriers ». Pour C. Picquenard, la fixation de salaires minimum (par les procédures de conciliation et d'arbitrage) et le développement d'allocations (primes de cherté, allocations familiales) pendant la Première Guerre mondiale sont les fondements de la paix sociale qui persiste jusqu'en 1925. Pour lui, les statistiques permettent au ministère d'objectiver une situation (celle du niveau de vie ouvrier à l'échelon local) et d'intervenir comme arbitre des conflits sociaux. Elles favorisent aussi ce qu'il appelle la « loi d'imitation », autrement dit l'uniformisation des salaires.

Des tentatives pour améliorer la qualité des statistiques des salaires

L'importance du rôle dévolu aux outils quantifiés par Arthur Fontaine et C. Picquenard explique leur présence active à la Société de statistique de Paris.

Plusieurs circulaires et certaines correspondances entre le ministère du Travail et différentes institutions révèlent qu'il souhaite à la fois disposer d'une quantité croissante d'informations et imposer des normes de production plus homogènes. En ce qui concerne les salaires, son besoin de données est lié aux négociations salariales et aux enquêtes réclamées par les syndicats ouvriers, notamment dans les mines [14]. Le ministre et le directeur du Travail ont aussi besoin de chiffres fiables pour pouvoir les confronter avec ceux des syndicats ouvriers et patronaux et faire avancer les négociations lorsque les conflits et les grèves sont fréquents. C. Picquenard considère que le manque de chiffre empêche le ministère du Travail de remplir son rôle d'arbitre. Une information de qualité est aussi nécessaire à l'encadrement des relations du travail.

Au début des années 1920, la plupart des circulaires ministérielles aux préfets (et aux ingénieurs des mines) réclament les bordereaux de salaires qu'ils sont censés renvoyer régulièrement. Les remontées des bordereaux sont inégales, elles dépendent des contextes locaux. Pour améliorer la fiabilité de ses informations, le ministère doit diversifier ses interlocuteurs. Il s'adresse à toute une série d'acteurs tels que les ingénieurs des mines, les maires, les préfets, les commissaires de police…

Il tente aussi de contourner les difficultés en augmentant la fréquence des enquêtes. L'annualisation de l'enquête prud'hommes répond à ce besoin à partir de 1925. L'enquête est réalisée par les conseils de prud'hommes et par les maires des villes de plus de 10 000 habitants. Elle porte principalement sur les professions des petites industries (50 professions, dont 7 féminines). Les données sont collectées

14. Archives nationales (AN), F22 285 à 298.

auprès « des syndicats patronaux ou des personnes compétentes ». Le ministère envoie 500 questionnaires pour 250 localités. Si le taux de non-réponses est faible (autour de 20 sur la période), il concerne des lieux importants comme Caen, Lille ou Paris. La fréquence des réponses incomplètes et l'insuffisance des moyens financiers accordés à l'enquête constituent d'autres limites soulignées par le ministère et par les conseils de prud'hommes.

L'enquête renseigne sur « les taux de salaires les plus fréquemment appliqués », sur la « durée habituelle du travail et sur les prix ordinaires de pension payés par l'ouvrier célibataire ». Les fonctionnaires de la SGF et du ministère du Travail souhaitent que son annualisation permette de disposer d'informations régulières sur les salaires dans une période de forte variation du coût de la vie.

Ils sont soutenus dans leurs démarches par la Société de statistique de Paris et par les conférences des statisticiens organisées par les institutions internationales entre 1923 et 1934 (une petite dizaine dans le cadre des institutions influencées par A. Fontaine et A. Thomas – BIT, *Social Science Research Council* nord-américain ou Union internationale des villes). Lors de conférences, les représentants des différentes nations – Michel Huber, directeur de la SGF, y représente la France – discutent des méthodes à adopter en matière de statistiques du travail (salaire, indice du coût de la vie, chômage, durée du travail). Ils formulent des vœux pour accélérer le développement et l'harmonisation des outils quantifiés. En 1923 et en 1925, ces vœux sont transmis au BIT, puis aux pays membres de la Société des nations (SDN).

En France, ils restent des vœux pieux car le patronat s'oppose efficacement à toute convention internationale. Dans ce contexte, on comprend mieux pourquoi, malgré ses limites notoires, l'enquête des prud'hommes devient l'enquête de référence du ministère du Travail à partir de 1925. Le ministère ne dissimule pas ses imperfections. Il dénonce ses mauvaises conditions de réalisation et précise que, si elle permet d'établir les tendances de l'évolution des salaires, elle n'autorise aucun calcul sérieux de moyenne puisqu'elle ne s'appuie pas sur « des relevés précis de salaires effectifs ».

L'impossible développement des statistiques du travail (1925-1936) ?

Les réformateurs qui tentent de développer les statistiques « sociales » réussissent à organiser une enquête annuelle sur les salaires – enquête prud'hommes – mais ils ne parviennent ni à faire admettre l'attribution d'une réelle fonction statistique au ministère du Travail, ni à empêcher l'abandon des mesures d'encadrement introduites avec la guerre. À deux reprises, la SGF est en passe de jouer un rôle plus important puisqu'il est question de la rattacher à la présidence du Conseil et de la charger de superviser l'ensemble des informations quantifiées. Les gouvernements cherchent alors à intervenir davantage dans l'économie (le Cartel des gauches par exemple avec la création du CNE[15]). Leurs tentatives n'aboutissent pas.

15. A. Chatriot, *La démocratie sociale…*, *op. cit.*

Comme en témoignent le passage d'André François-Poncet[16] au gouvernement, puis les réformes du Front populaire, des débats importants sur la place des statistiques dans l'appareil d'État se déroulent pendant les années 1930. Pourtant, les connaissances statistiques sur le travail ne progressent pas. Les tentatives de réforme de la SGF échouent[17]. Une majorité du patronat[18], de nombreuses directions ministérielles et des arguments budgétaires freinent l'amélioration des connaissances.

Stagnation de la production de statistiques

À partir de 1926, les seules informations quantifiées sur les salaires viennent de l'enquête annuelle auprès des prud'hommes, des résultats diffusés annuellement par le GIM de la région parisienne et des séries sur les salaires trimestrielles dans les mines.

Dans ce contexte peu favorable, les acteurs du ministère, et plus globalement les réformateurs sociaux, continuent de réclamer le développement des enquêtes.

En 1926, à la demande du secrétariat à la Défense une ligne budgétaire de 100 000 francs est attribuée à une enquête sur la production et les salaires. Les organisations économiques concernées ne parviennent pas à s'entendre et le projet est abandonné en 1927.

Le 13 novembre 1928, le Conseil supérieur de la statistique définit la position française sur la convention visant à favoriser l'uniformisation internationale des méthodes statistiques qui doit être signée à la SDN le 26 novembre. Les représentants de la SGF, encore rattachés au ministère du Travail, et ceux de la Société de statistique de Paris, dénoncent clairement la faiblesse des statistiques françaises. Ils recommandent de créer un office de statistiques rattaché à la présidence du Conseil et d'organiser une enquête sur la production et sur les salaires dans l'industrie.

L'accord sur les statistiques économiques est signé à la SDN. L'enquête française est budgétée en 1930. Elle doit être annexée au recensement démographique[19]. Elle servira à évaluer pour chaque établissement : les forces motrices, le personnel, l'activité, la consommation d'énergie et le montant des salaires. Une commission réunit tous les intéressés pour définir ses modalités. Les représentants du patronat refusent de garantir la participation de l'ensemble des chefs d'entreprises à l'enquête. Elle se déroule néanmoins. En 1932, 60 000 questionnaires sont distribués par les inspecteurs du travail. La SGF reçoit 25 000 questionnaires avant 1933 mais elle n'en exploite que 15 000 (seulement 16 % dans l'industrie et 45 % dans la métallurgie) car beaucoup sont incomplets. La Confédération générale de la production fran-

16. F. Berger, « André François-Poncet, des réseaux intellectuels à l'expérience du journalisme économique au service des entrepreneurs », O. Dard et G. Richard (dir.), *Les permanents patronaux : éléments pour l'histoire de l'organisation du patronat en France dans la première moitié du XXᵉ siècle*, Metz, Centre de recherche histoire et civilisation de l'université Paul Verlaine de Metz, 2005, p. 75-92.

17. M. Huber, « Principales lacunes et insuffisances des statistiques françaises », *Journal de la Société de statistique de Paris* (*JSSP*), 3-4, mars avril 1944.

18. Centre des Archives du Monde du Travail (CAMT), Roubaix. Voir les comptes rendus des conseils de la Confédération générale de la production française (CGPF), 1920-1940.

19. M. Volle, *Histoire de la statistique industrielle*, Paris, Economica, 1982.

çaise (CGPF) s'oppose à la publication des résultats mais la SGF négocie et diffuse quelques données en 1935 [20].

Les obstacles à une institutionnalisation des statistiques

Le patronat est la première force d'opposition au développement des statistiques publiques. En l'absence d'obligation statistique avant 1938, cette position condamne toute collecte d'informations sérieuses sur les salaires auprès des employeurs. Comme le montre Danièle Fraboulet [21] pour l'Union des industries métallurgiques et minières (UIMM), si une partie du patronat développe une capacité d'expertise statistique et souhaite communiquer certaines données, sa stratégie consiste aussi à empêcher toute intervention publique dans la fixation des conditions de travail et des salaires. Les publications de la CGPF des années 1920-1930 [22] et les positions de son représentant au BIT [23] témoignent de l'hostilité de la majorité des chefs d'entreprise aux enquêtes publiques. La stratégie patronale vise à bloquer toute production autonome d'institutions étatiques ou internationales. Le GIM refuse ainsi de répondre aux questionnaires du ministère sur les salaires. À Paris, seule la section du Bâtiment et Travaux publics accepte de livrer des données sur ce point. Au niveau international en 1925, le patronat bloque le projet du BIT d'organiser une enquête sur les salaires. Cet état d'esprit n'échappe ni aux statisticiens ni aux inspecteurs du travail. Au cours des débats sur les statistiques des salaires à Genève en novembre 1923, Michel Huber refuse que la résolution de la conférence mentionne le « contrôle et la vérification » des statistiques fournies par les employeurs pour ne pas leur donner l'impression d'être suspectés par les autorités administratives. Les correspondances entre les inspecteurs du travail et le directeur du travail ou les préfets rappellent les difficultés soulevées par leur double mission de contrôle et d'enquête. Les inspecteurs ne livrent que les informations transmises volontairement par les employeurs aux commissions mixtes locales. Cette situation explique l'importance des acteurs « extérieurs » (préfets, maires...) et des sources indirectes (publications patronales...) dans la fourniture des données. Elle révèle que la fonction statistique du ministère du Travail n'est pas reconnue.

L'obstruction du patronat au développement de la fonction statistique de l'État est un point fondamental pour comprendre les balbutiements des statistiques des salaires entre les deux guerres. Un travail complémentaire reste à mener pour cerner les oppositions internes à l'État – divergence entre le ministère des Finances et celui

20. Sur cet épisode et sur la faiblesse des moyens de la SGF voir deux témoignages : M. HUBER, « Quarante années de la Statistique Générale de la France : 1896-1936 », *JSSP*, mai 1937, p. 179-214; A. SAUVY, « Statistique générale et Service National de Statistique de 1919 à 1944 », *JSSP*, 1975, p. 34-43. Léopold Dugé de Bernonville, l'un des premiers statisticiens recrutés par la SGF, négocie avec la CGPF.

21. D. FRABOULET, *Les organisations patronales de la métallurgie : acteurs, stratégies et pratiques durant le premier XXe siècle*, Villeneuve-d'Ascq, Presses universitaires du Septentrion (à paraître).

22. Les *Bulletins de la CGPF* consultés sont muets sur les statistiques du salaire et plus largement sur celles du travail.

23. CAMT, CGPF, Conseil central, 19 octobre 1928. A. Lambert-Ribot est le délégué de la CGPF au BIT.

du Travail au sujet de la publication régulière d'une statistique des traitements des fonctionnaires, par exemple – et les résistances du monde politique à « la culture statistique ».

Les années 1925-1929 marquent cependant la prise de conscience de la nécessité du développement des statistiques publiques françaises. L'importance de la centralisation des informations et celle de l'organisation d'enquêtes nationales sont perçues dès les années 1920. Il en va de même du caractère déterminant de la participation du patronat et des syndicats, du rôle des moyens budgétaires et réglementaires et des soutiens moraux accordés au service de statistiques ou de l'importance de la formation des statisticiens et des usagers potentiels de leurs outils.

Des statistiques imbriquées dans les relations sociales

Le développement des statistiques des salaires est timide au niveau national mais il soulève de nombreuses discussions à l'échelon régional. Les préfets reçoivent de très nombreuses informations dans les départements que nous avons étudiés (Gironde[24] et Loire[25]). De nombreuses commissions départementales ou locales sont le lieu de conflits internes importants, chaque acteur souhaitant imposer ses propres statistiques. L'absence d'enquête fiable du ministère du Travail ne permet pas de trancher. Les commissions du coût de la vie auraient pu être des pivots de l'observation statistique mais elles deviennent des foyers de tensions dominés par les enjeux locaux et professionnels[26].

De façon symétrique dans les commissions sur les salaires, les acteurs locaux produisent des chiffres à partir de sources hétérogènes (bulletins ou livres de paye, contrats collectifs, rumeurs…). Les décrets Millerand de 1899 donnent pouvoir aux préfets de réclamer les données nécessaires à la définition des salaires minimum inscrits sur les bordereaux. Les principaux conflits concernent la notion de « salaire courant », qui est retenue par les circulaires du ministère du Travail et que certains interprètent comme le salaire modal (patronat) tandis que d'autres l'assimilent au salaire minimum (syndicats ouvriers).

Faute d'arbitrage législatif et scientifique du ministère, les conflits sur les chiffres des salaires sont fréquents au niveau local. Ces conditions témoignent d'une organisation de l'économie et du marché du travail qui reste essentiellement régionale, voir locale.

---

24. Archives départementales (AD) de la Gironde. 6 M X 1259. Commissions centrale et régionale d'étude relative au coût de la vie. Procès-verbaux de réunions et circulaires (1920-1942), note sur l'organisation des commissions régionales et locales (article 5 du décret du 19 février 1920) ; 6 M 1262. Réorganisation des commissions du coût de la vie (1938).
25. AD de la Loire, 10 M 82 sur les statistiques des salaires ; 10 M 84 sur les commissions liées aux décrets de 1899 ; 10 M 88 salaires des ouvriers mineurs ; 6 M 809-810 commissions du coût de la vie ; 10 M 19 commissions départementales du travail, salaires des ouvriers agricoles.
26. Centre des Archives économiques et financières (CAEF), Commissions du coût de la vie, H 0001442 et H 0001434.

Nouvelle donne (1936-1952)

À partir de 1936, deux mouvements favorisent la légitimation d'une fonction statistique dans l'appareil d'État. La mise en place de politiques économiques et sociales orchestrées au niveau étatique tout d'abord, avec les lois sociales qui confèrent aux autorités administratives, spécialement au ministère du Travail, des moyens d'intervenir sur les salaires, la durée du travail, les relations au travail... Ces réformes nécessitent tout autant qu'elles produisent des statistiques. Dans un second temps, le milieu des fonctionnaires statisticiens et des économistes acquiert une légitimité nouvelle en parvenant à imposer une autorité statistique. La professionnalisation de la production statistique qui s'opère alors profite aux statistiques des salaires.

Les lois de 1936 : une ouverture pour les statistiques des salaires

Les grèves et les lois sociales constituent un tournant décisif pour les statistiques du travail, et particulièrement pour celles des salaires. Tous les débats sur les salaires et sur les prix de revient soulignent l'insuffisance des crédits budgétaires accordés aux statistiques et les lacunes des informations disponibles. Parallèlement, les lois sur les conventions collectives introduisent des procédures nécessitant pour l'appareil étatique, et spécialement pour le ministère du Travail, des connaissances reconnues comme légitimes pour arbitrer.

Le débat sur l'insuffisance des statistiques pour éclairer l'action et sur l'impact des lois sociales sur l'économie est connu. Les diatribes du statisticien démographe A. Sauvy contre l'incompétence des dirigeants du Front populaire ont été contestées, notamment par Michel Margairaz [27].

Il s'agit ici de montrer comment les conflits sur les chiffres provoqués par le changement politique de 1936 favorisent le développement des statistiques. Ces conflits confèrent à un milieu de hauts fonctionnaires et d'experts une légitimité importante. Les lois sur les conventions collectives imposent progressivement un arbitrage institutionnel (du ministère du Travail et du CNE) qui ne peut s'appuyer que sur de sérieuses statistiques du coût de la vie et des salaires [28].

La loi du 24 juin 1936 sur les conventions collectives joue un double rôle en ce qui concerne les statistiques des salaires. En généralisant les conventions collectives, et avec elles les clauses sur les salaires minima, le ministère du Travail obtient un outil pour relever les chiffres des salaires. Ainsi dès 1936, les salaires issus des conventions collectives sont publiés dans le *Bulletin du ministère du Travail*. Le 23 novembre 1937, dans le cadre des débats sur l'échelle mobile, le ministre demande aux inspecteurs du travail d'enquêter sur les formes de la révision des salaires dans les conventions [29]. Les conventions collectives retrouvées dans les archives du ministère du Travail montrent que la définition du salaire minimum

---

27. L'ouvrage collectif, *Léon Blum, chef de gouvernement (1936-1937)*, Paris, Armand Colin, Cahiers de la FNSP, 1967, revient sur ces polémiques et présente dans ses annexes des extraits de débats à la Chambre ou au Sénat qui rendent compte de ces conflits sur les statistiques.
28. Voir C. DIDRY, « L'Inspection... », art. cit., et A. CHATRIOT, *La démocratie sociale...*, *op. cit.*
29. AN, F22 1589.

reste déterminante au moment de l'application de la réglementation des salaires par le décret-loi du 10 novembre 1939 et par celui du 1er juin 1940[30]. Après l'armistice, la direction du Travail collecte les bordereaux de salaires des départements de la zone occupée. Les préfets sont chargés de définir des salaires minimums.

Par ailleurs, l'instauration d'un principe de révision des salaires en fonction de la hausse du coût de la vie, qui est prévu dans l'article 15 de la loi monétaire du 1er octobre 1936 puis par la loi du 4 mars 1938[31], entraîne à la fois un besoin d'indicateurs sur les prix (indice du coût de la vie dans les départements) et un besoin de statistiques sur les salaires.

Les mesures du Front populaire puis celles du gouvernement d'Édouard Daladier font de la question du salaire un élément essentiel des débats politiques et de la politique économique. La question se pose dans différentes arènes : autour des débats sur l'échelle mobile, du prix de revient des produits français, de l'application des 40 heures...

1938-1945 : l'obligation statistique

La reconnaissance de l'importance des statistiques pour une politique économique de plus en plus « conduite » par l'État aboutit au décret du 17 juin 1938 qui oblige les entreprises de plus de cinq salariés à fournir des informations périodiques sur le montant des salaires payés (et non pas les taux horaires), la production, le nombre d'heures travaillées et les effectifs[32]. Les décrets suivants confirment le principe du secret statistique et prévoient des sanctions en cas de refus de répondre (décret du 12 novembre 1938). Les syndicats patronaux jouent les intermédiaires entre les représentants de l'État et les entreprises. Le réarmement puis la définition de l'organisation de la nation en temps de guerre favorisent le contrôle et la statistique. En conférant aux inspecteurs du travail un rôle de premier plan dans la collecte des informations, ces mesures exacerbent la confusion entre fonction de contrôle et d'enquête[33].

L'entrée en guerre interrompt toute investigation. Le système statistique est profondément réformé à partir de l'armistice. La loi du 16 août 1940 définit une organisation provisoire de la production industrielle et charge des comités d'organisation (CO) d'organiser les professions et de réunir les données[34]. La pénurie et

30. AN, F22 1590.
31. L'article 10 fixe le principe d'une révision des salaires : lorsque « l'indice officiel du coût de la vie est d'au moins 5 % par rapport à l'indice arrêté à la date la plus voisine de celle où sont fixés les salaires en cause ».
32. Cf. SGF, *Les statistiques obligatoires*, Paris, Imprimerie nationale, 1941. L'introduction d'Henri Bunle revient sur la difficulté d'obtenir des statistiques des salaires fiables.
33. Centre des Archives contemporaines (CAC), Fontainebleau (77). 19760131 1, Textes divers relatifs à l'inspection du travail. En vertu de l'article 7 du décret du 10 novembre 1939, les inspecteurs du travail « sont chargés de sanctionner le paiement des salaires inférieurs aux minima légaux. [...] Ils sont définis comme les agents d'information du ministère [...] ».
34. Sur la statistique industrielle voir : M. VOLLE, *Histoire de la statistique*..., *op. cit.* ; B. TOUCHELAY, « Les CO, des freins au développement de la statistique industrielle française ? », H. JOLY (dir.), *Les Comités d'organisation et l'économie dirigée du Régime de Vichy*, Caen, Centre de recherche d'histoire quantitative de Caen, p. 295-310.

les réquisitions allemandes confortent le caractère obligatoire et contraignant des enquêtes. Le sous-secrétariat d'État, puis ministère, de la Production industrielle et du Travail devient le pivot de la statistique industrielle.

Le bulletin du secrétariat d'État au Travail ne publie plus de statistiques. C'est le Service d'observation économique dirigé par A. Sauvy, rattaché à l'Institut de conjoncture au ministère de l'Économie, qui publie de façon périodique des notes « rouge brique » sur « La situation économique de la France ». La mesure du salaire s'éloigne donc du domaine du ministère du Travail pour se rapprocher du foyer de la direction de l'économie avec l'idée d'un nécessaire pilotage étatique des grands agrégats.

Pendant cette période, A. Sauvy tente de reconstruire une mesure du revenu national et du coût des salaires dans la production. Par ailleurs, la SGF continue de publier dans son bulletin les données de l'enquête prud'hommes qui devient bi-annuelle (avril-octobre) en 1942. Ces deux approches tentent de reconstruire différemment une statistique des salaires. Dans « La situation économique... » du 20 juillet 1939, A. Sauvy compare les chiffres de l'enquête prud'hommes avec les chiffres d'une enquête de ses services. Cette enquête repose sur l'analyse des salaires minimum dans les conventions collectives de la région parisienne. Le *Bulletin de la SGF* quant à lui publie une étude sur les salaires en décembre 1941 en comparant les chiffres de l'enquête prud'hommes, les données issues des statistiques obligatoires et celle des CO. D'une certaine manière, on voit bien d'un côté la recherche persistante d'une documentation fiable sur les salaires – d'où les croisements opérés –; de l'autre le va-et-vient entre un système d'enquêtes auprès d'acteurs référents et l'exploitation de données administratives.

L'après-guerre : la disjonction entre la fonction administrative et la fonction statistique (1945-1952)

À la Libération, la nécessité de développer la statistique pour encadrer l'activité économique et sociale n'est pas contestée. L'effacement du patronat[35] et l'affirmation des pratiques keynésiennes permettent d'entériner le changement d'échelle de la statistique publique hérité de l'Occupation[36]. Le maintien de la fixation des salaires par le gouvernement jusqu'en février 1950 et les débats qu'elle suscite exigent des évaluations précises. Différents ministères se lancent dans une course à l'armement statistique. Dès 1948 au ministère des Finances par exemple, Claude Gruson lance une expertise à partir des déclarations annuelles de salaires[37]. À partir d'avril 1946, la *Revue française du travail* publiée par le ministère vise à diffuser les statistiques disponibles sur le travail, la main-d'œuvre et la Sécurité sociale. Ces statistiques

35. H. Ehrmann, *La politique du patronat français, 1936-1955*, Paris, Armand Colin, 1959; H. Weber, *Le parti des patrons. Le CNPF : 1946-1990*, Paris, Seuil, 1991.

36. B. Touchelay, *L'INSEE des origines à 1961 : évolution et relations avec la réalité économique, politique et sociale*, thèse de doctorat, sous la dir. d'Albert Broder, université Paris XII, 1993.

37. A. Terray, *Des francs-tireurs aux experts. L'organisation de la prévision économique au ministère des Finances, 1948-1968*, Paris, CHEFF, 2002, p. 62.

sont réunies par le nouveau service central de statistiques du ministère créé dès la Libération pour approfondir les études sur la main-d'œuvre et les salaires, coordonner « les méthodes statistiques et l'analyse des résultats et établir une liaison avec l'INSEE[38] ». Ce service devient le pivot d'un nouveau consensus en faveur du développement et de la diffusion des outils quantifiés. Il met en place l'enquête sur l'Activité et les conditions d'emploi de la main-d'œuvre (ACEMO) qui devient le symbole des progrès des statistiques du ministère, et notamment de celles des salaires. Son développement repose sur un processus d'autonomisation de la statistique au sein du ministère. Ainsi, depuis l'affectation de son premier directeur (Henri Lacroix, détaché du SNS) sa direction est assurée par un statisticien professionnel issu du corps des statisticiens indépendant du ministère. L'étroitesse de ses liens avec l'INSEE comme l'importance relative de ses moyens en font une exception dans les administrations centrales des années 1945-1950. La présence d'un atelier de chiffrement et de mécanographie (perforation et grosses machines) au ministère depuis 1931 explique en partie ce caractère exceptionnel[39].

En 1948, le service est transformé en division. La qualité de ses travaux en fait un modèle[40]. Sa légitimité est renforcée par son rattachement aux deux directions du ministère (direction du Travail et direction de la Main-d'œuvre), ce qui lui offre une autonomie appréciable et la possibilité d'agir sur l'ensemble du champ couvert par le ministère.

Le dispositif de l'enquête ACEMO s'inscrit à la fois dans la continuité des pratiques du ministère et dans des ruptures successives. La continuité s'incarne dans l'interrogation directe des chefs d'entreprise pour obtenir des informations sur les salaires, ce qui laisse l'accord du patronat parmi les conditions essentielles de réussite. Elle s'incarne aussi dans le rôle des inspecteurs du travail dans la transmission des questionnaires jusqu'en 1951. Après cette date, à la suite d'une grève de l'inspection, les inspecteurs n'interviennent plus dans les enquêtes, ce qui permet enfin de distinguer la fonction de contrôle de la fonction d'enquête[41]. Ce changement témoigne des progrès de l'apprentissage des entreprises et du ministère du Travail à la statistique[42]. Parallèlement, la collaboration du patronat est largement favorisée par l'adoption de la loi de 1951 qui rend les enquêtes obligatoires et garantit la confidentialité des réponses[43]. D'autres ruptures techniques sont apportées autour des années 1950. Elles sont l'œuvre notamment de Raymond Lévy-Bruhl, adminis-

38. L'Institut national de la statistique et des études économiques (INSEE) est créé en avril 1946. Il hérite du Service national des statistiques (SNS), issu de la fusion de la SGF et du Service de la démographie en 1941.

39. INSEE, *« 50 ans d'INSEE »*..., *op. cit.*

40. Trois entretiens avec Raymond Lévy-Bruhl (2005), administrateur de l'INSEE affecté comme chef du service de statistiques du ministère du Travail le 1er septembre 1951 jusqu'à sa réintégration à l'INSEE en 1962 où il termine sa carrière comme secrétaire général du cabinet du directeur général. Cf. R. Lévy-Bruhl, « Souvenirs de la période 1945-1960 », J. Affichard (dir.), *Pour une histoire de la statistique*, t. 1 : *Contributions*, Paris, INSEE-Economica, 1987 [1977], p. 559-564.

41. Entretiens avec R. Lévy-Bruhl.

42. B. Touchelay, « Le CNPF et l'INSEE de 1946 à 1961 : l'histoire d'une alliance modernisatrice », *Le Mouvement Social*, 191, avril-juin 2000, p. 25-48.

43. La loi de 1951 sur la coordination, l'obligation et le secret statistique oblige à répondre aux questionnaires visés par l'INSEE ou par des organismes agréés.

trateur de l'INSEE, formé aux techniques de sondage aux États-Unis dans l'immédiat après-guerre. Ainsi, la représentativité de l'échantillon s'améliore nettement à partir de 1951 lorsque le service complète les données des inspecteurs du travail en utilisant le tout nouveau fichier des établissements de l'INSEE.

L'enquête ACEMO élargit considérablement le champ des connaissances tirées de l'enquête traditionnelle qui portait sur l'emploi (effectifs inscrits) et sur la durée hebdomadaire du travail depuis 1931. Elle aborde en détail la question des salaires (taux de salaire horaire des ouvriers payés au temps – heures supplémentaires et primes exclues) en indiquant par exemple le taux de salaire horaire moyen par sexe et par niveau de qualification dans chaque secteur et dans chaque zone d'abattement des salaires sur une base 100 au 1er janvier 1946.

L'adaptation permanente des méthodes employées dans ces enquêtes pour répondre aux principales préoccupations salariales témoigne de la capacité des enquêteurs à satisfaire une demande brutalement exigeante. Elle offrira un outil capable d'évaluer les effets de l'indexation du SMIG sur l'inflation à partir de 1952. Elle répondra aussi en partie aux besoins du Plan de modernisation et d'équipement (première commission de la main-d'œuvre présidée par Jean Fourastié), puis de la CECA.

Les enquêtes ACEMO permettent de combler progressivement les lacunes importantes des statistiques françaises[44]. Pourtant, comme le rappelle H. Lacroix en novembre 1947, le développement des connaissances statistiques du ministère du Travail reste fragile[45]. Les crédits accordés à l'enquête ACEMO sont régulièrement menacés et le consensus politique autour de l'outil statistique reste limité. Dès 1948, la fréquence de la publication de la *Revue française du travail* est modifiée, ce qui est le signe d'une moins grande aisance financière.

En 1951, André Aboughanem, chef de la division de statistique, confirme ce bilan en demi-teinte lorsqu'il précise « que des efforts considérables restent à faire pour améliorer la précision des résultats obtenus et pour défricher des terrains restés encore vierges[46] ».

Au terme de la période envisagée, il apparaît que l'affirmation d'une statistique des salaires au ministère du Travail résulte de plusieurs facteurs. D'un côté, l'affirmation d'une culture et d'une fonction statistiques au sein du ministère qui va de pair avec le développement de cette même fonction dans l'appareil d'État. Les prises de position répétée d'un groupe de fonctionnaires, autour de la SGF, du BIT, du CNE, du ministère du Travail et du ministère de l'Économie nationale mais aussi parmi les économistes, en faveur des statistiques publiques obligent à les reconnaître parmi les outils indispensables à la décision et à former un corps de statisticiens. D'un autre côté, le développement des politiques publiques qui non seulement favorisent l'essor de la statistique en imposant des normes nationales mais aussi nécessitent pour fonctionner des systèmes de mesures suffisamment légitimes pour être admises dans les négociations par des partenaires aux intérêts divergents.

44. Statistiques, *Revue française du travail*, 10, janvier 1947, p. 702-737.
45. H. Lacroix, *Revue française du travail*, 20, novembre 1947, p. 935-955.
46. A. Aboughanem, « L'organisation et le développement des statistiques sociales en France », *Revue française du travail*, 7-8-9, juillet-août-septembre 1951, p. 406-436, p. 405.

L'épuration administrative du ministère du Travail à la Libération

Jean-Pierre Le Crom

L'épuration est désormais un phénomène bien connu des historiens sous ses aspects généraux comme sur certains aspects particuliers, qu'ils soient judiciaires, professionnels, syndicaux ou administratifs[1]. L'épuration administrative, qui nous retiendra seule ici, a en particulier fait l'objet d'une recherche de grande ampleur menée par François Rouquet, mais son terrain d'investigation n'a porté que sur les PTT et l'Éducation nationale[2]. D'autres études ont également été menées sur la police, la justice ou les préfets, mais il n'existe rien de tel sur le ministère du Travail.

Créé tardivement en 1906 sous le nom de ministère du Travail et de la prévoyance sociale, avec le budget le plus faible de toutes les administrations françaises, il va voir ses attributions et ses moyens s'élargir progressivement et corrélativement au développement du droit social. Pendant la guerre et l'Occupation, ses missions traditionnelles – élaboration et contrôle de la législation du travail et de la protection sociale – vont s'étendre encore avec la mise en œuvre de la Charte du travail et, partiellement, celle de la politique de la main-d'œuvre.

À la Libération, toutes les facettes de l'épuration sont utilisées. Au niveau judiciaire, les ministres et certains hauts fonctionnaires sont jugés devant la Haute Cour de justice. Des quatre ministres ou secrétaires d'État au Travail qui se sont succédé sous Vichy, trois seulement sont jugés, le quatrième – Jean Bichelonne – étant décédé. Marcel Déat est condamné à mort par contumace, alors qu'Hubert Lagardelle, l'ancien intellectuel d'extrême gauche, est condamné aux travaux forcés à perpétuité (mais il bénéficiera d'une remise de peine en 1949). René Belin, l'ancien secrétaire confédéral de la CGT, bénéficie quant à lui d'un non-lieu, de même que trois hauts fonctionnaires : Frédéric Roujou, secrétaire général au Travail, Robert Weinmann, commissaire général au STO puis commissaire général à la Main-d'œuvre, et enfin Émile Boyez, secrétaire général à la Main-d'œuvre. Cette indulgence de

1. P. Novick, *L'épuration française (1944-1949)*, rééd., Paris, Seuil, 1991 ; H. Lottman, *L'épuration (1943-1953)*, Paris, Fayard, 1986 ; H. Rousso, « L'épuration en France, une histoire inachevée », *Vingtième siècle. Revue d'histoire*, n° 33, janvier-mars 1992, p. 78-105 ; M. O. Baruch (dir.), *Une poignée de misérables. L'épuration de la société française après la Seconde Guerre mondiale*, Paris, Fayard, 2003.
2. F. Rouquet, *L'épuration dans l'administration française*, Paris, CNRS Éditions, 1993.

la Haute Cour de justice ne préjuge pas des décisions qui ont pu être prises à l'égard de fonctionnaires moins gradés par les cours de justice et les chambres civiques.

Alors que les décisions de la Haute Cour de justice ont fait l'objet d'une certaine publicité, on ne sait en revanche rien sur celles prises en interne par l'administration elle-même. Le ministère a-t-il été « très sérieusement épuré » comme l'indique Alexandre Parodi le 11 novembre 1945 ? Entre l'épuration réaliste et nécessaire, telle que la prônait le général de Gaulle, et l'épuration radicale, d'essence révolutionnaire, cherchant à renouveler profondément les élites, quelle est la version qui l'a emporté ? Cette question centrale peut elle-même être déclinée de plusieurs manières. Au-delà du nombre de sanctions, se posent des interrogations sur leur nature, les fonctions des agents sanctionnés, leur grade et, naturellement, les motifs de l'épuration. Ce dernier point ne peut évidemment pas être traité *in abstracto*, sans lien avec la collaboration. Pour autant, dans ce court texte, nous ne chercherons pas à faire une analyse serrée des diverses formes de collaboration au ministère du Travail – qui serait une autre recherche tout à fait passionnante à mener –, nous limitant à montrer comment la polysémie du mot renvoie à une grande complexité des situations vécues par les agents.

L'essentiel de notre documentation provient des archives de la commission nationale d'épuration du ministère du Travail. Les documents officiels comprennent quinze cartons, essentiellement constitués des dossiers individuels, pour lesquels la consultation n'a été demandée que pour des extraits[3]. Cependant, d'autres documents, et notamment les dossiers relatifs à l'inspection du travail et au secrétariat général à la Main-d'œuvre, ont pu être consultés dans les archives personnelles de Jean Isméolari, l'un des membres de la commission[4]. Ces caractéristiques expliquent pourquoi il n'a pas été possible d'effectuer un dépouillement exhaustif des dossiers individuels qui, seul, aurait permis d'établir complètement les motifs d'épuration des personnels.

Une autre limite de ce travail tient à l'homogénéité de la source. Une étude complète de l'épuration administrative devrait tenir compte du sort des recours en excès de pouvoir formés devant le Conseil d'État par certains agents sanctionnés. Plus généralement, il serait intéressant d'étudier comparativement l'épuration administrative et l'épuration judiciaire. Ce travail sera mené ultérieurement.

Malgré ces lacunes, l'ensemble est toutefois suffisamment riche pour répondre en première approche aux questions qui se posent. Dans un premier temps, nous expliquerons comment s'est déroulé le processus de l'épuration administrative. Dans un deuxième temps, nous établirons un bilan quantitatif aussi précis que possible. Dans un troisième temps, enfin, nous chercherons à mettre en évidence la nature des faits reprochés aux agents sanctionnés et la manière dont ils ont été appréhendés par la commission d'épuration puis par le ministre du Travail.

---

3. Archives nationales, F22 épur (cotation provisoire).
4. F22 Isméo (cotation provisoire).

Un processus assez chaotique

L'éclosion des comités d'épuration spontanés

Le fondement juridique de l'épuration administrative est l'ordonnance du 27 juin 1944[5] prise par le gouvernement provisoire à Alger. Elle prévoit que

> « [...] seront l'objet de sanctions disciplinaires et éventuellement de mesures de sécurité administrative les fonctionnaires ou agents publics en activité ou en retraite qui ont, par leurs actes, leurs écrits ou leur attitude professionnelle, depuis le 16 juin 1940 :
> 1° soit favorisé les entreprises de toute nature de l'ennemi,
> 2° soit contrarié l'effort de guerre de la France et de ses Alliés, notamment par des dénonciations,
> 3° soit porté atteinte aux institutions constitutionnelles ou aux libertés publiques fondamentales,
> 4° soit sciemment tiré ou tenté de tirer un bénéfice matériel direct de l'application de règlements de l'autorité de fait contraires aux lois en vigueur le 16 juin 1940. »

Une gamme de sanctions allant du déplacement d'office à la révocation sans pension est également prévue, celles-ci ne pouvant être attaquées que par la voie du recours pour excès de pouvoir devant le Conseil d'État.

L'ordonnance ne donne aucun autre élément concernant la procédure, sinon la possibilité de suspension de fonctions décidée par le commissaire de la République et l'obligation de recueillir les explications des intéressés avant toute sanction.

Les mesures de suspension immédiate vont être appliquées à vingt-six agents. Au sein de l'administration centrale sont suspendus le secrétaire général au travail et son chef de cabinet, de même que quatre directeurs et un sous-directeur. Le secrétariat général à la Main-d'œuvre est plus touché. Sont en effet concernés le secrétaire général, son adjoint et onze directeurs ou responsables de service. Le service régional des assurances sociales de Paris est le troisième secteur touché par des mesures de suspension immédiate avec la mise à l'écart du directeur régional, de son adjoint et de quatre sous-directeurs[6].

Cette liste n'inclut aucun agent des services extérieurs. Dans toute la France cependant, des comités d'épuration spontanés sont créés dans les administrations qui procèdent à des suspensions immédiates. À l'inspection du travail existe aussi un comité de libération qui prend notamment l'initiative de l'envoi d'un questionnaire à tous les agents servant de base à la constitution éventuelle d'un dossier d'épuration[7].

Localement, la situation est souvent confuse. À Marseille, dans une lettre adressée au commissaire de la République, un comité de vigilance du personnel des services départementaux de la main-d'œuvre conteste la constitution d'un comité d'épuration composé exclusivement par des agents de l'ex-STO[8]. À Lille, c'est le comité de résistance du Service régional des assurances sociales qui réclame une modification

5. *JO*, n° 55 du 6 juillet 1944, rectif. *JO*, n° 60 du 22 juillet 1944, modifiée par l'ordonnance du 11 décembre 1944 (*JO*, 12 décembre 1944). Elle est reproduite dans M. O. Baruch (dir.), *op. cit.*
6. F22 épur 1. Liste des fonctionnaires et agents suspendus de leurs fonctions.
7. Voir en annexe.
8. F22 Isméo 68, lettre du 5 octobre 1944.

de la composition de la sous-commission banques, finances, assurances sociales de la commission départementale d'épuration du Nord pour y faire entrer des représentants du personnel[9]. À Bordeaux, la commission d'épuration du Comité départemental de Libération sanctionne neuf femmes auxiliaires en mars 1945[10], mais quelques jours plus tard, pour deux autres personnes, il ne s'agit plus que d'une demande adressée au directeur régional des assurances sociales de Bordeaux[11]. À Marseille encore, la commission permanente d'épuration des Bouches-du-Rhône avertit le directeur des assurances sociales qu'elle vient de prendre des sanctions contre des agents de son service, mais celui-ci estime qu'elle est incompétente. Il se demande en outre ce qu'il doit faire des agents licenciés, les payer en leur demandant de rester à leur domicile ou les réintégrer. Il s'interroge aussi sur la validité des sanctions émises contre les personnels des unions régionales et des caisses d'assurances sociales, abusivement assimilés par la commission d'épuration aux agents des services extérieurs[12]. Il n'est pas rare que des agents licenciés, voire emprisonnés, soient réintégrés dans leurs fonctions quelques semaines plus tard.

Cette situation a aussi des conséquences sur le fonctionnement des services. Ainsi Pierre Laroque, directeur général des Assurances sociales et de la Mutualité, se plaint-il auprès du ministre du retard pris dans l'épuration des services régionaux des assurances sociales. Les réformes à mettre en œuvre en matière d'assurances sociales nécessitent en effet des mesures de réorganisation qui ne sauraient être mises en œuvre par des directeurs et sous-directeurs avec l'autorité nécessaire s'ils sont sous le coup de sanctions éventuelles. Lors d'une réunion des directeurs régionaux, Pierre Laroque est par exemple obligé de faire représenter trois d'entre eux par leurs adjoints[13].

Il faut attendre le mois de décembre 1944 pour que des consignes claires soient adressées par le directeur de l'administration générale et du personnel du ministère aux différents acteurs en leur indiquant qu'une commission ministérielle d'épuration a compétence pour « examiner le dossier de tous les agents en fonction pendant l'Occupation et susceptibles de tomber sous le coup de l'ordonnance du 27 juin 1944 ». Le 26 octobre était en effet publiée une ordonnance complétant celle du 27 juin 1944 et indiquant que chaque ministre pouvait constituer des conseils ou commissions d'enquête chargés d'instruire les dossiers[14]. Il s'en faut pourtant de beaucoup pour que le dispositif soit connu de tous. C'est ainsi que les archives portent trace d'une lettre du délégué à l'épuration du commissaire de la République de Lyon datée de février 1945 dans laquelle celui-ci écrit à son interlocuteur que

> « [...] le tribunal d'honneur constitué au lendemain de la Libération se trouve actuellement dessaisi au profit de la commission centrale d'épuration, fonctionnant à Paris, au ministère du Travail [et que] cette commission a désormais seule compétence pour

9. *Ibid.* Lettre du directeur régional des assurances de Lille au ministre du Travail, 18 décembre 1944.
10. *Ibid.* Lettre du président du comité départemental de libération de la Gironde au ministre du Travail, 8 mars 1945.
11. *Ibid.* Lettre du 16 mars 1945.
12. *Ibid.* Lettre du directeur régional des assurances sociales de Marseille au commissaire de la République, 13 octobre 1944.
13. *Ibid.* Note du directeur des assurances sociales et de la mutualité au ministre, 10 janvier 1945.
14. Ordonnance du 25 octobre 1944, *JO* du 26.

examiner le cas de tous les agents titulaires ou auxiliaires relevant de la direction des assurances sociales et pour formuler à leur sujet un avis au vu duquel il appartient au ministre de prononcer les mesures disciplinaires éventuelles [15]. »

Le rôle de la commission centrale d'épuration

En réalité, la commission centrale d'épuration a été instituée par un arrêté du 27 septembre 1944 [16] et ses membres désignés le 5 octobre [17]. Présidée par Landry, ancien ministre du Travail, elle est composée par Doignon [18], directeur général honoraire au ministère du Travail, exclu de ses fonctions par Vichy en raison de son appartenance à la franc-maçonnerie, Saillant et Brodier, deux syndicalistes représentant le Conseil national de la Résistance, Herman, représentant la fédération générale des fonctionnaires, Legras et Mlle Dulong, représentants du personnel de l'administration centrale, Calvet et Chabrier, représentants du personnel des services régionaux des assurances sociales, Isméolari et Surault, représentant les services de l'inspection du travail et de la main-d'œuvre.

La première initiative de la commission centrale d'épuration va consister à nommer des chargés de mission en province. L'ensemble des régions françaises va ainsi être visité par ces *missi dominici* à partir de décembre 1944. Ils y passent quelques jours, rencontrent les principaux responsables (préfet, inspecteur divisionnaire du travail, etc.), puis remettent un rapport qui sert à effectuer un premier tri dans les dossiers. S'y mêlent des considérations générales sur les services et des appréciations plus personnelles sur les agents soupçonnés de collaboration.

À Marseille, par exemple, les chargés de mission estiment que les fonctionnaires des offices du travail ont « une fâcheuse réputation » alors qu'ils ont eu une « excellente tenue » et qu'ils ont « toujours fait entendre leur voix pour atténuer les exigences allemandes ». Aussi retiennent-ils un nombre limité de cas pour examen. Il leur est plus difficile de porter une appréciation sur l'attitude des fonctionnaires du secrétariat général à la Main-d'œuvre, « contractuels pour la plupart » et « d'origine et d'opinion très disparates ». Certains sont des adeptes convaincus de la politique de Vichy ; d'autres sont placés à leur poste par ordre de la Résistance ; d'autres enfin étaient attirés par les salaires élevés qui leur étaient offerts. S'agissant de l'inspection du travail, ils notent « la fâcheuse position » dans laquelle ils se trouvent du fait de leur implication dans les quatre premiers mois des opérations de Relève. Ils signalent aussi l'état de désunion du service, les accusations mutuelles et des « faits insignifiants démesurément grossis et déformés, l'imagination méridionale se donnant libre cours ».

À Bordeaux, les chargés de mission estiment que l'attitude des fonctionnaires du Travail a été « plutôt passive » et que c'est dû « probablement au manque de dyna-

15. F22 Isméo 68. Lettre du délégué à l'épuration du Commissariat à la République de la région de Lyon à M. R., 9 février 1945.
16. *JO* du 30 septembre 1944, p. 848.
17. *JO* du 8 octobre 1944, p. 894.
18. Remplacé par F. Poulain, directeur honoraire du ministère du Travail et de la Sécurité sociale en 1946, *JO* du 21 novembre 1946, p. 9798.

misme des chefs qui n'ont pas su engager leur responsabilité dans le sabotage de la Relève ». À Poitiers, à l'inverse, « l'attitude du personnel des services du ministère du Travail a, pour le moins, été celle de fonctionnaires patriotes. La Relève a été sabotée par eux au maximum possible ».

C'est donc à partir de ces rapports, mais aussi des affaires remontant des diverses commissions que les dossiers d'accusation vont être constitués par la commission nationale d'épuration. Il semble bien que celle-ci ne juge que sur pièces et n'auditionne pas les accusés, se contentant de tenir compte des procès-verbaux d'interrogatoires effectués par les commissions locales ou la commission d'épuration de l'inspection du travail. De plus, souvent, les accusés n'ont pas reçu leur dossier – ou seulement une synthèse – et n'ont donc pas pu présenter leur défense. Ces caractéristiques souvent dénoncées par les accusés ne sont pas illégales puisque l'ordonnance additionnelle du 25 octobre sur l'épuration administrative prévoit seulement que « les conseils ou commissions *peuvent* entendre les fonctionnaires qui leur sont déférés [19] ». Elles aboutissent toutefois à des décisions saugrenues comme celle qui concerne M. L., inspecteur général du STO, qui était en fait l'un des principaux animateurs de la Résistance au sein du ministère. La proposition de révocation sans pension de la commission sera heureusement classée par le ministre.

On ne sait rien de plus des méthodes de travail de la commission, des divergences éventuelles entre ses membres, de l'influence prépondérante de certains d'entre eux, de la fréquence des réunions, du nombre de dossiers étudiés lors de chacune d'entre elles, etc., du fait de l'absence des procès-verbaux de réunions dans les archives (sauf pour quelques affaires examinées une deuxième fois après 1948).

Une fois la décision prise et motivée, quelquefois de manière très succincte, l'avis est transmis au ministre du Travail, qui décide en dernier ressort. La plupart du temps, sa décision est conforme à l'avis de la commission. Quand elle ne l'est pas, les sanctions sont plus souvent amoindries qu'accrues.

Une fois la notification de la décision adressée à l'intéressé(e), celui-ci a la possibilité d'introduire un recours pour excès de pouvoir devant le Conseil d'État. Si l'existence de ces recours est mentionnée dans certains dossiers, il est impossible d'en connaître le nombre exact, et, surtout, leur aboutissement.

On retiendra du processus d'épuration administrative du ministère du Travail, et en l'absence d'éléments précis sur les méthodes de travail de la commission nationale d'épuration, qu'assez chaotique au départ, il s'est finalement stabilisé avec le travail de cette dernière, évitant ainsi des dérapages liés aux contextes locaux. Il n'en reste pas moins que des décisions très importantes pour la vie des agents – licenciements ou révocations sans pension par exemple – ont pu être prises sans que certains intéressés aient pu présenter leur défense, au mépris des principes fondamentaux du droit français, en général, et des procédures disciplinaires propres à l'administration, en particulier. Car c'est bien, au bout du compte, le pouvoir discrétionnaire du ministre qui a prévalu.

19. *Ibidem.*

Un bilan contrasté

Dans le livre qu'il a consacré à l'épuration administrative, François Rouquet chiffre le nombre d'agents du ministère sanctionnés à 260, mais il précise que ses sources – les rapports établis par les ministères pour la présidence du Conseil afin de répondre à une question écrite d'un parlementaire sur l'ampleur de l'épuration administrative – datent de juin 1948 et que le chiffre est certainement sous-évalué[20]. De fait, les archives de la commission nationale d'épuration du ministère du Travail donnent un chiffre nettement supérieur de 341 sur les 523 dossiers ouverts.

Le tableau ci-dessous[21] permet de distinguer selon les principaux secteurs d'activité du ministère et la nature des sanctions.

	Administration centrale	Inspection du travail	Main-d'œuvre	Directions régionales de sécurité sociale	Total
Nombre de dossiers	72	82	80	189	523
Dossiers classés	20	46	75	41	182
Sanctions	**52**	**36**	**105**	**148**	**341**
Blâme	3	5	5	23	36
Suspension de fonctions	2	–	–	2	4
Retard à l'avancement	–	1	–	–	1
Déplacement d'office	–	11	4	5	20
Rétrogradation	2	3	6	15	26
Rétrogradation et déplacement	–	4	1	4	9
Disponibilité	–	1	1	3	5
Retraite d'office	4	4	4	10	22
Révocation avec pension	1	2	1	3	7
Révocation sans pension	3	3	18	9	33
Suspension de retraite	–	–	–	1	1
Licenciement	35	2	45	68	150
Interdiction définitive	–	–	19	–	19
Divers	2	–	2	5	9

Tableau 1. – *Sanctions prononcées contre les agents du ministère du Travail.*

De ce tableau on retiendra que l'épuration touche inégalement les quatre grands secteurs de l'administration du Travail, comme le montre le graphique ci-après. Le secteur le plus touché, contrairement à toute attente, concerne les directions régionales de sécurité sociale, nouvelle dénomination, à partir de 1946, des services régionaux des assurances sociales, avec 148 sanctions. Viennent ensuite le secteur de la main-d'œuvre, avec 105 sanctions, l'administration centrale avec 52 sanctions, et, enfin, l'inspection du travail avec 36 sanctions.

20. F. Rouquet, *op. cit.*, p. 116.
21. F22 épur 1.

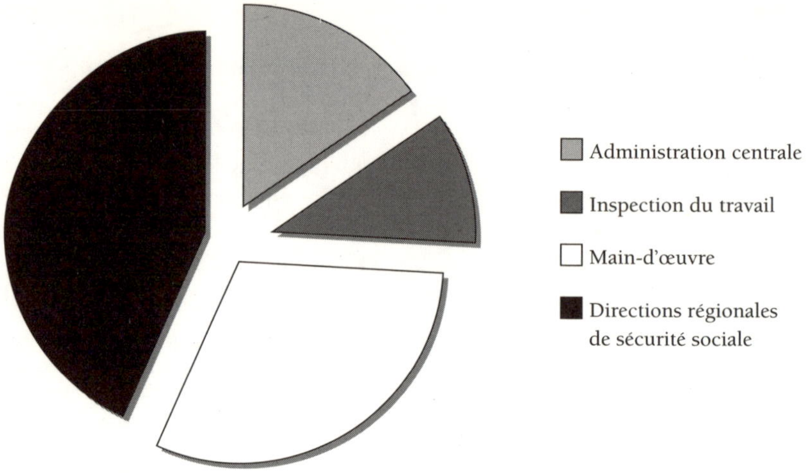

Répartition des sanctions selon les secteurs d'activité du ministère.

Ces chiffres doivent être naturellement mis en rapport avec le nombre total d'agents dans les différents secteurs. Selon un relevé fait par le ministère au 1er septembre 1944 [22], les chiffres « réels » seraient les suivants :
– Administration centrale : 1 127 (dont 679 auxiliaires) ;
– Inspection du travail : 1 282 (dont 907 auxiliaires) ;
– Offices du travail et services de la main-d'œuvre : 9 355 (l'essentiel des agents est contractuel ou auxiliaire) ;
– Services régionaux et contrôle général des assurances sociales : 6 703 (dont 5 219 auxiliaires) [23].

Sur cette base, l'épuration serait la suivante :
– Administration centrale : 4,61 %
– Inspection du travail : 2,80 %
– Main-d'œuvre : 1,12 %
– Assurances sociales : 2,20 %.

Il apparaît aussi que l'importance de l'épuration varie considérablement selon la hiérarchie des emplois. Un autre tableau, réalisé au 15 mars 1945, avant donc que le travail de la commission ne soit terminé, révèle en effet que plus les agents ont des fonctions élevées, plus ils sont sanctionnés.

22. F22 Isméo 68. Ce document très détaillé précise que le chiffre donné pour le personnel auxiliaire de l'ex-SGMO (1 499) est approximatif, « les services de l'ex-SGMO ne pouvant fournir de renseignements précis ».

23. Le nombre très élevé d'auxiliaires s'explique par les recrutements discrétionnaires effectués pendant l'Occupation pour pallier l'absence des fonctionnaires prisonniers de guerre et à la non-organisation des concours de recrutement.

Grades	Effectifs	Cas soumis	Propositions de sanctions	Sans suite	Rapport sanctions/ effectifs
Secrétaire général	1	1	1		100 %
Directeurs généraux et directeurs	4	3	3		75 %
Directeurs adjoints, sous-directeurs, inspecteur général du travail, médecin inspecteur général du travail, chefs de service du contrôle des assurances sociales	10	4	3		33,3 %
Chefs et sous-chefs de bureau, inspecteurs divisionnaires et inspecteurs divisionnaires adjoints du travail, contrôleurs régionaux du travail, directeurs et chefs de sections des offices régionaux du travail, contrôleurs et contrôleurs adjoints des assurances sociales	647	73	59	4	8,50 %
Rédacteurs, vérificateurs, inspecteurs et contrôleurs du travail, secrétaires administratifs des offices du travail, agents principaux, rédacteurs-vérificateurs des assurances sociales	1395	61	41	1	2,86 %
Agents contractuels	2863	71	66	2	2,23 %
Personnel subalterne	8346	96	80		0,95 %

Tableau 2. – *Nombre de sanctions prononcées selon les grades.*

On peut enfin relever le nombre important de dossiers classés : 182 sur 545 cas examinés, soit 34,8 %. Par ailleurs, si l'on met à part les 150 licenciements, qui concernent des non-titulaires, le nombre de sanctions lourdes est assez faible. Le cumul révocation sans pension, suspension de retraite et interdiction définitive d'exercice dans la fonction publique aboutit à un total de 63 agents, ce qui apparaît somme toute assez peu.

Collaboration idéologique et collaboration fonctionnelle

Dans son ouvrage sur l'épuration, Herbert Lottman signale, à propos de l'épuration administrative, que « la liste des délits possibles défie toute catégorisation ». Il est vrai que le ministère du Travail n'échappe pas au phénomène plus général de cumul des reproches qui peuvent être faits aux agents : les soupçons de dénonciation sont par exemple souvent couplés avec une attitude nettement collaboratrice, l'attitude au travail mêlée à la vie privée, les propos avec les actions.

Sans méconnaître donc ce phénomène, il semble toutefois possible, sinon d'établir une véritable typologie, du moins de regrouper les accusations autour de deux grandes catégories. La première est indépendante des fonctions exercées. Sont ici concernés les propos, les attitudes et les engagements vis-à-vis de Pétain ou de Laval, du régime de Vichy, des partis et mouvements collaborateurs ou encore des Allemands. La seconde est liée aux fonctions occupées par les agents, particulièrement ceux qui ont eu à jouer un rôle dans la déportation de la main-d'œuvre en Allemagne.

La collaboration idéologique

L'un des griefs le plus souvent retenus par la commission d'épuration du ministère du Travail est la tenue de propos en faveur de Vichy, de la collaboration ou des Allemands ou, à l'inverse, de propos défavorables au gaullisme, à la Résistance ou aux Alliés. Tel contrôleur du travail parisien, qui sera mis à la retraite d'office, est par exemple accusé d'avoir exprimé « sa grande satisfaction lors de la nomination de Déat comme ministre du Travail et [d'avoir manifesté] son contentement lorsque des avions alliés tombaient touchés par la DCA allemande ». Tel autre, sous-chef de bureau à la Centrale, licencié, « prétendait que les Allemands nous donnaient des leçons de propreté morale et que le futur gouvernement de la République serait aussi nauséabond que les précédents ». Tel autre encore, chargé de mission à la Centrale, « tenait des propos nettement nazis [et prétendait] que le crime d'Oradour sur Glane était dû au fait que les Français ne suivaient pas la politique de collaboration du Maréchal et qu'il était mérité ».

Les propos incriminés sont toutefois rarement aussi précis. Parmi les griefs utilisés, on retiendra notamment ceux-ci : « A toujours manifesté publiquement ses sentiments collaborationnistes. Adversaire acharnée du gaullisme » ; « membre de la Légion et partisan de la politique du maréchal Pétain. A manifesté de diverses manières ses sentiments de collaboration » ; « membre de la Légion et partisan de la politique du maréchal Pétain. A manifesté de diverses manières ses sentiments de collaboration » ; « opinions fascistes incontestables » ; « a toujours tenu publiquement des propos pro-allemands et anti-gaullistes » ; « sentiments nettement antirépublicains tant en 1936 que depuis juin 1940 ».

Dans certains cas, les propos tenus sont contrebalancés par des actes visant à freiner les départs d'ouvriers en Allemagne. Ainsi, un inspecteur du travail de Lyon qui déclare en 1941 que « si l'Allemagne nous avait vaincus c'était justice et [que] nous devions loyalement nous incliner et nous mettre à son école » et mène ensuite une action résistante qui évite le départ pour l'Allemagne de plusieurs ouvriers n'est sanctionné que d'un blâme. À Grenoble, le dossier de Mme D. est classé parce que, bien qu'elle ait déclaré à ses collègues de bureau que « le Maquis était composé de 60 % de fainéants et 30 % de bandits » et qu'elle ait fait partie de la Jeunesse légionnaire jusqu'à la fin 1942, elle était au courant et approuvait le principe du prélèvement opéré par une société sur les salaires du personnel pour soutenir le Maquis.

Pour la commission d'épuration, « ses propos n'étaient [donc] point destinés aux vrais patriotes du Maquis, mais à certains éléments douteux qui, sous le couvert du Maquis, commettaient des actes criminels ».

Très souvent, les propos retenus contre les agents sont accompagnés de gestes politiquement ou idéologiquement symboliques : arborer ostensiblement une broche à croix gammée, avoir en permanence la photo de H. Paquis dans son sac ou des insignes allemands dans son portefeuille, arriver au travail accompagnée d'un officier allemand ou vêtue de la chemise bleue du parti franciste, installer des photos (de Pétain, de miliciens) sur son bureau, faire des chansons contre la Résistance, assister aux obsèques de Philippe Henriot le bras tendu, etc.

L'attitude de l'entourage familial peut aussi jouer en défaveur des accusés. La commission propose ainsi contre Mme D., préposée à l'Office du travail de Paris, « toute mesure utile à l'intérêt du service » parce qu'« elle semblait épouser les opinions de son mari », secrétaire d'un syndicat favorable à la Charte du travail, bien qu'elle ne fît pas elle-même de propagande. De même, l'une de ses collègues est révoquée pour avoir participé à l'organisme de collaboration La rose des vents mais aussi pour avoir eu un fils milicien employé par les Allemands à la recherche des juifs et des réfractaires puis affecté à l'escorte armée des convois allemands. Dans le même service, la concubine d'un membre du RNP et de la Milice est aussi accusée d'avoir épousé les idées de ce dernier et de l'avoir défendu lorsqu'il était attaqué par ses collègues, mais il est vrai qu'il lui est aussi reproché d'avoir menacé d'arrestation des gaullistes. À Toulouse, un membre de la Légion est mis en retraite d'office parce que son fils est également dans les Waffen SS.

La vie intime des accusés est également largement prise en compte. Il est ainsi fait reproche à trois collaborateurs notoires du secrétariat général à la Main-d'œuvre d'avoir participé à des « parties fines » avec un membre de la LVF, mais le reproche le plus fréquent concerne les femmes ayant eu des relations avec des soldats ou officiers allemands ou avec des miliciens, surtout quand il s'agit de femmes de prisonniers.

La dénonciation de résistants ou de gaullistes est également un grief souvent retenu par la commission. Sur ce point, on remarquera cependant qu'il s'agit plutôt de soupçons ou de menaces de dénonciations et que, quand elles sont avérées – rarement, elles sont portées devant l'Administration plutôt que devant la police ou les Allemands. Une exception toutefois, très particulière : le cas de M. G., licencié sans indemnité de la Centrale pour avoir déclaré aux Allemands, dans un entretien « administratif », que M. C., chef du cabinet du Commissaire aux questions juives, lui avait demandé de freiner les instructions allemandes, subissant de ce fait un internement de trois mois en 1942.

La participation aux mouvements et partis collaborateurs est très généralement un motif de révocation sans pension ou de licenciement sans indemnité. Est ici concernée l'appartenance au RNP, au PPF, à la LVF et à la Milice. L'appartenance à la Légion est jugée moins sévèrement. L'un de ses membres, contrôleur du travail à Clermont-Ferrand, est simplement déplacé d'office. Par ailleurs, il est tenu compte des périodes d'engagement. L'adhésion au PPF, par exemple, n'est pas jugée aussi sévèrement selon qu'elle est antérieure ou postérieure à 1942. À l'inspection du travail de Paris, un agent est ainsi révoqué parce que membre du PPF de 1937 à janvier 1942, mais il peut continuer à bénéficier de sa pension. Plus curieusement, l'appartenance à un parti collaborationniste peut aller de pair avec des actions menées contre la Relève ou le STO. Ainsi, à Paris, M. B., membre du PPF depuis novembre 1942, n'est sanctionné que d'une rétrogradation car il a eu une « action utile à l'Office de placement allemand du cours de Vincennes ».

Au bout du compte, on retiendra trois enseignements de la répression administrative de la collaboration idéologique. D'abord, le fait qu'elle soit appréhendée de manière assez large, incluant par exemple les bonnes relations ou les relations « intimes » avec les Allemands, ce qui, aujourd'hui, dans un contexte totalement différent, ne serait évidemment pas apprécié de la même manière. Ensuite, pour autant qu'on puisse l'évaluer, notamment à partir des rapports des chargés de mission de la commission d'épuration en province, la collaboration idéologique semble avoir été assez restreinte et concentrée dans certains services, à Paris notamment. On peut ici se demander si cette situation n'a pas été favorisée par le recrutement de contractuels, plus malléables sans doute et davantage soumis aux pressions de chefs engagés dans la collaboration que les fonctionnaires à statut. Les sanctions, enfin, apparaissent assez sévères puisqu'elles ont souvent pour conséquence l'exclusion définitive de la fonction publique des agents concernés alors même que leurs conséquences directes, le plus souvent, apparaissent assez limitées.

La collaboration fonctionnelle

On l'a dit plus haut, le ministère du Travail connaît pendant l'Occupation une évolution très importante de ses attributions. Au-delà de ses compétences traditionnelles, il va être chargé de la mise en œuvre de la Charte du travail ainsi que de la politique de la main-d'œuvre. On ne traitera pas ici du premier point car le rôle joué par les agents, notamment les inspecteurs du travail, dans la mise en œuvre de la Charte, ne sera pas retenu contre eux par la commission d'épuration, ni même, semble-t-il, par les commissions locales, notamment les commissions d'épuration des CDL. Il en va différemment de la politique de la main-d'œuvre, mais il est nécessaire ici, préalablement à l'étude de cette épuration, d'expliquer le rôle propre du ministère du Travail qui n'a jamais eu seul la maîtrise de cette politique.

Jusqu'en 1942, les Allemands jouent un rôle mineur dans la politique de la main-d'œuvre, se contentant d'une « pression modérée » pour inciter les volontaires au travail en Allemagne, en particulier par la fermeture des chantiers de travaux publics et le blocage des salaires. La création du Commissariat à la lutte contre le chômage et celle des offices régionaux du travail, qui remplacent les offices départementaux et municipaux pour être placés sous la tutelle de l'État, résultent de l'initiative propre de Vichy. Tout change avec l'intensification de la guerre en 1942, le retour de Laval et l'institution de la Relève. Il nous est impossible d'entrer ici dans les détails. On peut simplement noter que pendant la Relève l'inspection du travail joue un rôle essentiel. Ce sont les inspecteurs, en effet, qui dressent, entreprise par entreprise, les listes d'ouvriers spécialistes destinés au travail en Allemagne, établissent les classements en fonction des charges de famille et éventuellement de l'âge, et signent les « contrats » à la place de ceux qui refusent d'être volontaires.

Ces attributions disparaissent théoriquement avec l'entrée en vigueur du STO et la création du Commissariat général au STO, créé par une loi du 24 février 1943. Celui-ci est en effet placé sous l'autorité du chef de gouvernement qui délègue ses pouvoirs au secrétaire d'État à la Production industrielle, le ministère du Travail ne conservant des attributions qu'en matière de formation professionnelle, de secours de chômage et de contrôle des étrangers.

L'échec du nouveau dispositif va conduire, par une loi du 18 août 1943, à la transformation du CGSTO en un comité général interministériel présidé par le chef du gouvernement et composé des principaux ministres intéressés. Le commissaire – Robert Weinmann – reste le même. En novembre, au moment du remplacement de Lagardelle par Bichelonne, il est rattaché au ministère du Travail sous le nom de Commissariat général à la main-d'œuvre avant de devenir, sous le ministère Déat, le secrétariat général à la Main-d'œuvre [24].

L'un des modes de défense de certains agents inquiétés à la Libération sera d'affirmer qu'ils n'avaient pas de rôle dans les désignations opérées pour le STO. S'il est vrai que les questions de main-d'œuvre ont globalement échappé à la compétence du ministère du Travail après la Relève, il semble cependant que les frontières n'étaient pas totalement étanches entre le travail et la main-d'œuvre. Localement, le CGSTO cherchait à utiliser les services extérieurs du ministère du Travail [25]. À Nancy, les responsables départementaux du CGSTO n'entrent en fonction qu'en mai et juin 1943 et le responsable régional en août. Dans l'intervalle, ce sont les inspecteurs du travail qui continuent de piloter les réquisitions sous la tutelle des préfets et la surveillance des autorités allemandes. Ce n'est donc qu'à partir de l'été 1943, si cet exemple est généralisable, que les inspecteurs du travail se placent en retrait [26].

La Relève, par ailleurs, n'a pas complètement disparu avec l'instauration du STO. Au début 1943, des « prélèvements » continuent à être effectués usine par usine selon les procédures édictées en 1942.

Il est vrai cependant que les services allemands avaient tendance à affubler du titre d'inspecteur du travail certains agents des services français de la main-d'œuvre « afin de donner plus de poids, d'autorité et de confiance à leur opération de déportation [27] » et qu'une grande confusion sur la responsabilité des différents services en est résultée. Un inspecteur du travail explique ainsi dans son rapport :

> « Le Service du travail obligatoire s'est installé dans les locaux de l'Inspection du travail, ce qui n'a pas manqué de créer une confusion dans l'esprit du public,

24. Sur cette évolution, voir : J. Desmarest, *La politique de la main-d'œuvre en France*, Paris, PUF, 1946 ; V. Viet, « Vichy dans l'histoire des politiques de la main-d'œuvre », *Travail et Emploi*, n° 98, avril 2004, p. 77-94 ; C. Bouneau, *Hubert Lagardelle*, Saint-Pierre du Mont, Eurédit, 2000 ; J.-P. Harbulot, *Le service du travail obligatoire : la région de Nancy face aux exigences allemandes*, Nancy, Presses universitaires de Nancy, 2003.
25. C. Bouneau, *op. cit.*, p. 430.
26. J.-P. Harbulot, « L'administration et le STO », B. Garnier et J. Quellien (dir.), *La main-d'œuvre française exploitée par le IIIe Reich*, Caen, Centre de recherche d'histoire quantitative, 2003, p. 231.
27. F22 ISMEO 68. Lettre de Isméolari à M. P., 26 janvier 1946.

> qui, dans la généralité des cas, a toujours cru que l'inspecteur du travail dirigeait le Service du travail obligatoire. Cette confusion a d'ailleurs été entretenue par les agents du Service du travail obligatoire qui, consciemment ou non, déclaraient faire partie de l'Inspection du travail. Les dirigeants de ce service ont d'ailleurs usurpé le titre d'inspecteur du travail à de nombreuses reprises[28]. »

Ce problème ne va se poser qu'indirectement à la commission nationale d'épuration. L'examen des dossiers ne s'effectue pas en effet par corps ou par service mais individuellement. En matière de main-d'œuvre, une grosse difficulté tient au fait que la collaboration avec l'ennemi faisait partie, si l'on peut dire, des exigences de service. Sauf à désobéir, à partir pour Londres ou à entrer au Maquis, et en se contentant d'appliquer les textes en vigueur, les agents ayant des responsabilités dans la Relève et le STO couraient le risque d'être sanctionnés pour « intelligence avec l'ennemi ». Un point de vue aussi strict aurait abouti à décimer le ministère du Travail et notamment le corps de l'inspection du travail, dont l'action est très décriée après la Libération[29]. La commission ne le retint donc pas et choisit une analyse au cas par cas intégrant d'autres données comme le critère idéologique, l'existence d'actes de résistance ou de sabotage de la Relève ou du STO, le zèle ou l'absence de zèle à effectuer ce travail, etc. On se bornera ici, faute de place, à illustrer l'attitude de la commission vis-à-vis des inspecteurs du travail.

Un bon exemple est celui de l'inspecteur du travail G., en poste à Nantes. En février 1945, des travailleurs de la SNCASO, une usine d'aviation, qui viennent de rentrer d'Allemagne, lui reprochent d'avoir signé les contrats qu'ils se refusaient à signer eux-mêmes, « d'être venu prêcher la Relève en demandant aux camarades de partir » et lui demandent de ne plus se présenter à l'usine[30]. Ils s'adressent au secrétaire du syndicat de la métallurgie CGT, qui se refuse à donner un avis, puis à l'Association des travailleurs en Allemagne, qui demande sa révocation dans une lettre au préfet[31]. En réalité, le dossier de M. G. sera purement et simplement classé parce qu'il est tout à fait établi que cet inspecteur non seulement n'a déployé aucun zèle dans cette fonction, mais qu'il a même tout fait pour saboter au maximum le départ des travailleurs en Allemagne. Plusieurs témoignages de syndicalistes sont livrés en ce sens dont celui du secrétaire général de l'union locale CGT, Gabriel Goudy, ancien président du Comité départemental de libération qui rentre juste de déportation. Après l'avoir défendu, Goudy disculpe complètement l'inspection du travail des reproches qui lui sont faits à la Libération tout en mettant en parallèle son rôle et celui des ouvriers travaillant pour les Allemands :

> « Il reste la signature des contrats. Ce point reste évidemment aux yeux des intéressés l'acte qui aurait déterminé leur départ, il est pourtant comparable aux contrats de commande de travaux que passaient les industriels avec les autorités allemandes et que nos camarades exécutaient en partie puisque, comme ils l'indiquent plus haut,

28. Cité par F. Guichaud, *L'Inspection du travail : histoire, structures, pouvoirs*, thèse de droit, université Paris II, 1984, p. 312, note 292.
29. En octobre 1945, le congrès des déportés du travail qui se tient à Paris décide de poursuivre tous les fonctionnaires ayant participé à la Relève et en particulier les inspecteurs du travail.
30. F22 épur 4. Déclaration de travailleurs de la SNCASO à l'adresse de G., 7 février 1945.
31. F22 épur 4. Lettre du préfet de Loire-Inférieure au ministre du Travail, 5 juillet 1945.

> ils en sabotaient une grande partie. Les responsabilités dans cette affaire n'incombent pas à l'Inspection du travail mais aux traîtres qui avaient livré notre pays aux Allemands pour y instituer un régime de dictature[32]. »

À l'inverse, les cas de zèle vraiment avérés sont rares. À Vesoul, un inspecteur du travail, sur qui pèse aussi une présomption de dénonciation, est déplacé d'office et sanctionné d'un retard d'avancement parce qu'il manifestait une « grande sympathie pour les Allemands et Vichy, s'empressait à satisfaire les demandes de main-d'œuvre faites par les occupants [et] estimait que si les jeunes gens ne partaient pas en Allemagne, son avancement s'en trouverait sérieusement compromis ».

L'inspecteur divisionnaire de Lyon est, quant à lui, révoqué sans pension, la gravité de la sanction étant liée à l'importance de ses fonctions. Il lui est fait grief d'avoir reproché aux inspecteurs de faire une ventilation des taxations au lieu de pousser l'augmentation du nombre des assignations, de façon à enfler les effectifs à chaque envoi, d'avoir prié ses inspecteurs de demander au préfet le concours de tous les gendarmes et policiers utiles pour l'envoi des assignations, d'avoir ordonné à plusieurs reprises de prendre des mesures exceptionnelles nécessaires pour travailler jour et nuit et si besoin le dimanche pour forcer au maximum le départ d'ouvriers pour l'Allemagne et, enfin, d'avoir dénoncé au préfet l'attitude résistante d'un contrôleur du travail.

Les dossiers de la commission d'épuration ne contiennent que cinq ou six cas de ce type, dont plusieurs inspecteurs divisionnaires, certains étant par ailleurs accusés de prévarication ou de collaboration idéologique. En réalité, dans la plupart des cas, les éléments à charge et à décharge sont mêlés. On en prendra deux exemples. Le premier est celui de M. G., inspecteur divisionnaire à Dijon qui sera sanctionné d'un déplacement d'office. Il lui est certes reproché d'avoir « fait scrupuleusement appliquer la Relève » et d'avoir « donné une impulsion à ses services en ce sens » ainsi que d'avoir « fourni quelques listes de réfractaires (mais il ne pouvait agir autrement en raison des maquis très nombreux dans la région) ». Pour autant, il est crédité d'une attitude « nettement anti-germanophile », de ne s'être jamais opposé aux activités d'un agent de renseignement dont il était au courant et de faire l'unanimité du personnel en sa faveur.

Le deuxième exemple concerne un inspecteur de base, en poste à Périgueux. On lui reproche son zèle à exécuter les ordres de Vichy sur la Relève, mais la commission note aussi qu'il a remis à un de ses agents des documents (papiers militaires d'engagés volontaires dans l'armée anglaise, fiches de prisonniers évadés et autres insoumis, etc.) en lui demandant de les cacher, qu'il a félicité un ouvrier qui ne voulait pas partir en Allemagne en l'encourageant à prendre le Maquis et qu'il est intervenu pour éviter le départ de plusieurs ouvriers. La commission ne propose en conséquence qu'un déplacement d'office.

Les inspecteurs inquiétés, quel que soit leur grade, se défendent toujours des accusations qui sont portées contre eux. Ils mettent en avant le nœud de contraintes dans lequel ils étaient pris et les ordres qu'ils recevaient. Au niveau divisionnaire,

32. F22 épur 4. Lettre de Gabriel Goudy, 24 août 1945.

ils soulignent aussi, souvent, que leurs écrits officiels étaient contrebalancés par des instructions orales contraires. Leurs arguments sont d'autant plus facilement pris en compte que les chiffres de travailleurs déportés sont faibles, que les accusations sont liées à des malveillances ou que leur attitude a fait l'objet de critiques des Allemands ou des collaborationnistes pendant l'Occupation. L'inspecteur divisionnaire de Poitiers, le directeur départemental de la Vienne et le directeur régional de l'Office du travail sont par exemple accusés par voie d'affiches apposées sur les murs de Poitiers le 5 novembre 1944 :

> « Les travailleurs poitevins déportés accusent :
> M. D. [...], inspecteur divisionnaire du travail
> M. B. [...], inspecteur départemental
> M. V. [...], directeur régional de l'office de placement,
> Fonctionnaires vichyssois, d'avoir participé à l'ignoble travail de la Relève et d'être au premier chef responsables de leur départ pour l'Allemagne et, par voie de conséquence, de la mort d'un trop grand nombre d'entre eux.
> Ils demandent justice.
> Le comité d'épuration des travailleurs poitevins déportés. »

Les dossiers de ces trois fonctionnaires seront classés. La commission retient en effet que les 30 000 départs signalés par l'accusation ne sont pas le fait de l'inspection du travail et qu'au 15 mai 1943, date à laquelle l'inspection du travail n'a plus participé à la Relève, il n'y avait eu que 83 départs sur un contingent imposé de 1 075 travailleurs, soit 7,1 %, « ce qui prouve surabondamment qu'il n'y a pas eu encouragement ni pression sur les salariés pour les inciter au départ [et] que bien au contraire cela fait ressortir que ledit Service de l'inspection du travail freinait ou sabotait la Relève ». La commission retient aussi à décharge une note du chef de groupe de la Feldkommandantur adressée au préfet régional qui se plaint du sabotage de l'inspecteur divisionnaire ainsi qu'une autre note dans le même sens du chef du RNP à Poitiers. Elle met enfin en évidence l'attitude très ambiguë du principal accusateur, à l'origine de l'affiche, aidé de multiples fois par M. D. au cours de l'Occupation. Si ce dernier n'a pu lui éviter le STO, c'est précisément parce qu'il avait de mauvaises relations avec ceux qui s'en occupaient.

En matière de déportation de main-d'œuvre et au-delà de l'inspection du travail, le travail de la commission nationale d'épuration n'a donc pas porté principalement sur la *nature* des engagements mais sur leur *degré*. Or une grande majorité des fonctionnaires de l'inspection du travail, et même des services de la main-d'œuvre, a, de fait, cherché à saboter ou, en tout cas, à freiner les déportations de main-d'œuvre. C'est ce qui explique le nombre peu élevé de sanctions les concernant[33].

Cette première approche de l'épuration du ministère du Travail mériterait, on l'a dit, d'être complétée par un dépouillement exhaustif de l'ensemble des dossiers de la commission nationale d'épuration – qui nécessiterait l'autorisation du service versant, c'est-à-dire du ministère de l'Emploi, du Travail et de la Cohésion sociale –

33. Voir le tableau 1.

et par l'examen des recours en excès de pouvoir devant le Conseil d'État. On en retiendra cependant deux conclusions.

La première est que, si le processus d'épuration administrative au ministère du Travail n'apparaît guère différent de celui mené dans les autres administrations, il doit prendre en compte la spécificité de son rôle dans la déportation du travail et des fonctions attribuées dans ce cadre aux différents services. De ce point de vue, la chronologie joue un rôle majeur[34] mais différencié entre l'épuration idéologique et l'épuration fonctionnelle. Dans le premier cas, les engagements tardifs dans la Résistance sont examinés avec suspicion alors qu'*a contrario* les déclarations d'allégeance au régime et à son chef de 1940 ou 1941 ne sont pas considérées comme rédhibitoires. Dans le second cas, la commission d'épuration tient compte du dessaisissement de l'inspection du travail au moment de la création du STO pour se focaliser, s'agissant de ce service, sur la Relève.

Le deuxième enseignement porte sur l'étendue de l'épuration. Au vu des archives consultées, savoir si le ministère du Travail a été « très sérieusement épuré », comme l'indiquait Alexandre Parodi en 1945, reste assez difficile à établir. On a pu écrire, avec les précautions d'usage, que 341 agents avaient été sanctionnés sur 18 567 agents en fonction au 1er septembre 1944. Le taux d'épuration se situerait donc à 1,83 %. C'est beaucoup moins que dans les ministères fonctionnellement engagés dans la collaboration avec les Allemands (Intérieur, par exemple), mais davantage que dans certains ministères plus techniques et donc moins exposés (Agriculture, PTT, etc.)[35].

Il ressort également de cette recherche que la collaboration fonctionnelle, c'est-à-dire la participation des agents aux opérations de Relève et au STO, a été moins sanctionnée que la collaboration idéologique. Plutôt que d'y voir la manifestation d'un esprit de corps de la commission d'épuration favorisant la clémence, on préférera l'interprétation selon laquelle les agents du ministère du Travail ont, en réalité, et de manière assez générale, largement contrarié le travail obligatoire en Allemagne[36].

Reste que l'épuration administrative a durement touché les cadres les plus importants, remplacés par des Résistants chargés de mettre en œuvre une politique largement différente de celle de Vichy. De ce point de vue, l'épuration a également été une opportunité politique pour un ministère qui fonctionnait jusqu'alors sur des schémas pyramidaux privilégiant les promotions à l'ancienneté. Indépendamment des politiques menées, 1945 a donc bien marqué une rupture dans l'histoire du ministère du Travail.

---

34. Sur cette question, voir la conclusion de M. O. Baruch à *Une poignée de misérables*, *op. cit.*, p. 540-541.
35. F. Rouquet, *op. cit.*, p. 116.
36. Voir, en ce sens, le rapport d'ensemble sur l'action entreprise par l'inspection du travail et les services de main-d'œuvre en ce qui concerne la mise en œuvre des instructions pendant les années d'Occupation du prétendu gouvernement de Vichy relatives à l'organisation du travail obligatoire, Archives nationales, 72 AJ 13 (2) et la thèse de F. Gichaud, *op. cit.*

ANNEXE
Comité de libération de l'inspection du travail

Questionnaire à retourner avant le 31 octobre 1944

À Monsieur FOURNIÉ
Comité de libération
Poste restante Paris 41, 3, avenue de Saxe Paris (Ve)

1. Nom et prénoms : Adresse personnelle :
2. Grade actuel et classe :
3. Fonctions occupées depuis 1940 :
   Dans quels services :
   De quelle date à quelle date :
4. Grade et classe au mois de juin 1940 :
5. Fonction actuelle : depuis quelle date :
6. Avez-vous eu des rapports directs avec les autorités allemandes ? De quelle nature ont-ils été ? Quelles difficultés avez-vous rencontré ?
7. Rapports avec les autorités françaises (ministère du Travail, Office du travail, STO, Commissariat à la main-d'œuvre, etc.)
8. Quels ordres précis avez-vous reçu concernant la « relève » ? Comment les avez-vous exécutés ou faits exécuter ?
9. Avez-vous appartenu à un organisme de résistance ? Lequel :
   Quels sont vos répondants ?
10. Sinon, quelle a été votre activité en matière de résistance (action contre la relève, etc.) ?
11. Quelles personnes vous ont aidé, laissé agir ou contrecarré dans cette activité ?

N. B. – Au cas où certains points vous sembleraient de nature à justifier un développement particulier, prière de joindre un rapport à votre réponse, en rappelant le n° d'ordre.

Témoignage de Claude Chetcuti

Claude Chetcuti est inspecteur général honoraire des Affaires sociales. Titulaire d'un DES de philosophie et d'un DES de sciences économiques, il entre dans l'inspection du travail en 1956. Après avoir occupé divers postes en province, il est nommé en 1981 directeur régional du Travail et de l'Emploi d'Île-de-France, puis en 1983 inspecteur général. De 1986 à 1992, il exerce les fonctions de chef de la mission centrale d'appui et de coordination des services déconcentrés et représente l'administration française au Comité des hauts responsables de l'inspection du travail créé auprès de la Commission de la communauté européenne. Membre du Comité d'histoire des administrations chargées du travail, de l'emploi et de la formation professionnelle, dont il a assumé la présidence de sa création en 1996 jusqu'en 2001, il préside l'Association pour l'étude de l'histoire de l'inspection du travail. Ses travaux, rapports et publications portent sur le droit du travail, l'inspection du travail et les pratiques de l'administration puis l'histoire de l'administration du travail.

Il est difficile de faire en dix minutes la synthèse de quarante ans de vie professionnelle suivis de dix ans de participation active aux travaux du Comité d'histoire. Je vais essayer de le faire en centrant mon intervention sur le thème de la politique d'organisation de l'administration du travail en partant de quatre constats, fruits de mon expérience et de ma réflexion, résumés en quatre propositions qui me paraissent concrétiser l'action du ministère du Travail et ses faiblesses dans son domaine spécifique, celui du travail et de l'emploi : une difficile conjugaison du juridique et du judiciaire, une indifférence aux structures administratives classiques et au découpage administratif du territoire, une difficile cohérence du juridique et de l'économique et, enfin, une distinction totale entre conception et application. Bien évidemment ces quatre thèmes interfèrent et ce n'est que pour la clarté d'un exposé aussi bref que j'ai adopté cet ordre qui fait fi de la chronologie. Ils présentent toutefois un point commun : la manifestation d'une ou plusieurs césures qui ont affaibli l'action du ministère tout au long de ces cent dernières années.

Une difficile conjugaison du juridique et du judiciaire

Le droit du travail naît comme droit pénal spécial, spécial par son champ d'application, non par ses modalités de contrôle, de poursuite ou de sanction. Son développement ne conduira pas à un droit autonome dans ses fondements et encore moins à un ordre juridictionnel distinct, comme l'ont souhaité certains auteurs, très minoritaires, et comme de nombreux pays nous en donnent l'exemple. Alors que la tâche de régulation juridique apparaît à tous comme la première de celles qui incombent au ministère du Travail, ni le législateur ni l'administration ne paraissant s'être souciés de l'effectivité de l'application du droit, ni de l'éclatement du contentieux entre juridictions civiles, pénales, administratives qu'elles soient de droit commun ou d'exception. Aucune réflexion suivie n'a été entreprise pour modifier le régime des sanctions, introduisant par exemple l'amende administrative, utilisée couramment à l'étranger, ou simplement l'ordonnance pénale. Alors que le Code de la Sécurité sociale prévoit que l'administration soit représentée et entendue devant les juridictions spécialisées, rien de tel en ce qui concerne le droit du travail.

La novation introduite par les arrêts Perrier est dûe à l'intervention directe d'un syndicat, après vingt-cinq ans d'incohérence. La seule réforme d'envergure voulue par l'administration est celle des conseils de prud'hommes de 1979, mais sa portée est limitée : il s'agit d'une généralisation sans modification sur le fond. Ajoutons que le ministère ne s'est jamais doté d'un organe de gestion du Code du travail (comme a su le faire le ministère des Finances avec la direction de la Législation financière), et que la fonction de régulation juridique, essentielle, répétons-le, est éclatée entre les différents bureaux, sous-directions voire, depuis 1975, directions ou délégations, qui elles-mêmes ne dépendent pas toujours d'un même ministre.

Une indifférence aux territoires et aux structures administratives classiques

Le ministère s'inscrit dans le champ économique et social, en prise directe avec la société civile. Il ne lui est donc pas paru nécessaire de mettre en place au départ une structure administrative dans le découpage administratif classique (département, voire arrondissement).

Ses interlocuteurs directs seront les syndicats (aux différents niveaux), les mutuelles, les organismes de protection sociale, éventuellement les entreprises, essentiellement par l'intermédiaire des chambres consulaires et des groupements professionnels. Seul sera donc organisé un système léger de contrôle, d'autant qu'aucune participation financière n'est demandée réellement aux collectivités territoriales (on pense ici aux subventions aux services de placement locaux avant 1940, ou aux fonds de chômage couvrant jusqu'à 90 % des dépenses engagées). À partir de 1938 sont mis en place sous des formes juridiques diverses des outils d'intervention pour lesquels aucun concours financier n'est sollicité (SSAE, ANIFRMO puis AFPA, ANPE, FAS...). Le système instauré par la loi de 1971 sur la formation continue ne déroge pas à cette pratique. En conséquence, le ministère répugnera à toute décentralisation ou même déconcentration (dans le cas du FNE ou du FSE).

Une cohérence du juridique et de l'économique

La création du ministère du Travail, intervenant après celle des ministères régaliens, économiques (comme l'Agriculture), idéologique (l'Instruction publique), fait émerger une fonction sociétale. Le ministère réunit en son sein organes de réflexion et de proposition (Conseil supérieur du travail), d'analyse et d'expertise (Office du travail), de contrôle (inspection du travail) avant même que ne se structure son administration centrale. Son champ de compétence couvre non seulement le travail, la mutualité, la protection sociale, mais également l'artisanat, la coopération et le logement social.

Après 1919, le champ social institutionnalisé s'étend et se structure. En 1930, le ministère voit son périmètre se rétrécir et devient le ministère de la Régulation juridique des rapports collectifs et individuels du travail et de l'encadrement juridique des institutions de prévoyance, quels que soient leur origine et leur statut. La direction du Travail et ses avatars passe au « tout juridique », la période de guerre entraînant une coupure entre administration classique et administration de mission. Ce *hiatus* disparaît à la Libération, avant de réapparaître après 1960. Avec le FNE (1963), la création temporaire d'un ministère des Affaires sociales (1966) et celle de la délégation à l'Emploi (1975), s'ouvre une nouvelle période, qui dure encore, celle de la réhabilitation de l'économique.

L'administration centrale peine à s'adapter, d'autant que la gestion des problèmes d'emploi, de formation professionnelle, d'insertion, de lutte contre l'exclusion relève longtemps de différents ministères. Un clivage important va se faire entre gestion de l'outil juridique (DRT) et administration de mission (DE, DFP) : les méthodes de travail, les modes d'intervention et les outils sont différents, d'autant que l'urgence a conduit à l'externalisation de certaines des fonctions les plus importantes (formation professionnelle des adultes, placement) et à un large usage du partenariat public-privé (indemnisation du chômage, formation continue).

Même lorsque l'appareil d'État est réorganisé à la fin du XXe siècle au sein d'une administration du travail restructurée et mieux identifiée, la tutelle des grands établissements (AFPA, ANPE) et la répartition des tâches entre État, établissements publics et organismes de droit privé se fait malaisément.

Distinction totale entre conception et application

Dès l'origine, la distinction est absolue. La première loi sur le travail des enfants et des filles mineures dans les manufactures pose le principe d'une inspection du travail, mais se refuse à la confier à des agents publics. L'inspection du travail sous sa forme actuelle naît en 1892, mais ne se voit jamais confier d'autre mission que celle du contrôle de l'application de la loi, ne jouant aucun rôle dans son élaboration. Si les effectifs de l'administration centrale sont faibles par rapport à l'ampleur de sa tâche, il en va tout autant et même plus de l'inspection.

Le refus après 1946 d'unifier ou du moins de mettre sur un même plan (recrutement par l'ENA) les corps d'administrateurs civils et d'inspecteurs entérine définitivement ce partage et le rôle minoré de l'inspection. On aboutit dès lors à une stricte hiérarchisation entre les administrateurs civils, le corps de l'inspection du travail et les personnels des SETE, notamment agents des services de l'emploi, étatisés depuis 1940.

Cette rupture définitive s'accompagne d'une grande faiblesse des services extérieurs sur le plan quantitatif. On compte 110 inspecteurs avant 1900 et un peu plus de 250 en 1939 après les mesures prises entre 1936 et 1939. L'effectif théorique est de quelque 350 de tous grades (inspecteurs divisionnaires, directeurs départementaux, inspecteurs) de 1946 à 1966, mais à cette dernière date, l'effectif réel est tombé à quelque 275 agents en poste.

Sur le plan qualitatif, la situation est plus grave encore puisque le contrôle de l'emploi, comme l'ensemble des tâches d'emploi, est confié au chef du service départemental de la main-d'œuvre (décrets de 1946 et 1948), c'est-à-dire dans 84 départements sur 90 à un agent de catégorie B. Cette faiblesse structurelle conduira, nous l'avons dit, à une externalisation des tâches confiées aux services extérieurs. Elle explique également la difficulté qu'ont eue ces derniers à tenir leur place dans le concert administratif local.

Troisième partie

Le ministère du Travail et la protection sociale

Les Assurances sociales et le ministère du Travail

Michel Dreyfus

Étape décisive dans la mise en place d'un système de protection sociale obligatoire, les Assurances sociales votées en 1928, définitivement instaurées en 1930, n'ont guère attiré l'attention des historiens [1] jusqu'à une date récente [2]. Elles représentent pourtant une extension considérable de la protection sociale et préfigurent la Sécurité sociale : alors que les Retraites ouvrières et paysannes (ROP), péniblement instaurées en 1910, avaient couvert 3,5 millions de personnes tout au plus, les Assurances sociales élargissent les domaines ainsi que le nombre de personnes couvertes. Obligatoires pour tous les salariés de l'industrie et du commerce dont le salaire n'excède pas 15 000 F annuels (18 000 F pour la région parisienne), elles peuvent, de façon facultative, concerner d'autres travailleurs qui, sans être salariés ne dépassent pas les sommes fixées par l'assurance obligatoire. Elles prennent en charge les « risques traditionnels » jusqu'alors pris en compte par le mouvement mutualiste (maladie, décès, maternité) en ouvrant d'autres champs : invalidité prématurée, vieillesse. Elles sont financées par une contribution provenant pour moitié de l'employeur et pour moitié du salarié, par le système du précompte. Leur gestion est complexe : le financement des risques maladie, maternité et décès est réalisé par le système de répartition, et le risque vieillesse par la capitalisation. Initialement, 8 millions de personnes sont concernées par les Assurances sociales qui en couvrent 10 millions en 1940. La France est un des derniers pays d'Europe à adopter ce système initié par l'Allemagne bismarckienne depuis 1883.

En dépit de son caractère incomplet – les Assurances sociales ne couvrent pas l'ensemble des salariés, notamment les fonctionnaires – cette première forme de prévoyance obligatoire et étatisée remet, *de facto*, en cause les structures et les principes de base qui régissent le fonctionnement de la gestion du social. Jusqu'alors, ce dernier avait été largement organisé depuis Napoléon III dans le cadre géographique de la commune, notamment par le biais de la mutualité. À l'inverse, les Assurances

1. À l'exception du livre pionnier d'H. Hatzfeld, *Du paupérisme à la Sécurité sociale. Essai sur les origines de la Sécurité sociale en France*, réédité, Nancy, Presses universitaires de Nancy, 1989, ainsi que celui de B. Gibaud, *De la Mutualité à la Sécurité sociale. Conflits et convergences*, Paris, Éd. ouvrières, 1986 et M. Dreyfus, *Liberté, égalité, mutualité. Mutualistes et syndicalistes (1852-1967)*, Paris, Éd. de l'Atelier, 2001.
2. Cf. M. Dreyfus, M. Ruffat, V. Viet et D. Voldman (dir.), *Se protéger, être protégé. Histoire des Assurances sociales en France*, Rennes, Presses universitaires de Rennes, 2006.

sociales sont déterminées sur la base des revenus dont disposent les assurés et sur ce point, elles annoncent également la Sécurité sociale.

Les Assurances sociales sont filles des changements produits par la Grande Guerre sur la protection sociale (augmentation du nombre de blessés, infirmes, etc.) ainsi que du retour à la République des trois départements d'Alsace-Lorraine qui apportent avec eux leur propre dispositif mis en place sous Bismarck de 1883 à 1889. Ces deux facteurs expliquent le relatif consensus qui s'opère dès 1919-1920 sur la nécessité de cette réforme. En revanche, durant toute une décennie, les discussions sont âpres sur les modalités d'organisation du futur système et en particulier sur ses modes de gestion. À la demande du patronat et de la Mutualité une grande liberté sera finalement laissée aux assurés sociaux dans la constitution des caisses. Ils peuvent adhérer à quatre types principaux de caisse : mutualistes, s'ils sont adhérents à une société de secours mutuels, professionnelles, syndicales et enfin caisse départementale existant dans chaque préfecture.

Tout au long de cette histoire, la question de l'intervention de l'État, par le biais du ministère du Travail, est centrale. En effet, que ce soit durant la phase de préparation de la réforme (1920-1930) et ensuite, les Assurances sociales se caractérisent par la présence sans cesse croissante de l'État. Le premier projet présenté en 1921 est marqué par une forte centralisation étatique ; aussi, il provoque l'opposition des mutualistes et du patronat qui craignent de perdre leurs prérogatives en ce domaine. Dès lors, ces deux acteurs sociaux, ainsi que la CGT confédérée et la CFTC, négocient pour que toute leur place soit reconnue dans la gestion des caisses et ils arrivent à leurs fins. Toutefois, dès la mise en route de la réforme en 1930, on constate que, contrairement aux attentes antérieures, les caisses de l'État prennent en charge à elles seules plus de la moitié des bénéficiaires et qu'elles l'emportent nettement sur les caisses d'affinité ; par la suite, cette tendance ne cesse de se confirmer. Par ailleurs, cette présence de l'État dans le fonctionnement du système ne cesse de se renforcer durant les quinze ans qui suivent. Pour comprendre les raisons d'une telle évolution, le retour sur l'histoire est nécessaire.

Les antécédents des Assurances sociales

À sa création en 1906, le ministère du Travail a hérité de la direction de la Mutualité créée en 1903 alors que, jusqu'en 1920, l'assistance est restée du ressort du ministère de l'Intérieur. Mais dès le lendemain de la Grande Guerre, le ministère du Travail devient un acteur majeur dans la conception des Assurances sociales. En 1930, ces dernières sont mises en œuvre par la direction des Assurances sociales qui assure la tutelle du réseau de l'ensemble des caisses, et ce jusqu'à la mise en place du ministère du Travail et de la Sécurité sociale en 1945.

À la veille de la Première Guerre mondiale, la protection sociale française, foisonnante et multiple, constituait un assemblage composite de lois sectorielles, mesures protectrices ou auto-protectrices et de régimes spéciaux – la vieillesse étant le risque le plus couvert – impliquant des logiques, des organismes et des dispositifs de nature très différente. L'obligation assurantielle avait pointé le bout de son nez contre les risques liés à la vieillesse, alors même qu'il existait depuis 1905 un dispositif national d'assistance pour les vieillards, infirmes et incurables. Outre certains régimes spéciaux ou professionnels, notamment celui des mineurs (1894), l'obligation assurantielle avait sous-tendu la loi du 9 avril 1910 sur les Retraites ouvrières et paysannes (ROP).

Posée au début des années 1880, la question des ROP avait été associée de fait au principe d'obligation fonctionnant pour la fonction publique (300 000 fonctionnaires), chez les cheminots (200 000), les mineurs (200 000) et les ouvriers d'État (100 000). En définitive, la loi, votée les 22 mars et 5 avril 1910, instituant les ROP avait organisé l'assurance retraite pour les salariés de plus de 65 ans (60 ans à partir de 1912) les plus modestes (moins de 3 000 F par mois) ainsi que pour les salariés facultatifs (salaires compris entre 3000 et 5 000 F). Cette législation concernait théoriquement une douzaine de millions d'assurés obligatoires, ainsi que 6 millions d'assurés facultatifs, soit 18 millions de personnes constituant près de la moitié de la population française. Mais, fin 1912, 7 600 000 personnes assujetties étaient seulement recensées par le ministère du Travail, dont 770 000 assurés facultatifs, soit un total de 7,5 millions ; et surtout 4 800 000 personnes n'avaient versé aucune cotisation[3]. Le nombre de personnes couvertes par les ROP, variable selon les sources, reste en tout cas limité : 2 650 000 personnes, début 1912, et 3 430 000 en 1913[4] ; d'autres chercheurs évoquent 1 600 000 assurés en 1914, soit moins du septième du nombre des personnes assurables[5]. Les ROP ont en effet été rendues peu opératoires à la suite d'un arrêt de la Cour de cassation (22 juin 1912) exonérant l'employeur de toute responsabilité en cas de non-présentation par le salarié de sa carte d'assuré.

Le bilan des ROP n'est pourtant pas négligeable. De 1911 à 1914, 1 113 000 retraites ont été liquidées dont plus de 700 000 pour la seule année 1913. Près de la moitié de la population française âgée de 60 ans et plus, soit 4 300 000 personnes en 1911, aurait bénéficié des ROP : le principe de l'assurance obligatoire a donc marqué incontestablement des points.

La protection sociale d'avant 1914 s'est donc organisée autour de trois composantes. En premier lieu, une prévoyance libre, organisée sur la base de la mutualité et des assurances privées et destinée aux classes sociales les plus aisées, à la moyenne et la petite bourgeoisie, aux rentiers, aux employés de commerce et aux ouvriers les plus qualifiés ; ensuite, un important secteur assistanciel essentiellement destiné aux populations privées de ressources et en dernier lieu le dispositif des ROP.

3. G. POLLET, « L'incapacité mutualiste à mettre en place un système de retraites », M. DREYFUS, B. GIBAUD et A. GUESLIN (dir.), *Démocratie, solidarité et mutualité. Autour de la loi de 1898*, Paris, Economica, 1999, p. 134.
4. H. HATZFELD, *Du paupérisme... op. cit.*, rééd., Nancy, Presses universitaires de Nancy, 1989, p. 143.
5. P. SALY, « Les reflux financiers induits par les retraites ouvrières et paysannes, 1910-1930 », A. GUESLIN et P. GUILLAUME (dir.), *De la charité médiévale à la Sécurité sociale*, Paris, Éd. ouvrières, 1992, p. 282.

L'organisation administrative du système

Cette division ternaire a-t-elle été validée par les structures administratives ? Sur le plan institutionnel, la division était plutôt binaire. Le clivage a été très net entre l'assistance publique, apanage du ministère de l'Intérieur jusqu'en 1920, et la prévoyance libre, dévolue au ministère du Travail et de la Prévoyance sociale, créé en octobre 1906. Ce dernier a mis en œuvre les ROP et les inspecteurs du travail, chargés de la surveillance de la législation, ont été chargés de présenter la nouvelle loi aux syndicats ouvriers. Mais jusqu'en 1914, le ministère du Travail est d'abord celui des salariés et des prévoyants. En 1920, la création du ministère de l'Hygiène entraîne une scission dans la protection sociale : l'assistance et la prévoyance libre (épargne, assurances, mutualité) sont transférées au ministère de l'Hygiène, tandis que la prévoyance obligatoire (ROP) reste au ministère du Travail ; désormais, ce dernier devient l'autorité tutélaire des travailleurs salariés. En 1924 avec l'arrivée du Cartel des gauches, une logique différente prévaut : la protection sociale relève désormais du ministère du Travail, de l'Hygiène, de l'Assistance et de la Protection sociale, chargé de l'assistance, de la prévoyance obligatoire, du travail et de la main-d'œuvre, de la santé, du logement social et de la mutualité, sans oublier la population et l'immigration. La création des Assurances sociales renforce cette centralisation.

Les Assurances sociales fonctionnent sur la base de deux types d'organismes bien distincts. En premier lieu, des services administratifs relevant de l'État qui sont chargés du contrôle de l'exécution de la loi et de la perception des cotisations. Ensuite, des caisses d'assurances sociales, groupées pour la plupart en unions régionales, qui assument, sous le contrôle de l'État mais avec une certaine autonomie, le service des prestations aux assurés : caisses primaires maladie/maternité (caisses privées ou caisses départementales) et caisses de vieillesse/invalidité/décès. Cette répartition des rôles reflète bien le compromis élaboré dans la mise au point finale des Assurances sociales : les fonctions relevant de l'ordre public, c'est-à-dire le respect du principe d'obligation et le contrôle des caisses mutualistes gérant les cotisations ouvrières et patronales, ne doivent pas porter atteinte aux principes de liberté qui commandent le fonctionnement général du système. Tandis que les services publics d'Assurances sociales doivent s'occuper de tous les assurés sans exception, les Caisses accordent des prestations, sous le contrôle de ces services, aux assurés qui les ont librement choisies ou sont censés les avoir choisies.

La loi du 5 avril 1928 a confié l'administration générale de la loi et le contrôle des caisses à des offices départementaux ou interdépartementaux, coiffés par un Office national des Assurances sociales. Revenant sur cette organisation, la loi du 30 avril 1930 place les Assurances sociales sous la responsabilité de services départementaux du ministère du Travail fonctionnant dans le cadre normal de l'administration. Le décret-loi du 28 octobre 1935 prolonge cette réforme en groupant les services départementaux en 15 services régionaux. Services d'administration centrale et services régionaux se partagent ainsi le contrôle des Assurances sociales et la surveillance de l'exécution de la loi.

Que l'application de la législation des Assurances sociales soit confiée au ministère du Travail n'a rien d'étonnant : les Assurances sociales se placent en effet sous les auspices d'une protection ouvrière qui est ou qui paraît légitimement issue de la protection légale des travailleurs. La loi de 1930 est un élément constitutif de la législation du travail qui s'applique à tous les travailleurs salariés de l'industrie, du commerce et, par extension, de l'agriculture. Elle en constitue même un élément capital puisque le bénéfice des Assurances sociales est d'un seul coup garanti aux travailleurs salariés, alors que le droit du travail reste, depuis près d'un siècle, à la recherche de son effectivité. Toujours est-il que l'antériorité et l'expérience du ministère du Travail dans le domaine de la protection des droits individuels et collectifs des salariés ne laissent guère de chance à celui de la Santé publique, de création plus récente, qui peine toujours à coordonner l'ensemble des acteurs, organismes et centres de soins concernés par la santé publique. Constituée avant la Première Guerre mondiale, la rationalité du ministère du Travail, axée sur la protection du travailleur salarié, se trouve puissamment validée et sollicitée par l'invention et la mise en œuvre des Assurances sociales.

Deux nouvelles directions administratives voient le jour au sein de l'administration centrale du ministère du Travail[6]. Tout d'abord, la direction générale des Assurances sociales et de la Mutualité, confiée à Jacques Ferdinand-Dreyfus[7], qui regroupe les divers services de l'administration générale et technique, de la comptabilité, statistique et actuariat, et de la Mutualité ; ensuite, la direction du contrôle général des Assurances sociales, placée sous l'autorité directe du ministre du Travail. Ce dernier est assisté d'un Conseil supérieur des Assurances sociales, chargé de l'examen de toutes les questions relatives à l'application de la loi et dont la « Section permanente » constitue une juridiction spéciale en matière d'assurance invalidité.

Sous l'autorité de la direction générale des Assurances sociales, et suivant un modèle inspiré de l'inspection du travail[8], fonctionnent 15 « Services régionaux des assurances sociales », groupant, chacun dans leur circonscription, plusieurs départements : Paris, Rouen, Lille, Nancy, Rennes, Nantes, Orléans, Dijon, Limoges, Clermont-Ferrand, Lyon, Bordeaux, Toulouse, Montpellier, Marseille. Ces services, placés sous l'autorité d'un directeur régional, sont chargés d'assurer l'immatriculation des assurés, le recouvrement des cotisations et leur ventilation entre les diverses caisses, le contrôle de l'exécution de la loi par les employeurs avec l'aide des inspecteurs des assurances sociales. Sans être négligeable – l'inspection du travail est au même moment moins bien dotée – le nombre de fonctionnaires consacrant leur activité aux Assurances sociales est peu élevé eu égard aux 787 000 agents publics que compte alors le pays (non compris l'armée) : cette administration centrale emploie, en effet, au 1er juillet 1936 166 employés, dont 29 sont affectés au

6. Voir *Annuaire du ministère du Travail et de la Prévoyance sociale*, Paris, Imprimerie nationale, 1933.

7. Auparavant directeur de la comptabilité des assurances, de la statistique et de l'actuariat à l'Office national des assurances sociales.

8. Commandement vertical avec très peu d'échelons intermédiaires, dans une confrontation régulée entre l'ordre social public et des intérêts privés.

contrôle général des Assurances sociales. Quant aux services régionaux, ils comptent dans leurs rangs 1 360 employés. On aboutit à un total de 1 526 fonctionnaires, soit 0,2 % de l'ensemble des agents de l'État (hors armée).

Le contrôle des Assurances sociales est d'autant plus délicat à harmoniser qu'il est exercé conjointement par deux administrations différentes, le Travail et les Finances, et qu'il porte sur des établissements privés, placés sous leur surveillance mais non sous leur autorité. Plus concrètement, le contrôle des comptables supérieurs du Trésor sur les organismes d'Assurances sociales s'apparente à celui qu'ils exercent déjà sur les caisses d'épargne ou qu'ils ont exercé sur les anciennes caisses de ROP. Tandis que les caisses de répartition n'ont à placer que la partie de leurs excédents mis en réserve pour couvrir les risques imprévus, les caisses de capitalisation font essentiellement des placements. Au 1er janvier 1937, les placements des unes et des autres, y compris ceux de la Caisse générale de garantie, représentent environ 12 milliards de francs, en rentes sur l'État, en obligations du Crédit foncier ou des chemins de fer, en prêts aux départements et communes, etc. Un contrôle très strict est exercé sur ces placements, qui doivent tous être effectués par l'intermédiaire de la Caisse des dépôts et consignations et selon les règles définies par la loi ; les caisses n'ont même aucun droit de regard sur le placement de la moitié de leurs fonds. Bien plus, jusqu'au 31 décembre 1940, les caisses de capitalisation sont tenues d'affecter 75 % de leurs disponibilités à un fonds commun destiné à consentir des prêts pour financer des travaux en vue de réduire le chômage. Cette importante disposition, qui sert les intérêts des caisses en transformant des chômeurs en cotisants, donne des arguments sérieux à l'administration du Travail, gardienne du système : « Ceux qui accusent les Assurances sociales d'entraîner une capitalisation stérile se doutent-ils que la plupart des chantiers qu'ils traversent actuellement dans Paris sont alimentés presque exclusivement par les fonds des Assurances sociales[9] ? » On retrouve ici la volonté constante des pouvoirs publics depuis le Second Empire : drainer l'épargne populaire à des fins économiques.

Quant au contrôle assuré par le corps des contrôleurs ou inspecteurs des Assurances sociales[10] au sein des services régionaux du ministère du Travail, il n'est pas sans présenter de nombreuses analogies avec celui des inspecteurs du travail. C'est du moins l'analyse qu'en fait l'administration centrale du Travail, encline à s'appuyer sur l'expérience déjà fort ancienne de l'inspection du travail. Il est vrai que les pouvoirs d'investigation et de vérification des premiers rejoignent, sur certains points essentiels, ceux des seconds. Les employeurs sont tenus de recevoir les inspecteurs mandatés par le ministre du Travail pour vérifier l'affiliation de leur personnel aux Assurances sociales, le montant des salaires payés par eux et l'application régulière des dispositions concernant le versement des cotisations. La nouveauté des Assurances sociales et l'apparition soudaine de nouveaux « empêcheurs de tourner

9. « La législation des assurances sociales en France. Son origine, sa place, son développement », Comité général d'entente de la Mutualité et des UNCAS, Exposition internationale, Paris, 1937.

10. On trouvera une liste, avec notules biographiques, de ces fonctionnaires dans l'Annuaire déjà cité (1933) du ministère du Travail. Pour la période de l'Occupation, se reporter aux *Documents français*, notamment aux dossiers consacrés aux assurances sociales.

en rond », doublés d'agents du fisc, dans un paysage social en constante complexification, expliquent dans une large mesure les nombreuses difficultés éprouvées par les inspecteurs des Assurances sociales pour accomplir leur mission.

Le fonctionnement des Assurances sociales repose sur trois principes généraux qui font les délices de la technocratie naissante existant au sein du ministère du Travail. Le premier de ces principes repose sur la distinction, technique, entre les risques de répartition et les risques de capitalisation. Les risques maladie/maternité sont assurés suivant la méthode de répartition annuelle des charges, les cotisations étant considérés comme modulables. Les risques vieillesse/invalidité/décès relèvent au contraire – mais seulement pour partie, car le risque vieillesse est soumis à un régime mixte de répartition et de capitalisation – de la technique de répartition. D'où, une division en deux catégories de caisses adaptées à la couverture des risques considérés. Le deuxième principe ressort au jeu des grands nombres et de la compensation, elle-même indissociable de la logique assurantielle : le législateur a prudemment considéré qu'il fallait imposer un effectif minimum aux caisses et organiser, au-dessus d'elles, des caisses de réassurance destinées à compenser l'inégalité des risques couverts par les diverses caisses. Pour les risques de capitalisation, la loi a ainsi imposé des effectifs minima de 3 000 assurés pour les caisses vieillesse-décès et de 50 000 membres pour les caisses invalidité. Pour les risques de répartition, le jeu des grands nombres s'impose avantageusement, mais sa mise en œuvre doit être compatible avec le principe de libre constitution des caisses ainsi qu'avec la nécessité de grouper les assurés dans des cadres suffisamment restreints pour que le contrôle puisse se faire de manière satisfaisante et que la gestion donne lieu au moins d'abus possibles.

Si les pouvoirs publics ont laissé se constituer des caisses organisées conformément aux prescriptions de la loi, les contraintes de gestion se chargent bientôt de sélectionner les caisses les plus aptes à remplir leur rôle, comme l'atteste la réduction de 15 % du nombre des caisses de 1930 à 1935. Le décret-loi de 1935 permet néanmoins d'arrondir les angles en instituant un système de compensation très large entre les diverses caisses primaires de répartition. L'Union régionale est chargée de la compensation et de la garantie des caisses groupées dans chaque circonscription et, au sommet, la Caisse générale de garantie est chargée de la compensation et de la garantie des diverses unions régionales.

Mise en place des services ; locaux et frais de gestion

La plupart des services départementaux des Assurances sociales succèdent à ceux des ROP tout en les étoffant ; certains bénéficient d'un surplus de personnel provenant de l'administration des Régions libérées. Peu à peu ces services se renforcent : fin de 1934, 7 000 personnes y travailleraient[11] ; à cela il faut ajouter un nombre important de correspondants locaux. Un an plus tard, le personnel rétribué par le millier d'organismes d'Assurances sociales existant s'élèverait

11. Rapport Frossard *sur l'application de la législation des assurances sociales*, p. 61.

à 7765 employés, dont 6089 à temps plein, 346 à mi-temps et 1330 plusieurs fois par semaine. S'y ajoutent 910 infirmiers ou agents des services sanitaires et du contrôle médical. 632 organismes disposent alors d'un service médical et rétribuent 1228 médecins ou pharmaciens, dont 408 recevant un traitement fixe. Enfin, 203 organismes bénéficieraient du travail de plus de 2500 bénévoles. En prenant en compte le seul personnel régulier – employés, agents, infirmiers – les organismes d'Assurances sociales emploient alors approximativement 1 agent pour 1000 cotisants [12]. De plus, les caisses départementales et les caisses d'affinité disposent de correspondants locaux : estimés, fin 1934, à un total de 35000 personnes, ils « assurent la diffusion de la loi, veillent à son exécution et procèdent au contrôle médical et au règlement des prestations ». Si la plupart sont rémunérés, près de 6000 bénévoles collaborent également à la même date à l'application de la loi [13].

Les salaires des directeurs de caisses départementales sont calculés généralement de façon proportionnelle aux ressources présumées de ces dernières, donc à partir du nombre de leurs assurés ; nominations et salaires sont soumis à l'agrément du ministère du Travail. Directeurs, administrateurs, agents comptables ont-ils le temps de prendre la mesure de leurs responsabilités ou bien assiste-t-on au contraire à une valse du personnel administratif ? Les débuts sont souvent chaotiques : la formation professionnelle de la majorité des agents, en particulier ceux des caisses départementales, est d'abord faible, voire inexistante. Chacun se débrouille pour apprendre son métier en demandant conseil aux anciens et en s'inspirant des circulaires ministérielles qui se multiplient. Rares sont les responsables qui éprouvent le besoin de mettre en place un minimum de formation collective. Malgré quelques initiatives, la formation du personnel reste, jusqu'en 1940, notoirement insuffisante, en province comme à Paris et en région parisienne.

La France des années 1930 connaît une crise généralisée du logement qui affecte les particuliers comme les administrations. Pourtant, les Assurances sociales doivent trouver à se loger. En province, en raison de la diversité des caisses, les locaux qui accueillent leurs services se trouvent dans les bâtiments les plus divers : mairies, sièges du conseil général et des unions mutualistes départementales ; Bourses du travail et locaux patronaux sont également utilisés. De façon générale, beaucoup dépend des situations locales. Certains de ces bâtiments connaissent des moments difficiles durant la Seconde Guerre mondiale : en 1943, l'immeuble de la Caisse départementale de l'Oise est bombardé, provoquant la mort du directeur de la Caisse et de plusieurs employés.

À Paris, où les loyers sont plus élevés et les terrains plus chers, la situation n'est pas meilleure. Le 1er juillet 1930, la Caisse interdépartementale de la Seine et de la Seine-et-Oise (CIAS) ouvre ses portes dans un bâtiment loué par le ministère du Travail, rue d'Estrées et avenue de Lowendal dans le VIIe arrondissement [14]. Le 1er octobre, à l'issue des trois mois de cotisation réglementaire, elle y accueille le public

12. Rapport Jacquier *sur l'application de la législation des assurances sociales*, p. 57.
13. Rapport Frossard, p. 61.
14. Les locaux actuels du ministère du Travail seront construits grâce aux réserves provenant des Assurances sociales.

mais un grand nombre d'assurés se présentant aux guichets en raison de la centralisation des services, il en découle afflux et donc engorgement et récriminations. Le nombre de guichets est augmenté et il devient nécessaire de constituer des agences locales, au moins pour régler les dossiers les plus simples. La première de ces agences ouvre en mars 1931 ; un an plus tard, elles sont 25 dans 21 communes de la Seine et de la Seine-et-Oise, y compris à Versailles, et en 1936, il y en a 36. La plupart de leurs locaux sont fournis par les municipalités de la Seine et de la Seine-et-Oise.

En juillet 1931, un bâtiment situé rue de Dunkerque dans le Xe arrondissement de Paris est acheté par la CIAS, réaménagé puis inauguré en juin 1933 ; aucun responsable officiel ne s'est déplacé, à la déception des administrateurs. En février 1937, l'achat d'un immeuble, dans la rue Rochechouart voisine, fournit des locaux supplémentaires ; toutefois, cette opération suscite les critiques de l'inspecteur général des Finances devant ces « dépenses somptuaires », engagées avec la permission du ministère du Travail mais sans l'aval de la Caisse générale de garantie.

Personnel et locaux posent la question des frais de gestion. Ils augmentent avec la croissance du système, en particulier dans ses dernières années : fixés d'abord à 3,5 %, ils sont relevés à 6 % en 1936 et 11,5 % en 1944 ; la forte inflation de l'époque augmente ces sommes dans d'importantes proportions. Les insuffisances gestionnaires s'ajoutent au décalage entre le nombre des immatriculés et celui des cotisants réguliers ainsi qu'au non-paiement des cotisations par les employeurs ; toutes ces raisons se conjuguent pour expliquer certaines difficultés financières des caisses. Mais surtout leur nombre et leur organisation fort complexe contribuent d'abord à décourager les tentatives d'une utilisation rationnelle de leurs ressources. De façon générale, cette variété des Caisses ne cessera de grever le système durant toute son existence.

Le personnel au travail

L'ampleur du dispositif, appelé à couvrir une partie importante de la population, constitue une des grandes nouveautés de la réforme. Toutefois, les moyens humains et financiers fournis initialement par l'État vont s'avérer insuffisants : aussi faut-il faire appel à ces acteurs sociaux que sont mutualistes, patrons et syndicalistes.

Un certain nombre de hauts fonctionnaires s'impliquent activement dans la mise en route des Assurances sociales placées, selon la loi de 1930, sous l'autorité du préfet et du ministère du Travail. Aussi, les préfets ont d'abord un rôle important dans leur circonscription : ayant la responsabilité des services départementaux chargés de mettre en œuvre la réforme, certains la popularisent et contribuent à son succès. Relais efficaces des pouvoirs publics, ils mènent une propagande active en faveur du système et en deviennent les acteurs, aux côtés des mutualistes et des syndicalistes. Cet engagement varie d'un département à l'autre en fonction de la personnalité du personnel préfectoral.

Marcel Bernard est l'un des meilleurs défenseurs de la réforme. Préfet depuis 1920, il arrive dans la Somme en mai 1930 et organise son action dans deux directions : popularisation de la loi et défense de cette dernière face à ses opposants. Il vante les mérites de la réforme lors d'un cycle de conférences dans les principales villes du département où il est généralement accompagné du sous-préfet et du directeur des Assurances sociales. Salles des fêtes ou hôtels de ville sont réquisitionnés pour l'accueillir et sa venue est largement annoncée. La presse relate abondamment l'événement qui rassemble les principales notabilités : députés, maires, conseillers municipaux, conseillers d'arrondissement et généraux. Marcel Bernard s'y révèle un bon vulgarisateur de cette loi et n'esquive pas les questions délicates, telles que la très grande dispersion des caisses et le travail compliqué qu'elles doivent effectuer. Parallèlement à ce travail de terrain, Marcel Bernard reçoit en février 1931 à Amiens le ministre du Travail, Adolphe Landry, désireux de se rendre compte *de visu* du fonctionnement général des services des Assurances sociales.

Les hauts fonctionnaires protagonistes de la réforme doivent également composer avec l'opposition des milieux ouvriers et agricoles. Notion nouvelle, la cotisation obligatoire est souvent ressentie au sein du monde du travail comme une ponction sur le salaire immédiat dont les avantages lointains et aléatoires (maladie et retraite) ne sont nullement prouvés. La notion de retraite reste encore très confuse pour la majorité des nouveaux assurés. Hostile à la loi comme à toute politique réformiste, la CGTU joue sur cette méfiance ouvrière spontanée en dénonçant le principe de la cotisation ouvrière obligatoire et en demandant une cotisation intégralement versée par l'employeur. Cette dénonciation qui rencontre un relatif écho en milieu ouvrier en 1930-1931 suscite un certain nombre de grèves, en particulier dans le Nord, la Seine, le Lot-et-Garonne, le Rhône, le Haut-Rhin et la Somme.

En juin 1933, Marcel Bernard doit à nouveau intervenir sur un dossier qui, touchant cette fois-ci le monde rural, défraie la chronique sous le nom de « vente Salvaudon ». Exploitant agricole de la Somme, Valentin Salvaudon refuse de payer les cotisations d'assurances sociales de son personnel, ce qui suscite la vente forcée de ses biens par l'État. D'incident local, l'affaire devient nationale et donne lieu à une forte agitation paysanne menée par Henry Dorgères. À partir de l'été 1933, une campagne demandant la révision de la loi secoue le pays. Chef d'une nouvelle jacquerie, Salvaudon devient une vedette de la lutte contre la « loi folle » et Marcel Bernard le champion du gouvernement. En novembre 1933, il est nommé directeur général de la Caisse de garantie des Assurances sociales puis, en décembre 1935, directeur général des Assurances sociales. À partir de 1937, il devient directeur général du Travail et de la Main-d'œuvre, au ministère du Travail. Son successeur, Alexandre Parodi, sera un des artisans de la Sécurité sociale.

En octobre 1935, un décret-loi remplace, on l'a vu, les services départementaux par 15 services régionaux, placés sous l'autorité directe du ministère du Travail. Dès lors, les préfets s'y investissent moins mais d'autres hauts fonctionnaires continuent d'y jouer un rôle. Successeur de Marcel Bernard à la direction du ministère du Travail, Jacques-Ferdinand Dreyfus est un actuaire qui a été associé à la mise en œuvre des ROP : il a été un des rares militants de la SFIO qui, avec Albert Thomas et Ernest Poisson, secrétaire de la Fédération nationale des coopératives de consommation (FNCC)[15],

15. P. Toucas, sous la direction de M. Dreyfus, *Les coopérateurs. Deux siècles de pratiques coopératives*, Paris, Éd. de l'Atelier, 2005.

mobilisés en leur faveur. À la fin de 1918, il a été chargé d'organiser l'Office général des Assurances sociales à Strasbourg puis a participé à l'élaboration de la loi. Avec Paul Jourdain et Georges Cahen-Salvador, il a été de ceux qui ont participé à « l'effet Alsace-Lorraine » si important dans sa genèse[16]. Directeur de cabinet de Jean-Baptiste Lebas, ministre du Travail du gouvernement Léon Blum puis directeur général des Assurances sociales, Jacques-Ferdinand Dreyfus incarne la continuité entre les ROP et les Assurances sociales. D'autres responsables plus jeunes assureront le lien entre ces dernières et la Sécurité sociale, notamment Pierre Laroque au Conseil d'État, l'actuaire Francis Netter et Clément Michel.

Assurés et cotisants

Lors de leur mise en place, les Assurances sociales présentent des situations fort différentes aux quatre coins du pays : d'une région et d'un département à l'autre, le nombre des assurés et leur progression varient en fonction du poids des différentes catégories socioprofessionnelles, de leurs organisations représentatives, du paysage social dans lequel s'insère la nouvelle législation et de l'engagement différencié des acteurs sociaux en sa faveur. Toutefois, tous les départements sont concernés, qu'ils soient à forte activité agricole ou davantage industrialisés et urbanisés. Le nombre d'assurés ne dépend pas seulement de l'activité principale du département : on constate une infinité de situations locales. Il est toutefois possible de dégager quelques grandes tendances. Après l'impulsion initiale des années 1930-1931, un tassement se produit de 1932 à 1934, suivi d'un nouvel élan à partir de l'année suivante. Vers la fin de la décennie, la progression du nombre d'assurés s'accélère et cette tendance se renforce encore à partir de 1941-1942. Fin 1945, sur un total de 15 528 000 immatriculés relevant du régime général, la répartition organisée depuis 1935 en 15 régions se présente ainsi pour tout le territoire[17] :

Paris	4 309 000
Lille	1 819 000
Lyon	1 568 000
Marseille	1 093 000
Nancy	939 000
Rouen	703 000
Dijon	700 000
Nantes	690 000
Bordeaux	666 000
Rennes	601 000
Toulouse	560 000
Limoges	559 000
Montpellier	487 000
Clermont-Ferrand	416 000
Orléans	411 000

16. D. Renard, *Initiative des politiques et contrôle des dispositifs décentralisés. La protection sociale et l'État sous la IIIe République (1885-1935)*, rapport de recherche, convention GAPP-MiRe n° 13/96, février 2000, p. 240.

17. Rapport Croizat *sur l'application de la législation des assurances sociales*, p. 5.

À elles seules, les aires régionales de Paris, Lille, Lyon et Marseille couvrent la moitié des assurés. Les Assurances sociales s'adressent d'abord au monde du travail qui vit de plus en plus dans les villes ; de façon logique, les régions les plus industrialisées et les plus urbanisées tendent à l'emporter. Les Assurances sociales reflètent la poursuite de la salarisation du pays, tout en s'élargissant peu à peu à de nouvelles catégories.

Deux données relativisent cette progression : beaucoup d'assurés s'acquittent fort mal ou pas du tout de leurs cotisations, et un grand nombre d'employeurs rechignent à remplir leurs obligations. Entre 1932 et 1947, six *Rapports sur l'application de la loi du 30 avril 1930 sur les Assurances sociales*, présentés par le ministère du Travail à la présidence de la République, permettent de suivre la marche de la réforme [18]. Tous insistent sur l'écart important existant entre le nombre d'immatriculés et de ceux qui cotisent effectivement ; il va pourtant de soi qu'il faut cotiser pour pouvoir bénéficier des prestations. Ce problème, méconnu mais essentiel, pose la question fondamentale de la validité de la réforme sur le terrain. Les chiffres fournis par le ministère du Travail, souvent imprécis, voire contradictoires, montrent combien l'administration éprouve de difficultés à mesurer la situation.

De l'aveu même du ministère, les statistiques d'immatriculation des deux premières années restent « purement théoriques » pour plusieurs raisons. Tout d'abord, il n'existe pas alors de définition précise de la qualité de salarié : rien donc de solide ne pourra être établi tant que la définition du salarié ne sera pas légalement et juridiquement établie. Ensuite, la mobilité de la main-d'œuvre rend les vérifications particulièrement difficiles. De très nombreux salariés font l'objet de plusieurs déclarations d'employeurs successifs, entraînant des immatriculations multiples dans des départements différents, voire dans le même. La négligence des employeurs, qui oublient trop souvent d'avertir les services des changements survenus, fausse les chiffres. Enfin, le manque de personnel et de moyens de contrôle empêche une tenue à jour satisfaisante des mouvements des assurés [19].

En dépit de ces incertitudes, le rapport des chiffres entre immatriculés et cotisants laisse apparaître de grandes différences sur toute la période. Fin 1933, sur un total de 9 670 000 immatriculés, 6 400 000 assurés seulement auraient effectué « au moins un versement par an ». À ces 6 400 000 personnes s'ajoutent les cotisants agricoles qui seraient de 675 000 : on aboutirait ainsi à un chiffre proche de 80 %. L'administration cherche à expliquer les raisons de ce décalage. 34 rapports évoquent la crise économique qui, entraînant fermetures d'usines, licenciements et chômage, provoque une réduction du nombre de cotisants. Dix-neuf rapports insistent sur l'insuffisance des moyens de contrôle ; seize rapports signalent de nombreux

18. Ces rapports, publiés au *Journal officiel*, ont été présentés par Eugène Frot (1er juillet 1930-31 décembre 1932), Paul Jacquier (1er janvier 1932-31 décembre 1933, *JO* du 12 mars 1935), Ludovic-Oscar Frossard (1er janvier 1933-31 décembre 1934, *JO* du 1er mars 1936), Jean-Baptiste Lebas (1er janvier 1934-31 décembre 1935, *JO* du 18 avril 1937), Paul Ramadier et Charles Pomaret (1er janvier 1935-31 décembre 1936, *JO* du 2 décembre 1938), et Ambroise Croizat (1er janvier 1943-31 décembre 1945, *JO* du 24 juin 1947). Ils ne fournissent plus de statistiques département par département après décembre 1935.

19. Rapport Jacquier, p. 4.

retards dans l'envoi des documents, dus à l'indifférence des employeurs et à la négligence des uns et des autres pour se procurer les timbres indispensables aux procédures administratives. Plusieurs rapports évoquent l'ignorance des étrangers qui omettent de renvoyer leurs cartes et feuillets, avant de rentrer dans leurs pays d'origine. Huit rapports s'interrogent sur les effets de la mobilité de la main-d'œuvre saisonnière ou intermittente ; six rapports signalent les difficultés qu'apporte à la loi la jurisprudence relative à la définition du salarié. Enfin, le service départemental de Corse signale non sans humour – est-il volontaire ? – que « les chiffres qu'il a fournis sont inférieurs à la réalité par suite du non renvoi des documents détruits par des assurés qui en détachent les timbres pour les revendre[20] ».

Fin 1934, si le nombre d'immatriculés augmente légèrement – 9 855 000 –, celui des cotisants reste stable : 6 400 000 pour les non agricoles, 675 000 pour les agricoles. Il y a donc stagnation voire recul. L'administration continue d'expliquer le phénomène par la crise économique ainsi que par l'incertitude de la loi sur la définition du salarié, qui laisse en suspens la question pour environ 1 million de travailleurs occasionnels ou à domicile[21]. Si, un an plus tard, le nombre d'immatriculés continue de progresser – 10 099 000 personnes –, celui des cotisants reste pratiquement le même : 6 400 000 non-agricoles 700 000 cotisants agricoles. La rentrée des cotisations se dégrade. Le *Rapport* officiel explique à nouveau cette tendance par la crise économique et le chômage[22]. Le recul se poursuit puisque fin 1936, alors que l'on compte 10 456 000 immatriculés, le nombre de cotisants réguliers n'est plus que de 5 850 000 pour les non-agricoles et de 575 000 pour les professions agricoles. Pourtant, toujours selon le ministère, ces 5 840 000 représenteraient « en comparaison avec l'année 1935 une augmentation de l'ordre de 350 000 environ[23] ». À travers ces évaluations, on mesure le flou dans lequel travaille l'administration. En tenant compte de ces derniers chiffres – 5 840 000 personnes + 575 000, soit 63 415 000 – le rapport entre immatriculés et cotisants s'établirait entre 55 et 60 %. Cette proportion est assez proche de celle produite en 1945, après neuf années de silence des statistiques. Le total – 15 682 000 immatriculés – « ne correspond pas au nombre réel d'assurés. Le nombre des immatriculations se trouve être de beaucoup supérieur au nombre des assurés cotisants. Comparé à l'effectif de ces derniers obtenu approximativement à partir des documents de cotisations, il ressort sensiblement au double[24] ».

L'histoire des Assurances sociales doit tenir compte de cette négligence des assurés à s'acquitter de leurs cotisations : faut-il y voir une forme de refus ou d'incompréhension devant cette pratique nouvelle ? Par ailleurs, du propre aveu de l'administration, il faut tenir compte la fragilité des statistiques. Cette question de la rentrée des cotisations est relevée par la suite à plusieurs reprises. Sous Vichy, la couverture de nouveaux risques et la menace de leur déficit due à l'instaura-

20. Rapport Jacquier, p. 28.
21. Rapport Frossard, p. 1, 5 et 31.
22. Rapport Lebas, notamment p. 1 et 25.
23. Rapport Ramadier et Pomaret, p. 1 et 19.
24. Rapport Croizat, p. 2.

tion de l'Allocation aux vieux travailleurs salariés ravivent le problème. De façon générale, la mauvaise rentrée des cotisations se pose durant ces quinze ans. D'une caisse à l'autre, le taux de non cotisants, comparé à celui des immatriculés, se situe entre 40 et 60 %, le plus souvent près de 50 %. Ces fluctuations numériques montrent la complexité du fonctionnement des assurances sociales, en raison de la nouveauté des pratiques et des comportements qu'elles engendrent ou qu'elles doivent surmonter.

Le système ne peut fonctionner sans cotisations régulières. Or, dès ses débuts, de nombreux employeurs ayant procédé au précompte s'acquittent peu ou pas du tout de leurs obligations, ce qui provoque un manque à gagner pour les caisses. Cette question, qui reste cruciale durant quinze ans, affecte plus encore l'équilibre financier des Assurances sociales que la crise économique. Les enjeux financiers de la loi rendent indispensable son contrôle. Confié à des fonctionnaires relevant du ministère du Travail, il comprend deux catégories d'agents. Les contrôleurs généraux et contrôleurs adjoints, résidant à Paris, constituent le « contrôle central » ; dans les départements, des inspecteurs, souvent issus des services des ROP, exercent un contrôle local[25]. Les résultats obtenus par les inspecteurs pour les premières années montrent la gravité du problème. Fin 1933, les cotisations ainsi récupérées représentent 2,5 % du montant des cotisations encaissées. La comparaison des statistiques montre que « si les inspecteurs ont provoqué moins d'immatriculations en 1933 qu'en 1932, les infractions constatées sont plus graves en 1933 ». À la fin de 1934, les services départementaux ont recensé 1 291 000 employeurs non agricoles et 279 000 employeurs agricoles, soit « en moyenne 10 000 employeurs » par inspecteur. Un an plus tard, les inspecteurs font rentrer une moyenne de 15 à 20 millions de francs de cotisations par trimestre[26].

Au plan national, on obtient les chiffres suivants :

Désignation	1932 et janvier 1933	Février/ décembre 1933	1934	1935
Employeurs en situation régulière	83 670	69 717	65 075	63 503
Employeurs ayant régularisé leur situation sur injonction verbale	43 502	28 584	24 355	18 642
Nombre d'assujettis ayant cotisé, mais sans cotisation patronale	79 195	92 000	102 000	89 000
Montant total des versements récupérés	75 628 000	78 332 000	66 104 000	58 586 000[27]

La diminution apparente du nombre d'employeurs en situation régulière est trompeuse car leur nombre, comme celui des assurés, va en augmentant. De plus,

25. La description de ce corps est faite dans l'*Annuaire du ministère du Travail et de la Prévoyance sociale*, 1933, p. 136-148.
26. Rapport Lebas, p. 94.
27. *Ibid.*, p. 95

l'administration, de son propre aveu, ne dispose pas suffisamment d'inspecteurs. Plus significatif encore, le nombre d'assujettis ayant cotisé, mais ne bénéficiant pas de cotisation patronale, tend à se réduire en valeur absolue puisque de 1932 à 1935, il n'augmente que de 10000 personnes alors que le nombre global d'immatriculés et d'assurés progresse sensiblement. De fait, les employeurs, s'habituant peu à peu à la loi, s'acquittent mieux – ou moins mal – de leurs obligations. Cette hypothèse optimiste traduit évolution générale lente mais réelle. Toutefois, le recouvrement au jour le jour des cotisations des employeurs reste une source de soucis constants. Les services départementaux ont à surmonter de nombreux dysfonctionnements pour obtenir le recouvrement normal des cotisations. Ces dysfonctionnements s'expliquent d'abord par les mauvaises conditions de travail des inspecteurs. Trop peu nombreux, mal formés, débordés par de multiples tâches annexes – comptabilité, rapports, contrôle des caisses –, ils n'ont pas les moyens de transport nécessaires pour couvrir une région d'habitat dispersé, auprès des petits employeurs et des agriculteurs disséminés dans la campagne. Ils travaillent avec des moyens rudimentaires et, au début au moins, ne disposent même pas, pour la plupart, d'un répertoire complet des employeurs de leur département. Les inspecteurs se trouvent dans une situation analogue à celle des inspecteurs du travail, au tournant du siècle[28]. La nouveauté de leur mission, leur trop petit nombre et l'insuffisance des moyens mis à leur disposition ne leur permettent pas de répondre correctement aux objectifs qui leur sont assignés.

En dépit de ces décalages parfois sensibles entre l'esprit de la loi et sa mise en œuvre sur ce terrain, les Assurances sociales ont bel et bien fonctionné. Accueillies avec une relative indifférente par l'opinion, elles n'en ont pas moins contribué à changer les mentalités en profondeur, en particulier en ce qui concerne le principe de la double cotisation ouvrière et patronale. Sans éclats, cette réforme a fait progresser la notion d'une solidarité nationale, différente de celle qui régissait jusqu'alors un certain nombre de groupes sociaux et de secteurs professionnels. Enfin, elle a puissamment contribué à l'institutionnalisation de la gestion du social. Sa contribution à l'histoire de la protection sociale est donc essentielle, tout comme l'a été le ministère du Travail qui a joué un rôle de premier plan dans sa mise en œuvre.

---

28. V. Viet, *Les voltigeurs de la République. L'Inspection du travail en France jusqu'en 1914*, Paris, CNRS Éditions, 1994; J.-L. Robert (dir.), *Inspecteurs et Inspection du travail sous la IIIe et la IVe République*, Paris, ministère de l'Emploi, La Documentation française, 1998.

Pour une histoire relationnelle du ministère du Travail en France, en Italie et au Royaume-Uni dans l'entre-deux-guerres : le transnational, le bilatéral et l'interministériel en matière de politique migratoire

Caroline DOUKI, David FELDMAN et Paul-André ROSENTAL

Cette communication porte sur les liens entre ministère du Travail et migrations en France, en Italie et au Royaume-Uni dans l'entre-deux-guerres. Sa vocation est à la fois comparative et « croisée ». Il s'agit non seulement de confronter des configurations administratives nationales mais d'examiner des interactions entre pays : circulation de modèles d'organisation bien sûr, mais aussi traitement de dossiers bilatéraux (entre la France et l'Italie notamment, entre lesquelles circulent des flux de mobilité intenses) et intégration dans un cadre transnational.

Si nous avons choisi le biais de la migration pour appréhender le rôle et l'histoire du ministère du Travail, c'est qu'elle pose, par nature, la question de son insertion dans un cadre international. Au-delà de l'évidence (le franchissement des frontières), la migration soulève la question des rapports juridiques entre les États : droit de la citoyenneté bien sûr, mais aussi conventions bilatérales ou transnationales définissant le statut des travailleurs étrangers dans le pays d'accueil. Celles-ci sont en plein développement à partir de 1904, date de signature d'un important traité franco-italien. Pour s'en tenir aux seuls échanges entre la France et l'Italie, une série d'accords sont passés entre les deux pays avant les années 1920[1].

1. Soit, respectivement, la convention « cadre » italo-française (15 avril 1904) ; l'accord relatif à la réglementation des transferts des dépôts entre les caisses d'épargne françaises et les caisses postales d'épargne italiennes (20 janvier 1906) ; les accords sur les indemnités en cas d'accidents du travail (9 juin 1906) ; la convention italo-française pour la protection des jeunes migrants (15 juin 1910). Peu après cette dernière, qui réglemente l'emploi des migrants italiens non majeurs, un accord clarifiant les modalités de versement de cotisations des travailleurs italiens résidents en France à la *Cassa Nazionale di Previdenza italiana* et celles des Français résidents en Italie aux Caisses des pensions françaises est conclu le 9 août 1910. Durant la Première Guerre mondiale, le ministère de l'Armement français négocie, avec le Commissariat général à l'émigration italien (CGE), l'envoi de travailleurs italiens pour les besoins de l'économie de guerre française (10 mai 1916). Enfin, l'après-guerre s'ouvre sur un traité de travail franco-italien le 30 septembre 1919.

Cette extension progressive ne peut se comprendre comme le fruit du face-à-face entre les deux nations. Elle doit être entendue dans un cadre plus vaste, celui de la construction, par un réseau international de réformateurs sociaux et d'associations internationales qui se met en place dans les années 1890, d'un droit international de la migration régi par des conventions internationales[2].

Pour reprendre une dichotomie explicitement construite comme telle à l'époque, il s'agit d'abord, pour les élites concernées, hauts fonctionnaires (Arthur Fontaine), hommes politiques (l'Italien Luigi Luzzati, l'Allemand Hermann von Berlepsch), juristes et autres universitaires (le Français William Oualid, les Belges Ernest Mahaim et Louis Varlez), de réguler la compétition qui s'exerce entre « pays d'immigration », demandeurs de main-d'œuvre, tout en minimisant la tension qui les oppose globalement aux « pays d'émigration », soucieux de la protection de leurs émigrants… et de la préservation du lien national avec leur nation d'origine, pour des raisons politiques bien sûr mais aussi économiques (envois d'argent par les émigrés à leur famille, ou « remises »). Pour ce milieu de réformateurs de haut rang, cette régulation est la condition nécessaire à la prospérité nationale et internationale, mais aussi à la paix.

De manière contre-intuitive, elle est le fruit d'un principe libéral. Alors que de nos jours l'internationalisation des échanges est censée justifier le démantèlement de la protection sociale, c'est au nom de ce que la politiste Suzanne Berger a qualifié de « première mondialisation[3] » que doit être mis en place l'État providence, sans quoi les entrepreneurs des pays les plus avancés socialement souffriront d'une concurrence déloyale. La « nébuleuse réformatrice » internationale vise à créer un cercle vertueux : que chaque innovation sociale dans un pays donné se répercute le plus rapidement possible dans les autres, de manière à ce que la protection sociale se construise de manière interactive. Octroyer des droits sociaux aux migrants est une façon de répondre à la fois aux sollicitations des syndicats, qui veulent éviter que les travailleurs étrangers ne « cassent » le marché de l'emploi, et à celles des employeurs, contraints parfois à la surenchère sociale pour attirer la main-d'œuvre, et notamment la main-d'œuvre immigrée.

Mais cette relation stratégique va plus loin encore. À compter du traité franco-italien de 1904, elle instaure une relation directe entre circulation migratoire et diffusion de l'État providence. L'accord est à l'époque d'intérêt stratégique pour la France : se profile pour elle la possibilité de capter durablement une main-d'œuvre abondante. Mais la difficulté rencontrée par Arthur Fontaine, haut fonctionnaire en France de la toute jeune direction du Travail du ministère du Commerce, et Luigi Luzzati, président en Italie du Conseil d'émigration, est l'asymétrie des flux migratoires de travailleurs entre les deux pays (230 000 Italiens en France contre 10 000 ouvriers français en Italie, estime-t-on à l'époque). Quels avantages l'Italie peut-elle dès lors concéder en échange de la protection (accidents du travail,

2. P.-A. Rosental, « Géopolitique et État providence : le Bureau international du travail et la politique mondiale des migrations dans l'entre-deux-guerres », *Annales. Histoire, sciences sociales*, 61, 1, 2006, p. 99-134.
3. S. Berger, *Notre première mondialisation : leçons d'un échec oublié*, Paris, Seuil, 2003.

retraites) que la France garantirait à ses ressortissants ? Offrir la réciprocité serait une clause formelle. Promettre des avantages commerciaux aux industriels français serait une solution incertaine et « mal vue par les ouvriers ». La réponse finalement choisie est révolutionnaire : renforcer la protection des ouvriers en Italie, afin de remettre à niveau les conditions de concurrence entre les deux pays.

Si cet engagement bilatéral ne fixait pas de dispositions précises, le milieu réformateur italien, toujours conduit par Luzzati, en tire parti, chaque fois qu'il est possible, pour essayer de briser la résistance des milieux conservateurs et industriels. Après plusieurs tentatives infructueuses, il s'appuie sur ce levier pour remettre la question de l'inspection du travail à l'ordre du jour, et obtient l'affectation financière à une section spéciale de l'Office du travail chargée d'organiser quatre cercles d'inspection. C'est chose faite dès décembre 1906 autour de Turin, Milan, Brescia, Bologne, avec un personnel qualifié, qui s'intéresse immédiatement à la description des conditions de travail dans l'industrie textile de ces villes [4]. C'est ainsi sur une dynamique issue directement de la convention franco-italienne de 1904 qu'est lancée la première base de formation et d'activité, certes encore fragile et limitée, d'une véritable inspection du travail en Italie.

Dans le même temps, du côté français, le traité ouvre la perspective de garantir les industries nationales contre la concurrence des industries italiennes, notamment textiles, dotées d'une main-d'œuvre peu coûteuse sous l'effet d'une législation sociale et de conditions salariales en deçà de celles en vigueur en France. Mais plus généralement, l'accord reconnaît ainsi que la migration, bien qu'elle ne concerne qu'une partie marginale de la main-d'œuvre, affecte les fondements de l'État providence. Par son intermédiaire, « l'amélioration du sort des ouvriers en France est liée au sort des ouvriers en Italie [5] ». L'accord de 1904 va devenir une matrice des projets d'organisation sociale et migratoire internationale. Il ne fait pas de doute que sa genèse doive être mise à l'actif de ce que l'on pourrait qualifier « d'internationale réformatrice », et dont Fontaine comme Luzzati sont deux pivots. Cette « nébuleuse » (pour transposer à l'échelle transnationale l'expression forgée par Christian Topalov [6]) joue de trois avantages comparatifs décisifs pour diffuser internationalement les formes de protection sociale : elle est organisée en réseau transnational structuré ; elle possède le monopole cognitif de la comparaison des législations nationales et de la circula-

4. J.-Y. Frétigné, « L'Office du travail et le Conseil supérieur du travail italiens de leur naissance à la Grande Guerre », *MEFRIM*, 114, 2002, p. 781-808, p. 805.

5. A. Fontaine, *Commentaire de la convention du 15 avril 1904*, Archives de l'AIPLT, Genève, 156 (51*bis*). Sur les rapports diplomatiques franco-italiens durant la période, voir P. Milza, *Français et Italiens à la fin du XIXe siècle. Aux origines du rapprochement franco-italien de 1900-1902*, Rome, École française de Rome, 1981. Sur Fontaine et son environnement, cf. H.-C. Oersted *et alii*, « Paroles prononcées aux obsèques de M. Arthur Fontaine, à Paris, le 5 septembre 1931 », *Annales des Mines*, 20, n° 9, 1931, p. 231-253 ; E. Raguin, « Arthur Fontaine (nécrologie) », *Annales des Mines*, n° 1, 1932, *http://www.annales.org/archives/x/afo.html* ; J. Luciani (dir.), *Histoire de l'Office du travail (1890-1914)*, Paris, Syros, 1992 ; M. Cointepas, *Arthur Fontaine haut fonctionnaire de la Troisième République*, thèse d'histoire sous la dir. de C. Charle, université Paris I, 2005 ; I. Moret-Lespinet, « Arthur Fontaine, grand commis de la nation et ambassadeur du travail », *Histoire et sociétés. Revue européenne d'histoire sociale*, 6, 2003, p. 111-120.

6. C. Topalov, « Le champ réformateur, 1880-1914 : un modèle », C. Topalov (dir.), *Laboratoires du nouveau siècle. La nébuleuse réformatrice et ses réseaux en France, 1880-1914*, Paris, Éd. de l'EHESS, 1999, p. 461-474.

tion des modèles, en liaison avec des sciences sociales en plein développement, et elle peut s'appuyer sur les forces animant la société civile, associations de protection des migrants et syndicats qui, simultanément, mobilisent dans leurs luttes et leurs argumentaires la référence aux exemples étrangers plus « avancés[7] ».

On est ici dans un processus cumulatif, dans lequel une partie des conquêtes législatives se traduisent par la création d'institutions, créations qui à leur tour offrent aux réformateurs des positions administratives de plus en plus influentes. La fondation des ministères du Travail (en 1906 en France, en 1920 en Italie[8]) trouve l'une de ses racines dans cette dynamique internationale, dont on a rappelé le rôle dans l'institution de l'inspection du travail en Italie.

Favorisée par l'interventionnisme étatique durant la Première Guerre mondiale, cette mécanique vertueuse monte en régime au lendemain du conflit, avec la création du Bureau international du travail (BIT). La continuité avec les processus que nous venons de décrire est d'autant plus marquée qu'Arthur Fontaine est nommé en 1919 secrétaire général de la commission chargée d'élaborer la Partie XIII du Traité de Paix, relative à la législation internationale du travail, qui décide de la création de l'Organisation internationale du travail et du BIT : le directeur français du Travail devient le premier président de son conseil d'administration.

La création du BIT doit être comprise comme une conquête de la nébuleuse réformatrice internationale, dont l'actualité du programme est avivée par la crainte d'une expansion communiste. Elle contribue à donner son unité à notre période d'étude : jusqu'alors, la convocation de conférences internationales destinées à l'établissement de conventions internationales (après l'échec de la Conférence de Berlin en 1890, la première à être couronnée de succès s'est tenue en 1905 à Berne) était toujours rendue incertaine par les caprices des États. Avec l'institution du BIT lui succède un forum transnational permanent, dédié statutairement à cette fonction. Désormais, l'action des ministères du Travail doit juridiquement et politiquement être étudiée à trois niveaux d'échelles différents : national, bilatéral (à cause de l'importance maintenue des contrats d'État à État) et transnational.

Le rôle des ministères du Travail : une approche relationnelle

Après avoir évoqué l'importance des dimensions transnationale et bilatérale dans l'analyse de l'action des ministères du Travail, c'est la question de l'interministériel qu'il faut maintenant soulever. Quoiqu'omniprésente sans doute dans toute action publique, elle demeure à maints égards un objet historiographique à construire. Si beaucoup de recherches menées sur l'administration la rencontrent et la soulèvent, la plupart l'abordent comme une dimension supplémentaire, à partir d'un point focal qui reste, souvent, le ministère ou le service ministériel. Tout en partant des

7. F. DANA, « Where Is the History of U.S. Labor and International Solidarity ? Part I : A Moveable Feast », *Labor : Studies in Working-Class History of the Americas*, 1, 2004, p. 95-119.
8. En juin 1916 avait été créé un ministère de l'Industrie, du Commerce et du Travail, doté d'une direction du Travail et de la Prévoyance sociale où vient s'insérer la division de l'*Ufficio del Lavoro*. Lui succède, en juin 1920, un ministère du Travail et de la Prévoyance sociale.

ministères du Travail de nos trois pays d'étude, nous voudrions au contraire faire de l'interministériel notre échelle centrale d'analyse. L'objet spécifique qui est le nôtre, la migration, explique ce choix de méthode et de problématique.

Succédant au désert historiographique évoqué il y a vingt ans par Gérard Noiriel dans son *Creuset français*, la montée en puissance des études sur les politiques migratoires tend de nos jours à insister sur la « tyrannie du national » qui se serait progressivement imposée aux migrations à compter de la fin du XIXe siècle[9]. Nous n'avons pas à discuter ici des limites d'une lecture qui, si elle résonne avec la charge idéologique contemporaine des politiques migratoires, oublie l'importance, au XIXe siècle, des migrations encadrées[10] et des formes de contrôle voire de prohibition des migrations intérieures, et fait l'impasse sur les formes d'imposition de la souveraineté nationale sur les migrants à l'époque moderne[11]. Parmi les réserves que doit susciter cette vision, celle que nous voudrions considérer à ce stade est plutôt qu'elle renvoie à l'image d'un État cohérent, volontariste et structurellement répressif, image dont la sociologie et l'histoire sociale ont commencé à suggérer les limites. Peut-on dire, dans la première moitié du XXe siècle, que les États français, italien et britannique, ciblent un objectif en matière migratoire ou, plus familièrement dit, qu'ils « veulent » quelque chose ?

La réponse à cette question est nuancée, pour peu que l'on considère que l'analyse d'une politique publique ne se réduit ni à l'interprétation d'une série de mesures législatives et réglementaires ni – encore moins – d'un corpus de discours, mais qu'elle requiert au préalable de reconstituer la structure institutionnelle et les rapports de force qu'elle produit. La caractéristique commune aux trois États examinés dans notre recherche est que malgré l'importance politique et économique du problème migratoire durant la première moitié du XXe siècle dans chacun d'entre eux, aucun ne parle d'une seule voix ni n'agit de manière univoque, car aucun ne juge utile (ou possible) de se doter d'une structure administrative unique en matière de gestion de l'immigration étrangère.

Cette configuration complexe se crée durant la Grande Guerre, ou plus exactement dans la façon dont nos trois pays d'étude décident, après l'armistice, de faire usage des institutions créées ou remaniées durant le conflit. Qu'il s'agisse de les rationaliser (Royaume-Uni), d'en étendre le pouvoir (Italie) ou au contraire de le circonscrire en confiant une grande part de la gestion des migrations de travail au secteur privé et associatif (France), le point commun aux trois pays considérés est de proposer une solution fondée sur l'interministériel, c'est-à-dire, dit négative-

9. En référence au livre du même G. NOIRIEL, *La tyrannie du national. Le droit d'asile en Europe (1793-1993)*, Paris, Calmann-Lévy, 1991, qui concerne plus spécifiquement le droit d'asile.

10. Pour des synthèses, voir D. NORTHRUP, *Indentured Labor in the Age of Imperialism, 1834-1922*, Cambridge, Cambridge University Press, 1995 ; T. BRASS et M. VAN DER LINDEN (dir.), *Free and Unfree Labour : The Debate Continues*, Berne, Peter Lang, 1997.

11. C. MOATTI (dir.), *La mobilité des personnes en Méditerranée de l'Antiquité à l'époque moderne : procédures de contrôle et documents d'identifications*, Rome, École française de Rome, 2004 ; J.-F. DUBOST et P. SAHLINS, *Et si on faisait payer les étrangers ? Louis XIV, les immigrés et quelques autres*, Paris, Flammarion, 1999 ; P. SAHLINS, *Unnaturally French : Foreign Citizens in the Old Regime and After*, Ithaca, Cornell U.P., 2004 ; M.-C. BLANC-CHALÉARD, C. DOUKI, N. DYONNET et V. MILLIOT (dir.), *Police et migrants en France, 1667-1939*, Rennes, Presses universitaires de Rennes, 2001.

ment, sur le refus de confier le pilotage de la politique migratoire à une institution autonome. On pourrait y voir la confirmation de la dimension exceptionnelle de la migration, dimension si profonde de la souveraineté nationale qu'elle affecterait toute l'action gouvernementale et ne pourrait être dévolue à un organisme unique. À cette lecture finaliste et essentialiste nous préférons une explication plus conforme à ce qu'est l'État avant d'être un principe abstrait de philosophie politique, à savoir un ensemble d'administrations édifié de manière pas forcément cohérente, et nécessairement conflictuelle. Les cas britannique, français et italien constituent alors des variations disparates autour d'un même thème : l'interministériel.

Trois solutions nationales

La France

Plutôt que de prétendre traiter exhaustivement, une question qui a fait l'objet d'une vaste littérature, c'est pour poser des jalons pour la réflexion comparative que nous allons examiner le cas français. L'entre-deux-guerres, on le sait, est hantée par le projet de création d'un Office national de l'immigration (ONI) [12], qui ne verra finalement le jour que dans le contexte de la Libération : auparavant, il est continûment écarté au profit de la commission interministérielle mise en place au lendemain de la guerre. Par comparaison avec les cas britannique et italien, on peut voir dans cet échec le refus de trancher entre les différents ministères, dans un régime où l'idée d'une « action gouvernementale » qui serait définie par la Présidence du Conseil est éminemment précaire [13]. On trouve maintes démonstrations de cet équilibre jaloux des forces ministérielles en présence. En 1926, dans la préface qu'il donne au livre de Marcel Paon, membre du Conseil national de la main-d'œuvre et du Conseil supérieur de l'agriculture, et surtout maître d'œuvre de la politique d'immigration du ministère de l'Agriculture, Albert Thomas compare la situation française à celle de l'Italie et de son Commissariat général de l'émigration : le directeur du BIT déplore, par contraste, l'absence d'une volonté gouvernementale que manifesterait l'existence d'une administration puissante et unique, qui serait rattachée au chef du gouvernement [14]. Lorsque, peu avant la Seconde Guerre mondiale, le Haut Comité de la population, nouvellement créé et rattaché à la Présidence du Conseil, esquisse la velléité de créer une Commission de l'immigration, il se voit de même rappelé à l'ordre par un ministère des Affaires étrangères soucieux de conserver sa domination sur la Commission interministérielle [15].

12. C'est le fil rouge du toujours actuel J.-C. BONNET, *Les pouvoirs publics français et l'immigration dans l'entre-deux-guerres*, thèse de 3e cycle, université Lyon II, Publications du Centre d'histoire économique et sociale de la région lyonnaise, Lyon, 1976 ; ainsi que de la floraison d'ouvrages à laquelle on assiste en France au milieu des années 1920.
13. N. ROUSSELLIER, « Gouvernement et Parlement dans l'entre-deux-guerres », M. O. BARUCH et V. DUCLERT (dir.), *Serviteurs de l'État. Une histoire politique de l'administration française, 1875-1945*, Paris, La Découverte, 2000, p. 109-126.
14. A. Thomas, préface à M. PAON, *L'immigration en France*, Paris, Payot, 1926.
15. P.-A. ROSENTAL, *L'intelligence démographique. Sciences et politiques des populations en France (1930-1960)*, Paris, Odile Jacob, 2003, chap. 1.

Cette impuissance à faire émerger une « voix » gouvernementale unifiée se double du refus, par économie, de construire une administration migratoire digne de ce nom mais jugée trop coûteuse. On peut parler d'un principe de subsidiarité dans la façon dont la France délègue le recrutement, l'immigration et le placement de la main-d'œuvre étrangère aux entreprises, voire aux associations d'originaires [16].

Les commissions bilatérales mises en œuvre dans les pays de recrutement « désirables » (Europe centrale et orientale notamment) sont fondées, du côté français, sur la mixité (pour ne pas dire la collusion) des intérêts publics et privés. Dans une note interne au BIT, le géographe Fernand Maurette, l'un des plus proches collaborateurs d'Albert Thomas, dénonce – malgré les dénégations du ministère du Travail – « le droit de s'ingérer dans les opérations de recrutement » conféré en pratique aux organisations patronales et à la Société générale d'immigration (SGI) [17] : les sociétés d'immigration « négocient avec des gouvernements étrangers en qualité de délégués français ». La dénonciation, qui serait valable pour tout l'entre-deux-guerres, renvoie à l'une des caractéristiques majeures de la période, à savoir l'existence d'une véritable industrie de la migration, assurée, selon les pays, soit par les compagnies maritimes, soit par des sociétés qui, comme en France (la SGI ou la Société internationale de migration), commercialisent de véritables flux migratoires « clés en main », du recrutement au pays d'origine au placement au pays d'arrivée. Alors que la France leur délègue des fonctions officielles, l'Italie et le Royaume-Uni s'efforcent plutôt de représenter leurs intérêts au sein du gouvernement par l'entremise de leurs ministères de la Marine respectifs.

Face à la puissance de ces entreprises de taille industrielle, qui au cours des années 1920 acheminent des centaines de milliers d'immigrants en France, l'infrastructure ministérielle paraît dérisoire. Dès les travaux de Jean-Charles Bonnet, on connaissait la faiblesse des moyens affectés à l'immigration par les diverses administrations et le Parlement : insuffisance des effectifs dévolus au service de la main-d'œuvre étrangère, rattaché depuis le 1er janvier 1918 au ministère du Travail, insuffisance des locaux dévolus aux services par le ministère du Travail ou le ministère des Affaires étrangères. Cette fragilité vaut pour tous les services. Dans une lettre humiliante datée du 10 mai 1927, Marcel Paon, l'homme de la politique d'immigration du ministère de l'Agriculture, en est réduit à passer par Albert Thomas pour solliciter, auprès de son ministre, la titularisation de ses subordonnés. Lui-même ne doit sa prochaine titularisation qu'à sa situation de mutilé de guerre. Celui qui coordonne la « fabrication » de flux entiers d'immigrants agricoles se laisse aller au découragement :

16. G. Noiriel, « Représentation nationale et catégories sociales. L'exemple des réfugiés politiques », *Genèses*, 26, 1997, p. 25-54. Voir aussi, sur le rôle des communes, F. de Barros, *L'État au prisme des municipalités. Une comparaison historique des catégorisations des étrangers en France (1919-1984)*, thèse pour le doctorat de science politique, sous la dir. de M. Offerlé, université Paris I, 2004.

17. Note de F. Maurette, Archives du BIT, Genève, CAT 6C-11, 9 mai 1930. Sur les compagnies d'immigration, voir aussi J. Ponty, *Les Polonais méconnus : histoire des travailleurs immigrés en France*, Paris, Publications de la Sorbonne, 1993, et A. Chatriot, « Henri de Peyerimhoff (1871-1953), le gentleman du charbon », O. Dard et G. Richard (dir.), *Les permanents patronaux : éléments pour une histoire de l'organisation patronale en France dans la première moitié du XXe siècle*, Metz, Centre de recherche histoire et civilisation de l'université Paul-Verlaine de Metz, 2005, p. 45-73.

> « Mal organisée, la barque est par trop lourde à diriger et je m'en désole parfois. J'ai fait face avec succès à bien des difficultés sans cesse renouvelées mais voilà dix ans que cela dure et ce fait explique que je fléchisse par moments. Personne ne s'intéressant à la question au ministère, la solution ne peut venir que de l'extérieur à la suite d'interventions d'amis car le sujet n'est pas de ceux qui attirent particulièrement les parlementaires [18]. »

Du côté du ministère du Travail, le rapport de Fernand Maurette de 1930, déjà évoqué, dénonce les conditions d'acheminement des migrants polonais dans des trains vétustes (des vieux compartiments à double portière, dénués de couloirs, plusieurs enfants ont fait des chutes mortelles) ainsi que les conditions misérables d'accueil dans des centres dits « d'hébergement » aux frontières. Maurette multiplie les notes au point de devoir préciser qu'il ne vise pas à « déclencher une attaque brusquée par vagues d'assaut successives contre le ministère du Travail et sa politique d'immigration ». De tous les documents confidentiels du BIT, la logique qui émerge est celle du verrouillage de la sélection, du recrutement et du placement des immigrants par un ministère du Travail faible, contraint, pour se garer de ses « rivaux » dans l'action gouvernementale (ministères de l'Agriculture mais surtout de l'Intérieur et des Affaires étrangères), de s'appuyer sur les compagnies privées. Jacques Legouis, autre fonctionnaire du BIT, suggère que cette alliance est renforcée par la connivence des « milieux syndicalistes et connexes qui s'imaginent que si les questions d'immigration étaient confiées à un autre ministère (tel que celui des Affaires étrangères, la Présidence du Conseil, etc.), elles seraient traitées dans un esprit moins favorable aux revendications ouvrières [19] ». Legouis ne fait ainsi que donner une lecture « politique » des dispositions relatives à l'introduction de la main-d'œuvre étrangère en France : celle-ci requiert une requête auprès du service de la main-d'œuvre étrangère, qui à son tour sollicite le service du placement afin de vérifier, auprès des bureaux de placement locaux, si l'état du marché du travail la justifie. Le ministère du Travail est en somme officiellement chargé d'arbitrer entre les besoins des employeurs et la préservation des intérêts de la main-d'œuvre nationale.

Émerge ainsi un schéma de lecture où les concurrences internes au secteur étatique sont structurantes au point de pousser ses diverses composantes à organiser leur action autour de l'alliance avec des partenaires privés. La prise en compte de la dimension diplomatique, que faute de place nous ne pouvons qu'évoquer, ne ferait que confirmer cette vision d'un État éclaté, organisé autour des luttes internes. Nous avons montré ailleurs comment les ministères français sont incapables de s'unir face à la tentative italienne, en 1923-1924, de mettre en place une organisation transnationale des migrations concurrente du BIT : le ministère des Affaires étrangères, notamment, essaye initialement d'instrumentaliser ce coup de force dans sa lutte contre le ministère du Travail [20].

18. Archives du BIT, CAT 7-541, lettre de M. Paon à A. Thomas.
19. J. Legouis, « Le ministère du Travail et l'immigration », note interne, Archives du BIT, Genève, CAT 6C-11, 7 mai 1930.
20. P.-A. Rosental, « Géopolitique et État providence… », art. cit.

De la priorité donnée au souci de se ménager une zone opaque, à l'abri du contrôle des autres administrations, découle, pour un ministère mal doté comme l'est le Travail, une gestion de l'immigration dominée par l'arbitraire. Nous sommes bien loin du modèle de l'État omnipotent : la « tyrannie du national » à l'égard des migrants apparaît plutôt ici comme le fait d'une action étatique pusillanime. Comme l'écrit Legouis dans sa note de 1930, « les introductions de main-d'œuvre sont réglées de façon purement arbitraire et souvent incohérente ; on ferme la porte un jour pour l'ouvrir le lendemain, on accorde à un patron ce qu'on refuse à un autre ». Mal rémunéré, privé de statut stable et de perspectives de promotion, le personnel du ministère qui travaille au contact des migrants (c'est le cas des interprètes notamment) en extorque des pots-de-vin. Les « trafics frauduleux » sont du reste monnaie courante dans les autres ministères ; l'Intérieur pour la délivrance des cartes d'identité pour étrangers, le ministère des Affaires étrangères pour l'octroi d'autorisations ou prolongations de séjour.

> « Plusieurs scandales du même genre [qui] se sont produits dans les services du ministère du Travail ces dernières années ont été étouffés aussitôt découverts, mais en dehors de ce genre de corruption exercé entre fonctionnaires et immigrants, on peut se demander s'il n'y a pas des manœuvres illégales entre fonctionnaires et employeurs[21]. »

Le modèle de la « tyrannie du national » se réfère à la volonté affichée de mettre en œuvre une politique d'immigration « rationnelle », façonnant les flux les plus « désirables » selon l'origine nationale, répartissant les travailleurs étrangers en fonction des impératifs sectoriels et régionaux du marché du travail, contrôlant leur entrée puis toute leur mobilité ultérieure, tant professionnelle que résidentielle, en France. Dans la pratique, une enquête menée par le BIT auprès du ministère du Travail et de la préfecture de police en 1924 décrit l'impossibilité de contrôler les migrants, tant à l'arrivée que durant leur séjour sur le territoire national. Avec la notable exception du département de la Seine[22], étudié par Michael Esch et par Clifford Rosenberg, « on est hors d'état de dresser une statistique exacte du nombre des ouvriers étrangers domiciliés en France[23] ». En amont, « beaucoup d'ouvriers échappent au contrôle et à la déclaration. Ils jouissent à cet égard de la complicité de leur propriétaire, de leur logeur et aussi de leurs compatriotes, qui leur fournissent très facilement des certificats de travail effectif ». En aval, les effectifs affectés à la centralisation des informations sont insuffisants, les responsables du système n'attendant aucune amélioration en la matière.

---

21. Fondée ou pas, l'accusation portée contre l'inspecteur du travail Pierre Pouillot dans les années 1930 est un témoignage du climat de suspicion relative à ce service. Cf. M. Cointepas, *Pierre Pouillot, premier Inspecteur général honoraire du Travail*, Paris, Association pour l'étude de l'histoire de l'inspection du travail, 2003, p. 31.
22. M. Esch, « Die osteuropäische Einwanderung in Paris 1895-1928 », M. König (dir.), *Deutsche Handwerker, Arbeiter und Dienstmädchen in Paris. Eine vergessene Migration im 19. Jahrhundert*, Munich, Oldenbourg, 2003 ; C. Rosenberg, « Une police de "simple observation" ? Le service actif des étrangers à Paris dans l'entre-deux-guerres », *Genèses*, 54, mars 2004, p. 53-75.
23. Entretiens menés en décembre 1924 avec Charles Picquenard, directeur du Travail, MM. Lebelle et Fagnot, responsables respectifs des services de la main-d'œuvre étrangère et du placement ; puis avec le commissaire de police Marcel Seignez, chef du service des étrangers à la préfecture de police, Archives du BIT, E/100/22/6. Les citations qui suivent dans le paragraphe en sont extraites.

> « Le fichier général du ministère de l'Intérieur n'existe pratiquement pas, les milliers de cartes qui arrivent tous les jours sont empilées sans aucune classification dans de vastes greniers, où elles attendent patiemment le renvoi au pilon. M. Lebelle (SMOE [Service de la main-d'œuvre étrangère]) a l'impression que le gouvernement français n'a pas un désir très vif de voir étudier de près la méthode et les résultats de ces statistiques très défectueuses. »

La situation du ministère du Travail est, comme de bien entendu, plus modeste encore. Dépourvu de tout fichier, « il n'a que des indications numériques et n'a pas le moyen de dresser une autre statistique que celle, d'ailleurs très défectueuse aussi, de l'entrée. Le défaut principal de cette statistique est que rien n'oblige les ouvriers à se reconnaître comme tels et que la surveillance à la frontière est souvent illusoire pour celui qui désire y échapper ».

Au total, l'intégration de la politique d'immigration au cœur des politiques économiques, sociales et répressives, la complaisance des politiques et parfois des hauts fonctionnaires à l'égard d'une opinion publique volontiers xénophobe – surtout dans certains secteurs économiques et dans certaines conjonctures – ont produit une abondance de textes, de discours, d'expériences administratives qui ont parfois pu impressionner les historiens, et mener à l'idée d'un État Léviathan, voyant dans l'immigration un attribut central de la souveraineté, et en faisant un objet de sa « tyrannie ». Par contraste apparaît une image où, à la fois par refus « libéral » de laisser se développer une administration trop étoffée, mais aussi par suite des rapports de force internes à l'appareil gouvernemental, se met en place une politique chaotique, contradictoire et conflictuelle, dont quelques éléments seulement (verrouillage à certains points frontaliers, surveillance des immigrants politisés, etc.) font l'objet d'un contrôle déterminé. Ce qui ne veut pas nécessairement dire, du reste, que le sort des migrants en ait bénéficié : il arrive au contraire, les conditions d'accueil du grand centre de transit de Toul le montrent, qu'ils aient été les premières victimes de cette faiblesse étatique… De même l'action étatique qui, comme dans beaucoup de domaines sous la IIIe République, se manifeste par des poussées volontaristes spasmodiques, a pu créer pour les migrants un sentiment d'incertitude et d'arbitraire. Mais là encore, c'est le défaut d'État, plutôt que la toute-puissance, qui crée la « tyrannie ». La comparaison avec deux autres expériences nationales permet de donner plus de relief et de recul à cette perspective.

L'Italie

Par contraste avec le cas français, l'Italie se définit en premier lieu comme un pays d'*émigration*. D'un point de vue économique, le problème est moins ici celui de l'approvisionnement en main-d'œuvre que celui des transferts financiers (prêts assurés aux émigrants dans un sens, remises dans l'autre sens) et du rôle des compagnies de navigation qui assurent leur transbordement à l'étranger, pour le cas des mouvements vers le continent américain. La question posée au gouvernement italien est ensuite celle de la couverture sociale de ses ressortissants à l'étranger. Cette préoccupation indéniable s'entrelace avec la revendication d'un contrôle national, qui ne fera que se renforcer sous le régime fasciste. Dans l'ordre des administrations concernées, elle place la migration, plus étroitement encore qu'en France ou qu'en Grande-Bretagne, sous le ressort du ministère des Affaires étrangères.

L'Italie se distingue également de la France par la solution qu'elle retient en matière institutionnelle. Elle parvient plus tôt, même si ce n'est que progressivement, à construire une structure « groupée » pour élaborer et mettre en œuvre une politique d'émigration, point d'aboutissement d'une tension initiale. Depuis la loi organique sur l'émigration du 31 janvier 1901, le dispositif italien mêle principe de regroupement et logiques ministérielles différenciées. Une administration, le Commissariat général à l'émigration (CGE), se consacre spécifiquement à la gestion des flux d'émigrants. Mais elle dépend du ministère des Affaires étrangères, et sa ligne comme ses priorités sont définies par un organisme censé représenter la mosaïque des points de vue possibles sur la question, le Conseil de l'émigration, organisé lui aussi par la loi de 1901[24]. Malgré l'existence d'un « bras armé » de la politique migratoire qui fait défaut en France, on retrouve donc, sous une autre forme, la question de la signification d'un « intérêt national », lorsqu'une construction institutionnelle intègre des intérêts concurrents et contradictoires. Le Conseil de l'émigration est en effet un organisme à la fois interministériel, parlementaire et associatif, qui a vocation à représenter la diversité des points de vue sur l'émigration. Il se compose de treize membres, dont deux représentants du Parlement assurant respectivement sa présidence (Luzzati est le premier à occuper ce poste) et sa vice-présidence. Outre des hauts fonctionnaires du Commissariat général à l'émigration, on y trouve ensuite des représentants des différents ministères ou des organismes publics intéressés par la politique de l'émigration. La dimension financière de l'émigration conduit à associer le ministère du Trésor ainsi que le directeur Général du *Banco di Napoli* (qui a pour fonction, depuis 1901, de devenir le principal canal officiel de rapatriement de l'épargne des émigrés). Le contrôle national sur les émigrants passe par la présence des ministères de l'Intérieur mais aussi de l'Instruction publique. La représentation du ministère de la Marine confirme l'importance de la migration pour les compagnies de navigation italienne ; il s'y ajoute la présence du directeur de la Direction générale de la statistique, au titre du ministère de l'Industrie, du Commerce et du Travail, pour reprendre son intitulé à compter de 1916.

Le ministère des Affaires étrangères, tutelle du CGE, joue *a priori* le rôle dominant, de moteur et d'arbitre, dans cet édifice interministériel. Par contraste, institutionnellement, les représentants des milieux du travail et de la protection sociale se réduisent à trois conseillers. Le directeur de l'Office du travail italien fait son entrée de droit dans le Conseil d'émigration en 1903[25], représentant par là les milieux

24. Outre le Conseil d'émigration, une autre structure « entoure » l'action du CGE : la commission parlementaire de surveillance du fonds de l'émigration, qui contrôle les moyens financiers et la gestion financière du CGE et peut donc peser sur son action. Pour le détail de l'organisation de la politique de tutelle et d'assistance, cf. F. Grispo (dir.), *La struttura e il funzionamento degli organi preposti all'emigrazione (1901-1919)*, Rome, Ministero degli Affari Esteri, coll. « Fonti per la storia dell'emigrazione », vol. I, 1986, p. 1-18.

25. Il devient membre statutaire du Conseil d'émigration en 1902 lorsque l'Ufficio del Lavoro est fondé (art. 3 de la loi du 29 juin 1902 n° 246) mais le premier directeur n'est nommé qu'en 1903. Sur la

de la sphère de l'organisation administrative du travail, alors en germe. Seuls s'y ajoutent deux représentants des associations socioéconomiques, issus du milieu mutualiste ou syndical institutionnalisé et réformiste (un délégué des sociétés de secours mutuels des ports italiens, un délégué de la Ligue nationale des Sociétés coopératives italiennes) [26].

Mais la place effective des milieux représentant l'administration du Travail est plus importante que ne le laisse penser la seule lecture de l'organigramme institutionnel. D'une par, les députés qui représentent le Parlement au Conseil d'émigration sont souvent issus de cette sphère, particulièrement entre 1901 et 1905, moment fondateur de ce dispositif : on voit alors Luigi Luzzati et Edoardo Pantano s'affairer en même temps à l'institutionnalisation de l'administration du Travail et à la consolidation d'une politique d'émigration. D'autre part, les acteurs issus du milieu de l'administration du Travail restent beaucoup plus stables à leurs postes, dans le dispositif de gestion de l'émigration, que les représentants des ministères économiques ou plus « politiques [27] ».

Jusqu'à la guerre, la concurrence des logiques ministérielles s'exprime fortement dans la construction institutionnelle des organismes officiels chargés de l'émigration, et dans les usages que chaque sphère administrative, représentant ces logiques, réussit à faire de ce dispositif. Si le ministère des Affaires étrangères est en position de force, les milieux soutenant les régulations sociales et l'intervention sur les questions du travail sont loin d'être mal placés, grâce à leur présence effective et continue dans le dispositif ainsi qu'à leurs réseaux d'action hors d'Italie, en interaction notamment avec les milieux français dès le début du siècle, puis avec les milieux genevois du BIT dans l'entre-deux-guerres.

Mais dès les années de guerre, et davantage encore dans les années 1920, la tension initiale entre dispositif interministériel et organisme spécialisé bascule au profit de ce dernier. Au fil des exigences spécifiques de la conjoncture de guerre, le CGE devient une instance administrant directement les flux : au départ, pour répondre à des exigences purement italiennes (encadrer, secourir et réinsérer les

fondation de l'Ufficio del Lavoro, en français : G. Vito, « Aux origines de l'Office du travail en Italie », J. Luciani (dir.), *Histoire de l'Office...*, *op. cit.*, p. 391-408; J.-Y. Frétigné, « L'Office du travail... », art. cit.

26. E. Balboni, *Le origini della organizzazione amministrativa del lavoro*, Milan, Giuffre, 1968. Si l'Office du travail et le Conseil supérieur du travail, créés en 1902, sont de bons outils d'institutionnalisation et de développement des savoirs du travail et du social, il leur est plus difficile de fonctionner comme des structures d'arbitrage et d'initiative effective de la sphère du travail. Il faut en fait attendre la Grande Guerre pour voir s'esquisser une structuration étatique plus nette (avec la création en juin 1916 d'un ministère de l'Industrie, du Commerce et du Travail, doté d'une direction du Travail et de la Prévoyance sociale); et il faut attendre le lendemain du conflit pour voir l'institution d'un ministère *ad hoc* et à part entière, avec la création du ministère du Travail et de la Prévoyance sociale en juin 1920. Le dispositif s'effrite de nouveau, sous l'effet des recompositions du régime fasciste qui fait passer les compétences en matière de travail et de prévoyance sociale dans les logiques de puissance de l'État fasciste : en juin 1923, ce ministère disparaît et est rabaissé au rang de simple direction dans le ministère de l'Économie nationale.

27. Ainsi, le directeur de l'Office du travail, Giovanni Montemartini, demeure au Conseil d'émigration sans interruption de 1903 à 1913; il est l'expert principal côté italien lorsqu'est négocié avec le ministère français du Travail l'accord franco-italien pour la protection des jeunes migrants, signé en avril 1910 (ACS, Min. Int. Polizia Giudiziaria [1913-1915], b. 95).

migrants rapatriés d'urgence en 1914 sur le territoire et dans le tissu social italien), ensuite pour assurer le recrutement et le placement des travailleurs italiens échangés en vertu des contrats conclus avec les entreprises françaises puis l'État français lui-même (1916). De structure d'élaboration, le CGE s'est métamorphosé en bureau central de recrutement et de placement au travail pour les migrants[28]. Dans le contexte de sortie de guerre, le volontarisme régulateur de Giuseppe de Michelis, négociateur des accords franco-italiens sur le recrutement et le traitement de main-d'œuvre italienne travaillant en France en 1916 et en 1919[29], puis Commissaire général de l'émigration de 1919 à 1927, s'efforce d'empêcher les retours en arrière et de faire du CGE une véritable agence gouvernementale, unifiant l'élaboration et la mise en œuvre de la politique italienne d'émigration. Cette politique, inlassablement conduite par le CGE dès 1919 et, sans solution de continuité après l'avènement du fascisme, jusqu'en 1927, affirme alors clairement une volonté d'État : celle de défendre sur la scène internationale et dans les négociations bilatérales les intérêts d'un pays d'émigration.

Cette conception explique toute l'action du CGE durant les années 1920 et, dans un premier temps, convient parfaitement au nouveau régime fasciste, qui confirme De Michelis à son poste. Dans cette optique, protection des migrants et valorisation nationale de l'émigration sont indissociables, et s'accompagnent de la volonté de parvenir à une administration centralisée des flux de main-d'œuvre par l'Italie elle-même. Au cœur des années 1920, la politique du CGE et de l'État fasciste est donc véritablement organique et articule de plus en plus les registres dans une logique d'ensemble : il s'agit, par la tutelle et la protection de l'émigration, par la négociation acharnée des droits sociaux des émigrés, de mener une politique tout à la fois économique, sociale et nationale, une politique de souveraineté et de puissance, bref d'établir un modèle de stratégie de puissance propre à un pays d'émigration. Jusqu'en 1927, c'est un CGE rénové et renforcé qui gère, sous la direction très efficace de G. de Michelis, cette politique de « valorisation » de l'émigration. Puis, la suppression du CGE en avril 1927 et son remplacement institutionnel par une Direction générale des Italiens à l'étranger (DGIE) sous la dépendance étroite du ministère des Affaires étrangères, bientôt suivis par la suppression du Conseil permanent de l'émigration en octobre 1927, signent un tournant majeur dans la conception et la gestion politique du phénomène de l'émigration. Il est marqué par deux mouvements, dont l'articulation n'est paradoxale qu'en apparence : l'avènement d'une politique de verrouillage de la circulation internationale de la force italienne de travail au profit d'une politique centrée sur le territoire italien (mêlant volontarisme populationniste et objectifs de redistribution territoriale intérieure puis coloniale de la population italienne)[30] ; et d'autre part, la gestion à distance

---

28. CGE, *Il contributo dato alla vittoria dal Commissariato Generale dell'Emigrazione. Mobilitazione e smobilitazione degli emigranti italiani in occasione della guerra (1915-1922)*, Rome, 1923 et *L'Emigrazione italiana dal 1910 al 1923. Relazione presentata a S. E. il Ministro degli Affari Esteri dal Commissario Generale dell'Emigrazione G. De Michelis*, Rome, Commissariato Generale dell'Emigrazione, vol. 1, 1923.
29. ASMAE, Amb. Parigi, 1919, b. 30, b. 31.
30. C. Ipsen, *Dictating demography. The problem of population in Fascist Italy*, Cambridge, Cambridge University Press, 1996.

des Italiens installés à l'étranger, pour les garder dans l'orbite de l'État italien afin de conserver des liens économiquement utiles et de les utiliser au besoin dans des stratégies diplomatiques.

Le Royaume-Uni

Le cas britannique permet de retrouver la figure de l'interministériel dans une modalité de nouveau différente. Au lendemain de la Première Guerre mondiale se met en place en Grande-Bretagne un Comité des étrangers et de la nationalité *(Aliens and Nationality Committee)* à vocation consultative : ses avis sont destinés aux ministères et au Parlement. Le comité réunit les représentants de plusieurs ministères : outre le ministère du Travail, qui n'a jamais jusqu'ici été étudié sous l'angle des migrations[31], il s'agit de l'Amirauté, du *Colonial Office*, des Affaires étrangères, du *Board of Trade* (ministère du Commerce), du *War Office* et du *India Office*. S'y ajoutent des délégués du *Local Government Board* (ministère des Relations entre le gouvernement central et les collectivités locales) et du département *Customs and Excise*, rattaché au Trésor. La prééminence du *Home Office*, lieu de naissance de la politique migratoire en 1905, et où siège le comité, est renforcée par la présence de deux de ses services, la Police métropolitaine et la Police des provinces[32].

Comme avec l'Italie, l'une des distinctions les plus importantes avec la France provient de la manière dont chaque gouvernement assure, officiellement ou en pratique, la représentation des intérêts privés engagés dans la migration. Plutôt que le principe de subsidiarité à la française, le Royaume-Uni associe, à la coordination de la politique migratoire, des ministères (Intérieur, Travail, *Board of Trade*, *India Office*) soumis à l'influence des compagnies les plus impliquées dans la question, à savoir les sociétés de navigation. Celles-ci sont directement concernées, au titre d'employeuses d'équipages étrangers qui font l'objet, en tant que fréquemment non-Blancs, d'une législation abondante dans les années 1920[33]. C'est donc moins leur rôle de transportrices de migrants qui les associe *de facto* à l'action gouvernementale que leur contribution à la domination britannique sur le commerce mondial à cette date.

Le cas du Royaume-Uni permet de reconsidérer de manière presque expérimentale la position du ministère du Travail en matière migratoire, par contraste avec la France et de l'Italie. Il faut, pour le comprendre, se livrer à une brève esquisse des positions « structurales » des différents ministères face à ce dossier. L'adjectif « structural » est ici à manier avec prudence : les conjonctures politiques, économiques et sociales suscitent en permanence une grande variabilité des attitudes des différents ministères, et non pas une posture intangible. Mais il existe une opposition commune, dans les deux nations d'immigration que sont la France et le

31. L'ouvrage de référence sur le ministère du Travail britannique, R. LOWE, *Adjusting to Democracy : the Role of the Ministry of Labour in British Politics, 1916-1939*, Oxford, Clarendon Press, 1986, ne mentionne en index ni la migration ni la France ou l'Italie.
32. National Archives, HO45/19966, *Aliens and Nationality Committee*, 21 février 1919.
33. L. TABILI, *We ask for British Justice : Workers and Racial Difference in late imperial Britain*, Ithaca, Cornell University Press, 1994.

Royaume-Uni, entre un ministère de l'Intérieur soupçonneux vis-à-vis des migrants, notamment les plus idéologisés d'entre eux, et un ministère des Affaires étrangères plaidant en général pour une grande ouverture internationale, à la fois au nom d'une diplomatie active, et de la crainte de mesures de rétorsion en cas d'une fermeture excessive à l'immigration[34]. Insistons bien sur la nécessité de nuancer cette rapide dichotomie : au lendemain de la Première Guerre mondiale par exemple, les chancelleries française et britannique sont les premières à prôner un refus de l'immigration allemande dans leurs pays respectifs. De même, les attendus du ministère des Affaires étrangères britannique diffèrent dans le détail de ceux de son homologue français. Sa crainte des rétorsions diplomatiques y est moindre, à cause du faible poids de l'immigration européenne dans le pays[35].

Quelles que soient ses limites, il est frappant de constater que la troisième grande administration concernée par l'immigration, à savoir le ministère du Travail, développe des positions presque opposées en France et au Royaume-Uni jusqu'à la Grande Crise. Alors que le premier est structurellement demandeur de main-d'œuvre immigrante dans les années 1920, son homologue britannique y est plutôt indifférent voire hostile, hormis durant une phase conjoncturelle de forte croissance économique en 1920. À cela, deux raisons. Tout d'abord, le Royaume-Uni s'appuie sur une immigration irlandaise abondante, quasi-continue, aisément disponible, dont les canaux se sont construits de longue date et n'imposent pas une politique particulièrement volontariste. Les migrants irlandais sont exempts, jusqu'au déclenchement de la Seconde Guerre mondiale, de tout contrôle aux frontières malgré l'accès récent de leur pays à l'indépendance[36]. L'Angleterre, en second lieu, développe une politique volontariste de migrations intérieures. Confiée au ministère du Travail, elle s'édifie en réaction à la Grande Crise, sur le souci de transférer les chômeurs des bassins d'emplois déprimés vers les régions demandeuses de main-d'œuvre. À travers cette idée, répandue internationalement dans l'entre-deux-guerres, de régler par des déplacements le problème du chômage, s'esquisse déjà l'articulation avec la politique sociale : il s'agit certes de répondre à des impératifs économiques sectoriels, mais aussi de minimiser le montant des allocations versées aux sans-emploi.

Ce lien organique entre politique migratoire et protection sociale s'observe dans deux autres dynamiques tout aussi décisives, mais dont seule une perspective comparative permet de mesurer l'importance. En premier lieu, il faut prendre conscience qu'au Royaume-Uni, la « protection sociale », ou du moins celle des salariés, passe d'abord par l'assurance privée. De ce point de vue, les cotisations versées par les employeurs pour leur main-d'œuvre étrangère paraissent équivalentes à celles destinées à la couverture des risques de leurs travailleurs nationaux. Ensuite, la place des conventions bilatérales et transnationales consacrées au travail

---

34. Archives du ministère des Affaires étrangères, dossier 263, série C administrative.
35. National Archives, LAB 2/1186/CS273/1920, *Aliens Restriction Order… Talk with Mr. Haldane Porter, of the Home Office re Regulation 22D*.
36. E. Delaney, *Demography, State and Society : Irish Migration to Britain, 1921-1971*, Liverpool, Liverpool University Press, 2000.

et aux droits des migrants est moins centrale au Royaume-Uni qu'elle ne l'était pour la France et l'Italie[37]. Il ne faut pas nécessairement y voir la marque d'un isolationnisme : s'il existe un type d'obligations internationales qui pèsent sur le débat britannique en matière migratoire, on le trouve plutôt du côté des traités commerciaux. Institutionnellement, le garant de l'application des accords internationaux est donc le *Foreign Office* et non pas le ministère du Travail.

Cette différence révèle aussi, par la négative, l'importance des conventions consacrées aux droits des migrants. À défaut, le rôle du ministère du Travail britannique est de protéger la main-d'œuvre nationale contre l'emploi immigré. C'est ainsi que dès janvier 1919, un mémorandum du ministère du Travail britannique propose que les étrangers, y compris ceux qui résident dans le pays depuis l'avant-guerre, ne puissent occuper des emplois qu'à défaut de candidatures recevables émanant de citoyens britanniques[38]. Avec le soutien du Trésor, le ministère du Travail offre même une somme de £7 à quelques milliers de travailleurs chinois pour qu'ils quittent le pays à la première occasion[39]. Cette attitude est à la fois exigée et relayée par les syndicats nationaux. On voit ici la limite des analyses de Suzanne Berger, qui en s'en tenant simplement aux idées, voyait dans l'ouverture des syndicats continentaux à l'égard de la main-d'œuvre immigrée le fruit de leur idéologie « cosmopolite ». En réalité, l'attitude syndicale dépend du degré de couverture sociale des migrants : ce n'est que dans les cas où elle est plus ou moins garantie, et équivalente à celle des « indigènes », qu'elle ne se réduit pas à la défense de l'emploi national. Hormis durant la phase de croissance déjà mentionnée, l'attitude du ministère consiste donc à s'opposer à tout assouplissement des régulations gouvernant l'immigration, au nom du taux de chômage, du dumping salarial pratiqué par les migrants, voire de la défense de l'emploi des femmes britanniques. Le soutien des *trade unions* est évidemment un atout maître du ministère du Travail face au *Foreign Office*, qui est souvent contraint à reculer en cas de désaccord interministériel[40].

Achever sur le cas britannique permet de conclure ce bref panorama sur une réflexion générale. L'attitude et le poids relatif des ministères du Travail britannique, français et italien durant l'entre-deux-guerres, ou plus précisément durant la période qui précède la Grande Crise, ne se réduisent nullement à la nécessité mécanique d'appuyer une politique migratoire soit importatrice, soit exportatrice d'hommes. Deux facteurs médiatisent au contraire l'effet de cette contrainte, issue du fonctionnement du marché du travail et des dynamiques économiques générales. Le premier, d'ordre national, concerne la façon dont chaque État institutionnalise

---

37. L'attitude britannique à l'égard du BIT, initialement favorable au nom de la lutte contre l'influence de la IIIe Internationale et de la promotion des liens entre travail et capital, se rafraîchit après la nomination du Français Albert Thomas comme directeur général et le retrait des États-Unis. Les syndicats patronaux britanniques s'en prennent dès lors fréquemment au Bureau.
38. National Archives, HO45/19966, *Aliens and Nationality Committee*, 7 mars 1919.
39. Dans ce cas comme dans beaucoup d'autres tout au long de l'entre-deux-guerres, cette tentative de convaincre ou de forcer les migrants à partir avorte à la fois sous l'effet des migrants eux-mêmes et de la capacité limitée de l'État. *Ibid.*, 30 mai 1919, 27 juin 1919, 22 août 1919, 19 septembre 1919.
40. *Ibid.*, 9 mai 1919, 16 mai 1919 ; LAB 2/1187/EDAR6812/1919, Legislation-Aliens Order 1919. Suggested revocation of article 1 (3) (G). Memorandum for Cabinet Committee.

le « pilotage interministériel » de sa politique migratoire, dont il y associe ou en exclut les ministères et dont il confère à chacun sa place relative. Place relative toute formelle du reste, et éminemment négociable. Le cas italien révèle combien une personnalité articulée, dotée de bons réseaux nationaux et internationaux, comme Giuseppe de Michelis, peut transformer les rapports de force lisibles *a priori* dans un organigramme. La rivalité entre Charles Picquenard pour la direction du Travail, d'une part, et Marcel Paon, d'autre part, pour la main-d'œuvre agricole irait exactement dans le même sens pour le cas français.

En deuxième lieu, cette triple étude révèle l'influence déterminante des rapports internationaux sur les dynamiques administratives et politiques nationales. Il existe, de ce point de vue, une opposition structurale entre la France et l'Italie d'une part, le Royaume-Uni d'autre part, opposition qui n'avait rien d'évident au départ de notre recherche. Étant donné la force diplomatique, durant l'entre-deux-guerres, de la césure entre « pays d'immigration » et « pays d'émigration », une polarisation entre la France et la Grande-Bretagne face à l'Italie eût été plus prévisible. Mais la comparaison franco-italienne révèle qu'au-delà de relations volontiers conflictuelles, les deux pays s'insèrent dans un cadre bilatéral et transnational qui les unit, sinon dans leurs intérêts, du moins dans un cadre politique et juridique commun. Ils partagent – sans jamais le substantialiser – le langage des droits sociaux des migrants et de leurs liens avec la protection sociale générale. Par contraste, l'importance des traités commerciaux et des assurances privées au Royaume-Uni, sa méfiance à l'égard du BIT, placent son ministère, étroitement articulé à l'action syndicale, dans une posture plus classique de défense du travail national. Il importe donc de ne pas voir le « ministère du Travail » d'un pays donné comme une institution dont l'agenda est dicté d'avance, mais comme une administration plastique dont les objectifs dépendent de sa façon d'évoluer dans des dynamiques interministérielles volontiers conflictuelles, et dans un environnement international qui, malgré sa fragilité relative par rapport aux États, vient à l'occasion contrebalancer la « tyrannie du national ».

Le ministère du Travail et l'évolution de la protection sociale de la Libération aux débuts de la Ve République

Bruno BÉTHOUART

La IVe République continue d'avoir mauvaise réputation dans l'opinion publique française : son impuissance politique liée à un dysfonctionnement constitutionnel est aggravée par son évidente incapacité à régler la question coloniale. Ce constat dont bien des observateurs conviennent est renforcé par le besoin « fondateur » de la Ve République de prouver que le nouveau régime est en totale opposition avec le précédent dont il ne possède ni les vices constitutifs tels que la faiblesse de l'exécutif, ni les dérives facilitées par l'éclatement des instances de la représentation parlementaire. La « distance » entre la IVe République et sa suivante ne serait-elle pas, en tout cas sur le plan socioéconomique, beaucoup plus mince que ne semble le rappeler l'opinion commune ? À la suite de la IIIe République qui crée le ministère du Travail et de la Prévoyance sociale, le régime de Vichy entend afficher une nouvelle doctrine sociale, élabore une politique de main-d'œuvre destinée à satisfaire l'occupant et promulgue des dispositions législatives et réglementaires issues des réflexions engagées avant-guerre [1]. La IVe République veut assumer l'héritage mais aussi mettre en œuvre le programme du Conseil national de la Résistance et du Gouvernement provisoire de la République de la Libération.

Pour mesurer la part effective de l'apport du ministère du Travail et de la Sécurité sociale de 1944 à 1962, il convient de rappeler l'importance des réalisations au lendemain de la Libération où se succèdent des hommes politiques d'horizons très contrastés puis de comparer l'action du ministère durant les années 1950 avec celle qui est engagée lors du retour du général de Gaulle à partir de 1958. L'étude de ses relations avec les partenaires institutionnels et socioprofessionnels doit enfin permettre d'évaluer l'importance et les limites de sa contribution dans le dispositif de protection sociale durant la période concernée.

1. C. CHETCUTI, « Structure du ministère du Travail depuis 1939 », *Cahiers du Comité d'histoire des administrations chargées du travail, de l'emploi et de la formation professionnelle*, n° 2-3, janvier 2000, p. 199-205.

1944-1950 : le temps des grands desseins

La rupture, en matière de législation sociale, n'est pas aussi tranchée que dans d'autres domaines de l'action publique. Les orientations de la IIIe République, à la veille du second conflit mondial[2], en faveur d'un redressement démographique sont reprises par le gouvernement de Vichy qui insiste sur l'importance de la famille comme cellule fondamentale[3]. Cependant, les options corporatistes prônées par l'entourage du maréchal Pétain et auxquelles se rallient certaines personnalités cégétistes sont très vite refusées par les responsables syndicalistes et les opposants politiques. Ceux-ci, au sein des mouvements puis, à partir du printemps 1943, dans le CNR, apprennent à se connaître, à se respecter et à travailler ensemble en vue de la préparation de la reconstruction. En nette rupture avec la stratégie politique vichyste, sur la gestion du rapport entre l'État et les forces économiques et sur l'équilibre entre les patrons et les salariés, ces hommes de l'ombre, ralliés à Charles de Gaulle, catholique à sensibilité sociale, se retrouvent sur le souhait de « faire du neuf », voire d'imaginer des mesures révolutionnaires dont les deux archétypes semblent être l'instauration d'un système de Sécurité sociale et la mise en œuvre de nationalisations considérées comme des avancées dans le domaine de la démocratie économique et sociale[4]. Encore faut-il, sur le plan politique et administratif, disposer d'un instrument capable de mettre en œuvre de telles ambitions ! Le Parlement remplit alors cette mission.

Le choix des personnalités interfère grandement dans la gestion des volontés politiques[5]. Il est le résultat de la stratégie des responsables et des évolutions de la conjoncture politique. Durant la première période du Tripartisme, le spectre politique est au plus large dans le cadre du GPRF et les responsables disposent d'hommes de confiance. La compétence de Parodi, le gaulliste, la volonté de Croizat, le communiste, sont orientées essentiellement vers la nécessité de faire face aux grands impératifs de la production, de la remise en état de marche d'un pays soumis à une occupation voire à un pillage depuis 1940[6]. Le sang-froid d'Alexandre Parodi permet de préserver l'unité des forces résistantes au moment de la Libération et de préparer le retour à la normale dans les classifications salariales. Appuyé sur un parti communiste influent dans le monde ouvrier, Ambroise Croizat continue le combat de la production et de la traduction concrète des grands principes issus de la Résistance dans des projets précis élaborés au sein des directions du ministère du Travail. Les ministres socialistes, Daniel Mayer, Pierre Ségelle, se situent au sein de contextes politiques différents : ils exercent leur responsabilité ministérielle dans le cadre d'un Tripartisme finissant puis d'une mise en place bien délicate de la Troisième Force en ces années troubles où la conjonction de fait de l'opposition

2. R. Talmy, *Histoire du mouvement familial en France (1896-1939)*, Paris, UNCAF, 1962, p. 68.
3. R. O. Paxton, *La France de Vichy (1940-1944)*, Paris, Seuil, 1973, p. 164 et 166.
4. B. Valat, *Histoire de la Sécurité sociale (1945-1967)*, Paris, Economica, 2001, p. 41.
5. M. Bargeton et A. Ziegler, « Historique des ministères du Travail, de la Santé publique, des Affaires sociales », *Revue française des affaires sociales*, n° 1, janvier-mars 1971, p. 116.
6. B. Béthouart, « Le ministère du Travail et de la Sécurité sociale : un monopole du MRP ? », *Revue d'histoire moderne et contemporaine*, 43-1, janvier-mars 1996, p. 72.

communiste et gaulliste fragilise le régime, y compris dans ses acquis socioéconomiques. Un autre socialiste, Christian Pineau, en charge d'autres ministères, est également impliqué dans l'activité parlementaire sociale.

À la suite de nombreux échanges entre résistants durant la période de la clandestinité, un « programme d'action de la Résistance » comportant le mot Sécurité sociale est adopté par le bureau du CNR[7]. Ce texte est adopté à l'unanimité le 15 mars 1944 : il présente « un plan complet de Sécurité sociale visant à assurer à tous les citoyens des moyens d'existence dans tous les cas où ils sont incapables de se les procurer par le travail, avec gestion appartenant aux représentants des intéressés et de l'État ». Cette vision radicalement nouvelle de la protection sociale marque, selon Hatzfeld, le passage de la sécurité-propriété à la sécurité-droits. « Le droit à la sécurité concrétisé dans le droit à la Sécurité sociale est un phénomène original et d'une portée considérable[8]. » Ce programme ambitieux va bientôt se traduire par l'ordonnance du 4 octobre 1945 portant création et organisation de la Sécurité sociale. L'homme-clé en la matière est Pierre Laroque. Alors qu'en Grande-Bretagne, il faut six années pour mettre en œuvre le plan Beveridge, le plan français de Sécurité sociale demande à peine deux ans pour être voté par le Parlement et entièrement appliqué.

Il généralise la protection sociale obligatoire en étendant, unifiant et codifiant ce qui avait été en partie élaboré par les précédentes lois sur les assurances sociales, mais il prive les sociétés mutualistes de la gestion des caisses d'assurance sociale pour les mettre sous le contrôle paritaire des organisations syndicales représentatives des salariés et du patronat[9]. Une ordonnance du 19 octobre 1945 donne aux organismes mutualistes une plus grande liberté et étend leur champ d'action. Elle crée les sociétés mutualistes d'entreprise et leur permet d'exercer une action sociale pour les salariés de l'entreprise en leur donnant des missions dans la prévention des risques sociaux et la réparation de leurs conséquences, dans l'encouragement de la maternité, la protection de l'enfance et de la famille, dans le développement moral, intellectuel et physique des membres. En réalité, la mutualité ne joue pas un grand rôle en matière d'innovation sociale, mais va se consacrer pleinement à la fonction de complément de la Sécurité sociale. La mutualité et la Sécurité sociale ont toutes les deux vocations à offrir une protection sociale collective à la population. Bien que les principes qui les régissent l'une et l'autre aient des caractères très différents, basés sur le volontariat pour l'une et l'obligation pour l'autre, la complémentarité de leur réglementation et le terrain social sur lequel elles évoluent obligent ces organismes de protection sociale à une mise à jour permanente de la législation qui les régit en fonction des besoins du moment.

Dans les urgences de la reconstruction, une priorité relève de la protection sociale, celle de la démographie. Dès lors et pour un certain temps, le système français de Sécurité sociale présente une dominante familialiste. Cette tonalité s'affirme grâce à la loi du 22 août 1946 présentée par le républicain populaire Robert Prigent :

---

7. H. GALANT, *Histoire politique de la Sécurité sociale, 1945-1962*, Paris, Armand Colin, 1955.
8. H. HATZFELD, *Du paupérisme à la Sécurité sociale, 1850-1940*, Paris, Armand Colin, 1971, p. 27.
9. B. GIBAUD, *De la mutualité à la Sécurité sociale*, Paris, Éd. ouvrières, 1986, p. 138.

elle intègre les différents systèmes de prestations familiales alors en vigueur dans le système général de sécurité sociale. Les caisses d'allocations familiales, organismes de droit privé, sont maintenues et leur autonomie qui vient d'être entérinée par l'ordonnance du 4 octobre 1945 est toujours réaffirmée. Cette loi du 22 août 1946 crée également deux nouvelles allocations : l'allocation de maternité et l'allocation prénatale. Les pouvoirs publics cherchent à mettre sur pied des instruments efficaces pour répondre aux exigences de la conscience démographique qui s'impose au sein de la classe politique [10]. L'incorporation des allocations familiales dans le système français de la protection sociale et l'institution du quotient familial pour le calcul de l'impôt témoignent de l'orientation familialiste du dispositif de protection sociale vers 1950.

Le ministère de la Santé publique et de la Population est incontestablement l'organisme gouvernemental le plus proche de celui du Travail et de la Sécurité sociale, au point même d'entrer en concurrence au sujet de certaines composantes [11]. L'ordonnance du 19 octobre 1945 augmente les moyens de ce ministère avec dix directions et deux services à l'échelon central, des inspections régionales de la protection de l'enfance, de l'adolescence et de l'entraide sociale, des inspections de la pharmacie, des directions départementales de la santé. Au total ce ministère compte 438 personnes dans les services centraux contre 1 410 au ministère du Travail et de la Sécurité sociale. La mention « famille » disparaît des attributs de la rue de Grenelle, sa réalité est prise en charge par le nouveau ministère de la Population puis, en 1947, la santé publique et la population sont regroupées. Alors que le ministère du Travail et de la Sécurité sociale compte deux directions importantes à côté de l'administration générale du personnel et du budget, le ministère de la Santé publique et de la Population de 1948 est subdivisé en quatre directions, celle de l'hygiène publique et des hôpitaux, celle de l'hygiène sociale, le service central de pharmacie, la direction générale de la Population et de l'Entraide subdivisée en sous-directions de la famille, de l'entraide, du peuplement et des naturalisations, soit au total 14 bureaux face aux 17 du ministère du Travail et de la Sécurité sociale. Il existe deux sous-directions importantes, celle du peuplement et celle des naturalisations. La fonction santé s'affirme et se technicise.

Les nationalisations font également partie du programme du CNR. Certes, dès 1937, la SNCF avait été nationalisée mais les principales mesures datent de l'après-guerre avec celle des automobiles Renault en novembre 1944 (ordonnance promulguée le 16 janvier 1945), celle des Houillères en décembre 1944, de la SNECMA (Société nationale d'études et de construction de matériel aéronautique) en mai 1945, d'Air France en juin 1945, celle de la Banque de France et des grandes banques de dépôt comme Crédit lyonnais, Société générale, Comptoir national d'escompte, Banque nationale pour le commerce et l'industrie en décembre 1945, celle du gaz et de l'électricité en mars 1946 avec l'espoir « d'une place grande réservée aux travailleurs », celle des compagnies d'assurances (GAN) en avril 1946. Désormais

10. M. Messu, *Les politiques familiales*, Paris, Éd. ouvrières, 1992, p. 73.
11. M. Bargeton et A. Ziegler, art. cit., p. 117-123.

une partie des salariés français bénéficie d'un statut particulier d'emploi caractérisé par l'assurance de sa pérennité et par une solidité puisqu'il n'est plus soumis aux aléas du marché de l'offre et de la demande tant que les secteurs concernés sont indispensables à la vitalité économique du pays. Cependant, très rapidement, deux problèmes émergent et font l'objet de grandes discussions à la Chambre et au gouvernement comme dans l'opinion publique : le risque d'étatisation avec les directions nommées directement par le pouvoir politique qui poussent les modérés et les républicains populaires à souhaiter une « vraie nationalisation » avec une véritable autonomie et l'attitude vis-à-vis des anciens actionnaires considérée également comme trop minimaliste. La pratique britannique est citée en exemple avec la volonté de mettre en place un *Corporate state* et le choix d'une forte indemnisation des actionnaires, d'une organisation copiée sur le privé avec des *boards* autonomes sur le plan des décisions financières, des employés non fonctionnarisés et des directeurs venus du privé [12]. En 1948, l'emploi public au sens large du terme représente trois millions de personnes, un quart des salariés hors agriculture et près de 15 % de la production industrielle sont issus des entreprises d'État [13].

La démocratie dans l'entreprise fait figure d'objectif ambitieux. La création des comités d'entreprise dans les établissements de plus de 100 salariés puis de 50 salariés composés d'élus syndicaux permet au personnel d'être consulté sur la gestion des entreprises et d'administrer les œuvres sociales par l'entremise de ses représentants grâce à l'ordonnance du 22 février 1945. Les syndicalistes parlementaires restent cependant divisés sur le mode de désignation [14] : les cégétistes veulent l'unité du corps électoral des comités d'entreprise et le choix du scrutin majoritaire, les syndicalistes chrétiens sont partisans d'un mode de désignation proportionnel. La modification de l'ordonnance de février 1945 est rendue possible par l'avènement de nouvelles conditions politiques : en octobre 1945, le MRP devient le second parti du pays derrière les communistes. Le 28 mars 1946, des modifications sont proposées à l'étude de la commission du Travail ayant trait à l'abaissement du seuil des entreprises concernées à cinquante employés, à la présence d'un délégué syndical notamment, à l'extension aux DOM-TOM. La loi du 16 mai 1946 a effectivement pris en compte quasiment la totalité de ces revendications. Elle étend le champ d'application de l'ordonnance aux établissements de 50 salariés, élargit sensiblement les attributions économiques des comités dont le rôle reste, cependant, purement consultatif. Le chef d'entreprise doit faire un rapport annuel, et, dans le cas de sociétés anonymes, l'accès aux documents des actionnaires et la présence de deux délégués à titre consultatif sont institués [15].

---

12. *La Vie française*, 27 octobre 1945.
13. J.-C. Asselain, « Nationalisations : la grande vague de la Libération », *L'Histoire*, n° 37, septembre 1981, p. 11-12.
14. B. Béthouart, « Le contrôle parlementaire sur la genèse des comités d'entreprise », G. Mouradian (dir.), *L'enfance des comités d'entreprise*, Roubaix, CAMT, 1997, p. 55-103.
15. J.-P. Le Crom, « La naissance des comités d'entreprise : une révolution par la loi ? », *Travail et Emploi*, n° 63, 2, 1995, p. 74.

Les années qui suivent la Libération demeurent dans le cadre d'une économie administrée et correspondent donc à un « moment social » décisif[16]. Les acteurs sont incontestablement issus de la Résistance et, jusqu'en 1947, assument solidairement les grandes décisions. Ils sont relayés dans leur désir d'une véritable transformation des rapports sociaux par une presse certes méfiante devant tout risque de dirigisme, d'étatisation, mais attachée au combat contre les inégalités et soucieux d'une relance familiale. Cependant, des débats internes, même après le départ du général de Gaulle, indiquent clairement que des tendances se sont manifestées au sein de ce groupe des artisans de la réforme sociale d'après-guerre : les grands commis de l'État tels qu'Alexandre Parodi, Pierre Laroque, Francis Netter, doivent composer avec les militants syndicalistes issus du catholicisme social et des courants mutualistes. Leur inclinaison en faveur d'une gestion nationale et centralisée de l'ensemble des instruments de redistribution sociale est contrecarrée, surtout pour les allocations familiales, par le souci du pluralisme et des communautés-relais, des corps intermédiaires chers à leurs partenaires de plus en plus critiques. Cette effervescence socioéconomique où les nationalisations se mettent en place en parallèle aux grandes mesures de solidarité sociale est donc prise en main, d'une manière neuve au regard du passé, par des élites très variées de la société française : se côtoient dans les instances de décision des conseillers d'État, des notables du monde mutualiste, habitués des allées du pouvoir mais également des représentants politiques et syndicaux des ouvriers, des employés formés à l'école du parti communiste pour certains, dans les unions départementales cégétistes pour d'autres, au sein des mouvements d'action catholique et de la CFTC pour le courant républicain populaire[17].

De 1950 à 1962 : des années de gestion à l'effet Ve République

À partir des années 1950, le temps de l'économie administrée s'efface et le retour progressif et souhaité à une économie libérale influe sur les orientations du ministère du Travail et de la Sécurité sociale. La loi du 11 février 1950 sur les conventions collectives témoigne de ce changement d'état d'esprit. Elle s'inscrit dans une conjoncture politique marquée par le départ des socialistes du gouvernement et dans un cadre technique de libéralisation de l'économie où les partenaires de la négociation sont invités à s'entendre sans attendre l'intervention de l'État. Or l'absence de culture de la négociation des forces syndicales françaises affaiblit rapidement la crédibilité d'une telle démarche. Il demeure donc deux solutions pour le ministère : créer une commission mixte ou pratiquer une extension rapide de la convention. Durant les années cinquante, la pratique de la commission mixte est rare de même que la possibilité d'extension faute d'une administration qui freine au nom du droit français. La jurisprudence prévoit que le patron qui vient d'exclure

16. C. Andrieu, « La France à gauche de l'Europe », *Le Mouvement social*, n° 134, janvier-mars 1986, p. 131-153.
17. B. Béthouart, *Des syndicalistes chrétiens en politique (1944-1962)*, Villeneuve-d'Ascq, Presses universitaires du Septentrion, 1999, p. 124-125.

un représentant du personnel doit des dommages et intérêts : il faut attendre le 7 janvier 1959 pour que l'employeur soit contraint de laisser le salarié exercer sa responsabilité durant son mandat [18].

Des hommes du centre sont choisis pour ce ministère tantôt à droite sous Pinay, tantôt à gauche sous Mendès France. Ils sont souvent proches voire issus du cercle démocrate chrétien duquel provient Paul Bacon. Celui-ci « demeure » dans ce ministère durant plus de dix années [19] dont sept sous la IVe République, régime dont la réputation d'instabilité n'a d'égale que le reproche de fragilité qui lui est systématiquement adressé. Outre Paul Bacon, entre ces deux périodes où des socialistes occupent le ministère du Travail, des hommes du centre s'installent rue de Grenelle et place Fontenoy. L'étude de leur itinéraire permet de mesurer le caractère étonnant de leur origine qui se situe au sein du catholicisme social, de la démocratie chrétienne, tel Pierre Garet, ancien MRP, installé au centre-droit, Eugène Claudius-Petit, également proche des républicains populaires. Celui-ci fait partie du cabinet de Pierre Mendès France du 19 janvier 1954 au 3 septembre 1954. Paul-Louis Aujoulat, chrétien convaincu, député du Cameroun, lui succède. Ces trois ministres tranchent avec les socialistes comme Daniel Mayer, avec Croizat le communiste et Parodi l'agnostique gaulliste. Ils se rapprochent de Paul Bacon, produit du syndicalisme chrétien, de la jeunesse catholique ouvrière, et sont aussi catholiques que républicains [20]. Avec l'avènement du Front républicain, les socialistes reviennent au premier plan. Le ministère dirigé par le syndicaliste Albert Gazier s'appelle désormais « Affaires sociales », ce qui lui donne une surface plus importante et un aspect moins technique, plus politique [21]. L'orientation sociale des représentants socialistes se caractérise par un volontarisme en matière de droit professionnel, syndical, dans le domaine des avantages sociaux et des libertés individuelles. L'opposition provient des groupements professionnels qui se sentent menacés par une politique dirigiste et orientée vers la défense du monde des salariés et surtout de la fonction publique.

La variété des ministres du Travail et de la Sécurité sociale évoqués fait la démonstration des marques de la conjoncture dans un contexte particulièrement troublé par les événements nationaux et internationaux. La présence communiste due à l'impact de la guerre et à la place acquise par ses dirigeants dans la Résistance intérieure s'efface à partir de 1947. Sans avoir toujours eu des positions favorables aux réformes sociales avant-guerre, puisque seule la Révolution importe alors que les aménagements législatifs pourraient retarder l'échéance, les spécialistes communistes de la question sociale du PCF comme Ambroise Croizat, de la CGT comme Henri Raynaud, deviennent alors des défenseurs d'un système d'organisation centra-

18. C. Chetcuti, « Structure du ministère du Travail depuis 1939 », art. cit., p. 199-205.

19. B. Béthouart, « Le ministère du Travail et de la Sécurité sociale… », art. cit., p. 70. Daniel Mayer, avec un peu plus de deux années de présence au ministère, arrive en seconde position.

20. F. Brunel, *Ernest Pezet (1887-1966), député expert en politique étrangère. Itinéraire parlementaire et construction d'une compétence. 1928-1940*, mémoire de DEA sous la dir. de N. Rousselier, Institut d'études politiques de Paris, 2002, p. 31.

21. M. Pluchon, *Le ministère du Travail*, thèse de doctorat de l'université d'Aix-Marseille, faculté de droit et de sciences économiques, 1965, p. 194.

lisé et concentré de la protection sociale[22]. Les responsables socialistes insistent davantage sur l'importance du droit social, des avantages dont doivent bénéficier les salariés sur le plan professionnel, sanitaire et individuel. Albert Gazier et, à un degré moindre, Pierre Ségelle ou Christian Pineau incarnent cette volonté d'offrir des garanties à des catégories socioprofessionnelles qui attendent de telles mesures de leur part. Le souci de la solidarité se manifeste également en faveur d'un volontarisme dans le traitement des inégalités sociales, aboutissant quelquefois à des blocages dans la gestion délicate de la Troisième Force. Les ministres de centre-droit, proches de la sensibilité chrétienne, se montrent alors plus aptes à gérer des situations de compromis où les affaires coloniales et européennes viennent quelquefois interférer dans les débats socioéconomiques. La marge étroite de manœuvre laissée aux cabinets ministériels après 1947 donne au MRP, situé au centre de l'échiquier, la possibilité de montrer un savoir-faire qui s'appuie sur des convictions cohérentes et un héritage laissé par des pionniers de la question sociale.

L'image bien installée dans les esprits d'un ministère qui va rapidement « tourner à vide », et se contenter de gérer dans le cadre de structures figées après la fin du tripartisme, doit être relativisée. Certes les grandes décisions sont prises sur le plan de la protection sociale mais celle-ci va être soumise à des ajustements après avoir été sérieusement révisée dès l'année 1947. Sur le plan de la législation du travail, des mesures importantes datent de la période des années cinquante comme l'extension du Code du travail aux territoires d'outre-mer et le retour aux pratiques de conventions collectives appuyées sur des représentations syndicales. La formation professionnelle prend son envol, la gestion de l'immigration est alors volontairement liée à cette ambition de donner une plus-value au travailleur par le réel apprentissage d'une compétence. Un certain nombre de dossiers sont cependant bloqués dans les tiroirs des directions ministérielles comme le régime d'allocations de chômage, la coordination des régimes de sécurité sociale des salariés qui forment une véritable mosaïque, le particularisme du régime agricole, le remboursement aux assurés sociaux, et particulièrement aux personnes âgées, des honoraires médicaux. La croissance du coût de la santé oblige les gouvernements à combler les déficits avec les excédents des caisses d'allocations familiales. La politique d'encouragement à la renaissance démographique du pays se trouve sacrifiée au profit des dépenses de l'assurance maladie.

L'avènement de la Vᵉ République redonne au pouvoir exécutif une réelle marge d'initiative au détriment du Parlement dont le rôle est plus effacé. Fort de la confiance du dernier président du Conseil de la IVᵉ République devenu le premier président du nouveau régime politique, Paul Bacon prend des initiatives. Le 2 juin 1959, il met en chantier les textes fondamentaux en vue d'établir un nouveau régime de la Sécurité sociale. Dans le décret du 12 mai 1960, deux réformes majeures sont instaurées : d'une part, une nouvelle répartition du pouvoir entre l'État et les régimes sociaux ainsi qu'entre les élus et les gestionnaires administratifs, d'autre part la révision de l'assurance maladie pour améliorer les prestations et trouver une solu-

22. B. Gibaud, *op. cit.*, p. 130.

tion au problème des frais médicaux. Les URSSAF (Unions de recouvrements des cotisations de Sécurité sociale et d'allocations familiales), au niveau départemental, se substituent aux caisses primaires de sécurité sociale et aux caisses d'allocations familiales : elles alimentent désormais la trésorerie des caisses nationales de sécurité sociale. Paul Bacon met au point les ASSEDIC (Association pour l'emploi dans l'industrie et le commerce) qui assurent aux chômeurs une indemnisation complémentaire de l'aide publique au plan départemental et l'UNEDIC (Union nationale pour l'emploi dans l'industrie et le commerce) grâce à l'ordonnance du 7 janvier 1959. Ces textes ont été préparés sous la IVe République, tout comme la mise au point du projet de participation des ouvriers à l'entreprise[23]. Par la loi du 31 juillet 1959 sur la promotion sociale et celle du 28 décembre 1959 tendant à favoriser la formation économique et sociale des travailleurs appelés à exercer des responsabilités syndicales, Paul Bacon satisfait un de ses espoirs les plus chers : la formation professionnelle. De 1950 à 1962, il trace donc un sillon où les convictions doivent s'accommoder des impératifs de l'heure et prendre en compte les exigences des partenaires politiques et socioéconomiques.

Un bilan partagé pour la période 1944-1962

D'un point de vue politique, le ministère du Travail créé en 1906 apparaît, dès l'origine, comme une preuve de bonne volonté donnée par la classe dirigeante, idéologiquement libérale, au monde des travailleurs qui se rattache, lui, à la tendance socialiste[24]. C'est en quelque sorte une concession qui ressemble un peu à un moindre mal. Ce sentiment se trouve renforcé à la Libération avec l'avènement, dans le cadre du GPRF puis du tripartisme, du ministère du Travail et de la Sécurité sociale qui veut embrasser l'ensemble des champs relatifs à l'entreprise et à la protection sociale. Reprenant les orientations volontaristes du Code de la famille promulguée à la veille du second conflit mondial par les dirigeants de la IIIe République enfin conscients des enjeux démographiques, persévérant dans la volonté de mettre la famille au cœur de la politique sociale du pays, les dirigeants de la nouvelle République impriment une marque sociale profonde à la politique du pays. La Sécurité sociale correspond à une ambition qui fait alors, dans son principe, l'unanimité. Les dirigeants démocrates chrétiens veillent notamment à préserver les acquis familiaux des deux régimes précédents et à leur donner une envergure telle qu'il est possible d'évoquer pour cette période un véritable « âge d'or » en la matière[25]. Cette impulsion en forme de prolongement cohérent d'initiatives se retrouve dans la relance des conventions collectives mais se heurte à des obstacles venus d'horizons divers sur le chantier de la démocratisation de l'entreprise. Malgré les lacunes, les atermoiements et les frilosités des mesures législatives, les ministres successifs et les directeurs du ministère font preuve d'initiative, dont l'index chronologique d'un Code du travail Dalloz des années soixante sert d'attestation. Cependant la

23. Entretien de Paul Bacon avec l'auteur, 25 juillet 1992.
24. M. Pluchon, *op. cit.*, p. 222.
25. M. Messu, *op. cit.*, p. 73.

rigidité formelle laisse souvent des problèmes concrets sans traitement de la part de l'administration centrale. Les appareils syndicaux tels que le CNPF ou la CGT et la CFTC réagissent en fonction des grandes entreprises mais ne prennent pas assez en compte les PME. Les fonctionnaires de terrain sont trop souvent happés par l'actualité à caractère conflictuel et ne sont pas toujours armés pour observer les mouvements de fond qui ne se traduisent pas par des manifestations violentes. Les réticences patronales, les problèmes de gestion du budget de la Sécurité sociale, les résistances mutualistes, le « recentrage » de la Troisième Force tendent à faire perdre au ministère du Travail et de la Sécurité sociale la mission politique de justice sociale qui lui est assignée au départ, dans l'esprit du CNR.

De 1945 à la fin de 1965, le ministère du Travail est structuré en trois entités : les services d'administration générale et de gestion sous l'appellation direction de l'Administration générale et du Personnel, la sécurité sociale prise en charge par la direction générale de la Sécurité sociale et, pour les services extérieurs, les directions régionales de la Sécurité sociale, enfin le travail et la main-d'œuvre qui correspondent tantôt à une seule direction, tantôt à deux sous-ensembles. La tentative à la Libération de mettre en place des instances représentatives, sous la forme d'administrations consultatives, ne vient pas remettre en cause la gestion par les services compétents des directions qui obéissent aux consignes du cabinet. Des hypothèses sont alors émises par des intellectuels comme Raymond Aron et Maurice Duverger sur les deux voies qui semblent possibles : « Les rapports sociaux adopteront une forme nouvelle qui sera la synthèse de l'individualisme et du collectivisme. Si l'on retient cette hypothèse à laquelle souscrit une foule d'intellectuels, on envisage, pour ce qui concerne le ministère du Travail, deux voies possibles : la syndicalisation ou l'étatisation. » La perte de crédibilité des syndicats, leur division, la nécessité de reprendre en main le budget et le contrôle des dépenses publiques à la fin des années quarante inclinent à orienter la réponse du côté de l'étatisation. Les années cinquante représentent le retour discret puis de plus en plus affirmé d'une approche libérale, même si le souhait d'une démocratie politique et socioéconomique contractualisée demeure présent dans l'esprit des responsables socialistes et démocrates-chrétiens de la IVe République puis chez les « modernes » de la Ve République comme Jacques Delors, Martine Aubry ou Nicole Notat. Alors que la formation professionnelle pour adultes et l'appel à une main-d'œuvre immigrée représentent les axes majeurs, sous la IVe République, de la politique de l'emploi, la création du Fonds national de l'emploi par la loi du 18 décembre 1963 dénote un changement d'orientation. Elle manifeste la volonté du ministère du Travail de mettre en œuvre une politique active de l'emploi et de jouer un rôle économique en accompagnant les restructurations jugées nécessaires dans la grande industrie et la conversion des bassins d'emplois les plus fragiles.

Sous la Ve République, le Premier ministre tend à devenir l'interlocuteur privilégié des syndicats par le biais de son conseiller social, il tranche en cas de conflit du ministre du Travail avec l'un de ses collègues tels que le ministre de l'Industrie, celui des Transports, de l'Agriculture, de la Santé, du Commerce et de l'Artisanat qui possèdent tous des populations à statut particulier. D'autres instances ministérielles sont également partie prenante pour une part aux questions de l'emploi : le Commissariat général du Plan dispose par l'intermédiaire de son chef du service social d'une capacité d'initiative d'autant plus importante qu'il s'agit, notamment dans le cas de Jacques Delors, d'une personne qui a l'oreille des syndicats. Le ministre de l'Éducation doit également gérer la prévision des emplois futurs par le biais des formations générales et professionnelles, de même que le secrétariat d'État à la Recherche. Le renforcement de l'exécutif a permis dans les premiers temps du nouveau régime d'imposer des réformes conduites par des ministres souvent issus ou proches de la mouvance démocrate chrétienne, notamment en matière de Sécurité sociale et de formation professionnelle.

L'unanimité de la Libération aboutit à des mesures décisives pour l'installation d'un modèle social français construit sur un régime de Sécurité sociale, une politique familiale ambitieuse et originale, le choix d'un certain nombre de nationalisations et une volonté de participation des travailleurs dans l'entreprise. Les ministres se succèdent rue de Grenelle sans que ces orientations ne soient remises fondamentalement en cause. À la suite de la rupture de 1947, et plus précisément durant les années 1950, le choix d'une politique moins administrée, plus libérale par des gouvernements orientés de plus en plus vers la droite de l'échiquier politique explique la présence de Paul Bacon ou de responsables politiques proches de la mouvance démocrate chrétienne au ministère du Travail et de la Sécurité sociale. Avec le retour du Général en 1958, se décèlent à plus long terme deux orientations apparemment contradictoires; l'une tend à élargir aux affaires sociales les attributs de la rue de Grenelle tout en répartissant certaines compétences dans différents ministères et l'autre concentre la prise des décisions essentielles au sein du cœur de cet exécutif, à l'hôtel Matignon[26]. Le ministère du Travail et de la Sécurité sociale n'aurait-il pas connu une de ses périodes les plus fastes dans les années qui suivent l'euphorie de la Libération ?

26. J. Bordeloup, « Instabilité et faiblesses des ministères sociaux : un symbole inquiétant de la crise de la protection sociale », *Droit social*, n° 1, janvier 1996, p. 71-80.

Témoignage de Mireille Elbaum

Mireille Elbaum a été directrice de la Direction de la recherche, des études, de l'évaluation et des statistiques (DREES) aux ministères chargés des Affaires sociales et de la Santé de 1998 à 2006 et membre du Conseil d'analyse économique (CAE) et du Conseil de l'emploi, des revenus et de la cohésion sociale (CERC). Diplômée de l'ENA en 1982, elle est successivement administrateur civil à la délégation à l'emploi ; chargée, à la division synthèses, de l'élaboration et du suivi des politiques d'emploi (1982-1986) ; en mobilité à l'Institut national de la statistique et des études économiques (INSEE), à la division emploi, puis au service de la conjoncture (1986-1988) ; chargée de l'intérim des fonctions de sous-directeur, adjoint au chef du service des études et de la statistique (SES) du ministère chargé du Travail et de l'Emploi (1988-1990) ; sous-directeur des Finances, de l'Informatique et de la Logistique à la Direction de l'administration générale et de la modernisation des services (DAGEMO) du ministère chargé du Travail et de l'Emploi (1990-1991) ; conseiller du ministre, conseiller pour l'emploi auprès de la ministre du Travail, de l'Emploi et de la Formation professionnelle (1991-1993) ; chef de service, adjointe au directeur de l'animation de la recherche, des études et des statistiques (DARES) au ministère chargé du Travail et de l'Emploi ; en 1997-1998, chargée d'une mission par la ministre de l'Emploi et de la Solidarité.

Le témoignage qui m'a été demandé sur la façon dont les liens entre ministère du Travail et protection sociale ont évolué dans la période récente m'a laissée au départ un peu interrogative.

En effet, les contributions présentées lors de cette session ont montré que la prévoyance sociale, les assurances sociales obligatoires, puis, à partir de 1946, la Sécurité sociale avaient constitué depuis l'origine l'un des grands volets de l'action du ministère, dénotant une vision cohérente ou du moins complémentaire du développement des droits des travailleurs dans le domaine des relations individuelles et collectives du travail d'une part, de la protection sociale de l'autre, sur la base d'un fondement professionnel très prégnant.

Or mon expérience, entamée en 1982 dans le secteur Travail-emploi, puis poursuivie à partir de 1998 dans le secteur Santé-solidarité avec la création de la DREES, m'a au contraire donné le sentiment d'une dissociation assez prononcée entre les questions d'emploi et de travail et les évolutions de la protection sociale. Les priorités des deux secteurs du ministère m'ont à cet égard paru avoir peu de points communs, leurs relations étant polarisées sur des thèmes particuliers, avant tout liés au marché du travail et aux politiques d'emploi.

Ce sentiment issu d'une expérience subjective m'a conduit à reprendre la chronologie des structures ministérielles, et à hasarder une hypothèse, que j'évoquerai dans la première partie de cette intervention.

J'énumérerai ensuite les principaux sujets à travers lesquels j'ai vu les relations se nouer entre la sphère de l'emploi et celle de la protection sociale, avant de m'interroger sur les perspectives, et notamment le retour de l'idée d'un « statut unifié du travailleur », sans doute bien différent de la conception de l'emploi stable à carrière ascendante, inséré dans des collectifs de travail, qui prévalait pendant les « Trente Glorieuses ».

Une hypothèse : la dissociation et la fragmentation des liens entre ministère du Travail et politiques de protection sociale, en lien avec la montée des problèmes et des politiques d'emploi.

Cette hypothèse part d'un vécu subjectif et devrait bien sûr être étayée, d'autant que les liens antérieurs entre politique de la main-d'œuvre et sécurité sociale peuvent avoir été moins étroits que ne le suggère l'examen des structures ministérielles.

On peut néanmoins formuler un premier constat : la configuration ministérielle associant Travail et Prévoyance ou Sécurité sociale, qui a été largement prégnante entre 1906 et la Seconde Guerre mondiale, puis entre 1945 et 1969, a pris fin à partir de cette date, et plus définitivement à partir de 1977.

Deux configurations ont alors été observées, en alternance plus ou moins rapide :
– une partition entre Travail et Emploi d'un côté (à partir du ministère Fontanet en 1969), Santé et Sécurité sociale de l'autre (ministère Boulin), avec des variations quant au rattachement des questions de population et d'immigration, et un plus ou moins grand éclatement ministériel des politiques de santé, de sécurité sociale et d'action sociale, conduisant selon les cas à un nombre plus ou moins élevé de ministères pleins, de ministères délégués ou de secrétariats d'État ;
– un grand ministère des Affaires sociales (Bérégovoy en 1983, Séguin en 1986, Barrot en 1995 ou Aubry en 1997), mais qui a selon moi davantage joué le rôle de ministère « chapeau » chargé d'accroître le poids du secteur social dans le concert interministériel que d'intégrateur des deux sphères Travail et Santé-sécurité sociale, qui ont continué à fonctionner de façon dissociée.

En témoignent par exemple la partition des services communs et la création de la DAGEMO en 1990, ainsi que la création des deux directions d'études, DARES et DREES, respectivement en 1993 et 1998.

Deux périodes font toutefois exception, avec le retour de la configuration antérieure Travail-Sécurité sociale : il s'agit des années 1972-1973 et 1974-1977 (avec respectivement les ministères E. Faure, M. Durafour et C. Beullac), mais avec le recul, elles apparaissent plutôt comme des soubresauts dans une évolution tendancielle, qui a conduit à aborder les questions de travail et de protection sociale dans une optique plus « interministérielle » que « ministérielle ».

Il me semble en effet que cette dissociation, amorcée à partir de 1969, des structures ministérielles ayant en charge le travail et la sécurité sociale est pour partie le reflet d'évolutions de fond dans les problématiques des politiques sociales :

– d'un côté, à partir de 1963, et bien sûr plus encore à partir de 1975, on a assisté au développement et à la montée en puissance des politiques d'emploi et du marché du travail, auxquelles est venue s'adjoindre la dimension formation professionnelle, ces politiques ayant pris une place grandissante dans l'action du ministère du Travail ;
– de l'autre, la tendance à l'extension et à la généralisation de la protection sociale dans les domaines de la maladie et de la famille a entraîné un relâchement des liens avec le statut du travail *stricto sensu*, tandis que la montée des problèmes d'équilibre financier de la sécurité sociale en faisait, de façon quasi permanente, un problème politiquement prioritaire appelant une régulation spécifique, à la fois en termes de financement et de maîtrise des dépenses, ce qui a conduit à une polarisation des politiques sur l'assurance maladie (cf. les plans Séguin de 1986).

Ainsi l'année 1967 est-elle marquée, deux ans avant la séparation des deux secteurs, à la fois par la création de l'ANPE et par la promulgation des ordonnances relatives à la Sécurité sociale, qui, face à un déséquilibre des comptes, créent des branches administrativement séparées, accroissent les cotisations salariales (avec un déplafonnement de celles-ci), et augmentent le ticket modérateur sur les soins ambulatoires.

Le paradoxe veut que le sous-emploi massif dans lequel nous sommes entrés à partir du milieu des années 1970, alors qu'il minait simultanément les fondements du système d'emploi et les ressources de la protection sociale, a plutôt conforté le développement de sphères politiques séparées, dont les relations se sont polarisées sur :
– les droits à la couverture sociale des chômeurs et des bénéficiaires des politiques d'emploi, dans le cadre des différents statuts intermédiaires que celle-ci leur a successivement attribués ;
– les problèmes de coût du travail et de financement de la Sécurité sociale, avec l'idée que le coût de la protection sociale pouvait être un frein à l'emploi, et la question des exonérations de charge employeurs et de leur remboursement.

C'est en tout cas à travers ces deux prismes que, à travers mon expérience personnelle amorcée en 1982 à la délégation à l'Emploi, j'ai largement perçu les rapports entre le ministère du Travail et la sphère de la protection sociale.

À noter, d'abord qu'une partie importante de celle-ci, à savoir l'indemnisation du chômage, est toujours restée dans le champ de compétences du ministère du Travail, alors que ce n'est le cas ni des autres régimes contributifs à gestion paritaire que sont les retraites complémentaires ni des minima sociaux autres que l'Allocation de solidarité spécifique (ASS), et notamment du Revenu minimum d'insertion (RMI).

L'UNEDIC n'est d'ailleurs pas reconnue au sein de notre sphère ministérielle comme relevant réellement de « la protection sociale », alors qu'il s'agit bien d'une assurance sociale obligatoire. Elle n'a, paradoxalement, jamais été intégrée dans les réflexions menées par les pouvoirs publics pour rendre le financement de la protection sociale plus favorable à l'emploi, l'idée d'« activation des dépenses » lui ayant été préférée par les partenaires sociaux, gestionnaires paritaires du régime.

Sur la première thématique, à savoir les droits à couverture sociale des chômeurs et des bénéficiaires des politiques d'emploi, se sont ainsi notamment posées les questions :

– de transition entre préretraites (ou chômage de fin de carrière) et retraites, avec des problèmes de cohérence à assurer pour éviter les ruptures de droits ;

– de validation des droits à la retraite des chômeurs indemnisés et non indemnisés, avec d'épineux problèmes de financement des points de retraites complémentaires ;

– de statut au regard des droits sociaux des « stagiaires de la formation professionnelle », statut souvent utilisé pour des formules d'insertion dans l'emploi ;

– plus récemment, de couverture complémentaire maladie des personnes qui n'en souscrivaient pas du fait de la modicité de leurs ressources.

Le problème du coût du travail a par ailleurs constitué depuis une bonne trentaine d'années le « nœud » des relations entre ministère du Travail et Sécurité sociale, avec implicitement mis en avant non plus la complémentarité, mais l'antagonisme potentiel entre emploi et protection sociale, à travers la charge de son financement.

Aux premières mesures jeunes mises en place dans les années 1970 se sont en effet ajoutées ou substituées au fil du temps plus de quarante mesures utilisant l'abaissement du coût du travail comme modalité d'aide spécifique à l'emploi. Sur ce total, vingt étaient en vigueur en 1996, les « publics cibles » ayant été complétés et modulés au cours du temps : jeunes en alternance, chômeurs créateurs d'entreprise, chômeurs de longue durée dans le cadre d'emplois marchands ou non marchands, secteurs spécifiques (services aux personnes, par exemple) ou zones géographiques en difficulté (ZRU : Zones de redynamisation urbaine ; ZFU : Zones franches urbaines).

S'y sont ajoutées des aides générales à l'emploi d'abord centrées sur l'embauche du premier salarié ou de salariés à temps partiel (1981 et 1992), puis suivies par des dispositifs beaucoup plus amples et ambitieux en faveur des emplois non qualifiés (exonérations Balladur et Fillon), ou de la réduction du temps de travail.

Alors que la Sécurité sociale était dans le même temps contrainte à augmenter les taux de cotisations et à élargir l'assiette de ces dernières pour faire face à ses problèmes de financement, la question de la charge de ces exonérations a été un point épineux et récurrent des relations entre les deux départements ministériels : chiffrages et contre-chiffrages sur l'impact financier en retour des aides à la création d'emplois, loi Veil de 1994 actant le principe de remboursement des exonérations aux régimes de Sécurité sociale, heurs et malheurs du Fonds pour la réduction des cotisations sociales (FOREC) entre 1999 et 2004.

Deux thématiques ont enfin été plus spécifiquement mises en avant dans la période récente, même s'il s'agit pour partie de « vieux » sujets de débat.

Il s'agit d'abord de la question des incitations à l'emploi et des contreparties associées aux dispositifs de minima sociaux qui, prenant le relais de dispositifs « d'assistance sociale », sont désormais, par leur généralité et par leur ampleur, un pan intrinsèque du système français de protection sociale. Le sujet principal est bien sûr le RMI (et dans une moindre mesure l'Allocation parent isolé : API), avec la mise en place et la modification continue (voire effrénée) de différents mécanismes d'intéressement ou de contrôle, et, au terme d'une approche plus globale, l'instauration en 2003, en lien avec une réforme des aides au logement, de la prime pour l'emploi, crédit d'impôt censé limiter les phénomènes de pauvreté laborieuse et de « trappe à inactivité ».

Émerge par ailleurs, de façon plus récente, la question des créations d'emploi, associées au développement des importantes prestations sociales en nature qui ont caractérisé l'évolution de la protection sociale ces dernières années, comme les aides à la garde d'enfant et les prestations destinées aux personnes âgées dépendantes ou handicapées (Allocation personnalisée d'autonomie, Prestations de compensation), avec des enjeux qui deviennent particulièrement importants en termes de recrutement et de formation.

En termes de perspectives, je voudrais, en guise de conclusion, terminer sur deux interrogations. Alors qu'il s'agit d'une dimension essentielle de l'articulation entre marché du travail et protection sociale, et d'une source d'explication importante des différences nationales en matière de démographie et d'offre de travail, on ne peut que s'interroger sur la relativement faible implication du ministère du Travail dans l'élaboration des politiques familiales, contrairement aux politiques migratoires où il a pris, on l'a vu, une part active. Or la politique familiale française, dont les analyses ont montré qu'elle était dans l'ensemble favorable à la fois à l'activité féminine et au maintien de la fécondité, oscille néanmoins entre un objectif de conciliation vie familiale/vie professionnelle et des mesures favorisant le retrait du marché du travail des mères de jeunes enfants, en particulier non qualifiées (Allocation parentale d'éducation : APE, API), pour lesquelles les enjeux en termes de ressources en main-d'œuvre sont sans doute aussi importants que ceux concernant les jeunes ou les travailleurs âgés.

La deuxième interrogation porte sur les contours et le réalisme de ce qui pourrait être un statut unifié du travailleur, susceptible de faire alterner, sans ruptures de droit, les périodes d'emploi (y compris à durée limitée), de formation et de chômage. Il est clair à cet égard que si les protections de base ont eu tendance, tout du moins pour les salariés du secteur privé, à s'autonomiser vis-à-vis du cadre professionnel *stricto sensu*, c'est loin d'être le cas pour les couvertures complémentaires, pour lesquelles, en matière de maladie comme de prévoyance, ce sont les contrats collectifs proposés par les entreprises qui offrent de loin les meilleures protections. Et l'on peut aussi s'interroger sur la dimension exclusivement « individuelle » que pourrait avoir un tel projet par rapport au statut d'emploi des Trente Glorieuses, en se demandant quels cadres de régulation collectifs pourraient alors assurer, au-delà des seuls droits individuels, la responsabilisation et l'implication des acteurs sociaux.

Quatrième partie

Des politiques de main-d'œuvre aux politiques d'emploi

La politique de la main-d'œuvre : un domaine d'action atypique du ministère du Travail et de la Prévoyance sociale (1914-1950) ?

Vincent Viet

Qui s'intéresse à l'action publique peut difficilement dissimuler sa perplexité devant les ondulations et les métamorphoses de la politique française de main-d'œuvre au cours de sa période de prédilection historique : 1914-1950. Cette politique, qui recouvre les opérations de placement, de compensation, d'affectation et de formation des mains-d'œuvre disponibles sur le marché du travail ou acheminées de l'étranger ou des colonies, a connu en effet de nombreux et spectaculaires retournements de conjoncture. Elle s'est mesurée tantôt à un chômage massif[1], tantôt à des pénuries aiguës de main-d'œuvre[2], tantôt encore à des situations mixtes (chômage et manque criant de main-d'œuvre qualifiée). C'est pourtant un bouleversement d'une incomparable netteté que dévoile son parcours *in fine* : d'une absence quasi totale de régulation institutionnelle sur le marché du travail avant la Grande Guerre à l'établissement, en 1945, d'un contrôle théoriquement absolu sur les conditions de placement, d'embauche et de licenciement !

Les différentes phases de cette transformation se sont, à vrai dire, prêtées à des formes d'instrumentalisation idéologique, politique ou militaire. Conçue pour « adapter aussi exactement que possible les ressources humaines d'une nation à ses besoins économiques[3] », la politique de la main-d'œuvre a d'abord servi, pendant la Première Guerre mondiale – son événement fondateur –, la cause patriotique de la nation en armes, mobilisant sans exclusive toutes les mains-d'œuvre disponibles ou supplétives (coloniale, étrangère et « exotique »). Elle s'est, dès les années 1920 et 1930, acoquinée avec un « protectionnisme ouvrier » au point d'orchestrer, dans bien des secteurs économiques ou professions, une certaine « préférence nationale ». À partir des années 1937-1938, le réarmement et la mobilisation industrielle face à l'Allemagne nazie l'ont de nouveau amenée à faire feu de tout bois. Elle est devenue, sous l'Occupation, l'un des axes majeurs de la collaboration du régime

1. Août 1914-printemps 1915 ; septembre 1931-septembre 1937 ; septembre 1939-décembre 1939 ; 22 juin 1940-fin 1941.
2. 1915-1930 ; 1937-1940 ; 1941-1945.
3. J. Desmarest, *La politique de la main-d'œuvre en France*, Paris, PUF, 1946, p. 1.

de Vichy avec les autorités du Troisième Reich, au prix d'un renversement spectaculaire de ses orientations : la Relève et le STO ont, en effet, sapé ses fondements patriotiques et subverti les procédures tendant à favoriser la main-d'œuvre nationale aux dépens des travailleurs étrangers[4]. C'est seulement à la faveur de la « Bataille de la production[5] », reconstruction oblige, que cette politique a pu redorer sa légitimité et reprendre du service, avant... d'être supplantée, au milieu des années 1950, par une politique plus libérale de l'emploi.

Mais au niveau des structures administratives qu'en a-t-il été ? Comment, dans le champ de compétences du ministère du Travail (MT), ces sinuosités forcées ont-elles pu être assumées, sans que soit affecté le développement régulier, sur toute la période considérée, des droits sociaux des salariés ? L'hypothèse avancée dans cette communication est celle d'une atypie fonctionnelle, léguée pendant la Grande Guerre par le ministère de l'Armement à son homologue du Travail : la politique de la main-d'œuvre se serait alors autonomisée selon des règles de droit et des modalités spécifiques, sans parenté aucune avec la manière dont le droit du travail et les formes de protection sociale s'étaient jusque-là constitués et développés. La guerre terminée, les problèmes de main-d'œuvre ont été pris en charge par des services *ad hoc*, dont les compétences étaient clairement séparées de celles du noyau originel des services extérieurs du MT, l'inspection du travail (IT), qui veillait à l'application du droit du travail. Une telle division tiendrait pour partie à des différences de formation, de corps, de statut, de culture et de compétences entre agents de services distincts. Mais elle s'explique aussi par la persistance d'un dilemme jusqu'aux années 1933-1935, largement conditionné par la pénurie séculaire de main-d'œuvre : fallait-il privilégier une organisation des services qui protège la main-d'œuvre française contre la « concurrence » des travailleurs étrangers, quitte à renforcer les services de main-d'œuvre existants ? Ou remédier au déficit chronique de main-d'œuvre en favorisant l'immigration et en organisant, par le truchement de structures adéquates, la répartition sur grande échelle des travailleurs étrangers ? Devait-on, autrement dit, séparer ou réunir les services et leurs fonctions ? Si ce dilemme a été tranché par la fusion de l'Office central de la main-d'œuvre et du Service de la main-d'œuvre étrangère, en 1933, alors même que les effets de la crise économique se faisaient sentir, l'autonomie des services de main-d'œuvre, formellement placés à partir de 1935 sous l'autorité de l'IT, s'est maintenue, la réglementation du travail étant séparée de la gestion de la main-d'œuvre. En renforçant l'organisation publique du placement, le régime de Vichy a de surcroît polarisé la question de l'articulation des services de main-d'œuvre, intégralement transformés en organismes d'État, et des services de l'IT, sans lui apporter une réponse cohérente.

Au-delà des structures administratives, c'est l'articulation entre un « droit de la main-d'œuvre », conçu pour protéger la main-d'œuvre nationale contre la concurrence des travailleurs étrangers, et le droit social (droit du travail et de la protection

4. V. VIET, « Vichy dans l'histoire des politiques françaises de la main-d'œuvre », *Travail et Emploi*, n° 98, avril 2004, p. 77-93.
5. M. MULLER, *Le pointage ou le placement. Histoire de l'ANPE*, Paris, L'Harmattan, 1991.

sociale) qu'il convient d'interroger. De facture régalienne, le premier comportait des dispositions réversibles susceptibles d'être à tout moment durcies, allégées, suspendues ou mises en veilleuse. Sa souplesse permettait de sauvegarder la progressivité du droit social dont la remise en cause – même partielle – eût suscité des mouvements sociaux ou impliqué la dénonciation de conventions internationales ou de traités d'immigration. Flexibiliser le marché du travail, sans porter atteinte au caractère universaliste du droit du travail – qui concernait Français et étrangers au travail – ni au caractère transnational de la protection sociale[6] : voilà bien la fonction d'une atypie, dont le prix à payer, dans l'un des tout premiers pays d'immigration au monde, fut des pratiques discriminantes et des clivages institutionnels.

Le legs de la guerre

C'est à son corps défendant – celui de l'IT – que le ministère du Travail et de la Prévoyance sociale hérita des questions de main-d'œuvre, pendant la Première Guerre mondiale. Rien ne prédisposait ce jeune département, en charge, depuis sa création en 1906, des travailleurs salariés de l'industrie et du commerce protégés par les lois sur le travail et des prévoyants dans leur très grande majorité non salariés, à gérer les opérations de placement, de formation et d'affectation. N'existait-il pas déjà une organisation du placement, régie par la loi du 14 mars 1904, qui obligeait les communes de plus de 10000 habitants à créer des bureaux municipaux de placement gratuits, tout en accordant un régime plus favorable aux Bureaux gratuits, gérés par les syndicats, bourses de travail ou sociétés de secours mutuels : celui de la simple autorisation ? Certes, le MTPS avait dû se résoudre, par décret du 15 octobre 1911, à subventionner les municipalités ayant créé un bureau gratuit, car « aucune disposition légale n'avait rendu obligatoire l'inscription au budget communal des crédits nécessaires au fonctionnement effectif du bureau de placement[7] ». Mais sa contribution financière, au demeurant très faible (70000 francs en 1913), ne préjugeait aucunement de son intervention ultérieure dans ce domaine. Tout au plus visait-elle à seconder des initiatives locales de portée fort limitée.

Une note émanant de la direction du Travail retrace minutieusement les étapes de la prise de contrôle par le MT du placement, prélude à une politique publique de la main-d'œuvre[8]. Il fallut d'abord et avant tout s'occuper des 2 millions de chômeurs privés de salaire et du million de réfugiés jetés sur les routes par l'invasion allemande des départements de l'Est et du Nord de la France. Forcément onéreux, le traitement assistanciel de la crise n'était cependant viable que couplé au placement et subordonné à l'existence d'un chômage involontaire résultant d'un manque général de travail. Il importait en outre d'inciter les chômeurs et réfugiés à

6. P.-A. Rosental, « Géopolitique et État providence : le système-monde des migrations internationales dans l'entre-deux-guerres », *Annales. Histoire, sciences sociales*, 61, 1, janvier-février 2006, p. 99-134.
7. « L'organisation administrative du placement des travailleurs », *Revue internationale du travail*, vol. VI, juillet-décembre 1922, p. 21-40.
8. CAC 760130, art. 2 : « Note sur la part prise par le ministère du Travail à l'organisation de la Défense nationale pendant la guerre 1914-1918 », août 1922.

reprendre du travail, sans omettre de reconsidérer la situation des personnes ayant refusé les emplois proposés par les organismes de placement. D'où la nécessité de réformer à grande échelle une organisation du placement qui n'avait pas été conçue, avant guerre, pour lutter contre le chômage, mais pour protéger les ouvriers contre les abus des bureaux de placement privés et patronaux[9]. La création avec l'Intérieur (compétent en matière d'assistance), en octobre 1914, d'un Office central de placement des chômeurs et des réfugiés, appelé à suppléer à l'insuffisance des institutions locales de placement public, en fut la première étape. Rattaché exclusivement au MT à partir du 1er juin 1915 et appuyé par des comités départementaux d'action économique, strictement paritaires[10] (patrons et ouvriers), cet Office jouait le rôle d'interface entre les préfets qui lui fournissaient des listes de réfugiés et de chômeurs et les organes de placement créés par de grandes associations patronales[11]. Il s'efforçait de repérer, après des examens professionnels organisés avec le concours de l'IT, les chômeurs et réfugiés, susceptibles de travailler pour les fabrications de guerre. 57 000 placements furent ainsi effectués entre le 1er novembre 1914 et le 31 décembre 1916.

Signe que la rationalisation aiguillonnait désormais les milieux administratifs, la diminution rapide des contingents de main-d'œuvre inemployée ne désarma pas les efforts du MT en matière de placement. L'idée se fit jour que le placement pouvait contribuer au meilleur rendement de la main-d'œuvre disponible, selon le principe du *right man at the right place* dont la psychotechnique allait bientôt faire son credo. Mais était-ce suffisant, quand le retour de la pénurie de main-d'œuvre en limitait déjà l'application ? Il fallait aussi enjoindre aux industriels de « remplacer les ouvriers de métier qui font défaut, et d'une manière générale, d'économiser la main-d'œuvre qualifiée[12] ». Cette appréhension pragmatique de la situation explique la généralisation et la pérennisation du service public de placement : celui-ci n'avait de chance de remplir sa fonction régulatrice que si des actions en matière de formation – les femmes[13] et les étrangers en auront au total très peu profité – et d'organisation du travail étaient parallèlement menées, aux fins d'élargir le champ des affectations possibles des demandeurs d'emploi. En 1918, presque tous les départements avaient créé « sans aucune contrainte légale[14] » un office départemental de placement « constitué en organe distinct et disposant de ressources spéciales pour son action régulatrice du marché de la main-d'œuvre », subventionné pour partie par l'État depuis la loi de finances du 29 novembre 1915, et compétent pour toutes les

9. L'activité de ces bureaux, notamment dans l'alimentation en général, était tenue responsable des bas salaires et de « l'exploitation honteuse des jeunes gens et jeunes filles arrivant de la province » (*Rapport sur le placement*…, Chambre des députés, n° 1358, 26 novembre 1936).
10. Intervention de Justin Godart, Chambre des députés, séance du 25 mars 1915.
11. Comité central des houillères, Comité des Forges de France, Office national de la main-d'œuvre agricole, Union des syndicats patronaux des industries textiles, Grandes compagnies de chemins de fer, Comité central franco-belge.
12. AN F22 555 : circulaire du 9 décembre 1916 aux inspecteurs divisionnaires du travail et celle de C. Roden, du 21 février 1917.
13. L. L. Downs, *L'inégalité à la chaîne. La division sexuée du travail dans l'industrie métallurgique en France et en Angleterre*, Paris, Albin Michel, 2002, p. 125.
14. CAC 920251, art. 7 : « Organisation du placement public », 22 janvier 1942.

professions, y compris agricoles. Cette organisation départementale fut complétée, en janvier 1918, par la création de 6 offices régionaux de placement, destinés à coordonner et à stimuler l'activité des offices départementaux groupés en régions, et à faire la compensation à l'échelon régional. Sans être forcément le meilleur indicateur d'efficacité, la progression du nombre de placements effectués marque assurément un changement d'échelle par rapport à la situation de l'avant-guerre : de 84 000 placements effectués en 1910 (pour 70 000 francs de dépenses de fonctionnement) à près de 1 080 000 (pour 4 670 000 francs de dépenses de fonctionnement) en 1920 et en 1921[15].

Un degré supplémentaire fut franchi dans la centralisation de la gestion de la main-d'œuvre avec la création, en septembre 1915, d'une Commission interministérielle de la main-d'œuvre au MT dont la présidence fut confiée, dans un souci d'apaisement, à Arthur Fontaine[16], puis au sénateur Henry Bérenger[17]. En accord avec l'ensemble des ministères employant des travailleurs, il fut décidé que celle-ci aurait pour mission de

> « [...] coordonner l'action des diverses administrations intéressées en ce qui touche, d'une part, le placement des chômeurs, des réfugiés, des mutilés et réformés de la guerre, et, d'autre part, le recrutement de la main-d'œuvre nationale et étrangère nécessaire aux exploitations industrielles, commerciales et agricoles et particulièrement aux établissements publics et privés travaillant pour la défense nationale, ainsi que l'utilisation rationnelle et la protection de cette main-d'œuvre[18] ».

Une coordination sur le territoire métropolitain apparaissait d'autant plus nécessaire que le ministère des Colonies assurait le recrutement de la main-d'œuvre industrielle et agricole dans toutes les possessions, colonies et pays soumis au protectorat de la France (le décret du 23 mars 1917 étendra cette action à l'Afrique du Nord) et que le ministère de l'Armement restait « chargé d'assurer le recrutement, la répartition et le contrôle de toute la main-d'œuvre nécessaire aux fabrications de guerre[19] ». Source de frictions entre services recruteurs, cette organisation fut simplifiée par le décret du 18 octobre 1917 qui confia l'ensemble des opérations d'évaluation des besoins, de recrutement et de répartition de la main-d'œuvre au MT. S'il laissait logiquement à ce dernier le soin d'assurer le recrutement de la main-d'œuvre étrangère, ce décret reconnaissait cette compétence au ministère de l'Agriculture pour les exploitations rurales[20]. De là le transfert au MT des services régionaux de main-d'œuvre civile et du service de la main-d'œuvre étrangère (SMOE) qui fonctionnaient au ministère de l'Armement. Les ministères des Colonies, de l'Agriculture et

15. CAC 760130, art. 2 : « Note sur la part prise par le MT... »
16. Albert Thomas en avait fait la demande écrite au MT, dans une lettre datée du 10 septembre 1915, ce qui désarmait du même coup les tensions entre le MT et le SSAEM (B. W. SCHAPER, *Albert Thomas. Trente ans de réformisme social*, Paris, PUF, 1953, p. 108).
17. Voir sa composition exacte in *Bulletin des usines de guerre*, n° 9, 26 juin 1916, p. 68-69.
18. Arrêté du 1er mars 1916 pris par le ministre du Travail.
19. Décret du 31 décembre 1916.
20. Le ministère des Colonies assurait le recrutement et gardait le contrôle de la main-d'œuvre coloniale et assimilée ; le ministère de la Guerre assurait l'administration et le contrôle de la main-d'œuvre des prisonniers de guerre.

de la Guerre conservaient leurs propres services de main-d'œuvre, respectivement le Service d'organisation des travailleurs coloniaux (STOC), chargé de l'administration et du contrôle des contingents d'ouvriers coloniaux et de travailleurs chinois ; le Service de la main-d'œuvre agricole (SMOA), chargé de recruter de la main-d'œuvre étrangère pour l'agriculture ; et, enfin, le service chargé du contrôle de la main-d'œuvre des prisonniers de guerre.

C'était bien la première fois depuis sa naissance, en 1906, que le MT phagocytait des services étrangers à ses structures originelles. S'il avait été choisi comme *recruteur et répartiteur en chef* de la main-d'œuvre, c'est « précisément parce qu'il [n'avait] pas de fabrication à assurer, qu'il [n'employait] pas lui-même directement d'ouvriers ». Il paraissait donc « tout à fait qualifié pour jouer le rôle de médiateur et effectuer entre les services demandeurs de main-d'œuvre une répartition impartiale, tenant compte des besoins de chacun d'eux et de leur degré d'urgence[21] ». Du même coup, la politique de la main-d'œuvre héritait des méthodes d'organisation militaire[22] de l'Armement, ainsi que des catégories socio-juridiques et socio-ethniques, élaborées par la Commission interministérielle de la main-d'œuvre dans un souci de rationalisation administrative : mains-d'œuvre militaire, civile, féminine, coloniale par origine, étrangère par nationalité, prisonniers de guerre. Le décret du 18 octobre 1917 distingue, voire hiérarchise, cinq classes de main-d'œuvre :

> « 1°) La main-d'œuvre civile, masculine et féminine ; 2°) La main-d'œuvre devenant disponible parmi les hommes mobilisés ou mobilisables affectés à des établissements travaillant pour la Défense nationale et placée sous le régime de l'article 6 de la loi du 17 août 1915 [loi Dalbiez] ; 3°) La main-d'œuvre mobilisée qui pourrait être mise à sa disposition par le ministre de la Guerre ; 4°) Les prisonniers de guerre mis à sa disposition par le ministre de la Guerre ; 5°) La main-d'œuvre étrangère et coloniale. »

Si l'on retranche de cette classification les trois catégories liées à la guerre, une division fonctionnelle se dessine : d'un côté, la main-d'œuvre civile, masculine et féminine ; de l'autre, la main-d'œuvre étrangère et coloniale, assujettie, depuis le décret du 18 avril 1917, à une carte d'identité et de circulation. Cette dichotomie, engendrée par la rationalisation militaire – et vraisemblablement influencée par la gestion coloniale de la main-d'œuvre –, allait structurer, dans l'entre-deux-guerres, un double dualisme dans les services extérieurs du MT : d'une part, au sein des services de main-d'œuvre, entre la gestion de la main-d'œuvre nationale et celle des mains-d'œuvre étrangère et coloniale ; d'autre part, entre ces mêmes services et l'IT chargée de veiller à l'application du droit du travail[23].

21. *Rapport au Président de la République*, 10 octobre 1917, *Bulletin des usines de guerre*, n° 20, 22 octobre 1917, p. 204.
22. S. Rials, *Administration et organisation. De l'organisation de la bataille à la bataille de l'organisation dans l'administration française*, Paris, Beauchesne, 1977.
23. Les inspecteurs regagnant, après la guerre, leur corps d'origine.

Des dualismes structurels

Si elle a précipité l'intervention du Travail dans les questions de la main-d'œuvre, la Première Guerre mondiale n'a pas entraîné la centralisation de tous les services et organismes intéressés. « L'intervention de l'État s'est d'abord contentée d'encourager les initiatives des autorités locales [avant 1914] ; elle les a ensuite coordonnées [au cours du premier conflit mondial et dans l'entre-deux-guerres] pour se substituer finalement à elles [de la Seconde Guerre mondiale jusqu'aux années 1950] [24]. » Cette évolution en trois temps est cependant loin d'avoir suivi un rythme égal : la phase d'étatisation fut précédée d'une période relativement longue, au cours de laquelle les services de l'État composèrent avec des collectivités locales [25] (bureaux municipaux et offices départementaux), ainsi qu'avec des opérateurs privés (bureaux de placement privés, gratuits ou payants). Enfin, les deux guerres mondiales et la crise des années 1930 catalysèrent, par leurs effets cumulés, l'étatisation de la gestion de la main-d'œuvre.

Les archives montrent clairement que la justification administrative de ce processus s'est appuyée, d'une part, sur l'analyse par l'IT des relations – ou non-relations – qu'elle entretenait avec les services de main-d'œuvre ; d'autre part, sur une appréciation constamment critique de l'organisation communale et départementale du placement. Tout s'est passé comme si la réflexion *pro domo* du Travail sur l'organisation du placement, relayée au Conseil national économique (CNE) par des rapporteurs issus de l'IT [26], avait légitimé des réformes de structure que des événements politiques et économiques de grande ampleur (les guerres et la crise des années 1930) rendaient de toute façon inévitables. On peut certes y voir l'empreinte d'une certaine technocratie préparant et justifiant ses décisions par l'identification de dysfonctionnements passés, alors même que la grande majorité des représentants patronaux et ouvriers était hostile au principe du monopole d'État [27]. On peut aussi considérer l'étatisation de la gestion de la main-d'œuvre comme le fruit d'un double processus inauguré par la Première Guerre mondiale : la déterritorialisation des politiques sociales depuis les années 1910 et la construction concomitante d'un modèle de protection sociale principalement assis sur la relation salariale.

L'organisation des services de main-d'œuvre entre les deux guerres fut ainsi parcourue de tensions entre deux conceptions radicalement opposées de la gestion de la main-d'œuvre : l'une, localiste, fondée sur une réelle autonomie exécutive des collectivités locales, le pouvoir central se bornant à contrôler l'activité des organismes placés sous leur contrôle et à leur verser des subventions ; l'autre – léguée

---

24. CAC 920251, art. 8, J. Ribas, *Rapport sur l'amélioration du fonctionnement des services de main-d'œuvre* [1948].
25. F. de Barros, *L'État au prisme des municipalités. Une comparaison historique des catégorisations des étrangers en France (1919-1984)*, thèse de doctorat sous la dir. de M. Offerlé, université Paris I, 2004.
26. Tel Pierre Pouillot, qui avait dirigé le SMOE. Cf. A. Chatriot, *La démocratie sociale à la française. L'expérience du Conseil national économique, 1924-1940*, Paris, La Découverte, 2002.
27. CNE, *La main-d'œuvre et le chômage*, II : *La réorganisation du placement*, rapport de P. Pouillot, inspecteur divisionnaire du travail et de la main-d'œuvre, et de J. Lucius, Melun, Imprimerie administrative, 1937.

par Albert Thomas – technocratique et par certains côtés jacobine, soucieuse de se doter des moyens d'aboutir à une régulation globale et quasi instantanée du marché du travail. Cette dernière conception était assurément celle du MT qui cherchait, dans le même temps, à affranchir la protection sociale de la tutelle des élus locaux en promouvant les assurances sociales. Le renforcement du contrôle de l'État sur la gestion de la main-d'œuvre était notamment présenté par les fonctionnaires de ce ministère, Pierre Pouillot en tête, comme le remède obligé au foisonnement, jugé stérile et inefficace, des services locaux de main-d'œuvre (bureaux municipaux et offices départementaux).

De fait, il existait depuis la fin de la Grande Guerre une multitude d'organismes privés ou publics, payants ou gratuits, impliqués dans le placement. Outre les bureaux privés, dont le poids et le rôle sont difficiles à apprécier, on dénombrait, en 1922, 86 Offices départementaux dont 3 en Alsace et Lorraine et 2 en Algérie. Au total, 220 villes étaient pourvues d'offices et de bureaux municipaux [28] subventionnés par l'État et flanqués de commissions paritaires [29].

Un tel foisonnement contrastait avec le centralisme des services de l'État, tiraillés entre la tentation de protéger le marché du travail national et celle, non moins vive, de fournir à celui-ci les travailleurs étrangers dont il avait tant besoin. Sans doute existait-il 7 Offices régionaux, héritiers des antennes du Service ouvrier du ministère de l'Armement[30] ; mais c'étaient bien « des services détachés de l'administration centrale », dont les directeurs et agents étaient nommés par le MT. Interfaces entre les autorités locales et l'administration centrale, ils étaient chargés de coordonner les efforts des Offices départementaux et de compenser les offres et les demandes d'emplois entre les départements et entre les régions : deux tâches, qui, jointes à l'établissement de statistiques centralisées par l'administration centrale, permettaient d'avoir une vision globale du marché du travail.

Les services de la main-d'œuvre étaient soumis aux injonctions de deux services centraux qui procédaient du dualisme fondateur de la politique française de la main-d'œuvre, oscillant entre une approche catégorielle des problèmes de l'emploi par types de population – bien qu'il existât déjà une *summa divisio* entre la main-d'œuvre nationale et la main-d'œuvre étrangère et coloniale – et une approche indifférenciée et globale de la gestion de la main-d'œuvre, autrement plus délicate à mettre en œuvre [31]. D'un côté, l'Office central de la main-d'œuvre (OCMO) se faisait le défenseur des intérêts supposés de la main-d'œuvre nationale, en coordonnant l'activité des Offices régionaux et en centralisant les informations des offices locaux

28. Chiffres tirés de E. GAUTHIER, *Le marché du travail en France*, Angers, Imprimerie du Commerce, 1923.
29. Ces commissions comprenaient des patrons et ouvriers en nombre égal ; les délégués des assemblées élues et des autorités préfectorales et municipales ; des membres, avec voix consultative seulement, représentant les divers services publics intéressés ou dont le concours pouvait être utile. Les directeurs des Offices étaient nommés par le préfet ou le maire.
30. À Paris, Lyon, Marseille, Nantes, Toulouse et, depuis la fin de la guerre, Lille et Strasbourg.
31. Seul le Conseil national de la main-d'œuvre avait une vision d'ensemble ; mais les avis de cette instance consultative, réorganisée par décret du 7 avril 1925, avaient peu d'impact sur le dualisme de la politique de la main-d'œuvre.

et régionaux et des fonds de chômage. De l'autre, le Service de la main-d'œuvre étrangère (SMOE) collaborait avec les offices de placement pour l'instruction des demandes de main-d'œuvre étrangère[32]. Cette dualité se retrouvait encore plus nettement dans les services déconcentrés, partagés entre une IT qui pouvait se prévaloir d'une ancienneté de corps et d'une compétence générale sur toutes les questions relatives au travail; et le contrôle de la main-d'œuvre dont la compétence était étroitement spécialisée. Après plusieurs projets de réforme, les agents respectifs de l'OCMO et du SMOE, présents à Paris et en province (dans les offices régionaux, d'une part, et dans les dépôts et services de contrôle de la main-d'œuvre étrangère, d'autre part), furent « permanisés[33] » par les décrets des 13 et 14 avril 1929 pris en application de la loi de finances du 28 décembre 1927. Mais leur nombre (87)[34], leur statut et leur traitement restaient sensiblement inférieurs à ceux des 154 inspecteurs du travail (164 à l'automne 1930)[35]. Il est vraisemblable que la répartition étanche des compétences entre réglementation du travail et gestion de la main-d'œuvre confortait l'IT dans la conviction que son action protectrice pouvait et même devait, dans un souci d'équilibre, continûment s'exercer, indépendamment des évolutions de la conjoncture économique et du marché du travail.

Droit du travail et droit de la main-d'œuvre

Pour autant, les principales catégories du droit social émergent (droit du travail, « droit de la main-d'œuvre », droit de la protection sociale) ne se réduisaient en aucune manière à la division fonctionnelle des structures administratives. Elles étaient fort loin de matérialiser des frontières entre un univers hypothétiquement dépourvu de droits (mais non de devoirs), celui des étrangers, et un univers préservé par le droit du travail et la protection sociale, celui des nationaux. Par exemple, le simple fait de travailler permettait à l'étranger, légalement introduit ou régularisé, d'être soumis à la protection du droit du travail. Dans leur quasi totalité, les prescriptions légales relatives aux conditions de travail (horaires, hygiène et sécurité, âge d'admission dans les ateliers, instruction obligatoire, repos hebdomadaire, etc.) visaient indistinctement nationaux et étrangers, sans préjuger d'une égalité effective des salaires et des conditions de travail. En revanche, les étrangers étaient bel et bien exclus des syndicats par la loi du 21 mars 1884, de la direction et de l'administration des sociétés de secours mutuels (articles 3 et 4 de la loi du 1er avril 1898), des conseils de prud'hommes (loi du 27 mars 1907 qui requiert l'inscription sur

32. Le SMOE comprenait un service central à Paris; des missions pour le contrôle du recrutement à l'étranger; des dépôts et des postes frontière; un contrôle à l'intérieur.

33. L'expression est de J. GRELLET, *Le conseil national de la main-d'œuvre*, Paris, Les presses universitaires, 1930. Voir aussi J.-C. BONNET, *Les pouvoirs publics français et l'immigration dans l'entre-deux-guerres*, thèse de 3e cycle, Lyon, Publications du Centre d'histoire économique et sociale de la région lyonnaise, 1976.

34. CAC 920251, art. 8 : « Services extérieurs du travail et de la main-d'œuvre », octobre 1950. Décret du 28 février 1929 : l'Office central et les offices régionaux de la main-d'œuvre nationale comprenaient 13 agents à Paris et 21 en province; le SMOE comprenait 21 agents à Paris et 32 agents dans les départements.

35. Décret du 14 avril 1927 : 12 inspecteurs divisionnaires, 116 inspecteurs départementaux, 26 inspectrices départementales (18 % de femmes).

les listes électorales pour être électeur ou éligible) et des fonctions d'arbitres et de délégués (loi du 27 décembre 1892 sur la conciliation et l'arbitrage en matière de différend collectif). De là un net clivage entre les droits individuels applicables sans discrimination, découlant de la protection légale des travailleurs et des conventions collectives, et les droits collectifs liés à des mandats à caractère public, formellement réservés aux citoyens français travailleurs. En matière de protection sociale, les choses étaient encore plus compartimentées. Si les salariés étrangers pouvaient bénéficier des dispositions de la loi du 9 avril 1898 sur la réparation des accidents du travail[36] et des assurances sociales[37], l'assistance médicale gratuite (1893) était explicitement réservée à « tout Français malade, privé de ressources », sauf traité d'assistance bilatérale stipulant le contraire ; il en allait de même des lois d'assistance votées avant 1914 au bénéfice des vieillards infirmes et incurables, et des familles nombreuses. La dimension transnationale de la protection sociale, inaugurée par le traité du travail franco-italien de 1904, ne cessait néanmoins de s'affirmer depuis la fin de la Première Guerre mondiale. Des accords internationaux permirent, souvent à la demande des autorités des pays d'émigration, d'accorder aux sujets italiens (1919), polonais (1920), tchèques (1920), belges (1924), autrichiens (1930), espagnols (1932) une protection sociale, sensiblement équivalente à celle des nationaux.

Inutile de dire que le droit de la main-d'œuvre n'avait pas vocation à remettre en cause des droits acquis dont la suppression eût entraîné *ipso facto* des complications diplomatiques. Son rôle, à finalité essentiellement économique, consistait, du moins en était-on convaincu, à fournir aux agents des services déconcentrés du MT les moyens réglementaires de se rapprocher le plus près possible, en haute conjoncture, d'un optimum entre les besoins en main-d'œuvre de l'économie et un standard de vie (salaires, conditions de travail et protection sociale) reconnu à la main-d'œuvre nationale. Relayée par les entreprises qui réservaient les postes les plus qualifiés aux travailleurs français, cette mission contribuait, sans que l'opinion publique y trouvât à redire, à la stratification de la société française ; elle était assumée par le SMOE qui veillait à ce que les introductions de main-d'œuvre étrangère « ne provoquassent une diminution du salaire pour les travailleurs français, ne lésassent les intérêts du travail national[38] ». D'où la cristallisation d'un « protectionnisme ouvrier », qui n'avait pu être appliqué dans les années 1890, faute de services de placement et de contrôle administratif effectif. Un instrument de régulation du marché du travail d'une aussi grande souplesse[39] était, en tout cas, une puissante invite à son utilisation renforcée en période de récession et donc de chômage élevé. Tous les dispositifs de lutte contre le chômage dans les années 1930 (accès à la

36. Sous condition de résidence de l'ouvrier étranger ou de ses ayants droit en France.

37. À condition qu'ils résident en France et qu'ils y travaillent depuis trois mois (en 1928, cette durée avait été fixée à deux ans). La loi de 1930 s'est montrée plus généreuse que celle de 1928, puisque les frontaliers bénéficiaient enfin des assurances sociales.

38. G. Letellier *et alii*, *Le chômage en France de 1930 à 1936*, t. 1 : *Enquête sur le chômage*, Paris, Librairie du recueil Sirey, 1938, p. 293.

39. En 1920, les introductions d'étrangers dépassaient 200 000 ; elles tombèrent à 81 820 en 1921, année de crise financière ; de 1922 à 1926 inclus, elles atteignirent bon mal an 215 000. En 1927, année de récession, les introductions furent limitées à 65 000.

formation, aux travaux municipaux et départementaux de chômage dans le cadre du Plan Marquet, etc.) s'appuieront sur des mécanismes protectionnistes qui privilégieront la main-d'œuvre nationale aux dépens de la main-d'œuvre étrangère[40]. Et lorsque les effets du protectionnisme ouvrier se révéleront insuffisants, la question du renvoi des étrangers dans leur pays d'origine se posera avec acuité.

Il est clair, enfin, que le droit de la main-d'œuvre a suivi un chemin très différent du droit commun du travail dont il constitue pourtant un sous-ensemble[41]. Deux filiations distinctes méritent, à cet égard, d'être évoquées. La première concerne les contingentements professionnels des travailleurs étrangers, institués par la loi du 10 août 1932. Leur principe en avait déjà été posé par le décret Millerand du 10 août 1899 réglementant les conditions d'exécution du travail des contrats ou marchés de fournitures ou de travaux[42]. C'est d'ailleurs le recours systématique à ce décret qui avait permis, pendant la guerre, de dynamiser le droit du travail en créant des espaces de négociation collective sur les salaires et conditions de travail, et en lui donnant une orientation conventionnelle[43]. Le MT avait, de ce point de vue, joué un rôle moteur en proposant régulièrement son arbitrage et en contribuant au développement d'une réglementation à base contractuelle[44]. Or cette métamorphose du droit du travail s'était opérée sans que la main-d'œuvre étrangère eût fait, compte tenu des besoins en main-d'œuvre générés par l'effort de guerre, l'objet de contingentements professionnels. Au début des années 1930, l'importation d'un tel système dans le Code du travail n'eut, au contraire, qu'un effet conservatoire : elle ne généra aucune nouvelle extension du droit du travail et ne fit que rassurer les contemporains en accréditant l'idée, matérialisée par des décrets, que leurs droits et leurs conditions de travail et de rémunération seraient préservés par ces mesures protectionnistes. La loi du 10 août 1932 permettait ainsi de fixer par décrets, « soit d'office, soit à la demande d'une ou plusieurs organisations patronales ou ouvrières, nationales ou régionales intéressées », le pourcentage maximum des emplois que les étrangers pouvaient occuper dans les entreprises privées. Elle s'appliquait aussi bien aux marchés publics ou de fournitures passés au nom de l'État, des départements, des communes, qu'aux établissements publics et entreprises privées, industrielles ou commerciales. Si sa mise en œuvre fut assez lente jusqu'en 1934, le rythme de publication des décrets s'accéléra à partir de novembre 1934 : 550 en quelques semaines, contre 72 entre 1932 et 1934. À la date du 25 novembre 1938, 671 décrets avaient été pris ! Le droit de la main-d'œuvre se trouvait ainsi conforté dans son rôle d'auxiliaire, voire de gardien du droit du travail.

40. G. Letellier *et alii*, *op. cit.*, p. 292-305.

41. N. Olszak, *Histoire du droit du travail*, Paris, PUF, 1999, p. 75-85.

42. Les contrats qui s'y référaient devaient fixer le repos hebdomadaire à accorder aux travailleurs des usines de guerre, *la proportion d'ouvriers étrangers à employer*, la durée du travail journalier ; ils posaient aussi l'obligation de payer aux ouvriers un salaire « normal ».

43. W. Oualid et C. Picquenard, *Salaires et tarifs : conventions collectives et grèves, la politique du ministère de l'Armement et du ministère du Travail pendant la guerre*, Paris, New Haven, PUF et Yale University Press, Publications de la Dotation Carnegie pour la paix internationale, 1928.

44. V. Viet, « L'organisation par défaut des relations sociales : éléments de réflexion sur le rôle et la place de l'État dans le système français des relations sociales (1880-1939) », J.-P. Le Crom (dir.), *Les acteurs de l'histoire du droit du travail*, Rennes, Presses universitaires de Rennes, 2005, p. 191-214.

La deuxième filiation[45] découle des règles « relatives au recrutement, à la circulation et à la surveillance des mains-d'œuvre coloniale et étrangère », dont le décret du 18 avril 1917 avait posé les premiers jalons en instituant une carte d'identité et de circulation pour les travailleurs coloniaux et étrangers[46]. Tous les lois ou décrets se référant, dans l'entre-deux-guerres, à cette nouvelle pièce administrative s'inspiraient du souci, quelque peu illusoire, de contrôler les mouvements, les embauches et les éventuels débauchages des travailleurs étrangers et coloniaux. Dans la mesure où les salariés français n'étaient pas assujettis à la carte d'identité, ces textes contribuaient à renforcer l'autonomie du droit de la main-d'œuvre par rapport au droit du travail, et à aménager une certaine synergie entre le premier et une police des étrangers dont l'exercice incombait à l'Intérieur. Le contrat de travail, visé favorablement par l'administration du Travail et le certificat sanitaire, étaient pour les travailleurs étrangers un sésame théoriquement obligé pour accéder à un emploi sur le territoire métropolitain ; quand la carte d'identité était un moyen de contrôler leur activité et leur mobilité professionnelles[47]. La meilleure illustration de cette « police de l'emploi » est fournie par la loi du 11 août 1926 interdisant à toute personne (industriel, commerçant, agriculteur, particulier), d'employer un étranger non muni de la carte d'identité d'étranger réglementaire. Le législateur avait voulu éviter que l'étranger se tourne vers une profession sans l'avis favorable des services de main-d'œuvre, ou qu'il se fasse débaucher par un autre employeur que celui prévu par son contrat dans l'année suivant la délivrance de sa carte d'identité. Trait d'union entre la police de l'emploi et la police des étrangers, ce titre était, comme jadis le livret ouvrier, un instrument de discipline contractuelle.

La rigidité des dispositions et des procédures relatives au contingentement et à la circulation des travailleurs étrangers était pourtant contournée par les stratégies d'évitement de la part des intéressés, qui dépendaient elles-mêmes des opportunités offertes par le marché du travail, de leur statut propre (étrangers par nationalité bénéficiaires ou non d'une protection sociale régie par une convention internationale, bénéficiaires du droit d'asile, coloniaux, frontaliers) et de leur état ou qualité professionnel (salarié agricole[48], travailleur saisonnier ou permanent). En outre, dans la mesure où le droit de la main-d'œuvre laissait intacts les droits *acquis* des salariés et préservait la sphère des relations industrielles entre l'État et les partenaires sociaux, ses dispositions pouvaient, selon les inflexions de la conjoncture ou les tensions internationales (menaces de guerre), être considérablement assouplies, voire inversées.

45. À laquelle se rattache incontestablement la loi du 8 août 1893 « relative au séjour des étrangers en France et à la protection du travail national », qui n'est nullement une loi de contingentement.

46. Les instructions du MT du 10 décembre 1919 avaient établi la libre circulation des étrangers dans toute l'étendue du pays.

47. La carte d'identité était délivrée par le préfet. Elle pouvait toujours être refusée ou retirée. Elle était valable pour une durée de deux années à dater du passage à la frontière. Tout étranger venant en France pour y occuper un emploi salarié devait, pour obtenir délivrance de la carte d'identité, fournir un certificat sanitaire et un contrat de travail visé favorablement par l'administration du Travail.

48. R. HUBSCHER, *L'immigration dans les campagnes françaises (XIXe-XXe siècles)*, Paris, Odile Jacob, 2005.

La résistible étatisation de la gestion de la main-d'œuvre

L'organisation générale de la politique de la main-d'œuvre fut donc, jusqu'aux années 1933-1935, le siège de multiples tensions, entérinées par plusieurs dualismes institutionnels : entre la gestion de la main-d'œuvre nationale et celle de la main-d'œuvre étrangère et coloniale ; entre les offices de placement sous l'influence des collectivités locales et les services de main-d'œuvre de l'État ; entre les agents de ces mêmes services et ceux de l'IT. Le chômage de masse, lié à la crise des années 1930, allait néanmoins révéler les limites d'un protectionnisme ouvrier conçu non comme un instrument de lutte contre le chômage, mais comme un dispositif de régulation des fluctuations du marché du travail sur fond de pénurie structurelle de main-d'œuvre. De fait, ni ce protectionnisme ni la politique de retours forcés des travailleurs étrangers et de leurs familles dans leur pays d'origine, menée à partir de 1935, ne parvinrent à en limiter les effets. Les entreprises furent, dans bien des cas, confrontées à une pénurie criante d'ouvriers qualifiés, et ne purent se passer d'une main-d'œuvre étrangère spécialisée. Comme le note Gabrielle Letellier, « le remplacement de la main-d'œuvre étrangère par des chômeurs français [même] rééduqués est un palliatif au chômage d'une application très délicate et d'effet limité[49] ».

Cette prise de conscience se traduisit d'abord par la fusion (décret du 26 janvier 1933) de l'OCMO et du SMOE dans un Service central de la main-d'œuvre. À la suite de l'arbitrage d'Edouard Herriot, l'article 48 de la loi de finances du 24 décembre 1934 brisa, « pour des raisons d'économie et pour des motifs techniques, les cloisons étanches qui existaient entre le ministère de l'Agriculture et le MT, en fondant le service de la main-d'œuvre et de l'immigration [...] dans le Service Central de la main-d'œuvre du MT[50] ». Par décret-loi du 30 octobre 1935, les attributions de ce service furent réparties entre l'administration centrale du MT et les inspections divisionnaires du travail qui héritèrent, en outre, des attributions des offices régionaux de la main-d'œuvre, supprimés à la date du 1er décembre 1935[51]. Deux années plus tard naissait une direction générale du Travail et de la Main-d'œuvre[52] (DGTMO) rompant avec la vision duale (main-d'œuvre nationale et main-d'œuvre étrangère) que les pouvoirs publics avaient jusque-là du marché du travail. Opérée dans un contexte politique et économique marqué par des flambées de xénophobie, cette opération purement administrative montre qu'il était possible de réformer les structures, sans aller dans le sens d'un droit de la main-d'œuvre qui s'appliquait, dans le même temps, à rigidifier la frontière emploi entre travailleurs nationaux et main-d'œuvre étrangère.

Se dirigeait-on dès lors vers une centralisation totale des questions de main-d'œuvre sous l'autorité du MT et mettait-on fin, une fois pour toutes, aux tensions dont la politique du placement était le siège ? Sur le premier point, la réponse ne fut tranchée

49. G. Letellier *et alii*, *op. cit.*, p. 296-297.
50. CAC 770623, art. 144 : note pour M. Gratton, 19 avril 1948.
51. Du même coup, les inspecteurs divisionnaires du travail prenaient le titre d'inspecteurs divisionnaires du travail et de la main-d'œuvre.
52. Cette direction comportait 9 bureaux : le 1er s'occupait du chômage ; le 2e de la main-d'œuvre et du placement et le 3e de la main-d'œuvre étrangère.

qu'en 1939, lorsque les décrets des 12 avril et 15 septembre posèrent, comme le prévoyait la loi du 11 juillet 1938 sur l'organisation générale de la nation en temps de guerre (article 54), le principe de l'unicité du ministère chargé de la mobilisation, de l'organisation de la réglementation, de l'utilisation et du contrôle général de la main-d'œuvre. Le MT recouvrait ainsi sa fonction de répartiteur principal « entre les services employeurs, publics et privés, militaires ou civils, industriels, agricoles ou commerciaux » ; mais l'affectation du personnel et les mutations restaient « déterminées par les administrations compétentes, notamment par celles de l'Agriculture, des Travaux publics et de l'Armement[53] ». Le caractère tardif de ces décisions s'explique par le fait que le ministère de la Guerre – auquel incombait depuis 1923 la préparation de la mobilisation industrielle[54] – n'était guère disposé à laisser le Travail lui ravir ce rôle. Son modèle de référence n'était pas l'Armement qui, du temps de Louis Loucheur, avait dû concéder, en octobre 1917, la plupart de ses attribution au MT ; mais bien le sous-secrétariat d'État à l'Artillerie et aux Munitions, qui avait précédemment organisé, sous l'énergique férule d'Albert Thomas, la mobilisation industrielle. Le souvenir de la Première Guerre mondiale était, du reste, si prégnant dans les esprits que les besoins de main-d'œuvre estimés pour un futur conflit étaient calqués sur les maxima atteints en 1918, non sans une nette minoration du nombre des affectations spéciales auxquelles l'image d'« embusqué » collait encore !

Il semble, enfin, que les tensions inhérentes à la politique de la main-d'œuvre aient perduré, alors que l'IT avait formellement sous sa responsabilité les services de main-d'œuvre. La réforme opérée par le décret-loi de 1935 ne modifiait qu'à la marge l'organisation générale du placement. Elle ne touchait pas aux bureaux de placement ni n'apportait

> « [...] aucune amélioration à la situation des offices, puisque ceux-ci ne cessèrent pas de demeurer départementaux ou municipaux, échappant, tout comme auparavant, au contrôle réellement efficace de l'État. Elle fut, enfin, très défavorablement accueillie par les Commissions paritaires des Offices, convaincues qu'il existait entre les rôles particuliers des inspecteurs du travail et des Directeurs d'Office une absolue incompatibilité[55] ».

Véritables corps intermédiaires, les Offices étaient présentés par ces commissions comme des « organismes de collaboration et de liaison entre le capital et le travail », tandis que l'inspection était perçue comme un organisme nécessaire de contrôle et de répression.

La réorganisation des administrations départementales et régionales du MT fut effectuée, sous le régime de Vichy, par les lois du 11 octobre 1940 et du 31 octobre 1941. Elle s'opéra au profit de l'IT dont les effectifs avaient, contrairement à ceux des services de main-d'œuvre, sensiblement augmenté depuis 1937. Enhardi

53. Art. 2 du décret du 16 septembre 1939.
54. CAC 920251, art. 16. Ce rôle a d'abord incombé à l'inspection générale des fabrications de guerre à la mobilisation, puis, après sa dissolution en 1933, à la Direction des fabrications d'armement.
55. CAC 920251, art. 7 : « Réorganisation des services de l'Inspection du travail et des Offices de la main-d'œuvre. Instructions verbales données au cours de la réunion d'information des 12 et 13 mai 1943, à Paris ».

par les réformes sociales du premier gouvernement du Front populaire, le législateur avait alors décidé de porter graduellement le nombre des inspecteurs à 285, soit une augmentation de plus de 60 %, obtenue principalement par la création de 110 postes d'inspecteurs adjoints[56] ! La réforme remplaça les Offices de placement, placés depuis le printemps 1939 sous l'autorité directe du MT[57], les bureaux municipaux et les fonds de chômage par des organismes d'État, qui héritèrent de leurs compétences : 10 Offices régionaux du travail et 67 Offices départementaux du travail comportant des sections professionnelles, des sections locales et des correspondants locaux. Relevant désormais, sous la haute autorité du secrétariat général au Travail et à la Main-d'œuvre, de la direction du Travail, le corps de l'inspection du travail et de la main-d'œuvre (ITMO) vit à nouveau ses effectifs augmenter[58], tandis qu'un cadre de contrôleurs de main-d'œuvre était constitué pour l'assister dans ses contrôles, enquêtes ou missions[59]. Dans chaque région, l'inspecteur divisionnaire du travail se retrouvait directeur régional du Travail et de la Main-d'œuvre ; dans chaque département, un inspecteur du travail était chargé des fonctions de directeur départemental du Travail et de la Main-d'œuvre. L'un et l'autre coordonnaient les activités, d'une part, des inspecteurs du travail, d'autre part, des Offices du travail. Dans un cadre désormais étatisé et purgé des tensions entre collectivités locales et services de l'État, le dualisme inhérent à ceux-ci était donc compensé par une coordination assurée par l'IT, placée à la tête des directions régionales et départementales du Travail et de la Main-d'œuvre. C'est cette organisation qui, en dépit des bouleversements introduits par les exigences allemandes et la collaboration d'État, fut validée par l'ordonnance du 3 juillet 1944 moyennant un simple changement de dénomination : la mention « Office du travail » fut remplacée par celle de « Service de main-d'œuvre », tant à l'échelon régional que départemental.

En dépit de son étatisation quasi intégrale[60], conforme aux vœux des inspecteurs du travail, le système de placement connut dès lors une très forte instabilité. La collaboration d'État avec le Troisième Reich, dont la politique de la main-d'œuvre fut l'une des pièces maîtresses[61], y fut pour beaucoup. Voulue par Pierre Laval, qui rêvait d'un ordre européen dominé par l'Allemagne nazie où la France aurait eu toute sa place, cette stratégie poussait à une catégorisation de plus en plus marquée des mains-d'œuvre disponibles[62], ainsi qu'à la création de structu-

56. Loi du 17 juillet 1937.
57. Décret-loi du 20 mars 1939.
58. Les inspecteurs adjoints étaient en même temps supprimés. Le corps comprenait désormais 2 inspecteurs généraux ; 18 inspecteurs divisionnaires, directeurs des Offices régionaux du travail ; 30 inspecteurs et inspectrices divisionnaires adjoints ; 254 inspecteurs du travail, parmi lesquels sont désignés les inspecteurs chargés des fonctions de directeur départemental des Offices du travail ; et 45 inspectrices du travail. Il faut y ajouter 40 secrétaires-rédacteurs et 40 commis d'inspection.
59. Ce cadre comprenait : 60 contrôleurs titulaires, 240 contrôleurs auxiliaires (40 principaux et 160 adjoints).
60. Il restait les bureaux de placement privés.
61. CAC 760130, art. 4 : selon l'enquête menée par Lerolle pour J. Maillet, les mutations en Allemagne ont concerné 719 000 départs (pour 1 415 000 demandes) ; 4,5 millions de Français ont travaillé, à un moment ou à un autre, et pendant un laps de temps plus ou moins long, pour l'Allemagne nazie.
62. Sur toutes ces différenciations et sur la politique de main-d'œuvre de Vichy, V. VIET, *La France immigrée. Construction d'une politique (1914-1997)*, Paris, Fayard, 1998, p. 54-96.

res *ad hoc*, considérées comme plus malléables que les services traditionnels. De fait, à mesure qu'augmentèrent les prélèvements de main-d'œuvre à destination de l'Allemagne, la division fonctionnelle entre les questions de main-d'œuvre et celles relevant du travail reprit lentement mais sûrement ses droits, au grand soulagement des inspecteurs du travail qui avaient été « intimement liés aux premiers départs de main-d'œuvre en Allemagne[63] ».

Une première inflexion importante se produisit, en février 1943, avec la création d'un Commissariat général au Service obligatoire du travail (CGSTO), chargé « de diriger toutes les mutations de la main-d'œuvre résultant soit des demandes des autorités occupantes, soit de l'aménagement de l'économie française[64] ». Cette mission était commandée par les lois du 4 septembre 1942, relative à l'utilisation et à l'orientation de la main-d'œuvre, et du 16 février 1943 portant institution du STO. Les services extérieurs (508 agents contractuels) du CGSTO étaient animés par des directeurs régionaux et départementaux qui, contrairement aux inspecteurs du travail dont l'indépendance était depuis longtemps acquise, prenaient leurs décisions par délégation préfectorale. Ces agents contractuels étaient assistés par des Commissions d'orientation de la main-d'œuvre, à l'échelon régional, et des Commissions d'affectation de la main-d'œuvre, à l'échelon départemental. Le rôle des Commissions d'orientation était de « veiller à la meilleure gestion de la main-d'œuvre en vue de l'équilibre économique de la région ». Mais un rôle stratégique était *volens nolens* dévolu aux inspecteurs du travail[65] qui conservaient la tenue des fichiers de main-d'œuvre départementaux, les Offices du travail restant sous leur responsabilité.

C'est seulement en novembre 1943 que la gestion de la main-d'œuvre fut libérée du contrôle de l'IT. Tous les services, anciens et nouveaux, furent d'abord regroupés dans un Commissariat général à la main-d'œuvre[66] qui se transforma bientôt en secrétariat général à la Main-d'œuvre placé sous l'autorité du secrétaire d'État au Travail par intérim[67], Jean Bichelonne. Tirant les leçons des dysfonctionnements que le CGSTO avait connus, ce dernier s'appliqua à dissocier les services de main-d'œuvre des services de l'IT. Ces derniers n'étaient plus chargés « d'établir la liste des ouvriers qui n'ont pas répondu aux convocations qui leur ont été adressées[68] ». Prenant le nom d'Offices régionaux (départementaux) d'orientation vers le travail,

63. CAC 920251, art. 8 : « Note pour le Directeur général de la Main-d'œuvre », 18 octobre 1944 : « À une époque où les contingents à fournir devaient être couverts au moyen du volontariat et où les inspecteurs avaient pour mission d'exercer une pression sur les travailleurs pour les engager à partir en Allemagne. »

64. CAC 760130, art. 3 : « Rôle, attributions et responsabilités des directeurs régionaux et départementaux », 5 juin 1943.

65. Sur l'attitude des inspecteurs du travail, F. Guichaud, *L'Inspection du travail : histoire, structures, pouvoirs*, thèse de doctorat d'État en droit, université Paris II, 1984.

66. L'article 4 de la loi du 16 novembre 1943 place la direction de la Main-d'œuvre et les Offices du travail sous l'autorité du Commissariat général à la main-d'œuvre (CGMO). Cette structure sera transformée, le 16 mars 1944, en Commissariat général à la main-d'œuvre *et* au travail.

67. Loi du 16 novembre 1943.

68. Les inspecteurs du travail avaient reçu cette attribution le 23 février 1943. Les listes devaient être remises aux préfets qui devaient faire rechercher par les services de police et de gendarmerie les ouvriers défaillants. Ces derniers devaient être conduits dans un centre d'hébergement et, après visite

les Offices du travail dont le contrôle incombait jusque-là aux inspecteurs du travail, furent ainsi placés, en février 1944, sous l'autorité des commissaires régionaux (départementaux) de la Main-d'œuvre, rebaptisés directeurs régionaux (départementaux) de la Main-d'œuvre [69]. Les pouvoirs de l'inspecteur divisionnaire concernant les dossiers des travailleurs étrangers et les opérations de compensation portant sur la main-d'œuvre libre furent également transférés au directeur régional de la Main-d'œuvre. Les fonctions de placement étaient donc clairement séparées des fonctions de contrôle et d'arbitrage traditionnellement dévolues aux inspecteurs du travail. Au plan régional comme au plan départemental, coexistaient par conséquent une direction du Travail et une direction de la Main-d'œuvre. L'ensemble des nouveaux services extérieurs de la Main-d'œuvre était contrôlé, depuis février 1944, par une direction de l'Orientation et des Mouvements de main-d'œuvre qui exerçait ses attributions suivant les directives données par le Commissaire général à la main-d'œuvre [70]. « Si cette scission a été accueillie favorablement par l'IT, qui l'avait d'ailleurs réclamée, c'est parce qu'elle était ainsi déchargée d'un travail qui lui répugnait [71]. »

L'échec de l'étatisation et la reconduction des dualismes

Convaincus, au sortir de la guerre, de la nécessité d'encadrer l'économie du pays, les responsables du CFLN puis du GPRF durent affronter un redoutable défi : comment conserver le caractère dirigiste de la politique de la main-d'œuvre, sans s'inscrire dans la continuité d'une étatisation réalisée par Vichy, qui avait fait le jeu de l'Occupant ? Comment chasser le souvenir de la Relève et du STO [72], sans renoncer à leurs instruments d'exécution qui avaient permis de contrôler l'ensemble du marché du travail et notamment les conditions de l'embauchage et du licenciement ? Comment laver, aux yeux de l'opinion publique française et surtout internationale, la politique de la main-d'œuvre de ses compromissions, sachant que l'IT et les services de main-d'œuvre avaient dû composer et même collaborer avec les structures *ad hoc* mises en place par le régime de la Révolution nationale ?

La stratégie suivie par les responsables du GPRF puis par le ministère du Travail et de la Sécurité sociale, confié à Alexandre Parodi, consista à promouvoir une nouvelle conception du placement dans le cadre dirigiste, légué par le régime de Vichy [73]. Il ne s'agissait plus, comme après 1919 ou au plus fort de la crise des années

médicale, mis à la disposition des services de la Production industrielle et du Travail (CAC 760130, art. 4 : Laval aux préfets, 23 février 1943).

69. Circulaire du 27 décembre 1943.

70. Sur les attributions de cette direction qui remplaçait la direction de la Main-d'œuvre dont l'existence remontait au 15 février 1943, AN, F22 2023.

71. CAC 920251, art. 8 : « L'inspecteur divisionnaire Directeur régional du Travail et de la Main-d'œuvre de Nancy au Ministre du Travail », 4 décembre 1944.

72. CAC 920251, art. 1 : « Projets d'ordonnance et de décret relatifs au contrôle de l'emploi, au placement et à la répartition de la main-d'œuvre » : « Il fallait éviter à tout prix que la présente organisation rappelât, même de loin, l'odieux Service du Travail Obligatoire institué par l'autorité du gouvernement de Vichy. »

73. L'ordonnance du 9 août 1944 relative au rétablissement de la légalité républicaine aurait dû entraîner l'abrogation des dispositions des lois du 4 septembre 1942 relative à l'utilisation et à l'orientation de

1930, « de réduire le nombre de travailleurs sans emploi pour conserver seulement une faible réserve de travailleurs où l'industrie pourrait puiser lorsqu'elle aurait à nouveau un plus grand besoin de main-d'œuvre » ; en bref, de renvoyer les étrangers dans leur pays d'origine et de stabiliser la main-d'œuvre – comme cela s'était produit dans les années 1930 – dans les campagnes. Il s'agissait, pour s'inspirer du programme du CNR et des recommandations internationales[74], bientôt relayées par le Commissariat général au Plan, rien moins que de renverser cette perspective :

> « C'est en partant d'un potentiel humain donné que l'on veut assurer un plein-emploi permanent de toute la main-d'œuvre disponible, en ayant toujours devant soi une réserve de travaux à accomplir. De la lutte improvisée contre le chômage lorsqu'il devient menaçant à une politique continue et prévoyante de pleine utilisation de la main-d'œuvre, il y a plus qu'un changement de termes, un renversement total de la façon d'envisager ces problèmes[75]. »

Aussi devait-on s'orienter, compte tenu de la pénurie de main-d'œuvre qualifiée et du retour prochain des prisonniers et déportés vers

> « [...] une organisation rationnelle, susceptible d'aider les employeurs à se procurer les travailleurs convenant le mieux à leurs besoins, d'aider les travailleurs à trouver des emplois convenant à leurs capacités et, en général, d'assurer que les travailleurs ayant les capacités nécessaires soient disponibles et répartis à chaque moment de manière satisfaisante entre les diverses branches de professions net les diverses régions[76] ».

Cette invention « keynésienne » de la politique de plein-emploi[77] prenait, cette fois, le contre-pied de l'effort de rationalisation que Vichy avait appliqué jusqu'au bout au travail forcé.

L'ordonnance du 24 mai 1945 prolonge d'une certaine façon la réglementation vichyste de l'embauchage et du licenciement, édictée dans le cadre de la Relève et du STO, en conférant aux services publics de main-d'œuvre le monopole du placement. Elle prévoit en conséquence la disparition progressive des bureaux de placement payants (qui ne sera pas réalisée, faute de crédits correspondants), et le contrôle par les services publics des bureaux gratuits existants avec interdiction d'en créer de nouveaux. Deux procédures relatives à l'embauchage et au licenciement étaient mises en œuvre : celle de « l'autorisation préalable » subordonnant tout mouvement de main-d'œuvre à l'acceptation des services compétents, et celle de la déclaration ou de l'information consistant à porter les mêmes opérations à la connaissance desdits services. Ces procédures visaient un triple but : le reclassement des travailleurs prioritaires (prisonniers, déportés, chômeurs, etc.), l'affecta-

---

la main-d'œuvre et du 16 février sur le STO, mais il fut décidé « pour des raisons d'inopportunité » de les maintenir provisoirement.

74. V. VIET, « Les politiques de la main-d'œuvre à l'heure de la reconstruction », D. BARJOT *et allii* (dir.), *Les reconstructions en Europe (1945-1949)*, Bruxelles, Complexe, 1997, p. 191-212.
75. CAC 920251, art. 8 : rapport de J. Ribas sur l'amélioration du fonctionnement des services de main-d'œuvre.
76. Exposé des motifs de l'ordonnance du 24 mai 1945 relative au placement des travailleurs et au contrôle de l'emploi.
77. R. SALAIS *et alii*, *L'invention du chômage*, 2e éd., Paris, PUF, 1999 ; A.-C. DECOUFLÉ, *Quarante ans de politiques du travail et de l'emploi en France (1946-1986)*, Paris, MiRe, 1990.

tion de main-d'œuvre aux secteurs économiques prioritaires (mines, métallurgie, bâtiment, etc.) et le maintien de la stabilité monétaire en empêchant la concurrence des employeurs sur le marché de la main-d'œuvre spécialisée et qualifiée.

Tous les rapports d'enquête sur l'application de l'ordonnance du 24 mai 1945 révèlent néanmoins que cette mainmise de l'administration sur le fonctionnement du marché du travail manqua son but.

> « Dans la plupart des cas, en effet, les inspecteurs du travail autorisent ou refusent les demandes de licenciements présentées par les employeurs non pas en fonction de considérations d'ordre économique, mais pour toutes sortes de raisons d'opportunité (intérêt personnel du travailleur en cause, désir de ne pas déplaire aux organisations ouvrières). Ainsi, les inspecteurs du travail se sont arrogé un droit d'appréciation générale de l'opportunité des décisions patronales[78]. »

Cette attitude confirme au passage la culture protectrice des inspecteurs du travail, peu disposés à laisser l'impératif économique dicter leur conduite. La lourdeur de la procédure n'était pas en reste, qui mobilisait un grand nombre d'agents tenus d'instruire les demandes d'embauchage, de licenciement et de résiliation des contrats (source de désaccord entre les deux parties), lors même que le pourcentage de refus concernant la rupture de contrat était infime, compris entre 1 et 2 % ! L'application des formalités en cause avait, en outre, un effet dissuasif sur les employeurs qui préféraient garder leur personnel excédentaire, quand il leur était demandé un effort de productivité maximal. Enfin, la jurisprudence de la Cour de cassation estimait qu'une sanction administrative n'avait aucun effet sur la validité ou la non-validité du contrat de travail[79].

Restait en suspens le problème de l'organisation des services extérieurs du MT que l'on se proposait, cette fois, de régler dans le cadre étatisé du monopole du placement. Fallait-il privilégier l'unité locale de direction au profit d'un des services, l'IT étant *a priori* la plus qualifiée du fait de sa compétence générale ? Ou bien devait-on, comme le suggéraient certains, équilibrer les rôles en veillant à ce que les services de main-d'œuvre ne soient pas « asservis » à l'IT[80], mais disposent d'une autonomie fonctionnelle ? Ce dilemme, récurrent depuis 1917, fut d'abord tranché en faveur de la première option par le décret du 27 avril 1946 réorganisant les services du Travail et la Main-d'œuvre et faisant du directeur départemental du Travail et de la Main-d'œuvre le relais local et ambivalent de la direction de la Main-d'œuvre et de la direction du Travail au sein de l'administration centrale. Mais tandis que les services d'inspection du travail disposaient d'un cadre de directeurs départementaux et d'inspecteurs du travail « offrant les garanties nécessaires », les services de main-d'œuvre « furent dotés d'agents employés précédemment dans les Offices munici-

78. CAC 920251, art. 1 : l'IDTMO au ministre du Travail et de la Sécurité sociale, 27 mars 1946.
79. Sur tous ces points : CAC 920251, art. 4.
80. CAC 920251, art. 8 : « Exposé concernant l'organisation et la remise en place des services de main-d'œuvre », 21 octobre 1944 : « Il semble que ce soit là une erreur fondamentale visant à l'asservissement des organismes de main-d'œuvre de tradition libérale à la politique de contrainte instaurée peu après à l'égard des travailleurs français, et dont le Service de l'Inspection du Travail paraît bien avoir été, au moins à l'origine, l'instrument choisi par le Gouvernement de Vichy. »

paux et départementaux ne possédant pas, pour la plupart, une culture générale et administrative suffisante[81] ». « Agents d'exécution », les contrôleurs du travail et de la main-d'œuvre étaient classés dans la catégorie B des personnels de l'État, quand les inspecteurs relevaient de la catégorie A. L'ordonnance du 24 mai 1945, en mobilisant à plein temps de nombreux agents des services de main-d'œuvre, fit ressortir deux choses. En premier lieu, l'insuffisance des moyens humains affectés aux autres tâches, y compris au placement rationnel des travailleurs[82]. Mais aussi le pourcentage infime des inspecteurs du travail de catégorie A, spécialisés dans les questions de main-d'œuvre : seulement un directeur départemental et 8 inspecteurs, sur quelque 3 200 agents[83] ! De quoi conforter la thèse d'un irréductible dualisme au sein des services extérieurs depuis 1917, quels que soient les efforts déployés pour assurer l'unité de leur fonctionnement.

Aussi n'est-il guère étonnant que la seconde option, flattée par la convention internationale de l'OIT sur l'IT (1947)[84], ait, seulement deux années plus tard, refait surface. Le décret du 20 avril 1948 institua, dans chaque département ou groupe de départements rattachés à une direction départementale du Travail et de la Main-d'œuvre, un service départemental de Main-d'œuvre placé sous l'autorité du directeur départemental du Travail et de la Main-d'œuvre. Ce service était

> « [...] chargé, notamment, du placement des travailleurs, y compris des travailleurs agricoles, du contrôle de l'emploi, de l'aide aux travailleurs sans emploi, du contrôle de la main-d'œuvre étrangère, du reclassement, de la sélection et de la formation professionnelle et, en général, de toutes les questions relatives à l'utilisation et à la répartition des diverses catégories de main-d'œuvre, ainsi que de la réunion d'une documentation permanente sur l'état du marché du travail ».

Pour assurer ces diverses missions, le SDMO était doté de « sections spécialisées » dans les questions de l'emploi, du placement et de la compensation, de sections s'occupant de la main-d'œuvre étrangère, de la formation professionnelle, et de bureaux locaux de main-d'œuvre (ou, à défaut, des correspondants locaux dans les localités peu importantes). Il fonctionnait au siège de chaque circonscription d'inspection divisionnaire du travail et de la main-d'œuvre et s'appuyait sur des organes consultatifs, composés de fonctionnaires et de représentants, en nombre égal, des organisations patronales et ouvrières : les Commissions départementales de main-d'œuvre.

Quels enseignements tirer de ces multiples rebondissements ? Une chose est sûre : durant toute la période considérée, la greffe de la politique de la main-d'œuvre sur une politique du travail qui se confondait avec la mise en œuvre et l'application

81. CAC 920251, art. 8 : note pour le ministre émanant de la DMO, 29 décembre 1954.
82. Les autres tâches étaient la détermination de la situation de l'emploi ; la compensation des offres et demandes d'emploi ; la formation professionnelle des adultes ; le contrôle et l'adaptation de la main-d'œuvre étrangère ; l'admission des chômeurs au bénéfice des allocations de chômage.
83. Ces chiffres datent de 1954, mais compte tenu de la manière dont les services de main-d'œuvre ont été formés, et sachant que les effectifs de l'IT n'ont pas augmenté au cours de ces années-là, on peut penser que la proportion des inspecteurs spécialisés dans les questions de main-d'œuvre était sensiblement la même.
84. Par la suite, la convention OIT du 21 novembre 1952 fixera les normes internationales des Services de l'emploi, confortant leur autonomie par rapport à l'IT.

du droit du travail n'a jamais réellement pris. Son rejet est attesté par la tendance constante à l'autonomisation de l'IT par rapport aux services de main-d'œuvre dont la composition était hétérogène puisqu'ils étaient issus, pour partie, de l'Armement et, pour une autre, des collectivités locales. Si elle reflète des différences de formation, de corps, de statut, de culture et de compétences entre agents de services distincts, cette absence d'articulation trahit surtout une *opposition de nature* – assortie d'une compatibilité fonctionnelle – entre le droit du travail et un droit de la main-d'œuvre dont la vocation était de défendre la main-d'œuvre nationale contre la concurrence de la main-d'œuvre étrangère et coloniale, ou encore de prioriser certaines catégories de travailleurs (pensionnés ou mutilés de guerre depuis 1919, Français musulmans d'Algérie de 1947 à 1962). Certes, le droit de la main-d'œuvre s'est développé sans altérer la fonction assimilatrice et socialisante du droit du travail et a permis à celui-ci de progresser et d'intégrer des étrangers dans la société française. Mais, soumis aux caprices de la conjoncture, il s'est montré anti-protecteur et discriminant à l'égard des travailleurs étrangers qu'il écartait ou récupérait au gré des contractions et des fluctuations de l'économie. C'est précisément ce trait étranger à leur culture protectrice qui détournait les inspecteurs du travail de son application. Le caractère éminemment régalien du droit de la main-d'œuvre s'opposait qui, plus est, à la dimension transnationale et même internationale du droit du travail – très affirmée depuis les années 1890 – et du droit de la protection sociale que l'OIT s'attachait à promouvoir. Reste que la compromission institutionnelle de l'IT dans la politique vichyste de la main-d'œuvre a, malgré les nombreux actes de résistance individuels des inspecteurs, provoqué un véritable clivage générationnel (et mémoriel) entre les inspecteurs ayant connu l'Occupation et leurs collègues recrutés quelques années plus tard.

Le deuxième enseignement concerne la rationalité administrative du MT qui s'est constituée dès avant 1914. La période en cause a vu le Travail s'affranchir, comme dans le domaine de la protection sociale, de l'influence des collectivités locales qui avaient sous leur responsabilité les Offices municipaux et départementaux de placement. C'est bien en réaction contre les manquements apportés à leur gestion que fut inventée la « solution » de l'étatisation, dont le régime de Vichy s'est fait le maître d'œuvre. La légitimation de cette réforme déborde néanmoins très largement le domaine du placement ; elle est liée à l'affirmation, dès les années 1930, d'une compétence générale du ministère du Travail dans la relation de travail salarié et la protection qui entourait celle-ci.

Est-il enfin possible de caractériser rétrospectivement les politiques de la main-d'œuvre que la France a connues au cours des années 1914-1950 par rapport aux politiques de l'emploi ou de lutte contre le chômage, mises en œuvre par la suite ? Il faut ici tenir compte des changements intervenus dans la conception même des politiques de l'emploi depuis l'abandon symbolique par les experts du Commissariat général au Plan de l'idée de « plein emploi productif[85] ». Jusqu'au milieu des années 1980, les différences entre les anciennes politiques de la main-d'œuvre et celles

85. A.-C. DECOUFLÉ date ce tournant de 1986 (*Quarante ans...*, *op. cit.*).

de l'emploi ont été très marquées. Avec une efficacité très variable, les premières s'étaient efforcées de lutter contre le chômage ou le sous-emploi en dirigeant la main-d'œuvre des secteurs « excédentaires » vers les secteurs « déficitaires ». Sollicitant à cet effet la formation professionnelle, elles considéraient le travail comme un simple facteur de production ou une variable d'ajustement du marché du travail. Quant aux secondes, elles ont longtemps été animées du souci de trouver un équilibre entre les attentes individuelles des demandeurs d'emploi et les exigences de l'économie. Depuis la fin des années 1980, le renoncement pour raison de flexibilité à certains aspects protecteurs du droit du travail et la montée en puissance des mesures d'activation contribuent à réveiller une filiation que l'on croyait révolue entre les politiques de l'emploi, devenues pour l'essentiel des politiques de lutte contre le chômage, et celles de la main-d'œuvre. Dans un contexte il est vrai très différent, puisque la loi du marché s'est substituée à la volonté administrative de contrôler le marché du travail.

L'émergence des politiques de l'emploi (1945-1973)

Jacques FREYSSINET

La périodisation engendre toujours un risque d'arbitraire. Par chance, la période que nous étudions s'inscrit entre deux ruptures. Elle s'ouvre à la fin de la Seconde Guerre mondiale alors que s'opère une transformation profonde des objectifs et de la nature des interventions publiques dans la sphère économique et sociale. Elle s'achève, au milieu de la décennie 1970, avec l'interruption du régime de croissance rapide et l'émergence d'un chômage massif qui engendrent un réexamen radical des politiques de l'emploi.

De nombreux auteurs, lorsqu'ils décrivent l'émergence, au lendemain de la Seconde Guerre mondiale, d'une politique de la main-d'œuvre, présentent un diagnostic sévère des modes d'intervention antérieurs dans ce domaine. Il ne s'agirait que de mesures partielles, non coordonnées, improvisées pour faire face à des difficultés spécifiques et mises en sommeil dès la disparition de celles-ci. Cependant l'étude de la période qui va de la fin du XIXe siècle jusqu'en 1945 permet de mettre en évidence des dynamiques longues qui construisent progressivement l'ensemble des catégories et des instruments de la future politique de l'emploi [1]. Peut-être l'affirmation d'une « invention » des politiques de la main-d'œuvre et de l'emploi au lendemain de la guerre a-t-elle pour partie résulté, consciemment ou non, de la dénégation des traces laissées par le régime de Vichy. Lorsque Jacques Desmarest (qui fut, sous Vichy, chargé de mission auprès du Commissaire à la lutte contre le chômage, puis directeur de cabinet au Commissariat à la main-d'œuvre française en Allemagne [2]) publie, au premier trimestre 1946, un ouvrage intitulé *La politique de la main-d'œuvre en France*, il part d'une analyse historique de ces expériences pour proposer un schéma global de politique de la main-d'œuvre en économie dirigée. Cette politique « a pour objet d'adapter aussi exactement que possible les ressources humaines d'une nation à ses besoins généraux et plus spécialement à ses besoins économiques ». Elle est « un fragment d'une politique économique géné-

1. Cf. principalement pour cette période : J. DESMAREST, *La politique de la main-d'œuvre en France*, Paris, PUF, 1946 ; C. DANIEL et C. TUCHSZIRER, *L'État face aux chômeurs. L'indemnisation du chômage de 1884 à nos jours*, Paris, Flammarion, 1999 ; V. VIET, « La politique de la main-d'œuvre : un domaine d'action atypique du ministère du Travail et de la Prévoyance sociale » (dans cet ouvrage).
2. V. VIET, art. cit.

rale » à laquelle elle est subordonnée. Elle doit relever d'un secrétariat à la Main-d'œuvre rattaché au ministère de l'Économie. À partir d'un tableau des besoins et des ressources par métiers et par marchés du travail locaux, celui-ci établit un plan d'utilisation de la main-d'œuvre. Il regroupe les fonctions d'orientation et de formation professionnelle des jeunes et des adultes, de placement, d'adaptation du travail aux hommes et d'assistance aux travailleurs sans emploi. Ce programme contient tous les dispositifs dont nous étudierons le développement au cours des décennies suivantes. Il n'y a donc pas, à proprement parler, « invention » de la politique de la main-d'œuvre et de l'emploi au lendemain de la Seconde Guerre mondiale. Presque tout l'outillage est disponible. L'élément nouveau réside dans la croissance progressive des moyens et dans l'effort de mise en cohérence des dispositifs au service d'une politique macroéconomique de croissance et de plein emploi.

Nous étudierons cette évolution en examinant successivement les fonctions attribuées à la politique de la main-d'œuvre et de l'emploi au sein du système global d'intervention publique, puis les grands domaines de développement (ou de non-développement) de cette politique. En revanche, ne sera pas examinée ici la transformation du partage des responsabilités entre les différents acteurs politiques et sociaux dans la production des normes et la gestion des dispositifs[3].

Les fonctions de la politique de l'emploi

Le vocabulaire utilisé pendant la période soulève plusieurs difficultés si l'on veut éviter contresens ou anachronismes. Examinons les deux principales.

En premier lieu, il n'existe pas de différence sémantique claire entre politique de la main-d'œuvre et politique de l'emploi, termes qui semblent désigner un même objet. Seules les conditions de choix du vocabulaire peuvent éclairer sur les enjeux sous-jacents La première expression est seule utilisée au début de la période. Elle symbolise une phase où l'orientation prioritaire est la mobilisation d'une ressource rare pour répondre aux besoins de la reconstruction, puis de la croissance. L'apparition de la notion de politique de l'emploi semble résulter de deux inflexions successives, de nature différente. Dans le cadre de la préparation des plans, il existe pour les cinq premiers une « Commission de la main-d'œuvre ». Ce n'est qu'à partir du VIe Plan (1971-1975), c'est-à-dire près du terme de la période que nous étudions, qu'est adopté l'intitulé « Commission de l'emploi[4] ».

Le risque de développement d'un chômage autre que conjoncturel ou frictionnel est associé aux contraintes des politiques de lutte contre l'inflation. Cet aspect est symbolisé par l'adoption du Plan de stabilisation de 1963, puis par les débats lors

3. Sur cet aspect, cf. J. FREYSSINET, « La diversification des acteurs de la politique de l'emploi (1945-1973) », *Travail et Emploi* (à paraître en 2007). Un document de travail est accessible sur le site du Centre d'études de l'emploi : « L'émergence des politiques de l'emploi (1945-1973) ». Une première version a bénéficié d'observations de Dominique Balmary, Jacques Delors, Robert Fraisse, Jean-Marcel Jeanneney, Marie-Thérèse Join-Lambert et Gabriel Mignot, que je remercie.

4. Cependant, dès 1963, le directeur général du Travail et de la Main-d'œuvre, P. Laurent, publie un article intitulé : « Les aspects nouveaux de la politique de l'emploi », *Revue française du travail*, avril-juin 1963, p. 9-21.

de la préparation du Ve Plan. On passe d'une perception de la main-d'œuvre comme une ressource rare à une notion du niveau d'emploi comme objectif à atteindre.

Les événements de 1968 entraînent un renouvellement des attitudes à l'égard du travail qui ne peut plus être envisagé seulement comme ressource productive, mais devient un objet de projets et de revendications qui touchent à son contenu et à sa mise en cohérence avec d'autres sphères de l'activité humaine et sociale (épanouissement personnel, modes de vie collectifs, loisirs, démocratie dans l'entreprise...). Les Groupes à long terme du CGP qui travaillent en 1968 et 1969 sont porteurs de ces interrogations qui transparaissent partiellement dans le rapport de la Commission de l'emploi du VIe Plan[5].

En second lieu, le contenu associé à la notion de « politique de l'emploi » doit également être précisé. Au sens strict, la politique de l'emploi réunit l'ensemble des dispositifs mis en œuvre pour anticiper ou corriger les déséquilibres des marchés du travail ou pour en réduire le coût social. Elle doit être distinguée de ce que l'on peut appeler la « politique pour l'emploi » et qui désigne l'ensemble des interventions publiques visant, à titre principal ou secondaire, à agir sur le niveau et la qualité de l'emploi. Tous les instruments de la politique économique et sociale peuvent êtres mobilisés à cette fin, d'abord la politique macroéconomique, mais aussi d'autres politiques fonctionnelles[6] (fixation des normes de la relation d'emploi, formation tout au long de la vie, protection sociale, politique familiale...). Si notre objet central se limite à la politique de l'emploi au sens strict, le rôle et le contenu de celle-ci ne peuvent être compris sans préciser la place qu'elle occupe au sein de la politique pour l'emploi. La période étudiée présente une double caractéristique. D'une part, la question du plein emploi est renvoyée à la politique macroéconomique, à la réussite de laquelle la politique de l'emploi doit apporter sa contribution. D'autre part, les relations entre la politique de l'emploi et les autres politiques fonctionnelles évoquées plus haut restent des relations faibles, même si elles tendent à se renforcer dans certains domaines spécifiques[7].

5. CGP, *Les transformations du mode de vie. Mobilité et coûts de l'adaptation. Temps et espaces de loisirs. Problèmes du troisième âge*, rapport du groupe à long terme, collection « Plan et prospective », Paris, Armand Colin, 1970. Nous utilisons le sigle CGP pour désigner l'organisme successivement dénommé Commissariat général du plan de modernisation et d'équipement, puis Commissariat général du plan d'équipement et de la productivité, puis Commissariat général du plan.
6. Nous utilisons les termes de « politique fonctionnelle » pour désigner les domaines d'intervention transversale de l'État concernant l'ensemble de la population ou des activités, par opposition avec les « politiques sectorielles » (agriculture, industrie, transports...).
7. Sources utilisées : pour l'analyse des relations entre les différentes composantes de la politique publique en matière d'emploi, les rapports du CGP et les travaux de préparation des plans successifs (voir, par exemple, N. JACHIET, « La planification française et l'emploi », *Travail et Emploi*, n° 7, 1981, p. 7-20). Les commissions du Plan sont en effet un lieu de confrontation entre les différents acteurs publics concernés, avec une participation souvent active des acteurs sociaux. Leurs rapports analysent aussi les tensions et les conditions de mise en cohérence des divers éléments d'une politique pour l'emploi. Le directeur général (ou un directeur) en charge de ces questions au ministère du Travail a toujours figuré comme vice-président des Commissions de la main-d'œuvre ou de l'emploi, ce qui était censé assurer une bonne intégration de la politique de l'emploi au sens étroit. Pour les positions adoptées par les acteurs économiques et sociaux, cf. les *Rapports* et *Avis* que le Conseil économique et social a consacrés aux plans successifs, ainsi qu'à différents aspects de la politique de l'emploi.

Une politique de l'emploi au service de la politique macroéconomique de croissance et de plein emploi

Le Ier Plan (1947-1950, prolongé jusqu'en 1953) est dominé par les impératifs de reconstruction et de modernisation. L'objectif que se donne la Commission de la main-d'œuvre est de « déterminer les conditions d'une reprise économique où l'utilisation à plein des richesses en hommes et en ressources naturelles permettrait d'élever sensiblement le niveau de vie de la population[8] ». La tâche est donc de mobiliser et d'affecter toutes les forces de travail immédiatement ou potentiellement disponibles pour faire face aux pénuries de main-d'œuvre et satisfaire les secteurs prioritaires. Les cinq plans suivants se réfèrent à un objectif de plein emploi et en attribuent la responsabilité à la politique macroéconomique. Compte tenu des prévisions de population active et des objectifs de productivité, le taux de croissance doit assurer le plein emploi, sous réserve du chômage frictionnel incompressible engendré par les nécessaires mobilités professionnelles. Par exemple, dans le cadre de la préparation du IVe Plan (1962-1965), les premiers travaux ayant fait apparaître un risque de chômage, il est décidé « à la demande de la Commission de la main-d'œuvre[9] » de porter de 5 à 5,5 % le taux de croissance retenu. Dans ce cadre, la fonction de la politique de l'emploi est de définir les mesures qui assurent, quantitativement et qualitativement, des ressources de main-d'œuvre correspondant aux « besoins de l'économie ». Ceci permet de comprendre le choix des principaux dossiers qu'elle ouvre successivement au cours de la période : mobilité de la main-d'œuvre et reconversions, formation et orientation professionnelle, régulation du marché du travail par le Service public de l'emploi.

Une inflexion se dessine toutefois au début des années 1960. Un courant de pensée influent attribue à la croissance des salaires nominaux la responsabilité de l'inflation quasi-permanente dont souffre l'économie française. Le traité de Rome (1957), créant la Communauté économique européenne, accroît les risques que l'inflation fait courir aux échanges extérieurs avec, en 1959, une première étape d'abaissement des droits de douane. Le plan de redressement Pinay-Rueff (1958-1959) pouvait encore apparaître comme une phase exceptionnelle d'assainissement. Une nouvelle poussée inflationniste durcit le débat entre partisans d'une politique monétaire et partisans d'une politique des revenus. Le plan de stabilisation que présente, en 1963, Valéry Giscard d'Estaing, alors ministre des Finances, symbolise la victoire de la première orientation, grâce à l'influence exercée par Jacques Rueff. Une « petite détente sur le marché du travail » est jugée nécessaire pour combattre l'inflation, ce que les syndicats traduisent comme une politique du « volant de chômage ». Les débats sont vifs à l'occasion de la préparation du Ve Plan (1966-1970) où figure un écart significatif entre ressources et besoins de main-d'œuvre. Fort heureusement, les résultats de l'*Enquête sur l'emploi*, disponibles au début

8. CGP, « Rapport de la Commission de la main-d'œuvre – Ier Plan », *Revue française du travail*, janvier 1947, p. 32.
9. CGP, « Rapport général de la Commission de la main-d'œuvre pour le IVe Plan de développement économique et social », *Revue française du travail*, octobre-décembre 1961, p. 17.

de 1966, c'est-à-dire après l'adoption du Ve Plan, permettent à la Commission de la main-d'œuvre de rectifier en baisse, dans son rapport final, les prévisions de ressources et d'afficher ainsi un faible niveau de chômage [10].

Après les événements de 1968, dont certains situent le facteur déclenchant dans la montée du chômage, le rapport de la Commission de l'emploi du VIe Plan (1971-1975) tient « à rejeter clairement toute conception qui reposerait sur l'idée implicite que, mis à part le chômage frictionnel, un volant de chômage est indispensable pour assurer la stabilité des salaires et des prix [11] ». Il considère que « le taux de croissance élevé adopté par le VIe Plan devrait permettre globalement le maintien de l'équilibre du marché du travail à un niveau satisfaisant, comparable à celui observé en moyenne en 1969, année de forte croissance [12] ». Trois ans avant la rupture de la croissance, la doctrine de base est donc réaffirmée. Elle restera conforme à la réalité jusqu'à la fin de 1974.

Une politique de l'emploi faiblement articulée aux autres composantes de la politique économique et sociale

Auxiliaire de la politique macroéconomique pour atteindre l'objectif de plein emploi, la politique de l'emploi, au sens étroit, voit son contenu déterminé par cette fonction. Peut-être est-ce la raison de sa faible articulation avec d'autres politiques fonctionnelles qui auraient pu être mobilisées pour l'atteinte du même objectif. On pourrait en trouver une explication dans le cloisonnement bureaucratique des administrations, mais cet argument, certainement valable, est insuffisant : même au sein des commissions du Plan, qui sont le lieu de la mise en cohérence interministérielle, le lien demeure faible, avec cependant une exception en ce qui concerne certains aspects de la politique de formation. Nous l'illustrerons en nous limitant aux trois politiques avec lesquelles s'imposerait logiquement une articulation forte : la politique du travail, celle de la protection sociale, celle de l'éducation.

La politique du travail comprend deux volets principaux : la fixation des normes de la relation d'emploi et la protection des conditions de travail. Dans le premier domaine, sauf quelques observations incidentes, les normes juridiques de la relation d'emploi ne sont pas considérées comme des variables d'action pour la politique de l'emploi. En ce qui concerne les conditions de travail, leur prise en compte n'intervient que sous un angle spécifique : la réponse aux pénuries de main-d'œuvre pour des tâches non qualifiées. Peut-être faut-il voir dans ces constats la conséquence du maintien de la coupure, mise en évidence par Vincent Viet pour la période antérieure, entre deux registres d'intervention du ministère du Travail : d'une part, une politique de la main-d'œuvre directement tributaire de la conjoncture économique, d'autre

10. Cf. J. Hayward, « Le fonctionnement des Commissions et la préparation du Ve Plan : l'exemple de la Commission de la main-d'œuvre », *Revue française de sociologie*, octobre-décembre 1967, p. 447-467.
11. CGP, *Rapport de la Commission emploi, Préparation du VIe Plan 1971-1975*, Paris, La Documentation française, 1971, p. 51.
12. *Ibidem*, p. 6.

part, des politiques du travail protectrices, intégrées dans une vision du développement historique continu des droits des salariés. La politique du travail se centrerait sur ceux qui sont durablement insérés dans l'emploi, tandis que la politique de l'emploi s'appliquerait aux désajustements observés sur le marché du travail.

En ce qui concerne la politique de protection sociale, le contraste est fort avec les débats contemporains sur les conditions d'une protection sociale favorable à l'emploi. Les problèmes associés à l'effet « désincitatif au travail » qu'engendreraient les prestations attribuées aux personnes en situation de non-emploi sont ignorés au cours de la période, sauf quelques allusions à la nécessité d'un contrôle de la recherche d'emploi des chômeurs indemnisés. Peut-être faut-il voir la source de cette disjonction entre les deux domaines dans la prégnance d'une vision « beveridgienne » où le développement de la protection sociale est doublement fonctionnel dans une économie de plein emploi, d'abord comme facteur de stabilité sociale, ensuite comme régulateur anticyclique de la demande solvable.

Dans le domaine de la politique de l'éducation, la coupure est forte au cours des premiers Plans. Le développement de l'éducation, dont l'importance primordiale est soulignée, est conçu comme répondant à des objectifs sociaux généraux et non comme un instrument de la politique de l'emploi. Les premiers rapports des commissions de la main-d'œuvre se limitent aux problèmes posés par les pénuries de main-d'œuvre qualifiée dans les métiers manuels et aux réponses que peut apporter la formation accélérée des adultes. Ils renvoient pour le reste à la responsabilité du ministère de l'Éducation nationale (ce ministère est farouchement attaché à son indépendance. Une Commission de l'éducation nationale n'est créée qu'à l'occasion de la préparation du VIe Plan. Auparavant, il n'existait qu'une Commission de l'équipement scolaire, passage imposé pour le ministère de l'Éducation nationale puisque le Plan coordonnait alors la programmation des investissements publics). L'attitude ne se modifie, tardivement, que sur un aspect précis : la prévision des besoins de formation par types et niveaux de qualification devient le lieu d'investissements méthodologiques que nous examinerons plus loin.

La politique de l'emploi, dans son champ, dans son outillage et dans ses moyens, connaît un développement considérable entre 1947 et 1973. Elle se construit comme un bloc de compétences relativement autonome, d'une part, soumise aux conditions de la croissance économique, qu'elle peut seulement infléchir lorsqu'elle met en évidence le risque d'un chômage politiquement inacceptable, et, d'autre part, faiblement intégrée aux autres politiques fonctionnelles, pourtant logiquement interdépendantes. Il reste à examiner les principaux piliers sur lesquels elle s'édifie.

Les domaines de la politique de l'emploi

Nous sélectionnons trois dossiers qui sont progressivement développés et conservent une logique propre, bien qu'ils se chevauchent partiellement. Dans l'ordre d'apparition, il s'agit d'abord de la mobilité professionnelle liée aux reconversions, ensuite des prévisions des besoins de qualification et de formation, enfin du Service public de l'emploi. Il est tout aussi significatif de s'interroger sur le fait que certains dossiers n'ont été qu'entrouverts par les responsables de la politique de l'emploi. Nous en retiendrons quatre exemples : l'immigration, le travail des femmes, l'emploi des personnes âgées et la durée du travail.

Les grands dossiers

La question de la mobilité professionnelle et des reconversions est posée dès la fin de la Seconde Guerre mondiale. Dans le contexte de l'après-guerre, le Ier Plan vise à mobiliser la main-d'œuvre au bénéfice des secteurs « directement productifs » prioritaires dans l'effort de reconstruction (c'est cet argument qui est avancé en priorité pour justifier l'introduction, par l'ordonnance du 24 mai 1945, de l'obligation faite aux employeurs d'obtenir l'autorisation des Services de la main-d'œuvre pour procéder à une embauche ou un licenciement, origine du « monopole de placement » qui, jamais respecté, ne sera juridiquement supprimé qu'en 2005). Les plans ultérieurs constatent simultanément l'ampleur des déséquilibres sectoriels et locaux ainsi que la faiblesse des moyens d'action. Un saut qualitatif est opéré avec la loi du 18 décembre 1963 qui crée le Fonds national de l'emploi [13]. Bien qu'il ne s'agisse que d'un regroupement, dans le cadre du ministère du Travail, de lignes budgétaires jusqu'alors dispersées dans différents ministères ou organismes, cette innovation prend progressivement une place essentielle. Un dispositif unifié finance deux types d'interventions du ministère. D'une part, il permet l'attribution d'allocations individuelles pour favoriser la formation et la mobilité géographique de demandeurs d'emploi ou de salariés menacés par un licenciement collectif. D'autre part, il permet à l'État de passer des conventions avec des organisations professionnelles ou des entreprises pour organiser la conversion professionnelle et le reclassement des travailleurs dans des territoires ou des branches d'activité « atteints ou menacés d'un grave déséquilibre de l'emploi ». La procédure de la convention transforme la nature juridique de l'intervention de l'État. Elle en accroît aussi l'efficacité potentielle. La souplesse de la réglementation permet une action rapide, diversifiée selon les contextes. L'action n'est pas seulement curative ; elle peut devenir préventive, en cas de menace de grave déséquilibre de l'emploi. Enfin, l'attribution conditionnelle d'aides financières aux branches ou aux entreprises crée la possibilité de peser sur leurs modes de gestion de l'emploi, alors qu'auparavant l'État ne disposait que de la faculté de refuser une demande de licenciement collectif.

En ce qui concerne, en second lieu, les besoins de qualification et de formation, le ministère du Travail et le Plan se gardent longtemps d'empiéter sur le domaine de l'Éducation nationale. Le ministère du Travail n'intervient qu'en matière de formation professionnelle accélérée des adultes pour laquelle l'ANIFRMO (Association nationale interprofessionnelle pour la formation rationnelle de la main-d'œuvre, transformée en 1964 pour donner naissance à l'AFPA, Association pour la formation professionnelle des adultes) a été créée en 1949 par regroupement de différentes

13. C. Thomas et D. Balmary, « Le Fonds national de l'emploi », *Droit social*, décembre 1969, p. 575-585 ; J.-F. Colin, « Le Fonds national de l'emploi 1963-1983 », *Comptes de l'emploi. Données physico-financières, 1980-1982*, Paris, La Documentation française, 1984.

structures. Une mutation s'amorce à l'occasion de la préparation du IVe Plan et se poursuit au cours des plans ultérieurs. Il s'agit, au départ, de répondre à une demande de la Commission de l'équipement scolaire qui porte sur les prévisions de volumes d'élèves à scolariser selon les niveaux et filières de formation. Dans ce but, la Commission de la main-d'œuvre, puis un Intergroupe (dénommé « Formation – promotion professionnelle » pour le Ve Plan et « Formation – qualification professionnelle » pour le VIe Plan) créé pour articuler les travaux de la Commission de l'emploi et de la Commission de l'éducation développent un effort méthodologique considérable[14] autour de deux axes principaux[15]. En premier lieu, confrontés à la disjonction entre le vocabulaire des spécialités et diplômes du système éducatif et le vocabulaire des métiers et professions utilisé dans les branches, les experts du Plan créent des nomenclatures de formations et d'emplois telles qu'elles puissent être mises en correspondance et fournir un langage commun. En second lieu, un complexe appareil technique est mobilisé pour obtenir, à partir d'une prévision de l'emploi par branche d'activité, des objectifs de flux de sortie de l'appareil éducatif par niveaux et spécialités de formation.

Si l'effort statistique et méthodologique ainsi réalisé est unanimement salué, un débat intense se concentre sur ses présupposés théoriques ou politiques. Ce débat concerne d'abord le mode de calcul, qui laisse supposer une soumission des activités du système éducatif aux « besoins de l'économie ». Il concerne ensuite la recherche d'une adéquation normative entre deux dynamiques qui historiquement ont été largement autonomes, d'une part, celle des métiers, reflet d'une division du travail associée à certaines techniques de production et certains modes d'organisation, d'autre part, celle de l'éducation, associée à des systèmes de valeurs et à des structures sociales.

Ces débats ont joué un rôle déterminant dans l'analyse des relations entre techniques et formes d'organisation, métiers ou professions, qualifications et compétences, formation initiale et continue qui se développera après la rupture des années 1970. Par ailleurs, le thème de la formation professionnelle continue prend une importance particulière dès la fin de la décennie 1960. D'abord lié à une perspective de promotion sociale, il sera de plus en plus fortement intégré dans la politique de l'emploi, sans que le ministère du Travail joue initialement un rôle majeur.

En troisième lieu, l'affirmation de l'importance qui doit être accordée au Service public de l'emploi pour une organisation efficace du marché du travail constitue un « marronnier » des premiers plans. Tout aussi rituel est un diagnostic pessimiste de l'état des lieux. Les raisons de l'attitude longtemps passive du ministère du Travail sont complexes. Certes, des initiatives sont venues de certains éléments dynamiques de l'administration centrale, mais l'impression générale est qu'ils ont

---

14. Cet effort est amplifié grâce à la création, en 1970, du CEREQ (Centre d'études et de recherches sur les qualifications) et du CEE (Centre d'études de l'emploi).

15. A. d'Iribarne, « Les modèles macroéconomiques dans les prévisions d'emplois et la planification française de l'éducation : analyse critique », CGP, *Emploi et système productif*, Paris, La Documentation française, 1979; L. Tanguy, « La mise en équivalence de la formation avec l'emploi dans les IVe et Ve Plans (1962-1970) », *Revue française de sociologie*, n° 43-4, 2002, p. 685-709.

été rapidement marginalisés lorsqu'ils étaient en position de conseil et qu'ils ont dû respecter la pesanteur des services lorsqu'ils étaient en position de responsabilité Une illustration significative est fournie par le rapport dit Chazelle, du nom du directeur général du Travail et de l'Emploi. Ce texte est souvent considéré comme le plus ambitieux produit en interne dans la période à propos des services de l'emploi. Il est, en effet, remarquable par la lucidité du diagnostic et par la pertinence des « principes d'une réforme » qu'il propose. Mais toute menace de rupture est écartée. Après avoir montré que les fonctions des services de l'emploi ont été définies dans les conditions de l'après-Seconde Guerre mondiale, qui ont subi des « changements fondamentaux », le rapport insiste sur la « préoccupation [...] de ne point bouleverser les organes en place [16] ». Finalement le rapport concentre ses propositions sur la réforme de l'organigramme des services déconcentrés.

La rupture intervient lorsque, en décembre 1966, le commissaire au Plan, François-Xavier Ortoli, se voit confier par le Premier ministre une mission « suite aux craintes que les organisations syndicales ont exprimées devant les conséquences sociales de l'évolution des structures de l'économie [17] ». Le rapport, remis en avril, ne sera jamais publié, mais exercera une influence durable, d'abord sur les ordonnances de juillet 1967 et, plus largement, sur la conception du Service public de l'emploi qui sera désormais défendue par l'aile modernisatrice de l'appareil d'État. Le rapport repose sur trois propositions centrales : « Dans une économie en progrès, une mobilité accrue de l'emploi est inévitable et nécessaire. Elle est compatible avec le plein emploi dès lors que l'expansion est suffisamment soutenue et diversifiée. Elle exige une "infrastructure de l'adaptation" qui doit être rapidement mise en place. »

Le troisième et dernier point est présenté comme l'objet principal du rapport. Tout doit être fait pour que l'accroissement de la mobilité « soit bien une source de progrès pour la collectivité et de promotion pour l'individu et non une occasion de misère et de révolte ». Les préconisations portent sur trois domaines : l'organisation du marché du travail (placement, orientation, conseil, formation, aide à la conversion et à la mobilité) ; une amélioration substantielle des garanties sociales pour ceux qui sont amenés à changer d'emploi ; la prévention des mutations en conciliant politique de l'emploi et politique d'aménagement du territoire. L'outil principal d'organisation du marché du travail serait un Office national de l'emploi, avec un statut d'établissement public industriel et commercial, qui regrouperait les services de placement et d'orientation, de formation professionnelle des adultes et la gestion des actions du FNE. Le projet d'Office se heurte à une vigoureuse opposition de l'administration du travail, spécialement du corps de l'inspection du travail, luttant contre tout démembrement ou toute dénaturation des fonctions de l'État. Il en résulte un double compromis restrictif. D'une part, l'Agence nationale pour l'emploi, qui est créée en 1967, est un établissement public non qualifié (donc *de facto* de type administratif) placé, aussi bien au niveau national

16. J. CHAZELLE, *Rapport pour une rénovation des services de l'emploi*, ministère du Travail, direction générale du Travail et de l'Emploi, juin 1964.
17. F.-X. ORTOLI, *Rapport sur les conséquences sociales de l'évolution des structures de l'économie*, CGP, avril 1967 (non publié), p. 1.

qu'à ses niveaux territoriaux, sous l'autorité des fonctionnaires du ministère du Travail. D'autre part, sa compétence se limite à l'organisation du marché du travail et exclut aussi bien la formation professionnelle des adultes que la gestion du FNE. Le VIe Plan accorde une priorité au développement de l'ANPE en lui consacrant des moyens sensiblement accrus, accompagnés d'objectifs de résultats. Cependant lorsque Marie-Thérèse Join-Lambert établit, en 1975, un bilan de la première période d'existence de l'Agence, elle ne sous-estime pas, en dépit des progrès réalisés, le risque auquel se trouve soumise celle-ci, du fait du comportement des entreprises, d'« être cantonnée au marché du travail secondaire », c'est-à-dire un enclavement « dans les problèmes les plus difficiles à résoudre[18] ».

Les dossiers entrouverts

Il est également significatif d'identifier les questions qui, bien qu'ayant pu présenter des enjeux importants pour l'équilibre global de l'emploi, n'ont pas fait l'objet de choix politiques explicites. Ceci ne signifie pas que ces problèmes aient été ignorés, mais que, pour des raisons diverses, il n'a pas été jugé possible ou souhaitable d'afficher des choix à un horizon de moyen-long terme. Quatre exemples donnent matière à réflexion.

Le recours massif à l'immigration jusqu'en 1974 n'obéit à aucune politique explicite. Il est analysé comme une conséquence inévitable de pénuries spécifiques de main-d'œuvre non qualifiée dans certains secteurs. L'immigration est tantôt envisagée comme une variable résiduelle d'ajustement aux besoins de main-d'œuvre, tantôt comme un flux mal maîtrisé générateur potentiel de déséquilibres sociaux.

Malgré les pénuries de main-d'œuvre initiales, le recours au travail des femmes n'est longtemps envisagé qu'avec la plus grande prudence. Ainsi, le Ier Plan n'envisage-t-il de l'encourager que pour les femmes sans enfant. Le IIIe Plan, pour la préparation duquel un groupe de travail sur l'emploi féminin a été créé, distingue entre les zones à taux d'activité féminins élevés, où il conviendrait de développer le temps partiel, et celles à taux faible où des implantations industrielles nouvelles permettraient de mobiliser des « réserves de main-d'œuvre ». Le rapport pour le Ve Plan s'intéresse, en annexe, au temps partiel, mais juge que la question n'a d'importance que pour quelques professions. Il faut y ajouter de rituelles recommandations relatives à l'accès des femmes à la formation professionnelle, au développement des crèches, garderies et services sociaux, ainsi qu'à la lutte contre les discriminations dont souffrent les femmes dans l'emploi. Il est surprenant que, dans une période où s'amplifie un changement profond des comportements d'activité des femmes et où des débats sociaux aigus en résultent, les documents consacrés à la politique de l'emploi se limitent à l'examen de quelques propositions ponctuelles ou à des considérations générales.

Longtemps la question du travail des personnes âgées est quasiment absente La situation aurait pu se modifier radicalement avec la publication, en 1962, d'un

18. M.-T. JOIN-LAMBERT, « L'Agence nationale pour l'emploi : premier bilan, premières réflexions », *Économie et Statistique*, n° 69, 1975, p. 83.

remarquable rapport réalisé par une Commission d'étude des problèmes de la vieillesse, présidée par Pierre Laroque[19]. Si ce texte préconise l'attribution d'un revenu suffisant aux inactifs âgés et le développement d'une action sociale en leur faveur, il s'intéresse surtout de manière approfondie aux « problèmes de l'emploi et du travail des personnes âgées ». Il préconise leur maintien en emploi lorsqu'elles le souhaitent, non seulement pour des raisons qui tiennent à l'insuffisance de leur revenu ou aux pénuries de main-d'œuvre, mais parce que le travail demeure pour elles un « facteur d'équilibre physique et psychologique ». Les propositions, d'une étonnante actualité, resteront lettre morte car s'imposera bientôt un compromis social durable qui, à l'aide d'abord des Allocations spéciales du FNE, ensuite des Garanties de ressources-licenciement de l'UNEDIC, prétendra résoudre les problèmes d'emploi des travailleurs âgés par la cessation anticipée d'activité.

Le thème de la durée du travail est constamment présent dans les réflexions sur la politique de l'emploi, mais les analyses, parfois approfondies, ne débouchent sur aucune proposition d'action programmée. Le premier débat important a lieu à l'occasion de la préparation du Ve Plan, pour laquelle un rapport particulier est préparé. Son objet, étroitement limité, est « de réunir des éléments d'appréciation sur le prix économique d'une éventuelle réduction de la durée du travail, c'est-à-dire de ses incidences sur la croissance de la production[20] ». En février 1963, le Conseil économique et social a adopté un avis favorable à une réduction progressive de la durée du travail par 66 voix contre 62, avec 42 abstentions. Les positions des acteurs sociaux sont donc bloquées et le Plan évite toute prise de position. Il se borne à prendre acte « de l'objectif de réduction de la durée hebdomadaire du travail arrêté par le Parlement, réduction d'une heure et demie en moyenne en 1970 par rapport à la durée effective de 1962[21] ». La seule traduction concrète de cet objectif sera l'introduction, en juin 1966, d'une limitation à 54 heures de la durée hebdomadaire maximale du travail, calculée sur une moyenne de douze semaines (la durée maximale sur une semaine demeure de 60 heures). Le changement majeur s'opère en 1968, non pas à l'initiative des pouvoirs publics, mais du fait du projet de Protocole d'accord de Grenelle qui prévoit un retour de la durée hebdomadaire vers les 40 heures par l'intermédiaire de négociations de branche. L'État se contentera d'un modeste rôle d'accompagnement en réduisant, en décembre 1971, la durée maximale hebdomadaire à 57 heures (et 50 heures sur une moyenne de douze semaines). La politique publique de l'emploi a donc été absente du champ de la durée du travail, en laissant de fait la responsabilité à la négociation collective. La même observation s'applique aux lois du 27 mars 1956 et 16 mai 1963 qui généralisent la troisième, puis la quatrième semaine de congés payés, introduites et diffusées par les négociations d'entreprise et de branche.

---

19. P. Laroque, *Politique de la vieillesse*, rapport de la Commission d'étude des problèmes de la vieillesse, Paris, La Documentation française, 1962.
20. CGP, *Rapport général de la Commission de la main-d'œuvre – Ve Plan 1966-1970*, Paris, La Documentation française, 1966, p. 363.
21. CES, *Réduction de la durée du travail*, rapport d'André Charlot, 1963, p. 22.

Entre 1945 et 1973 s'observent donc un élargissement sélectif des dossiers pris en charge par la politique de l'emploi et une diversification des outils utilisés pour sa mise en œuvre, sans changement profond du rôle qui lui est assigné. La politique de l'emploi accompagne une croissance forte, tendanciellement au voisinage du plein emploi, dont la responsabilité revient à la politique macroéconomique. Elle s'efforce d'abord de réduire les pénuries quantitatives et qualitatives de main-d'œuvre, sources de goulets d'étranglement pour la production et de tensions inflationnistes. Elle est ensuite chargée de faciliter un mouvement croissant de restructurations industrielles et de réallocation de la main-d'œuvre. Elle doit rendre socialement acceptables, ou tolérables, les coûts humains associés au chômage frictionnel de reconversion ou au chômage conjoncturel engendré périodiquement par les politiques de stabilisation. Ce n'est qu'après 1968, sous la pression des mouvements sociaux, que se dessinent des perspectives plus ambitieuses visant à intégrer politique de l'emploi et politique du travail dans une société dont les transformations s'accélèrent. Quelques années plus tard, la rupture économique réorientera radicalement ses priorités et son contenu.

L'« emploi » du Travail (1914-2006)

Pierre Macloup

Le travail industriel repose sur l'utilisation instrumentale de ressources humaines mobilisées dans des positions déterminées. Appelons, avec la langue anglaise, ces ressources *labour*, ces positions *jobs* et cette utilisation *employment*. Qu'elle s'applique aux unes ou aux autres, une politique de l'emploi est une politique de la distribution, qui peut viser soit au meilleur emploi de la ressource (l'emploi du travail), soit à la meilleure allocation des positions aux individus – il s'agit alors d'une action pour l'emploi. L'« emploi » du « Travail » est la manière dont l'administration publique du Travail appréhende la répartition efficiente du *labour* et la distribution juste des *jobs*, en vue de différentes finalités (industrielles, sociales... – sans qu'il s'agisse là d'une opposition binaire entre l'économique et le social : une politique industrielle de l'emploi des ressources peut aussi, dans un souci de stabilisation du travail, attacher aux emplois un statut protecteur).

Cette politique a abrité de manière constante ces diverses composantes institutionnelles, même si c'est sous des catégories différentes (« politique de la main-d'œuvre », « politique de l'emploi », « politiques d'emploi ») que l'« emploi » du « Travail » s'est développé dans le temps. C'est la combinaison des composantes concrètes qui se déplace, se projetant de manière déformée dans les dénominations. Aussi est-ce moins le « passage » d'une catégorie à l'autre que les enchaînements et les ruptures au sein du mouvement institutionnel de la « politique de l'emploi » qui seront envisagés ici.

Les dispositifs institutionnels publics, qui sont des construits, naissent le plus souvent d'initiatives politiques. Mais lorsque ces dernières se veulent des stratégies d'action, les innovations institutionnelles qui en résultent sont tributaires des constructions accumulées existantes. Il faudra donc examiner les relations entre les unes et les autres, ce qui sera tenté à l'aide de trois notions communes aux différentes sciences sociales : le groupement – c'est la question des acteurs; l'organisation – le problème des instruments d'action collective que ceux-ci élaborent; l'institution – la définition de « ce qui » est mis en forme dans l'agir des hommes et par leurs règles d'action. On pourra interroger ensuite un découpage chronologique (la première moitié du XXe siècle, la période de croissance forte, de 1945 à 1973, les deux décennies suivant l'interruption de celle-ci)[1].

1. À signaler, pour la période des décennies 1960-1980, l'étude de M. Elbaum, « Les politiques de l'emploi depuis trente ans », INSEE, *Données sociales, 1987*, p. 76-83.

Les dynamiques du pluralisme des acteurs

Tout autant que l'idée d'une diversité successive ou simultanée des logiques d'action d'un même ensemble organisé (l'administration du Travail), c'est le pluralisme des acteurs qui appelle l'énonciation au pluriel de la notion de « politiques » d'emploi. Si le ministère constitue à l'évidence un « groupement » au sens du *Verband* de Max Weber (supposant un pouvoir directorial garantissant le respect de l'ordre réglementé), il n'est pas le premier de ces groupements (les bureaux municipaux de placement sont apparus avant 1906), et ce n'est pas de manière directe qu'il parvient à imposer une primauté au demeurant loin d'être constante au fil du XXe siècle. Outre les groupements locaux à base territoriale, d'autres organisations – notamment les syndicats professionnels et les entreprises elles-mêmes – interviennent de manière volontaire dans les politiques d'emploi. Trois styles singuliers d'interactions institutionnelles (liées à la position du ministère du Travail dans le système d'action de l'emploi) sous-tendent successivement le développement de celles-ci.

À partir de 1914 : un double mouvement de contrôle par le groupement public central

La configuration du début du XXe siècle, dans laquelle coexistaient bureaux de placement privé, offices locaux et groupements professionnels (héritage des Bourses du Travail), n'a pas été propre à la France : elle était présente aux États-Unis où, pendant la période de croissance des bureaux municipaux ou d'État – l'Ohio en institua l'un des premiers en 1890 –, étaient aussi à l'œuvre des bureaux privés (de type commercial ou philanthropique), jouant un rôle important en matière de travaux d'infrastructure et d'écoulement des flux d'immigrants. Mais ce fut un trait commun aux différents pays industriels que la tendance à la centralisation du système. Ainsi, aux États-Unis, après la création du *Department of Labor* (4 mars 1913), fut constitué en mars 1918 le *United States Employment Service*, par scission du bureau de l'Immigration[2]. En Allemagne aussi s'opéra un mouvement d'étatisation, avec l'AVAVG[3] du 16 juillet 1927 créant le *Reichsanstalt*, Office national de placement et d'assurance chômage, établissement public autonome chargé de la gestion du service public de placement ainsi que de l'orientation professionnelle, et prenant le relais de l'administration paritaire de l'emploi instituée dès le 15 novembre 1918 (ce système, « enfant de la défaite », fut mis en cause par le régime national-socialiste).

En France, le mouvement de centralisation se développe sur deux plans parallèles. Fonctionnel d'une part – avec l'unification, sous l'égide du ministère du Travail, des différents services de main-d'œuvre issus du ministère de l'Armement, conduisant en janvier 1933 à la fusion de l'Office central de la main-d'œuvre (OCMO) et du service de la Main-d'œuvre étrangère (SMOE), puis, en 1935, à l'absorption du service de la Main-d'œuvre agricole (SMOA), ainsi qu'au transfert aux inspec-

2. L'ensemble du système fut restructuré par le Wagner Act de juin 1933.
3. *Arbeitsvermittlungs und Arbeitslosenversicherungsgesetz.*

tions divisionnaires des attributions des offices régionaux ; l'aboutissement de la centralisation fonctionnelle se vérifie avec la création de la direction générale du Travail et de la Main-d'œuvre (DGTMO) en 1937. Et un plan territorial d'autre part, puisque ces offices régionaux, créés en janvier 1918, constituent en fait des relais de l'administration centrale auprès des offices départementaux de placement – lesquels sont présents, en 1922, dans la quasi-totalité des départements (et sont rendus obligatoires par la loi du 2 février 1925). Les systèmes locaux jouissent alors d'une certaine autonomie d'action, se traduisant dans la formation de politiques départementales (avec par exemple la fixation de barèmes d'indemnité, autorisée par une circulaire ministérielle du 30 juin 1937). Mais la tension entre localisme et centralisme est définitivement résolue au bénéfice du second à la veille de la Seconde Guerre mondiale, par le rattachement, en mars 1939, de l'ensemble des services locaux au ministère, selon une dynamique poursuivie après la chute de la IIIe République, avec la création de la direction de la Main-d'œuvre et la réorganisation des administrations locales, achevée par le dédoublement des services territoriaux. Suivant un processus transcendant la succession des régimes politiques, la prise de contrôle par le groupement étatique, devenue presque intégrale avec le régime de Vichy, culmine avec l'ordonnance du 24 mai 1945 qui établit le monopole du placement, et préfigure la notion d'un service public de l'emploi. Ce dernier texte, comme le souligne en 1956 le document du cinquantenaire du ministère, est la « grande initiative[4] » constituant le cadre de la mise en œuvre d'une politique de plein emploi des ressources en main-d'œuvre qualifiée – une politique du *labour* –, dans l'élaboration et la mise en œuvre de laquelle l'État centralisé joue, sous la IVe République, dans le cadre des trois premiers Plans d'équipement et de modernisation, un rôle prépondérant.

À partir de 1958 : la coopération entre l'État et les groupements professionnels

Même si elle fait suite à une intervention du président du Conseil, le général de Gaulle, le 1er août 1958, la signature de la convention du 31 décembre 1958 créant l'UNEDIC est une initiative paritaire, qui consacre les « partenaires sociaux » comme un pôle majeur du système d'action de la politique de l'emploi, doté d'une capacité d'influence bien plus forte que, comme au sein de l'Association nationale interprofessionnelle pour la formation rationnelle de la main-d'œuvre (ANIFRMO), la simple participation à des instances de gestion d'organismes sous tutelle. Cette logique paritaire se poursuit à des niveaux plus fins, comme l'indique la création de la commission paritaire de l'emploi de la sidérurgie lorraine dans le cadre de la « convention sociale » de juillet 1967. Mais ce paritarisme est toujours imparfait, du fait de la présence au moins indirecte de l'État (celui-ci n'a jamais été absent des considérations de gestion de l'UNEDIC, et la convention de la sidérurgie fait suite à l'accord de 1966 entre la Chambre syndicale et l'État). Ce nouveau système d'interac-

4. *Cinquantenaire du ministère du Travail : 1906-1956*, Besançon, Imprimerie coopérative, 1956, p. 40.

tions, qui s'appuie sur de multiples instances de gestion commune (Association pour la formation professionnelle des adultes – AFPA), de concertation (Conseil supérieur de l'emploi et comités régionaux, issus de la loi du 18 décembre 1963 créant le Fonds national de l'Emploi – FNE), de conventionnement (dans le cadre des opérations de ce Fonds), consiste en un tripartisme associant des groupements centralisés. On a pu parler à ce sujet d'un « gouvernement de l'emploi [5] » – mais il faut souligner que ce régime « gouvernemental » repose sur un certain équilibre des pouvoirs, puisque l'initiative institutionnelle y appartient aussi aux groupements professionnels, comme en témoigne l'accord de juillet 1970 sur la formation professionnelle continue, qui débouchera sur la « loi Delors » du 16 juillet 1971, selon une dynamique qui a pu être qualifiée par un juriste comme J.-M. Verdier de « loi négociée [6] ».

On peut donc dire que si, dès l'étatisation achevée, s'est amorcé un système d'interactions associant l'État et les groupements professionnels – notamment dans le cadre de l'élaboration des Plans –, la densité la plus forte de ce système se situe dans la période qui suit 1958 et plus encore 1963, la coopération s'intensifiant alors, tout en s'équilibrant et en se décentralisant au niveau des branches. Après la phase de préparation du VIIe Plan, achevée en 1975, et l'engagement de l'État dans la stratégie d'un « redéploiement industriel » déterminé par les contraintes d'adaptation à une concurrence internationale devenue plus tendue (dans un contexte de renchérissement des cours des matières premières) la politique de l'emploi se concentre de plus en plus clairement sur le problème de l'allocation de positions rémunérées *(jobs)* aux individus, selon un déplacement d'objectifs qui s'accompagne de l'émergence d'un autre système d'interactions institutionnelles, auquel cède le pas le système tripartite centralisé de l'emploi.

Après 1975 : un mouvement de re-localisation

J. Freyssinet relève [7] que « la source de transformation la plus manifeste [dans la politique de l'emploi après 1973] résulte de la politique de décentralisation et de l'attribution aux collectivités locales [...] de responsabilités en matière d'emploi ». Si l'on peut souscrire à cette thèse, il faut néanmoins souligner qu'un ensemble d'actions localisées avait précédé l'éclosion formelle de ce système décentralisé.

Absorbée dans la logique centripète de l'entre-deux-guerres – et au demeurant jamais véritablement énoncée comme telle –, la problématique locale de l'emploi commence à être formulée dès la période précédant immédiatement le lancement du FNE, avec la création en 1962 des dix Échelons régionaux de l'Emploi et du Travail (ERET) – dont les missions sont, en 1968, circonscrites aux études, un des débou-

5. M. Lallement, « Du gouvernement à la gouvernance de l'emploi », *Cahiers internationaux de sociologie*, n° 103, 1997.
6. Un processus semblable s'est retrouvé, trente ans plus tard, dans l'enchaînement de l'accord national interprofessionnel (ANI) du 20 septembre 2003 et de la loi du 4 mai 2004 sur la formation professionnelle tout au long de la vie. Comme l'écrivait F. Fillon, ministre de l'Éducation nationale, au sujet de celle-ci, « il revenait aux partenaires sociaux de définir les modalités de cette réforme, et le gouvernement a respecté [leur] prééminence [traditionnelle], mais il a également joué un rôle en amont et en aval de la négociation » (*Droit social*, mai 2004, p. 453).
7. Cf. dans le présent ouvrage J. Freyssinet, « L'émergence des politiques de l'emploi (1945-1973) ».

chés de ces dernières étant la notion de « zone d'emploi », définie en 1966 par l'ERET de Lyon, et appelée plus tard « bassin d'emploi[8] ». Des préoccupations de zonage, parallèles à ces dernières mais utilisant d'autres catégories (ZEDE[9], zones A/B/C), se manifestent également lors des travaux préparatoires des VIe et VIIe Plans. Si la notion de bassin d'emploi est l'un des premiers instruments réflexifs mobilisés par la nouvelle délégation à l'Emploi, elle n'est encore, en 1975, qu'une notion technique, et, malgré ses ambitions initiales, le groupe de travail interministériel sur les bassins d'emploi, constitué en 1977 par le ministère du Travail, le Commissariat général du Plan et l'INSEE, ne parvient pas à la transformer en échelon opérationnel[10].

Ce ne sont pas des instances centrales, mais des groupements locaux – unités déconcentrées ou collectivités décentralisées – que proviennent les initiatives les plus significatives pour l'émergence d'un nouveau système, dans un contexte où s'accentue la redéfinition de l'organisation administrative territoriale (les établissements publics régionaux commencent à exercer leurs attributions au début de 1974). Ainsi, un effort de définition et de modélisation se développe-t-il, au moment de la préparation du VIIe Plan, à partir des structures administratives d'étude et d'aménagement (INSEE, ERET, OREAM[11]) – essentiellement dans les régions de la moitié nord-est du territoire (Centre, Bourgogne, Picardie, Alsace) : M. Micheau parle à ce sujet de l'action d'une « technostructure régionale[12] » embryonnaire. Sur un plan plus directement politique, des élus locaux – notamment ceux de villes confrontées aux effets des replis industriels sur l'emploi disponible –, allant au-delà des politiques d'aménagement (« zones industrielles », dont le concept s'était généralisé à partir de 1963), créent des « comités de bassin d'emploi » ou « groupes locaux », instances d'animation et de concertation : M. Micheau[13] en a recensé vingt à la fin de 1980, tous situés dans le quart nord-est[14], avec des champs de préoccupations allant de la mobilité de la main-d'œuvre à la formation. Quoique dépourvus de moyens de régulation propres – à la différence des commissions existant depuis longtemps aux États-Unis, telle celle du Wisconsin, établie en 1911 sous l'influence de J. R. Commons, ou même, plus modestement, des offices départementaux français de l'entre-deux guerres auxquels étaient, on l'a vu, attribués des pouvoirs réglementaires limités –, les comités ont concrétisé la possibilité d'une politique locale de l'emploi. Ces expériences furent relayées de manière très étendue à partir de 1981, par les comités locaux de l'emploi – incluant les élus locaux –, à la création desquels incitait le gouvernement Mauroy. Même si ces derniers étaient loin d'être les héritiers directs de celles-ci, ils installaient un système d'action qui, parallèlement, se voyait lesté d'une densité institutionnelle par les lois Defferre de 1982 attribuant

8. Cf. M. MICHEAU, *Une notion récente d'aménagement du territoire : le bassin d'emploi*, thèse pour le doctorat en aménagement et urbanisme, université Paris XII, 1981, p. 18 et 121-122.
9. Zone d'étude de l'Emploi.
10. *Ibidem*, p. 167-176.
11. Organisation d'études d'aménagement de l'aire métropolitaine.
12. *Ibid.*, p. 98 ; 192.
13. *Ibid.*, p. 225-245.
14. Près de la moitié avaient – selon des procédures diverses – été créés entre 1973 et 1977, et près de l'autre moitié après cette date.

une compétence d'intervention économique aux collectivités locales et transférant la formation professionnelle aux nouvelles entités régionales. Parallèlement, la notion d'un « service public de l'emploi » dérivée de l'ordonnance de 1945, s'enrichissait d'une consistance nouvelle, issue de la problématique de la coordination, au niveau local, des services extérieurs du Travail, des antennes de l'ANPE et des ASSEDIC[15].

On notera enfin que la décentralisation du système d'interactions n'a pas concerné seulement les organisations territoriales : elle a impliqué aussi les entreprises, dans le cadre des accords dérogatoires en matière de réduction du temps de travail, suite à l'ordonnance du 16 janvier 1982, selon une logique par la suite amplifiée par les lois Robien du 11 juin 1996 et Aubry des 13 juin 1998 et 19 janvier 2000.

Les deux précédents modèles, respectivement initiés en 1914 et 1958, relevaient d'une logique centripète, moniste ou pluraliste. Cette dernière configuration – relevant de ce que J. Freyssinet appelle un « système multipolaire[16] » – est fortement asymétrique : elle associe à la localisation et à l'appel à l'engagement des entreprises dans la distribution de positions d'emploi *(jobs)* le très fort engagement de l'État et de l'UNEDIC[17]. Mais c'est le deuxième modèle qui correspond à la plus forte densité institutionnelle, si l'on considère la conjonction de l'action des différents groupements centralisés, appuyée – avec la transformation de l'ANIFRMO en AFPA (1964), et les créations de l'ANPE (1967) et de la délégation à l'Emploi (1975) –, par le renforcement de leurs moyens d'emprise sur les phénomènes à institutionnaliser. Voilà qui conduit à examiner le problème des instruments de l'action organisée sur l'emploi.

Les dualismes de l'organisation

Ensemble des groupements concrets qui ont en charge une politique, l'« organisation » est aussi un ensemble coordonné d'instruments opératoires au service de celle-ci. Comment ont été constitués les premiers, comment sont mobilisés les seconds ?

Incorporation au Travail et émancipation des organisations de l'« Emploi »

Différents processus de constitution organisationnelle, en apparence contradictoires, ont donné sa consistance propre à une politique de l'emploi qui s'est d'abord développée sur les franges du Travail. Institutionnaliser l'« Emploi », c'est d'abord le faire sortir de sa marginalité et l'incorporer au dispositif de celui-ci. Mais l'Emploi devient lui-même une institution, en s'affranchissant de ce dernier. Malgré toutefois l'accumulation des strates administratives, ces processus sont loin d'être linéaires.

15. Deux décennies plus tard, et dans un tout autre contexte politique, ce mouvement de localisation de la politique de l'emploi est, en Allemagne – et sous une forme plus poussée, suite aux travaux de la Commission des services modernes pour le marché du travail –, l'enjeu des lois Harz II et III de 2002 et 2003, transformant les agences pour l'emploi des *Länder* en *Job Centers*, et les antennes locales du *Bundesanstalt für Arbeit* (Office fédéral) en agences responsables s'appuyant sur ceux-ci.
16. « L'émergence des politiques... », art. cit.
17. En francs courants, la dépense pour l'emploi passe de 25 milliards en 1976 à 117 milliards en 1982 et 305 milliards en 1996 (source : INSEE).

La création de services chargés des différents problèmes de main-d'œuvre pendant la Première Guerre mondiale est fille de la nécessité ; mais ceux-ci, pour l'essentiel localisés administrativement en dehors du ministère (que ce soit à l'Armement, à l'Agriculture ou aux Colonies), ne sont pas les enfants légitimes du Travail, dont l'ossature organisationnelle est orientée vers l'élaboration et le contrôle de la réglementation de la relation de travail. En l'espace de quelques années, la réunion de ces services morcelés (OCMO et SMOE en 1933 – constituant le service central de la Main-d'œuvre, SCMO –, puis fusion de ce dernier et du SMOA en 1935, et, au début de 1936, intégration des Offices régionaux de la main-d'œuvre (ORMO) aux inspections divisionnaires) crée les conditions d'une réorganisation d'ensemble reflétant la constitution d'un pôle « Emploi » unifié – transcendant les découpages entre catégories différentes de main-d'œuvre (industrielle et agricole, nationale et étrangère) et formant une composante à part entière du Travail –, concrétisée en 1937 dans la création de la DGTMO. Couronné par le rattachement en 1939 des offices départementaux au ministère, ce processus est parachevé avec la création, par le gouvernement Laval de Vichy, d'un secrétariat au Travail et à la Main-d'œuvre, puis d'un secrétariat à la Main-d'œuvre. Mais, quoique reconnue comme telle, cette composante demeure – dans le cadre de l'unité locale de direction, revenant à l'inspection du travail – reléguée, et ce malgré le renforcement organisationnel (jusqu'en juillet 1944) des services extérieurs de Main-d'œuvre. Ce caractère d'association dominée (dû à un ensemble de facteurs structurels, allant du statut des contrôleurs à la localisation des services) se reproduit dans le nouveau contexte organisationnel, issu du décret d'avril 1948 restituant aux services de main-d'œuvre leur autonomie fonctionnelle.

Cette institutionnalisation de l'« Emploi »– orientée vers le *labour* –, sous forme d'une incorporation dominée, perdure pendant la période de l'après-guerre, et jusqu'aux débuts de la Vᵉ République. À partir de 1961 émerge un nouveau genre de constitution organisationnelle, aux niveaux tant central que déconcentré. D'abord, tandis que se complexifient les problèmes du marché du travail – sous l'effet de la modernisation industrielle, dans le contexte de poursuite de l'exode rural, puis de la politique de stabilisation voulue en 1963 par le ministre des Finances, Valéry Giscard d'Estaing –, et alors que le ministère est associé aux travaux du IVᵉ Plan, l'arrêté du 21 avril 1961 réforme, dans le sens souhaité par le directeur général du Travail et de la Main-d'œuvre, Pierre Laurent, les structures de la DGTMO en créant une division de coordination composée de quatre sections, l'une étant orientée vers les rapports avec le Plan, et une autre vers l'organisation des services de la Main-d'œuvre – ce qui préfigure le futur service de l'Emploi, constitué après la création du FNE –, et en renforçant les moyens statistiques. Transformant l'Emploi – dont les instruments d'action juridique étaient moins développés que ceux du Travail – en administration dépensière – donc dotée des moyens d'une action propre –, le FNE agit quant à lui comme un facteur dynamisant [18]. Cette dynamique est accentuée – alors que le rapport de la commission de la Main-d'œuvre du Vᵉ Plan

18. Sur l'histoire du FNE, cf. le témoignage de Dominique Balmary, Archives orales du Comité d'histoire des administrations chargées du Travail, de l'Emploi et de la Formation professionnelle (CHATEFP), entretiens n° 1 et 2.

déplorait encore, en 1966, le « manque d'organisation du marché du travail » et la « pauvreté » des moyens et des résultats des services[19] –, par la formation, à partir de 1967, de l'ANPE. Celle-ci, par l'absorption d'une partie des personnels des services départementaux de la Main-d'œuvre, et par son statut d'établissement implanté sur l'ensemble du territoire, constitue un pôle organisationnel distinct du maillage territorial assuré par l'inspection du travail[20] et lui « faisant face[21] ». La création en juin 1975 de la délégation à l'Emploi – qui s'installe en dehors des locaux de la place de Fontenoy – est un aboutissement de ce processus constitutionnel, par lequel les organisations de l'Emploi s'émancipent de celles du Travail. Lorsque, en 1979, l'Institut français des sciences administratives (IFSA) s'interroge – en présence de Pierre Laroque, Gabriel Oheix (qui prend une part très active aux débats), Dominique Balmary – sur « les structures du ministère du Travail face à la crise de l'emploi[22] », la configuration institutionnelle est bien différente de celle qu'avait trouvée Pierre Laurent en prenant, vingt-deux ans plus tôt, la direction de la DGTMO.

L'Emploi n'avait pu devenir institutionnalisé qu'en se voyant reconnaître comme pôle au sein du Travail, mais sous statut subalterne. L'émancipation de ses organisations par rapport à ce dernier a créé progressivement, de 1963 à 1975, un nouveau cadre institutionnel sur lequel a pris assise une « politique de l'emploi », dans ses différentes dimensions de bonne distribution des ressources de travail et des emplois disponibles. Ce cadre est par la suite complété par de nouveaux apports organisationnels, tant au niveau de la mise en œuvre localisée qu'au niveau central, avec la création des nombreux dispositifs permanents – par-delà la succession des mesures d'insertion sociale et professionnelle à partir de 1981 d'une part, et finalement la fusion de la délégation à l'Emploi et de la délégation à la Formation professionnelle en 1997, d'autre part –, mais ce tandis que les objectifs de la politique de l'emploi se focalisent sur la distribution des emplois disponibles.

Les tensions au plan des méthodes et des moyens d'action

À propos de la « politique sociale nouvelle » voulue par René Viviani, J.-A. Tournerie[23] avait qualifié la « fonction de création » du ministère fraîchement constitué de juridique : celui-ci était, déjà à ses yeux, un ministère de la régulation, dont l'action s'identifie aux progrès du code du travail. On peut dès lors se demander d'abord comment la politique de l'emploi prend place dans un tel ensemble, et, ensuite, dans la mesure où elle le fait, sous quelle forme.

19. *Rapport général de la commission de la Main-d'œuvre*, mars 1966, p. 265-267.
20. Cf. Roxan Capmartin, Archives orales du CHATEFP, entretien n° 2, p. 17.
21. Et encore le rapport Ortoli avait-il proposé que le futur organe fût un « office » – ce qui avait suscité de vives réserves de la part de l'administration du Travail (cf. sur ce point J. FREYSSINET, « L'émergence des politiques de l'emploi… », art. cit.).
22. Colloque organisé les 6 et 7 décembre 1979 par l'université de droit, d'économie et de sciences sociales de Paris et l'Institut français des sciences administratives (*L'administration et l'emploi*, Paris, La Documentation française, 1981, préface de Michel Rezeau, chef du SES du ministère du Travail).
23. J.-A. TOURNERIE, *Le ministère du Travail (origines et premiers développements)*, Paris, Cujas, 1971.

La première politique de la main-d'œuvre est partagée entre deux logiques : la réglementation (la protection de la main-d'œuvre nationale) et l'intervention (la stimulation des placements *via* les offices régionaux). Cette dernière logique est prolongée, mais cette fois en partie au service de l'occupant, pendant la Seconde Guerre mondiale.

« Police de l'emploi » de la loi du 11 août 1926, ou « protectionnisme ouvrier[24] » de la loi du 10 août 1932, le droit de la main-d'œuvre n'est pas éloigné de la culture juridique protectrice, garantie par la possibilité de contraindre les activités formellement libres, dont est porteuse l'inspection du travail. La dimension de l'activité contrainte sous-tend la notion du travail « obligatoire » de l'Occupation. À la Libération, l'ordonnance du 24 mai 1945 est imprégnée de cette philosophie normative dont l'exécution est confiée aux « contrôleurs » de la main-d'œuvre. Une telle dimension normative se retrouve, plus tard, dans la loi du 23 novembre 1957 concernant l'emploi des handicapés.

Néanmoins, l'importance de l'intervention directe dans des « opérations » de placement, de formation et d'affectation distingue comme « atypique[25] » l'action dans le domaine de l'emploi de la réglementation du travail : le ministère-régulateur est aussi un ministère-acteur. C'est d'ailleurs bien en termes d'« action » que peut être définie la spécificité du secrétariat vichyste à la Main-d'œuvre par rapport à la direction de l'Organisation sociale – laquelle est centrée sur un texte, la charte du travail. Cette dimension opérationnelle s'amplifie, dans un tout autre contexte, avec le développement de la formation professionnelle des adultes à partir de 1946, puis autour du concept de « politique active de l'emploi », officialisé par la loi du 18 décembre 1963 relative au FNE. Une telle alternative, quoique de nature typologique – et en cela caractéristique de la structure générale de l'action de l'État –, davantage que chronologique, s'incarne bien dans la succession des deux directeurs généraux, au style très différent, que furent – séparés par le tournant de la fin 1963 – Pierre Laurent et Jacques Chazelle[26]. Elle se projette, au moins en partie, dans la dualité résultant de la scission, en 1975, entre la direction des Relations du travail et la délégation à l'Emploi, initialement pensée sur le modèle des administrations de mission[27], dont la délégation à l'Aménagement du territoire et à l'action régionale (DATAR) était, à cette époque, la référence cardinale. Gabriel Oheix lui-même (dernier directeur général du Travail et de l'Emploi et premier délégué à l'Emploi) n'avait-il pas, dans les premières années de sa carrière administrative en 1961-1962, été marqué par l'expérience d'une démarche administrative d'« action », en tant que sous-directeur des Affaires sociales au secrétariat d'État aux Rapatriés dirigé par Robert Boulin[28] ? La nouvelle délégation combine structure traditionnelle

24. Pour reprendre deux expressions de V. Viet, « La politique de la main-d'œuvre : un domaine d'action atypique du ministère du Travail et de la Prévoyance sociale (1914-1945) ? » (dans le présent ouvrage).
25. V. Viet, art. cit.
26. Cf. le témoignage d'Yves Chaigneau, Archives orales du CHATEFP, entretien n° 1.
27. G. Wibaux-Martinot, « Délégation à l'emploi et administration de mission », *L'administration et l'emploi*, *op. cit.*, p. 77-112.
28. Archives orales du CHATEFP, entretien avec Gabriel Oheix, n° 1, p. 12-13.

des bureaux hérités de la DGTE et organisation en « missions » (outre la mission « synthèses », la plus connue, six unités sont ainsi placées sous ce vocable)[29].

Au sein de cette dualité des moyens d'action, le pôle de l'intervention ne cesse pas, à partir de 1963, de se développer, sous ses aspects tant financiers que d'implication directe. La politique de l'emploi avait déjà, dans le cadre des opérations de restructuration industrielle, mobilisé le concours du Fonds de développement économique et social (FDES). C'est sur le modèle de ce Fonds que fut, à l'origine, conçu le FNE. Alors que l'« extrême pauvreté de moyens[30] » originelle du ministère du Travail ne l'avait pas empêché d'être l'instrument d'une « politique sociale nouvelle[31] » – et que cette administration était demeurée structurellement non dépensière –, la création du FNE représente là aussi un changement profond, d'autant que, comme le constatait plus tard Gabriel Oheix, « le corps [des directeurs du Travail] n'a pas été créé pour gérer des crédits [...], mais pour faire respecter le droit du travail[32] ».

En outre, l'implication des services, ne se limitant plus à une position d'extériorité régulatrice, devient directement opérationnelle. Dès 1946 au demeurant, la formation professionnelle avait été inscrite dans la « nouvelle bataille[33] » : l'atmosphère toute imprégnée de la « méthode Carrard », saisissant par la suite le visiteur de la rue Dareau – siège du Centre de formation des moniteurs de la FPA –, est de fait bien éloignée du règne du texte, auquel concourt le patient travail de la « rédaction », effectué sur les tables d'acajou plaquées de verre des bureaux de la place Fontenoy[34]. La transformation, à partir de 1962, de l'encadrement de la réponse à la demande de travail en une politique plus complexe « de l'emploi » s'accompagne, comme l'indiquait Pierre Laurent[35] au début de 1963, de la redéfinition méthodologique de celle-ci comme une action de contact : « Il s'agit de faire que les moyens d'incitation s'adressent directement aux [travailleurs] pour les accompagner matériellement et techniquement au cours des changements professionnels. » Cette action de contact est aussi une action de style contractuel : Gilbert Grandval, ministre du Travail, déclarait ainsi qu'« à la notion traditionnelle d'une sécurité sociale dans laquelle le risque de chômage est couvert par une prestation [...] automatique [la politique active] substitue celle d'une espèce de contrat[36] ». On peut retrouver ces deux notions – le contact et le contrat – dans un autre contexte, celui de la politique de l'emploi comme allocation de positions (elles ont servi de prin-

29. Arrêté du 5 décembre 1977.
30. J.-A. TOURNERIE, *op. cit.*, p. 218.
31. *Ibid.* (*N.B.* : l'auteur commente ici les déclarations de René Viviani).
32. *L'administration et l'emploi*, *op. cit.*, p. 373.
33. Titre du film de J. Lods sur la Formation professionnelle accélérée (1946), présenté en octobre 1946 – avec son autre film sur l'œuvre de J. Lurçat auprès des tapissiers d'Aubusson – en présence de M. Patinaud, sous-secrétaire d'État au Travail, qui reprend ce titre comme celui de son discours (*Revue française du travail*, novembre 1946, p. 637-638).
34. Cf. le témoignage de Pierre Fournier, ancien sous-directeur de la Formation professionnelle (Archives orales du CHATEFP, entretien n° 2, p. 2 et 21).
35. « Les aspects nouveaux de la politique de l'emploi », conférence prononcée devant le Centre d'études supérieures de banque le 20 juin 1963, reproduite dans la *Revue française du travail*, avril-juin 1963, p. 9-22.
36. Intervention à l'Assemblée nationale lors du débat sur le FNE, 28 novembre 1963.

cipe aux actions d'insertion des jeunes, à partir de 1975 et surtout de 1982[37], puis à l'instauration du revenu minimum d'insertion en 1988). Un des premiers exemples de cette orientation opérationnelle – correspondant à la philosophie de l'action développée par Claude Thomas, premier responsable du bureau du FNE, puis du service de l'Emploi –, associant, au plan du « terrain » local, politique de l'emploi et politique économique, est celui de l'opération engagée, dès la création de ce Fonds, dans le cadre de la réorganisation des Chantiers de l'Atlantique et des Fonderies de Saint-Nazaire (supposant une réduction d'effectifs de 1 500 salariés, 18 entreprises étant touchées). En janvier 1964, un groupe de travail interministériel est constitué à l'initiative du Premier ministre, comprenant la DATAR, les ministères des Travaux publics, de la Marine marchande, de l'Industrie, des Armées et du Travail. Le FNE, qui n'est pas seulement un chapitre budgétaire du ministère, et qui, selon Gilbert Grandval, ne devait pas être « un instrument administratif supplémentaire, [mais] un organisme extrêmement léger » reposant au niveau central sur « quelques techniciens seulement venus de l'extérieur, [s'appuyant] sur l'action des services de la DGTE, centraux et locaux[38] », agit là comme une cellule opérationnelle, assurant une liaison continue entre les services locaux du Travail, le groupe interministériel et la direction des Chantiers (dans ce cadre sont assurées de nombreuses réunions avec les organisations syndicales et les responsables de ces derniers). Du 1er janvier au 1er mai 1964, 700 travailleurs sont reclassés ; des conventions d'allocation spéciale sont proposées aux travailleurs non reclassables.

Une telle démarche suppose aussi un affinement des outils de connaissance, ce qui se traduit par un renforcement de l'appareil statistique de la DGTE, la fonction statistique se séparant en 1964 de la fonction de documentation – alors que les deux fonctions étaient encore confondues dans l'arrêté de 1961. Les données recueillies servent notamment à alimenter la réflexion du bureau de la Politique générale de l'emploi, créé en 1966 – bureau transversal du service de l'Emploi qui en comprend alors cinq.

Si donc existe un dualisme traditionnel, défini par la coexistence – ou l'association – de la « création juridique » et de la logique de l'intervention, il existe un deuxième dualisme, au sein de cette dernière, entre les versants financier et opérationnel. Ce double dualisme se projette au sein du droit lui-même, y imprimant une tension entre deux types de régulation, qui devient très nette à partir de 1976.

Deux types de régulation

La régulation classique de l'emploi par le ministère est, on l'a vu, une régulation de contrôle[39] – et l'on retrouve ce modèle tant dans le texte du 10 août 1932

37. Le premier délégué interministériel à l'Insertion professionnelle et sociale des jeunes en difficultés, en 1983, Bertrand Schwartz, n'avait-il pas été en charge de l'opération de formation et de reconversion des mineurs du bassin ferrifère de Briey, menée de 1964 à 1970 dans le cadre du CUCES de Nancy, dont il fut le directeur de 1960 à 1972 ?
38. Intervention à l'Assemblée nationale lors du débat sur le FNE le 28 novembre 1963.
39. Sur cette notion, cf. J.-D. REYNAUD, *Les règles du jeu : l'action collective et la régulation sociale*, Paris, Armand Colin, 1989.

(fixation du pourcentage de travailleurs étrangers) que dans les deux ordonnances du 24 mai et du 2 novembre 1945 réglementant l'une les mouvements de main-d'œuvre, l'autre les conditions d'arrivée et d'usage de la main-d'œuvre étrangère (principe de l'autorisation préalable du ministère). En fait, sur le plan de l'essence du phénomène juridique, ce modèle est le même qui préside à la régulation du contrat et des conditions de travail : il est associé à un droit normatif, édicté pour la durée dans un but d'ordre.

Il s'oppose à une autre sorte de droit, relevant de la « législation » – ou réglementation [40] – et qui n'est pas tant subordonné à la recherche de l'ordre qu'aux impératifs de l'action. La régulation dans l'État social avancé a ainsi souvent pris la forme d'un droit « régulatoire », utilisé – tel un taux de change ou un taux d'intérêt – comme instrument de pilotage à vue, et dont la sanction juridictionnelle est plus incertaine : c'est typiquement le cas du « droit de l'emploi », qui, à partir de 1972 (création de la garantie de ressources-licenciement), croît en s'hypertrophiant au sein du cadre étroit dans lequel il fut primitivement inséré, celui du livre III du code du travail (« placement et emploi ») – un droit accentuant ce qui constitue un trait caractéristique du droit social [41] : la catégorisation. Quarante ans après la création du FNE, c'est par une première partie consacrée à l'emploi que s'ouvre un traité classique comme le *Précis de droit du travail* légué par G. Lyon-Caen [42] – une première partie qui occupe près de la moitié de l'ouvrage.

Le droit normatif et le droit régulatoire relèvent néanmoins, l'un comme l'autre, d'une régulation exogène, c'est-à-dire élaborée de manière externe par rapport aux acteurs visés par les textes, qu'il s'agisse de les contrôler dans un cas, de les inciter dans l'autre. Elle est à distinguer de la « régulation conjointe [43] ». L'exemple de la convention de la sidérurgie lorraine mérite ici qu'on s'y arrête à nouveau. Dans un premier temps, l'État et la profession signèrent ensemble – le 29 juillet 1966 –, une convention relative à la réorganisation de cette industrie, dont les implications sur l'emploi ouvrier devaient faire l'objet de négociations. À la suite de la grève d'avril 1967, un accord (dit « convention sociale ») – prévoyant, on le sait, l'institution d'une commission paritaire de l'emploi – fut signé le 27 juillet entre la Chambre syndicale et trois organisations confédérées : on a là un jeu de deux négociations articulées. Cette « convention sociale » – localisée et professionnelle – servit, au moins en partie, de modèle, au niveau national interprofessionnel, pour l'ANI du 10 février 1969 sur la sécurité de l'emploi. Dès le mois de février 1967,

40. Sur ces distinctions, cf. F. HAYEK, *Droit, législation et liberté*, vol. I : *Règles et ordre*, Paris, PUF, 1980 (1re éd. 1973).

41. On peut ici se rapprocher des travaux de la sociologie américaine des organisations, et notamment de la célèbre étude de P. BLAU (*The Dynamics of Bureaucracy : a study of interpersonal relations in two government agencies*, Chicago, The University of Chicago Press, 1955) – menée dans deux agences sociales – l'une de placement, l'autre d'inspection du droit du travail – et la notion de « déplacement des buts » : les moyens (les règles) deviennent des buts ; de même, alors que dans la période 1963-1975, le but est matériel (la reconversion professionnelle des travailleurs), il deviendra la variation des instruments de mesure que sont les taux de chômage.

42. Dernière éd. 1998 (cet ouvrage est rédigé depuis 2000 par J. PÉLISSIER, A. SUPIOT et A. JEAMMEAUD).

43. J. FREYSSINET (« L'émergence des politiques de l'emploi… », art. cit.) y voit même un des traits institutionnels des politiques d'emploi dans la période de l'après-Seconde Guerre mondiale.

la CGT et la CFDT s'étaient adressées au CNPF pour lui demander la signature d'accords-cadres interprofessionnels (notamment en matière d'emploi). S'adressant le 3 août 1967 (une semaine après la signature de la « convention sociale ») aux partenaires syndicaux et patronaux, le Premier ministre Georges Pompidou leur demandait l'ouverture de négociations dans ce domaine, suggérant la création de commissions paritaires de l'emploi. La grève nationale de mai 1968 eut raison des réticences du CNPF – puisque le protocole de Grenelle prévit la mise en place de commissions paritaires de l'emploi dans les branches. Les négociations furent entamées dès septembre 1968. Au terme de quatorze séances, le 20 janvier 1969, le ministre chargé du Travail, Maurice Schumann, et le secrétaire d'État chargé de l'Emploi, Pierre Dumas – assistés de Jacques Delors –, recevaient les négociateurs. L'accord du 10 février systématisait le modèle de la commission de l'emploi établie deux ans plus tôt dans la sidérurgie. S'il s'agit là de « conventions de groupement », la régulation conjointe peut aussi prendre la forme de la convention individuelle – des aides directes du FNE au Crédit-formation individualisé, près de trois décennies plus tard.

En somme, le mouvement diachronique de la régulation est allé du droit normatif au droit « régulatoire », et de la régulation de contrôle à la régulation conjointe, puis à une combinaison de droit régulatoire et de régulation conjointe.

Trajectoires de l'œuvre institutionnelle : les trois politiques de l'emploi

« Une institution, c'est d'abord une idée directrice, l'idée d'une fin de bien public à atteindre selon des procédures prévues et imposées » écrivait Roland Mousnier[44], rejoignant la perspective de M. Hauriou : une institution est à la fois un ensemble de règles et l'idée de l'œuvre à accomplir. Quelle est cette « idée » de l'« emploi » ?

En un sens, il existe, derrière l'unité institutionnelle du cadre formel des organisations, une unité de l'« emploi » : c'est l'idée de la « distribution ». Distribution des ressources en travail aux entreprises, distribution des emplois aux individus – mais alors l'« emploi » se trouve rapporté à l'œuvre plus large d'un ministère distributeur, intervenant également dans la répartition salariale – sans parler de son rôle en matière de redistribution, si l'on considère ses interventions dans la protection sociale : un rôle passé certes, mais aussi poursuivi à travers son implication dans la gestion de la couverture du chômage. Mais cette distribution elle-même s'oriente selon des finalités différentes : les entreprises, la nation, les individus – tous groupements ou acteurs dont les demandes ne coïncident que de manière occasionnelle.

Si la pluralité des orientations simultanées est constante, de l'entre-deux-guerres à la fin du XXe siècle, c'est néanmoins sous des accentuations différentes. On peut ainsi repérer, dès la première période, la coexistence d'un souci de « rationalisation technocratique » de l'usage du travail disponible en temps de guerre – relayé en temps de paix par celui de la satisfaction optimale des besoins en travail de l'éco-

44. *Les institutions de la France sous la monarchie absolue*, t. I, Paris, PUF, 1974, p. 5.

nomie[45] –, d'une volonté protectrice tendant à la « sauvegarde des droits légitimes des travailleurs français[46] », et de l'organisation, dans les années 1930, d'une aide aux travailleurs sans emploi. Sur ces trois lignes se développent des trajectoires parallèles certes, mais se déroulant selon des séquences temporelles isolables.

La politique de l'emploi comme composante de la politique de protection des travailleurs

On a déjà souligné la manière dont la première politique de la main-d'œuvre est congruente avec la culture protectrice de l'inspection du travail. Si cette tendance a pu prendre la forme de la préservation des intérêts de la main-d'œuvre nationale, elle s'est aussi manifestée par la volonté de protection de la condition salariale. Même si on est loin du degré d'intégration du système allemand de la loi du 10 mars 1952, complétée par l'AFG[47] du 1er juillet 1969 – le *Bundesanstalt* agrégeant à ses missions de placement celles d'indemnisation du chômage –, ce qui est ici en jeu est la défense des intérêts des titulaires de cette position occupée : l'« emploi » *(job)*. À l'encontre du « dualisme », cette tendance intègre le droit de l'emploi à celui du travail, comme l'indique la loi du 19 juillet 1928 relative au maintien des contrats de travail en cas de cession d'entreprise[48]. Comme l'écrivit le grand commercialiste G. Ripert en 1946, « que reste-t-il de l'idée de contrat ? L'ouvrier adhère à l'entreprise comme l'actionnaire à la société [...]. [Il] est fonctionnaire de l'entreprise[49] ». Cette tendance, au sein de laquelle s'inscrit l'ANI du 10 février 1969 sur la sécurité de l'emploi, se prolonge jusqu'en 1975, avec l'ANI d'octobre 1974 sur la sécurité de l'emploi – créant l'allocation supplémentaire d'attente –, suivi de la loi du 3 janvier 1975 sur le licenciement pour cause économique, instituant l'autorisation administrative préalable, et de la législation relative aux plans sociaux. Se combinant ainsi, sur cette ligne protectrice, avec le livre I du code du travail – relatif au contrat de travail –, le droit de l'emploi s'articule au droit du travail et à celui de la protection sociale, pour aboutir à la constitution *de facto* d'un risque emploi au sein de la protection sociale, risque « salarial » dont la couverture intègre protocolisation du licenciement, ressources de reconversion et garanties financières.

La politique de l'emploi comme composante de la politique industrielle

Si, dès la Première Guerre mondiale, la politique de l'emploi du travail mobilisable avait intégré des préoccupations de rationalité économique (« primo-taylorisme » et « primo-fordisme », avec l'idée de reconnaître à la main-d'œuvre nationale un standard de vie déterminé[50]), cette orientation acquiert en 1946 une

45. Cf. à ce sujet les remarques de V. Viet, « La politique de la main-d'œuvre... », art. cit.
46. *Cinquantenaire du ministère du Travail*, *op. cit.*, p. 46.
47. *Arbeitsförderungsgesetz*.
48. Article L-122-12-2 du Code du travail.
49. G. Ripert, *Aspects juridiques du capitalisme moderne*, Paris, LGDJ, 1946.
50. Cf. V. Viet, « La politique de la main-d'œuvre... », art. cit.

valeur constitutionnelle, la Constitution du 27 octobre disposant, dans son article 25 (portant sur le Conseil économique) que « [celui-ci] est consulté sur l'établissement d'un plan [...] ayant pour objet le plein emploi des hommes et l'utilisation rationnelle des ressources matérielles » – il s'agit bien de l'emploi comme ressource. Les orientations de l'avant-guerre se trouvent ainsi prolongées. Lors de la célébration du Cinquantenaire, la brochure officielle rappelle la mission des services de main-d'œuvre : « procurer aux différents secteurs de l'économie la main-d'œuvre dont elle a besoin[51] ». Sur l'impulsion de Pierre Laurent et de ses successeurs, des fonctionnaires de la DGTMO participent aux travaux des commissions de la Main-d'œuvre des IVe et Ve Plans (dont la problématique commune – le risque de pénurie et les besoins de main-d'œuvre – se voit adjoindre, lors du second, l'« équilibre » entre l'offre et la demande de travail), et à celle de l'Emploi du VIe Plan[52] – même si la démarche de « ceux qui croient au Plan » demeure atypique par rapport au style juridique du ministère[53]. Si, depuis la création de centres de formation professionnelle accélérée en 1937, puis de la FPA en 1946, ces objectifs économiques étaient déjà spécifiés par une perspective industrielle, cette dernière acquiert une consistance plus forte à partir de 1955, lorsque s'amorce la politique d'aménagement du territoire. La politique de l'emploi mobilise le support des trois grands Fonds ouverts en 1955 – qui seront par la suite regroupés dans le FDES : le Fonds de conversion de l'industrie, le Fonds de réadaptation et de reclassement de la Main-d'œuvre, le Fonds d'Aménagement du territoire. Créé la même année que la DATAR, le FNE est articulé à ces objectifs-là.

À l'époque de la préparation du Ve Plan, et alors que vient d'être lancé le FNE, le ministère organise, les 17 et 18 avril 1964, deux journées d'information et d'étude sur les problèmes de l'emploi, à l'intention des services de l'inspection du travail. Qui sont les intervenants ? À côté de fonctionnaires des services extérieurs, on écoute Olivier Guichard, délégué à l'Aménagement du territoire, Pierre Massé, commissaire au Plan, Claude Gruson, directeur général de l'INSEE : ces éminents acteurs de la politique économique française traitent, devant les inspecteurs réunis place de Fontenoy, de problèmes allant de la mobilité de la main-d'œuvre et de la localisation des entreprises au lien formation-qualification – bref, une dimension sociale de problèmes industriels[54].

La manière dont Claude Thomas et Dominique Balmary – futur délégué à l'Emploi – concluent, à la fin de 1969, un article présentant ce Fonds reflète ainsi bien l'esprit de cette politique de l'« emploi » : « Les services de l'emploi sont [...] mieux en mesure de [...] répondre aux profondes transformations économiques qui, au cours

51. *Cinquantenaire...*, *op. cit.*, p. 41.
52. MM. Jacques Dupront et Pierre Fournier ont respectivement été rapporteurs des sous-commissions des Qualifications et de l'Équilibre de l'emploi de la commission de la Main-d'œuvre du IVe Plan. M. Pierre Demondion a été président du groupe de travail Immigration de la commission de la Main-d'œuvre du Ve Plan. M. Jacques Legrand, directeur de la DGTE, a été vice-président de la commission de l'Emploi du VIe Plan, et M. Jacques Dupront (alors chef du bureau de la Politique générale de l'emploi) rapporteur.
53. Cf. le témoignage de Pierre Fournier, Archives orales du CHATEFP, entretien n° 1, p. 16.
54. Cf. le compte rendu de ces journées, in *Revue française du Travail*, avril-juin 1964, p. 9-75.

du VIe Plan[55], feront de la France un grand pays industriel[56]. » L'orientation était affirmée : d'une part, assurer aux travailleurs (déjà détenteurs d'un *job*) la continuité de l'emploi à travers les transformations de l'activité et, d'autre part, mettre les nouveaux « offreurs » au contact d'une demande de travail effective. Dans les deux cas, l'enjeu était la bonne allocation du *labour*, aux fins du développement économique.

La politique de l'emploi apparaît donc, sur un premier plan, comme une politique de protection sociale : elle est une composante de la constitution du statut social du travailleur salarié ; c'est aux salariés – ou à ceux qui ont des « chances » de le devenir – qu'elle est adressée. Sur un deuxième plan, elle apparaît comme une composante de la politique industrielle, soit statiquement (que puisse être satisfaite la demande industrielle d'un travail possédant les qualifications professionnelles requises), soit dynamiquement, quand il s'agit – lors des restructurations – de faciliter le réemploi du travail. Pour en venir au troisième plan, on partira de cette formule de C. Dubar[57] : « [Le travail] connaît des mutations impressionnantes, [l'emploi] est devenu une denrée rare. » L'objet de la politique de l'emploi se déplace alors des travailleurs (première cible), ou du travail (deuxième cible), vers les demandeurs de ce bien plus rarement offert qu'est devenu le fait d'être employé – les individus, catégorisés en « publics ».

« Les politiques d'emploi » comme composantes de la politique de cohésion sociale

« J'ai eu la lourde tâche [...] – d'annoncer parfois tous les mois le chiffre des chômeurs. Ça n'avait rien d'une partie de plaisir ! » Ainsi témoignait, quelque vingt ans plus tard, le premier délégué à l'Emploi[58], poursuivant : « Quand j'ai annoncé [...] qu'on allait avoir le premier million de chômeurs – le mythe du nombre à sept chiffres, je me suis senti... ! » En cette fatidique année 1977, le chômage, cessant d'être le « travail inversé » (R. Salais) relevant d'une politique de protection sociale[59], ou encore le « volant d'adaptation » lié à la politique industrielle, était devenu un « problème public », formulé en termes de déficit d'intégration sociale. Lors de la préparation du VIIIe Plan, en 1979-1980, l'accessibilité à tous de l'emploi, « moyen normal de gagner sa vie », était posée comme « impératif national[60] », tandis que l'État tentait de rationaliser le système des allocations de chômage (loi du 16 janvier 1979 sur l'aide aux travailleurs privés d'emploi, établissant un système unique)[61].

S'orientant – de même que le CETA[62] américain de décembre 1973 – à partir de 1975 et surtout de juillet 1977 (premier pacte pour l'emploi, ou « plan Barre I »),

55. On est alors au début de la préparation du VIe Plan.
56. « Le Fonds national de l'emploi », *Droit social*, décembre 1969, p. 575-585.
57. C. DUBAR, *La socialisation*, Paris, Armand Colin, 1991.
58. Gabriel Oheix, Archives orales du CHATEFP, entretien n° 1, p. 23.
59. Comme cela était affirmé dans le préambule de la Constitution de 1946.
60. *Rapport de la commission Emploi et Relations du travail* du VIIIe Plan, Paris, La Documentation française, 1980, p. 13 et 226.
61. Cf. le témoignage de Lucette Dhuicque, Archives orales du CHATEFP, entretien n° 1, p. 5-7.
62. *Comprehensive education and training Act* du 28 décembre 1973, ré-autorisé tout en étant amendé depuis.

vers les « publics-cible », la politique de l'emploi devient une politique de distribution des emplois. Sur ce troisième plan, la proposition d'action se déploie alors de manière duale, le FNE étant devenu un simple chapitre budgétaire[63]. Elle s'oriente, économiquement, vers l'extension volontariste du flux de demande de travail à de nouveaux champs sectoriels (les « gisements », tels les emplois de services), et géographiques (« zones » et « pôles »), ou encore vers la réduction du stock de travail mobilisé, en agissant soit sur son volume (accord de 1977 sur la garantie de ressources-démission, puis cessation anticipée d'activité dans le cadre de la politique des « contrats de solidarité » lancée par le gouvernement Mauroy à partir de 1981), soit sur sa disponibilité au temps « t » (politique de réduction du temps de travail à partir de 1982). Et, socialement, vers l'accroissement de la fluidité du stock de *labour* mobilisable, au moyen de la stimulation encadrée d'une offre ciblée d'« employabilité[64] » : en agissant soit sur la facilité d'écoulement (actions de formation et « sas » d'insertion, appelant – comme le CETA – des mises en œuvre locales), soit sur l'attractivité marchande de la main-d'œuvre (par l'allégement des coûts – abaissement de charges, ou idée de modulation du SMIC –, ou bien par l'allégement de la contrainte juridique – contrat nouvelle embauche de 2005, et projet de contrat première embauche de 2006). Toujours sur ce plan « social », la politique de l'emploi intègre parallèlement – ce qui contribue à la « pluraliser » – une dimension explicite de solidarité envers les plus désavantagés (ordonnance du 21 mars 1984 sur le revenu de remplacement, créant l'allocation de solidarité), ainsi que des visées politiques « affirmatives-de-droits » (loi du 16 novembre 2001 relative à la lutte contre les discriminations).

Les politiques de l'emploi n'ont-elles été, depuis l'entre-deux-guerres (période dans laquelle elles plongent leurs racines[65]), que des contributions à la composition d'autres politiques : le volet « économique » des politiques de protection et de cohésion sociales, et le volet social de la politique industrielle ? Ou bien s'est-il agi d'orientations différenciées au sein d'une même politique de l'Emploi ? La réponse réside dans l'intégration de ces deux points de vue.

Par approximations successives, nous avons perçu l'existence d'une véritable institution de l'emploi – l'« Emploi » du « Travail » –, lorsqu'un ensemble de règles et d'organes se sont combinés autour d'un même objectif : ce qu'on a appelé à partir de 1962 l'« équilibre de l'emploi », c'est-à-dire la ré-allocation fonctionnelle et protégée du travail, et son orientation vers les besoins évolutifs d'approvisionnement des entreprises. Ce fut une politique fonctionnaliste qui – organisée autour de l'idée d'« adaptation », et appuyée sur un système d'action de type « suédois », combinant énoncé d'objectifs intégrés (adaptation industrielle et protection sociale),

63. Cf. le témoignage de Lucette Dhuicque, Archives orales du CHATEFP, entretien n° 2, p. 12.

64. Selon R. LEDRUT, « l'employabilité désigne l'espérance objective ou la probabilité plus ou moins élevée que peut avoir une personne à la recherche d'un emploi d'en trouver un » (*Sociologie du chômage*, Paris, PUF, 1966, p. 68). R. Ledrut distingue cette notion de celles de vulnérabilité (risque de perdre son emploi) et de sous-employabilité (se traduisant par une durée de chômage relativement plus longue).

65. P. LEGENDRE, *Trésor historique de l'État en France : l'Administration classique*, Paris, Fayard, 1992, p. 375-376 (1re éd. 1968).

modernisation organisationnelle (ANPE) et mise en œuvre d'instruments actifs négociés –, se mit en place entre 1963 et 1975. Ce système était le produit d'une histoire (il héritait de son intégration à la politique du Travail, comme aussi de la négociation collective ou de la FPA), mais il s'en détachait aussi, l'Emploi prenant alors son essor politico-administratif et sociétal : au cœur de cette période, le protocole d'accord de Grenelle du 27 mai 1968 consacre son paragraphe six à « l'emploi et la formation » (alors que le thème de la main-d'œuvre était absent de l'accord Matignon du 7 juin 1936).

Ce moment institutionnel a correspondu à une période circonscrite de la croissance française. Une période dans laquelle ont coïncidé avec les besoins de la nation (une industrie concurrentielle), ceux des entreprises (du travail qualifié) comme des individus (un revenu stable associé à un statut professionnel), une période située entre la modernisation industrielle gaulliste et le « redéploiement industriel » giscardien, entre la fin de la « politique de la main-d'œuvre » et le début du « traitement social » du chômage, entre la création de la DATAR et du FNE, et celle de la délégation à l'Emploi, en 1975. Établie pour poursuivre une politique active-économique, cette dernière administration fut rapidement appelée à rejoindre une politique d'action sociale. Le 18 juin 1980, Gabriel Oheix, qui, peu auparavant, avait cédé ses fonctions de délégué à l'Emploi à Pierre Cabanes, se voyait confier par le Premier ministre, Raymond Barre, la présidence d'un groupe de travail interministériel sur la pauvreté : « l'emploi, au cœur de l'action contre l'exclusion sociale », telle fut la première des « options » du « rapport Oheix » remis au gouvernement en février 1981[66].

Le système fait pour l'*employment of labour* n'avait pas tardé à devoir prendre en charge le problème de l'allocation et de la solvabilisation sociale de la demande de *jobs* pour tous en contexte de pénurie. Certes, c'était bien, formellement, la même philosophie de l'action (les travaux d'utilité collective, lancés à l'automne 1984 par le gouvernement Fabius, n'étaient-ils pas les héritiers des emplois d'utilité collective de 1978 ?) ; mais, de l'« innovation sociale » à l'« insertion sociale », les buts avaient changé. D'août 1976 à juillet 1984, par-delà l'alternance politique de 1981 – et tandis que deux points de PIB supplémentaires étaient déplacés vers la dépense publique pour l'emploi[67], celle-ci atteignant quasiment en 1984, avec 3,5 %, son taux de croisière à venir[68] –, les gouvernements Barre et Mauroy eurent la charge de cette transition de la politique de l'emploi, facteur d'une expansion voulue et équilibrée, au régime instable, déterminé par toutes sortes de conjonctures, de la politique des emplois.

66. *Contre la précarité et la pauvreté : 60 propositions*, doc. multigr., février 1981, p. 25-26.
67. Dépense pour l'emploi (hors allégements de charges). Sources : INSEE, *Données sociales 1987*, p. 76 ; *Annuaire statistique de la France*, 2006 C-01-16.
68. Entre 3,5 % et 3,7 % de 1985 à 2003.

Témoignage de Gabriel Mignot

Ancien élève de l'ENA (1962-1964), auditeur à la Cour des comptes (1964-1969), il a été ensuite chargé de mission au Commissariat général du Plan (1969-1973) puis chef du service économique du Commissariat général du Plan (1973-1978). Il est chargé en 1978 d'une mission d'études sur les perspectives de développement de la petite entreprise familiale, notamment artisanale. Directeur du cabinet du ministre de l'Industrie (1981), puis délégué à l'Emploi au ministère du Travail, de l'Emploi et de la Formation professionnelle (1981-1985), il devient directeur de l'UNEDIC (1986-1991). Il réintègre la Cour des comptes en 1991, devient président de la chambre régionale des comptes d'Alsace (1993-1997), président du Centre pour le développement de l'information sur la formation permanente (Centre INFFO, depuis 1997), président de la 6e chambre de la Cour des comptes (ministères chargés de la Santé et de la Sécurité sociale et organismes de sécurité sociale).

Après plus de dix ans consacrés à la macroéconomie et à la planification « à la française » entre 1969 et 1980, j'ai exercé des responsabilités dans le domaine de l'emploi durant les dix années suivantes, comme délégué à l'emploi de 1981 à 1985 puis directeur de l'UNEDIC de 1986 à 1991. Je ne me suis pas livré avant d'intervenir devant vous à une analyse critique de cette expérience passionnante, prolongée par une observation intéressée des quinze dernières années. Aussi les quelques remarques qui suivent mélangent-elles le passé et le présent pour constituer une analyse et un point de vue.

L'efficacité de la politique de l'emploi

J'enfonce une porte ouverte en rappelant que ce que la pratique politico-administrative qualifie de « politique de l'emploi », placée sous la houlette du ministère du Travail et de l'Emploi, ne joue qu'un rôle marginal dans la détermination de la structure et de la qualité des emplois occupés. On est en présence d'une action de *second best*. Il s'agit, si l'on veut bien considérer les résultats obtenus – et non pas le bruit politico-médiatique –, d'agir sur la seconde ou troisième dérive de la courbe qui relie la démographie, l'activité économique et l'emploi. Mais il s'agit bien d'une « politique », c'est-à-dire d'un volet très important du discours et de l'action des pouvoirs publics et d'un thème de débat permanent, tout particulièrement dans une période où le plein emploi spontané de l'après-guerre disparaît durablement, voire définitivement à vue d'homme – ce qui, incidemment, entraîne une redéfinition des concepts.

Entre le moment où j'ai commencé à suivre professionnellement l'emploi et aujourd'hui, le nombre de chômeurs officiels a été multiplié par vingt, sans compter les chômeurs officieux dont la prise en compte ferait sans double doubler ou presque ce multiplicateur. La « véritable politique de l'emploi » – censée agir sur le niveau et la composition de la croissance – a donc échoué. Et l'activisme, l'imagination, le volontarisme qui ont marqué la « politique de l'emploi » proprement dite ont prospéré à la mesure même de cet échec.

Peut-on dès lors parler de l'efficacité de cette politique ? Oui si on accepte de rester à l'intérieur de la faible marge de jeu que comporte sa définition même : les emplois aidés, les préretraites, la mise en œuvre de programmes assurant non pas un emploi économique mais une activité – dont je ne juge pas ici le bien-fondé – modifient à court terme la courbe du chômage. Ils atténuent l'impact négatif des ajustements d'effectifs. Leur effet durable est faible. Dans les années 1980, les études montraient que les dispositifs d'emplois ou d'occupations aidés n'avaient qu'un rendement de 5 % en termes de création d'emplois durables. Qu'elle soit efficace ou non, cette politique devient nécessaire dès lors que l'impossibilité de réduire durablement et significativement le niveau de chômage fait l'objet d'un consensus implicite. Mais cette nécessité politique a un prix : un coût économique à travers la dépense publique et un coût « technique ». Chaque gouvernement veut imprimer sa marque dans le dispositif existant. D'où la grande instabilité des mesures dans un domaine où l'accoutumance et la permanence sont pourtant la condition d'un changement des comportements. Cette instabilité empêche enfin toute évaluation sérieuse. Mais une évaluation sérieuse réduirait encore la capacité d'annonce des gouvernements sauf pour ceux qui seraient prêts à affronter le risque politique associé à un programme d'action bien typé.

Une politique sous contrainte

Même si elle relève pour beaucoup de l'homéopathie, la politique d'emploi est très contrainte par le contexte sociopolitique et institutionnel. Ce contexte doit beaucoup à l'organisation sociale, à la défense d'intérêts particuliers plus ou moins savamment dissimulés derrière des thèses ou des principes prétendument justifiés par le souci de l'intérêt général et du progrès économique et social. Parmi les éléments du contexte, l'importance et la composition de la représentation syndicale, les règles du jeu en matière de droit du travail, le partage de la gestion.

À cet égard, la suppression de l'autorisation administrative des licenciements économiques et la judiciarisation accrue qui en est résultée ont fortement réduit le champ d'intervention et l'efficacité de la politique de l'emploi. La négociation qui précédait l'action des autorisations constituait un lubrifiant fort utile.

Le partage de la gestion du marché du travail entre plusieurs pôles – l'inscription des chômeurs et l'assistance à l'entrée ou au retour à l'emploi à l'ANPE et ses correspondants, l'indemnisation au régime d'assurance chômage, la formation à des institutions spécialisées – relevant plutôt de l'État hier et des régions aujourd'hui, la préservation des compétences acquises et le respect de l'autonomie formelle des institutions limitent sévèrement la liberté d'action des pouvoirs publics. Avec l'explosion du nombre des chômeurs, les inconvénients de cette « spécialisation » sont devenus criants. Mais les remèdes mis en œuvre sont pires que le mal : on reconnaît plus ou moins à chacun un droit d'ingérence dans le champ de tous ces partenaires et on construit des usines à gaz au nom de la nécessaire coordination. Il en résulte un « frein moteur » supplémentaire. Je pense aux différents dispositifs en faveur des jeunes (à côté de l'ANPE, les missions locales, les PAIO) et plus récemment à la difficile gestation de la convention de coopération entre l'ANPE et l'assurance chômage. La priorité ne peut plus être la construction d'une réponse rapide, adaptée à chaque situation. Les résultats obtenus sont sans rapport avec les moyens et les instruments financiers mis en œuvre.

Politique de l'emploi et rationalité économique

L'emploi est un lieu idéal pour apprécier si la rationalité de la politique respecte le bon sens en économie de marché. Autrement dit, l'action volontaire infléchit-elle toujours la courbe du chômage dans le bons sens et n'a-t-elle pas des effets contraires à ceux recherchés ? Au cours des quarante dernières années, le bon sens, me semble-t-il, a progressé mais on partait de très loin et les ratés sont nombreux.

Rappelons-nous : nos « ancêtres », face à la première apparition du chômage au début des années soixante, ont cru bien faire en mettant en place la garantie de ressources et la convention sociale de la sidérurgie. On assurait à des personnes dont l'emploi disparaissait ou était condamné un revenu très proche voire équivalent à leur dernier salaire, souvent supérieur à celui que pouvait espérer un jeune titulaire du BTS, beaucoup plus qualifié qu'elles. Ce faisant on érodait sérieusement la préférence pour le travail et on prélevait des ressources qui faisaient défaut pour financer la création de nouveaux postes de travail. Le bon sens a progressé. Aujourd'hui, on essaie de fermer le robinet des préretraites, on veut promouvoir effectivement la formation tout au long de la vie pour maintenir l'employabilité dans un monde en changement permanent, et la mesure la plus coûteuse est l'allégement des charges sociales, c'est-à-dire une baisse du prix relatif du travail : dans la mesure où l'allégement des charges n'entraîne pas une augmentation des rémunérations directes, on attend une production moins chère, donc un élargissement des débouchés et des ressources accrues pour financer les investissements, investissements qui incluent, ne l'oublions pas, la formation.

Mais beaucoup reste à faire. Prenons l'exemple du dualisme entre l'assurance chômage et l'ANPE. Dans les années 1970-1980, le régime d'assurance chômage a abandonné les principales mesures d'aide au retour à l'emploi qu'il finançait – choix résultant à la fois de la crise financière consécutive à la croissance du chômage et d'un consensus fortement encouragé par les pouvoirs publics sur l'intérêt d'une spécialisation rationnelle. Aujourd'hui, l'assurance chômage finance un important programme d'aide au retour à l'emploi. Si une grande partie des moyens concernés va à l'ANPE, l'UNEDIC lance cependant ses propres appels d'offres auprès d'organismes privés de reclassement. Ce retour au mélange des compétences a été facilité par un excédent « passager » dû à quelques années de croissance. Il traduit l'impossibilité ou le refus volontaire ou forcé des pouvoirs publics d'accroître les moyens budgétaires consacrés à la lutte contre le chômage. Il coïncide enfin avec le développement d'une ambiance, d'une mode, voire d'une volonté politique hostile *a priori* au service public « à la française ». J'ai toujours pensé et je l'ai dit en temps opportun que tout excédent du régime d'assurance chômage devait automatiquement entraîner une baisse des cotisations d'assurance chômage.

Autre exemple, la réduction de la durée du travail. La mesure est efficace en période de croissance dans le domaine concurrentiel. On l'a constaté en France avec un accroissement de la productivité, contrepartie à la charge des salariés, et sans doute de la précarité. Mais sa mise en place dans le secteur public a accru les inégalités devant le chômage et entraîné une pression soit en faveur d'une moindre qualité de service, soit d'une augmentation de la dépense publique à service inchangé. Pourquoi n'avoir pas commencé à appliquer la mesure dans le service public pour montrer que, là aussi, on pouvait « faire de la productivité » pour limiter le coût du maintien de la qualité et la quantité du service ? Parce que cela était politiquement impossible ? La priorité pour l'emploi bute partout sur des limites !

Les deux fonctions de la politique de l'emploi

Dans une économie en forte mutation et une société qui privilégie toujours les droits acquis et rechigne à payer le prix d'un futur nettoyé autant que possible des problèmes du passé, la politique de l'emploi a deux fonctions.

Première fonction, assurer un bon fonctionnement du marché du travail. Si l'écrasante majorité des ajustements se réalise de manière spontanée, la présence d'un « facilitateur » institutionnel reste indispensable pour réduire la distance entre l'emploi offert et celui demandé, pour soutenir le développement des nouveaux emplois. L'efficacité recommande de confier ce rôle à un opérateur qui ne soit pas en situation de monopole mais en position d'assurer un rôle central. Il lui revient d'animer le réseau des multiples partenaires. La coordination qui en résulte est la condition de l'efficacité. Occuper une position centrale de coordination signifie une répartition claire des compétences et des champs d'intervention, et requiert une volonté politique forte.

En 1987, je recommandais au président de l'UNEDIC et au ministre de l'Emploi de placer l'ANPE et le régime d'assurance chômage sous une autorité autonome unique, garante notamment de l'efficience de chaque institution, de la qualité de leur collaboration et de la stabilité des mesures d'aide à l'emploi. Cet opérateur dispose de la boîte à outils des mesures d'aide à l'emploi. Il articule indemnisation et recherche d'emploi. Il gère l'équilibre entre l'aide et les exigences à imposer aux offreurs et demandeurs d'emploi. Il segmente sa clientèle en fonction de sa distance à l'emploi. Il s'adresse aux employeurs, aux salariés, aux chômeurs et aux formateurs. À cet égard, l'enchevêtrement croissant des compétences en matière de formation professionnelle ne va-t-il pas émousser cet outil fondamental ? Cet opérateur unique doit être géré sur le modèle de l'entreprise : élaboration de programmes d'action avec indicateurs de résultat, autonomie pour adapter les actions dans un contexte changeant, mise en œuvre de dispositifs de contrôle de gestion internes et externes fondés sur l'analyse critique du processus, définition des objectifs, mise en œuvre des moyens, constatation des résultats.

Deuxième fonction de la politique de l'emploi : instituer des dispositifs de négociation pour les situations qui appellent un traitement particulier, comme les restructurations importantes, le développement rapide de certaines activités ou les situations locales critiques. Négocier signifie que toutes les parties en cause s'engagent, c'est-à-dire apportent quelque chose, et tout au moins une limitation de leur liberté. Les pouvoirs publics mobilisent pour ces dossiers des moyens exceptionnels. Seul l'État – exécutif, et non pas judiciaire – peut assumer cette fonction. La judiciarisation de l'impact « emploi » des mutations est incompatible avec les exigences de la vie économique. Je n'ai conservé que des arguments en faveur des dispositifs que nous avons mis en œuvre à l'occasion des grandes restructurations des années 1981-1985. Je pense à la fermeture de l'usine automobile de Poissy et à Creusot-Loire. L'accord entre toutes les parties n'était certes pas toujours assuré. L'échec, c'est-à-dire la fermeture complète du site, n'était jamais exclu. Mais dans la majorité des cas, on trouvait une solution économiquement raisonnable et socialement acceptable, dont la mise au point précédait l'autorisation administrative de licenciement. Évidemment quand je dis « les pouvoirs publics », j'entends l'administration « accompagnée » des opérateurs centraux évoqués plus haut.

Mais toutes ces considérations ne sont-elles pas dépassées ? La crise des finances publiques, « l'uniformisation européenne », la décentralisation, la radicalisation des positions pour ou contre « la mondialisation libérale » ont entraîné le désengagement de l'État et une grande « dilution » des responsabilités au sein de la sphère publique et parapublique. Ce nouvel état de fait n'est pas rassurant. Il est source d'une inefficacité croissante des mesures mises en œuvre par les uns et les autres. Il risque de transformer en autant de crises les mutations indispensables. Il ne peut qu'accroître dans un premier temps les inégalités devant l'emploi, entre les jeunes, les générations, les licenciés économiques, entre le public et le privé. Cette dilution des responsabilités confère enfin au chômage de masse le caractère d'un fléau – produit d'un *fatum* aux origines obscures et dont la solution échappe aux acteurs sociaux et politiques. La lutte contre le chômage perd ainsi une grande partie de son rôle discriminant dans les choix politiques – même si, faute de pouvoir imposer les changements nécessaires, on se contente de changer les équipes. Mais les dangers de cette neutralisation sont grands. Les effets à long terme de l'exclusion et de l'accroissement des inégalités ne menacent-ils pas la démocratie ?

Cinquième partie

Le ministère du Travail et les administrations nationales et internationales

Le vivier de la direction et du ministère du Travail à l'œuvre au sein de l'Organisation internationale du travail, 1919-1932

Isabelle Lespinet Moret

Cette communication s'inscrit dans une histoire croisée du ministère du Travail et de la Prévoyance en France et de l'Organisation internationale du travail, plongeant dans une période antérieure à 1906 et centrée sur l'entre-deux-guerres. Elle s'attache à étudier la circulation d'une administration à l'autre de certains fonctionnaires, mais aussi d'experts, de conseillers techniques, d'enquêteurs et avec eux de leurs champs d'étude et d'action ainsi que leurs méthodes. Elle vise également à souligner la continuité dans la recherche de la régulation du travail au sein de ces deux institutions, de 1919 à 1932 [1]. Dès sa conception, l'Organisation internationale du travail est fortement défendue et marquée par la délégation française qui parvient à imposer ses vues et à placer à sa tête deux hommes qui depuis déjà de longues années symbolisent en France – mais aussi sur la scène internationale – les questions de travail : Arthur Fontaine et Albert Thomas. Dynamisée par cette dyarchie française, l'OIT porte également l'empreinte de ce qu'ont été l'AIPLT [2], le ministère du Travail (et notamment l'Office du travail, puis la direction du Travail [3]) et le ministère de l'Armement, tant du point de vue du fonctionnement des réseaux que des convergences dans les centres d'intérêts, des priorités accordées aux réformes abordées, ou encore des modes d'intervention et d'action.

1. Je remercie très vivement le Comité d'histoire (CHATEFP) qui a financé une mission aux archives du BIT à Genève et notamment le comité scientifique qui m'a apporté indéfectiblement son soutien. Il s'agit de pistes que je commence à explorer dans une étude comparative des archives et des imprimés des deux institutions.

2. Association internationale pour la protection légale des travailleurs, *Assemblée constitutive tenue à Bâle, les 27 et 28 septembre 1901*, rapports et compte rendu des séances, Paris, H. Le Soudier, 1901, p. 245.

3. I. Lespinet Moret, *Théories et pratiques républicaines de la réforme sociale. L'Office du travail, 1891-1914*, thèse de l'université Paris X, sous la dir. d'A. Plessis, 1997 (à paraître aux Presses universitaires de Rennes).

La légitimité de la délégation française lors de la création d'une instance internationale du travail

En 1919, lors des Conférences de Paris, puis de Washington et dans la Commission de législation internationale du travail, l'un des représentants de la délégation française – Arthur Fontaine[4], conseiller d'État, directeur du Travail et secrétaire de cette nouvelle commission – a l'initiative de proposer un programme d'action et se trouve favorablement écouté. À n'en pas douter, il tire sa légitimité de son expérience de directeur du Travail, mais aussi d'un engagement international confirmé au sein de l'AIPLT.

Un réseau construit autour de l'Office et de la direction du Travail

Lorsqu'en 1891, le gouvernement radical instaure par décret le Conseil supérieur du travail et l'Office du travail, coupant court au travail législatif et substituant ces organismes à un ministère du Travail, il souhaite répondre à peu de frais à la question sociale et se doter d'un conseil tripartite et d'un organe d'information fiable sur la vie économique et sociale. Cette organisation administrative rattachée au ministère du Commerce, tout comme l'inspection du travail organisée en corps en 1892[5], constitue un prélude au ministère du Travail et de la Prévoyance sociale créé en 1906, du moins du point de vue de sa branche « travail[6] ». L'Office du travail, en dépit de faibles moyens et d'un personnel très limité, s'avère apte à remplir une fonction d'expertise de grande qualité. Les enquêtes qualitatives et quantitatives, les statistiques portant sur les petites, moyennes et grandes entreprises, sur le mouvement social et les grèves, sur les salaires, sur les conditions et la durée du travail, sur l'apprentissage, sur l'hygiène et la sécurité, sur les coopératives et les syndicats offrent un excellent panorama de l'économie et de la société françaises des années 1890 à la guerre. Elles mettent en place une méthodologie de la sociologie pratique du travail. Petite structure, l'Office du travail est une administration de mission, un observatoire sur lequel les politiques, les syndicalistes, certaines associations prennent appui pour mettre en marche la réforme sociale. D'autant que le recrutement du personnel est particulièrement sélectif et finit par créer un vivier de fonctionnaires et d'experts affûtés sur la question sociale. L'un de ces fonctionnaires, recruté dès la création de l'Office du travail, Arthur Fontaine, joue un rôle exceptionnel, à la fois à la tête de cette administration de 1899 à 1920 et dans la référence scientifique qu'il représente pour les politiques sur les questions du travail[7]. Ingénieur polytech-

4. Directeur du Travail, il supplée souvent le ministre du Travail, Pierre Colliard, lors des Conférences.
5. V. VIET, *Les voltigeurs de la République. L'Inspection du travail en France jusqu'en 1914*, Paris, CNRS Éditions, 1994. J.-L. ROBERT (dir.), *Inspecteurs et Inspection du travail sous la IIIe et la IVe République*, Paris, La Documentation française, 1998.
6. Restriction importante comme le démontre D. RENARD, « Un train peut en cacher un autre. La création du ministère du Travail et de la Prévoyance sociale en 1906 », *Revue française des Affaires sociales*, juin 2001, p. 81-98.
7. I. LESPINET MORET, « Arthur Fontaine de l'Office du travail au Bureau international du travail, un promoteur du droit international du travail, 1891-1931 », J.-P. LE CROM (dir.), *Les acteurs de l'histoire du droit du travail*, Rennes, Presses universitaires de Rennes, 2004, p. 239-251 et « Arthur Fontaine,

nicien, adhérent actif de nombreuses associations liées à la réforme sociale, nourri de positivisme, mais aussi d'un certain humanisme chrétien, proche des socialistes, mécène et ami de peintres, de musiciens et d'écrivains, Arthur Fontaine construit sa carrière par rapport à des idéaux sociaux; une certaine fortune lui épargnant les soucis matériels. En 1899, lorsqu'Alexandre Millerand est nommé ministre du Commerce dans le gouvernement Waldeck-Rousseau, celui-ci entame une collaboration étroite avec Fontaine qu'il nomme à la tête de la nouvelle direction du Travail. Il conserve ce poste, lorsqu'en 1906, le ministère du Travail est créé. À la tête de l'Office du travail, comme de la direction du Travail, Fontaine s'entoure de collaborateurs efficaces que l'on retrouve pour certains ensuite au BIT. Ses combats concernent l'élaboration d'une législation du travail, l'élargissement de la démocratie dans le monde du travail, la représentation par des syndicats pragmatiques, la justice et la solidarité dans la société. Il choisit de mener ces combats par le biais d'une administration du travail, convaincu de la nécessité pour l'État de réguler l'économie et la société. En tant que directeur du Travail, Fontaine dirige l'Office du travail, le Bureau de la statistique générale, le Bureau des associations ouvrières, de la coopération et des études d'économie sociale à partir de 1899. En 1906, la création du ministère du Travail et de la Prévoyance sociale à partir de structures existantes place sous la direction de Fontaine l'Office du travail et la statistique générale, l'inspection du travail et les associations professionnelles et conseils de prud'hommes. Il semble que la durée de ses fonctions, l'indépendance d'esprit et son autorité lui permettent de traverser les épisodes politiques et de renforcer son action au sein du ministère du Travail, en poursuivant l'étude des mêmes dossiers. Ainsi, sur le placement, les accidents du travail, l'hygiène et la sécurité, ou la durée du travail, on peut lire une grande continuité dans la politique de la direction du Travail puis du ministère du Travail. Par ailleurs, il participe à la mise en place de contacts internationaux voués à l'affirmation d'une législation du travail sans frontière afin d'assurer la paix entre les nations.

Une association qui établit un lien international : l'AIPLT

Lors de la fondation de l'Association internationale pour la protection légale des travailleurs en 1900, le rôle d'Arthur Fontaine, directeur de l'Office du travail et de la direction du Travail, et d'Alexandre Millerand, ministre du Commerce (auquel se rattache la première administration du Travail), apparaît déterminant. Intimement convaincus que la réforme sociale et la régulation du travail ne peuvent se réaliser qu'à une échelle internationale afin d'établir une concurrence loyale garante de la paix économique et de la paix tout court, ils proposent de créer une association internationale[8] : « Composée de personnalités libres et sans mandat, qui s'intéressaient passionnément au sort des travailleurs : professeurs de droit, professeurs

grand commis de la nation et ambassadeur du travail », *Histoire et sociétés. Revue européenne d'histoire sociale*, 6, avril 2003, p. 111-120.

8. M. Herren-Oescht, « La formation d'une politique internationale du travail avant la Première Guerre mondiale », J. Luciani (dir.), *Histoire de l'Office du travail*, Paris, Syros, 1992, p. 409-425.

d'économie, philosophes, philanthropes, individualités patronales et ouvrières, hommes d'État, administrateurs[9]. »

Arthur Fontaine est l'orateur et l'artisan de l'articulation entre le national et l'international[10] au sein de cette assemblée, en présentant au public le point de vue de l'enquête de l'Office du travail sur le travail de nuit, et ses *Notes sur l'Inspection du travail au moyen des délégués ouvriers en France*[11]. De plus, l'Office du travail dispose d'un autre représentant, proche du ministre : François Fagnot[12], qui assiste à toutes les sessions de la section française durant l'Exposition de 1900. Lors de la réunion de Bâle en septembre 1901, Arthur Fontaine défend des positions contraires à celles d'Étienne Bauer (professeur à l'université de Bâle) qui deviendra directeur de l'OIT, tout en conservant la direction de l'AIPLT. Arthur Fontaine puise ses arguments dans son expérience de directeur de l'Office du travail français. Il faut assigner à l'OIT une tâche scientifique et à l'AIPLT une ambition politique[13]. Il insiste sur « la distinction à faire entre le but de l'Association internationale qui poursuit le développement de la protection légale des travailleurs et l'œuvre de l'OIT qui cherche, simplement, par l'observation scientifique des faits et la vulgarisation de ses observations, à faire naître dans l'esprit de chacun des idées précises sur toutes les questions ayant trait à la réglementation du travail[14] ».

Fontaine propose également la création d'un *Annuaire* et d'un *Bulletin*. La conclusion du président, Henri Scherrer (conseiller cantonal à Saint-Gall), va dans ce sens qui a rassemblé les réformateurs : « Il se manifeste ainsi clairement que, sans tenir compte des oppositions politiques et sociales ; nous nous efforçons de réaliser, dans le domaine de la protection ouvrière, ce que la lumière objective de l'expérience pratique et de la science nous montre être bon[15]. »

Cette association s'impose comme référence ensuite, autant pour l'Office international du travail de Bâle que pour l'Organisation internationale du travail ; d'une certaine façon elle en est la matrice. Elle crée un réseau de réformateurs des questions du travail dans lequel se retrouvent certains personnages comme Ernest Mahaim. Du côté français, plusieurs ministres du Travail : Alexandre Millerand (au Commerce de 1899 à 1902), Léon Bourgeois (ministre du Travail et de la Prévoyance sociale en 1912-1913, puis en 1917), Justin Godart[16] (ministre du Travail, de l'Hy-

---

9. A. FONTAINE, *Nécessités, méthode et évolution de l'AIPLT*, manuscrit, Archives du BIT, Genève (10431).
10. A. LICHTENBERGER, « Compte rendu du Congrès international pour la protection légale des travailleurs », *Exposition internationale de Paris*, Paris, Éd. ministère du Commerce, de l'Industrie, des Postes et des Télégraphes, p. 419.
11. *Ibid.*, p. 285. Une enquête préalable aux *Notes sur les délégués ouvriers* de Fontaine a été réalisée par les inspecteurs divisionnaires ; une autre a été menée par Numa Raflin pour l'Office du travail en mars 1900, Archives nationales, F22 543.
12. Syndicaliste recruté par l'Office du travail comme correspondant ; il intègre ensuite l'équipe du personnel permanent et l'AIPLT.
13. *Assemblée constitutive tenue à Bâle*, *op. cit.*, p. 27.
14. *Ibid.*, p. 64.
15. *Ibid.*, p. 143.
16. V. VIET, « Justin Godart, ministre du Travail, de l'Hygiène, de l'Assistance et de la Prévoyance sociales, juin 1924-avril 1925 », A. WIEVIORKA (dir.), *Justin Godart, un homme en son siècle, 1871-1956*, Paris, CNRS Éditions, 2004, p. 69-80.

giène, de l'Assistance et de la Prévoyance sociale de 1924 à 1925) appartiennent au cercle des fondateurs de cette association et défendent une politique internationale du travail. Justin Godart est d'ailleurs durant de longues années l'un des délégués du gouvernement français lors des Conférences internationales de l'OIT [17]. De fait le réseau de l'AIPLT se superpose à celui du ministère du Travail.

Les jalons d'une législation internationale du travail sont plantés avec les premiers accords multilatéraux négociés par Fontaine pour la délégation française. Le traité franco-italien de 1904 apporte un premier cadre de protection du travail pour les immigrés italiens – en les plaçant sous le contrôle des inspecteurs du travail – et de prévoyance pour les retraites et l'épargne de ces travailleurs. Les conférences organisées par l'AIPLT à Berne en 1905 et 1906 débouchent sur des conventions d'hygiène et de sécurité (concernant l'emploi du phosphore blanc et le travail de nuit des femmes) reprises lors de la première session de la Conférence internationale du travail.

Des Conférences de la paix à la création de l'OIT

En octobre 1918, à l'Assemblée nationale, le député du Rhône et futur ministre Justin Godart [18] propose que la Commission parlementaire du travail rédige un rapport sur « une législation internationale du travail dont les principes pourraient être insérés dans le traité de paix [19] ». Ce rapport est ensuite approuvé par la section française de l'AIPLT, avant d'être déposé à la Chambre des députés. Il est également validé par l'Association française pour la Société des Nations, présidée par Léon Bourgeois le 10 janvier 1919, avant de devenir le document de base du projet du gouvernement français. Si la délégation française propose concrètement l'adoption de la journée de huit heures, la délégation anglaise prend l'initiative de « clauses ouvrières [20] ». Après trois mois de débats, il ressort de ces Conférences et de cette Commission la partie XIII du traité de Versailles, intitulée « Travail », qui institue des principes généraux et l'Organisation internationale du travail. Installée à Londres, la Commission procède à l'élection de la direction de l'exécutif du Bureau international du travail. Les délégués anglais se prononcent pour un vote provisoire, mais la délégation française impose l'idée d'un vote définitif afin de passer à l'action. À l'unanimité, sans hésitation, Arthur Fontaine est élu président du Conseil d'administration, bénéficiant de son image d'ambassadeur du travail. À l'issue de deux tours de scrutin, Albert Thomas [21] dans un second temps se voit confier le

17. I. Lespinet Moret, « Justin Godart et le BIT », A. Wieviorka (dir.), *Justin Godart…*, *op. cit.*, p. 80-86.
18. *Ibid.*, p. 80-86.
19. E. Mahaim, *L'organisation permanente du travail*, Recueil des cours, Académie de droit international, IV, Paris, Hachette, 1924 ; J. Godart, *Les clauses du travail dans le traité de paix de Versailles et les décisions de la Conférence de Washington*, Paris, Dunod, 1920 et G. Scelle, *L'Organisation internationale du travail et le BIT*, Paris, Librairie des sciences sociales et politiques, 1930.
20. Christine Manigand évoque dans un autre cadre très proche, celui de la SDN, cette influence française (C. Manigand, *Les Français au service de la SDN*, Berne, Peter Lang, 2003). Voir également M. Marbeau, *La Société des Nations*, Paris, PUF, 2001.
21. D. Guérin, *Albert Thomas au BIT, 1920-1930, de l'internationalisme à l'Europe*, Genève, Euryopa, 1996.

poste de directeur du Bureau international du travail, devançant l'Anglais Harold Butler, nommé directeur adjoint[22]. Albert Thomas doit son succès à son aura dans les milieux ouvriers et patronaux[23], liée à son passé d'homme politique, de député socialiste, mais aussi bien sûr à son activité ministérielle durant la guerre centrée sur l'action concertée entre l'État, les industriels et les syndicats ouvriers. Le choix du tripartisme qui est autant le fait de la délégation anglaise que française lui a été favorable[24].

Si Albert Thomas n'appartient pas au réseau du ministère du Travail, il connaît Arthur Fontaine de longue date; le philosophe Paul Desjardins avait été l'intermédiaire entre Jaurès, Thomas et Fontaine[25]. Durant la guerre, le directeur du Travail et le ministre de l'Armement sont amenés à collaborer efficacement sur les questions de main-d'œuvre, de réglementation du travail et la production de guerre, dans le sens d'un rapprochement de l'économique et du social. Cette collaboration se poursuit dans le cadre du BIT. Leur objectif commun est de faire des questions de travail un des piliers des relations internationales. À travers leurs correspondances[26], il semble que des liens très soudés de confiance les unissent dans leur tâche.

Le réseau du ministère du Travail en partie transposé à Genève

Lors des premières semaines passées à Londres, Albert Thomas doit constituer une équipe et mettre en place une structure administrative. Il partage avec le président du conseil d'administration – Arthur Fontaine – la responsabilité du recrutement du personnel[27] et détient une certaine latitude, même si le budget lui semble d'emblée étriqué. L'impératif de partager entre les nationalités les postes à pourvoir (article 395) impose certains choix, mais cette nécessité s'affirme surtout dans les années suivantes. Dans un premier temps, le personnel du BIT est recruté sur dossier uniquement; dès 1921, des concours se mettent en place. Bien sûr, il faut relativiser le recrutement au sein de ces réseaux liés au ministère du Travail, dans le sens où l'on compte 250 fonctionnaires en 1923, 400 en 1930, que 19 nationalités sont représentées en 1921 et 35 en 1931. À l'aune de ces chiffres, les recrutements français sont mineurs en nombre, mais souvent essentiels dans les positions occupées au sein de l'OIT.

Durant les années 1920 et 1930, une partie non négligeable du personnel français provient des réseaux d'Albert Thomas ou d'Arthur Fontaine ou des deux à la fois. Certains parmi ces hommes et ces femmes avaient travaillé en collaboration avec

P. Fridenson et M. Rebérioux, « Albert Thomas, pivot du réformisme français », *Le Mouvement social*, 87, avril-juin 1974, p. 85-97.

22. E. J. Phelan, *Albert Thomas et la création du BIT*, Paris, Grasset, 1936.

23. Pierre Waline relate en effet comment Robert Pinot s'était rallié à cette candidature qui semblait pertinente au milieu patronal international (Gino Olivetti, Jules Carlier) dans ses mémoires (P. Waline, *Un patron au BIT*, Paris, France Empire, 1976, p. 27).

24. D. Guérin, *Albert Thomas au BIT…, op. cit.*

25. I. Lespinet Moret, *Théories et pratiques…, op. cit.*

26. ILO, BIT, CAT, 4-3.

27. Articles 393 et 394 de la partie XIII du Traité de paix.

Arthur Fontaine, soit à l'Office du travail, soit à la direction du Travail, soit encore à l'inspection du travail, ou durant la guerre auprès d'Albert Thomas. Certains étaient fonctionnaires, d'autres des experts ou des collaborateurs temporaires.

Pour certains, dont le directeur et le président, le recrutement est concomitant de la mise en place de l'Organisation internationale du travail. Ainsi, dès le 25 janvier 1919, la Conférence de paix décide de nommer une commission de quinze membres chargée d'étudier la législation internationale afin de déterminer les réformes à inscrire dans les traités de paix[28]. La plupart d'entre eux se retrouve ensuite parmi les hauts fonctionnaires du BIT : Harold Butler, Angiolo Cabrini et Guglielmo Di Palma Castiglione, soit dans son conseil d'administration : Fontaine et Léon Jouhaux, Mahaim, Malcolm Delevigne, ou représentants aux Conférences internationales du travail : Émile Vandervelde, Godart. En ce qui concerne Butler et Phelan, présents dès 1919, ils deviendront tour à tour directeur du BIT après la mort de Thomas. « Cette continuité entre les artisans de la conception et ceux de l'administration constitue certainement l'un des aspects les plus originaux de l'histoire du BIT » souligne l'historien Victor-Yves Ghébali[29].

Arthur Fontaine – encore directeur du Travail – décide en 1920 de démissionner du ministère français. Albert Thomas écrit que Fontaine

> « [...] ne veut pas rester directeur du Travail parce qu'il est dans ce cas justiciable et juge tout à la fois, parce que c'est devant le conseil d'administration, après rapport du Directeur du Bureau, que les plaintes pour la non observation des conventions ou pour des conditions de travail critiquables doivent être portées. [...] Il y aurait lieu, pour une combinaison de cette nature, de vaincre l'opposition ou tout au moins la méfiance des Anglais contre la double personnalité française de présidence et direction[30] ».

De fait, rapidement après la victoire de la Chambre bleu horizon, le gouvernement français se trouve souvent en conflit avec l'OIT et tarde à ratifier les conventions de la Conférence internationale. Fontaine déplore l'attitude du gouvernement et souhaite mettre fin à l'antagonisme de ses deux fonctions. Albert Thomas est à ce moment député et peut s'engager immédiatement dans sa fonction, au prix manifestement de beaucoup de voyages et en s'entourant d'un cabinet très fiable.

Parmi les proches collaborateurs de la première heure, le cas de Camille Pône illustre bien l'organisation de ces réseaux dans le recrutement « de personnes à la fois compétentes dans les questions ouvrières et rompues aux tactiques administratives[31] ». Né en 1884, licencié en lettres, parlant anglais et allemand, de plus doté de notions étendues en italien, espagnol et russe, celui-ci était entré en 1908 au

28. P. Dogliani, « Progetto per un' "Internazionale acclassista" : i socialisti nel Bureau International du Travail negli anni Venti », *Esperienze e problemi del movimento socialista fra le due guerre mondiali*, Milan, Franco Angeli, 1987, p. 45-68, Quaderni della Fondazione Giangiacomo Feltrinelli, 34.

29. V.-Y. Ghebali, *L'Organisation internationale du travail*, Genève, Georg, 1987, p. 30 ; cité par D. Guérin, *Albert Thomas au BIT...*, *op. cit.*, p. 16.

30. Note d'Albert Thomas du 23 décembre 1919, ILO, BIT, CAT, 4-31.

31. Lettre d'Albert Thomas du 17 janvier 1920, pour demander la mise en congé de Camille Pône afin qu'il puisse devenir chef de section au secrétariat de la Conférence internationale de Washington. Dossier personnel de C. Pône, P9, archives ILO, Genève.

ministère du Travail comme rédacteur au Bureau de l'inspection du travail et devenu sous-chef de Bureau en 1916, à la direction du Travail. Sur proposition d'Arthur Fontaine, il devient secrétaire de la délégation française dans la Commission de la législation internationale, puis secrétaire de cette délégation française à Washington. Enfin, toujours recommandé par Arthur Fontaine, il est engagé par Harold Butler pour l'assister directement au secrétariat général de la Conférence de Washington en août 1919. Durant cette année 1919, le ministère du Travail le met à disposition des instances internationales. Lorsque le BIT s'installe, en janvier 1920, Camille Pône est nommé chef de section au Service diplomatique. Pour obtenir sa mise à disposition au BIT, Albert Thomas doit insister auprès du ministre du Travail :

> « Je reconnais toute l'importance du sacrifice auquel je vous demande de consentir en vous privant des services d'un collaborateur, à une époque où les vides causés par la guerre sont loin d'être comblés. Mais [...] il est essentiel pour notre pays d'être représenté par des fonctionnaires compétents dans les Services de l'Organisation Internationale du Travail [32]. »

Il devient en 1924 chef de section générale de la Conférence puis Chef de Cabinet du directeur de 1932 à 1937, lorsque, après le décès d'Albert Thomas, Harold Butler devient directeur du BIT.

Autre cas emblématique du réseau du ministère du Travail à l'œuvre au BIT, c'est celui d'Edgar Milhaud [33]. Ce professeur d'économie politique, né en 1873, devient chef de cabinet des Affaires sociales au ministère du Commerce dirigé par Alexandre Millerand, dans le gouvernement Waldeck-Rousseau, de 1899 à 1902. Agrégé de philosophie, il avait été recommandé à Millerand par Lucien Herr, tout comme François Simiand d'ailleurs, dont il est l'ami. Comme Simiand également, avant d'entrer au ministère du Commerce, il avait cheminé de la philosophie vers la sociologie et l'économie politique. Il avait enquêté sur le syndicalisme, la coopération et le socialisme allemand et s'était lié à Jean Jaurès. Très jeune chef de cabinet (26 ans) au ministère du Commerce, il s'occupe alors de la réduction du temps de travail de 12 à 10 heures dans les établissements où travaillent les femmes. Il est très proche de Millerand et d'Arthur Fontaine, non seulement pour des raisons professionnelles, mais aussi parce qu'ils partagent une même conception de l'économie et du social. En 1902, l'université de Genève fait appel à lui pour la chaire d'économie politique où il bouscule un peu les idées de ses étudiants ! Edgar Milhaud [34] poursuit ensuite une carrière de scientifique, d'expert et s'inscrit également dans les combats politiques de son époque, aux côtés des socialistes. À ce titre, il tisse des liens intellectuels, politiques et amicaux avec Albert Thomas et défend à ses côtés le socialisme municipal au Congrès de Saint-Quentin. Grand défenseur des coopératives, créateur (en 1908) et directeur des *Annales de la régie directe*, il est appelé conjointement par Albert Thomas et Arthur Fontaine lors de l'installation du BIT à

32. Lettre d'Albert Thomas du 17 janvier 1920, dossier personnel de C. Pône, P9, archives ILO, BIT, Genève.
33. Dossier personnel d'Edgar Milhaud, P598, archives ILO, BIT, Genève.
34. *Dictionnaire biographique du mouvement ouvrier*, notice de Jean Raymond, p. 92-93, t. XIX, 3e partie 1871-1914, Paris, Éd. ouvrières, 1976.

Genève. Face à la crise économique de l'après-guerre, il semble nécessaire de lancer une enquête sur la production. Edgar Milhaud, connu et reconnu dans ce milieu de l'OIT, présent à Genève, auteur d'enquêtes probantes, apparaît comme l'expert indispensable. Engagé en 1920, comme chef du Service technique de la production, il prend la tête de la Division des recherches, une fois cette vaste enquête terminée. À maintes reprises, le peu de personnel et de moyens mis à sa disposition pour mener à bien une enquête d'une telle ampleur l'amène à envisager sa démission du BIT, ce que son ami Albert Thomas lui demande toujours d'oublier[35] ! Il termine sa carrière au BIT en 1932, atteint par l'âge de la retraite.

Dans son sillage, son fils Maurice Milhaud est engagé dès mai 1920. C'est un jeune homme qui s'est engagé à 17 ans dans l'armée française et qui ne peut se prévaloir que de ses médailles militaires, d'un équivalent suisse du baccalauréat, d'un poste d'administrateur adjoint à la Haute Commission interalliée des Territoires rhénans et de l'appartenance à ce réseau de réformateurs par son père. À son entrée au BIT, au cabinet d'Albert Thomas, aux relations extérieures, Maurice Milhaud se consacre à l'étude de la journée de huit heures, collectant et classant les informations afin de nourrir l'argumentation sur un sujet très controversé. Il poursuit parallèlement des études en relation avec ses fonctions administratives : une licence en sciences sociales et économiques à Genève, mention économie politique et statistiques, puis une licence en droit et enfin un doctorat en sciences économiques. Entre-temps, il est devenu chef de service de la Durée de travail, en 1927, et son rapport sur la durée du travail dans l'industrie est particulièrement apprécié par la Commission Sokal[36].

Le correspondant du BIT à Paris, directeur de l'antenne française, appartient également à ce double réseau Thomas-Fontaine. Il s'agit de Mario Roques. Nommé depuis Londres par Thomas le 15 mai 1920, il est agrégé de grammaire, parle plusieurs langues (allemand, espagnol, italien, roumain, etc.) a enseigné à l'École des hautes études et à la faculté des lettres de Paris et à l'École des langues orientales. Il appartient à ce groupe d'intellectuels qui, comme Simiand, se trouvent en contact avec les politiques et les administratifs s'intéressant aux questions de travail et a rencontré Arthur Fontaine à plusieurs occasions. Surtout, il participe à l'aventure de Thomas pendant la guerre, comme chef de cabinet de celui-ci[37]. Fernand Maurette lui succède pour quelques mois seulement en 1937[38] comme directeur du BIT à Paris et relève, lui, surtout du réseau Thomas : ancien élève de l'École normale supérieure de la rue d'Ulm et membre du cabinet de guerre.

35. Deux lettres échangées en avril 1921 évoquent la décision de Milhaud de démissionner et la confiance réitérée de Thomas en sa valeur scientifique et l'absolue confiance du directeur envers son collaborateur. ILO BIT, 10 91 14. Une lettre (du 13 juin 1924) d'Edgar Milhaud qui clôt la période de l'enquête est particulièrement virulente et montre le surmenage que celle-ci a entraîné. ILO, BIT, CAT, 6B.

36. Commission portant le nom du ministre plénipotentiaire Franciszek Sokal, délégué permanent de la Pologne à la SDN. Il participe notamment à la première Conférence internationale du service social à Paris en 1928 et en 1929 à la Commission préparatoire au désarmement.

37. ILO, BIT, Dossier personnel P 291.

38. Il meurt en août 1937. Cf. les travaux en cours de Nicolas Ginsburger sur les normaliens géographes à l'université Paris X-Nanterre.

Comme éminent spécialiste de géographie économique, il appartenait au Conseil supérieur du commerce[39]. Maurette est recruté en 1924 par Albert Thomas pour diriger la Division scientifique. Il écrit de lui en janvier 1932 : « Dans l'immense travail scientifique de la maison, il est la sécurité de la Direction[40]. » Dans le remaniement qui suit la mort d'Albert Thomas, il accède à l'un des postes de directeurs adjoints qu'il quittera pour rejoindre le Bureau parisien. À plusieurs reprises, Thomas, Fontaine, Milhaud et Maurette envisagent ou attendent la venue au BIT, à la bibliothèque, de François Simiand qui finalement ne vient pas. François Simiand avait été recruté comme bibliothécaire à l'Office du travail en 1900 et anima la bibliothèque du ministère du Travail jusqu'en 1921 ; durant la guerre, il avait rejoint l'équipe Thomas, au ministère de l'Armement et fabrications de guerre[41]. Il était représentatif de ce double réseau des normaliens de Thomas et de l'administration du travail de Fontaine, *via* les socialistes Georges Renard et Alexandre Millerand.

Des femmes entrent également au BIT, pour des carrières souvent un peu moins brillantes que celles des hommes, même si pour quelques-unes il ne s'agit pas d'un emploi de secrétaire ou de sténodactylographe. Marcelle Flot en est un exemple. Elle bénéficie d'une recommandation très vive d'Arthur Fontaine, même si elle ne peut pas se prévaloir d'un emploi antérieur au ministère du Travail. En effet, après s'être préparée au concours de l'inspection du travail prévu initialement en 1911, elle doit y renoncer car Arthur Fontaine avance ledit concours de quelques mois et elle n'atteint pas l'âge requis[42]. Sa candidature est soutenue par Fontaine pour réparer cet empêchement administratif, mais aussi parce qu'elle incarne selon lui toutes les qualités d'« intelligence sociale », qu'elle fut première dans sa préparation du concours de l'inspection et que ses préparateurs Delauney et Pierre Hamp[43] la recommandent vivement pour ses aptitudes et connaissances en législation du travail et hygiène et sécurité. Elle est en effet recrutée pour le Service de presse, puis passe à la Division scientifique, puis au service du Renseignement du BIT. L'une des documentalistes engagée par le BIT – Mademoiselle Schappler – a travaillé au ministère du Travail dès 1914, comme traductrice à la bibliothèque aux côtés de François Simiand et se voit recommandée par Arthur Fontaine, qui ne semble pas multiplier ses recommandations, au vu des dossiers du personnel[44].

Outre le personnel employé au ministère du Travail avant d'entrer au BIT, ce vivier se constitue également de personnel ou de partenaires du ministère qui ponctuellement participent aux Conférences, aux commissions spécialisées ou sont

39. ILO, BIT, Dossier personnel P 1720.
40. *Idem*.
41. I. Lespinet Moret, *Théories et pratiques*..., *op. cit.*, p. 211 *sq*.
42. Le concours suivant était alors prévu en 1917 ou 1918. Dossier ILO, BIT, CAT, 91 25.
43. Sous-directeur au ministère du Travail dans les années 1920. Pierre Hamp, de son vrai nom Henri Bourrillon, est un inspecteur du travail qui intervient dans un certain nombre de lieux et de revues liées aux questions sociales. Personnage extrêmement atypique, autodidacte, il embrasse tour à tour les professions de pâtissier, d'employé de chemin de fer, de journaliste et de directeur d'usine textile. Cf. D. Guyot (dir.), *Pierre Hamp, inspecteur du travail et écrivain humaniste, 1876-1962*, Paris, L'Harmattan, 2005.
44. Ces dossiers contiennent des informations succinctes sur le profil des candidats, leur qualification et leur recommandation.

consultés en tant qu'experts. Ainsi, à la Commission de l'émigration créée par le BIT, le gouvernement français délègue le 20 mai 1920 William Oualid, chef de service de la Main-d'œuvre étrangère. Celui-ci, docteur en sciences juridiques, docteur ès sciences politiques et économiques, avocat à la cour d'appel d'Alger, était entré en 1911 au ministère du Travail, comme rédacteur à l'Office du travail ; agrégé de sciences économiques en 1919, il est professeur dans différentes facultés de droit.

Les Conférences de l'OIT sont également l'occasion pour le ministère du Travail d'envoyer ses fonctionnaires comme conseillers techniques, puisque ceux-ci sont désignés par les gouvernements qu'ils représentent. Le passé d'Arthur Fontaine au ministère du Travail lui assure de retrouver parmi ses interlocuteurs un certain nombre de ses anciens collaborateurs. Ainsi, à plusieurs Conférences, siège Charles Picquenard entré comme rédacteur en 1899, formé par Fontaine, rédacteur en chef du *Bulletin de l'Office du travail*, secrétaire adjoint de la délégation française à la Conférence diplomatique de Berne en 1906 et lors des suivantes, il succède après guerre à Fontaine au poste de directeur du Travail. Il siège dans les Conférences internationales de l'OIT, comme conseiller technique pour le gouvernement français, ainsi en 1934 à Genève. À plusieurs reprises, les lettres échangées entre Albert Thomas et Arthur Fontaine évoquent les liens de concertation qui perdurent entre Picquenard et Fontaine, notamment comme en 1921, à propos des « clauses ouvrières[45] ».

Parmi les conseillers techniques français qui participent à ces Conférences, on peut dénombrer d'autres anciens collaborateurs d'Arthur Fontaine au ministère du Travail comme P. Henry, actuaire, ou R. Delauney, qui devient sous-directeur du Travail, ou encore Madame Gabrielle Letellier, inspectrice du travail. Dans ces années, les femmes sont encore peu nombreuses à tenir dans l'administration des postes de responsabilité ; cette faiblesse numérique est amplifiée à l'échelon international. Fontaine avait confié à G. Letellier à plusieurs reprises la charge de recevoir ses homologues féminines anglo-saxonnes dans l'avant-guerre.

Enfin, parmi les délégués français des organisations ouvrières nommés également par le gouvernement, certains d'entre eux sont des alliés de longue date, voire d'anciens collaborateurs. Ainsi, Léon Jouhaux, secrétaire général de la CGT, qui fait partie de la Commission préalable à la Conférence de Washington, en raison de son rôle dans l'Union sacrée, mais aussi pour son dialogue ininterrompu avec les responsables du ministère du Travail, siège sans discontinuité aux Conférences. Thomas et Fontaine se plaisent à souligner leur confiance et leur communauté de vues à son égard. Léon Jouhaux siège dans le conseil d'administration en tant que représentant ouvrier, mais aussi dans de nombreuses autres instances. Ainsi en 1930, il participe aux comités du budget et de la navigation intérieure, aux commissions du règlement, du chômage, des conditions de travail dans l'industrie textile, des statistiques sur le coût de la vie et les salaires, des conditions de travail dans les industries houillères et pour la commission des langues.

Des relations tout à fait similaires se sont tissées avec Justin Godart, représentant du gouvernement français. Ainsi, en mai 1931, Laval ne souhaite pas le déléguer

45. ILO, BIT, CAT, 4-31.

à Genève pour des raisons politiques mais Albert Thomas négocie, insiste en lui disant « tout le scandale d'une pareille décision » et finit par obtenir la délégation de Justin Godart[46].

Juriste renommé en matière de législation sociale, Georges Scelle devenu chef de cabinet du ministre Justin Godart (en 1924) participe comme expert à certaines Conférences internationales ; il écrit des articles pour les différentes publications du BIT, dont un historique de la mise en place de l'OIT et du BIT[47]. Georges Scelle avait gravité autour du ministère du Travail auparavant comme expert en législation sociale lorsqu'Arthur Fontaine était directeur du Travail.

Au total, durant les années 1920 et un peu au-delà, l'OIT puise en partie dans le vivier français du ministère du Travail et notamment dans l'entourage d'Arthur Fontaine. C'est une question de connaissance et de reconnaissance de relations professionnelles antérieures. Cette démarche est d'autant facilitée que dès la création de la direction du Travail en 1899, Fontaine avec Millerand ont pensé l'action d'une administration du Travail dans le cadre européen pour le moins.

Organisation, missions, méthodes et champs d'action, de l'Office du travail à l'OIT

La transposition d'un réseau ne résonne pas seulement d'un point de vue humain, mais également en termes de méthodes et de champs d'action privilégiés. Cette transplantation doit également s'adapter à un nouvel environnement et dans le cas de l'OIT à la confrontation de théories et d'expérimentations multiples provenant des différentes organisations nationales du travail représentées à Genève.

Organisation et missions

Le tripartisme comme mode d'organisation des relations de travail, d'arbitrage et de conciliation, de représentation directe des catégories sociales concernées est un véritable modèle au sein de l'administration du Travail en France, même si les entrepreneurs comme les syndicalistes le pratiquent peu. Le tripartisme est insufflé par la loi (peu appliquée) de 1892 sur la conciliation et l'arbitrage obligatoire en cas de conflit collectif du travail ; l'inspection du travail s'engage dans cette voie. Les réformes Millerand du ministère du Commerce et l'instauration de la direction du Travail en 1899 tendent à institutionnaliser le tripartisme. L'expérience des délégués d'usine mise en place par Albert Thomas durant la guerre le popularise. Cette lecture ternaire de la vie économique et sociale, pragmatique, cherchant à réévaluer le rôle des syndicats, est certes caractéristique de la Grande-Bretagne, mais elle peut être considérée comme une ligne de conduite de l'administration du Travail en France, notamment de hauts fonctionnaires comme Arthur Fontaine. Du côté britannique, le rapport d'un socialiste de la Fabian Society – Leonard Woolf – inspire la déléga-

46. *Ibid.*
47. G. Scelle, *L'Organisation internationale du travail*, *op. cit.*

tion britannique et notamment Edward J. Phelan et H. Butler[48]. Lors des premières rencontres en vue de la mise en place de l'OIT, les deux délégations britannique et française défendent la voie du tripartisme et obtiennent sa mise en place. En 1927, lors d'une conférence auprès du Comité français maçonnique pour l'étude et l'application des Conventions internationales du travail, Arthur Fontaine affirme que ce tripartisme est une « innovation riche en conséquence au point de vue de l'avenir, au point de vue de la solidarité entre les peuples et de la lointaine formation d'une Chambre parlementaire internationale[49] ».

Les objectifs assignés à l'OIT sont d'établir un régime de travail « réellement humain », d'instituer et faire appliquer une législation internationale du travail, par le biais de conventions et de recommandations négociées et votées lors de la Conférence internationale annuelle[50]. Le BIT, sous la direction de son conseil, dresse l'ordre du jour des Conférences internationales, veille aux ratifications par chacun des États et contrôle théoriquement l'application des conventions. Il doit également être un observatoire du monde économique et social, menant des enquêtes et éditant des publications pour mettre cette information à la portée de tous. L'article 396 du Traité stipule en effet que le BIT est « chargé de la centralisation et de la distribution de toutes informations concernant la réglementation internationale de la condition des travailleurs et du régime du travail ». Dans les faits, la fonction de contrôle reste très théorique et l'OIT connaît une certaine paralysie dans l'application de la législation internationale du Travail. En revanche, l'activité d'enquête, d'expertise et de publication est extrêmement soutenue et le BIT tient son rôle en la matière. Il arrive même qu'on accuse le BIT (ou que ses dirigeants émettent eux-mêmes cette critique) de crouler sous les publications et de publier des rapports trop complexes, trop longs, de trop multiplier les périodiques. De fait, outre la publication de la Conférence annuelle, du Rapport du directeur, des Comptes rendus de séances et travaux, du Rapport du conseil d'administration, le BIT fait paraître des Études et documents (comportant une dizaine de séries), des Informations coopératives, des Bibliographies d'hygiène et sécurité, des Projets de recommandations et conventions, sans parler des enquêtes à proprement parler et des ouvrages d'experts auxquels le BIT offre une diffusion large. Cette activité figure dans le texte fondateur du BIT, mais prend une dimension essentielle sans doute aussi en raison des hommes qui le dirigent pour qui cette activité est vraiment le préalable à l'action politique et réformatrice. De même ce que Paul-André Rosental démontre en matière d'immigration se retrouve complètement en matière de travail[51]. Le BIT joue un rôle capital en matière de travail en diffusant les lois, en

48. J. T. SHOTWELL (dir.), *The origins of the International Labor Organization*, 2 vol., New York, Columbia University Press, 1934.

49. Comité français et comité franc-maçonnique pour l'étude et l'application des Conventions internationales du travail, Arthur Fontaine, Justin Godart, A. Durafour, *Conférence du 10 novembre 1927*, Paris, 1927.

50. Cf. A. THOMAS, *L'Organisation internationale du travail et la première année de son activité*, Genève, Imprimerie Atar, 1921.

51. P.-A. ROSENTAL, « Géopolitique et État providence : le BIT et la politique mondiale des migrations dans l'entre-deux-guerres », *Annales, Histoire, Sciences sociales*, 1, janvier-février 2006, p. 99-134.

obligeant les États à dialoguer, en confortant la construction des États providence et en appréhendant la question sociale en « symbiose » avec les associations (ou certains syndicats), comme il le fait pour les migrations.

Les méthodes

Une enquête sur la production industrielle est décidée à Gênes en 1920, lors de la Conférence internationale du travail, en réponse aux inquiétudes liées à la crise d'après-guerre. « L'enquête sur la production industrielle dans les différents pays du monde, considérée dans ses rapports avec les conditions de travail et le coût de la vie » lancée par Edgar Milhaud dès 1920 s'achève en 1924, par la publication de 8 volumes, de 6552 pages avec 1394 tableaux statistiques et 868 graphiques. Edgar Milhaud procéda par questionnaires envoyés auprès des ministères de l'Industrie et du Commerce, mais aussi auprès des organisations patronales et ouvrières, des organisations coopératives. Dès le lancement de l'enquête, Albert Thomas écrit à un ancien collaborateur d'Arthur Fontaine à l'Office du travail : Lucien March. Celui-ci, directeur de la Statistique générale de la France l'informe des modalités d'enquêtes employées par le ministère du Travail et de celles de la SGF sur les questions de réduction du temps de travail, de coût de la vie et de la production. Il lui conseille d'ailleurs de mener une enquête permanente qui pourrait être confiée à l'organisme international de statistique dont la SDN envisage la création[52]. Ces recommandations et l'enquête telle que la mène Edgar Milhaud la placent dans la filiation de la grande enquête dirigée par Lucien March au sein de l'Office du travail sur les salaires et la durée du travail dans la grande industrie française parue en 1893, tant par l'ampleur de la tâche, l'assiette de l'enquête que les modes d'investigation. Dans les deux cas, une enquête d'une telle ampleur n'est pas réitérée par les deux administrations. Par ses méthodes aux croisées de la statistique et de la sociologie empirique, auxquelles s'ajoute une culture historique et d'économie politique, elle s'enracine dans les travaux universitaires au service du travail comme les pratiquent Simiand (dans sa thèse sur les salaires des mineurs) et bien sûr Milhaud. Pour la partie de l'enquête qui concerne les huit heures, Milhaud reprend, entre autres, les travaux menés au sein du ministère du Travail français pour évaluer l'efficacité sur la productivité et les incidences sur la production, faisant référence à des articles du *Bulletin du ministère du Travail*, ainsi qu'à l'enquête effectuée en avril 1918 par le ministère sur la durée du travail des femmes dans les établissements travaillant pour la défense nationale[53]. À propos des enquêtes sur les huit heures, Thomas lit avec le plus grand intérêt l'enquête menée par Eugène Chaillé, inspecteur du travail français. Il indique que cette enquête particulièrement pertinente ne pourra pas être publiée par le BIT, par crainte de souligner une trop grande proximité de pensée en revanche, il pense que l'enquête doit servir de document de référence pour le BIT. La loi française lui semble être intéressante, en dépit des lenteurs d'application, car,

52. Lettre de Lucien March du 30 juin 1920 à Albert Thomas, ILO, BIT, CAT, 6B.
53. E. MILHAUD, *La journée de 8 heures et ses résultats d'après l'enquête sur la production*, Genève, BIT, 1927.

« aidant au développement des contrats collectifs développant la conception des ententes entre les patrons et ouvriers, garantissant ces ententes par une intervention des pouvoirs publics, elle est pour ainsi dire un moule dans lequel pourra être fondue une activité syndicale garantissant réellement les droits des patrons et des ouvriers, pour le bien de la collectivité[54] ».

Du côté français, l'enquête soulève une vive polémique avec les milieux patronaux et une hostilité orchestrée par la CGPF, sur le principe énoncé dans *La journée industrielle* du 27-28 mars 1921 : « Le BIT sort très nettement des attributions qui lui ont été conférées par le traité de Versailles » ; le patronat dénonce « les plus grands inconvénients à fournir à un organisme international qui pourra les communiquer à nos concurrents étrangers[55] ». Face aux attaques patronales en 1921 menées entre autres par des chambres de commerce, Edgar Milhaud souhaite que Thomas fasse intervenir Fontaine pour calmer ces milieux.

Champs d'action

Certaines questions semblent s'imposer selon un même calendrier, en fonction de différents facteurs : ainsi en va-t-il de la réduction du temps de travail, ou de la question des mutilés après guerre. En revanche, certains dossiers semblent davantage liés une personnalité, à un groupe de travail, à un réseau.

La participation de Justin Godart aux préparatifs, puis aux Conférences de paix a sans doute donné une grande impulsion au dossier qui lui tenait à cœur : les travailleurs intellectuels. Soucieux de faire reconnaître le principe « d'unité du travail », Justin Godart, en tant que délégué gouvernemental, propose à titre personnel un projet de résolution visant à créer une commission des travailleurs intellectuels au sein de l'OIT lors de la 3e Conférence. Son objectif est d'élargir aux travailleurs intellectuels la législation du travail et de faire reconnaître une spécificité de ce type de travail pour lequel la commission aurait les compétences techniques adéquates. Les questions abordées furent les conditions de réemploi des techniciens et ingénieurs, la situation des inventeurs salariés, le chômage des intellectuels, le placement des comédiens, la clause de conscience pour les journalistes. De même que son expérience de direction du sous-secrétariat d'État à la Santé pendant la guerre prédispose Justin Godart à prendre des initiatives face au problème social et médical des mutilés et invalides de guerre qui concerne la plupart des nations réunies. Il demande la réunion d'une conférence d'experts qui se réunit en mars 1922 et avril 1923 en présence du Comité international des mutilés représentant 5 millions d'hommes.

Dans le domaine de la prévention du risque professionnel[56], la délégation française menée par Arthur Fontaine et Justin Godart prend l'initiative, forte d'une

54. Note pour le cabinet, Division scientifique, ILO, BIT, CAT, 10 56.
55. ILO, BIT, CAT, 6B.
56. Cf. le colloque international sur les gens et cultures du risque au travail, organisé à Saint-Quentin-en-Yvelines, sous la direction de Catherine Omnès et Laure Pitti, les 8 et 9 décembre 2005 (actes à paraître).

législation sur la céruse déjà appliquée en France et défendue sur le plan international lors de la Conférence de Berne de 1905. La bataille est âpre pendant la Conférence ; les experts des différents groupes de pression s'opposent et finalement un compromis est trouvé sur l'interdiction de la céruse à l'intérieur des bâtiments industriels [57].

La question des huit heures est particulièrement épineuse dans les relations entre l'OIT et la France. Une loi avait été votée dans l'urgence en France en avril 1919. La partie XIII du Traité de paix pose cette réforme comme indispensable. L'OIT doit faire ratifier la Convention de Washington sur les huit heures, mais rencontre de très nombreuses difficultés dans ce contexte de reconstruction et pas seulement avec la France. Lorsqu'en France le Cartel des gauches est élu, Thomas mise sur Justin Godart, nommé ministre du Travail, pour faire ratifier cette convention. Dès le 7 juin 1924, Thomas écrit à Godart pour lui demander d'agir en ce sens et lui dicte la tactique : maintien de la loi française, acte de ratification, effort de négociation pour empêcher qu'un acte de ratification unilatéral ne soit utilisé par l'opposition, persuadé, dit-il, que la voie française sera suivie par l'Angleterre [58]. Finalement, la France ratifie avec une clause nécessitant la ratification anglaise et allemande.

On assiste à un véritable paradoxe au début des années 1920, suite à l'élection du Bloc national quant à la situation de la France face à l'OIT. D'un côté, on observe une campagne en France de dénigrement du BIT, des attaques vives contre Thomas, des refus de ratification (tandis que la Grande-Bretagne a ratifié sept conventions, la France n'en a ratifié aucune) et une plaidoirie à la Conférence internationale et devant la Cour de La Haye sur l'incompétence de l'OIT en matière de travail agricole (qui aboutissent au déboutement du gouvernement français.). De l'autre, on peut remarquer une Organisation internationale du travail qui a fait une part belle aux Français, en plaçant à sa tête un directeur et un président, en drainant une partie du réseau de ces hommes et en mettant à profit des expériences, des dynamiques en matière de législation du travail, d'expertise, de négociation sur les questions de travail, en pratiquant également le tripartisme. Cette impression s'efface lorsqu'en 1924, le Bloc des gauches emporte les élections et que Justin Godart est nommé ministre du Travail. À ce moment, une collaboration étroite se remet en place, temporairement.

Globalement, cette période est marquée par un rayonnement à retardement du ministère du Travail français, tel qu'il s'est constitué sur les questions de protection, de relations de travail, de prévention et sécurité, de prévoyance également durant les années 1890, jusqu'à l'après-guerre. Le BIT reprend à l'échelle internationale certaines de ses innovations, la priorité aux missions scientifiques, certaines de ses limites également : des diagnostics bien posés, mais des réformes qui tardent

57. I. Lespinet Moret, « Les débats sur la notion d'inaptitude au sein de l'OIT : orientations nationales, logiques disciplinaires et circulation des idées dans l'Europe du premier XXe siècle », C. Omnès et A.-S. Bruno (dir.), *Les mains inutiles. Inaptitude au travail et emploi en Europe*, Paris, Belin, 2004, p. 59-67.
58. Lettre de Thomas à J. Godart, ILO, BIT, CAT, 6B.

à être appliquées. Enfin, le poids certain du vivier du ministère du Travail français ne doit pas faire oublier que l'OIT génère sa dynamique propre qui la fait échapper à une influence unique, nourrie des rencontres, des confrontations avec des logiques nationales, un horizon international et le cosmopolitisme grandissant de ses membres.

Quand le ministère du Travail s'occupait des Habitations à bon marché (1906-1930)… un épisode fécond de l'histoire du logement social

Hélène FROUARD

Les historiens du logement social ont avec raison mis l'accent sur les aspects architecturaux et urbains, hygiéniques, voire économiques, qui sous-tendent ces politiques dans l'entre-deux-guerres [1]. Ils ont également à diverses reprises interrogé le lien entre mouvement philanthropique et logement social [2]. Le parcours complexe suivi par les Habitations à bon marché (HBM) [3] dans l'administration centrale nous invite à proposer une autre lecture possible de ces politiques.

Rattachées au ministère du Commerce lors de leur création en 1894, les HBM entrent en effet dans les attributions du nouveau ministère du Travail en 1906. Elles passent ensuite sous la tutelle du ministère de l'Hygiène, de l'Assistance et de la Prévoyance sociale entre 1920 et 1924, avant de réintégrer le grand ministère du Travail, de l'Hygiène, de l'Assistance et de la Prévoyance sociales jusqu'en 1930 (date qui marque leur départ pour le ministère de la Santé publique puis pour celui de la Reconstruction et de l'Urbanisme en 1947) [4]. Quel sens donner à ce cheminement ? La tutelle exercée par le ministère du Travail est-elle le fruit de compromis politico-administratifs ou a-t-elle un sens historique et politique qu'il convient de mettre au jour ? Quelles conséquences a-t-elle eues dans le traitement du logement social ? Quelle contribution à l'histoire du logement social l'analyse de la tutelle du ministère du Travail sur les HBM apporte-t-elle ?

1. Sur le logement aidé comme outil des politiques économiques : S. EFFOSSE, *L'invention du logement aidé en France. L'immobilier au temps des Trente Glorieuses*, Paris, CHEFF, 2003. Sur les liens entre HBM et urbanisme dans l'entre-deux-guerres, une thèse de Claire Carriou est en cours sur « Les HBM et les territoires du logement social ».
2. R.-H. GUERRAND, *Les origines du logement social en France (1850-1914)*, Paris, Éditions ouvrières, 1966 et M.-J. DUMONT, *La fondation Rothschild et les premières habitations à bon marché à Paris, 1900-1925*, Paris, Secrétariat de la recherche architecturale, 1984, dactyl.
3. Ancêtres de nos HLM, les HBM sont créées par la loi du 30 novembre 1894.
4. L'histoire administrative des HBM sous Vichy est encore mal connue.

Des HBM fondamentalement liées à la question du Travail

Les HBM : une loi de protection des travailleurs et employés

Les réformateurs de la seconde moitié du XIXe siècle, lorsqu'ils se saisissent de la question de l'habitat, le font essentiellement en vue de résoudre les difficultés de logement des ouvriers et petits employés. Adoptée le 30 novembre 1894, la première loi « sur les habitations ouvrières », rebaptisée par le Sénat « loi relative aux habitations à bon marché », est ainsi destinée à ces « personnes n'étant propriétaires d'aucune maison, notamment [à] des ouvriers ou employés vivant principalement de leur travail ou de leur salaire [5] ». L'attention portée à cette population n'exclut pas d'autres logiques à l'œuvre dans la construction d'une politique qui s'inscrit d'emblée à l'articulation de différentes préoccupations. Ainsi le texte de 1894 possède-t-il une indéniable dimension hygiénique, proclamée dans l'article 1er qui encourage la « construction de maisons salubres [6] », dans le prolongement de la loi du 13 avril 1850 relative à l'assainissement des logements insalubres.

De même, alors que plus de la moitié des Français vit encore hors des villes, la question du monde rural n'est pas écartée [7]. Dès 1908 d'ailleurs, le bénéfice des dispositions de 1894 est étendu aux jardins et champs n'excédant pas un hectare, à condition que l'acquéreur s'engage « à cultiver lui-même ce terrain ou à la faire cultiver par les membres de sa famille [8] ». Plusieurs textes postérieurs soulignent l'intérêt que les pouvoirs publics continuent à porter au monde rural [9].

Mais ni le ministère de l'Intérieur ni le ministère de l'Agriculture (créé en 1881 par Gambetta) ne seront désignés comme ministère de tutelle des HBM. Car, en définitive, de toutes les facettes que comporte le dispositif HBM, c'est bien cet intérêt porté aux « conditions d'existence » des « ouvriers ou employés » (pour reprendre les termes de la loi) qui détermine le choix de son rattachement administratif. En évoquant les différents rôles que doit jouer le ministère du Travail, Victor Lourties, ministre du Commerce, parle ainsi des efforts à faire pour améliorer les « conditions d'existence des travailleurs » à travers entre autres les conditions de travail mais aussi les conditions de vie, dont le logement [10]. Or cette attention est largement influencée par la conception et la structure même de la protection sociale de l'époque, qui accorde une place centrale à la prévoyance libre, fondée sur l'épargne. Les HBM en font incontestablement partie, qui répondent au souci républicain de développer le sens de l'épargne dans les classes moyennes (salariées ou non) et populaires (le plus souvent salariées). Il est donc logique qu'elles soient, dès la

5. Loi du 30 novembre 1894, article 1er, alinéa 2.
6. Loi de 1894, article 1er, alinéa 2. À partir de 1906, la salubrité du logement devra être attestée par un certificat.
7. Le basculement est discernable lors du recensement de 1931.
8. Loi du 10 avril 1908 relative à la petite propriété et aux maisons à bon marché.
9. Par exemple, loi du 8 décembre 1922 (articles 19 et 49 à 52). La place du logement rural dans les politiques d'HBM de l'entre-deux-guerres est encore mal connue.
10. Rapport au Président de la République, *JO* du 29 octobre 1894. L'expression « ouvriers ou employés vivant principalement de leur travail ou de leur salaire » est empruntée à l'article 1er de la loi du 30 novembre 1894.

promulgation de la loi Siegfried, placées dans l'orbite du ministère du Commerce, de l'Industrie, des Postes et Télégraphes, qui vient de se doter d'une direction de la Prévoyance et de l'assurance sociales [11]. Appelé à connaître « tous les règlements à faire en vertu de la présente loi, et d'une façon générale toutes les questions concernant les logements économiques [12] », le Conseil supérieur des habitations à bon marché est ainsi expressément placé auprès de ce ministère.

Le rattachement des HBM au tout nouveau ministère du Travail et de la Prévoyance sociale, créé en 1906 en vue de veiller à la protection légale des travailleurs salariés et d'encourager la prévoyance libre, ne fait que confirmer la porosité originelle entre politique du logement et protection sociale. N'est-ce pas à cette nouvelle administration qu'il incombe, en effet, de « ménager à celui qui n'a à sa disposition que sa force de travail les moyens de subsister quand celle-ci vient à lui faire défaut, momentanément ou définitivement [13] » ? La connivence entre politique du logement et protection sociale est d'ailleurs si forte que les comités des HBM, créés en 1894 pour en promouvoir la construction, sont rebaptisés en 1906 « comités des HBM et de la protection sociale [14] », leurs compétences étant étendues « à l'encouragement de toutes les manifestations de la prévoyance sociale, dont l'habitation ouvrière n'est qu'une modalité importante. Outre les questions d'habitations à bon marché, [les comités] devront étudier toutes celles qui se rapportent au développement de l'épargne et de l'assurance, ainsi que des institutions de mutualité, de crédit populaire ou de retraites [15] ».

Du ministère du Travail au ministère de l'Hygiène, de l'Assistance et de la Protection sociale : un même rattachement aux « ministères sociaux »…

Si le lien entre protection sociale et logement est ainsi posé dès l'origine, c'est plus précisément à une logique de prévoyance libre (soutenue par l'État) que se rattache le dispositif : l'accent est mis sur l'accession à la propriété par l'ouvrier ou l'employé, l'État affirmant « de manière effective et efficace le vif intérêt qu'il porte au développement de la petite propriété et son désir de donner une impulsion nouvelle à la création de foyers indépendants pour les personnes peu fortunées [16] ». L'épargne, maître mot d'une protection qui repose sur l'effort individuel, ici soutenu par l'État (grâce aux exemptions fiscales et surtout aux prêts à taux réduits proposés par l'État), est l'axe principal de la politique. L'accession à la propriété reste

11. Décret du 27 octobre 1894.
12. Loi du 30 novembre 1894, article 14.
13. Georges Clemenceau, rapport du président du Conseil, ministre de l'Intérieur au président de la République, 25 octobre 1906, cité par V. VIET, « Les ministères sociaux et l'institutionnalisation administrative des solidarités (fin XIXe-années trente) », P. GUILLAUME (dir.), *Les solidarités, 2. Du terroir à l'État*, Talence, Maison des sciences de l'homme d'Aquitaine, 2003, p. 129-142.
14. Loi du 12 avril 1906, art. 1.
15. Circulaire du 27 février 1907 du ministre du Travail aux préfets, reproduite *in* « Les habitations à bon marché, législation, statuts types, statistiques », *Recueil de documents sur la prévoyance sociale réunis par le ministère du Travail et de la Prévoyance sociale*, fascicule 14, Paris-Nancy, Berger-Levrault, 1908.
16. Comme l'indique le ministre du Travail dans une circulaire aux préfets du 25 septembre 1908.

et restera durant tout l'entre-deux-guerres la forme privilégiée d'intervention de l'État[17]. Le locatif n'est certes pas absent du dispositif, mais il renvoie surtout au contexte urbain et est rarement revendiqué en tant que tel[18].

Cet accent mis sur la prévoyance libre explique le départ temporaire des HBM pour le ministère de l'Hygiène, de l'Assistance et de la Prévoyance sociale (de 1920 à 1924) qui apparaît non comme une véritable rupture, mais comme le fruit naturel de cette filiation. Car en 1920, la prévoyance libre est disjointe des assurances (que le ministère du Travail prend en charge en même temps que les questions du droit du travail, s'affirmant en cela comme administration protectrice des salariés) pour être intégrée dans un nouveau ministère de l'Hygiène, de l'Assistance et de la Prévoyance sociale. Les HBM sont alors rattachées au nouveau ministère (entretenant à cette occasion des relations de proximité institutionnelle et idéologique avec des logiques hygiénistes et natalistes, dont elles relèvent par ailleurs)[19]. Les HBM réintégreront en 1924 le grand et unique ministère du Travail, de l'Hygiène de l'Assistance et de la Prévoyance sociales dans le cadre d'une direction reformée « de l'administration générale, de la mutualité et de la prévoyance sociale » dont ils constituent le cinquième bureau.

Le ministère du Travail et les HBM : une fonction mal affirmée…

C'est donc, du moins en partie, comme élément constitutif de la protection des travailleurs que la structure administrative des HBM se construit. Que recouvre plus précisément le rattachement au ministère du Travail qui en a résulté ? Les HBM relevant également, on l'a dit, d'autres logiques pour lesquelles les ministères sociaux étaient peu ou pas compétents, ces derniers sont-ils parvenus à donner une coloration particulière à la politique des HBM ou se sont-ils retrouvés désarmés face à un objet qui leur échappait pour partie ? La réponse implique de s'arrêter quelques instants sur les compétences précises qui leur furent attribuées.

Le rôle technique des ministères sociaux

D'un point de vue administratif, les ministères sociaux ont, par l'exercice de leur tutelle sur le Conseil supérieur des habitations à bon marché et son comité permanent (constitué par le ministre à partir des membres du Conseil supérieur des HBM, qui « délibère sur les affaires urgentes et d'importance secondaire (et) instruit les questions à soumettre au Conseil supérieur[20] ») ainsi que sur le bureau des HBM, diverses responsabilités à assumer. Par souci de clarté, on réunira dans cette analyse les différents ministères sociaux en charge des HBM (Travail de 1906 à

17. Art. 8. Il prévoit que l'indivision puisse être maintenue dans certains cas et pour une certaine période après décès du propriétaire.
18. Dès 1894, la loi prévoit que les logements puissent être achetés ou loués.
19. Décret du 17 août 1921.
20. *Recueil de documents sur la prévoyance sociale*, fascicule 14, *op. cit.*

1920 ; l'Hygiène, de l'Assistance et la Prévoyance sociale de 1920 à 1924 ; et Travail, de l'Hygiène, de la Prévoyance et des Assurances sociales de 1924 à 1930).

Ils ont d'abord une fonction de collecte d'informations : à partir des rapports détaillés fournis par les comités des HBM et de la prévoyance sociale, le bureau prépare le bilan annuel présenté par le Conseil supérieur des habitations à bon marché au président de la République [21]. Des demandes d'informations complémentaires sont également demandées périodiquement par les ministres aux préfets [22].

Les services du ministère ont d'autre part pour rôle d'expliquer, de mettre en œuvre et de coordonner la politique des habitations à bon marché (rédaction des circulaires d'application, instruction des demandes de prêts, mise au point de statuts types pour les organismes constructeurs et approbation de la création de ces organismes, soutien financier aux comités de patronage des HBM [23]). Le ministère, par les définitions techniques des HBM qu'il modifie périodiquement, contribue également à définir architecturalement le logement – répondant en cela à des logiques hygiéniques. Ce rôle est renforcé par l'existence de commissions spécialisées, comme celle qui, à compter de 1928, offre ses conseils techniques aux organismes constructeurs.

Les administrations du Travail et de l'Hygiène ont également une mission de contrôle. Elles donnent leur avis sur le concours financier que peuvent apporter les départements et communes aux organismes constructeurs et des fonctionnaires du ministère du Travail ou de la Prévoyance sociale participent, aux côtés des inspecteurs des finances, au contrôle des organismes HBM. À partir de 1928, elles autorisent également les offices publics ou les sociétés HBM à entreprendre la construction des immeubles à loyer moyen, prévus par la loi Loucheur (après avis du préfet et du Conseil supérieur des HBM) [24].

Mais les administrations du Travail et de l'Hygiène sont loin de maîtriser l'ensemble de la mise en œuvre du dispositif HBM : comme le souligne une des nombreuses sommes publiées entre les deux guerres sur la question, « les départements ministériels et les diverses administrations publiques qui ont dans leurs attributions un service se rattachant aux habitations à bon marché sont nombreux [25] ».

Une politique ancrée localement

D'abord parce que, à l'image d'une protection sociale encore largement d'essence municipale, la construction des HBM relève longtemps d'une action locale, que la législation vient stimuler et soutenir. Quoi d'étonnant dans le contexte d'une

21. Décret du ministre du Travail du 10 janvier 1907 modifié le 3 mai 1913.
22. Circulaire du 4 mars 1922 demandant aux préfets le bilan de l'action des syndicats professionnels en matière d'HBM (en application de la loi du 12 mars 1920) ; circulaire du 29 juillet 1928 demandant aux préfets des renseignements sur l'action des comités locaux, etc.
23. J.-A. Tournerie, *Le ministère du Travail (origines et premiers développements)*, thèse pour le doctorat de droit, université de Paris, 1968, p. 562.
24. Ministère du Travail, de l'Hygiène, de l'Assistance et de la Prévoyance sociale, *Commentaire sur la loi du 13 juillet 1928 établissant un programme de construction d'habitations à bon marché et de logements en vue de remédier à la crise de l'habitation*, Paris, Imprimerie nationale, 1928.
25. F. L. Leclerc et Guillemot-Saint-Vinebault, *Traité pratique des HBM, sociétés HBM, sociétés de crédit immobilier, OPHBM etc.*, Paris, Librairie de la Construction moderne, 1922.

IIIe République fort méfiante vis-à-vis d'une trop grande centralisation ? Comme l'indique le rapporteur de la loi de 1912 sur les HBM de l'État, des départements, ou des communes, l'État est celui qui construit « le plus mal et le plus cher[26] ».

La composition des comités de patronage des HBM, dont les membres sont choisis pour deux tiers parmi les spécialistes des questions sociales (hygiène, épargne, prévoyance, habitations à bon marché, etc.), témoigne de cet ancrage dans une notabilité locale. Ces comités sont un des pivots de la politique des HBM : créés par la loi de 1894, ils ont pour objet « d'encourager la construction de maisons salubres et à bon marché[27] ». Ils sont également responsables de la délivrance des certificats de salubrité (obligatoires à partir de 1906 pour prétendre au bénéfice de la loi : « Les comités de patronage certifieront la salubrité des maisons et logements qui doivent bénéficier des avantages de la loi[28] »). Enfin, ils jouent un rôle de collecte d'information puisqu'ils doivent adresser chaque année au Conseil supérieur des HBM un rapport détaillé de leurs travaux. Ces comités, dont la création est laissée à la discrétion des départements (sous contrôle de l'administration centrale), sont ainsi une pièce maîtresse du dispositif. Dans une circulaire du 3 août 1922, le ministre du Travail se plaint d'ailleurs que les comités soient, pour nombre d'entre eux, inactifs ou négligents.

Ce sont à des structures privées ancrées localement qu'il revient ensuite de prendre le relais : la construction des HBM se fait soit par les particuliers eux-mêmes, soit par des sociétés anonymes d'HBM, sociétés coopératives HBM et sociétés de crédit immobilier.

Les comités des HBM peuvent recevoir des subventions de l'État, des départements ou des communes, ainsi que des dons et legs et c'est le département qui subvient à leurs frais de local, de déplacements, etc.

Enfin les communes et les départements participent au dispositif, en soutenant les comités de patronage puis, à partir de leur création en 1912, les offices publics (établissements publics créés à la demande d'un ou de conseils municipaux ou d'un conseil général)[29] et – pour les municipalités tout au moins – en recevant à partir de 1912 le droit sous certaines conditions de construire elles-mêmes des HBM[30].

Une responsabilité éclatée entre diverses administrations centrales

Les ministères sociaux, d'autre part, ne sont pas les seules administrations centrales en charge des HBM, et tout particulièrement de leur financement qui comporte deux volets : des exemptions fiscales et des prêts à taux réduits.

Si les exemptions fiscales sont accordées de droit dès lors que le logement construit répond aux normes officielles en matière d'hygiène et de coût de construc-

26. Laurent Bonnevay, cité par J.-A. TOURNERIE, *op. cit.*
27. Loi du 30 novembre 1894.
28. Loi du 12 avril 1906, art. 5. À partir de 1912, ils pourront également la retirer (loi du 23 décembre 1912, article 2).
29. Loi du 23 décembre 1912, art. 12.
30. Loi du 23 décembre 1912, titre III. Les communes ont toutefois l'obligation de confier la gestion de ce parc immobilier à des offices publics.

tion, et si les financements accordés par les bureaux de bienfaisance, les hospices, hôpitaux et les communes sont à la discrétion de ces organismes, les prêts à taux réduits sont pour leur part délivrés par la Caisse des dépôts et consignations. Cette dernière agit pour le compte de l'État, en avançant les sommes sur les fonds de réserve et garantie des caisses d'épargne, les fonds versés par les caisses d'épargne et, à partir de 1908, sur les fonds de la Caisse nationale des retraites et de la vieillesse. Ces prêts étant accordés sur dossiers, l'examen de ceux-ci constitue un élément clé d'orientation des politiques du logement.

Or le ministère du Travail ne participe pas seul, et pas toujours, aux décisions. Certes, les demandes de prêts sur les fonds de la Caisse nationale des retraites pour la vieillesse, instruites par la Caisse des dépôts, sont jugées *in fine* par une commission présidée par le ministère du Travail (et de l'Hygiène le cas échéant). Ces avances sont destinées aux sociétés de crédit immobilier, aux sociétés HBM et aux sociétés et unions de sociétés de secours mutuels. Mais les fonds à destination des organismes HBM (offices publics, sociétés HBM, sociétés de crédit immobilier et fondations HBM), provenant des fonds de réserve et de garantie des caisses d'épargne et des fonds versés par les caisses d'épargne[31], sont attribués sur décision de la Caisse des dépôts et consignations. Or, bien que celle-ci intervienne officiellement dans le cadre tracé par le Parlement, la Commission de surveillance de la Caisse s'est arrogée en pratique un véritable pouvoir d'interprétation de la loi, refusant par exemple d'accepter les dossiers déposés par des sociétés HBM liées à des industriels, alors que rien dans le texte légal n'excluait ceux-ci du bénéfice de la loi[32]. Si la loi du 26 février 1921 y met fin en faisant passer les décisions finales sous contrôle de la commission ministérielle précédemment citée, encore faut-il préciser que le ministère du Travail n'y est pas tout puissant : il y siège aux côtés notamment du directeur de la Caisse des dépôts et de deux fonctionnaires du ministère des Finances[33]. De plus la Caisse des dépôts et consignations conserve un rôle technique, puisqu'elle délivre les prêts (recevant les dossiers, instruisant les demandes avant de les transmettre à la commission et procédant à la remise des fonds puis au contrôle des organismes HBM).

Le ministère du Travail doit également composer avec l'administration des Finances. La loi de finances fixe en effet les limites des prêts attribuables annuellement sur les fonds de la CNRV (à partir de 1908) et de la CDC (à partir de 1919) et le ministère est naturellement représenté dans la commission ministérielle d'attribution des prêts. De leur côté, les offices publics, sociétés HBM, fondations, sociétés et unions de sociétés de secours mutuels qui obtiennent des prêts à taux réduits « sont soumis au contrôle de l'Inspection générale des finances jusqu'à complet remboursement des prêts[34] ». L'administration des contributions directes intervient de son côté dans la délivrance des certificats qui donnent droit aux exemptions fiscales. Le ministère des Finances est d'ailleurs cosignataire de tous les textes de lois relatifs aux HBM.

31. Lois des 30 novembre 1894, 12 avril 1906, 23 décembre 1912, 24 octobre 1919 et 5 décembre 1922.
32. Archives de la Caisse des dépôts (ACDP), P.-V. de la commission de surveillance de la Caisse, 1919 à 1939.
33. Loi du 5 décembre 1922, article 24.
34. Loi du 26 février 1921, article 6.

Enfin, trois autres ministères interviennent plus marginalement. Parce que les politiques HBM relèvent pour partie de la responsabilité des collectivités territoriales, le ministère de l'Intérieur, qui en a la tutelle, exerce son contrôle. Ainsi, la création des offices publics doit-elle être approuvée non seulement par le ministère du Travail mais encore par le ministère de l'Intérieur. De même donne-t-il sa décision sur les demandes d'emprunts supérieurs à trois millions de francs que souhaitent contracter les offices. C'est également lui qui est, par exemple, amené à autoriser ou non une commune à entreprendre directement des constructions[35]. Le ministère de l'Agriculture, on l'a vu, participe marginalement au dispositif HBM, la direction générale des Eaux et Forêts ayant ainsi une section consacrée aux « habitations à bon marché pour les ouvriers agricoles et les petits cultivateurs[36] ». Enfin, le ministère des Travaux publics intervient lui aussi, notamment dans le contrôle sur la nature, la qualité et le prix des HBM construits[37].

Si le ministère du Travail et de la Prévoyance sociale apparaît comme le pilote de la politique des HBM, son action est donc limitée par l'importance donnée à l'action locale, par le rôle dévolu aux autres grandes administrations centrales et tout particulièrement par l'absence de responsabilité financière. Cet éclatement des responsabilités est souligné à maintes reprises par les contemporains qui y voient l'une des causes de l'échec relatif des politiques des HBM : comme le disent les auteurs d'un traité pratique des Habitations à bon marché en 1929, « le manque de cohésion et d'unité de vue entre les différentes administrations intéressées a également parfois retardé l'éclosion de projets intéressants et les a même, en certains cas, empêché d'aboutir[38] ».

… mais un lieu de réforme des politiques du logement

Malgré les limites ainsi mises à son action, le ministère du Travail (pour autant qu'on accepte de considérer l'expérimentation d'un ministère de l'Hygiène entre 1920 et 1924 comme un épisode de son histoire) a pourtant joué un rôle important dans l'évolution des politiques du logement, en contribuant à stimuler et enrichir les réflexions s'y rapportant.

Un intérêt marqué pour le logement

Premier apport, et qui témoigne de l'importance qu'ils accordent au logement, les ministères sociaux ont volontairement mis en place des structures de réflexion portant sur ce thème. Dès mars 1920, le tout nouveau ministère de l'Hygiène, de l'Assistance publique et de la Prévoyance sociale crée ainsi une commission « en vue de l'étude des mesures propres à remédier à la crise du logement ». Présidée par Louis

35. F. L. Leclerc et Guillemot-Saint-Vinebault, *op. cit.*
36. Ministère de la Guerre, *Tableau général de la composition et des attributions des divers ministères*, Publication de la commission du *Bulletin officiel*, 1er février 1918.
37. ACDP, P.-V. de la commission de surveillance de la Caisse, séance du 5 février 1926.
38. F. L. Leclerc et Guillemot-Saint-Vinebault, *op. cit.*

Loucheur, ancien ministre de l'Armement (1917-1918) puis de la Reconstitution industrielle (1918-1920), elle rassemble les meilleurs spécialistes de la législation HBM dont Jules Siegfried – qui contribua à faire adopter la première loi sur les HBM en 1894 –, Alexandre Ribot, député puis sénateur du Pas-de-Calais, ancien président du Conseil et ancien ministre, auteur d'un ouvrage sur *L'utilité des caisses de crédit immobilier pour favoriser l'accession de la propriété aux ouvriers*, ou encore Paul Strauss, membre du comité de patronage des HBM de la Seine et auteur de deux ouvrages sur les HBM[39]. Les travaux de la commission s'achèvent par le dépôt d'une proposition de loi « relative à l'établissement d'un programme financier en vue de la construction, pendant les dix années 1921 à 1930, de 500 000 logements économiques et salubres[40] ». Dans la continuité de la première, une seconde commission « chargée d'étudier les moyens de faciliter la reprise de la construction et de remédier à la crise de l'habitation » est constituée en décembre 1922. Présidée par Paul Strauss (ministre de l'Hygiène, de l'Assistance et de la Prévoyance sociale) assisté d'Alexandre Ribot et Louis Loucheur, vice-présidents, elle rassemble diverses personnalités dont des membres du comité permanent du Conseil supérieur des HBM (c'est aussi le cas de L. Loucheur, L. Bonnevay, H. Sellier, G. Risler, et A. Labussière). C'est ainsi que les députés Laurent Bonnevay (rapporteur de la loi de 1912) et Louis-Amédée Peyroux (auteur d'une proposition de loi sur le logement présentée à la Chambre en juillet 1922) y côtoient Henri Sellier (administrateur de l'Office public des HBM de la Seine) ou Georges Risler, ainsi que des membres d'organismes HBM, des professionnels de la construction HBM (on pense à Auguste Labussière et Frantz Jourdain), ou encore des représentants d'associations de propriétaires et des membres du Conseil supérieur du travail. Les travaux débouchent en 1923 sur un nouveau projet de loi[41]. Le ministre du Travail prend également l'initiative d'inscrire la question du logement à l'ordre du jour des premières sessions du Conseil national économique créé en 1925. De par la personnalité de leurs membres, ces structures ont joué le rôle de caisses de résonance et fait circuler, bien au-delà du ministère du Travail, les idées écloses en leur sein. Celles-ci sont ainsi reprises, complétées et modifiées dans le cadre des travaux parlementaires (l'Assemblée nationale est saisie à diverses reprises des propositions de loi sur l'habitation[42]) ou colportées par le Redressement français (dont Louis Loucheur est un proche)[43].

Autant d'occasions d'interroger l'échec relatif de la politique des HBM menée jusqu'alors, et de nourrir une réflexion mobilisatrice autour du logement, relativement homogène malgré des divergences de détail. Dénonçant la crise récurrente du logement, aggravée par le blocage des loyers mis en place pendant la guerre, les inté-

39. Coauteur d'un ouvrage de 1903 sur les habitations à bon marché en Allemagne et d'un second, en 1907, sur les HBM.

40. *JO*, *Chambre des députés*, séance du 22 juillet 1920, annexe 1336.

41. *Bulletin du ministère du Travail*, n° 10-11-12, octobre-novembre-décembre 1928, p. 480-489 ; rapport du député Landry au nom de la commission des Finances, Paris, Chambre des députés, 1928.

42. *JO*, *Chambre des députés*, 4 juillet 1922, 2e séance, proposition de loi relative à la création d'une Caisse nationale de la construction, annexe 4654.

43. Le texte consacré au logement influence très largement les modalités de la loi Loucheur adoptée l'année suivante : J. Lévêque et J.-H. Ricard, « Une politique du logement », *Cahier du Redressement français*, n° 15, Paris, Éditions de la SAPE, 1927.

ressés insistent sur la nécessité d'un saut quantitatif en matière de construction (qui permettrait de passer des quelque 60 000 HBM conçus en trente années d'existence de la loi à quelques centaines de milliers de logements à construire en cinq à dix ans). Et de plaider pour une refonte de la politique publique, impliquant un effort financier important de l'État ou de la nation et la mise en place d'une administration autonome réunissant les compétences jusque-là dispersées dans différents ministères.

La proximité fructueuse des fonctions Travail et Logement

Deuxième apport significatif, la réunion au sein de la même administration des fonctions des HBM et du Travail permet des rapprochements féconds. Les interrogations sur les HBM, entendues comme partie du dispositif de protection des travailleurs, y croisent en effet les préoccupations propres à l'administration du Travail – le logement étant considéré comme un élément des conditions d'existence des salariés (l'inspection du travail a d'ailleurs, depuis un décret de 1904, un droit de contrôle sur les conditions de couchage offertes par les entreprises à leur personnel[44]). Significatives de la porosité entre les deux domaines de compétences, trois enquêtes sont menées autour du logement ouvrier[45]. La première, lancée en 1906, porte sur « l'habitation ouvrière[46] ». La seconde étude, menée entre 1921 et 1925 sur « le logement ouvrier depuis la guerre », croise un état des lieux des HBM avec des données (au recueil desquelles les inspecteurs du travail ont été mis à contribution) sur le logement ouvrier dans les établissements commerciaux et industriels. Elle permet à l'État de prendre la mesure de l'effort de promotion immobilière déployé au milieu du marasme général de la construction[47]. Enfin, une enquête quantitative sur le logement dans les établissements industriels[48], conduite de 1929 à 1931, fait également ressortir l'importance du parc immobilier patronal, fort de quelque 300 000 logements pour les seuls établissements enquêtés. Elle sert de base de travail aux réflexions du Conseil supérieur du travail, l'amenant à préciser sa conception du logement[49].

Les enquêtes du ministère et les rapports des inspecteurs du travail mettent ainsi en évidence le déséquilibre entre l'effort fourni par le patronat et celui de l'action publique. Elles pointent également la contrepartie qui en résulte pour les ouvriers : la mauvaise qualité d'une partie de ce parc immobilier ainsi que la relative fragilité du statut d'occupation de ces logements – les ouvriers n'en disposant en théorie

44. Ministère de la Guerre, *op. cit.*
45. Le logement conçu par les entreprises à destination de leurs salariés est à cette époque un logement très majoritairement conçu et financé en dehors du cadre public : H. FROUARD, *Les politiques patronales du logement en France (1894-1944) : de l'initiative privée au devoir national*, thèse de l'université Paris I, 2003.
46. Réalisée à partir du dénombrement de la population, elle est publiée en 1908 par le ministère, cf. *Recueil de documents sur la prévoyance sociale*, fascicule 14, *op. cit.*
47. *Bulletin du ministère du Travail*, n° 7-8-9 de juillet-août-septembre 1921 à n° 1-2-3, janvier-février-mars 1925.
48. *Bulletin du ministère du Travail*, n° 7-8-9 de juillet-août-septembre 1930 à n° 1-2-3, janvier-février-mars 1932.
49. H. FROUARD, *op. cit.*

que pour la durée du contrat de travail[50]. Et ce type de logement est juridiquement considéré comme accessoire au contrat de travail. Ces comparaisons conduisent le ministère à s'interroger sur la pertinence d'un lien entre politiques publiques et politiques patronales, et à envisager l'opportunité d'une taxe sur les entreprises, destinée à financer (au moins partiellement) les politiques publiques du logement. La question est débattue au sein du Conseil supérieur du travail. Dès 1892, il examine la question des « habitations ouvrières ». Il revient sur le sujet entre 1929 et 1932 sous la pression des inspecteurs du travail relayés par le ministre : s'interrogeant sur la nécessité d'une intervention des pouvoirs publics en matière d'hygiène des logements ouvriers d'entreprise puis sur le statut d'occupation de ces logements, le Conseil s'intéresse enfin à l'idée d'obliger les entreprises à financer, par une taxe obligatoire, la construction de logements en France[51]. La question est loin d'être formelle, puisqu'elle aboutira en 1953 à l'instauration du 1 % patronal (imposant aux employeurs une contribution obligatoire au logement[52]).

Du ministère du Travail au ministère de la Reconstruction et de l'Urbanisme (1930-1947) : l'émergence de nouvelles rationalités

La loi Loucheur : un texte nourri des réflexions menées au sein du ministère

L'ensemble des débats menés au sein des ministères sociaux ont nourri la loi Loucheur de 1928. Le texte, qui fut accueilli avec enthousiasme par les contemporains, s'appuie sur les réflexions menées précédemment. Prenant acte de l'échec relatif de la politique menée jusqu'alors en matière d'HBM (60 000 logements seulement homologués comme HBM depuis 1894, à comparer par exemple aux 450 000 logements détruits pendant la Grande Guerre[53]) et des besoins estimés (entre 200 000 à 500 000 logements à construire en dix ans), la loi programme la construction de 260 000 logements[54]. Des réflexions menées, la loi reprend également le souci d'ouvrir le programme aux classes moyennes, grâce à la mise en place d'une catégorie de « logements à loyer moyen » proposés, entre autres, pour reprendre les mots du rapporteur, à des « contremaîtres, employés de commerce, travailleurs intellectuels, artistes, petits rentiers etc.[55] ».

La loi Loucheur reste toutefois en deçà des divers programmes dont elle s'inspire. Ainsi du blocage des loyers (mis en place pendant la guerre, mais auquel aucun

50. *Ibid.*
51. Cf. les comptes rendus des sessions du Conseil supérieur du travail publiés annuellement par l'Imprimerie nationale.
52. H. Frouard, « Aux origines du 1 % logement : histoire d'un compromis républicain », *Revue française des affaires sociales*, n° 3, juillet-septembre 2005, p. 55-76.
53. 66 433 selon J. Lévèque et J.-H. Ricard, 60 000 selon le député Landry dans son rapport de 1927. Les offices publics ont pour leur part construit 7 523 logements de leur création à 1925, à en croire les rapports annuels du Conseil supérieur des HBM.
54. Articles 2 (200 000 HBM) et 23 (60 000 LLM). Le rôle principal de la loi Loucheur a probablement été la programmation de ces 260 000 logements.
55. *JO*, *Chambre des députés*, 1re séance du 3 juillet 1928.

gouvernement n'eut le courage politique de mettre fin), pourtant dénoncé comme l'une des causes directes de la crise du logement depuis la guerre, et qui n'est pas abordé. De même, l'éclatement des responsabilités, perçu par les spécialistes comme un frein à une politique HBM véritablement efficace, n'est pas remis en cause. Alors que l'accord s'était fait sur la nécessité de créer une administration autonome chargée de la construction voire du financement du logement (projet d'un Office national du logement par la commission Loucheur, d'une Caisse nationale du logement par la commission de 1922 et le député Peyroux, d'un Service public de l'habitation dans le projet du Conseil national économique ou encore d'une Caisse nationale du logement par le Redressement français), la création d'un Service national de l'habitation, bien qu'adoptée par la Chambre, est rejetée par le Sénat.

Malgré ces limites (qui feront de la loi Loucheur une loi de programmation bien plus qu'un texte refondateur), l'épisode souligne l'importance des réflexions provoquées par les ministères du Travail et de l'Hygiène, qui furent des lieux de réflexion, nourris en grande partie par la porosité existant entre les différentes attributions de ces ministères et tout particulièrement entre les fonctions Logement et Travail. Mais la dynamique ainsi lancée s'achève deux ans plus tard avec la rupture du lien entre le ministère du Travail et les HBM – la loi Loucheur apparaissant à cet égard autant comme un aboutissement que comme un point de rupture.

Des divergences croissantes HBM et protection sociale

Cette rupture institutionnelle s'explique en grande partie par la divergence de fait qui s'opère entre les HBM et la protection sociale. Car cette dernière, à laquelle s'adossaient les politiques des habitations à bon marché, a profondément évolué depuis la fin du XIXe siècle. Prenant acte de l'incapacité de la prévoyance libre à couvrir les risques des salariés, elle bascule vers le système assuranciel (c'est-à-dire vers une protection obligatoire, avec prélèvement sur les salaires, et reversement aux victimes des risques identifiés), alors que le dispositif HBM continue à reposer principalement sur l'accession à la propriété – et donc sur une forme relevant de l'épargne librement consentie.

Non que la politique des HBM échappe aux difficultés rencontrées par les systèmes fondés sur la prévoyance libre. Au contraire, les tensions existent dès l'origine entre l'exigence d'effort individuel (fût-il soutenu par l'État) et la volonté de s'adresser « [aux] ouvriers, [aux] employés et même, dans une certaine mesure, avec l'extension de l'article 1er, [aux] paysans pauvres », c'est-à-dire à ces travailleurs « vivant principalement de leur salaire » et « qui [ne sont] pas encore propriétaires[56] ». Témoins de ces contradictions, les dispositifs oscillent tout au long de la période entre, d'un côté, le désir d'ouvrir la loi aux populations effectivement capables d'épargner (la condition de n'être pas propriétaire est supprimée par la loi du 12 avril 1906 et le ministère du Travail souhaite que les bénéficiaires de la loi « aient déjà fait œuvre préparatoire d'épargne et possèdent, au moment de la conclusion

56. Sénat, débat sur la loi de 1894, séances des 8 et 12 novembre 1894.

du prêt, le cinquième au moins du prix du terrain ou de la maison à acquérir[57] ») et, d'un autre côté, le souhait de centrer l'effort public sur les travailleurs non propriétaires. En 1925, la commission d'attribution des prêts interprète l'expression « personnes peu fortunées » comme désignant, dans le cas des demandes d'avances et de subventions de l'État, les personnes non assujetties à l'impôt général sur le revenu, avant que cette restriction ne soit rapportée dès l'année suivante car contradictoire avec l'obligation imposée aux postulants de verser des indemnités relativement élevées pour l'accession à la propriété.

Mais alors que la protection sociale parvient à sortir en 1928-1930 de ce dilemme paralysant par l'adoption des lois sur les Assurances sociales, les HBM en restent prisonnières. Car la loi Loucheur continue, dans la lignée des textes précédents, à privilégier l'accession à la propriété : lors des débats parlementaires Louis Loucheur lui-même ne réaffirme-t-il pas rechercher « la propriété des travailleurs » ? Or le texte n'offre que des réponses partielles aux contradictions qu'un tel choix provoque. Certes, par la création des immeubles à loyers moyens destinés aux classes moyennes (1/7 du parc immobilier à bâtir), il s'adresse désormais partiellement à une population ayant des capacités d'épargne (la création des habitations à bon marché dites « améliorées » par la loi du 28 juin 1930 viendra les renforcer; cet élargissement de la population visée par la loi suit d'ailleurs l'évolution sociologique des bénéficiaires de la protection sociale). Mais les 6/7 restants sont toujours destinés aux travailleurs vivant principalement de leur salaire[58]. Or la loi ne retient aucun des outils proposés dans les différents groupes de réflexion et qui, visant à recourir sous une forme ou une autre à un financement obligatoire (taxe sur les logements, sur les salaires, etc.), eussent permis, en se rapprochant d'une logique assurancielle, de lever ces contradictions. Les quelques aménagements proposés (dispense de l'apport personnel et octroi de subventions supplémentaires[59]) sont réservés à certaines catégories de bénéficiaires (invalides, pensionnés, familles nombreuses, etc.) et ne parviennent pas à résoudre les difficultés d'accès au logement des travailleurs. En témoigne d'ailleurs le drame des petits bénéficiaires de la loi Loucheur lorsqu'ils seront frappés de plein fouet par la crise économique des années trente.

En 1928, le fossé se creuse donc entre une politique du logement tributaire de la capacité d'épargne des bénéficiaires et une protection sociale qui s'engage définitivement dans la voie d'un système d'assurance mieux adapté à la situation des travailleurs salariés.

La montée en puissance de nouvelles logiques

Ce relâchement du lien organique entre protection sociale des salariés et logement bon marché ouvre un espace que s'empressent d'investir les autres dynamiques jusqu'à présent restées au second plan. Car, comme il a déjà été dit, la

57. Circulaire du ministre du Travail et de la Prévoyance sociale, 25 septembre 1908, évoquant les futurs accédants à la propriété entrant dans le cadre de l'article 5 de la loi du 12 avril 1906.
58. Loi du 13 juillet 1928, article 2, 2e alinéa.
59. Articles 10 et 11 de la loi.

construction des politiques du logement social a toujours fait l'objet de différentes approches (hygiénistes, urbaines, etc.). Si, de toutes ces logiques, la protection des travailleurs avait, nous semble-t-il, déterminé l'histoire administrative du logement, un changement s'opère dans les années vingt.

De fait, durant tout l'entre-deux-guerres, ces dynamiques parallèles irriguent de plus en plus intensément les politiques du logement. Pour ne tirer que quelques fils de ce complexe tissage, les impératifs de l'hygiène présents dès l'origine connaissent de nombreux développements : dès 1906, est créé le certificat de salubrité, et les comités de patronage reçoivent le droit de contribuer à la définition des logements[60]. Des normes officielles sont édictées par la loi du 23 décembre 1912 qui, mettant en regard des coûts maxima de construction avec des normes de confort, établissent *de facto* des conditions architecturales à respecter[61]. Ces normes s'affinent et se précisent tout au long de l'entre-deux-guerres, montrant l'importance croissante accordée à cet aspect et le rôle de plus en plus important dévolu aux HBM dans le processus de santé publique en cours d'élaboration[62]. De même, l'attention portée à l'habitat comme lieu d'épanouissement de la famille, attestée dès la fin du XIXe siècle, trouve-t-elle dans le contexte d'inquiétude démographique de l'entre-deux-guerres un terreau fertile pour se développer : aux quelques articles consacrés aux familles nombreuses par les lois sur les HBM de 1912, 1922 et 1928 viennent s'ajouter la proposition faite par le député Landry en 1929 de subventions pour familles nombreuses, ou encore en 1937 le projet d'allocation-logement pour les familles – toutes orientations qui trouveront à s'épanouir dans le cadre du régime de Vichy mais également sous la IVe République. Il faudrait, enfin, évoquer l'usage de l'aide publique au logement comme outil de la reprise économique au cours de la crise des années trente ou encore l'attention croissante portée à l'habitat comme outil d'aménagement du territoire : initié par la section d'hygiène urbaine et rurale du Musée social au début du siècle, le lien entre logement et urbanisme prend de plus en plus d'importance avec la montée de la pensée planiste[63]. Certaines de ces approches restent secondaires : c'est le cas du logement rural qui, bien qu'il ait retenu périodiquement l'attention des réformateurs (dès 1925 par exemple, le rapport consacré au logement par le Conseil national économique comporte un chapitre sur l'amélioration du logement rural), n'a jamais été bien pris en compte par les politiques des HBM. D'autres, au contraire, prennent d'autant plus d'importance qu'elles font écho aux préoccupations du moment : on serait ainsi tenté d'esquisser des chronologies spécifiques (et partiellement superposables), qui mettraient en évidence le rôle du logement à la fois comme outil d'aménagement urbain dans le contexte de la Reconstruction des années 1920 (période où la science de l'urbanisme se constitue), comme instrument des politiques familiales dans un

60. Loi du 12 avril 1906, art. 5.

61. Article 2 de la loi du 23 décembre 1912.

62. Loi du 24 octobre 1919, art. 1er ; loi du 9 décembre 1922, art. 2 ; création le 24 juillet 1928 d'une commission technique de l'habitation, chargée entre autres « d'établir des plans-types » ; décret du 23 octobre 1928 pris en application de la loi Loucheur.

63. Cf. C. CARRIOU, « La question de l'implantation spatiale du logement social : le cas des habitations à bon marché (1892-1912) » (à paraître).

entre-deux-guerres obsédé par la dénatalité, ou encore comme objectif économique lors des politiques de grands travaux menées dès 1935.

En s'éloignant des techniques de la protection sociale mise en place par le ministère du Travail et en laissant une part croissante à des rationalités d'autre nature, le lien entre les HBM et cette administration devient caduc. La rupture est consommée en 1930 lorsque les HBM quittent le ministère du Travail pour passer sous le contrôle du tout nouveau ministère de la Santé publique[64]. Très significativement, alors que les assurances sociales restent dans le giron du ministère du Travail « pour la raison que la loi nouvelle [sur les assurances sociales] se base sur une étroite liaison entre les employeurs et les employés[65] », le rattachement des HBM au ministère de la Santé publique n'est pas même discuté. Signe, s'il en faut, de la distance qui sépare désormais aux yeux des contemporains, le logement des assurances sociales. L'intégration des HBM à une peu convaincante « direction du personnel, de la comptabilité, du budget et des HBM », si elle peut être mise en regard de l'importance donnée à l'hygiène et aux politiques familiales, ne paraît d'ailleurs être qu'une étape. Elle est du reste décidée au moment même où la politique du logement social atteint son étiage. Après les cinq années de financement prévues par la loi Loucheur, la crise viendra mettre un coup d'arrêt au programme.

Par la suite, l'importance croissante des questions de planification et d'organisation du territoire, dans les années trente, sous le gouvernement de Vichy (on connaît le rôle joué en la matière par la délégation générale à l'Équipement national[66]) puis dans le contexte d'une IVe République qui doit reconstruire un pays meurtri, articulent de plus en plus étroitement logement et aménagement du territoire, s'inscrivant ainsi dans une logique déjà modestement en germe dès la fin du XIXe siècle[67]. S'y ajoute le souci, renforcé par la crise exceptionnelle du logement que connaît le pays au lendemain de la Seconde Guerre mondiale, de fonder une administration du logement enfin autonome et efficace. La conjonction des deux mouvements s'opère en 1947, lorsque les HBM sont rattachés au ministère de la Reconstruction et de l'Urbanisme (créé en 1944), faisant enfin de ce dernier la grande administration du logement tant attendue.

Interroger les politiques des HBM au regard de leur rattachement administratif permet de mettre en valeur le lien originel entre le logement social et les dispositifs de protection sociale, et plus précisément la prévoyance libre fondée sur l'épargne individuelle (soutenue par l'État), d'où découle en toute logique le rattachement des HBM au ministère du Travail dès 1906. Cet angle d'analyse nous invite également à voir, dans la coïncidence chronologique qui veut que 1930 soit l'année du second vote des Assurances sociales mais également du départ des HBM pour le minis-

64. Loi du 28 mars 1930.
65. Proposition de résolution relative à l'extension du ministère de la Santé publique présentée par le sénateur Georges Faugères, *JO*, annexe 593.
66. D. Voldman, *La reconstruction des villes françaises de 1940 à 1954 : histoire d'une politique*, Paris, L'Harmattan, 1997.
67. C. Carriou, art. cit.

tère de la Santé, le symbole d'un divorce croissant entre une protection sociale en pleine évolution et une politique du logement qui reste prisonnière des dispositifs antérieurs – l'archaïsme du dispositif étant sous-tendu dans la longue durée par un persistant et impossible attachement à la propriété et à l'épargne individuelle, que l'évolution de la protection sociale ne parvient pas à entamer. Le fait témoigne de la complexité des imaginaires sociaux à l'œuvre dans l'entre-deux-guerres, la modernité des représentations du salariat – dont témoigne l'adoption des assurances sociales – apparaissant comme partiellement battue en brèche par l'idéal du « citoyen-propriétaire » qui se dessine derrière les politiques du logement alors à l'œuvre.

Les relations ministère du Travail/ ministère de l'Agriculture : le tournant de Vichy

Claire-Élise MICHARD et René BOURRIGAUD

Présenter l'histoire des relations entre le ministère du Travail et celui de l'Agriculture est une tâche quasi-impossible en l'état actuel de nos connaissances. Si nous connaissons relativement bien les origines du ministère du Travail depuis l'ouvrage de J.-A. Tournerie [1], nous ne pouvons en dire autant du ministère de l'Agriculture pour lequel nous ne disposons pas de ce genre d'études [2].

En revanche, ce que nous pouvons étudier et comprendre, ce sont les conflits de compétence entre les deux ministères à propos du contrôle des lois et des institutions sociales en agriculture. Manifestement, le tournant historique dans ces relations se situe sous le régime de Vichy : la loi du 5 avril 1941, relative au fonctionnement des lois sociales et familiales en agriculture, décide que « la politique sociale agricole relève du ministre secrétaire d'État à l'Agriculture ». Les archives publiques de cette période, désormais disponibles, nous permettent de suivre les détails de ce tournant : la victoire du ministre de l'Agriculture, Pierre Caziot, sur les conceptions du ministre du Travail, René Belin. Mais le plus surprenant, peut-être, réside dans la continuité qui s'établit à la Libération. Bien que les rapports personnels entre les deux titulaires de l'époque (Ambroise Croizat au Travail et François Tanguy-Prigent à l'Agriculture) paraissent avoir été bons et que tous deux soient solidement ancrés à gauche, les orientations prises sous Vichy ne seront pas remises en cause et le ministère de l'Agriculture continuera à contrôler l'application des lois sociales en agriculture ainsi que le régime spécifique de protection sociale agricole incarné par la MSA.

Pour comprendre ces deux moments-clés, il importe de ne pas s'enfermer dans une histoire trop exclusivement administrative, mais de regarder dans quel environnement agissent les deux ministères, en insistant sur celui de l'Agriculture puisque les autres contributions de ce colloque éclaireront amplement les contours du ministère du Travail.

1. J.-A. TOURNERIE, *Le ministère du Travail : origines et premiers développements*, Paris, Cujas, 1971.
2. En revanche, les ouvrages classiques de P. BARRAL, *Les agrariens français de Méline à Pisani*, Paris, Armand Colin, 1968; et G. DUBY et A. WALLON (dir.), *Histoire de la France rurale*, Paris, Seuil, 1976, et les travaux de M. Augé-Laribé, G. Wright ou S. Berger, pour n'en citer que quelques-uns parmi les plus célèbres, fournissent des repères essentiels.

La naissance de l'esprit corporatif dans le monde agricole

La genèse des premières organisations agricoles remonte au début du XIXe siècle, avec les sociétés d'agriculture et les comices, mais c'est sous le Second Empire que se crée la Société des agriculteurs de France (SAF) qui va jouer un rôle comparable à celui du Comité des forges dans la métallurgie. Quand les républicains prennent le contrôle de l'État, cette société à dominante conservatrice saisit l'opportunité de la loi du 21 mars 1884 sur les syndicats pour impulser la création d'organisations agricoles portant la dénomination de syndicats, mais qui sont le plus souvent des coopératives d'approvisionnement gérées par des notables. Ces syndicats créent des mutuelles pour couvrir les risques économiques (incendie, mortalité du bétail, responsabilité civile… puis accidents agricoles des salariés). Ce sont de petites organisations locales, souvent communales, qui se fédèrent en unions régionales ou départementales, elles-mêmes réassurées à des caisses nationales, dites « centrales » dans le vocabulaire de la SAF. Ces trois niveaux de la mutualité agricole perdureront et lui donneront une caractéristique spécifique.

De son côté, le ministère de l'Agriculture et la Société nationale d'encouragement à l'agriculture (SNEA) soutiennent les initiatives des républicains pour la création d'organisations agricoles concurrentes dont ils ont le contrôle. Ceux-ci, dans les régions où ils dominent, utilisent moins la dénomination de « syndicats » et créent plus volontiers des coopératives, mais les finalités sont les mêmes. Dès avant la Première Guerre mondiale, existent ainsi deux réseaux structurés d'organisations locales, départementales ou régionales, fédérées soit à la « rue d'Athènes », c'est-à-dire au siège de la SAF, soit au « boulevard Saint-Germain », c'est-à-dire sous le contrôle de la SNEA, des républicains et du ministère de l'Agriculture.

Ce monde agricole déjà bien structuré possède ses organes de presse, ses multiples instances délibérantes puisqu'on y pratique formellement le mutuellisme, ses relais au Parlement et au ministère de l'Agriculture. Il est dominé par les notables, mais à la tête des instances locales et intermédiaires, on trouve aussi de vrais paysans car l'habileté des dirigeants consiste à les associer à leurs projets. Les salariés agricoles restent à l'écart et ne jouent pas de rôle moteur. Mais, mis à part quelques exceptions, ils sont aussi très peu touchés par les organisations ouvrières proprement dites. D'un point de vue sociologique, il faut admettre en effet que la séparation des classes sociales n'est pas aussi nette que dans l'industrie, car la classe de la paysannerie moyenne est la plus nombreuse et pour beaucoup de salariés agricoles, ce statut n'est qu'une étape provisoire avant d'accéder au statut d'exploitant, sauf dans les régions de grande culture où un prolétariat rural peut se constituer.

Créé comme entité autonome à l'initiative de Gambetta en 1881, le ministère de l'Agriculture était destiné à remplir des fonctions techniques (haras, forêts, hydraulique agricole et, plus tard, Génie rural), mais il est aussi conçu par les républicains pour jouer un rôle politique : attirer et consolider un électorat rural, face au bloc conservateur qui contrôle de puissants bastions ruraux, surtout dans les régions de tradition catholique. Si Eugène Tisserand représente la fonction technique, Jules Méline – longtemps titulaire de ce ministère – en incarne la fonction politique en prônant un protectionnisme à l'égard d'un monde agricole jugé lent à se moderniser face à la vague de mondialisation du marché des céréales et de la viande à la fin du siècle.

Les débats sur les premières lois sociales ne concernent que d'assez loin le monde agricole. Typique à ce sujet est la loi de 1898 sur les accidents du travail : on décide qu'elle ne s'applique pas au monde agricole et l'on vote d'ailleurs celle du 30 juin 1899 rendant les propriétaires des moteurs « inanimés » responsables des accidents en agriculture, ce qui limite pratiquement la portée de la loi de 1898 aux chantiers de battage utilisant des machines à vapeur.

Quand, en 1906, le ministre du Travail René Viviani, sollicité par des députés de gauche, veut étendre la loi de 1898 aux salariés agricoles, il se heurte encore à la puissante Société des agriculteurs de France qui veut une loi spécifique pour tous ceux qui travaillent dans l'agriculture (salariés et non-salariés), des réparations modestes (car les conditions de vie à la campagne « permettent de vivre de peu ») et une gestion par les mutuelles agricoles en plein développement[3]. Le ministère de l'Agriculture paraît peu concerné, car ce sont les forces organisées du monde agricole en formation qui portent directement le débat et qui disposent de relais au sein du Parlement[4]. Le député de Gailhard-Bancel, par exemple, qui est aussi l'un des dirigeants de la puissante Union agricole du Sud-Est, joue un rôle important dans les longs débats préparatoires à la loi sur les retraites ouvrières et paysannes qui aboutira en 1910-1912.

Cette loi, qui connaît un demi-échec chez les ouvriers, semble être un échec quasi-total dans le monde rural : les salariés agricoles cotisent très peu, bien que leur adhésion soit en principe obligatoire, et comme elle est facultative pour les petits exploitants agricoles, on imagine facilement qu'elle est restée pour eux lettre morte. La guerre, de toute façon, interrompt le débat sur les lois sociales.

Dans l'entre-deux-guerres, les questions deviennent plus cruciales avec les débats sur les assurances sociales obligatoires et la montée en puissance des thèses corporatistes dans le monde agricole. Dans les longues discussions des années 1920 sur la mise en place des assurances sociales obligatoires, les deux forces principales d'opposition sont les médecins d'un côté et les agriculteurs de l'autre. Les dirigeants syndicaux ne prônent pas une opposition systématique aux assurances sociales, mais exigent d'en contrôler eux-mêmes la gestion à travers la mutualité agricole. À partir de la fin des années 1920, quand il devient clair que les employeurs agricoles vont être obligés de cotiser à un régime interprofessionnel pour permettre à leurs salariés de bénéficier des assurances sociales, un mouvement d'opposition radicale prend naissance, conduit par un agitateur proche des thèses fascistes, en tout cas populiste et démagogue, Henry Dorgères. Le dorgérisme[5] occupe le devant de la

3. Cf. C. Gross-Chabbert, « La Mutualité sociale agricole (1919-1981) », t. IV de *La Sécurité sociale – son histoire à travers les textes*, Paris, Association pour l'étude de l'histoire de la Sécurité sociale, 1991.

4. La SAF, *via* le Syndicat économique agricole, organise un puissant lobbying auprès des parlementaires regroupés dans un groupe agricole, transcendant les oppositions de partis comme s'en félicite le comte Robert de Rocquigny, personnalité du monde mutualiste agricole, dans son ouvrage *Les syndicats agricoles et leur œuvre*, Paris, Armand Colin, 1900, véritable « guide » de l'idéologie et de l'organisation agricole conservatrice.

5. R. O. Paxton, *Le temps des chemises vertes. Révoltes paysannes et fascisme rural, 1929-1939*, Paris, Seuil, 1996.

scène dans certaines régions rurales au début des années 1930, alimenté par la crise économique qui frappe les revenus paysans plus que les autres.

Avec plus de discrétion, les théoriciens du corporatisme agricole[6], s'appuyant sur les organisations existantes, critiquent les clivages devenus largement artificiels entre la rue d'Athènes et le boulevard Saint-Germain, et prônent l'unité professionnelle, posant comme principe que la profession doit être capable de s'auto-organiser. Les plus radicaux pensent même que la « Profession » doit produire ses propres règlements. Les modérés concèdent que le ministère de l'Agriculture doit conserver un rôle de contrôle, ils sont même prêts à admettre que le ministère des Finances puisse exercer un contrôle technique sur la gestion des organismes disposant de fonds publics, mais tous excluent toute interférence avec le ministère du Travail qui reste pour eux celui de l'industrie et de la ville.

À partir de 1937, les corporatistes dirigent l'organisation agricole la plus puissante, née dans le sillage de la rue d'Athènes, l'Union nationale des syndicats agricoles (UNSA). Leurs thèses seront reprises par le régime de Vichy, ce qui explique la rapidité de l'élaboration de la loi du 2 décembre 1940 mettant en place la Corporation paysanne. Même si les échanges entre les dirigeants de la Corporation paysanne et les fonctionnaires du ministère de l'Agriculture sont parfois difficiles[7], cela se passe entre gens du même monde qui ont une multitude de références techniques, institutionnelles et culturelles communes. Et derrière les décisions du ministre de l'Agriculture, il existe des groupes de pression qui ont un projet : accoucher – au forceps si nécessaire – de l'unité de la profession agricole, toutes catégories sociales confondues. Ce projet corporatiste, antagonique à celui de la structuration de la société selon les grandes classes sociales, s'alimente d'un anti-marxisme viscéral. C'est l'ensemble de ce contexte qui explique la nature des relations qui se nouent sous le régime de Vichy entre le Travail et l'Agriculture, comme nous allons le voir dans le détail maintenant. Nous verrons ensuite, dans un troisième temps, comment la nouvelle répartition des compétences se maintient dans le contexte de la Libération.

Le triomphe du corporatisme agricole sous Vichy

L'avènement du gouvernement de Vichy est accueilli avec enthousiasme par la plupart des dirigeants agricoles rattachés à l'UNSA. Nombreux sont ceux qui y voient la possibilité d'un « relèvement moral » et l'occasion d'appliquer leur programme corporatiste. Le passage d'un monde rural à un monde plus urbain a conduit l'ensemble du milieu agricole à se sentir délaissé par la nation française. Le Front populaire exacerbe ce sentiment en pratiquant la politique du « pouvoir d'achat » qui, selon eux, ne bénéficierait qu'aux ouvriers et léserait gravement les paysans par la baisse des prix subie. La réaction positive face à l'arrivée de Pétain comme chef de l'État ne signifie pas pour autant une adhésion aveugle au programme de « révolution nationale ». Elle marque plus un refus du Front popu-

6. Théorisé par L. SALLERON, *Naissance de l'État corporatif*, Paris, Bernard Grasset, 1942.
7. I. BOUSSARD, *Vichy et la Corporation paysanne*, Paris, Presses de la FNSP, 1980.

laire et d'une IIIe République jugée inefficace qu'un réel attachement idéologique au régime.

Mais Pétain, avec ses envolées lyriques à propos de la terre qui « ne ment pas », flatte l'*ego* des dirigeants agricoles qui pensent leur place restaurée au sein de la nation française. Le programme de « révolution nationale », aussi flou soit-il, est intimement lié aux idées corporatistes vantées par les dirigeants syndicaux agricoles. Toutefois, au sein même du courant corporatiste, il existe plusieurs tendances[8]. On peut distinguer un corporatisme « total », destiné à réglementer toutes les professions sans exception, d'un corporatisme agricole qui n'entend régler que la question agricole. Cette distinction n'est pas sans effet sur les rapports houleux entre le ministère du Travail et celui de l'Agriculture.

La nomination de Pierre Caziot au ministère de l'Agriculture démontre d'ailleurs les ambiguïtés de Pétain à l'égard de la politique à mener. En effet, ce n'est pas le porte-drapeau le plus farouche de la doctrine corporatiste, mieux incarnée par Louis Salleron ou Jacques Le Roy Ladurie. Il y est plutôt favorable, mais va rapidement se trouver pris en tenailles entre l'administration de son ministère qui souhaite conserver le contrôle du monde agricole et les partisans de la Corporation paysanne qui veulent une indépendance totale à l'égard de l'État, ce qu'il juge assez irréalisable.

Pierre Caziot semble étonné de sa nomination par Pétain, qu'il n'a rencontré qu'une fois. Il accepte la charge, espérant qu'elle lui permette de réaliser son programme en faveur de l'exploitation familiale. Jugé trop traditionaliste par les Allemands qui ont des préoccupations productivistes liées à leurs problèmes de ravitaillement, il sera remplacé par Le Roy Ladurie le 18 avril 1942.

Rapidement, les prérogatives du ministère de l'Agriculture sont contestées. D'une part, la répartition des compétences entre le ministère de l'Agriculture et la Corporation paysanne, créée par la loi du 2 décembre 1940, va être assez problématique jusqu'à la Libération. D'autre part, il existe des ambiguïtés entre le ministère de l'Agriculture et le ministère du Travail quant à l'application des lois sociales.

La loi du 5 avril 1928 sur les assurances sociales avait entraîné, nous l'avons dit, de véritables controverses. Les nombreuses oppositions, en particulier du monde agricole, l'avaient rendue inapplicable et ont conduit à la loi du 30 avril 1930 qui favorisait les mutuelles et adaptait les assurances sociales aux professions agricoles. Elle prévoyait en effet le rattachement des salariés agricoles aux mutuelles agricoles; mais, à défaut de choix des assurés, les caisses primaires départementales interprofessionnelles étaient compétentes pour les assurer. De fait, la plupart des organismes qui géraient les assurances sociales en agriculture étaient des mutuelles agricoles, mais souvent en concurrence sur un même territoire.

En application de la loi du 2 décembre 1940 qui prévoit la mise en place de syndicats uniques, le ministère de l'Agriculture et le comité d'organisation de la Corporation mettent en œuvre une série de fusions d'organisations agricoles,

8. Dans son ouvrage publié en 1937 et intitulé *La doctrine corporative* (Paris, Librairie du Recueil Sirey), M. Bouvier-Ajam, professeur d'économie politique à l'Institut d'études corporatives et sociales, défend une conception du corporatisme qui diffère de celle de L. Salleron, principal doctrinaire auquel se réfèrent les corporatistes agricoles.

notamment les syndicats et les mutuelles agricoles. Quelques années avant la mise en œuvre du plan de Sécurité sociale et l'unicité de caisse dans une même circonscription, le régime de Vichy l'impose dans le domaine de la mutualité agricole[9]. Toutefois, la gestion des questions sociales par le seul ministère de l'Agriculture va être contestée par René Belin.

Un premier courrier de ce dernier, daté du 4 janvier 1941[10], semble marquer le début des relations orageuses entre les deux ministères. La question porte sur le contrôle des sections agricoles des caisses départementales des Assurances sociales. Le ministre du Travail, René Belin, s'oppose à l'assimilation de ces sections agricoles, au sein des caisses primaires départementales, à des mutuelles agricoles concernées par des projets d'unification au sein de caisses uniques agricoles. Pour lui, les caisses primaires départementales, même si elles sont organisées par section, sont d'abord interprofessionnelles. Or le projet de fusion des organismes sociaux agricoles, proposé par le ministère de l'Agriculture, assimile les sections agricoles de ces caisses à des organismes agricoles autonomes et envisage de les regrouper dans des organismes corporatifs uniques.

Le ministre du Travail, qui par ailleurs ne conteste pas l'intérêt de la fusion des organismes agricoles, estime cependant que les sections agricoles des caisses départementales ne sont pas concernées par la loi du 2 décembre 1940 sur la Corporation paysanne et il annonce qu'il en informera les préfets par un projet de circulaire qu'il joint à sa réponse.

La riposte du ministère de l'Agriculture et des dirigeants de la Corporation paysanne ne se fait pas attendre : ils estiment que la position du ministre du Travail porte atteinte au principe même de la profession agricole unifiée, d'autant plus que ce dernier prétend aussi conserver le contrôle administratif des caisses agricoles d'assurances sociales. Belin souhaite appliquer une vision corporatiste d'ensemble, garantissant l'égalité entre tous les salariés. Selon lui, toutes les professions doivent bénéficier des mêmes règles et des mêmes contrôles. Il n'attaque toutefois pas directement la loi sur la Corporation paysanne.

Par courrier du 13 janvier 1941, Pierre Caziot s'oppose donc ouvertement à son collègue du Travail et lui demande de ne pas envoyer sa circulaire, le temps pour ses services d'étudier les questions en cause.

Une note anonyme, datée du même jour, interne au ministère de l'Agriculture, explicite l'analyse sur laquelle s'est appuyé le ministre Caziot. Selon son auteur, il ne saurait y avoir deux catégories d'assurés agricoles, ce qui deviendrait inévitable car les adhérents des caisses agricoles percevraient des prestations moindres en raison des cotisations peu élevées susceptibles d'être exigées des employeurs agricoles. Les assurés sociaux agricoles étant régis par le décret-loi spécifique du

9. P. CHALMIN, *Éléments pour servir à l'histoire de la mutualité agricole*, t. 2 : *De 1940 à nos jours*, Paris, Economica, 1988.

10. AN (CAC Fontainebleau) – 19880519 : ce versement considérable de l'administration de l'Agriculture rend compte du litige entre ministères de l'Agriculture et du Travail à propos de la gestion des lois sociales. Il contient des notes internes au ministère de l'Agriculture mais surtout des correspondances entre les deux ministres.

30 octobre 1935[11], ils ne peuvent dépendre du ministère du Travail qui « n'est pas au courant des particularités de la vie rurale ni de la mentalité des agriculteurs ». Enfin, aucun nouveau texte n'est nécessaire pour rattacher ces assurés au ministère de l'Agriculture puisqu'ils dépendent du décret-loi de 1935. Ces débats indiquent une ambiguïté quant à l'interprétation des textes relatifs aux lois sociales et à la Corporation paysanne. Ils démontrent également l'absence de définition claire des champs et compétences de la Corporation paysanne et de ses liens avec les autres corporations à venir. Si les questions de réglementation propre à chaque profession, les questions d'organisation de la profession n'entraînent pas de conflits, la question des assurances sociales constitue un véritable enjeu de pouvoir et d'idéologie entre les différentes branches de la Corporation.

La Commission nationale d'organisation corporative, composée majoritairement de syndicalistes agricoles corporatistes et chargée de l'organisation de la Corporation paysanne, se prononce en faveur d'un système social (allocations familiales, assurances sociales, retraites) exclusivement contrôlé par le ministère de l'Agriculture et par le ministère des Finances pour les aspects techniques[12]. De telles prises de positions sur les lois sociales par la Commission d'organisation corporative heurtent d'abord le ministère du Travail qui estime qu'elle n'a pas compétence en la matière. Elles gênent également le ministre de l'Agriculture qui tient à contrôler cette Commission prenant de plus en plus d'indépendance à l'égard de son ministère. Dirigée par le comte Budes de Guébriant, de l'Office du Landerneau, puissante organisation agricole bretonne, elle n'entend pas se cantonner à un simple rôle d'organisation de la Corporation. Elle donne des avis, y compris dans des domaines où elle n'est pas sollicitée. Ses membres voient dans cette commission un moyen de peser sur la politique agricole et anticipent une autonomie qui ne viendra jamais.

Une nouvelle note interne au ministère de l'Agriculture, datée du 28 janvier 1941, présente les avantages de la gestion des questions sociales agricoles par le ministère de l'Agriculture. Les arguments sont plutôt économiques, mais il est surtout fait mention de la « mentalité tout à fait différente » du ministère du Travail, par rapport à celle du ministère de l'Agriculture.

On décèle dans l'ensemble de ces notes et courriers la volonté du ministre et de son administration de consacrer l'Agriculture comme secteur « à part » avec une pointe de dédain pour le ministère du Travail, dirigé par un ancien syndicaliste de la CGT. Les arguments sont essentiellement idéologiques : il s'agit de supprimer la lutte des classes et de restaurer l'unité passée du monde rural avec ses particularismes. Cette position est très éloignée de l'unité de tous les salariés prônée par Belin et l'administration du Travail.

Une nouvelle lettre de Caziot à Belin, datée du 4 février 1941, illustre l'hostilité manifeste entre les deux hommes et plus largement entre les deux ministères. Le ministre de l'Agriculture a découvert la publication au *Journal officiel* d'une décision de majoration de rentes aux assurés facultatifs agricoles, sans qu'il en ait été averti

11. Ce décret-loi reconnaît l'autonomie du régime agricole en matière d'assurances sociales.
12. AN (CAC Fontainebleau) – 19880519 : en particulier, les « Résolutions prises à l'unanimité le 18 janvier 1941 par la Commission nationale d'organisation corporative agricole ».

et donc sans l'avoir contresignée. Il tient à préciser à son collègue du Travail que désormais, en vertu de la loi du 2 décembre 1940, ces décisions sont de sa compétence exclusive. La question est pourtant assez théorique car, malgré l'absence de chiffres précis quant au nombre d'assurés facultatifs, les lois sociales facultatives agricoles rencontrent généralement peu de succès et on peut penser que le nombre d'assurés touchés est assez insignifiant. Pourtant, la lutte entre les deux ministères s'exerce pour le contrôle de la totalité des assurés sans exception. Cet exemple donne une idée de la virulence des débats pour instaurer une Corporation paysanne « totale ».

Mais le ministre du Travail persiste : il réitère sa position quant aux sections agricoles des Caisses départementales par un projet de circulaire aux directions des services régionaux de ces caisses. La réaction de Caziot ne se fait pas attendre et, dans deux lettres du 9 février 1941, il précise qu'il ne peut pas y avoir deux régimes pour les salariés agricoles alors même que les sections agricoles des caisses départementales compteraient entre 500 000 et 600 000 adhérents, ce qui représente cette fois-ci un nombre conséquent. Il indique qu'il va appeler les paysans à n'adhérer qu'à une caisse unique et rappelle que les différents organismes de mutualité et de coopération vont fusionner.

Belin maintient que la Corporation paysanne ne concerne que les organisations agricoles, mais ne touche pas les organisations interprofessionnelles. Les désaccords se poursuivent dans d'autres échanges de courriers et Caziot finit par élever sa protestation auprès du secrétaire général de la Présidence du Conseil, accusant même le ministre du Travail de violer les textes en vigueur.

Une nouvelle note interne de 15 pages, intitulée « La législation sociale et l'Agriculture », et datée du 14 février 1941, fournit un argumentaire détaillé afin de démontrer que les lois sociales sont faites pour les citadins et pour eux seulement. Caziot utilise les arguments développés pour adresser une lettre officielle, essentielle pour comprendre le fond du débat, au ministre de l'Économie nationale et aux Finances afin de proposer une réforme de fond des lois sociales en agriculture. Selon le ministre de l'Agriculture :

– l'existence des lois sociales en industrie est nécessaire pour rétablir un équilibre entre salariés et patrons, mais la situation est différente en agriculture ;
– ce secteur est particulièrement défavorisé par rapport aux citadins, notamment depuis la politique du pouvoir d'achat de 1936, et ne peut supporter des charges sociales trop lourdes ;
– le salariat agricole n'a rien à voir avec celui de l'industrie : la plupart d'entre eux sont membres de la famille d'un exploitant indépendant et aspirent eux-mêmes à l'indépendance ;
– les « vrais » salariés ne seraient « que » 150 000 sur un million et demi de salariés et sept millions d'exploitants.

De ce constat, Caziot tire deux conclusions. Tout d'abord, la législation sociale doit se fonder sur le statut d'indépendant et, en second lieu, elle doit être familiale. Il faut donc que la législation agricole dépende du ministère de l'Agriculture et de lui seul. Il a d'ailleurs l'habileté de rappeler que depuis les premières dispositions sociales mises en œuvre par Colbert dans la Marine, ce secteur ne dépend pas du ministère du Travail. Caziot précise enfin que le texte qui est joint a été approuvé par la Corporation et qu'il devrait être adopté au plus vite. Le texte proposé confie la gestion des allocations familiales et des assurances sociales aux caisses professionnelles faisant partie de l'organisation corporative de l'agriculture. L'application et le contrôle relèvent du ministère de l'Agriculture et, accessoirement, de celui de l'Économie nationale et des Finances pour le fonctionnement financier des caisses.

Finalement, Caziot l'emporte; son projet est adopté. Belin le contresigne à contrecœur et le fait savoir à son collègue de l'Agriculture par un courrier daté du 5 avril 1941. Il adresse également au chef de l'État une note dans laquelle il explique son désaccord avec le texte, qu'il a contresigné par « discipline ». Belin voit des germes de discorde et d'inégalité entre travailleurs de la terre et ceux des villes en confiant la législation sociale au ministère de l'Agriculture et estime que cela porte atteinte à l'unité de la politique sociale du gouvernement. Il pose le problème du financement des lois sociales en agriculture, en estimant que cela provoquera une hausse des prix des produits agricoles et, par conséquent, du coût de la vie. Il craint également la multiplication des fonctionnaires, des frais de fonctionnement et les complications pour les affiliations entre différents statuts.

La loi du 5 avril 1941 met fin à la lutte ouverte des ministères pour le contrôle des lois sociales agricoles. La tentative d'établir un régime égalitaire pour tous les salariés a avorté et la profession agricole s'estime désormais maîtresse de sa législation sociale.

Ces documents internes du ministère de l'Agriculture démontrent à quel point la question du contrôle de la législation sociale a été fondamentale pour les nouveaux occupants du ministère de l'Agriculture. Les enjeux de cette lutte ne sont pas seulement de pouvoir, ils sont essentiellement idéologiques même si les intérêts de certaines administrations ont bien évidemment joué dans cette opposition. En tout cas, si l'on veut bien prendre en compte l'ensemble des forces et des projets, les causes du conflit entre Caziot, ministre de l'Agriculture, et Belin, ministre du Travail, à propos de l'encadrement des salariés agricoles deviennent assez évidentes. Et il faut bien reconnaître que la position de Caziot était plus en cohérence avec l'idéologie de la révolution nationale que celle de Belin[13]. Mais comment expliquer que cette victoire du corporatisme agricole ne sera pas remise en cause à la Libération ?

La survie de l'unité professionnelle sous tutelle du ministère de l'Agriculture

Ce sont pourtant des résistants authentiques qui prennent le pouvoir dans les organisations agricoles dans les premiers mois de la Libération. Le plus emblématique d'entre eux est Tanguy-Prigent, ce petit agriculteur du Finistère, voisin et ennemi personnel du comte de Guébriant qui incarnait, quant à lui, la Corporation.

13. Qui, dans ses mémoires, va jusqu'à nier que la « révolution nationale » était voulue par le régime (*Du secrétariat de la CGT au gouvernement de Vichy : mémoires, 1933-1942*, Paris, Albatros, 1978).

Mais, las des divisions politiciennes d'avant-guerre qui ne représentaient pas de véritables enjeux, les paysans dans leur immense majorité aspirent réellement à l'unité professionnelle. Le socialiste Tanguy-Prigent et ses amis, qui l'ont bien perçu, font le choix stratégique de sauvegarder cette unité, en espérant la placer sous une autre direction que celle qui prédominait sous Vichy. Ils projettent alors de substituer une Confédération générale de l'agriculture (CGA) à la Corporation paysanne. Dans le contexte de désorganisation de la Libération, après la dissolution formelle de la Corporation paysanne, ceux qui ont un projet et qui dirigent le ministère de l'Agriculture ont toutes les chances de l'emporter, au moins provisoirement. La CGA se met donc en place sans trop de difficultés, en s'appuyant davantage sur les organisations de tradition républicaine.

Quand on lit *La Libération paysanne* [14], organe central de la CGA qui reproduit de nombreux documents bruts – rapports, comptes rendus – on comprend pourquoi l'unité paysanne n'a pas été remise en cause. Sur un certain nombre de sujets, le discours rompt avec celui du régime précédent (lutte pour la mise en place du statut du fermage, accent mis sur la modernisation de l'agriculture...) mais, sur d'autres sujets, il y a une continuité déconcertante.

C'est en particulier le cas sur toutes les questions qui touchent à l'organisation du travail en agriculture et à celle de la protection sociale, c'est-à-dire à des questions qui relèvent de la compétence partagée du ministère du Travail et du ministère de l'Agriculture. C'est surtout dans le domaine de l'organisation de la sécurité sociale en agriculture que la documentation disponible est abondante. En effet, la mutualité agricole unifiée est devenue une puissance avec laquelle il faut compter. Elle s'était relativement autonomisée vis-à-vis de la Corporation pendant la guerre. À la Libération, ses dirigeants, moins exposés, ne font pas l'objet de poursuites et conservent leur place. Comme les questions de mutualité ne sont sans doute pas centrales pour le ministre [15], il laisse les mains libres aux dirigeants de la mutualité agricole pour définir les positions du monde agricole dans ce domaine.

Ce sont donc des mutualistes qui s'expriment le plus souvent sur les questions sociales et qui définissent la politique de la CGA en la matière. Le discours ne change donc guère, notamment vis-à-vis du ministère du Travail. Dans le premier rapport détaillé sur les lois sociales en agriculture [16], l'auteur se félicite du décret du 31 mai 1938 qui a confié au ministère de l'Agriculture l'application de la législation sur les allocations familiales agricoles puis du Code de la famille qui spécifie que « la profession organisée gère les allocations familiales ». Puis il demande explicitement « que le contrôle technique et financier des assurances sociales soit confié aux seuls ministères de l'Agriculture et des Finances ». Et sa conclusion est limpide :

14. Il en existe une collection presque complète au Centre d'histoire du travail de Nantes, provenant d'ailleurs de la collection personnelle de l'ancien ministre Tanguy-Prigent.

15. Dans son discours de clôture du « Congrès de l'Unité » (fondation de la CGA), il accorde un court passage à la question, se prononçant pour des lois sociales qui « doivent être les mêmes en agriculture et dans l'industrie » et pour des « assurances obligatoires pour tout le monde », mais tout en renvoyant à des délais indéterminés leur mise en place (*La Libération paysanne*, n° 11 du 31 mars 1945).

16. N° 12 du 15 avril 1945.

« Ces caisses professionnelles faites pour les paysans, administrées par eux sous le contrôle et l'autorité de leur tuteur naturel, le ministère de l'Agriculture, devront se développer. »

Quelques semaines plus tard, quand le plan français de Sécurité sociale vient en débat, *La Libération paysanne* revient à la charge en affirmant : « Les agriculteurs doivent assurer seuls la gestion des lois sociales agricoles[17]. » Cette fois-ci, la cible directe est le ministère du Travail : « Les milieux agricoles se sont émus à juste titre des conséquences désastreuses pour l'organisation professionnelle agricole d'un projet de réforme de la législation sociale, élaboré par le ministère du Travail, qui aurait pour but d'instaurer en France un plan de Sécurité sociale. » Tout en soutenant les principes de simplification et de caisse unique, l'auteur critique le « défaut grave » de ce plan car il propose « la fusion dans une législation unique, dans une gestion unique, dans une régionalisation unique, (de) la protection sociale du salarié industriel et du producteur agricole dont le climat de vie, l'organisation professionnelle et sociale, la situation économique, sont essentiellement différents ». Malgré un contexte politique radicalement différent, le journal de la CGA établit une continuité historique qui traverse les régimes et les aléas de la vie politique :

> « Cette erreur d'unification interprofessionnelle de la législation sociale a été commise par tous les ministres du Travail et tous, ils ont dû la reconnaître, de bon ou de mauvais gré, devant l'échec ou les succès tardifs dus à des replâtrages après coup. Les faits ont démontré, notamment en matière d'accidents du travail, d'assurances sociales, d'allocations familiales, qu'une disposition sociale ne peut s'appliquer à l'agriculture tant qu'elle ne lui a pas été adaptée et que son assimilation n'a pas été opérée par l'agriculture elle-même et les institutions qu'elle s'est données. »

En octobre 1945, nouvelles escarmouches à propos de la gestion de la main-d'œuvre, cette fois : « Comme la Mutualité, la Main-d'œuvre doit rester à l'Agriculture[18] », clame la CGA. Et la mise en cause du ministère du Travail est catégorique :

> « Le ministère du Travail, qui, depuis longtemps, cherche à monopoliser les questions de main-d'œuvre et à s'assurer l'exclusivité du placement dans toutes les professions, a obtenu le 24 mai dernier la promulgation d'une ordonnance qui lui permet d'aboutir à ses fins. Mais les agriculteurs, à qui l'expérience a révélé l'ignorance et l'incompétence – d'ailleurs bien excusables – des services du ministère du Travail en matière agricole, tiennent à conserver leurs bureaux de main-d'œuvre et sont résolus à ne rien négliger pour y parvenir. »

Pour ce faire, la CGA donne explicitement une consigne à « son » ministre de l'Agriculture : faire triompher au sein du gouvernement « la thèse du maintien des services de main-d'œuvre agricole dans le cadre de la profession, sous le contrôle du ministère de l'Agriculture ».

Les frontières entre le champ socioprofessionnel agricole et le champ des relations de travail industriel sont donc plus intangibles que les frontières politiques

17. N° 18 du 17 juin 1945.
18. N° 36 du 21 octobre 1945.

entre gauche et droite. La seule chose qui change, semble-t-il, c'est l'ambiance des relations entre ministères. Celle-ci paraît apaisée, au moins officiellement[19].

Ainsi est-ce sous la responsabilité du ministère de l'Agriculture, mais avec la participation active de représentants du ministère du Travail et des syndicats ouvriers, qu'est préparée une réforme de la législation des accidents du travail pour les professions agricoles au début de l'été 1946, par une commission présidée par Pierre Join-Lambert[20].

Dès la fin de l'année 1946, la CGA développe aussi ses analyses sur les difficultés spécifiques de financement de la protection sociale agricole, autour de deux arguments principaux : déséquilibre démographique et impossibilité de répercussion des charges sociales dans les prix agricoles… Dans un long article, Paul Jahan, directeur conseil des Caisses centrales de la mutualité agricole, va jusqu'à écrire, à propos de la protection sociale de l'exploitant agricole : « Cette protection n'a plus à s'exercer contre l'entreprise avec laquelle il fait corps ni contre un patronat, mais contre des forces économiques extérieures à la profession[21]. » Quant à son financement, elle doit donc « être incorporée dans les frais généraux de l'économie nationale ». Autrement dit, c'est au budget de l'État de financer celle-ci, bien qu'il n'hésite pas à soutenir par ailleurs qu'il faut « s'appuyer sans réserve sur des institutions professionnelles qui ont fait leurs preuves à l'exclusion de toutes administrations conçues pour les besoins spéciaux des activités urbaines ». Encore une fois, le ministère du Travail est clairement visé.

Épilogue provisoire, en mars 1947, de ce débat de la Libération sur le partage des territoires entre ministère de l'Agriculture et ministère du Travail sur la question de la protection sociale agricole, résumé par ce titre : « Un accord entre les ministres de l'Agriculture et du Travail : l'agriculture doit avoir son régime de Sécurité sociale ». On y apprend que, le 7 mars, les dirigeants de la CGA ont été reçus par Pierre Laroque au ministère du Travail et que le lendemain, lors d'une rencontre, les deux ministres Tanguy-Prigent et Ambroise Croizat « sont tombés d'accord » sur « le maintien d'un régime de Sécurité sociale propre à l'agriculture, englobant tous les ressortissants de la profession agricole et, notamment, tous les salariés, et appliqué par les différents échelons spécialisés de la mutualité sociale agricole ».

Le dernier bastion de la résistance est donc tombé : le régime agricole est maintenu. Les élections, en décembre 1949, des délégués de la Mutualité sociale agricole consolident sa légitimité et assurent sa pérennité. D'autres épisodes menaceront l'autonomie du régime agricole auquel sont farouchement attachés les dirigeants de la Mutualité agricole qui tient toujours à son unité, ce qui entraîne parfois la confusion des risques économiques agricoles et des risques sociaux mettant en jeu les personnes. Il en sera ainsi de ce décret du 25 mars 1949 cherchant à instituer un contrôle *a priori* sur la gestion de toutes les caisses. Il se trouvera une majorité

19. La nature des sources utilisées ne permet pas de connaître la nature exacte des relations interministérielles à cette époque. Mais il est probable que la proximité politique et idéologique des ministres concernés ait favorisé un climat de compréhension réciproque, ce qui n'était pas le cas entre Caziot et Belin.

20. AN (CAC Fontainebleau) – 19770733.

21. *La Libération paysanne* n° 84 du 29 septembre 1946.

à l'Assemblée nationale et au Conseil de la République pour protéger les intérêts du monde agricole et décider que la Mutualité agricole est exclue du champ d'application de ce décret [22].

On peut interpréter comme un « résidu » de l'époque de la Corporation paysanne le fait que la mutualité agricole n'a jamais eu de statut légalement défini [23], malgré toutes les tentatives en ce sens : il s'agit donc bien d'une institution historiquement produite par la profession agricole sans le recours du législateur, si ce n'est pour protéger son caractère « spécifique ».

Cet exemple particulier d'un partage de territoire entre les compétences du ministère du Travail et du ministère de l'Agriculture illustre donc bien un aspect de la structuration de la société française, au-delà de l'apparence des clivages politiques classiques : l'existence de champs socioprofessionnels dotés d'une histoire particulière, d'institutions structurantes, produites par des acteurs dotés d'habitus spécifiques et qui sont eux-mêmes les produits de cette histoire.

22. *La Sécurité sociale, son histoire à travers les textes*, t. IV, *op. cit.*, p. 18-20.
23. Le cadre légal très souple est resté la loi Viger du 4 juillet 1900, d'où l'expression de « mutualité 1900 » qui a longtemps désigné l'ensemble structuré des mutuelles agricoles, qui a donné naissance à Groupama.

Le ministère du Travail et celui de l'Éducation nationale face aux accidents du travail dans l'enseignement technique (1946-1982)

Odile JOIN-LAMBERT

Les relations entre le ministère en charge du Travail et celui de l'Éducation nationale, au vu des travaux historiques menés jusqu'à présent sur la formation professionnelle et l'apprentissage, apparaissent marquées par des conflits de conception et de compétence, en quelque sorte par nature : le ministère du Travail est centré sur le travail salarié, ses conditions, les négociations entre syndicats d'employeurs et de salariés ; il connaît l'entreprise. Le ministère de l'Éducation a en charge, pour une population d'élèves jusqu'à l'âge de 16 ans, l'initiation aux savoirs fondamentaux, la pédagogie, la progression des élèves dans un cursus qui ne veut en aucun cas se limiter à la préparation d'un métier. Dans l'histoire de l'enseignement technique en revanche, la complexité du rôle tenu par l'État, pris dans une contradiction entre un projet humaniste d'éducation de l'ouvrier-citoyen qui postule la séparation d'avec le monde de la production et la capacité revendiquée à former des travailleurs qualifiés répondant aux besoins immédiats des entreprises, a été montrée à plusieurs reprises [1].

Les relations entre les deux ministères sont examinées ici sur un sujet peu étudié jusqu'à présent par les historiens, les accidents professionnels des élèves de l'enseignement technique, et qui ouvre sur d'autres perspectives [2]. En effet, leur intervention conjointe sur un sujet considéré comme marginal par rapport au centre de leurs missions et les intérêts différents des acteurs des deux ministères et de leurs syndicats et corps conduisent plutôt à des stratégies d'évitement, une grande prudence, et à une impossibilité à clarifier un problème pourtant d'ordre général : celui des

1. Cf. notamment *Formation et Emploi*, « L'enseignement technique et professionnel, repères dans l'histoire (1830-1960) », n° 27-28, juillet-décembre 1989 ; G. BRUCY, *Histoire des diplômes de l'enseignement technique et professionnel (1880-1965). L'État, l'école, les entreprises et la certification des compétences*, Paris, Belin, 1998.
2. Cf. P. PELPEL et V. TROGER, *Histoire de l'enseignement technique*, Paris, L'Harmattan, 2001, p. 275. Sur la période récente : N. FRIGUL et A. THÉBAUD-MONY, « Enseignants et élèves de lycées professionnels face à la sécurité. Une approche exploratoire », *Commissions professionnelles consultatives documents*, n° 3, 1997.

risques professionnels chez les jeunes scolarisés. L'atelier est un lieu potentiellement dangereux, particulièrement pour les jeunes élèves. Entre 1946 et 1982, beaucoup de machines-outils ne sont pas aux normes de sécurité dans les établissements d'enseignement technique et le parc ne peut être renouvelé dans des conditions satisfaisantes : les établissements d'enseignement connaissent alors une dangerosité particulière. Au cours de l'année scolaire 1949-1950, sur 6 702 accidents pour un effectif de 258 000 élèves, 47,81 % du total sont des accidents d'atelier (23,97 % sont des accidents d'éducation physique, 26,50 % des accidents d'internat et 1,72 % des accidents de trajet)[3]. En 1981, l'atelier reste un lieu à risques, auxquels ne sont exposées que certaines catégories d'élèves, puisque les accidents d'atelier sont inconnus dans l'enseignement général, mais représentent 30 % de ceux que l'on déclare dans les établissements techniques[4]. La période d'étude que nous avons retenue a pour borne inférieure l'année 1946 : la législation sur la Sécurité sociale assimile alors les accidents des élèves aux accidents du travail tandis que le statut général de la Fonction publique assujetti les fonctionnaires au droit public. La borne supérieure est l'année 1982 : les lois de décentralisation (la région devient propriétaire des locaux et des machines et en finance le développement), le plan de développement de l'enseignement technique comprenant notamment une dotation en machines-outils[5] et le décret du 28 mai 1982 sur l'hygiène et la sécurité du travail et la prévention médicale dans la Fonction publique changent la donne.

Pourquoi ce problème social important, s'agissant d'enfants, n'a-t-il pas émergé ni fait l'objet de débats publics et de mobilisations autres que locales ? D'abord parce qu'il témoigne de la complexité des frontières entre le Code du travail et le droit public. Sur le plan juridique, la situation de la Fonction publique et des « établissements publics » est bien plus complexe qu'on ne le pense *a priori* : il existe des zones de recoupement, d'autant que différents acteurs interviennent[6]. La nécessité d'assurer la sécurité des jeunes lorsqu'ils utilisent des machines, notamment des machines dangereuses, a donc été l'enjeu de débats récurrents entre le ministère du Travail et celui de l'Éducation nationale. Notre interrogation portant sur les liens entre Code du travail et Fonction publique, nous retenons ici l'enseignement au sein de l'Éducation nationale, les cas des jeunes apprentis suivant leur scolarité dans les CFA et des établissements gérés par les chambres de commerce sortant de notre cadre[7]. L'inspection du travail, dont le rôle est d'accorder des dérogations

3. R. SALLE, « 250 000 apprentis de l'enseignement technique sont déjà exposés aux risques de leurs futurs métiers », *Travail et Sécurité*, mai 1955.
4. Cf. P. CHIAVERINI et J.-C. CRABARIE, *Les accidents d'élèves : responsabilités et réparations*, Lyon, Imprimerie de l'université Jean Moulin – Lyon III, 1981.
5. Cf. *L'apprentissage public*, mars 1982, compte rendu de l'audience du ministre de l'Éducation nationale du 22 février 1982.
6. Notamment les caisses régionales d'assurance maladie et l'inspection du travail. Cf. A. FEUGIER, *Le régime des accidents du travail et maladies professionnelles des élèves de l'enseignement*, mémoire de stage d'ingénieur-conseil, promotion 1988 ; A. CHIEZAL, *Le régime des accidents du travail des élèves de l'enseignement*, mémoire de stage d'ingénieur-conseil, promotion 1988. Sur le cas des entreprises publiques, cf. C. GARBAR, *Le droit applicable au personnel des entreprises publiques*, Paris, LGDJ, 1996.
7. Sur les ateliers-écoles, cf. S. LEROY, *La Chambre de commerce de Paris et les ateliers-écoles de 1883 à 1939*, mémoire de maîtrise d'histoire économique et sociale, université de Saint-Quentin-en-Yvelines, 2002.

pour l'utilisation de machines aux jeunes de moins de 18 ans, doit se rendre dans les établissements d'enseignement technique. Mais sa venue ne se fait pas sans controverse juridique sur la légitimité du contrôle qu'elle y exerce sur les « établissements publics » de l'État. Les agents relevant de l'État et des collectivités locales étant assujettis au droit public, on aboutit à une situation qui apparaît comme paradoxale, avec d'un côté un statut individuel des fonctionnaires depuis 1946 excluant le Code du travail, et de l'autre une intervention de l'inspection du travail pour l'application des règles relatives à la sécurité qui figurent dans ce code.

Ensuite, le sujet pose un problème de coordination administrative, à l'origine de difficultés dans la mise en œuvre d'une politique de prévention des risques pour les élèves de l'enseignement technique. Entre les deux ministères, c'est une entente *a minima* qui se réalise, conduisant l'État à prendre, en tant qu'employeur, des risques juridiques et matériels importants. Sous l'influence d'une logique politique et conjoncturelle, les difficultés d'application du Code du travail dans ce domaine finissent par remonter à la fin des années 1970. Un changement de perspective apparaît à partir des années 1970, lié à une répartition des pouvoirs différente des deux ministères. Dans le domaine de la formation et de l'apprentissage, c'est l'Éducation nationale qui, avant 1970, a le plus d'influence[8]. En revanche, l'accord de juillet 1970 sur la formation continue, les lois de 1971, puis le développement de la crise de l'emploi donnent priorité aux problèmes d'insertion des jeunes et de lutte contre le chômage. À partir de 1982, les acteurs publics principaux sont les ministres chargés de la Formation professionnelle et du Travail, et c'est le ministre de la Formation professionnelle qui traite l'insertion des jeunes en 1982.

Nous verrons donc comment, dans un premier temps, s'est constitué depuis la fin du XIXe siècle, dans la Fonction publique en général et l'Éducation nationale en particulier, un droit spécifique en matière d'hygiène et sécurité avant d'aborder, dans une deuxième partie, l'étude des usages du droit dans les services déconcentrés et centraux à la même période.

Code du travail et Fonction publique : la construction d'un entre-deux

Sur le plan juridique, la situation de la Fonction publique en général et celle des « établissements publics » (dont font partie les établissements d'enseignement technique) en particulier est complexe. En théorie, le Code du travail régit les relations de travail du secteur privé, tandis que le droit public régit celles du secteur public. Il existe cependant un droit particulier qui s'est construit historiquement dans des établissements tels qu'EDF ou la SNCF par exemple. Dans l'ensemble « Fonction publique », il existe un droit « adapté », d'autant plus complexe que tout est affaire de circulaires d'application et de divergences d'interprétation sur l'application du

8. P. Benoist, *La formation professionnelle dans le bâtiment et les travaux publics, 1950-1990*, Paris, L'Harmattan, 2000, p. 491-495. Sur les débats initiaux, cf. J.-M. Chapoulie, « Représentations de la main-d'œuvre, actions parlementaires et administratives : le développement de l'enseignement technique dans l'entre-deux-guerres », *Vingtième Siècle*, n° 88, octobre-décembre 2005, p. 23-47.

Code du travail. Au moins jusqu'en 1982, l'État ne s'applique pas à lui-même la réglementation du Code du travail en matière d'hygiène et de sécurité.

La constitution d'un droit propre (1892-1946)

Le mouvement d'extension aux établissements de l'État du Code du travail est en effet complexe. Le droit du travail se constitue à partir non de concepts juridiques, mais d'une réglementation à portée limitée (la protection des enfants, des femmes au travail, etc.). Dans cette perspective, la définition des lieux de travail assujettis à la loi et relevant de la compétence des inspecteurs du travail ne peut se faire que par énumération. La loi de 1841 parle de « fabrique » et de « manufacture », il en va de même en 1874 et en 1892 : « Le travail des enfants, des filles mineures ou des femmes dans les usines, manufactures, mines et carrières, chantiers, ateliers et leurs dépendances, de quelque nature que ce soit, publics ou privés, laïques ou religieux, même lorsque ces établissements ont un caractère d'enseignement professionnel ou de bienfaisance, est soumis aux obligations déterminées par la présente loi[9]. » Cette pratique par énumération des lieux de travail ne fait pas de distinction entre employeurs privés ou publics et conduit dès l'origine à des divergences d'interprétation. Pour certains, l'inspection du travail est compétente dans le public : c'est la définition de la nature et des conditions de travail qui rend l'intervention de l'inspection du travail légitime. Pour d'autres, la compétence de l'inspection dans les établissements publics est une compétence d'exception, et c'est l'assimilation possible à la définition « d'établissement public » qui compte.

S'y ajoute la diversité des cas particuliers propres à chaque administration qui, par circulaire, décide ou non de la légitimité de l'intervention de l'inspection. En effet, en 1903, le champ d'application de cette réglementation est étendu aux magasins et aux bureaux. Toute la difficulté porte sur les bureaux administratifs, car la question se pose de savoir si tous les bureaux de l'État, des départements et des communes sont assujettis à la loi, ou bien s'il ne faut considérer comme soumis à ses prescriptions que les bureaux des établissements ayant un caractère industriel ou commercial[10] :

> « Un doute s'est élevé sur l'assujettissement à la loi de 1893 des chantiers de travaux publics, effectués à l'entreprise ou en régie pour le compte de l'État, des départements et des communes, et des établissements industriels appartenant à l'État ou dirigés par l'État [...]. L'État, les départements, les communes doivent donner l'exemple et assurer, sur tous les chantiers et dans tous les établissements publics, le respect le plus scrupuleux des règles de l'hygiène et de la protection sanitaire des travailleurs[11]. »

Bien que le doute soit dissipé par une circulaire affirmative du ministre du Commerce du 10 mai 1900, par une circulaire du ministre de la Guerre en date du 11 mars 1901,

9. Loi du 2 novembre 1892, article 1.
10. Circulaire du ministre du Commerce, de l'Industrie et du Travail du 14 avril 1906 sur l'application de la loi du 12 juin 1893-11 juillet 1903 concernant l'hygiène et la sécurité des travailleurs dans les établissements publics.
11. Assemblée nationale (AN), débats parlementaires, annexe au P.-V. de la séance du 3 mars 1902.

il s'en faut de beaucoup que la controverse soit épuisée et que tous les départements ministériels acceptent ou sollicitent l'application de la loi d'hygiène professionnelle. Certains locaux échappent, selon la volonté des administrations, au contrôle de l'inspection. Par exemple, si la légitimité de l'intervention de l'inspection du travail dans les bureaux du service d'exploitation des Postes et Télégraphes est notifiée [12], l'assujettissement des bureaux des trésoriers payeurs généraux, receveurs particuliers, percepteurs, etc. est formellement écarté par le ministre des Finances, au motif qu'il s'agit de bureaux de l'État agissant par délégation de la puissance publique et n'ayant pas « d'équivalent parmi les entreprises privées [13] ». D'autres exemples de cette attitude restrictive et contestée de l'État peuvent être trouvés, notamment les manufactures des allumettes ou l'Imprimerie nationale. Si l'accord sur les mesures à prendre ne s'établit pas entre le directeur et l'inspecteur divisionnaire, ce dernier avise le ministre du Commerce et de l'Industrie, qui saisit le ministre intéressé [14]. Finalement, la liste des lieux de travail assujettis s'affine avec la loi du 21 mars 1941, en assujettissant au Code du travail les salariés des offices publics et ministériels, des professions libérales, des sociétés civiles, des syndicats professionnels et associations de quelque nature que ce soit complète cette énumération.

L'Éducation nationale : de la faute au risque (fin du XIX*e-1947)*

Cinquante ans vont être nécessaires, entre la loi de 1898 sur les accidents du travail et celle de 1947 instituant le régime de réparation des accidents du travail, pour reconnaître dans l'enseignement technique l'existence d'un risque professionnel lié à l'utilisation des machines et non d'une faute. Les situations juridiques créées par les accidents scolaires sont en effet le résultat d'un compromis entre les professeurs, les maîtres, les chefs d'établissements et cadres, pour éviter que les personnels voient leur responsabilité civile engagée et que se crée « dans les familles et les associations de parents d'élèves un courant défavorable à des activités réglementaires [15] ». Aux termes de l'article 1384 primitif du Code civil, les maîtres sont responsables des dommages causés par leurs élèves, à moins qu'ils ne prouvent qu'ils n'ont pu empêcher le fait donnant lieu à cette responsabilité. Cette situation ne donne satisfaction ni au personnel enseignant ni aux familles. Une loi du 20 juillet 1899 substitue la responsabilité de l'État à celle du maître : le professeur est encore mis lui-même en cause devant les tribunaux mais, s'il est condamné, l'État verse les dommages et intérêts. L'État se réserve cependant le droit de juger s'il y a eu faute personnelle du maître et d'exercer contre lui une action récursoire. Cette situation ne donne pas satisfaction au personnel enseignant, qui est mis lui-même en cause devant les tribunaux.

12. *Bulletin officiel des PTT*, circulaire du sous-secrétaire d'État adressée à son personnel, 10 mai 1904.
13. Lettre du ministre des Finances du 24 février 1906 citée dans la circulaire du ministre du Commerce, de l'Industrie et du Travail du 14 avril 1906.
14. Décret du 2 mars 1905 portant règlement d'administration publique relatif au contrôle de l'inspection du travail dans les établissements de l'État soumis à la loi du 12 juin 1893.
15. M. De Lacharriere, « Communication », *L'Éducation nationale*, n° 68, 20 décembre 1945.

En 1937, une loi adoptée à la demande du corps enseignant supprime la présomption de responsabilité du maître : les fautes invoquées contre les membres de l'enseignement devront être prouvées par les représentants de la victime, et les membres de l'enseignement ne pourront jamais être mis en cause devant les tribunaux. L'État peut encore se retourner contre les membres de l'enseignement, à condition que soit démontrée une faute personnelle, c'est-à-dire « une faute non seulement grave, mais encore détachable de la fonction, étrangère à la mission du fonctionnaire ». Cette loi donne satisfaction aux membres de l'enseignement public, mais mécontente par contre les associations de parents d'élèves : la preuve de la faute est en effet difficile à établir et les conséquences pécuniaires des accidents restent souvent à la charge des familles. Celles-ci deviennent opposées à toute activité scolaire présentant quelques risques, d'autant que les familles des victimes d'accidents scolaires « appartiennent bien souvent à des familles de ressources plus modestes encore que celles des instituteurs, familles qui ne peuvent d'ailleurs se soustraire à l'obligation d'envoyer leurs enfants l'école jusqu'à l'âge de 14 ans, et cette obligation ne doit pas leur faire supporter de dommage [16] ». Les textes de loi sur les assurances scolaires permettant de remédier à ce problème ne sont pas appliqués.

L'intérêt de ce compromis de 1937 est diminué à partir du 1er janvier 1947, à la suite de l'institution du régime de réparation des accidents du travail : les accidents dont sont victimes les élèves des établissements d'enseignement technique sont désormais qualifiés d'« accidents du travail ». Les élèves des établissements publics d'enseignement technique et des centres publics d'apprentissage ont, en termes de droit, les mêmes que le personnel auxiliaire, contractuel et délégué [17]. Bénéficient en effet de la loi d'octobre 1946 sur la prévention et la réparation des accidents du travail et des maladies professionnelles « les élèves des établissements d'enseignement technique pour les accidents survenus par le fait ou à l'occasion de cet enseignement ou de cette formation [18] ». En vertu du principe coutumier selon lequel l'État est son propre assureur, c'est l'État qui doit assurer à ces élèves les prestations et indemnités dispensées par la Sécurité sociale aux victimes d'accidents du travail. En fait, un régime spécial de sécurité sociale est ainsi instauré (et ne sera modifié qu'en 1985 [19]). Du point de vue de l'engagement des responsabilités, la situation change donc en 1947 pour l'enseignement technique.

16. J. Poyrault, *Les accidents scolaires*, Paris, Libraire technique et économique, 1938.
17. A. L. Dufort et R. Deveze, *Les accidents. Guide pratique à l'usage des autorités universitaires, chefs d'établissements, professeurs, présidents et membres de sociétés sportives*, Paris, CNDP, Imprimerie nationale, 1950.
18. *Bulletin officiel de l'Éducation nationale (BOEN)*, instruction n° 1 du 8 novembre 1948, Réparation des accidents survenus aux élèves des centres publics d'apprentissage, article 563-0, 1997, n° 5 et 6, p. 2.
19. Cf. D. Ceccaldi, *L'enseignement de la prévention des risques professionnels dans les formations techniques*, ministère des Affaires sociales et de la Solidarité, ministère de l'Éducation nationale, décembre 1990.

Les hésitations du ministère du Travail (1950-1982)

Cependant, les difficultés juridiques rencontrées dans les établissements publics ne diminuent guère après la Seconde Guerre mondiale. Dans l'article L231-1 du Code du travail, une formule générale remplace l'énumération précédente :

> « Sous réserve des exceptions prévues à l'article L231-1-1 [entreprises de transport soumises à un régime particulier], sont soumis aux dispositions du présent titre les établissements industriels, commerciaux et agricoles et leurs dépendances, de quelque nature que ce soit, publics ou privés, laïques ou religieux, même s'ils ont un caractère coopératif, d'enseignement professionnel ou de bienfaisance y compris les établissements où ne sont employés que les membres de la famille sous l'autorité soit du père, soit de la mère, soit du tuteur. Sont également soumis à ces dispositions les offices publics ou ministériels, les professions libérales, les sociétés civiles, les syndicats professionnels, les associations et groupements de quelque nature que ce soit, ainsi que les établissements hospitaliers publics et les établissements de soins privés. »

Le terme d'établissement public ne désigne pas les établissements publics industriels ou commerciaux mais tout lieu dans lequel les conditions de travail sont semblables à celles de l'industrie. Dans un avis du Conseil d'État de 1969, la position classique est réaffirmée. Seule différence avec le secteur privé, le contrôle ne peut déboucher sur des suites pénales : il faut entendre, par établissement public ou privé,

> « [...] non pas seulement les établissements présentant le caractère juridique d'établissements industriels et commerciaux mais aussi ceux qui, quelles que soient leur forme juridique et la personne dont ils relèvent, sont organisés et fonctionnent dans des conditions qui ne les différencient pas techniquement de l'industrie ou du commerce ; ladite disposition ne comporte aucune exception pour les établissements relevant de l'État qui répondent à cette définition, alors même que le personnel employé comprendrait en tout ou partie des agents soumis au statut général des fonctionnaires[20]. »

La position prudente du ministre du Travail, confortée par le Conseil d'État, est contestée par certaines fédérations de fonctionnaires pour ne pas aller suffisamment loin. La CGT comme la CFTC regrettent que le Code du travail soit peu étendu aux administrations de l'État[21].

L'inspecteur du travail intervient dans les établissements d'enseignement technique : il accorde aux élèves de moins de 18 ans des autorisations pour travailler sur des machines dont l'utilisation leur est interdite. De fait, l'inspecteur du travail ne contrôle pas la mise en œuvre de l'ensemble des règles d'hygiène et de sécurité ; mais il en a cependant, d'après les dispositions du début du XXe siècle, la compétence. Pourtant, aucune clarification des règles applicables à l'organisation du contrôle et à sa mise en œuvre n'intervient durant cette période[22].

---

20. Conseil d'État, section sociale, annexe A16, séance du 6 mars 1969, présidée par Pierre Laroque.
21. AN, session de 1955, n° 10940, annexe au P.-V. de la séance du 21 juin 1955, proposition de loi tendant à créer dans les administrations de l'État des comités d'hygiène et de sécurité.
22. Cf. décret n° 91-1162 du 7 novembre 1991 et n° 91-1194 du 27 novembre 1991 ; circulaire n° 93-306 du 26 octobre 1993 sur le nouveau cadre législatif et réglementaire relatif à l'hygiène et à la sécurité dans certains établissements d'enseignement.

En effet, pour la DRT, sur le plan du contrôle, les inspecteurs du travail ne peuvent agir à l'égard d'agents relevant d'un statut de droit public « dans la plénitude de leurs attributions », même si la jurisprudence interprétant l'article du Code du travail estime que ce sont plus la nature et l'objet du travail que la nature de l'établissement qui doivent être pris en considération pour déterminer le champ d'application des dispositions [23]. Pourtant, les compétences de l'inspection du travail soulèvent régulièrement des questions au sein de la DRT sur l'application des règlements de sécurité dans les établissements scolaires. En 1954, c'est au sujet du contrôle des centres d'apprentissage qu'une clarification doit être faite par la direction du Travail. Elle rappelle que la jurisprudence estime que le caractère industriel du travail est indépendant du but dans lequel il est organisé, que ce caractère dépend uniquement de la nature propre et de l'objet de travail [24].

La position prudente du ministère est bien résumée par cette note manuscrite envoyée par la DRT au ministère de l'Éducation sur le sujet quelques années plus tard : « Il n'est pas souhaitable de cautionner (même si nous ne sommes pas hostiles aux orientations prises) ce que nous ne pouvons contrôler et je crois que le moment est venu de mettre un point sur les i [25]. » Les effectifs totaux de l'inspection, de 420 agents en fonction en 1975 [26], submergés par leurs tâches nouvelles dans les années 1970, sont déjà insuffisants pour contrôler la totalité des entreprises privées. Ils ne sauraient l'être pour contrôler réellement la totalité des établissements d'enseignement technique.

Cependant, au cours des années 1960 et 1970, avec le développement des sections d'éducation professionnelle, de l'éducation manuelle et technique et des formations en alternance, l'inspecteur du travail est de fait de plus en plus souvent sollicité pour veiller à l'application des règles d'hygiène et de sécurité dans les ateliers et procéder à des visites, sans qu'aucun texte réglementaire général ne précise la mise en œuvre de ce contrôle. En 1951, une circulaire du ministère du Travail rappelle que la qualité de l'enfant utilisant les machines doit être uniquement celle d'apprenti ou d'élève de l'enseignement technique [27]. Mais cette qualité, restrictive, est assouplie par trois circulaires suivantes et s'étend en 1968 aux élèves des sections d'éducation professionnelle (SEP), en 1973 à ceux des classes préparatoires (CPA) [28], en 1974

23. Archives internes du ministère du Travail, Mission centrale d'appui et de coordination (MT/MICAPCOR), dossier Compétence, lettre de Béatrice Piguet, ministère des Affaires sociales, sous-direction des Conditions de travail, au ministre de l'Éducation nationale, direction des Services administratifs et sociaux, 29 décembre 1967.

24. MT/MICAPCOR, dossier Compétence, lettre du ministre du Travail et de la Sécurité sociale, direction du Travail, à monsieur le directeur départemental du Travail et de la Main-d'œuvre de la Seine-Inférieure, 16 septembre 1954.

25. MT/MICAPCOR, dossier Compétence, lettre de Pierre Vincent, sous-direction de la Protection contre les risques professionnels, à M. Fontaine, ministère de l'Éducation, division des enseignements, 21 avril 1981.

26. 420 agents en fonction pour 517 emplois budgétaires en 1975. Cf. C. Chetcuti et M. Le Noel, « Effectifs et organisation territoriale de l'Inspection du travail (1892-1975) », J.-L. Robert (dir.), *Inspecteurs et Inspection du travail sous la IIIe et la IVe République*, Paris, La Documentation française, 1998, p. 234.

27. MT/MICAPCOR, dossier Compétence, circulaire TR16/51 du 4 juin 1951.

28. MT/MICAPCOR, dossier Compétence, circulaire de Béatrice Piguet TE n° 14 du 30 mars 1973 relative aux classes préparatoires à l'apprentissage.

aux classes pré-professionnelles de niveau (CPPN)[29], de même qu'aux élèves relevant des sections d'éducation spécialisée (SES) et, en 1979, aux jeunes ayant un contrat emploi formation[30]. Les choses changent parallèlement à l'élaboration d'un statut de stagiaire de la formation professionnelle effectuant un stage en entreprise, distinct du statut de salarié : ce statut tend à se rapprocher du contrat de travail de droit commun.

Le développement des SEP conduit notamment les services extérieurs du travail à poser à la DRT des questions sur des points particuliers auxquels des réponses individuelles sont faites au coup par coup. Finalement, une vue d'ensemble du problème paraît être dégagée et étend le concours des inspecteurs[31]. Cette extension de fait du rôle de l'inspecteur dans l'enseignement technique correspond à la période où le ministère du Travail voit son rôle s'accroître avec la crise économique et obtient même le *leadership* dans le domaine de la formation sur celui de l'Éducation nationale[32]. Ce consensus entre les deux ministères sur la réglementation n'est que partiel. Vue du côté du ministère du Travail plus que de celui de l'Éducation nationale, la situation apparaît à certains comme incohérente : un statut individuel des agents excluant le Code du travail, et une intervention de l'inspection du travail pour l'application des règles relatives à la sécurité. Les questions régulièrement posées par les services extérieurs du travail à la DRT sur l'application du Code sont révélatrices de tensions dans les pratiques.

Quand le Code du travail entre dans l'enseignement technique

Du point de vue financier, l'Éducation nationale et l'État n'ont pas durant la période les moyens financiers de renouveler de façon satisfaisante le parc des machines, avant que le coût en soit finalement transféré aux régions en 1982. Les organisations syndicales, prises dans un dilemme santé ou obtention de poste, semblent coalisées avec l'administration pour ne pas poser le problème spécifique du risque d'utilisation de machines vétustes ou non mises aux normes. La demande vient alors des parents d'élèves quand le problème de responsabilité se pose lors d'un accident. Les associations de parents d'élèves (ou les parents d'élèves suite à un accident) sont parfois associées dans cette démarche aux chefs d'établissement, tentant de cette manière d'obtenir des crédits pour équiper les CET en machines plus modernes, et d'assurer une meilleure sécurité dans l'utilisation des machines[33]. Dès lors, pour l'administration, il s'agit moins de pointer la cause de l'accident sur machine que de discipliner les réactions du jeune élève.

---

29. MT/MICAPCOR, dossier Compétence, circulaire de Gabriel Oheix TE 34 du 15 juillet 1974, direction générale du Travail et de l'Emploi, sous-direction des Relations et Conditions de travail.
30. MT/MICAPCOR, dossier Compétence, lettre de Madeleine Lamirand, direction des Relations du travail, sous-direction de la Protection contre les risques du travail, 6 mars 1979.
31. MT/MICAPCOR, dossier Compétence, lettre du conseiller technique J. Bonnet, direction générale du Travail et de l'Emploi, sous-direction des Conditions de travail, circulaire n° 44-68 du 18 novembre 1968 sur les sections d'éducation professionnelle.
32. P. Benoist, *op. cit.*, p. 274 et 281.
33. Entretien de l'auteur avec Daniel Lejeune, 16 novembre 2004.

Administration de l'Éducation nationale et syndicats coalisés pour éviter d'aborder la cause des accidents

Le renouvellement du parc des machines ne peut être résolu par la procédure budgétaire. Il est théoriquement pris en charge par la taxe d'apprentissage instaurée en 1925, qui donne une autonomie financière au dispositif d'enseignement technique[34]. Mais sa répartition pose localement des problèmes.

Or les principes généraux du travail sur machine dangereuse reposent, toujours en 1950, sur un décret du 10 juillet 1913, disposant notamment que « les presses à mouvement alternatif [...] doivent être disposées, protégées ou utilisées de façon telle que les opérateurs ne puissent, de leur poste, atteindre même volontairement les organes de travail en mouvement ». Cette réglementation est complétée par une décision du 25 mai 1962 : un dispositif doit notamment assurer le maintien de l'élément mobile à l'arrêt dans le cas où celui-ci pourrait continuer sa course. Mais dans la pratique, les machines utilisées dans les établissements d'enseignement technique sont loin d'être toutes équipées de la sorte[35]. En 1955, le directeur du Travail Lambert s'émeut de l'absence de protection de partie travaillante, notamment sur les machines à bois utilisées dans les collèges techniques et les centres d'apprentissage, dans les collèges techniques et centres d'apprentissage et diligente une enquête[36]. C'est en effet la cause essentielle d'accidents[37]. Sur 258 000 élèves, il y a 6 700 accidents au cours de l'année scolaire 1949-1950. 3 204 d'entre eux, soit 47,81 % du total, sont des accidents d'atelier, les autres étant constitués par les accidents d'éducation physique (23,97 %), les accidents d'internat (26,50 %) et les accidents de trajet (1,72 %). 6 581 n'ont entraîné qu'une incapacité temporaire, 120 une incapacité permanente partielle, et un le décès de la victime.

Des initiatives existent dans le domaine de la prévention, destinée à faire du futur jeune travailleur un ouvrier « averti des risques du métier, capable de prendre lui-même les mesures de prévention qui s'imposent et aussi de conseiller utilement ses camarades de travail[38] ». Ces initiatives sont imprégnées, jusqu'à la fin des années 1950 et parfois au-delà, des notions de responsabilité et de discipline individuelle de l'élève, elles-mêmes reliées aux « désordres causés par la phase de puberté » : c'est « au moment de la puberté que l'enfant est le moins apte à faire face aux nécessités d'une situation dangereuse en raison du déséquilibre entraîné par les modifications que subit tout son être. Les professeurs d'apprentissage savent bien qu'il est extrêmement difficile d'apprendre à limer plat à un jeune apprenti impubère[39] ». Une circulaire de l'Éducation nationale de 1960 insiste sur les mêmes

---

34. Sur ce point, cf. J.-M. CHAPOULIE, art. cit., p. 23-48.
35. Cf. Y. LEGOUX, *Du compagnon au technicien. L'école Diderot et l'évolution des qualifications, 1871-1971. Sociologie de l'enseignement technique français*, thèse de l'université Paris V, 1972.
36. MT/MICAPCOR, dossier Compétence, direction du Travail, service Hygiène et Sécurité, instruction TR4 du 18 mars 1955 relative à la protection des machines dangereuses dans les collèges techniques et les centres d'apprentissage.
37. R. SALLE, « Jeunes garçons et jeunes filles. 250 000 apprentis de l'enseignement technique sont déjà exposés aux risques de leurs futurs métiers », *Travail et Sécurité*, mai 1955.
38. *Ibidem*.
39. *Ibid*.

principes : « L'accident garde un caractère imprévisible, l'inexpérience et l'insouciance des élèves rendant trop souvent vaines les plus sages précautions. Ce qui importe surtout, c'est de faire prendre à nos élèves de bonnes habitudes d'ordre, de créer chez eux un état d'esprit qui les rende sensibles aux dangers qu'ils courent faute d'attention[40]. »

Face à cette situation, les revendications syndicales relatives à la sécurité, des années 1950 au milieu des années 1970, concernent moins les machines que l'augmentation des postes et de l'encadrement des élèves. Face à l'État, aucune contrepartie financière sur les salaires ne pouvant être obtenue (contrairement au secteur privé), c'est logiquement sur le nombre de postes que portent les revendications. Le problème de sécurité lié à l'existence de machines vétustes n'est pas posé en tant que tel avant, semble-t-il, la fin des années 1970 par les deux principales organisations syndicales rassemblant les personnels enseignants de ce secteur, l'une affiliée à la Fédération de l'Éducation nationale (FEN) – le Syndicat national de l'enseignement technique et de l'apprentissage, autonome (SNETAA) –, l'autre à la CGT – le Syndicat national de l'enseignement technique et professionnel CGT (SNETP-CGT)[41]. Le SNEPT-CGT reconnaît, en tant « qu'organisation responsable », que l'État « est impuissant face au renouvellement technologique[42] ».

Cependant, dans le bulletin du SNETP-CGT, *Le travailleur de l'enseignement technique*, à partir de 1952-1953, le thème des accidents scolaires monte jusqu'à donner lieu à trois articles successifs en 1954 centrés essentiellement sur les problèmes d'indemnisation et de prise en charge. Entre 1956 et 1960, aucun article n'est plus consacré au sujet, jusqu'à ce que, entre 1962 et 1966, le thème soit intégré dans une action globale du SNES, du SNET et de la FEN sur l'amélioration des conditions de travail dans le cadre de la commission d'étude des conditions de travail dite « commission Laurent », du nom du secrétaire général du ministère de l'Éducation nationale. En 1968, un compte rendu du groupe de travail du SNES sur l'enseignement professionnel évoque les problèmes de sécurité des machines vétustes en les liant aux revendications de postes. Constatant que l'entretien des machines est assuré par le professeur technique adjoint, « pendant ce temps, les collègues ne peuvent s'occuper de leurs élèves. Notre demande de création de postes d'agents pour l'entretien et la réparation des machines est donc parfaitement fondée[43] ». Dans le bulletin du SNETAA, *L'apprentissage public*, de ces mêmes années 1963-1964, les revendications d'amélioration des conditions de travail rejoignent la réduction des maxima de service des enseignants. En 1974, le secrétaire du

40. Circulaire d'A. Buisson du 13 mai 1960 sur la prévention des accidents dans les ateliers de l'enseignement technique, citée in *Travail et sécurité*, février 1961.

41. Sur l'influence de la CGT, cf. V. Troger, *Histoire des centres d'apprentissage, 1939-1959. Enjeux économiques, politiques, culturels de la constitution de l'enseignement technique court*, thèse de doctorat d'histoire, université Paris IV, 1990, p. 231 *sq*. Sur la FEN, « Histoire de la FEN : nouvelles sources, nouveaux débats », colloque du 11-12 mai 2006, CAMT, Roubaix.

42. AD Seine Saint-Denis, 227J252, enquête du SNETP sur les conditions de travail et le statut des professeurs d'enseignement professionnel pratique, 1986.

43. IRHSES, archives du secrétariat général, réunion du groupe de travail enseignements professionnels du SNES, 24 avril 1968.

secteur de l'enfance inadaptée constate que, dans les SES, les crédits d'atelier sont très insuffisants, et la taxe d'apprentissage apporte peu de crédits supplémentaires. Il s'interroge sur la façon dont seront renouvelé l'outillage et les machines d'atelier, puisqu'aucun texte ne le prévoit [44].

En 1982-1983, juste avant les premières décisions de décentralisation, une enquête réalisée par le SNETP-CGT sur les conditions de travail des personnels dans les établissements techniques permet une vue d'ensemble [45]. Sur 98 établissements comprenant des sections industrielles (sur un total de 120 réponses émanant d'établissements de 27 académies), 24 d'entre deux ont en majorité des machines vieilles de plus de 20 ans, 51 des machines entre 10 et 20 ans, 18 des machines entre 5 et 10 ans ; seuls 9 établissements disposent de machines ayant en majorité moins de 5 ans. Vingt ans auparavant, en 1960, 44 % des machines-outils qui travaillent les métaux ont plus de vingt ans. La France arrive alors en dernier par l'âge moyen de ses machines, derrière les États-Unis, l'URSS, l'Allemagne occidentale, la Grande-Bretagne et l'Italie [46].

La direction des Relations du travail : compétence liée à l'Éducation nationale ou décision d'opportunité ?

Les difficultés d'application des textes sont importantes. En fait, la dérogation accordée par l'inspecteur du travail repose sur trois éléments : une autorisation du maître d'atelier, un avis du médecin scolaire et la dérogation de l'inspecteur lui-même qui s'assure que les machines ou que les conditions de travail sont conformes au Code du travail. Une fois que le chef d'établissement obtient la dérogation, il n'est plus responsable en termes de droit administratif sinon de droit pénal.

Cette procédure soulève un problème concret : les demandes de dérogation sont présentées en cours d'année alors qu'il faudrait les obtenir au début de l'année pour pouvoir démarrer l'enseignement. Mais il est difficile au professeur d'atelier d'accorder une autorisation sur les capacités du jeune sans le connaître. En outre, les médecins scolaires sont en effectif insuffisant pour voir tous les élèves en début d'année. Ce qui conduit à d'importants conflits entre les chefs d'établissement de l'Éducation nationale, qui peuvent difficilement attendre, et les inspecteurs du travail, qui ont besoin des documents nécessaires. Ces conflits sont réglés par le recours hiérarchique quand le directeur du Travail prend le problème au sérieux. Mais il y a le plus souvent des prises de risque très importantes au plan juridique : les jeunes travaillent dans l'illégalité sur les machines et les chefs d'établissement sont responsables juridiquement. Mais à procéder autrement, c'est le rythme des apprentissages qui serait paralysé. Ainsi, « il était fréquent qu'un chef d'établisse-

44. *L'apprentissage public*, décembre 1974, n° 213, p. 14.

45. Archives départementales de Seine Saint-Denis (AD Seine Saint-Denis), 227 J 246, enquête effectuée auprès des adhérents du SNETP-CGT ; L. BENYACOUB, *L'enseignement professionnel au regard du syndicat CGT face à la crise des années 1970 en Seine Saint-Denis*, mémoire de maîtrise d'histoire, université Paris VII, Saint-Denis, 2005.

46. A. GARANGER, *Petite histoire d'une grande industrie*, Neuilly-sur-Seine, Société Nouvelle de l'Imprimerie LR, 1960, p. 275.

ment souhaitant obtenir des crédits pour renouveler ses machines vétustes dise à l'inspection du travail : faites-moi un rapport en début d'année sur les machines et surtout ne me donnez pas la dérogation. Et il mobilise les parents d'élèves pour tenter d'obtenir les crédits nécessaires[47] ».

Le régime juridique de la décision attribuant à l'inspecteur du travail le pouvoir d'autoriser les jeunes âgés de moins de dix-huit ans à utiliser des machines dangereuses donne en effet lieu à deux interprétations différentes : soit l'inspecteur est dans une situation de compétence liée, et les autorisations ne sont accordées que dès lors que le médecin scolaire et le professeur d'atelier ont délivré une autorisation dans ce sens ; soit l'inspecteur a un pouvoir d'opportunité, et les autorisations du médecin et du professeur sont de simples avis destinés à éclairer l'inspecteur au moment de la prise de décision. Dans ce cas, l'inspecteur du travail aurait donc pour mission de s'assurer des conditions d'hygiène et de sécurité de l'établissement d'accueil.

En 1972, dans une question écrite au ministère de l'Éducation nationale, un député appelle l'attention du ministre sur les difficultés d'application du décret de 1958 faisant obligation au jeune de moins de 18 ans de passer une visite médicale reconnaissant son aptitude à travailler sur machines dangereuses[48]. Un chef d'établissement vient d'être condamné pour un accident qui s'est produit dans les ateliers de son lycée technique, car « l'application du texte précité est actuellement pratiquement impossible ». Il faut, « compte tenu de la pénurie qui s'aggrave d'année en année en médecine scolaire », que les jeunes soient autorisés à passer une visite médicale en consultant leur médecin de famille. Il faut aussi que la dérogation de l'inspecteur du travail soit donnée pour toute la période comprise entre la date de délivrance de la dérogation jusqu'à l'âge de 18 ans. La réponse faite par le ministre du Travail, tout en reconnaissant que le problème « n'est pas nouveau et fait l'objet d'études », est nette : les dispositions établies « visent essentiellement la sauvegarde de la santé des jeunes : il ne serait pas opportun de les modifier ».

L'interministérialité impuissante à résoudre le problème (1970-1980)

À la fin des années 1970 et au début des années 1980, le risque d'accident sur machine est plus pris en considération, en raison de l'évolution des méthodes pédagogiques : la participation plus active des élèves, passant de l'observation à l'action, atténue la rigueur de la surveillance tandis que des déplacements plus fréquents en dehors des établissements scolaires pour des séquences professionnelles en entreprise à partir de 1979 exposent les élèves à de plus grands dangers[49].

Pour résoudre les difficultés d'application des textes réglementaires, il est d'abord tenté d'accorder des dérogations sur des périodes plus longues. En 1971, suite à des contacts entre les services du Rectorat de Paris et la direction régionale

47. Entretien de l'auteur avec Daniel Lejeune, 16 novembre 2004.
48. AN, question écrite n° 20540, réponse publiée au *JO* du 22 janvier 1972.
49. Cf. P. Chiaverini et J.-C. Crabarie, *op. cit*.

du Travail de Paris, cette dernière informe les inspecteurs qu'ils vont recevoir « en plus grand nombre qu'au cours des dernières années des demandes de dérogations ». Les demandes de dérogation devront donc être présentées en tenant compte d'une répartition sur le cycle d'enseignement en trois ou deux ans. Cette méthode est considérée comme un progrès car « elle évite les différences d'interprétation d'une section à une autre [50] ».

En 1976, suite aux réflexions d'un groupe de travail interministériel Éducation-Travail-Santé spécifiquement constitué pour étudier les difficultés soulevées par l'application des dispositions du Code du travail, une circulaire de l'Éducation nationale tente un assouplissement tout en semant parallèlement la confusion [51]. À titre d'expérience, les inspecteurs du travail sont « invités » à accorder les dérogations prévues sur la base du certificat d'orientation des élèves, délivré à l'issue d'une visite effectuée par les services médicaux de santé, au cours du dernier trimestre de l'année scolaire précédant l'entrée en établissement d'enseignement technique. Le certificat d'orientation doit faire apparaître les aptitudes ou contre-indications du médecin scolaire. L'inspecteur du travail pourra demander un examen complémentaire. L'autorisation délivrée pour l'année scolaire pourra être reconduite par l'inspecteur sans nouvelle visite médicale. Cette circulaire donne lieu en 1980 à une question écrite au ministère du Travail, car elle suscite des divergences d'interprétation par le caractère non contraignant de ses termes. L'impossibilité d'établir entre les services intéressés l'« étroite collaboration » prônée par la circulaire aboutit à une impasse [52]. Tel député est témoin dans sa circonscription d'un litige tenant au fait que l'inspecteur du travail a la faculté de poser comme préalable à l'habilitation au travail sur machines dangereuses une autorisation de chaque professeur d'atelier pour chaque emploi. Or les professeurs d'atelier, qui ont une fonction de type pédagogique et non administratif, estiment parfois ne pas avoir à délivrer ces autorisations, et font ainsi obstruction à l'enseignement. Au contraire, la DRT considère que l'autorisation accordée par les inspecteurs ne peut se faire qu'au vu de l'avis préalable du médecin, qui se prononce sur l'aptitude médicale, et du professeur d'atelier, qui donne son avis sur les capacités pédagogiques du jeune avant d'être mis face à une machine [53]. Ce désaccord de procédure peut conduire à un blocage complet des dérogations.

D'autres solutions pour permettre localement une meilleure coopération entre l'Éducation nationale et le ministère du Travail sont envisagées, sans être retenues. Par exemple, une solution

> « [...] a consisté à proposer de n'accorder la dérogation qu'au bout d'un an, en faisant l'hypothèse que jusqu'à la fin de la première année de CAP, on n'avait pas besoin

50. MT/MICAPCOR, dossier Compétence, note de service du directeur régional Pierre Bois, direction régionale du Travail et de la Main-d'œuvre de la Région parisienne, 10 septembre 1971.
51. *BOEN*, n° 39, 28 octobre 1976, circulaire n° 76-352 du 19 octobre 1976 aux inspecteurs d'académie, aux directeurs régionaux et départementaux du Travail, aux chefs des services régionaux et directeurs départementaux de l'Action sanitaire et sociale.
52. AN, question écrite n° 26437, réponse publiée au *JO* du 25 février 1980.
53. MT/MICAPCOR, dossier Compétence, lettre de Madeleine Lamirand, sous-directrice de la Protection contre les risques du travail, au directeur du CFA du bâtiment de Vichy, 2 novembre 1976.

> de travailler sur machine. Si on veut former des ouvriers qui sachent travailler sur machine, il faut aussi qu'ils sachent faire une mortaise à la main. En conséquence, cela aurait laissé le temps au maître d'atelier de connaître l'élève, d'avoir l'avis du médecin et celui de l'inspecteur[54] ».

L'arrivée de la gauche au pouvoir est marquée par un nouvel intérêt porté à l'enseignement professionnel et technique, qui se traduit par des mesures diffuses[55]. Le plan de rénovation de l'enseignement technique comprend un chapitre sur la question du parc des machines[56], où l'élément moteur est, « moins que le constat de l'état du parc, la relance de cette activité économique dans le cadre d'un plan machine-outil lancé par le ministre de l'Industrie Jean-Pierre Chevènement ». Il s'agit donc d'une opportunité d'améliorer la sécurité du parc en le modernisant, dans une période où on équipe les établissements de machines à commande numérique. Le ministre de l'Éducation nationale Alain Savary confirme la dotation pour la rentrée 1982 en machine-outils et la priorité accordée à l'action en faveur des 16-18 ans[57]. Le responsable de la mission aux enseignements techniques et professionnels au cabinet d'Alain Savary, Louis Mallet, se souvient des discussions entre le ministre du Travail Jean Auroux, et la direction des Relations du travail (DRT), et le ministre de l'Éducation au sujet de l'emprise du Code du travail sur les élèves de l'enseignement technique[58].

La décentralisation, confiant lycées et collèges aux collectivités locales, crée également une situation nouvelle sur l'aspect financier du problème. C'est également en 1982 que le décret du 28 mai relatif à l'hygiène et à la sécurité du travail ainsi qu'à la prévention médicale dans la Fonction publique met partiellement fin à la distinction entre droit public et privé en matière d'hygiène et sécurité : toutes les dispositions du code relatives à la santé au travail s'appliquent mais sans intervention extérieure de l'inspection du travail. Ce n'est cependant qu'en 1991 que les compétences de l'inspection du travail seront clarifiées.

Sortir d'une étude strictement interne du ministère du Travail en le mettant en relation avec celui de l'Éducation nationale sur le sujet des accidents du travail fourni ainsi deux séries de conclusions. C'est d'abord l'occasion de réfléchir aux déplacements de frontières et aux zones de recoupements entre les secteurs (et le droit) public et privé, ainsi qu'à leur temporalité. Sur le plan juridique, la situation de la Fonction publique et des « établissements publics » est plus complexe qu'il y paraît. Si le Code du travail régit théoriquement les relations de travail du secteur privé, laissant au droit public le soin d'en faire autant dans le secteur public, la frontière entre les établissements publics assujettis et les autres établissements de l'État reste difficile à tracer, surtout en matière de législation sur l'hygiène et la sécurité. Cette complexité conduit à expliquer les retards de la prévention des

54. Entretien de l'auteur avec Daniel Lejeune, 16 novembre 2004.
55. Avant qu'en 1985, des textes importants donnent à l'enseignement technique un dispositif cohérent. Cf. P. Benoist, *op. cit.*, p. 313.
56. Entretien de l'auteur avec Louis Mallet, 27 février 2006.
57. *L'apprentissage public*, mars 1982, compte rendu de l'audience du ministre de l'Éducation nationale du 22 février 1982.
58. Entretien de l'auteur avec Louis Mallet, 27 février 2006.

risques professionnels à l'Éducation nationale : de la loi de 1898 à 1947, il faut près de cinquante ans pour que l'enseignement technique reconnaisse l'existence d'un risque professionnel. Les différences de point de vue entre les corps des deux ministères conduisent à de sérieuses incertitudes juridiques nuisibles à la protection d'élèves défavorisés.

Deuxième série de conclusions, devant la difficulté à régler tous les problèmes dans le détail par circulaire, entre les deux ministères, il y a donc matière permanente à un dialogue interministériel. Pour le ministère du Travail, le risque est lié à une situation de production et de travail, tandis que pour l'Éducation nationale, il est lié à une situation d'apprentissage. Une machine qui n'est pas aux normes peut avoir, du point de vue pédagogique, un intérêt. Mais ni pour l'un ni pour l'autre, l'application du Code du travail au bénéfice de non salariés en situation d'apprentissage et de travail ne constitue le cœur de leur tâche : le sujet est donc moins un sujet de conflit, entre 1946 et 1982, que d'incertitudes juridiques, d'évolutions non concertées et de compétences mal clarifiées, liées notamment à la méconnaissance de deux mondes séparés. Entre les deux ministères, c'est une entente a minima qui se réalise, même si une inflexion se dessine à la fin des années 1970. En pratique, le droit reste souvent ineffectif, et il faudra attendre 1991 pour que les compétences de l'inspection du travail soient clarifiées et élargies.

Témoignage de Jean Courdouan

Après une licence de sociologie et un DES de psychologie sociale à la Faculté d'Aix-en-Provence en 1966, Jean Courdouan entre au ministère du Travail, en janvier 1967, comme inspecteur élève. Il est affecté en janvier 1968 à Orléans, puis en 1972 à Nîmes. Il devient directeur du Travail à Vesoul puis à Valence, directeur de l'Institut national du travail, de l'emploi et de la formation professionnelle de 1984 à 1991, délégué à la formation professionnelle de 1992 à 1995. Il rejoint le BIT en 1995. Successivement chef du service de l'administration du Travail puis directeur du département du droit du travail et de l'administration du travail, il est retraité depuis mars 2002.

J'ai lu avec beaucoup d'intérêt les textes qui m'ont été transmis. Trois d'entre eux ont éclairé, de manière inattendue, quelques moments de ma vie professionnelle. Celui d'Isabelle Moret-Lespinet sur les origines du BIT me retiendra plus particulièrement, car il interroge sérieusement la situation actuelle de cet organisme. Mon témoignage s'organisera autour de trois grands axes : les relations entre le ministère du Travail et les ministères de l'Agriculture et de l'Éducation nationale ; l'OIT/BIT et le ministère du Travail français et le « système français » de l'Administration du Travail.

Relations avec les ministères de l'Agriculture et de l'Éducation nationale

Les racines de la séparation entre les services de l'inspection du travail dans l'agriculture et dans le commerce et l'industrie me sont apparues, à la lumière des contributions présentées, beaucoup plus claires. J'ai ainsi découvert que les arguments évoqués pour refuser l'unification de ces services étaient anciens. Tel celui tiré d'une note de plus de 60 ans, retrouvée dans les archives : « Le ministère du Travail n'est pas au courant des particularités de la vie rurale ni de la mentalité des agriculteurs. » En réalité, le monde du travail est saturé de particularités et de mentalités différentes. Des petites entreprises du bâtiment à celles des ingénieurs de l'informatique, des études de notaires aux ateliers de la grosse métallurgie, la palette qui s'offre à l'inspection du travail est d'une grande diversité. L'argument est donc, sinon réversible, du moins très relatif.

Aujourd'hui, les modes de fonctionnement et la culture professionnelle des agents sont suffisamment proches dans les deux ministères pour que l'idée d'un rapprochement institutionnel progresse à nouveau.

Pour ce qui est du contrôle des risques d'accidents sur machines pour les jeunes de l'enseignement technique, mes souvenirs de la fin des années 1960-début des années 1970 me laissent à penser que des directeurs de collèges et lycées techniques faisaient alors l'impasse sur cette question. Du reste, peu de demandes d'autorisation, permettant aux jeunes de travailler sur des machines dangereuses, me parvenaient à cette époque où j'étais inspecteur du travail.

Cette question n'était centrale ni pour l'Éducation nationale ni pour l'administration du Travail. En revanche, des visites effectuées dans des ateliers de lycées ou collèges je garde le souvenir d'enseignants très prudents tant dans leur pratique professionnelle (ce qui était rassurant pour l'inspecteur que j'étais) que dans leur relation avec l'inspecteur du travail. Sans doute parce qu'ils ne savaient pas si celui-ci allait leur apporter des solutions ou des problèmes.

Il ressort d'un des entretiens présentés dans l'étude d'Odile Join-Lambert que certains directeurs d'établissement n'hésitaient pas à solliciter directement l'inspecteur du travail dont les observations visant à améliorer la protection des machines dangereuses pouvaient leur permettre d'obtenir des crédits supplémentaires. Je ne me suis trouvé qu'une fois dans cette situation, mais je me souviens que la procédure a été longue… et pas totalement concluante. Les administratifs de l'Éducation nationale n'étaient sans doute pas prêts à rendre trop « payante » l'intrusion de l'administration du Travail dans leurs affaires : ils ont donc pris leur temps et satisfait *a minima* les demandes de crédits du directeur d'établissement.

Je souhaite néanmoins, pour ne pas biaiser mon témoignage, dire combien dans d'autres circonstances (collaboration de terrain pour l'emploi des jeunes au début des années 1980 ou sur la formation professionnelle au début des années 1990) j'ai vécu un travail interministériel particulièrement positif et fructueux.

OIT/BIT et ministère du Travail français

La recherche d'Isabelle Moret Lespinet sur « Le vivier du ministère du Travail à l'œuvre à l'OIT de 1919 à 1930 » souligne la contribution essentielle du ministère du Travail français à la construction de l'OIT. Ce rôle clef trouve son origine dans le vivier historique de ce ministère. Il s'est poursuivi, plus modestement mais de manière significative, jusqu'à la fin des années 1970 à travers la création puis l'action de l'Association internationale de l'inspection du travail, grâce à l'impulsion et à la ténacité d'un inspecteur général du travail de notre ministère.

La contribution remarquable du ministère du Travail français à la création et aux premiers développements de l'OIT est le fruit d'un projet cohérent, appuyé sur des réalisations concrètes en France, relayé par des alliances internationales et porté par des femmes et des hommes convaincus et compétents. Tous les ingrédients nécessaires de la réussite. Il faut aussi souligner la marque de la présence française depuis les origines : les Français de l'institution se plaisaient, encore dans les années 1990, à la rappeler. En fait, au-delà de cette présence, ce sont celles des principes et du contenu du système d'administration du travail français qui me préoccupent.

Lorsque je suis entré au BIT en 1994, le président du conseil d'administration de l'OIT était français, le dernier en date des DG français du BIT avait tenu son poste 15 années et c'est un ancien ministre du Travail belge francophone qui lui avait succédé en 1989. Les cadres placés aux postes stratégiques étaient ou français ou francophiles (qu'ils soient d'origine pakistanaise, américaine ou autres) et connaissaient bien la langue et la culture françaises (notamment sa culture juridique). Il en était ainsi du chef de cabinet (l'équivalent d'un « dircab » en France) du DG, de la directrice du personnel (qui était passée par l'ENA en tant qu'étudiante étrangère), du conseiller juridique du DG (véritable conseiller politique). Le quota de Français dans les effectifs de professionnels ou d'encadrement dépassait largement celui, arithmétique, qu'aurait représenté un pourcentage lié à la contribution financière de la France.

Même minoritaire, le français était encore la langue quotidienne de travail de plusieurs services et départements. Pour ne prendre qu'un petit exemple, le service dans lequel j'ai initialement travaillé, « ADMITRA » (acronyme pour administration du Travail), appartenait au département « LEGREL » (pour Législation relations de travail) et était dirigé, dans un français parfait, par un Britannique francophile.

Une telle situation ne tenait pas seulement aux origines de l'institution ; elle avait aussi partie liée avec la situation politique du monde depuis 1919 et notamment avec celle des dernières décennies. L'affrontement Est-Ouest donnait un sens particulier aux options françaises aussi bien dans le domaine de l'équilibre entre les blocs que dans celui de l'organisation interne de notre pays. La conception française du rôle de l'État et de la planification – même non contraignante – permettait d'envisager des passerelles et, à tout le moins, un dialogue entre des systèmes antagonistes.

L'OIT, comme le reste du système onusien, fut, jusqu'à l'effondrement de l'URSS, un des lieux de la confrontation pacifique. Lorsqu'on lit les Conventions et Recommandations depuis les années 1950 jusqu'au début des années 1990, on perçoit les confrontations de systèmes juridiques et de vocabulaire, ainsi que les compromis.

Dans cet environnement, à l'évidence, la position de la France était forte et le contenu des normes n'offensait jamais son système, quand il n'en reprenait pas directement les principes. Il en est ainsi de la convention 150 sur l'administration du Travail, qui reprend, pour l'essentiel, les concepts du système français. Même si la France ne l'a toujours pas ratifiée, ce qui est dommage mais réparable à tout moment.

Qu'en est-il aujourd'hui ? Nous ne sommes plus dans les années 1920 ou 1930, où un petit nombre de pays, notamment européens, pouvaient affirmer leur prééminence. Nous ne sommes plus non plus dans les années 1960 à 1990, où des pays ayant pris leurs distances par rapport aux deux grands blocs pouvaient maintenir leur influence au-delà de leurs forces réelles. J'ai vu, à partir de la fin des années 1990, le Japon s'efforcer de rattraper son retard dans les effectifs du BIT, les États-Unis faire de même pour des postes de haut niveau.

La France et le français ont été « relativisés » à partir de 1999. Il ne s'agit pas d'un effacement, mais d'une perte d'influence. Bien que mon expérience au BIT se soit achevée fin 2001, je ne crois pas que, malgré la présidence française du Conseil d'Administration de l'OIT pendant deux années, cette tendance ait été inversée. Une profonde restructuration a eu lieu en 1999-2000 avec l'objectif affiché de produire des résultats plus visibles et évaluables de l'action extérieure du BIT, pour un budget ordinaire voué à ne plus augmenter. Toutes les structures de la maison ont été changées. Pratiquement, aucun service technique n'est resté intact. Les deux premiers niveaux hiérarchiques autour du DG ont massivement changé de titulaires. Dans cette restructuration, les cadres supérieurs présents à mon arrivée ont pris des fonctions beaucoup moins stratégiques ou pas de fonctions du tout. Le français a reculé dans le travail quotidien.

Pour reprendre le même type d'exemple que plus haut, le département dont on m'a alors confié la charge s'appelait joyeusement GLLAD pour « Government Legislation and Labour Administration Department ». La directrice du secteur – adjointe directe du DG – dans lequel se trouvait ce département était une Américaine ne connaissant pas le français ; le chef du personnel, un Anglais parfaitement et exclusivement… anglophone.

Je ne voudrais pas finir l'évocation de ces changements sans vous proposer une petite anecdote. Lorsqu'il s'est agi de dénommer les quatre secteurs structurant le BIT du XXIe siècle, celui qui devait être consacré à la négociation collective et au tripartisme a finalement été intitulé « Social Dialogue » : en anglais donc, sauf que « dialogue social », dans le champ du travail, est un concept essentiellement francophone qui, pour ceux que nous appelons les Anglo-Saxons, ne signifiait rien et renvoyait aux relations « sociales » de la vie courante. Le français avait perdu à l'affichage mais, peut-être, semé un concept !

Cette relativisation de l'influence française peut être considérée comme un rappel à la réalité. Ce qui est en cause n'est pas d'abord la place d'un pays, fût-ce le mien, ni sa langue, mais la pérennité et l'influence de principes qui structurent la vie sociale et, au-delà, la société tout entière, dont le système français était porteur.

Le « système français »

En effet, dans le domaine de l'administration publique du travail, des relations collectives et du droit du travail, que j'ai suivi au BIT, le système français avait son originalité dans son fonctionnement, mais aussi dans les principes qui le sous-tendent. Le mot « système » est directement issu de la C150 de l'OIT pour évoquer à la fois les acteurs et les mécanismes qui organisent ce que la Convention appelle, au sens large, l'administration du Travail, incluant le travail, l'emploi et la formation professionnelle.

Pour illustrer mon propos, je donnerai deux ou trois exemples de ces spécificités (qu'il partageait, pour l'essentiel, avec les pays hispanophones et beaucoup de pays francophones, mais pas avec la Suisse ou la Belgique) :
– une forme de tripartisme où l'État et les partenaires sociaux peuvent être amenés à participer complémentairement au traitement des mêmes questions, avec un rôle parfois attendu, parfois jugé excessif de l'État, mais qui permet d'introduire, au-delà

de la négociation de questions économiques et sociales, une vision d'ensemble de l'intérêt général ;
– cet intérêt pour la vision d'ensemble se retrouve dans des structures administratives comme l'inspection du travail chargée d'apprécier l'application de la globalité de la législation du travail ;
– une volonté d'égalité des droits et des devoirs, d'universalité, en rendant applicables à tous les accords collectifs. Que les salariés soient ou non adhérents aux syndicats signataires, ils bénéficient du contenu des accords et, avec la procédure d'extension, que les entreprises soient ou non adhérentes aux organisations patronales signataires, elles doivent appliquer les accords collectifs ;
– enfin, une conséquence de la forte présence de l'État dans le dispositif tripartite est la place du ministre du Travail, au sens large du terme, dans le Gouvernement. Il est un homme politique important, voire de tout premier plan, alors que dans beaucoup de pays du monde il est en fin de liste protocolaire, voire quasi absent comme au Royaume-Uni. Cet aspect a évidemment de l'importance et favorise la présence des questions du travail dans le champ politique. La ratification par la France de la C150 aurait l'avantage de rappeler cette position forte.

Ce système est porté par des concepts et un vocabulaire propres (très proches en français et en espagnol) qui dépassent les seules questions de travail. La traduction approche, mais souvent fausse la réalité dont elle parle et peut entraîner l'affaiblissement de l'influence de ce système. Il ne s'agit pas de se poser en défenseur d'un système intangible, mais de veiller à ce qu'un seul système ne soit pas la réponse à toutes les situations ou à toutes les règles ou références internationales.

S'ils nous aident à mieux comprendre les réalités d'aujourd'hui, les travaux historiques nous conduisent aussi à renouveler la façon dont nous nous posons les questions. La période qu'elle évoque, la réussite des hommes de notre ministère dans un projet ambitieux, planétaire, nous interrogent sur la réalité d'aujourd'hui. Pas pour entrer dans une réflexion de déclinologues, ce serait mal vu, mais, au contraire, pour nous demander ce qu'est notre système, ce qu'en pensent ses principaux acteurs, ce que nous souhaitons en faire ou, au moins, ce que nous ne voulons pas qu'il devienne et voir, alors, ce que nous avons, éventuellement, à promouvoir dans la communauté internationale.

Sixième partie

Savoirs, discours et expertise

Action publique et sciences sociales. Les débuts du droit des conventions collectives en France et en Allemagne, 1900-1918/19

Sabine RUDISCHHAUSER

Dès sa fondation, l'Office du travail a pour mission la production de savoirs sur le monde du travail, publiant enquêtes, statistiques et documentation. À la création du ministère du Travail en 1906, ses collaborateurs se trouvent au centre du débat sur la convention collective (CC), objet nouveau des sciences sociales, et objet d'un projet de loi préparé au sein de la direction du Travail. À la même époque, en Allemagne, qui ne possède ni ministère ni direction du Travail avant 1918, le même processus d'élaboration d'un droit de la CC est engagé. Dans les deux pays, ces processus aboutissent, au lendemain de la guerre, à une législation sur la CC, marquée par des divergences fortes : à la loi allemande laconique, consacrant la pratique établie, s'oppose la loi française formaliste, instituant des règles complexes destinées à encourager la signature de CC. Les deux lois correspondent aux représentations contrastées qui se dégagent de l'abondante littérature produite avant 1914 sur les conventions collectives en France et en Allemagne – publications émanant de l'administration, rapports parlementaires aussi bien que publications savantes, thèses de droit, cours d'économie politique etc. [1]. La littérature allemande présente l'histoire de la CC depuis le tournant du siècle comme l'histoire d'un grand succès, d'une idée qui s'impose, d'une pratique qui se diffuse et rencontre toujours moins de résistance. La littérature française présente en revanche une histoire marquée par des échecs, une idée qui comporte de nombreux traits utopiques et peu de réalisations pratiques et qui se heurte à une foule d'obstacles. En croisant ces lectures, des contradictions apparaissent cependant. Ainsi, en 1906, l'Office impérial de statistique estime qu'entre 367 000 et 477 000 ouvriers allemands jouissent d'un contrat de travail régi par une CC [2], preuve pour les auteurs de cette statistique

1. Un corpus de textes a été établi sur la base de J. STAMMHAMMER, *Bibliographie der Sozialpolitik*, t. 2 : *1895-1911*, Iéna, Gustav Fischer, 1912, dont 46 titres en français, et les bibliographies contenues dans C. LAUTAUD, *Les conventions collectives du travail et la loi du 25.3.1919*, Paris, Dalloz, 1925, et H. SINZHEIMER, *Ein Arbeitstarifgesetz. Die Idee der sozialen Selbstbestimmung im Recht*, Berlin, Duncker & Humblot, 1977, réimpr. de l'éd. de 1916.
2. *Der Tarifvertrag im Deutschen Reich. Beiträge zur Arbeiterstatistik*, Berlin, 1906, t. 2, p. 10.

du succès grandissant de l'institution. Au même moment en France, on déplore un petit nombre de CC sans même avancer le chiffre des ouvriers concernés, que l'on peut cependant estimer à 350 000 au moins[3], c'est-à-dire que la proportion du salariat ouvrier concerné est plus importante en France qu'en Allemagne.

En revenant sur les différents acteurs et modes de production des savoirs, les formes de publication, la fonction de la statistique, ensuite sur les lieux et conditions de formation du savoir juridique, et finalement sur le rôle des experts, cette contribution s'efforce d'ouvrir une discussion sur le rapport entre les représentations et la formation du droit des CC.

Sources et ressources. L'action pour la conciliation et l'arbitrage des grèves et la publication des conventions collectives

Les auteurs français renvoient le lecteur désireux de s'informer sur l'état de la CC en France à la Statistique des grèves et des recours à la conciliation et l'arbitrage, publiée depuis 1893 chaque année par l'Office du travail. Le lecteur allemand, jusqu'en 1905, est renvoyé aux rapports d'activité des tribunaux industriels *(Gewerbegerichte)* constitués en office de conciliation *(Einigungsamt)*. Ces rapports sont publiés par les tribunaux eux-mêmes, repris et rassemblés dans leur journal *Das Gewerbegericht*, et reproduit pour l'essentiel dans l'hebdomadaire *Soziale Praxis*, principal organe à partir de 1897 de la réforme sociale allemande.

Dans les deux cas, la publication des CC relève des institutions créées pour prévenir les grèves. La loi de 1892 prévoit la formation *ad hoc* d'un comité de conciliation qui réunit, sous la présidence du juge de paix, les délégués de chaque côté pris parmi les intéressés au conflit. Si un accord s'établit, les conditions de la conciliation sont consignées dans un procès-verbal dressé par le juge de paix et signés par les parties. Ces procès-verbaux constituent une grande partie des CC connues en France. Les conseils de prud'hommes, chargés de concilier et de juger les conflits individuels de travail, sont expressément exclus du règlement des conflits collectifs. Par contre, les tribunaux industriels allemands réunissent les tâches que la législation française a dispersées entre les conseils de prud'hommes, les tribunaux civils et les juges de paix. Ils sont institués en 1890 sur le modèle des conseils de prud'hommes français, mais avec un président élu par la municipalité, qui le plus souvent est un haut fonctionnaire municipal, donc, habituellement, un juriste. Ces magistrats et leurs assesseurs, représentants élus des ouvriers et des employeurs, sont appelés à juger les conflits individuels aussi bien que collectifs du travail et à se transformer, à la demande des parties, en office de conciliation en cas de grève. En Allemagne, l'institution nouvelle est d'abord très critiquée et considérée avec

3. Estimation basée sur le dépouillement de la Statistique des grèves, en appliquant, pour obtenir le nombre des ouvriers concernés, la méthode choisie par la statistique allemande, en prenant le nombre des ouvriers employés par les patrons signataires de la CC. La définition employée par les statisticiens allemands est la même que celle donnée par le projet de loi français de 1906 : une convention préalable qui « détermine les conditions générales auxquelles devront satisfaire les contrats de travail individuels passés entre employeurs et employés parties à la convention ».

méfiance par le monde patronal. Lors des grèves, les parties montrent peu d'empressement à faire appel à l'office de conciliation, et, vu de France, leur bilan initial est peu impressionnant[4]. Les résultats sont nettement inférieurs à ceux obtenus en France, où le juge de paix intervient dans 25 % des grèves en moyenne, dans les dix premières années d'application de la loi de 1892[5].

Jusqu'en 1901, les présidents des tribunaux industriels n'ont, contrairement aux juges de paix français, pas le droit d'intervenir d'office lorsqu'éclate une grève. Mais, forts de leur autorité de hauts fonctionnaires chargés de maintenir la paix sociale dans leur ville, ils font preuve d'une grande liberté d'action. Avec l'aide de leurs assesseurs ouvriers et patronaux, ils entrent en pourparlers avec les parties concernées dès qu'une grève semble se préparer. Ils poussent à la formation de délégations capables de représenter les parties, invitent ces représentants à venir dans les locaux du tribunal pour une discussion sans engagement et ouvrent ainsi la voie à de nombreux accords sans avoir engagé la procédure prévue par la loi. Les patrons hésitent à refuser les bons offices du tribunal, puisqu'ils risquent de se trouver ultérieurement devant ce même tribunal à cause d'un conflit individuel avec l'un de leurs ouvriers. Les juges ont tout intérêt à suivre l'élaboration du texte pour prévenir des grèves à venir et faciliter la tâche du tribunal lors de l'application du texte. Ils assistent à la rédaction du texte final, insistent sur l'institution d'une commission paritaire pour régler les litiges portant sur son exécution et, souvent, prennent la tête de cette commission[6].

Dans les municipalités où les tribunaux industriels suivent ce mode d'action comme Berlin, Munich et Francfort, un rapport permanent entre les parties de la CC et le tribunal s'établit, un dialogue continu autour d'un texte constamment appliqué, commenté et révisé. Dans les rapports d'activité des tribunaux, les CC apparaissent par conséquent comme une préoccupation constante et même quotidienne. Chaque CC est présentée dans le cadre d'une chronique, dans laquelle se succèdent souvent différentes versions du texte, révisé suite à un premier temps de mise en application. Dans ces chroniques, les grèves ne constituent que des épisodes qui, eux aussi, visent avant tout à la rédaction d'un nouveau texte. Chaque semaine, le public découvre grâce à *Soziale Praxis* quel nouveau progrès social a été accompli grâce à l'action des tribunaux industriels.

Chaque année, la Statistique des grèves, consacrée dans sa seconde partie aux recours à la loi de 1892, apprend au public les efforts entrepris par les juges de paix pour concilier patrons et ouvriers. Mais les juges de paix n'ont pas la possibilité de rendre publique eux-mêmes leur activité ; les procès-verbaux qu'ils dressent sont transmis à l'Office du travail par l'intermédiaire des préfets. La conciliation visant avant tout à mettre un terme aux conflits du travail, le lecteur n'apprend générale-

4. P. Pic, « La Réforme des conseils de prud'hommes devant les chambres », *Revue politique et parlementaire*, t. 44, 1905, p. 318, note 1.
5. *Statistique des grèves et des recours à la conciliation et à l'arbitrage, survenus pendant l'année 1902*, Paris, Imprimerie nationale 1903, p. XII.
6. M. V. Schulz et R. Schalhorn (dir.), *Das Gewerbegericht Berlin. Aufsätze, Rechtsprechung, Einigungsa mtsverhandlungen, Gutachten und Anträge*, Berlin, Siemenroth, 1903.

ment rien sur l'application de la CC. La mise en œuvre de la CC par l'action directe des parties signataires ou par des actions en justice, parfois devant le même juge de paix qui a présidé à la conclusion de l'accord, est passée sous silence. En conséquence, une CC respectée et dont l'action est pérenne n'est pas rendue visible par le rapport ; ses effets économiques et sociaux ne sont pas relevés. Les CC publiées dans la statistique des grèves n'ont ainsi pas d'histoire. Le droit collectif du travail qu'elles expriment et contribuent à former reste invisible au public.

En France, les revues professionnelles publiées par les juges de paix parlent peu des expériences de mise en œuvre de la loi de 1892 et ne laissent pas augurer d'action commune en matière de CC. De l'analyse du *Moniteur des juges de paix*, l'une des principales revues, se dégage un sentiment de crise, de perte d'autorité et d'un manque de reconnaissance dans le monde des juristes professionnels, avec lesquels les juges de paix n'entretiennent pas de lien institutionnel[7]. Si les conseils de prud'hommes connaissent, eux aussi, une crise au début du siècle, ils organisent quand même des congrès nationaux et passent des résolutions sur le droit collectif du travail, mais n'ont que peu d'audience dans l'opinion publique. La jurisprudence des conseils de prud'hommes et des juges de paix en matière de CC n'est recensée que si le jugement passe en appel. En conséquence, là où les tribunaux industriels allemands publient chaque année une centaine de jugements, la jurisprudence française est représentée par un corpus de 37 cas en 24 ans[8]. Ni les juges de paix ni les conseillers prud'homaux n'acquièrent un statut de spécialistes ou d'experts de la CC.

En Allemagne, les présidents des tribunaux industriels, disposant d'un journal propre pour rendre publiques leur jurisprudence et leur activité, s'imposent vite comme des spécialistes de la CC. Ils forment une association, développent les échanges et travaillent à la formation d'une jurisprudence constante. En propageant une vision positive et dynamique de la CC, ils diffusent en même temps une image positive de leur activité de médiation de conflit. Accoucheurs des CC dans la pratique, ils en sont aussi les premiers théoriciens.

Ce que disent et taisent les chiffres : la statistique des conventions collectives

L'établissement d'une statistique des CC par l'administration centrale relève de l'opération scientifique autant que de l'action publique. Ce travail reflète des logiques nationales spécifiques : une logique de documentation d'un droit coutumier et judiciaire *(Gewohnheitsrecht und Richterrecht)* pour l'Allemagne, une logique d'évaluation et de préparation législative en France. Dans la perspective du juge allemand, l'important est de connaître les CC existantes ayant force de droit. En France, où la publication des CC reste liée à la statistique des grèves, il importe surtout de

7. A. Pelicand, « *Le droit, immuable, ne nous trompera jamais* ». *De la conversion des juges de paix à la science juridique. Étude d'une revue professionnelle (1880-1918)*, texte pour le séminaire CENS, Nantes, 2005.

8. C. Didry, *Naissance de la convention collective. Débats juridiques et luttes sociales en France au début du 20e siècle*, Paris, Éditions de l'EHESS, 2002, p. 77.

savoir combien de grèves ont été évitées ou terminées pacifiquement par rapport au nombre total des grèves, combien de CC ont été conclues après une grève, ou sans grève. Sur toute la période qui nous intéresse, l'Office du travail n'essaie jamais d'évaluer l'importance du stock, c'est-à-dire le nombre des CC en vigueur à un moment donné. Pourtant, en France, l'écart entre ce chiffre et le chiffre des CC conclues au cours de l'année peut être considérable en raison du nombre important (de 50 à 75 %) des CC dont la durée de validité dépasse un an.

En Allemagne, la question « combien y a-t-il de CC ? » est celle qui préside aux premiers efforts de quantification. Quand, en 1903, 12 ans après la France, l'Empire allemand se dote enfin d'un bulletin du travail *(Reichsarbeitsblatt)*, ses rédacteurs annoncent dans le deuxième numéro leur intention de procéder à une collecte de toutes les CC existantes. Ils sont devancés en cela par une initiative privée, la publication en 1905 des *Gewerbliche Friedensdokumente* par Fanny Imle, responsable depuis 1903 de la rubrique sur les CC dans *Soziale Praxis*. Son livre sert de modèle à la documentation officielle *Der Tarifvertrag im Deutschen Reich* en trois volumes, qui paraît en 1906[9]. Ses auteurs ont obtenu et exploité 1600 CC, sur un total estimé à 3 000 ou 4 000. Leur livre, comme celui de Imle, contient un nombre considérable de textes non abrégés et la présentation de toutes les CC obtenues sous forme de tableau, et classées par branche. De ces publications naît l'élément central de la représentation dominante de la CC en Allemagne : l'idée qu'il s'agit d'un mouvement en plein essor.

Le classement par branche renvoie à l'origine des textes, mis à disposition par les tribunaux industriels organisés par sections professionnelles et par les fédérations nationales de branche des syndicats ouvriers et patronaux, qui essaient eux aussi de mettre la main sur toutes les CC existantes dans leur profession. Imle présente ses textes et tableaux sous la forme de monographies de branche, décrivant la situation économique, l'état de la concurrence, l'histoire et la puissance des organisations ouvrières ainsi que les attitudes des patrons. Imle donne la parole aux parties elles-mêmes, auxquelles elle demande de décrire et d'évaluer les effets économiques et sociaux de la CC. C'est ainsi qu'elle fait ressortir les spécificités de la CC dans telle branche, et surtout l'intérêt des patrons à combattre, au moyen de la CC, la concurrence déloyale *(Schmutzkonkurrenz)*, thème cher à tous les défenseurs allemands de l'artisanat et des classes moyennes *(Mittelstand)*.

Les rédacteurs à l'Office du travail et leurs homologues allemands au département de statistique ouvrière sont unanimes à reconnaître que le nombre des CC – existantes ou conclues – dit peu de chose si l'on ne connaît pas le nombre des ouvriers couverts. Côté français, on est particulièrement sensible à ce problème, puisque la seule convention d'Arras concerne 129 000 ouvriers, celle des mineurs de la Loire 19 000, celle des tisserands d'Armentières 13 000, celle des ouvriers en voiture (carrossiers et charrons) de Paris 10 000, celle des maçons de Paris 15 000. Mais tandis que les statisticiens allemands brandissent, dès 1906, le chiffre d'un

9. L'Office de statistique de l'Empire en publie une suite en 1908, et, à partir de là, un cahier chaque année donnant les chiffres actuels.

demi-million d'ouvriers couverts, l'Office du travail français passe ces chiffres impressionnants sous silence et maintient que « les indications que possède l'Office du travail ne permettent pas d'apporter cette précision [10] ». C'est probablement la raison pour laquelle l'Office du travail ne tente pas d'établir une statistique des CC avant 1910, alors que, dans le contexte du deuxième projet de loi sur la CC, une documentation est considérée nécessaire pour désarmer les résistances. Les quelques pages que le *Bulletin de l'Office du travail* consacre à cette statistique révèlent le découragement de C. Picquenard, rédacteur en chef du bulletin (et, à partir de 1920, directeur du Travail) et de ses collaborateurs face à une base de données insuffisante qui se limite aux accords envoyés par les préfets ou les intéressés eux-mêmes. Personne en France ne réalise le travail de relève systématique des CC à l'image du travail accompli par l'Office impérial de statistique. Les CC qui parviennent à l'Office du travail sont présentées chacune en quelques lignes répondant aux principales catégories juridiques (parties au contrat, durée du contrat…), dans l'ordre chronologique, sans classement par branche ou d'importance de la CC.

Les rédacteurs du *Reichsarbeitsblatt* jouissent en revanche d'un matériel riche résultant d'une véritable enquête menée dans tous les endroits d'où une CC est parvenue. Pour calculer le nombre d'ouvriers couverts par une CC, ils s'appuient sur le nombre de patrons signataires et le nombre d'ouvriers employés. Deux chiffres faciles à rechercher (qu'un préfet français aurait pu fournir également), mais dont l'usage suppose que l'on n'accorde pas d'importance à la différence entre le nombre d'ouvriers juridiquement liés par la CC et le nombre de ceux qu'elle couvre en réalité [11]. L'enquête permet aussi de distinguer les CC conclues au niveau de l'entreprise de celles conclues au niveau local ou régional, voire national. Des connotations normatives parcourent ce travail statistique : la CC nationale est présentée comme la forme la plus parfaite, les CC d'entreprise comme la forme la plus primitive. Disposant d'un important corpus de textes à analyser et à comparer, les auteurs découvrent des tendances, un mouvement de perfectionnement continu qui semble répondre aux espoirs des réformateurs sociaux et aux efforts des juges des tribunaux industriels. En France en revanche, la statistique publiée au *Bulletin de l'Office du travail* ne permet pas de deviner un tel développement.

À défaut de quantification, tous les auteurs français citent ou reproduisent à titre d'exemple certaines CC publiées par la statistique des grèves. Alors que la collecte et le traitement statistique des conventions allemandes produisent un effet de masse, l'énumération de quelques conventions isolées peut donner l'impression qu'il en existe peu. De plus, les exemples les plus souvent cités (la convention d'Arras, celle de la Compagnie des omnibus de Paris, une autre du textile ou du bâtiment) ne présentent pas de trait commun, mais une pluralité de formes qui relativise tout constat sur leur nature, leur objectif et les conditions de leur fonctionnement.

---

10. *Bulletin de l'Office du travail*, 1911, p. 475.
11. La doctrine et la jurisprudence de l'époque considèrent qu'un ouvrier est lié par la CC s'il fait partie du collectif ouvrier signataire de la convention. Pour calculer le chiffre d'ouvriers juridiquement compris par une CC signée par un syndicat ouvrier, il aurait fallu connaître le nombre des ouvriers syndiqués employés par un patron signataire.

En l'absence de corpus de textes et de données quantitatives, il est impossible de savoir si les exemples choisis par l'auteur sont représentatifs d'un certain type, d'une certaine phase de développement de la CC ou d'une certaine forme d'activité industrielle. La forme de publication et de présentation des CC ne permet pas d'arriver à des conclusions sur leur importance économique, ni d'observer les conditions économiques de leur conclusion et de leur application ou encore les effets de leur pratique sur l'industrie concernée. La réflexion sur l'effet bénéfique de la CC en tant que réglementation de la concurrence, si marquée chez les auteurs allemands, se retrouve également chez les auteurs français qui lui sont favorables sans cependant qu'ils puissent étayer empiriquement leur argument. Pourtant, en France comme en Allemagne, la réglementation de la concurrence est la raison principale qui incite des patrons à signer et à respecter les CC.

Droit vivant et droit futur

La vague de grèves à partir de 1899 rend la recherche de moyens de pacification sociale aussi urgente en Allemagne qu'en France. Dans les milieux réformateurs allemands, la CC fait l'objet d'un consensus. La discussion d'une loi sur les syndicats professionnels et sur la création de chambres de travail *(Arbeitskammern)* est destinée à appuyer et compléter les CC qui constituent déjà une réalité. En France, la mise en œuvre de la loi de 1892 est perçue par tous les groupes parlementaires comme un échec en regard des attentes que cette loi avait suscitées. Une série ininterrompue de propositions de loi de réforme du dispositif de 1892 marque le débat politique français de l'époque. Face aux imperfections des procédures existantes, le débat sur le droit des conventions collectives est en large partie un débat sur un droit qui reste à créer.

Cette orientation se retrouve dans les études consacrées à la convention collective en France. De l'École Le Play, qui plus que toute autre a privilégié l'étude empirique des cas particuliers, nous vient la seule monographie d'une industrie qui pratique la CC : le livre de P. Bureau sur l'industrie textile à Elbeuf[12]. L'auteur utilise cette étude pour démontrer la supériorité du syndicalisme anglais et la nécessité d'une réforme morale pour les patrons et ouvriers français. L'aspect utopique est encore plus marqué dans les autres travaux français sur la CC publiés à la même époque et qui, faute d'information sur les pratiques en la matière, explorent surtout son potentiel futur. Il en résulte des confusions dans le débat, telle que celle faite par de nombreux auteurs[13] entre la CC et le contrat d'équipe, c'est-à-dire le contrat de travail à forfait entre un groupe d'ouvriers et un patron. Présenté comme une solution permettant de dépasser le salariat et de transformer les ouvriers en entrepreneurs, ce type de contrat, cher aux libéraux doctrinaires comme Y. Guyot, représente toute une tradition spécifique d'émancipation ouvrière, mais dont l'application doit rester limitée. À l'autre extrême, des auteurs catholiques comme B. Raynaud

12. P. Bureau, *Le contrat de travail. Le rôle des syndicats professionnels*, Paris, Félix Alcan, 1902.
13. Par exemple A. Richard, F. Moissenet, M. Lewandowski.

ou proche des socialistes comme Paul-Boncour développent la possibilité de CC obligatoirement étendues à l'ensemble de la profession, conclues par des syndicats ouvriers et patronaux transformés eux aussi en organisations obligatoires. En France, de telles spéculations lèvent tout de suite le spectre corporatiste, surtout dans le contexte du projet de loi de Millerand du 15 novembre 1900 [14]. La tendance des auteurs à développer sur un mode spéculatif ce que pourrait être un jour la CC plutôt que d'étudier les clauses des CC conclues et appliquées sur le terrain est renforcée par des juristes qui ne reconnaissent pas de validité juridique à la CC, comme le célèbre civiliste M. Planiol [15]. La CC n'étant pour lui qu'un engagement moral, elle est plus apte à constituer l'objet d'étude de réformateurs sociaux que de juristes.

En Allemagne, le débat juridique sur la CC s'ouvre en 1900 avec la phrase clé de P. Lotmar : « Pour notre part, nous ne demanderons plus ce qu'une CC devrait ou pourrait contenir, suivant les principes de la justice, mais ce qu'elle contient habituellement dans la réalité [16]. » Évidemment, des chercheurs proches des milieux de la réforme sociale allemande continueront, comme auparavant, à décrire le potentiel de la CC pour la pacification sociale et l'endiguement des méfaits de la concurrence. Mais l'article de Lotmar provoque un tournant très net vers une recherche sur la CC en tant que droit en vigueur. En appliquant, de manière rigoureuse, les catégories et termes du droit privé positif aux textes des CC publiés dans *Soziale Praxis*, Lotmar établit une méthode, une définition et une terminologie qui formeront la base de la science juridique allemande de la CC. Une série de grandes études prolongera et approfondira les lignes tracées par Lotmar. Quand Lotmar, civiliste romaniste réputé et professeur à Berne, publie en 1902 le premier tome de son œuvre monumentale *Der Arbeitsvertrag nach dem Privatrecht des deutschen Reiches*, il s'impose définitivement comme un auteur incontournable. Alors que la terminologie française reste floue, oscillant entre les termes de « contrat » et de « convention collective de travail », le mot *Tarifvertrag*, choisi par Lotmar, s'impose contre toutes les résistances (H. Sinzheimer essaie en vain d'impose son terme plus correct de *Arbeitsnormenvertrag*), parce qu'il se réfère au tarif, un terme qui désigne depuis les années 1830 l'objectif principal des mouvements de grève [17]. Le terme de *Tarifvertrag* associe le libéralisme de la doctrine contractuelle aux aspirations du mouvement ouvrier, association personnifiée par Lotmar qui est social-démocrate.

14. S. RUDISCHHAUSER, *Vertrag, Tarif, Gesetz. Der politische Liberalismus und die Anfänge des Arbeitsrechtes in Frankreich, 1890-1902*, Berlin, Berlin-Verlag, 1999, p. 236-242.
15. Cité encore en 1938 par H. Capitant comme appui à la thèse selon laquelle la CC n'est « qu'une sorte de traité de paix, qui n'a d'autre sanction que la grève », *in* « L'évolution de la conception française en matière de convention du travail », *Introduction à l'étude du droit comparée. Recueil d'études en l'honneur d'Edouard Lambert*, t. II, Paris, Librairie du droit et de la jurisprudence, 1938 (réimpression Glashütten, 1973), p. 510-517, citation p. 511.
16. P. LOTMAR, « Die Tarifverträge zwischen Arbeitgebern und Arbeitnehmern », *Archiv für soziale Gesetzgebung*, t. 15, 1900, p. 1-122, citation p. 13.
17. Pour la sémantique de « tarif », voir S. RUDISCHHAUSER, « Tarifvertrag und bügerliche Öffentlichkeit. Überlegungen zu einer vergleichenden Geschichte des Tarifvertragsrechts in Deutschland und Frankreich », *Forum Historiae Iuris*, 2005, www.forhistiur.de/zitat/0511rudischhauser.htm.

La représentation de la CC comme un phénomène de masse qui constitue un droit en vigueur, pratiqué et respecté au même titre que les lois de l'État, mais qui est en même temps une création libre, autonome de groupements sociaux, répond parfaitement aux idéaux politiques des libéraux qui, dans la mouvance de L. Brentano, préfèrent la *Selbsthilfe* à la *Staatshilfe* (« aide à soi-même » et « aide de l'État », *i. e.* intervention). Une telle représentation répond aussi à l'idée de « droit vivant » *(lebendes Recht)* qui, à partir de 1903, suscite un débat important pour la doctrine et la méthode juridique allemandes et qui constitue le point de départ d'une nouvelle sous-discipline, la sociologie juridique. Qu'une partie importante du droit pratiqué au quotidien découle non pas de lois étatiques, mais de conventions formées entre acteurs sociaux en dehors du droit positif est observé aussi par des auteurs français comme Maxime Leroy. Mais ses travaux ne suscitent pas le même écho que les travaux de Eugen Ehrlich, Max Weber et Hugo Sinzheimer en Allemagne. L'idée d'un droit autonome créé d'en bas, l'idée d'autodétermination sociale dans le droit *(soziale Selbstbestimmung im Recht)*, développée par Sinzheimer, à la base de la notion de *Tarifautonomie*, fait de la CC un objet important de la théorie juridique.

De cette notion découle la tâche que Sinzhimer assigne à la science juridique : trouver les formes juridiques qui permettent à la CC de remplir les fonctions que lui assignent les parties. Cette perspective, que l'on pourrait qualifier de fonctionnaliste, justifierait de réserver le terme de *Tarifvertrag* aux conventions collectives conclues côté ouvrier par des syndicats, parce que le maintien et l'observation des clauses de la CC ne peuvent être garantis que s'il existe une organisation ouvrière capable d'agir par voie de droit ou voie de fait. La doctrine juridique développée par Sinzheimer converge en cela avec la position des syndicats ouvriers de toute tendance, aussi bien allemands que français [18]. Le processus de formation du savoir juridique allemand en matière de CC se caractérise donc par une définition commune, un haut degré de spécialisation chez les auteurs, et la référence à une base commune de données. Mais les publications des tribunaux industriels ne constituent pas seulement la base empirique du travail scientifique. Les magistrats participent eux-mêmes au développement de la doctrine et entretiennent un dialogue permanent entre la jurisprudence et la doctrine. La formation du savoir juridique se poursuit donc sur une base territoriale et professionnelle large, dont le noyau est constitué par le réseau constitué autour de *Soziale Praxis*. Les congrès de l'association des juges aux tribunaux industriels et ceux de la *Gesellschaft für Sozialreform*, aussi bien au niveau national que local, sont les lieux de rencontre des spécialistes du droit de la CC ; c'est à travers leurs débats et publications que naît une communauté scientifique du droit du travail [19].

18. Cf. pour l'Allemagne *Tarifvertrag im Deutschen Reich*, t. 1, p. 2 et, pour la position de la CGT, A. GROUSSIER, *La convention collective du travail*, Paris, Dunod & Pinat, 1913, p. 290.
19. R. DUBISCHAR, « Zur Entstehung der Arbeitsrechtswissenschaft als Scientific Community », *Recht der Arbeit*, 43, 1990, p. 83-96.

Les experts et la législation

Tenus pour des raisons méthodologiques et théoriques de suivre de près le développement du droit conventionnel, les membres de cette communauté entretiennent aussi des rapports étroits, de plus en plus institutionnalisés, avec les syndicats ouvriers et patronaux signataires de CC. La recherche des moyens juridiques susceptibles de garantir les pleins effets de la CC est chez ces acteurs d'abord orientée vers le perfectionnement de la technique des CC et vers la jurisprudence. La nécessité d'une législation apparaît seulement quand un arrêt de la Cour suprême *(Reichsgericht)* du 30 avril 1903 met en question la validité juridique des CC. En contradiction avec l'acception dominante de la doctrine et avec la jurisprudence de rang inférieur, l'arrêt du *Reichsgericht* soulève une vague de protestations et de pétitions au *Reichstag*. Pour la première fois, l'intervention des instances politiques nationales est réclamée. Les revendications des tribunaux industriels et des réformateurs sociaux, relayées par des députés proches de la réforme sociale, ne visent qu'une législation minimale, pour ainsi dire résiduelle, fixant deux points importants : d'une part, la reconnaissance des CC comme contrats valides, et par conséquent la réfutation de la jurisprudence de la Cour suprême, d'autre part la reconnaissance des CC comme *ius cogens*, de droit public, auquel ne peut déroger un contrat de travail individuel, conclu entre personnes liées par une CC.

Cette limitation de l'intervention du législateur au strict minimum ne reflète pas seulement la prise en considération du droit vivant et la confiance dans sa dynamique propre. Elle procède aussi, et surtout, d'une méfiance profonde envers le gouvernement impérial, dont on craint qu'il ne profite d'une loi sur la CC pour limiter la liberté de grève et imposer des responsabilités civiles lourdes aux syndicats. En revendiquant une intervention minimaliste, les juges aux tribunaux industriels défendent leur propre champ d'expertise contre une réglementation imposée. Inversement, le refus constant du gouvernement impérial de préparer une loi en la matière contraint les théoriciens et praticiens de la CC à poursuivre leur travail de perfectionnement du dispositif. Cette dialectique au cœur du processus de formation du droit allemand des CC devient visible lors du 29e congrès des juristes allemands *(Deutscher Juristentag)* tenu en 1908 à Karlsruhe. Le rapporteur J. Junck, avocat à la cour suprême et député national-libéral, présente un projet de CC modèle élaboré au sein de la *Gesellschaft für Sozialreform* et qu'elle espère pouvoir imposer avec l'aide des tribunaux industriels. Là où la loi ne réglemente pas, les spécialistes de la CC produisent une définition toujours plus étroite, plus précise, une standardisation toujours plus poussée, qui va aboutir à un droit national de la CC plus homogène que le droit français. Le débat d'avant 1914 et la loi du 23 décembre 1918, qui se limite à garantir la stabilité des CC et le pouvoir des organisations syndicales, présentent certains des traits caractéristiques du droit collectif du travail allemand contemporain : une législation laconique, le rôle dominant de la justice et, par conséquent, un haut degré de juridification *(Verrechtlichung)* des relations professionnelles.

En France, le projet de loi du 2 juillet 1906 marque l'essor du débat juridique. En consacrant dix articles détaillés à la CC, ce grand projet sur le contrat de travail offre enfin aux juristes un matériel d'analyse. Le livre de M. Nast, paru en 1908, est présenté par l'auteur comme la première étude exclusivement juridique sur les CC[20]. Le genre caractéristique pour le processus de formation du savoir juridique n'est désormais plus la thèse, mais le rapport : rapports pour des sociétés savantes et de réforme sociale, pour des chambres de commerce, des partis politiques, rapports parlementaires. En réponse aux critiques et aux propositions formulées dans ces rapports, un nouveau projet de loi est déposé le 11 juillet 1910. Objet d'un rapport en 1912, adopté par la Chambre en 1913, par le Sénat en 1919, il donne lieu à la loi du 25 mars 1919. L'ensemble du débat a lieu dans le contexte d'un travail législatif intensif visant la codification des lois ouvrières et la réforme du Code civil. On ne discute pas de la garantie d'un droit existant, mais de la création d'un droit. Le point de départ de ces efforts est l'idée qu'un droit du contrat de travail reste à créer, puisque le Code civil ne lui aurait consacré qu'un seul article. Comme A. Cottereau l'a démontré[21], il s'agit là d'une lecture anhistorique du Code et d'un refoulement de la coutume préservée par la juridiction des conseils de prud'hommes. Alors que la jurisprudence des tribunaux industriels et la mise en valeur du droit vivant produisent une sorte de renaissance de la coutume sous la forme de la CC en Allemagne, l'action des réformateurs sociaux et juristes progressifs tend en France vers une législation impérative. Puisque ni les juges de paix ni les conseillers prud'hommaux n'ont accès aux lieux de ce débat[22], leurs expériences ne sont nullement prises en compte, à tel point que la possibilité de développer le droit des CC par voie de jurisprudence et de collaboration avec les parties signataires n'est même pas envisagée.

Le contraste avec l'Allemagne s'explique pourtant aussi par le simple fait qu'en régime parlementaire, la voie législative est ouverte aux partisans de la CC. De plus, depuis 1902 des échanges plus étroits ont été établis entre le monde académique juridique et l'administration, une multitude de commissions ont été mises en place pour veiller à la réforme du Code et des lois[23]. La volonté de conseiller le législateur, de rationaliser la procédure de législation va d'ailleurs de pair avec celle du gouvernement d'avoir recours à des experts[24]. Tandis qu'en Allemagne, les partisans de la CC sont contraints pendant des années de mobiliser l'opinion publique, de développer des stratégies de publication et de propagande, leurs homologues français ont un accès direct au pouvoir, ce qui leur permet de préparer un projet de loi dans un cercle restreint. C'est ainsi que le projet de 1906 reprend le texte d'une sous-commission formée au sein de la Société d'études législatives (SEL) à l'initiative de l'éminent civiliste R. Saleilles[25]. Ce dernier s'était entouré du

20. M. NAST, *Des conventions collectives relatives à l'organisation du travail*, Paris, Rousseau, 1908, p. 10.
21. A. COTTEREAU, « Droit et bon droit. Un droit des ouvriers instauré, puis évincé par le droit du travail (France, XIXe siècle) », *Annales HSS*, novembre-décembree 2002, p. 1521-1557.
22. S. RUDISCHHAUSER, *Tarifvertrag*..., *op. cit.*, p. 8-10.
23. Archives nationales (AN), BB30, 1698/23.
24. M. MILET, « La fabrique de la loi. Les usages de la légistique sous la IIIe République (1902-1914) », O. IHL, M. KALUSZINSKI et G. POLLET (dir.), *Les sciences de gouvernement*, Paris, Economica, 2003, p. 123-141.
25. *Bulletin de la SEL*, t. 5, 1906, p. 507-529.

jeune juriste B. Raynaud, du militant catholique social et professeur de législation ouvrière R. Jay et de l'économiste A. Souchon, membre du comité de rédaction de la *Revue d'économie politique*. Les sources ne nous permettent pas de parler d'une demande d'expertise émanant de l'Office du travail, mais les relations entretenues avec l'exécutif par Saleilles et Jay, membre du Conseil supérieur du travail désigné par le gouvernement, sont suffisamment étroites pour que les juristes aient pu anticiper une telle demande.

Ces universitaires partisans de la CC en viennent à occuper un rôle d'experts, sans être tous des spécialistes de la CC. Néanmoins, le texte qu'ils élaborent donne une forte impulsion à la science, parce qu'il propose une définition claire qui ne prête plus à confusion. Si, à la différence du *Juristentag* en 1908, les membres de la SEL ne limitent jamais la CC aux seules conventions conclues avec un syndicat ouvrier, ils considèrent, comme les Allemands, la CC comme un engagement contractuel, liant les parties pour un temps donné, et auquel le contrat individuel ne peut déroger. En dépit de la similitude des conceptions, le texte de la loi française obéit à une orientation différente. Il veut surtout stabiliser une jurisprudence flottante et créer des pratiques, au lieu de se référer à une jurisprudence constante et à des pratiques standardisées comme le font les juristes allemands. Comme beaucoup d'auteurs français, Saleilles proteste de son intérêt pour la pratique, mais n'hésite pas à inventer de toutes pièces des procédures.

Le monde patronal, en premier lieu les Chambres de commerce, qu'aucune enquête ou consultation n'avait préparées à cette loi, condamne le projet dans son ensemble[26]. Afin de vaincre cette opposition, les réformateurs sociaux de l'Association nationale pour la protection légale des travailleurs (ANPLT), sous la présidence de Millerand, essaient d'informer et de gagner l'opinion publique. Leur travail est rendu difficile par la faible spécialisation des juristes, une connaissance peu répandue de la CC et un manque de consensus, y compris parmi ses partisans. Les rapports pour l'Association, la SEL et la Chambre s'efforcent surtout d'éclairer, d'instruire et aussi de rassurer leur public. Les rapporteurs sont choisis en fonction de cette mission.

Le rapport de F. Fagnot pour l'ANPLT[27] est le seul qui s'appuie sur l'expérience propre du rapporteur. L'ancien typographe et secrétaire de la Bourse du travail de Clermont-Ferrand, devenu enquêteur permanent à l'Office du travail, connaît les conventions conclues dans sa profession. En tant qu'arbitre dans la grande grève des ouvriers de la voiture de Paris en 1905, il a assisté à la conclusion d'une CC remarquable, non seulement par le nombre d'ouvriers (10 000) et de patrons (250) liés, mais également par son texte précis et complet[28]. L'ANPLT fait appel à lui suite à un premier débat tumultueux, soulevé par l'intervention de l'abbé Lemire et de R. Jay qui ne laissent jamais passer une occasion d'annoncer le destin des CC comme la loi de la corporation tout entière organisée en syndicat obligatoire. Fagnot réussit à

26. *La Réforme sociale*, série 6, t. IV, 1907, p. 677-681.
27. ANPLT, *Le contrat de travail. Examen du projet de loi du gouvernement sur le contrat individuel et la convention collective. Rapports de C. Perreau et de F. Fagnot*, Paris, Alcan, 1907.
28. *Statistique des grèves et des recours à la conciliation et à l'arbitrage, survenus pendant l'année 1905*, Paris, Imprimerie nationale, 1906, p. 633-637.

clore cette dispute et à écarter toutes les notions corporatistes. Mais le compromis forgé sur la CC est noyé dans les difficultés et les divergences suscitées par les autres articles du projet statuant sur le règlement d'atelier, le droit de grève et d'autres objets très controversés. Millerand ne fait rien pour faire passer ce projet. En tant que président de la commission du Travail de la Chambre, il assiste au démembrement du projet de loi, dont la commission ne laisse subsister qu'un seul article sur la CC, qui en donne la définition[29].

Pour Millerand, le projet a le grave défaut de ne pas reprendre son idée personnelle de conciliation entre patrons et ouvriers, à travers l'institution de délégués ouvriers élus au niveau de l'entreprise en l'absence de toute représentation syndicale. Ces délégués étaient censés être chargés de porter les réclamations des ouvriers devant la direction de l'entreprise, mais aucune négociation, aucun contrat sur les conditions de travail n'avaient été envisagés. La préférence de Millerand pour ce système montre que son objectif principal est d'éviter des grèves et non pas de garantir des conditions de travail et de salaires égales pour tous les ouvriers. Millerand propage ses idées à la Chambre, à l'ANPLT et à la SEL, et il agit conformément à ses idées. Quand la commission du Travail est chargée en 1907 d'intervenir pour que se termine la grève, suivie d'un lock-out des cordonniers de Fougères, Millerand ne tient pas compte des deux revendications principales des ouvriers, à savoir un tarif de salaire unifié pour la ville et la reconnaissance du syndicat. Au contraire, l'accord qu'il négocie prévoit autant de conventions que d'entreprises ; des conventions conclues entre des délégués ouvriers élus (qui peuvent se faire assister par un représentant du syndicat) et la direction[30].

Les éloges décernés à l'action de Millerand dans les revues proches de la réforme sociale prouvent que la dissociation entre CC et tarif est signe d'une ambivalence générale. Bien que la plupart des auteurs acceptent que la CC serve à « moraliser la concurrence », la lutte allemande contre la *Schmutzkonkurrenz*, l'opprobre jeté sur le patron qui paie des salaires plus bas que ses concurrents, n'ont pas d'équivalent en France. À l'Association comme à la SEL, on défend le droit du patron à rester à l'extérieur de la CC ou à quitter quand les circonstances ne lui permettent pas ou plus de payer le tarif. En conséquence, le rapporteur de la SEL, le conseiller d'État et économiste libéral C. Colson présente, en 1907, un nouveau texte[31] qui vise surtout à protéger la liberté individuelle, au risque de compromettre la stabilité et l'exécution de la convention tout entière. C'est pourquoi il modifie le projet initial en introduisant des CC à durée indéterminée qui peuvent cesser à tout instant par la volonté d'un seul des contractants. En permettant au patron de se dégager à tout instant de la CC, cette clause méconnaît l'intérêt principal qu'a le patron à signer et observer une CC, à savoir que ses concurrents sont liés par le même tarif que lui.

Puisque la fonction économique de la CC est méconnue et sa capacité de servir à la pacification sociale incertaine, toutes les conventions paraissent également

29. AN, C7414, 7 juin et 18 juin 1907.
30. *Statistique des grèves et des recours à la conciliation et à l'arbitrage, survenus pendant l'année 1906*, Paris, Imprimerie nationale, 1907, p. 735-737.
31. *Bulletin de la SEL*, t. 6, 1907, p. 180-215.

possibles et valables, sans distinction de forme ou de contenu. Une échelle de perfectionnement, selon que la CC remplit plus ou moins bien sa fonction, ne peut pas être établie. L'absence de classification et de standardisation des CC existantes et l'absence de recherche sur leurs effets économiques et sociaux vont de pair avec l'absence de perspective fonctionnaliste. Le rapport Groussier, regroupement impressionnant de toutes les informations sur la CC en France, contient, comme toutes les œuvres publiées jusque-là, une liste de CC sans aucun trait commun, d'où ne ressort aucune tendance, aucune typologie. Groussier se base lui aussi sur la Statistique des grèves et n'essaie pas d'obtenir les CC directement des syndicats, même pas du syndicat dont il se réclame lui-même. Toutefois, son rapport fait référence à un nombre tellement important de CC qu'il produit pour la première fois un effet de masse dans le débat français qui facilite beaucoup le vote de la loi par la Chambre.

Le texte de la loi, qui reprend avec très peu de modifications le texte rapporté par Colson, est pourtant en décalage avec le développement de la doctrine. Du livre de M. Nast à celui de C. de Visscher[32], de plus en plus d'auteurs reconnaissent que la CC en tant que contrat ne peut pas fonctionner si, côté ouvrier, il n'y a pas de syndicat qui veille à son application. Dans un rapport pour le dixième congrès du parti radical en 1911, l'avocat G. Gros[33] transforme cette déduction logique des juristes, qui correspond à l'expérience pratique des syndicats, en une revendication politique. Mais ni cette prise de position ni le refus du projet de loi par les syndicats n'ont de poids face à l'autorité combinée de Colson, censé représenter la communauté juridique, et de Groussier, censé représenter l'aile réformiste du mouvement ouvrier. Convaincue que la CC est encore peu développée en France, la majorité des députés accepte l'idée de faire une loi pour encourager patrons et ouvriers à passer des CC, plutôt qu'une loi visant à garantir et stabiliser les CC existantes. Malgré les avertissements de Picquenard[34], la loi du 25 mars 1919 protège les intérêts de ceux qui ne veulent pas ou plus respecter les termes d'une CC et affaiblit le pouvoir des organisations syndicales d'obliger leurs membres au respect de la CC. En déstabilisant la pratique des CC en France, elle contribue à fixer la représentation selon laquelle il existerait un déficit quasi-naturel des relations professionnelles en France.

De notre étude ressort le rôle prépondérant de la justice pour l'élaboration du droit des CC (comme, d'ailleurs du droit du travail tout court) en Allemagne. L'intervention du législateur en faveur d'une structure permanente, spécialisée et professionnalisée, intégrant jurisprudence et conciliation, crée les conditions d'une activité publique intense, qui prépare les sources, la méthode et les catégories du débat académique. La décision du législateur français en faveur d'une structure légère, et contre la juridification des conflits collectifs, débouche sur la dispersion

32. C. de Visscher, *Le contrat collectif de travail. Théories juridiques et projets législatifs*, Gand-Paris, A. Siffer et A. Rousseau, 1911.

33. *Le contrat collectif du travail et le syndicalisme. Rapport fait au nom de la commission des réformes sociales par Gaston Gros*, Paris, au siège du comité exécutif, 1911.

34. AN, F22 1585.

du contentieux du travail, qui présente un obstacle à la centralisation des savoirs au niveau national, et à l'échange entre les acteurs sur le terrain et le monde académique. La distance entre praticiens et théoriciens de la CC en France conforte ces derniers dans un mode de travail déductif, dogmatique, au détriment de travaux empiriques, notamment quantitatifs. Les liens étroits qu'entretiennent les membres de la direction du Travail avec les milieux universitaires et réformateurs ne suffisent pas à surmonter cette distance, et à créer un consensus dépassant les ambitions divergentes des partisans de la CC. Faute de ressources permettant d'établir une base de données fiable, la direction du Travail ne parvient pas à imposer son expertise et une autre représentation de la CC en France.

Par contre, la logique parlementaire domine le choix des experts, dont l'autorité se fonde sur leur représentativité plus que sur un savoir spécifique ou sur l'insertion dans un réseau de théoriciens et de praticiens spécialistes, comme en Allemagne. Les *master-tales* nationaux, qui ont profondément marqué les législations respectives sur la CC, reflètent ces différents modes de production de savoirs, et ne permettent pas de juger du développement historique de la pratique de la CC.

Le ministère du Travail et les migrations depuis 1945 : discours d'acteurs, discours d'experts

Laure Pitti

Que la question dite de l'immigration soit progressivement devenue, au moins sur un plan médiatique, la chasse gardée de l'Intérieur[1] depuis la suspension de l'immigration économique en juillet 1974 ne doit pas faire oublier le rôle joué par le Travail sur le terrain des migrations au long du XXe siècle.

Confirmé par la Première Guerre mondiale et renforcé dans l'entre-deux-guerres, ce rôle a été crucial à partir du moment où le monopole du recrutement et de l'introduction en France des immigrants étrangers a été confié à l'Office national de l'immigration (ONI), en novembre 1945. Il est resté important jusqu'au milieu des années 1980, conjuguant plusieurs volets de la politique d'immigration : social, économique et démographique. À compter de 1984, en revanche, alors que la question de l'immigration prenait une place grandissante dans le débat public, la polarisation de la politique d'immigration entre gestion des flux migratoires d'un côté et intégration des populations étrangères – puis « d'origine étrangère » ou « issues de l'immigration » – de l'autre a minoré et pour le moins obscurci le rôle du ministère du Travail.

C'est l'évolution de ce rôle durant la période 1945-1984 que cette communication cherche à retracer, à partir d'une approche croisée des orientations de la politique d'immigration, des structures administratives et des acteurs chargés, au sein du ministère, de les mettre en œuvre les discours des acteurs et ceux des experts. L'étude des structures et des discours montre l'impact, dans la sphère administrative, d'une conception des migrations allant du travail au peuplement – conception longtemps prédominante et aujourd'hui revisitée.

1. Qui se ressent également à un niveau interministériel : Vincent Viet parle ainsi d'une direction de la Population et des Migrations (DPM) obligée de composer avec des « prétentions jugées "hégémoniques" du ministère de l'Intérieur » à compter de 1983. Cf. V. Viet, *La France immigrée. Construction d'une politique, 1914-1997*, Paris, Fayard, 1998, p. 498.

Les migrations vues par le ministère du Travail : structures et discours

Pour conjoindre étude des structures et des discours, le choix a été fait de partir des articles que les grandes revues du ministère consacrent aux migrations : la *Revue française du Travail*, à la périodicité mensuelle de 1946 à 1949, puis trimestrielle, devenant *Revue française des Affaires sociales* en 1967, à laquelle s'ajoute *Travail et Emploi*, revue également trimestrielle, à partir de 1979.

La première, dans laquelle « chaque mois des militants syndicalistes, des hauts fonctionnaires, des personnalités politiques, des chefs d'industrie, des universitaires aborderont les grands problèmes sociaux français et étrangers », se donne pour objectif « d'apporter à ses lecteurs le maximum de renseignements pratiques et [de compléter] l'examen théorique des problèmes par des chroniques permanentes, des informations, des comptes rendus, des notes de jurisprudence, des bibliographies, des séries statistiques ». Elle vise à « [devenir] ainsi un organe de liaison entre tous ceux qui estiment indispensable un nouvel examen des problèmes sociaux dont la guerre et ses conséquences ont rendu la solution de plus en plus urgente [2] ». La deuxième, aux compétences élargies (puisque « le domaine couvert par la Revue s'étendra désormais à toutes les questions que le ministère des Affaires sociales a à connaître au titre de la population, de la santé, du travail, de l'action et la sécurité sociale... »), vise à « [fournir] une vue plus étendue de l'actualité sociale » et à « faire apparaître toutes les relations qui existent entre ces problèmes, dont les solutions doivent toujours procéder d'une même recherche de la justice sociale [3] ». La troisième, comme le précise Robert Boulin, ministre du Travail et de la Participation, en avant-propos du premier numéro paru en juin 1979,

> « [...] aura pour objet, [...] à partir d'une vision renouvelée [...] des problèmes de travail et d'emploi [...], de diffuser des informations et de susciter une réflexion. Placée sous la responsabilité du Service des Études et de la Statistique, elle publie, avec le concours des échelons régionaux de l'emploi et du travail, les études originales élaborées par l'administration ainsi que les recherches commanditées par celle-ci. Ouverte au droit, à l'économie, à la sociologie, elle pourra aussi naturellement accueillir des contributions extérieures. Faciliter, notamment pour les administrations, la compréhension des problèmes de travail et d'emploi à travers les mutations constantes, mettre à la disposition des décideurs des éléments d'information et de réflexion utiles pour l'action, multiplier l'information auprès du public, tels sont les axes qui guideront la direction de la nouvelle revue [4] ».

Chacune de ces revues, en son temps, fait de l'étude des problèmes sociaux et de la définition d'outils appropriés pour la mener à bien son objectif, dans des déclinaisons plus ou moins élargies qui témoignent de l'évolution de la définition, et de l'appréhension par le ministère, desdits problèmes sociaux. Emploi, travail et sécurité sociale cernent le territoire de ces problèmes à l'époque de la *Revue*

2. *Revue française du Travail*, n° 1, avril 1946, p. 3.
3. *Revue française des Affaires sociales*, n° 1, janvier-mars 1967, p. 1.
4. R. Boulin, « Avant-propos », *Travail et Emploi*, n° 1, juin 1979, p. 5-6.

française du Travail, les deux premiers renvoyant alors pour l'essentiel au recrutement, à l'orientation et à la gestion de la main-d'œuvre, aux salaires, au droit et à la médecine du travail, aux conditions de travail, aux institutions représentatives des salariés[5]. À l'heure de *Travail et Emploi*, trois décennies plus tard, on mesure l'évolution : appréhendés à l'aune du chômage, de la précarisation de la main-d'œuvre pour l'étude desquels une « nouvelle sociologie du travail, différente de l'ancienne, est sans doute à découvrir », les « problèmes de travail et d'emploi » vont au-delà de ceux « du travail au sens étroit », ces derniers étant résumé en « place de l'homme au travail », déclinée en conditions et relations de travail[6].

Marqué du regard que le ministère du Travail porte sur les problèmes sociaux contemporains, ce matériau donne un aperçu continu, depuis 1946, à la fois des orientations prioritaires de la politique d'immigration et des services qui, au sein de telle ou telle direction, les mettent en œuvre et les développent. Le repérage exhaustif de l'ensemble des articles que les trois revues du ministère consacrent aux migrations, recensés ici pour la période 1946-1984, s'inscrit dans une recherche plus large, menée pour le compte de la direction de la Recherche, des Études, de l'Évaluation et des Statistiques et visant à retracer l'évolution de la production éditoriale de la *Revue Française des Affaires Sociales*, dans la perspective du soixantième anniversaire de celle-ci[7]. Il permet de saisir l'évolution du rôle de tel ou tel secteur de l'administration et révèle, en creux, les mutations des organigrammes et des attributions ministérielles dans le domaine des migrations, que le croisement avec d'autres sources internes (décrets, notes ou documentations que le ministère produit sur les migrations) met pleinement au jour.

Que la *Revue française du Travail* publie, en avril 1947, un article consacré à « La nouvelle organisation de l'immigration en France[8] » marque la centralité du ministère du Travail dans la gestion des migrations – en particulier *via* la tutelle que celui-ci exerce sur l'ONI, institué par l'ordonnance du 2 novembre 1945. Le rôle joué, autre exemple, dans l'immédiat après-guerre par la direction de la Main-d'œuvre dans le domaine des migrations est incarné dès mai 1946 par Jean Denizet, chef de cabinet du directeur général du Travail et de la Main-d'œuvre, qui signe un article consacré aux « Problèmes posés par l'emploi des prisonniers de guerre[9] ». L'amenuisement du rôle de cette direction et, au-delà, du poids des questions relatives à la main-d'œuvre étrangère dans la politique d'immigration est sensible à partir de la deuxième moitié des années 1950 ; plus aucun article ne paraît d'ailleurs sur ce thème dans la *Revue française du Travail*. Il l'est *a fortiori* durant la deuxième moitié des années 1960, où la création de la direction de la Population et des Migrations

5. Cf. L. Pitti, *Étude exploratoire et systématique des thématiques de la* Revue française des Affaires sociales, *1946-2006*, convention de recherche DREES-MIRE/IHTP-CNRS, n° 05/88, novembre 2005.

6. R. Boulin, « Avant-propos », art. cit.

7. Cf. L. Pitti, *Étude exploratoire et systématique des thématiques de la* Revue française des Affaires sociales, *1946-2006*, *op. cit.*

8. E. Rossignol, « La nouvelle organisation de l'immigration en France », *Revue française du Travail*, avril 1947.

9. J. Denizet, « Les problèmes posés par l'emploi des prisonniers de guerre », *Revue française du Travail*, mai 1946.

(DPM), héritière de certaines des compétences de l'ancienne direction générale de la Population et de l'Action sociale, focalise l'objet « migrations » sur un terrain démographique. La transformation de la *Revue française du Travail* en *Revue française des Affaires sociales* en 1966, autre exemple, marque la fusion entre les ministères du Travail et de la Sécurité sociale, d'une part, de la Santé publique et de la Population, d'autre part, en un ministère des Affaires sociales, dont l'organigramme est totalement refondé – ce qui n'est pas sans effet sur les orientations et les modalités de mise en œuvre de la politique d'immigration. À l'autre extrémité de la période, la publication, en juillet 1997, d'un dossier de 11 articles consacré aux thématiques de l'« insertion, intégration : concepts et pratiques » révèle un regard réflexif sur les politiques d'intégration, en particulier de la DPM [10], à l'époque même où « l'intégration » disparaît des attributions du ministère du Travail et des Affaires sociales (novembre 1996-mars 1997), puis de celui de l'Emploi et de la Solidarité (avril 1997-juin 2002).

Au-delà des structures, l'orientation éditoriale de ces revues marque l'évolution du statut de l'objet « migrations » dans les préoccupations du ministère, des registres (main-d'œuvre, population, famille, flux migratoires, séjour irrégulier...) sur lesquels celui-ci est appréhendé, et des acteurs qui s'en saisissent. Le corpus d'articles [11] consacrés aux migrations : 85 parus dans la *Revue française du Travail*

Tableau 1. Les migrations dans les revues du ministère du Travail depuis 1946

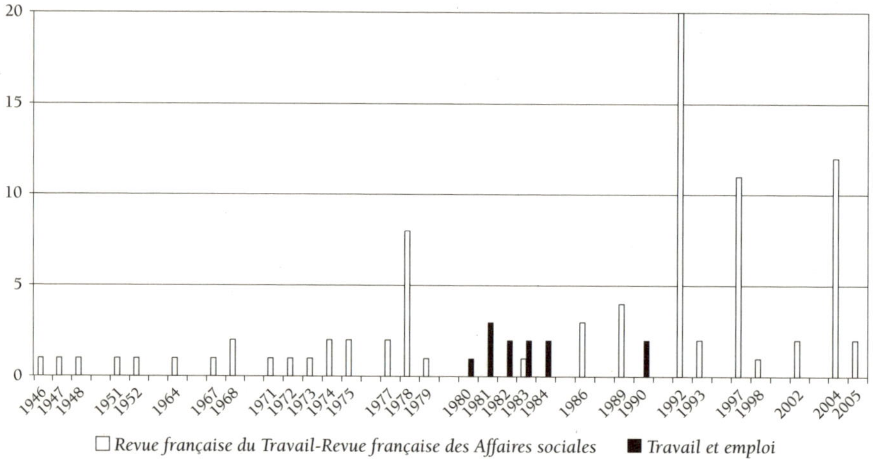

10. Quatre des onze articles du dossier sont signés d'acteurs, actuels ou anciens, de la direction de la Population et des Migrations, notamment Gérard Moreau, qui fut son directeur de 1983 à 1997 : cf. G. MOREAU, « Vingt ans de politique d'immigration », *Revue française des Affaires sociales*, n° 2, avril-juin 1997, p. 17-26.

11. Sont exclus de ce corpus les informations de type « index de législation » ou les comptes rendus de conférences, de colloques ou d'ouvrages. Cf. sur ce point L. PITTI, *Étude exploratoire et systématique des thématiques de la* Revue française des Affaires sociales, *1946-2006*, *op. cit.*, synthèse des résultats, tableau 1. Cette recherche a en outre donné lieu à un index thématique des 2 342 articles de fond que compte la Revue, selon 72 thèmes (dont « migrations, immigration » et « main-d'œuvre étrangère »), en 3 volumes et qui est consultable à la MIRE. Pour *Travail et Emploi*, voir Les vingt-cinq ans de la revue *Travail et Emploi*, www.travail.gouv.fr/publications/Revue_Travail-et-Emploi/index.htm.

– *Revue française des Affaires sociales* entre 1946 et 2005, 13 parus dans *Travail et Emploi* entre 1979 et 2004, suit en effet un rythme aléatoire, figuré par le graphique ci-après, qui témoigne de l'irrégularité de la production éditoriale des acteurs du ministère ou des experts sollicités par celui-ci sur ce sujet.

Un premier constat s'impose : à l'aune de la production éditoriale du ministère, les migrations ne sont pas une préoccupation prioritaire jusqu'au milieu des années 1970 ; on note cependant une accentuation de la fréquence des articles à partir de 1967, qui n'est pas sans lien avec la création de la DPM. Le nombre d'articles consacrés aux migrations s'accroît progressivement – et tendanciellement – à partir de 1974, et leur fréquence à partir de 1980 jusqu'en 1984, en particulier sous l'impulsion de *Travail et Emploi*. Plusieurs dossiers thématiques et hors série – dont le premier : « Les migrations externes. Approches diverses de quelques aspects significatifs du fait migratoire en France », préparé sous la direction d'André Lebon, chargé de mission à la DPM, paraît en 1978 – marquent un intérêt accru pour les questions migratoires entre 1978 et 2004.

En fait d'auteurs, si l'on considère l'ensemble de cette production éditoriale, agents du ministère et experts ont, à parts quasiment égales, pris la plume : les premiers signent 47 des 94 articles des trois revues dont on connaît l'auteur ou l'origine, les seconds 48. Mais la perspective diachronique nuance ce premier tableau. Jusqu'en 1978, voire 1986, les articles des trois revues émanent quasi-exclusivement des fonctionnaires du ministère. On note en revanche, à partir du début et plus encore du milieu des années 1980, une participation plus grande des experts, sollicités par certaines directions du ministère des Affaires sociales, désormais délié de celui du Travail, ou par des missions interministérielles (telle la MIRE – Mission Interministérielle de Recherche et d'Expérimentation – à compter de 1983). Cette sollicitation se traduit par des recherches contractuelles, dont des articles parus dans la *Revue française du Travail – Revue française des Affaires sociales* présentent une version synthétique ; elle est aussi plus ponctuelle, certains experts étant contactés par la rédaction en chef de la revue à l'occasion de numéros hors série, et en raison de la pertinence de leurs recherches dans le champ. Parallèlement, en interne, le poids de la DPM s'accroît : sur les 63 articles que la *Revue française des Affaires sociales* consacre aux migrations depuis 1978, un quart est signé par des fonctionnaires ou contractuels de cette direction[12].

En matière de contenus enfin, les approches en termes de main-d'œuvre et d'organisation de l'immigration (*i. e.* du recrutement et de la venue des immigrants étrangers) sont omniprésentes jusqu'au milieu des années 1960. Elles cèdent progressivement la place aux préoccupations démographiques dans la deuxième moitié des années 1960, puis à celles d'action et de protection sociales en direction des travailleurs migrants ou des familles de migrants à compter de 1974. Dans la deuxième moitié des années 1970, un fait notable est celui de l'évolution de la terminologie, consacrant l'abandon progressif des termes « migrants », « migra-

12. En revanche, aucun des articles parus dans *Travail et Emploi* sur le sujet entre 1979 et 1999 n'émane de la direction de la Population et des Migrations.

tions », « travailleurs migrants », au bénéfice de ceux d'immigré et de seconde ou deuxième génération.

À la différence de la période 1946-1984, marquée par une focalisation successivement sur les questions de main-d'œuvre et de population, le traitement du « fait migratoire » est, à compter du milieu des années 1980, saisi sous des angles si nombreux et dispersés – au moins jusqu'à la fin des années 1990 – qu'aucune ligne directrice ne semble s'en dégager, hormis une polarisation progressive, d'une part sur la circulation des migrants, « l'action législative et réglementaire concernant les étrangers » et l'immigration clandestine, d'autre part sur l'insertion (puis intégration) de populations jugées spécifiques.

C'est la première de ces deux périodes, caractérisée par le rôle central du ministère du Travail, que cette communication se propose d'étudier en analysant conjointement les orientations politiques, les structures administratives et les discours des différents acteurs du ministère du Travail.

L'approche sociale d'un problème économique, 1945-1966

Les premiers articles relatifs aux migrations publiés dans la *Revue française du Travail* montrent « le nouvel examen d'un problème social » en la matière : celui de la main-d'œuvre. Cette polarisation excède les seuls premiers numéros de la *Revue française du Travail*, pour dessiner un mouvement plus large (bien que décroissant) jusqu'en 1984 : 14 des 39 articles et informations publiés dans les trois revues du ministère sur les migrations jusqu'en 1984 sont consacrés aux questions d'emploi et de main-d'œuvre, dont 5 dans la seule *Revue française du Travail* entre 1946 et 1964[13] (sur les 7 articles que la Revue consacre aux migrations dans l'intervalle). Dans cette même période, deux articles sont consacrés à l'organisation de la politique d'immigration, dont l'un en particulier est contemporain de la mise en place d'une « nouvelle organisation de l'immigration en France » dans l'immédiat après-guerre[14].

Ces différents articles révèlent le rôle et les attributions du ministère du Travail dans la mise en pratique de la politique d'immigration après 1945.

La focalisation de l'approche sur les problèmes de main-d'œuvre est en effet à mettre en relation d'une part avec les préoccupations de la Reconstruction – comme aux lendemains de la Grande Guerre –; d'autre part avec l'organisation administrative mise en place en 1945 pour y répondre – une organisation caractérisée par un rôle de l'État plus marqué que dans l'entre-deux-guerres. Nombreux sont les agents du ministère à souligner, dans les pages des premiers numéros de la *Revue française du Travail*, les points communs et les différences entre ce second après-guerre et le premier concernant la politique d'immigration. « À l'heure actuelle, les besoins de main-d'œuvre de la France sont encore plus considérables qu'après la guerre

13. Rédaction *RFT*, mai 1946; J. DENIZET, art. cit.; L. GUERARD, « Les problèmes de la main-d'œuvre. Le problème de la stablisation de la main-d'œuvre en France », *RFT*, avril-septembre 1951; rédaction *RFT*, janvier-septembre 1952; rédaction *RFT*, janvier-mars 1964.

14. E. ROSSIGNOL, art cit.

de 1914-1918. L'importance des destructions, la dépopulation des campagnes, la dénatalité, les besoins en main-d'œuvre spécialisée nécessitent une introduction massive de travailleurs étrangers, et mettent en relief l'urgence d'une organisation publique chargée de l'immigration », lit-on ainsi dans un article, non signé, du deuxième numéro de la Revue [15]. D'autres, tel Édouard Rossignol, chef du Service juridique et de documentation de l'Office national de l'immigration, reprenant les déclarations faites à l'Assemblée consultative par le ministre de la Reconstruction et de l'Urbanisme, chiffrent à « 20 milliards d'heures de travail » l'effort nécessaire pour assurer la reconstruction, « soit l'emploi effectif supplémentaire de 500 000 travailleurs pendant 11 ans », et ce dans un contexte où « le climat social s'est modifié ». Prophétisant « le début d'une ère nouvelle [...] en matière sociale », Édouard Rossignol caractérise en ces termes le changement que ce constat implique en matière de recours à une main-d'œuvre étrangère :

> « La classe ouvrière ne peut plus se désintéresser de questions qui la touchent au premier chef; le désir d'envisager cette immigration sur un plan infiniment plus vaste avec des moyens plus puissants, de protéger la main-d'œuvre nationale, d'assimiler les nouveaux venus et plus généralement de substituer à une immigration désordonnée une immigration organisée adaptée aux nécessités démographiques et économiques de notre pays, sont autant de raisons qui ont fait renoncer aux errements du passé [16]. »

Dans cette perspective, l'organisation du recrutement et de l'emploi des immigrants étrangers passe sous le seul contrôle de l'État à la Libération, à la différence de l'entre-deux-guerres. Elle est double, avec d'une part la création de l'ONI, par l'ordonnance du 2 novembre 1945, d'autre part la mise en place d'une sous-direction de la Main-d'œuvre étrangère au sein de l'administration centrale du ministère, par l'arrêté du 18 septembre 1948.

L'ONI est placé sous la tutelle du ministère du Travail (l'article 29 de l'ordonnance du 2 novembre 1945 crée l'Office « auprès du ministre du Travail et de la Sécurité sociale »), plus particulièrement de la direction générale du Travail et de l'Emploi, « en raison de la place prépondérante que tient le problème de la main-d'œuvre dans l'immigration ». Il est également soumis à la tutelle du ministère de la Population, *via* la direction du Peuplement et des Naturalisations, qui devient direction générale de la Population et de l'Entr'aide en 1948.

Cet établissement public a pour mission de mettre en œuvre les orientations gouvernementales en matière d'immigration et détient, en vertu de l'article 82a du livre 1er du Code du travail, le monopole des opérations de recrutement et d'introduction en France des travailleurs étrangers. Deux commissaires du gouvernement, représentant l'un le ministre du Travail et de la Sécurité sociale, l'autre le ministre chargé de la Population, assistent aux séances du Conseil d'administration de l'Office. Ce Conseil d'administration compte notamment deux vice-présidents représentant les deux ministères et dix représentants des principaux ministères

15. Rédaction *RFT*, mai 1946, p. 155.
16. E. Rossignol, art. cit., p. 320-321.

intéressés, dont l'Intérieur, chargé du contrôle de l'entrée et du séjour des étrangers en France, et les Affaires étrangères, chargées de la signature d'accords ou de traités de main-d'œuvre avec les États d'émigration (14 accords et 3 conventions sur la circulation des personnes furent signés entre 1946 et 1965).

L'ONI s'appuie sur l'organisation administrative pyramidale du ministère du Travail, en premier lieu sur les bureaux départementaux de main-d'œuvre, auprès desquels les employeurs présentent leurs demandes. La validité des demandes est vérifiée par des contrôleurs dépendant du directeur départemental du Travail et de la Main-d'œuvre ; celui-ci transmet ensuite le dossier, en même temps que l'engagement de l'employeur à verser la somme de 6000 francs par travailleur recruté, à la sous-direction de la Main-d'œuvre étrangère du ministère, laquelle dépend de la direction générale du Travail et de la Main-d'œuvre. Cette sous-direction « vérifie en particulier si l'ouvrier à introduire n'est pas susceptible d'entraîner le chômage ou le débauchage d'ouvriers français de la catégorie correspondante [17] ». Si tel n'est pas le cas, la demande est validée par un visa favorable du ministère, qui la transmet à la direction départementale concernée, laquelle est chargée d'informer l'employeur.

Le rôle du ministère du Travail, pierre angulaire de la politique d'immigration sous son versant de main-d'œuvre, s'en trouve considérablement accru par rapport à l'entre-deux-guerres. Certes, dans les années 1920, le Service de la main-d'œuvre étrangère au ministère du Travail, comme le Service de la main-d'œuvre agricole à l'Agriculture, s'occupaient tous deux du recrutement et du contrôle des travailleurs étrangers, héritage de la Grande Guerre. Et l'on aurait pu voir dans la fusion de ces deux services en un grand Service central de la main-d'œuvre dépendant du seul ministère du Travail (article 48 de la loi de finances du 24 décembre 1934 et décret-loi du 30 octobre 1935) [18] le signe d'un accroissement du rôle de ce dernier. Mais dans les faits, sous le coup notamment de la crise économique, une répartition des rôles s'est dessinée entre l'initiative privée et les services du ministère : l'administration était chargée de l'élaboration et du contrôle des contrats-types, des relations diplomatiques et administratives avec l'étranger, du contrôle sanitaire et professionnel aux frontières ; en application de la loi du 10 août 1932, elle fixait les pourcentages, variables selon les professions et les départements, de travailleurs étrangers susceptibles d'être employés dans des entreprises déterminées [19]. Aux industriels et agriculteurs groupés en associations revenaient toutes les opérations matérielles de recrutement, de sélection professionnelle et médicale, de transport et de répartition.

Signe de prérogatives accrues du ministère du Travail en matière de main-d'œuvre étrangère aux lendemains de la Seconde Guerre mondiale, ce sont des agents de l'ONI et de la sous-direction de la Main-d'œuvre étrangère qui signent les articles de la *Revue française du Travail* consacrés aux migrations entre 1946 et 1964 : Jean Denizet, sous-chef de bureau au ministère des Finances, chef de cabinet

17. *Ibidem*.
18. Cf. V. Viet, *op. cit.*, p. 46-47.
19. Cf. « L'organisation de l'immigration », *Cinquantenaire du ministère du Travail, 1906-1956*, plaquette de 77 p., octobre 1956, p. 46-47.

du directeur général du Travail et de la Main-d'œuvre en 1946 ; Édouard Rossignol, chef du service juridique et de documentation de l'Office national d'immigration en 1947 ; ou encore Lucien Guérard, sous-directeur de la Main-d'œuvre étrangère en 1951. On compte peu d'articles de terrain, mais des approches centrées d'une part sur des descriptions des structures administratives davantage que sur leur mise en application, d'autre part sur des évaluations statistiques de l'immigration. Celles-ci contrastent avec l'ambition initialement affichée par la *Revue française du Travail* de nourrir le lecteur de chroniques, mais cadrent en revanche avec celle de fournir explications et éléments statistiques.

En termes de populations migrantes, objet privilégié de l'approche statistique, ces articles s'intéressent en premier lieu aux Italiens, Polonais, Espagnols, Belges et Allemands ; mais également aux migrations pendulaires en Bourgogne, dans le pays de Montbéliard, en Alsace et Lorraine, dans le Nord. On notera l'absence marquante des « Nord-Africains », comme le ministère qualifie entre 1945 et 1962 les migrants en provenance d'Algérie et des protectorats du Maroc et de Tunisie ; lors même qu'il s'agit d'une des migrations les plus importantes de l'immédiat après-guerre vers la France métropolitaine, ceux-ci échappent, en tant que sujets (libres de circuler entre l'Algérie et la métropole) et protégés français, à la tutelle de l'ONI et ne dépendent pas en conséquence de la sous-direction de la Main-d'œuvre étrangère. Bien qu'une structure leur soit dévolue dans l'organigramme du ministère du Travail – le 1er Bureau de la sous-direction de l'Emploi a dans ses attributions la main-d'œuvre nord-africaine –, le rôle de celui-ci est relativement peu important par rapport à celui du ministère de l'Intérieur dans le contrôle de ces immigrants.

Dans cette configuration où la production éditoriale de la *Revue française du Travail – Revue française des Affaires sociales* reflète les attributions et les préoccupations du ministère, il n'y a donc rien d'étonnant à ce que l'approche en termes de main-d'œuvre ait pris, dans un premier temps, le pas sur l'approche démographique. Celle-ci est certes présente dès 1945 dans la politique d'immigration, incarnée par le Haut Comité de la population et de la famille qui naît avant l'ONI. Créé en 1938 et recréé par décret du 12 avril 1945, celui-ci « joue un rôle important dans l'élaboration du Code de la nationalité (ordonnance du 19 octobre 1945) et des dispositions relatives à l'entrée et au séjour des étrangers en France (ordonnance du 2 novembre 1945) [20] ». Mais à l'échelle des services, la direction générale de la Population, créée par un décret du 7 mai 1946 et déclinée alors en deux directions (famille et enfance, d'une part, peuplement et naturalisations d'autre part), et avec elle l'approche démographique des migrations, dépendent du ministère de la Population, puis ministère de la Santé publique et de la Population, et non de celui du Travail.

20. Ministère des Affaires sociales et de la Solidarité nationale, directeur de la Population et des Migrations, *Responsabilités gouvernementales et administratives en matière de population, migrations et famille depuis 1945*, note de Jean Massot, 30 août 1984, 6 p., p. 1.

La préoccupation démographique, 1966-1984

À partir de 1966, si les questions de main-d'œuvre restent présentes, en particulier dans les premiers numéros de *Travail et Emploi* – 8 des 10 articles que la nouvelle revue consacre aux migrations entre 1979 et 1984 portent sur l'emploi et la main-d'œuvre[21] –, elles ne semblent plus prioritairement structurantes – *a fortiori* pour la *Revue française des Affaires sociales* – : 12 articles révèlent une approche démographique et statistique des migrations ; tous paraissent entre 1966 et 1984[22]. Deux autres dressent un bilan rétrospectif et témoignent, entre 1966 et 1973, d'une réflexivité des agents du ministère sur l'objet « migrations », en particulier sur l'organisation administrative de la politique d'immigration et sur le processus de naturalisation[23]. Ce tableau des registres d'appréhension des migrations ne serait pas complet sans indiquer les quelques articles, émanant d'agents de l'administration centrale ou d'organismes sous tutelle du ministère, mais aussi d'experts qui traitent de l'action sanitaire et sociale pour les travailleurs migrants et leurs familles[24] ou encore d'une analyse des migrations en termes d'impact économique et financier en France et dans les pays d'origine[25].

Avec la fusion des deux ministères en janvier 1966 en un ministère des Affaires sociales, confié par Georges Pompidou à Jean-Marcel Jeanneney, la refonte des

---

21. O. Villey, « La main-d'œuvre étrangère et la crise en France », *Travail et Emploi*, avril 1980 ; A. Lebon, « La situtíon des jeunes étrangers au regard de l'emploi en Europe occidentale », *Travail et Emploi*, janvier 1981 ; O. Villey, « Le redéploiement actuel de la main-d'œuvre étrangère passé le premier choc de la crise », *Travail et Emploi*, avril 1981 ; C.-V. Marie et X. Jansolin, « Les conditions de travail des salariés étrangers », *Travail et Emploi*, juillet 1981 ; J.-M. Espinasse et F. Benarraroch, « Les salariés recrutés en 1980. Caractéristiques et modes d'embauche », *Travail et Emploi*, janvier 1982 ; Y. Moulier et R. Silberman, « La montée de l'activité des femmes étrangères en France : une tendance qui ira en s'accentuant », *Travail et Emploi*, avril 1982 ; J.-P. Hancy, « Interventions extérieures sur un site industriel et accidents du travail. Études comparatives des accidents survenus aux différentes catégories de travailleurs intervenus sur un même site », *Travail et Emploi*, octobre 1983 ; M. Huet, « L'impact des politiques d'emploi menées depuis 1981 sur la situation socio-professionnelle des femmes », *Travail et Emploi*, septembre 1984.
22. Rédaction *RFAS*, juillet-septembre 1968 ; M. Hagmann et M. Livi-Bacci, « Conférence démographique européenne. Résumé du rapport sur les migrations », *RFAS*, octobre-décembre 1971 ; R. Robin, « Bilan de décennies de naturalisation », *RFAS*, janvier-mars 1973 ; G. Cattaneo-Petrini et E. Enders, « L'intégration des travailleurs migrants dans la société des pays d'accueil », *RFAS*, janvier-mars 1974 ; E. Morin, « Les migrants et leur famille : accueil, installation », *RFAS*, octobre-décembre 1975 ; B. Goby, « L'influence des immigrés dans le service des Prestations », *RFAS*, novembre 1977 ; A. Coulomb, « Les travailleurs migrants et le système des Prestations familiales », *RFAS*, novembre 1977 ; M.-L. Samann, « Les migrations internationales récentes. Quelques aspects de l'impact sur l'immigration dans le pays d'accueil », *RFAS*, avril-juin 1978 ; rédaction *RFAS*, avril-juin 1978 ; J. Courbin, « Quel avenir pour les jeunes migrants ? », *RFAS*, avril-juin 1978 ; S. Delattre, « Analyse de l'ouvrage : questions-réponses sur la scolarisation des enfants de travailleurs migrants », *RFAS*, avril-juin 1978 ; A. Lebon, « Maintien des liens culturels et insertion des migrants : Quelles relations ? », *RFAS*, avril-juin 1983.
23. P. Bideberry, « Bilan de vingt années d'immigration (1946-1966) », *RFAS*, avril-juin 1967 ; R. Robin, art. cit.
24. J. Revol, « Le Fonds d'action sociale pour les travailleurs migrants », *RFAS*, janvier-mars 1968 ; Dr Cassaigne, « Évolution du contrôle sanitaire aux frontières », *RFAS*, juillet-septembre 1972 ; R. Jampy, « L'action sociale en faveur des familles de migrants et de leurs enfants », *RFAS*, octobre-décembre 1974 ; G. Blouin et J.-C. Descoings, « Le centre médico-social Bossuet : dix ans d'action en faveur des travailleurs migrants d'Afrique noire francophone », *RFAS*, janvier-mars 1975.
25. O. Villey, « Les effets directs de l'immigration sur les finances des administrations publiques. Le cas français », *RFAS*, avril-juin 1978.

services centraux du Travail, de la Sécurité sociale, de la Santé publique et de la Population en une seule structure, et la création de la direction de la Population et des Migrations par décret du 6 juillet 1966, confiée à Michel Massenet, l'approche démographique prend le dessus, croisant l'évolution familiale des migrations. Celle-ci concerne alors en particulier « les pays latins au sud de la France. Ainsi, plus de 80 % des personnes admises au titre du regroupement familial [en 1966-1967] sont originaires du Portugal, d'Espagne et d'Italie[26] ». L'immigration familiale représente près de 441 500 personnes en 1966 sur une population de quelque 2 500 000 étrangers.

Prédominante, cette approche démographique des migrations croise et s'enrichit d'autres approches, au gré des évolutions des attributions du ministère, d'autant qu'en 1969, « le ministère des Affaires sociales éclate en deux départements : le ministère du Travail qui reçoit compétence en matière de population ; le ministère de la Santé qui a donc perdu la responsabilité de la population et qui a tantôt la responsabilité de la Sécurité sociale [...], tantôt la laisse au ministère des Affaires sociales ou du Travail[27] ». Ainsi, la publication, en novembre 1977, d'un numéro spécial « Démographie et Sécurité sociale », compte rendu des travaux d'un colloque organisé en novembre 1976 par le Centre d'études supérieures de Sécurité sociale, qui comporte deux articles consacrés aux « immigrés et [aux] prestations sociales », ou familiales[28], est à mettre en relation avec le fait que la Sécurité sociale compte, entre 1974 et 1977, sous les ministères de Michel Durafour et Christian Beullac, parmi les prérogatives du ministère.

Enfin, celui-ci se voit doté, à partir de juin 1974, d'un secrétariat d'État aux Travailleurs immigrés, chargé de « [seconder] le ministre du Travail dans l'ensemble de ses attributions concernant les travailleurs immigrés et la politique d'immigration[29] ». André Postel-Vinay, jusqu'alors directeur général de la Population et des Migrations depuis février 1974, le prend brièvement en charge, du 8 juin au 22 juillet 1974, date de sa démission ; Paul Dijoud lui succède, de 1974 à 1977, puis Lionel Stoléru, de 1977 à 1981. Ce secrétariat d'État, plus encore que le ministère du Travail, joue un rôle important dans la définition de la nouvelle politique d'immigration. Celle-ci est désormais placée sous le signe, d'une part, de la maîtrise des flux migratoires, amorcée avec la suspension transitoire de l'immigration économique et familiale le 3 juillet 1974. Cette maîtrise des flux est déclinée sous le triptyque : regroupement familial (avec les circulaires du 18 juin et 2 juillet 1975 puis le décret du 9 juillet 1976), un temps suspendu en 1977 ; politique de retours planifiés à compter de 1978, visant essentiellement les Algériens ; restriction des autorisations de séjour (projet Stoléru préparé en février 1979). Le « règlement des problèmes sociaux des immigrés », d'autre part, constitue le second volet de cette

26. Rédaction *RFAS*, juillet-septembre 1968.
27. Ministère des Affaires sociales et de la Solidarité nationale, directeur de la Population et des Migrations, *Responsabilités gouvernementales et administratives en matière de population, migrations et famille depuis 1945*, *op. cit.*, p. 4.
28. Goby, art. cit. ; Coulomb, art. cit.
29. Décret n° 74-593 du 20 juin 1974, article 1er, cité par V. Viet, *op. cit.*, p. 360.

nouvelle politique d'immigration. Pénibilité des conditions de travail, absence de promotion professionnelle et « foyers prisons » en sont les trois principaux, révélés à l'opinion par la mobilisation des ouvriers de Penarroya depuis février 1972, la grève des OS des presses de Renault-Billancourt en mars-avril 1973 et celle dite des loyers des résidents des foyers Sonacotra, impulsée en 1971 par ceux du foyer des Grésillons, à Asnières, et Romain Rolland, à Saint-Denis [30].

En termes d'organisation administrative, la décennie 1970 confirme le rôle croissant de la DPM [31] – rôle d'application des décisions du secrétaire d'État aux Travailleurs immigrés plus que d'initiative cependant [32] –, et avec elle l'importance accrue accordée moins aux migrations qu'aux immigrés. La DPM fait en effet « apparaître pour la première fois au niveau d'une direction un groupe cible à régulation spécifique, les immigrés [33] ». Elle impulse une politique de recherche, à compter de 1975, dont l'un de ses conseillers techniques, André Lebon, rend compte en 1978, dans les pages de la *Revue française des Affaires sociales*, en ces termes : « la définition et l'application d'une nouvelle politique de l'immigration [ont fait] ressentir de façon plus aiguë encore le besoin d'études concrètes menées spécialement à l'attention de ceux qui ont en charge ce domaine [34] ».

Première manifestation visible de ce besoin d'expertise dans le contexte de cette nouvelle politique d'immigration, un dossier est consacré au « fait migratoire en France » en 1978 et coordonné par André Lebon. Ce dossier constitue un tournant à plus d'un titre : premier dossier sur le sujet, il marque la première occurrence de l'approche en termes de « seconde génération » pour désigner celle de « migrants nés en France ou entrée au titre du regroupement familial » – l'expression visant de fait les enfants de migrants originaires d'Afrique du Nord et subsaharienne davantage que ceux de migrants européens. De déplacement, la migration se transforme pour part en statut assigné à des populations n'ayant elles-mêmes jamais migré. Quelque deux décennies plus tard, plusieurs articles de la *Revue française des Affaires sociales* montreront les effets de stigmatisation de cette catégorie, révélant par là même la volonté, en l'occurrence du ministère des Affaires sociales et de l'Intégration (alors distinct de celui du Travail, de l'Emploi et de la Formation professionnelle), « de s'interroger sur le sens des mots qu'il emploie et le fondement des questions auxquelles il se réfère [35] », *via* le recours à des experts.

30. Cf. L. PITTI, « *Travailleurs de France, voilà notre nom.* Les mobilisations des ouvriers étrangers dans les usines et les foyers durant les années 1970 », *Migrance*, n° 25, « Immigration et luttes sociales : filiations et ruptures (1968-2003) », troisième trimestre 2005, p. 50-71.

31. Voir notamment sur ce point S. LAURENS, *Hauts fonctionnaires et immigration en France (1962-1982). Socio-histoire d'une domination à distance*, thèse de doctorat de sociologie, sous la direction de G. Noiriel, EHESS, 2006.

32. Cf. l'analyse de P. FOURNIER, directeur de la direction de la Population et des Migrations de juin 1974 à janvier 1979, recueillis par V. VIET *in idem*, p. 360-361.

33. B. FRIOT, « Les ministères sociaux et leurs services centraux depuis 1946 », *Revue française des Affaires sociales*, n° 1, janvier-mars 1996, p. 141-171, p. 160.

34. A. LEBON, « Présentation », *Revue française des Affaires sociales*, n° 2, avril-juin 1978, dossier « Les migrations externes… », *op. cit.*, p. 5-11, p. 6.

35. S. BONNAFOUS, « Mots et paroles de l'immigration. Essai de mise en perspective sur vingt ans », *Revue française des Affaires sociales*, hors série, décembre 1992, p. 5-14, p. 5. Simone Bonnafous est alors Professeur en sciences de l'information et de la communication à l'université Paris XII – Val-de-

On mesure là le tournant amorcé par le dossier de 1978, pour la première fois nourri de nombreuses contributions d'experts : enquêtes de terrain d'universitaires que le ministère reprend à son compte à la différence de ce qu'il en est dans la première moitié des années 1970, ou résultats des premières recherches commandées par la direction de la Population et des Migrations. On constate une place croissante de l'approche du terrain à l'aune d'articles signés par des agents des services extérieurs, par exemple de la Sécurité sociale. Ainsi Alain Coulomb, sous-directeur à la Caisse d'allocations familiales de Paris, contribuait déjà au numéro spécial « Démographie et Sécurité sociale », en 1977, par un article intitulé « Les travailleurs migrants et le système des prestations familiales », qui porte en sous-titre : « À partir d'éléments recueillis dans le département de la Seine-Saint-Denis[36] ». Cette orientation, délibérée, est explicitée en ces termes par Pierre Fournier, qui a succédé à André Postel-Vinay en juin 1974 aux fonctions de directeur de la Population et des Migrations :

> « Les contributions proviennent à la fois de la direction de la Population et des Migrations, chargée au ministère du Travail de suivre ces problèmes, et d'auteurs appartenant à d'autres services ou à des organismes de recherche extérieurs, chacun des participants conservant la responsabilité des idées exprimées. Elles sont ainsi le reflet d'une politique menée délibérément par l'administration, tendant à établir un dialogue permanent entre équipes de recherche et responsables administratifs et surtout à assurer une exploitation et une diffusion des résultats dans les milieux appelés à agir au contact direct des migrants ou à prendre les décisions qui orientent l'action au plan général[37]. »

Bien que moindre, le rôle du service des Études et de la Statistique du ministère du Travail dans le champ des migrations est à souligner. Olivier Villey par exemple, qui y est chargé de mission, signe trois articles sur le sujet entre 1978 et 1981, le premier dans la *Revue française des Affaires sociales*, consacré aux « Effets directs de l'immigration sur les finances des administrations publiques. Le cas français » (en avril-septembre 1978), les deux autres dans *Travail et Emploi*, dont il faut préciser qu'elle est éditée par le service des Études et de la Statistique, sur « La main-d'œuvre étrangère et la crise en France » (en avril 1980) et « Le redéploiement actuel de la main-d'œuvre étrangère passé le premier choc de la crise » (en avril 1981).

À la différence du rôle joué par les agents de l'ONI ou de la sous-direction de la Main-d'œuvre étrangère dans les années 1946-1964, l'implication de ces deux services dans la production éditoriale de la *Revue française des Affaires sociales* et de *Travail et Emploi* entre 1966 et 1984 va moins dans le sens d'une présentation de, ou d'un regard réflexif sur l'organisation administrative du ministère en matière de migrations que d'une « activité en matière de recherche et de documentation[38] »,

---

Marne et membre du laboratoire de lexicométrie et textes politiques de l'École normale supérieure de Fontenay-Saint-Cloud.

36. Coulomb, art. cit.

37. P. Fournier, Avant-propos au dossier « Les migrations externes… », *Revue française des Affaires sociales*, n° 2, avril-juin 1978, p. 3-4, p. 3.

38. A. Lebon, « Présentation », *Revue française des Affaires sociales*, n° 2, avril-juin 1978, dossier « Les migrations externes… », art. cit., p. 5-11, p. 5.

en l'occurrence d'analyse des problèmes sociaux de l'immigration, que relaiera la MIRE à partir de 1983. Il faudra attendre 1997 pour que Gérard Moreau, directeur de la Population et des Migrations de 1983 à 1997, renoue avec ce regard réflexif – après avoir quitté la DPM pour le ministère de l'Aménagement du territoire, de la Ville et de l'Intégration.

Le changement de majorité présidentielle, en 1981, ne bouleverse pas les orientations de la politique d'immigration. À l'exception de l'opération de régularisation organisée par la circulaire du 11 août 1981, la politique d'immigration se structure autour d'une frontière toujours plus marquée entre réguliers et illégaux, la lutte contre l'immigration clandestine étant considérée comme condition de possibilité de ce que l'on appellera bientôt « l'intégration » des immigrés réguliers.

Sur le plan des structures, le changement survient en 1984 : la politique et l'administration de l'immigration échappent alors, durablement, au ministère du Travail. Si les premiers gouvernements Mauroy, revenant à un ministère des Affaires sociales, restructurent partiellement l'organisation administrative en matière d'immigration, « le secrétaire d'État à la Famille [recevant, sous le troisième gouvernement Mauroy (mars 1983)] la responsabilité de la population et des travailleurs immigrés [39] », le changement est radical, en matière d'organisation administrative, sous le gouvernement Fabius, en juillet 1984. Renouant avec la division des portefeuilles ministériels entre Affaires sociales et solidarité nationale (portefeuille dont est chargée Georgina Dufoix), d'une part, et Travail, Emploi et Formation professionnelle d'autre part (portefeuille qui revient à Michel Delebarre), ce changement des structures ministérielles marque la disparition des appellations de population, de famille et de travailleurs immigrés. En outre, la DPM est désormais placée « sous la seule autorité du ministre des Affaires sociales (alors que le décret du 6 juillet 1981 permettait au ministre du Travail de disposer autant que de besoin de la DPM) [40] ».

La traduction éditoriale de ce changement ne se fait pas attendre : *Travail et Emploi* ne publie que deux articles sur le sujet entre 1984 et 2004, tandis que la production de la *Revue française des Affaires sociales* en la matière peine à trouver une ligne directrice – au moins jusqu'en 1992 et au regard critique sur les logiques de l'intégration.

39. Ministère des Affaires sociales et de la Solidarité nationale, directeur de la Population et des Migrations, *Responsabilités gouvernementales et administratives en matière de population, migrations et famille depuis 1945*, *op. cit.*, p. 6.
40. *Idem.*

L'État et les acteurs sociaux face à la démocratie industrielle en France et en Allemagne entre 1945 et les années 1980

Michèle DUPRÉ, Olivier GIRAUD, Michèle TALLARD et Catherine VINCENT

Entre 1945 et l'entrée en crise des économies occidentales entre les années 1970 et 1980, différents pays d'Europe occidentale ont forgé des modèles nationaux de démocratie industrielle dotés chacun d'une grande singularité. Produits de trajectoires historiques nationales qui mêlent orientation du développement économique, dynamiques des mobilisations sociales, des acteurs organisés ou encore des institutions [1], ces modèles de démocratie industrielle combinent des éléments variés qui tiennent tous à la question des rapports de pouvoir et de la démocratie dans la vie économique, et, plus précisément, du travail. Il s'agit alors des procédures de négociation des salaires, de l'organisation du pouvoir au sein de l'entreprise, en passant par la structuration des systèmes d'emploi ou encore, le cas échéant, par l'organisation de la protection sociale, etc. Cette notion ancienne et générique de démocratie industrielle [2] permet aux comparativistes de dépasser les traditions nationales d'étude qui déterminent souvent des champs et des objets d'analyse de façon trop précise et montre bien au contraire les interdépendances qui existent entre ces différents enjeux.

Notre angle d'approche de la démocratie industrielle se limite cependant pour la présente contribution à l'analyse de la construction de la place des salariés dans l'entreprise en France et en Allemagne, de l'après-guerre au début des années 1980 pour ce qui est de la phase d'institutionnalisation [3]. Alors que dans ces deux pays, le mouvement ouvrier se confronte depuis le XIXe siècle à la question centrale de la socialisation des moyens de production, la transformation des rapports de pouvoir dans l'entreprise tient une place bien spécifique à chaque trajectoire natio-

1. B. ZIMMERMANN, C. DIDRY et P. WAGNER (dir.), *Le travail et la nation. Histoire croisée de la France et de l'Allemagne*, Paris, Éditions de la Maison des sciences de l'homme, 1999.
2. S. et B. WEBB, *Industrial Democracy*, Londres, Longmans, Green & Co., 2 volumes, 1897.
3. En réalité, côté allemand, l'analyse porte sur la période qui va jusqu'en 1976, année du vote par le parlement fédéral d'une loi importante sur la codétermination, alors qu'en France, elle se prolonge jusqu'en 1982, avec l'adoption des lois Auroux qui modifient notablement les relations professionnelles.

nale. Outre-Rhin, cette question constitue un répertoire central des mobilisations ouvrières et syndicales depuis le début du XXe siècle[4] ; en France, elle est traditionnellement un enjeu peu mobilisateur pour le monde ouvrier. Cependant, dans les deux pays, la modernisation de la vie économique et du monde du travail se reformule après guerre, et notamment à partir des années 1960, autour des questions de démocratie dans l'entreprise.

Après avoir proposé un bilan comparatif des situations en début de période, au tournant des années 1950 et 1960, notre réflexion porte sur l'analyse des trajectoires d'institutionnalisation de la représentation salariée dans l'entreprise des années 1960 à 1980. Nous nous intéressons dans ce cadre à la constitution de répertoires d'idées, qu'ils soient véhiculés par des partis politiques, des organisations syndicales, des mouvements moins structurés (milieux chrétiens, réseaux patronaux, *think tanks*, etc.). Nous pensons que les modes d'organisation de la concertation sociale, qui peuvent prendre la forme d'une négociation structurée (arènes) ou de simples forums de débats d'idées[5], ou renvoient encore à des formes différenciées de mobilisation de l'expertise[6], jouent un rôle clé dans ces processus. Nous analysons les procédures de traduction institutionnelle (législatives, conventionnelles...) des différents compromis s'appuyant sur ces répertoires d'idées et ces modalités de la concertation sociale qui constituent le point d'aboutissement des dynamiques précédentes. Dans un troisième temps enfin, nous tenterons un bilan comparatif de la période d'institutionnalisation qui sera rapporté aux modalités et aux conséquences de la mise en œuvre de ces dispositifs dans les entreprises.

Les prémices de l'institutionnalisation des rapports de pouvoir dans l'entreprise

France : entre CE et association capital-travail, l'introuvable consensus sur la démocratie industrielle

À la Libération, le pouvoir des salariés dans l'entreprise est un enjeu important dans le contexte de la reconstruction, alors que les syndicats peuvent s'appuyer sur une forte crédibilité acquise dans la Résistance et que le patronat s'est au contraire souvent discrédité au cours de cette période. Certes des projets politiques antagonistes – sous-tendus par les principales forces : gaulliste et communiste – sont présents, mais la volonté commune de construire les fondements d'une nouvelle société se concrétise essentiellement dans le champ de la protection sociale. À la différence du modèle beveridgien, qui propose une protection sociale générale de la population au travers d'une redistribution opérée par l'État, le projet français de

4. U. REHFELDT, « Démocratie économique et cogestion : une mise en perspective historique », *La Revue de l'IRES*, 3, 1990, p. 59-80.
5. B. JOBERT, « La régulation politique : le point de vue d'un politiste », J. COMMAILLE et B. JOBERT (dir.), *Les métamorphoses de la régulation politique*, Paris, LGDJ, 1998, p. 119-144.
6. S. RUDISCHHAUSER et B. ZIMMERMANN, « La modernisation de l'action publique : le cas du chômage en France et en Allemagne », B. ZIMMERMANN (dir.), *Les sciences sociales à l'épreuve de l'action. Le savant, le politique et l'Europe*, Paris, Éditions de la Maison des sciences de l'homme, 2004, p. 251-289.

Sécurité sociale porté par Pierre Laroque, basé sur les cotisations salariales, se veut également un nouveau modèle de démocratie au travers de la participation des représentants des salariés à la gestion du système.

Pour ce qui concerne les rapports de pouvoir dans l'entreprise, les projets divergent mais la période est propice à l'élaboration d'un compromis sur cet enjeu : celui-ci se matérialise dans l'ordonnance du 25 février 1945, complétée par la loi du 16 mai 1946, qui crée les comités d'entreprise. Ceux-ci constituent une configuration originale dans laquelle un rôle consultatif en matière économique s'articule à un rôle gestionnaire en matière d'œuvres sociales. Dans la dynamique de la promulgation de la loi de 1946, les comités d'entreprise, dominés le plus souvent par la CGT, se multiplient mais à partir de 1947, la montée des grèves et l'évolution de la stratégie du parti communiste dans la guerre froide changent la donne. Face à la CGT qui veut faire de ces institutions des instruments de combat contre le capitalisme, le patronat se raidit et, en conséquence, le nombre de CE diminue fortement dans les années 1950 et 1960[7].

Toutefois, tout au long des années 1950, deux grands répertoires d'idées situent le débat sur la démocratie industrielle : d'une part, l'implication des salariés dans la vie de l'entreprise au travers de l'élargissement des droits des CE et, d'autre part, une collaboration organique entre salariés et patronat au travers de l'association capital-travail. Entre ces deux termes, le ministère du Travail tente d'asseoir la légitimité de l'institution dans sa configuration originelle. La direction du Travail s'oppose de façon constante à toutes les propositions visant à réduire ou supprimer les comités d'entreprise au profit d'autres institutions faisant des salariés des associés[8]. De la même manière, cette direction résiste aux tentatives, émanant principalement du MRP et dans une moindre mesure de députés SFIO, d'accroître les pouvoirs de gestion des comités mais se montre favorable aux propositions parlementaires cherchant à développer les moyens des comités[9].

Les contradictions syndicales, qui transforment une institution de coopération en un lieu de conflit, ainsi que l'opposition patronale à la représentation ouvrière, jugée inutile et dangereuse, et la répression qui en découle à l'encontre des élus et des syndicalistes freinent le développement de la représentation élue et font des CE, à la fin des années 1950, une institution faible. Dans une IVe République où l'instabilité gouvernementale cohabite avec un dirigisme étatique dans le domaine économique, les partenaires sociaux sont peu légitimes pour participer à la régulation macrosociale, si ce n'est à titre consultatif dans le Plan et le Conseil économique et social. Le droit social évolue peu d'ailleurs dans cette décennie. Les organisations syndicales n'obtiennent pas de reconnaissance juridique dans l'entreprise et doivent

7. J.-P. Le Crom, *L'introuvable démocratie salariale. Le droit de la représentation du personnel dans l'entreprise (1890-2002)*, Paris, Syllepse, 2003.
8. Pas moins de 16 propositions de loi, émanant soit de membres du Conseil de la République, soit de députés du MRP ou encore du groupe RPF, sont déposées sur la participation du personnel aux bénéfices et à la gestion des entreprises entre juin 1946 et janvier 1954 (Archives nationales, CAC 890293, article 4).
9. Par exemple celle du 31 mai 1950 qui augmente le nombre de délégués dans les entreprises de plus de 5000 salariés (AN, CAC 890293, article 5).

le plus souvent négocier à l'extérieur, au niveau de la profession où la loi de 1950 sur les conventions collectives a installé la branche comme l'institution dominante des relations professionnelles françaises.

Allemagne : reconnaissance des acteurs syndicaux et mobilisations autour de la codétermination

La période de reconstruction est liée en Allemagne au choc subi après l'effondrement de l'Allemagne nazie et est marquée par des revendications visant à fonder un ordre économique qui tourne le dos à la fois à un capitalisme non régulé et à une forme d'État dirigiste. Les acteurs politiques et sociaux s'engagent alors dans des voies nouvelles en partie inspirées du modèle socialiste.

En zone britannique, la CDU appelle ainsi de ses vœux en février 1947 un nouvel ordre économique et social dont « le contenu et la visée ne peuvent être la seule recherche capitaliste du profit et du pouvoir, mais le bien-être général de notre peuple [10] ». Pour ce faire est envisagée entre autres une « refondation de la relation entre le patron et le salarié dans l'entreprise » *via* la *Mitbestimmung*.

À gauche, le SPD est encore ancré dans des perspectives d'évolution vers un socialisme dont l'économie devra être dirigée. L'Église catholique salue la refondation du DGB « comme cartel des forces de travail », qui doit cependant « être plus qu'un cartel pour les salaires [11] ». Il s'agit à travers les luttes sociales de retrouver la dignité de l'homme. C'est au sein du DGB, organisation faîtière peu profilée politiquement, et où se retrouvent, d'une part, des membres issus du SPD ou des partis de gauche et, d'autre part, des membres issus de la CDU/CSU et plutôt porteurs des valeurs chrétiennes, que les débats vont être vigoureux. Dans son programme de Munich de 1949, le DGB s'en tient à de grandes revendications générales : mise en œuvre d'« une politique économique qui garantisse le plein emploi, la codécision, le transfert des industries clefs dans la propriété collective, la participation appropriée de tous les travailleurs au revenu national [12] ». Les représentations patronales ont quant à elles été recréées, tout d'abord au niveau régional, sur une base fonctionnelle : BDI en charge des problèmes économiques et industriels, BDA en charge des négociations avec les syndicats et les chambres consulaires DIHT et DHKT [13].

Avec la création de la RDA et la montée de la guerre froide, les dissensions fondées sur l'opposition entre une économie de marché et une économie planifiée perdent de leur importance au sein de la RFA mais deviennent une des dimensions majeures de la confrontation inter-allemande. Ainsi, le premier programme d'action du DGB de mai 1955 s'oriente vers des revendications de politique sociale en reconnaissant que « les rapports de forces entre capital et travail ont évolué de telle

---

10. *Das Ahlener Programm des CDU der britischen Zone vom 3/2/1947*, p. 1 (programme politique de la démocratie-chrétienne dans la zone d'occupation britannique).
11. F. DEUS, « Die neue deutsche Gewerkschaftsbewegung und die christliche (katholische) Gesellschaftslehre », *Gewerkschaftliche Monatshefte*, 1/1950, p. 13-16.
12. H. BÖCKLER, « Geleitwort », *Gewerkschaftliche Monatshefte*, 1/1950, p. 1-2.
13. W. MUELLER-JENTSCH, « Lernprozesse mit konträren Ausgängen », *Gewerkschaftliche Monatshefte*, 05/1995, p. 317-318.

manière qu'il serait utopique de croire pouvoir fonder un nouvel ordre économique » (Otto Brenner, président du syndicat de la métallurgie IG Metall depuis 1956, au Congrès de 1955[14]). Dès 1959, le programme de Godesberg du SPD ne fait plus référence au marxisme et s'engage sur une voie réformatrice. Reste à institutionnaliser la place qui revient à chacun dans le modèle qui s'esquisse alors.

Dans le domaine des relations industrielles, la période voit la promulgation de trois lois d'importance. La *Tarifvertragsgesetz* (loi sur les conventions collectives) de 1949 reconnaît l'indépendance des partenaires sociaux par rapport à l'État ; la *Montanmitbestimmungsgesetz* (loi sur la codétermination) de 1951 organise un partage intégral du pouvoir entre employeurs et syndicats au sein du comité de surveillance des entreprises du charbon et de l'acier ; en revanche, la *Betriebsverfass ungsgesetz* (loi sur l'organisation de l'entreprise) de 1952 ne produit pas d'avancées similaires alors même que la loi exclut les syndicats de l'entreprise. Toutefois, les syndicats n'auront de cesse de contrôler les *Betriebsräte*, conseils d'entreprise qui sont la réactivation des conseils arrachés en 1920 suite aux insurrections révolutionnaires, et d'en soutenir la création dans les entreprises « usant d'une stratégie double : soutien, conseil et formation des conseils d'entreprise, mise en place de "personnes de confiance" », émanant du syndicat et « devant lutter contre l'égoïsme d'entreprise des conseillers[15] ». Pour les syndicats, la *Mitbestimmung* devient une revendication en soi, un moyen d'étendre la démocratie.

Dans les deux pays, la question de la place des salariés et de leurs représentants dans le nouvel ordre économique à construire se pose dans l'immédiat après-guerre. En France, le consensus institutionnalisé en 1945-1946 dans les dispositions sur les comités d'entreprise s'effrite rapidement avec la radicalisation de la CGT dans le contexte de la guerre froide. En Allemagne au contraire, la situation particulière du pays dans le contexte de tension internationale pousse les uns et les autres à maintenir la recherche du consensus. Un système original de démocratie industrielle se construit outre-Rhin en partie sur la base du programme réformateur du DGB : l'autonomie des partenaires sociaux est acquise tôt (1949) ; en revanche, la loi fédérale sur le *Betriebsrat* (1952) ne permet pas d'envisager une forme de partage du pouvoir entre salariés et patrons dans l'entreprise, comme les syndicats le revendiquaient. En France comme en Allemagne, les organisations syndicales ne sont pas admises en tant que telles dans l'entreprise et les instances du personnel sont posées avant tout comme des instances coopératives.

Les valeurs chrétiennes et modérées sont présentes dans le débat d'idées des deux côtés de la frontière, mais en France, elles ne parviennent pas à influencer avant les années 1960 les formes d'institutionnalisation, dans un contexte marqué par un syndicalisme de lutte de classe.

Enfin, en France, le ministère du Travail, gardien du *statu quo* hérité de la Libération, joue un rôle important au sein d'un État seul détenteur de l'intérêt général ; à ce titre il organise notamment la concertation au sein du Plan. En Allemagne,

14. D. Hensche, « Grundsatzprogramm und Wirtschaftsordnung, Zur gewerkschaftlichen Programmatik seit 1945 », *Gewerkschaftliche Monatshefte*, 11/1976, p. 691.
15. W. Mueller-Jentsch, « Lernprozesse... », art. cit., p. 324.

les mécanismes de la concertation sociale reposent après-guerre surtout sur des formes originales d'imbrication entre l'économie, le social et le politique, malgré l'hostilité des gouvernements ordo-libéraux [16] à l'égard de l'influence des groupes d'intérêts sur la vie politique et sociale.

Les dynamiques d'institutionnalisation au long des décennies 1960 et 1970 : idées, acteurs, modes de concertation et institutions

France (1958-1982) : la démocratie industrielle est débattue sans parvenir au stade de l'institutionnalisation

La prise du pouvoir par le général de Gaulle et l'instauration de la Ve République remettent à l'ordre du jour le débat sur une troisième voie originale de modernisation de la société française au travers de l'association capital-travail qui trouvera un début de réalisation dans les ordonnances sur l'intéressement de 1959 – système incitatif – et de 1967 – dispositif obligatoire mais limité aux entreprises bénéficiaires. Ce dispositif transforme les salariés en « possédants [17] » plus qu'il ne les associe à la gestion de l'entreprise, cela en dépit des intentions de de Gaulle. Les ministres du Travail successifs, issus plutôt de la mouvance des gaullistes de gauche, tentent de consolider les CE : amélioration de la protection des élus du personnel contre les licenciements (1959) ; nouvelles prérogatives des CE en matière économique et sociale et renforcement des droits et de la protection des représentants syndicaux au CE (1966) [18]. Mais ces derniers peinent à se faire entendre dans un contexte où les politiques publiques visent d'abord à la mutation de l'appareil industriel et à la stabilisation de l'économie alors qu'il s'agit de ne pas mécontenter le CNPF.

La recherche des voies d'un renouvellement de la démocratie en faisant une plus grande place aux salariés, si elle est secondaire dans les cercles gouvernementaux, anime plusieurs forces sociales, au premier rang desquelles la CFTC et le club Jean

16. Ces gouvernements se fondaient sur la doctrine ordo-libérale née dans les années 1930 autour d'une vision de la société comme composée de plusieurs ordres (économique, politique, social, culturel) interdépendants. Le modèle de l'économie de marché est alors celui qui assure la meilleure cohérence d'ensemble du système et il incombe à l'État de garantir un fonctionnement correct des processus de marché, sans interférence excessive des pouvoirs économiques publics et privés. « L'État doit limiter le pouvoir des groupes d'intérêt économique, modeler le cadre économique et n'intervenir dans le processus de marché que de manière subsidiaire » (J.-D. Weisz, « Aux fondements du modèle économique allemand : l'ordo-libéralisme, l'économie sociale de marché et la légitimation de l'activité économique de l'État en Allemagne », A.-M. Le Gloannec [dir.], *L'État en Allemagne : la République fédérale après la réunification*, Paris, Presses de Sciences Po, 2001, p. 185-212, p. 191).
17. « Je crois que les salariés ont le droit et le désir de devenir des possédants. Grâce à cette propriété, fût-elle faible au départ, ils se sentiront liés à un système économique, même s'il reste en partie capitaliste, et au progrès de ce système » (déclaration de G. Pompidou, Premier ministre, septembre 1967, AN, CAC 970084, article 1).
18. Les avant-projets de la loi du 18 juin 1966, rédigés dès 1963, étaient plus ambitieux ; G. Pompidou a bridé l'impulsion des plus progressistes. Dans les mois qui suivent l'adoption de la loi, plusieurs circulaires d'application retiennent l'ardeur des inspecteurs du travail qui s'appuient, au grand dam des fédérations patronales, sur ce texte pour accélérer la mise en place des CE (AN, CAC 890293, article 6).

Moulin[19]. La première, qui condamne le régime capitaliste dès sa création, voit se consolider au congrès de 1955 une importante minorité prônant un socialisme démocratique. Au congrès de la CFDT de 1970 l'idée d'autogestion est âprement débattue mais devient le fondement du projet de société cédétiste[20]. Le club Jean Moulin, fondé à la fin des années 1950 à partir d'un noyau d'anciens résistants et constitué de hauts fonctionnaires, d'universitaires et de syndicalistes, met en avant, à l'occasion de la parution du livre d'un proche de ce club sur la réforme de l'entreprise, la participation par des procédures de contrôle et d'influence des représentants des salariés à un « nouveau gouvernement » de cette « communauté d'intérêts » qu'est l'entreprise[21].

Ces débats sur la transformation de la société française se déroulent également au sein des instances de concertation du Plan où se confrontent experts et représentants des forces économiques et sociales. Certes, la démocratie industrielle au niveau de l'entreprise n'y est pas débattue mais ce sont bien des formes originales de démocratie sociale qui sont expérimentées au sein des commissions de concertation où chacun participe au Plan conçu, selon l'expression gaullienne, comme une « ardente obligation ». Les négociations sociales se déroulent essentiellement au niveau des branches professionnelles mais cette pratique ne dépasse guère les grandes branches industrielles : au milieu des années 1960, seul un tiers des branches de plus de 10 000 salariés est couvert par une convention collective.

La conjoncture économique récessive, une situation sociale tendue marquée par des grèves violentes de défense de l'emploi dès avril 1965 poussent les organisations syndicales à tenter de convaincre le CNPF de la nécessité de négociations interprofessionnelles. Malgré l'accord d'unité d'action CGT-CFDT (10 janvier 1966) qui réclame la conclusion d'un accord interprofessionnel sur les salaires, l'emploi, et l'extension du droit syndical[22], il faudra le mouvement de mai 1968 pour vaincre les résistances patronales[23]. Lors de cet important mouvement social, le « pouvoir des travailleurs » occupe le devant de la scène dans un certain nombre de grèves symboliques. Le constat de Grenelle n'en donne un débouché que dans la reconnaissance de la section syndicale et dans un programme de négociation sociale.

Après le départ du général de Gaulle, l'élection de Georges Pompidou et la nomination de Jacques Chaban-Delmas, la nécessité de rénover « la société bloquée » par l'archaïsme des structures sociales est à l'ordre du jour. Le programme de la « nouvelle société » se donne comme objectif de transformer les relations professionnelles – alors largement marquées par la logique du conflit –, notamment par le développement de la négociation collective au niveau interprofessionnel et dans les entreprises nationalisées ainsi que par la reconnaissance « pleine et entière du fait

19. C. Andrieu, *Pour l'amour de la République. Le club Jean Moulin, 1958-1970*, Paris, Fayard, 2002.
20. F. Georgi, *L'invention de la CFDT, 1957-1970*, Paris, Éditions de l'Atelier/CNRS Éditions, 1995.
21. F. Bloch-Lainé, *Pour une réforme de l'entreprise*, Paris, Seuil, 1963, p. 42 et 56.
22. Sur ce dernier point, il s'agit tout à la fois d'obtenir de meilleures garanties contre la répression et d'étendre les droits d'information économique.
23. Malgré les réticences internes, le CNPF accepte toutefois d'ouvrir des « conversations » en matière d'emploi qui aboutiront le 28 février 1968 à la signature d'un accord sur le chômage partiel avec l'ensemble des organisations syndicales sauf la CFDT.

syndical ». Toutefois, c'est essentiellement au niveau macrosocial que la rénovation du compromis sera recherchée à l'initiative de Jacques Delors – issu de la CFDT –, alors conseiller social du Premier ministre. Celui-ci s'attache à la mise en œuvre du constat de Grenelle en encourageant la négociation interprofessionnelle tant sur les procédures de la négociation collective que sur l'amélioration des conditions de travail, l'emploi et la formation professionnelle. Une série de négociations de rénovation du statut social s'engagent donc au début des années 1970, donnant lieu à une dynamique de lois négociées au sens où les débats entre partenaires sociaux priment dans l'élaboration de la loi [24].

Les débats sur de nouvelles formes d'organisation du pouvoir des salariés dans les entreprises sont au premier plan dans l'élaboration des projets de société des principales organisations syndicales [25]. La CGT, s'inscrivant dans la dynamique du programme commun, propose, dans l'hypothèse d'un changement du pouvoir politique, des modes de « gestion démocratique » des entreprises nationalisées pouvant être étendus sous certaines conditions aux entreprises privées. La CFDT, quant à elle, tout en misant sur un changement politique, tente plutôt, en prenant appui sur les luttes remettant en cause les rapports de pouvoir dans l'entreprise, de préfigurer la société autogestionnaire à venir. Enfin, cette période est aussi celle où, au sein du Plan, s'ajoute à la concertation active un développement de l'expertise avec le lancement de nombreux programmes de recherches sur les transformations de la société. L'aspiration des salariés à une plus grande démocratie dans l'entreprise devient aussi manifeste. Le conflit Lip qui pose ouvertement la question de la gestion de l'entreprise par les travailleurs en est emblématique. Cette expérience alimente les débats au sein de la CFDT sur la place de l'autogestion dans une société socialiste [26]. Sensible à ces nouveaux thèmes, une fraction moderniste du patronat prend ses distances avec les résistances des organisations officielles (CNPF, CGPME) à toute extension du pouvoir des salariés dans l'entreprise : il s'agit notamment du Centre des jeunes dirigeants (CJD) ou du mouvement Entreprise et progrès.

Les débuts de l'ère giscardienne se caractérisent par une volonté de réforme tendue par deux enjeux contradictoires : d'une part, la volonté de moderniser la société française en profondeur vers une « société libérale avancée », d'autre part, dans le contexte de crise économique internationale et nationale durable, le renforcement de l'action de l'État en direction des victimes de la crise et la politique de lutte contre le chômage deviennent des objectifs prioritaires des gouvernements successifs ainsi que des négociations interprofessionnelles. Dans le domaine des relations professionnelles, Giscard d'Estaing reprend à son compte le thème de la modernisation de l'entreprise, choix largement lié à l'alliance électorale passée avec les centristes réformateurs. Dès juin 1974, le Premier ministre, Jacques Chirac, annonce la création d'un comité de travail sur la réforme de l'entreprise composé de

---

24. M. Tallard, *Action publique et régulation de branche de la relation salariale*, Paris, L'Harmattan, 2004.
25. M. Pigenet, P. Pasture et J.-L. Robert (dir.), *L'apogée des syndicalismes en Europe occidentale 1960-1985*, Paris, Publications de la Sorbonne, 2005.
26. Archives de la CFDT, boîte 8H502.

patrons de sensibilité moderniste, de syndicalistes ouverts à la discussion[27] et d'universitaires et charge Pierre Sudreau, gaulliste de la première heure, de le présider. Les discussions sont ouvertes, mais les divergences ne sont pas gommées[28]. Elles portent principalement sur la place des syndicats dans l'entreprise et l'information économique des salariés. Pour le patronat, « les délégués syndicaux sont encore des épouvantails[29] ». Un des paragraphes du rapport final s'intitule d'ailleurs « reconnaître le syndicat comme partenaire », ce qui démontre bien qu'il ne l'est toujours pas dans la France de 1975. En matière de décision économique, la position frileuse du patronat rencontre celle des organisations syndicales pour qui « les extensions de compétences ne pourraient aller jusqu'à conférer au CE un pouvoir de veto ou de codécision[30] ». Les représentants syndicaux lui préfèrent la notion de pouvoir d'influence des salariés, le rapport propose une formule de cosurveillance basée sur la participation facultative de représentants des salariés qui n'auraient que des droits d'information.

Du fait de l'hostilité patronale (à l'exception du CJD et du patronat chrétien) et du peu d'enthousiasme des syndicats pour qui la priorité est au changement politique, le rapport Sudreau ne débouche que sur une seule application législative directe en matière sociale : la création par la loi du 12 juillet 1977 du bilan social. Pourtant, son contenu irrigue les débats et la réflexion de la gauche : les lois Auroux qui résultent d'un large débat préparatoire au tournant des années 1980 à l'intérieur de réseaux d'experts et de syndicalistes et d'une large concertation dans les premiers mois de la nouvelle législature sont, d'une certaine manière, un effet différé de ce rapport qui évoquait le droit d'expression des salariés, l'institution d'une représentation du personnel au niveau des groupes ou celle d'un droit d'alerte. L'élection de représentants des salariés dans les conseils d'administration n'est instituée que dans les entreprises publiques qui, après la vague de nationalisation de 1982, constituent cependant le cœur de l'économie française.

Du début des années 1960 jusqu'au vote de la **Mitbestimmungsgesetz** *en 1976 : une avancée forte vers la « démocratie économique » côté allemand*

À la démission de Konrad Adenauer en 1963, au sein des gouvernements CDU, l'influence des ordo-libéraux orthodoxes s'estompe au profit des modernistes et des représentants de l'aile sociale du parti, avant que le SPD n'accède au pouvoir dans le cadre de la grande coalition à partir de 1966, puis comme partenaire majeur d'une coalition à partir de 1969. Les deux ministres du Travail de la période, Hans

27. La CFDT est représentée par Albert Detraz, qui vient de quitter la direction confédérale et la CGT, refuse d'y participer formellement mais sera auditionnée par les groupes de travail et en séance plénière.

28. Cette appréciation nous a été notamment confirmée par Jean-Daniel Reynaud (entretien du 2 février 2006).

29. Propos tenus par Jean-Maurice Verdier (entretien du 2 mars 2006).

30. Avis du Conseil économique et social, saisi par lettre du Premier ministre sur la réforme de l'entreprise, session des 1er et 2 juillet 1975, *Journal officiel, Conseil économique et social*, 5 août 1975.

Katzer (CDU) et Walter Arendt (SPD), sont membres du DGB, ce qui manifeste bien l'existence dans l'univers de l'économie et du travail de lieux d'échanges et de délibération entre droite et gauche politique, mais aussi entre patronat et syndicat.

Ce recentrage, puis ce déplacement du pouvoir vers la gauche se traduit dans un premier temps par la mise en place d'un conseil d'expertise économique dès 1963, puis du *Sozialer Dialog* qui dès 1965 vise à marquer la fin de la période de la reconstruction et la volonté d'intéresser les partenaires sociaux à la gestion du pays[31]. Avec la grande coalition, cette réorientation prend une ampleur différente et entraîne l'émergence de nouveaux instruments – indicateurs statistiques notamment – et d'un nouveau corps d'experts économiques qui permettent de rompre avec les formes principalement libérales du pilotage macro-économique[32]. Le gouvernement de grande coalition est avant tout marqué par l'influence déterminante du ministre fédéral SPD de l'Économie Karl Schiller qui souhaite orienter l'économie en associant les partenaires sociaux à travers un dispositif, la *Konzertierte Aktion*, auquel participe le conseil d'expertise économique. L'objectif est de « mener une action qui tente de maintenir l'équilibre entre des éléments ordo-libéraux, des éléments keynésiens et des éléments néo-corporatistes[33] ». Une loi de soutien à la stabilité et de croissance de l'économie, promulguée en 1967, explicite le rôle de chacun. Elle vise à la fois la stabilité des prix, un haut niveau d'emploi et l'équilibre commercial, et prévoit un rapport annuel du gouvernement donnant son avis sur celui du conseil d'expertise économique. L'inflexion est nette par rapport aux années 1950 pendant lesquelles l'influence des partenaires sociaux était considérée comme une survalorisation néfaste des intérêts particuliers aux dépens de l'intérêt général[34].

Les syndicats s'engagent à partir de février 1967 dans la *Konzertierte Aktion* sous la menace d'une crise économique « qui mettait en danger le facteur principal d'intégration de la RFA, à savoir la prospérité économique[35] », mais aussi dans l'espoir d'obtenir du pouvoir politique des compensations sur le plan des positions de pouvoir des salariés dans l'entreprise, cela de façon articulée avec des organes de gestion des politiques sociales, de la politique macroéconomique de l'État[36]. Les réunions dans le cadre de la *Konzertierte Aktion* sont conçues comme une concertation sociale qui ne donne pas lieu à négociation. Les syndicats ont d'abord joué le jeu de la modération salariale – de 1967 à 1969 – avant que les grèves sauvages de 1969 ne signent l'exaspération des salariés à l'encontre de la stagnation de leur pouvoir d'achat et ne conduisent le DGB à mettre un coup d'arrêt au processus, qui se vide dans les années 1970 peu à peu de sa substance.

31. A. Nütznadel, *Stunde der Ökonomen*, Göttingen, Vandenhoeck & Ruprecht, 2005.
32. H. Tietmeyer, « Die Gründung des Sachverständigenrates aus Sicht der Wirtschaftspolitik », *40 Jahre Sachverständigenrat 1963-2003*, 2003, p. 132.
33. K. Schönhoven, *Wendejahre. Die Sozialdemokratie in der Zeit der Grossen Koalition 1966-1969*, Bonn, Dietz, 2004.
34. A. Zimmer et B. Wessels, *Verbände und Demokratie in Deutschland*, Opladen, Leske+Budrich, 2001.
35. *Ibid.*, p. 11.
36. A. Klöne et H. Reese, « Zeiten des Umbruchs. Die Gewerkschaften unter der Großen Koalition », H. O. Hemmer et K. T. Schmitz (dir.), *Geschichte der Gewerkschaften in der Bundesrepublik Deutschland. Von den Anfängen bis heute*, Cologne, Bund Verlag, 1990, p. 251-279.

Les revendications syndicales en matière d'extension du pouvoir des salariés dans l'entreprise font l'objet d'intenses discussions entre le SPD et le DGB. La nouvelle *Betriebsverfassungsgesetz* de 1972 représente en la matière une avancée importante « en officialisant l'accès à l'établissement des représentants des syndicats, en scellant la légitimité du monopole syndical dans la gestion des conflits et la conduite des négociations collectives ainsi qu'en ouvrant le champ de la codétermination aux questions de rémunération [en sus des accords tarifaires], de temps de travail et de gestion de l'emploi[37] ». Inscrite au programme du second gouvernement de Willy Brandt et fortement soutenue par les syndicats, cette loi ne donne pas lieu à des débats particulièrement passionnés.

En revanche, la loi sur la codétermination de 1976 qui réorganise les relations de pouvoir au niveau des conseils de surveillance des entreprises donne lieu à une série de conflits. Le syndicat défend en la matière l'extension des règles de parité au sein des conseils de surveillance de toutes les grandes entreprises allemandes, ce qui provoque une opposition très forte de la part du patronat et impose au gouvernement fédéral un travail important de médiation politique. Les syndicats exercent alors une pression maximale en mobilisant l'opinion sur cette thématique dans la perspective des élections fédérales de 1976. Le SPD et son partenaire de coalition minoritaire, les libéraux du FDP, négocient entre eux un compromis sur la répartition des pouvoirs au sein des conseils de surveillance des entreprises qui ne donne satisfaction ni aux patrons ni aux syndicalistes. La loi de 1976 sur la *Mitbestimmung* frustre les syndicats, notamment parce que la revendication de parité complète des droits de vote n'est pas atteinte et provoque une opposition si forte dans le camp patronal qu'une coalition d'associations d'employeurs dépose, en vain, une plainte en annulation devant le tribunal constitutionnel fédéral.

Comparaison des dynamiques d'institutionnalisation et de leurs effets

Des formes d'institutionnalisation contrastées

Tant sur le plan des acteurs et des idées que sur celui des modes d'organisation de la concertation sociale ou encore sur les modalités d'institutionnalisation elles-mêmes, notre analyse comparée montre à quel point les situations françaises et allemandes sont différenciées pour ce qui touche à l'institutionnalisation de la place des salariés dans l'entreprise.

Au plan des idées et des acteurs en premier lieu, le contraste est particulièrement patent. En Allemagne, la revendication de partage du pouvoir dans l'entreprise vient en droite ligne d'un ancien projet révolutionnaire de prise du pouvoir par le bas, selon l'image des stratégies des conseils ouvriers de la révolution russe et des insurrections berlinoises des années 1917 à 1920. Cette revendication demeure ancrée dans les projets syndicalistes, y compris suite à l'acceptation du modèle de

37. O. Giraud et M. Lallement, « L'institutionnalisation des relations professionnelles en RFA », *Entreprises et Histoire*, 16, 1997, p. 35-47.

l'économie sociale de marché qui se formule et se réalise peu à peu dans le courant des années 1960. Les syndicats expriment même leur revendication de partage du pouvoir dans l'entreprise comme une contrepartie à leur implication active dans le fonctionnement de cette économie sociale de marché. En France, à l'inverse, la gauche et en particulier les syndicats se défient traditionnellement beaucoup de toute forme d'implication des salariés dans l'entreprise. Les propositions qui visent à corriger les règles habituelles du capitalisme en impliquant ces derniers dans l'entreprise ou en les intéressant à ses bénéfices viennent de milieux modérés, progressistes, qui se retrouvent surtout au sein ou autour de l'appareil d'État, mais qui restent à l'origine très minoritaires à la fois dans le camp patronal et dans le camp syndical. Toutefois, les impulsions venant de ces milieux mais aussi des dynamiques propres à la gauche finissent, à partir des années 1970, par créer une dynamique plus autonome dans les courants de la nouvelle gauche, alors même que la droite de gouvernement se veut, elle aussi, moderniste et se saisit de manière renforcée des enjeux de démocratisation de la vie de l'entreprise.

Les formes de concertation sociale sont également contrastées. En France, l'institutionnalisation de cette concertation est assez faible. Les discussions sont d'abord lancées dans des cercles peu formalisés – réseaux de hauts fonctionnaires, de responsables politiques, etc. – et ne se transforment qu'exceptionnellement, à propos de ces enjeux, en des négociations explicites entre parties prenantes. Seul l'accès au pouvoir en 1981 du parti socialiste permet à la gauche moderniste d'imposer des avancées en la matière. À l'inverse, en Allemagne, le degré d'institutionnalisation des discussions est très important. Même s'il existe également outre-Rhin un débat d'idées peu formalisé qui se déploie dans des réseaux de personnalités, la question de la transformation des rapports de pouvoir dans l'entreprise fait, dès l'immédiat après-guerre, l'objet d'une formalisation et d'une publicisation forte. Dès que les syndicats se trouvent en mesure d'exiger – à partir du milieu des années 1960 environ – que ces enjeux fassent l'objet d'une inscription à l'agenda politique fédéral, une étape supplémentaire est franchie dans la politisation de ces questions. L'affrontement originel entre patrons et syndicats se transforme alors, devant l'absence de consensus, en un affrontement droite-gauche qui se règle dans l'arène électorale, puis dans l'arène parlementaire.

Enfin, les formes d'institutionnalisation sont également différenciées. En France, après les lois de 1966 et 1968 améliorant les prérogatives des CE et reconnaissant la section syndicale d'entreprise, dans les années 1970, les débats du rapport Sudreau n'ont pas de réels débouchés institutionnels faute d'acteurs suffisamment légitimes pour porter cet enjeu qui ne fait pas consensus en leur sein. En Allemagne, en dépit d'une impression première d'incomplétude des dispositifs successifs de 1951, 1952, 1972 et 1976, les syndicats ont été en mesure de construire un système de représentation des intérêts salariés qui, le plus souvent, peut articuler les droits des *Betriebsräte* et les droits des délégués syndicaux dans l'entreprise, ce qui permet une implication forte à propos des principaux enjeux de la gestion des aspects sociaux de l'entreprise : formation, recrutements, licenciements, organisation du travail, etc.

Des modalités de fonctionnement des instances dans l'entreprise différenciées

À la fin des années 1970, les réponses apportées à la revendication de représentation salariale dans l'entreprise diffèrent sensiblement dans les deux pays. La description des institutions, l'analyse des intentions et des rapports de force qui ont présidé à leur création ne suffisent pas à rendre compte des pratiques qu'elles engendrent. Au-delà des opportunités et des contraintes que posent les institutions en effet, les représentants salariés et les syndicats inscrivent leur action dans des stratégies qui procèdent également de formes propres à chaque société nationale de la confrontation entre employeurs, salariés et État.

En Allemagne, la logique institutionnelle d'ensemble du système de représentation dans l'entreprise, appuyée sur la codétermination dans les conseils de surveillance et sur les droits de codécision dévolus par la loi de 1972 au *Betriebsrat* dans de larges domaines de la gestion de la main-d'œuvre, devait favoriser l'attitude coopérative des syndicats en les impliquant plus profondément dans l'élaboration de la politique générale de l'entreprise. Cette logique coopérative s'oppose aisément à la logique conflictuelle qui prévaut en France où les syndicats, qui sont au cœur du système de représentation dans l'entreprise, ont une fonction d'affirmation d'un contre-pouvoir [38].

La fréquence des grèves, plus importante en France, mais surtout leur niveau corroborent cette opposition. La conflictualité est déplacée en Allemagne vers le niveau régional de branche, et parfois national – où les grèves peuvent être âpres et longues mais restent rares alors que les grèves d'entreprise jouent un rôle prépondérant depuis les années 1980 en France [39]. Pour autant, l'intensité des conflits a augmenté aussi bien en France qu'en Allemagne dans les années 1970. L'objet des conflits a évolué dans les deux pays vers des revendications non monétaires et des formes nouvelles (multiplication des grèves « sauvages » d'entreprise en Allemagne, grèves avec occupation voire prise de la gestion de l'entreprise en France) [40].

Avec un même objectif patronal de neutralisation du syndicat dans l'entreprise, les pratiques développées par les acteurs des deux pays donnent une place différente aux relations professionnelles dans l'entreprise. En Allemagne, les effets combinés non prévus des lois de 1972 et de 1976 ont renforcé la reconnaissance syndicale dans l'entreprise au travers des *Betriebsräte* et l'approfondissement de la participation syndicale à la gestion. Encore ne faut-il pas survaloriser l'impact de la codétermination dans ce processus, du fait du rôle institutionnel limité du conseil de surveillance qui n'est sollicité qu'au terme du processus de décision économique et apparaît plus comme un organe de contrôle *a posteriori*. Les contacts et accommodements informels noués au sein du conseil de surveillance entre représentants

---

38. P. Hassenteufel, « Systèmes de représentations et enjeux de pouvoir dans l'entreprise : une comparaison France-RFA », *La Revue de l'IRES*, 3, 1990, p. 7-40.
39. D. Furgeot et C. Noël, « Les conflits du travail en 1988 : relance économique et retombées sociales », *Travail et Emploi*, n° 42, 1989, p. 60-73.
40. W. Müller-Jentsch, « Nouvelles formes de conflits et stabilité institutionnelle : évolution des relations professionnelles en RFA », *Sociologie du Travail*, avril-juin 1980, p. 152-170.

des salariés et dirigeants servent le pouvoir d'influence syndical et permettent la constitution d'une culture de dialogue dans l'entreprise[41]. Au niveau de l'établissement, les *Betriebsräte* ont assumé leur rôle de cogestion, ce qui a conduit à une véritable « professionnalisation » des représentants mais sans implication et mobilisation des salariés qui voient les élus comme coupés de leurs préoccupations principales[42]. Ce sont les personnes de confiance syndicales qui jouent le plus souvent le rôle d'intermédiaire entre les salariés et les élus, partage des tâches qui se rapproche de celui entre délégués syndicaux et élus du CE[43].

En France, les comités d'entreprises résultent dès l'origine d'une volonté d'impliquer les représentants des salariés dans la démocratie économique. Dans les faits, et malgré plusieurs extensions législatives de leurs droits d'investigation économique, ni les syndicats ni le patronat ne s'empare de cette possibilité d'intervention dans le champ économique. Les CE se replient sur les activités sociales et culturelles qui peu à peu leur tiennent de base de légitimation. La volonté d'exercer un contrôle économique ne se manifeste que dans la deuxième moitié des années 1980 en s'appuyant sur le renouvellement des attributions économiques des CE par les lois Auroux et, plus particulièrement, sur les possibilités renforcées d'expertise[44]. Encore cette intervention ne se généralise-t-elle que dans le domaine de la sauvegarde de l'emploi. Au fil des années 1990, une coopération s'installe entre les élus des comités et les directions d'entreprise pour minimiser les conséquences sociales des licenciements économiques[45].

La sidérurgie : des niveaux de règlement de la crise opposées mais des effets sociaux comparables

Comment sont traitées dans ces configurations institutionnelles contrastées les restructurations industrielles comme celles de la sidérurgie dans la deuxième moitié des années 1970 alors qu'un plan européen (dit plan Davignon) proposait de profondes mutations technologiques et financières et une prise en charge des coûts sociaux de ces mesures par des fonds européens ?

En France, dès 1978, les acteurs impliqués sont le gouvernement, les entreprises sidérurgiques – elles employaient alors 140 000 salariés – et les fédérations syndicales de la métallurgie CFDT et CGT. Très vite, le sujet fait également l'objet de surenchères politiques entre le PS et le PC avec la rupture du programme commun et la perspective des élections européennes. Tandis que le gouvernement propose de suivre les recommandations du plan européen et d'apurer une partie des dettes des

41. L. Kissler, « La cogestion en République fédérale d'Allemagne : modèle et réalité », *Droit social*, 12, 1988, p. 857-870.
42. W. Müller-Jentsch, *Soziologie der Industriellen Beziehungen*, Francfort, Campus, 1986.
43. C. Dufour et A. Hege, *L'Europe syndicale au quotidien. La représentation des salariés dans les entreprises en France, Allemagne, Grande-Bretagne et Italie*, Bruxelles, Peter Lang, 2002.
44. Y. Harff et B. Henriett, « Évolution du rôle et des interventions économiques du comité d'entreprise », *Droit social*, 2, 1988, p. 166-174.
45. IRES-DARES, *Les comités d'entreprise. Enquête sur les élus, les activités et les moyens*, Paris, Éditions de l'Atelier, 1998.

groupes sidérurgiques et en contrepartie d'entrer massivement dans le capital de ces entreprises et de contribuer aux plans sociaux résultant de la suppression prévisible de 21 000 emplois, les fédérations syndicales avancent des propositions alternatives, plutôt contradictoires, associant des capacités productives et des mesures sociales, la plus emblématique étant le Mémorandum sur l'avenir de la sidérurgie proposé par la Fédération de la métallurgie de la CGT[46]. Finalement, après des manifestations nationales et locales souvent violentes, orchestrées par les instances représentatives des entreprises dominées par la CGT, le gouvernement propose le 24 juillet 1979 la signature d'une convention sociale permettant le départ de 20 000 salariés[47]. Les comités d'entreprises ont eu un rôle plutôt contestataire et se sont peu emparés des propositions économiques syndicales, essentiellement élaborées par les experts.

Dans la sidérurgie allemande, la loi sur la codétermination dans l'industrie minière et sidérurgique a plus de 20 ans lorsque sonne l'heure des restructurations. En l'espèce, la *Mitbestimmung* n'a pas réellement permis d'élaborer des réponses collectives efficaces : un grand nombre d'aciéries allemandes ont fermé, entraînant un chômage important dans la Ruhr et en Sarre, et les syndicats n'ont pas réellement eu de prise sur ces changements structurels.

La diminution du nombre d'emplois dans les aciéries a provoqué une sortie de plusieurs entreprises du cadre juridique de la *Mitbestimmung*[48] qui explique en partie l'inefficacité du dispositif. Les syndicats demandent alors de disposer de plus d'informations pour pouvoir agir sur les investissements susceptibles de garantir le plein emploi[49]. Face à la crise, la *Mitbestimmung* permet d'accompagner les départs par des plans sociaux dont les points forts (garantie de salaires pendant cinq ans) n'ont pas pu être maintenus sur toute la période et n'ont pu éviter des confrontations dures, notamment dans le bassin de la Ruhr.

Ainsi, alors que la sidérurgie a constitué le bastion de la codétermination allemande, cette dernière s'est révélée un piètre amortisseur des restructurations qu'a connues le secteur à partir des années 1970. Le modèle français d'accompagnement des restructurations fondé sur une implication de l'État a semble-t-il, un temps au moins, mieux su préserver les salariés du secteur.

Au-delà de cet éclairage spécifique cependant, les formes de conflictualité différenciées en France et en Allemagne viennent renforcer le poids des dispositifs

46. Ce mémorandum largement élaboré, en liaison avec la Fédération de la métallurgie, par le secteur économique confédéral, animé alors par J.-L. Moynot et P. Zarifian, associait un pari industriel fondé sur de fortes augmentations des capacités productives et une nouvelle conception de la productivité (P. ZARIFIAN, « La politique industrielle de la France de 1977 à 1983 : le jeu de l'échec », *Cahier du CRMSI*, 1984 ; J.-L. MOYNOT, *Au milieu du gué : CGT, syndicalisme et démocratie de masse*, Paris, PUF, 1982).
47. D'un coût de 7 millions de francs, cette convention comportait notamment l'offre d'une prime de départ de 50 000 F et d'une retraite anticipée à 50 ans pour 7 000 à 8 000 salariés. Cette convention sociale sera plusieurs fois renouvelée.
48. « Si 108 entreprises étaient soumises à la *Montanmitbestimmung* lors de l'introduction de cette loi, il n'y en avait plus que 29 en 1992 dont 14 dans la Ruhr » (M. FUNDER, « Industrielle Beziehungen und regionaler Strukturwandel », *Arbeit*, Heft 1, Jg.5, 1996, p. 40-61).
49. G. PEHL, « Es blieb bei über einer Million Arbeitslosen. Wirtschaftsentwicklung und Wirtschaftspolitik zwischen den DGB-Bundeskongressen 1975 bis 1978 », *Gewerkschaftliche Monatshefte*, 3/1978, p. 168-178.

institutionnels développés de part et d'autre du Rhin. En Allemagne, les possibilités réelles ouvertes par les différents dispositifs de codétermination sont souvent investies de façon volontaire et professionnelle par des représentants salariaux qui adoptent une attitude constructive. Ces mesures contribuent à rejeter les conflits qui résultent d'un affrontement quasi structurel entre salariés et employeurs en dehors du terrain de l'entreprise. En France, l'implication des représentants salariés dans la stratégie d'entreprise est souvent moindre. En dépit d'une culture syndicale et du monde ouvrier largement hostile à toute forme d'association avec le patronat, l'orientation générale et les pratiques des structures de représentation des salariés français sont plutôt coopératives comme en Allemagne.

Ce constat doit-il contribuer à valider la thèse aujourd'hui fréquemment défendue d'une atténuation des spécificités nationales des modèles de démocratie industrielle au profit d'un modèle européen résultant d'une série de convergences [50] ?

Notre analyse comparée des trajectoires de deux traditions fortes dans le contexte européen invite en la matière à rester prudent. Ce travail permet en effet de rappeler à quel point les transferts franco-allemands de notions tout au long de la période considérée ont plutôt donné lieu à des malentendus et à des réinterprétations irrespectueuses des contextes d'origine qu'à de véritables emprunts.

En France, la *Mitbestimmung*, traduite comme « cogestion » en français, a fait l'effet d'un repoussoir, contraire à la tradition nationale de non-compromission du mouvement ouvrier dans les décisions patronales. En Allemagne, dans le domaine du pilotage macro-économique, le modèle français de la planification a stimulé des échanges entre les deux pays, mais aussi dans l'arène européenne, et n'a pu au final que susciter un large refus allemand [51]. La planification à la française a de ce point de vue surtout servi à forger la légitimité d'arrangements allemands *sui generis* dont le positionnement ne pouvait apparaître qu'équilibré entre le dirigisme hexagonal et le tout libéral anglo-saxon. En l'espèce, les débats contemporains montrent souvent à quel point les modèles nationaux, notamment dans le domaine de la démocratie industrielle, restent des valeurs repères car ils sont toujours capables de susciter identifications et mobilisations collectives.

50. H. Kaelble, « Das europäische Sozialmodell – eine historische Perspektive », H. Kaelble et G. Schmid (dir.), *Das europäische Sozialmodell. Auf dem Weg zum transnationalen Sozialstaat*, Berlin, Sigma, 2004, p. 31-50 ; A. Supiot, « Was ist ein Arbeitnehmer ? Untersuchung über die Vielfalt der Sozialmodelle in Europa », H. Kaelble et G. Schmid (dir.), *Das europäische Sozialmodell…*, *op. cit.*, p. 423-452.

51. A. Nützenadel, *Stunde der Ökonomen*, *op. cit.*, p. 214-231.

Témoignage de Claude Seibel

Inspecteur général honoraire de l'INSEE, ancien élève de l'École polytechnique et de l'ENSAE, Claude Seibel a été chef du service des Programmes à l'INSEE (préparation des Ve et Ve Plans). Il crée en 1973 le service des Études informatiques et statistiques du ministère de l'Éducation nationale (actuellement la direction de l'Évaluation, de la Prospective et de la Performance, DEPP). Après avoir été responsable du département « population-ménages » de l'INSEE à partir de 1983, il est nommé en 1989 directeur des Statistiques démographiques et sociales de l'INSEE. Il a créé puis dirigé, de 1993 à 2000, au ministère du Travail, la Direction de l'animation de la recherche, des études et des statistiques (DARES). Depuis son départ de la DARES en mars 2000, il préside le groupe « Prospective des métiers et qualifications » auprès du Commissariat général du Plan.

Je remercie les organisateurs du colloque de m'avoir demandé de témoigner en tant qu'ancien directeur de la DARES, que j'ai en effet créée en 1993 et que j'ai dirigée jusqu'en 2000. Le thème de la session : « Savoirs, discours et expertise » est bien une des dimensions de ce que j'ai vécu avec ce ministère depuis une douzaine d'années et, comme vous, je m'intéresse à la question : « Comment un discours et des concepts scientifiquement fondés peuvent-ils peu à peu s'imposer dans le débat politique et social et devenir légitimes ? »

Ma connaissance du ministère est évidemment beaucoup plus récente (une quinzaine d'années) que la période historique qu'explorent les contributions présentées dans la session, mais je connais bien ce qui s'est passé au ministère du Travail depuis la Seconde Guerre mondiale pour doter ce ministère du système d'information et d'études, performant, dont il dispose actuellement. C'est sur cette expérience que je vais m'appuyer, à l'aide de quelques exemples, pour vous montrer comment la production de données, adaptée aux objets et aux thèmes dont traitait le ministère, lui a donné la légitimité nécessaire pour fonder son action auprès des partenaires sociaux et auprès du pouvoir politique, dont il constitue un segment important.

J'ai eu du mal à choisir ces exemples, car il s'est effectué depuis soixante ans dans les équipes d'études et de statistiques du ministère un travail extraordinaire pour définir et clarifier les concepts, mettre au point les méthodes statistiques les plus adaptées et les plus modernes, publier et diffuser les résultats les plus significatifs. Je voudrais ici, en votre nom, leur rendre hommage et les remercier, même si je ne peux pas nommément les citer. J'évoquerai donc brièvement trois thèmes : les salaires du secteur privé, les relations professionnelles et les métiers et qualifications.

Les salaires du secteur privé

Sur les salaires du secteur privé, je souhaiterais seulement évoquer quelques points en complément des contributions du colloque. En fait, il y avait une forte demande des partenaires sociaux et des entreprises pour rationaliser la connaissance des salaires après la Seconde Guerre mondiale : les mécanismes d'échelle mobile mis en place en 1936 et la forte inflation obligeaient à avoir des indicateurs précis et rapides sur le niveau et l'évolution des salaires. Au début du XXe siècle, on se contentait de relevés de salaires fournis par les conseils de prud'hommes. Puis on a créé en 1930 une enquête sur l'activité de la main-d'œuvre et l'emploi confiée aux inspecteurs du travail, mais aucune instruction technique précise ne leur avait été remise. Cette enquête venait en plus de leurs autres missions. L'introduction de méthodes statistiques modernes était donc un moyen de limiter leur charge de travail et surtout de réduire la confusion des rôles entre contrôle et enquête.

C'est en 1945, dès la Libération, qu'il est décidé de mettre en place un nouveau système d'enquête (avec quatre éléments emploi : durée hebdomadaire du travail, salaire horaire et salaire mensuel), en s'appuyant d'abord sur les listes d'établissements de l'inspection du travail, puis à partir de 1951 sur le fichier des établissements de l'INSEE[1]. Lancée en 1946, cette enquête trimestrielle est la première utilisation en France des techniques de sondage aléatoire mises au point pendant la guerre aux États-Unis[2]. Ce qui est remarquable, c'est qu'à travers refontes et approfondissements, après élargissement à des échantillons plus grands, avec un questionnaire qui n'a jamais dépassé une page, l'enquête trimestrielle du ministère du Travail est toujours, 60 ans plus tard, publiée avec une régularité d'horloge. Elle permet de calculer l'évolution trimestrielle de l'emploi dans le secteur privé, publiée conjointement par la DARES et l'INSEE. Elle fonde toujours avec l'indice des prix à la consommation de l'INSEE les procédures annuelles de relèvement du SMIC. Elle fournit une partie importante du « Bilan annuel de la négociation collective », car elle sert de référent aux niveaux de salaires conventionnels fixés par les branches professionnelles et utilisés par les entreprises. Ce « Bilan annuel de la négociation collective » publié depuis 1982 par la direction des Relations du travail, les services statistiques et les échelons territoriaux du ministère (départements et régions) est une des conséquences des lois Auroux. Cet outil remarquable sera une mine pour les historiens du XXIe et du XXIIe siècles. Il est aussi représentatif de ce que peuvent fournir des relevés et statistiques administratives complétés, voire relayés, par des techniques statistiques plus modernes.

Au cours de ces 60 ans, il y a eu plusieurs essais-erreurs qui n'ont pas abouti. C'est ainsi que plusieurs tentatives de « budget-type », destinées à mieux apprécier le SMIG, ont été lancées au cours des années 1950 mais sans aboutir. Ce fut notamment le cas des travaux confiés au Conseil économique et social qui ne purent

1. R. LEVY-BRUHL, « Souvenirs de la période 1945-1960 », *Pour une histoire de la statistique*, t. 1, 2e éd., Paris, INSEE-Economica, 1987.
2. P. GOUNOT et J. VACHER, « L'enquête sur l'activité et les conditions d'emploi de la main-d'œuvre », *Pour une histoire de la statistique*, t. 2, Paris, INSEE-Economica, 1987.

s'accorder sur une définition normative du budget jugé nécessaire pour une famille d'ouvriers ou d'employés. Il y a eu également de 1969 à 1973 une tentative d'enquête mensuelle sur les salaires demandée par les partenaires sociaux et le gouvernement à l'INSEE[3]. Le rythme accéléré et l'approfondissement structurel souhaité étaient contradictoires puisqu'il fallait à la fois multiplier le rythme temporel et le degré de détail des branches d'activité. L'outil d'observation a été abandonné.

Au total, le recours à des techniques simples et robustes, le cumul de l'expérience sur des dizaines d'années ont doté le ministère du Travail d'un outil qu'il pourrait exporter dans le monde entier, s'il le souhaitait... La plupart des pays européens disposent d'ailleurs de ce type d'outils d'observation des salaires.

Les relations professionnelles

C'est le deuxième exemple que je voudrais évoquer : grâce à une transformation profonde de l'outil d'observation sur les relations professionnelles et les négociations d'entreprise, il est maintenant possible d'élargir et de renouveler les discours sur ces thèmes. Il s'agit de l'ensemble des enquêtes « Relations professionnelles et négociations d'entreprise » (REPONSE) lancées en 1992 par le Service des études statistiques (SES) et reconduites par la DARES en 1998[4].

Au départ, il s'agissait de relayer, par des méthodes de sondage auprès des entreprises, des relevés administratifs qui se révélaient de moins en moins fiables ; je pense en particulier aux décomptes des délégués du personnel ou à ceux des sections syndicales en entreprise. L'enquête REPONSE, greffée en 1992 sur une enquête « coûts et structure des salaires » de l'INSEE, était très innovante : elle recueillait des faits objectifs (organisation du travail, méthodes modernes de management, présence des syndicats de salariés, etc.) mais également, par des enquêteurs formés, on recueillait séparément les points de vue de la direction de l'entreprise et des représentants des personnels sur toutes les modalités du dialogue social dans l'entreprise. En 1998, on a également interrogé des salariés dans chaque entreprise.

Enfin en rapprochant l'enquête d'autres informations économiques (entreprise par entreprise), grâce au numéro d'identification SIRENE-SIRET de l'INSEE qui est maintenant complètement généralisé, REPONSE a permis de tester des relations tout à fait inédites. Par exemple, l'étude a pu montrer que les entreprises les plus performantes (en termes de productivité) étaient celles qui avaient à la fois le taux de conflictualité le plus élevé et les négociations les plus intenses entre directions, représentation syndicale et salariés[5]. Attention : il s'agit de corrélations statistiques et non de causalités, mais cela invite à pousser les investigations.

Il me semble que tous les résultats publiés par la DARES devraient être analysés par les états-majors syndicaux et patronaux (cela a été fait par exemple par l'Insti-

3. P. Gounot, « La statistique au ministère du Travail », *Courrier des statistiques*, n° 2, avril 1977.
4. *Travail et Emploi*, dossier « Où en est le rapport salarial : nouveaux éclairages de l'enquête Relations professionnelles et négociations d'entreprise (REPONSE) », n° 93, janvier 2003.
5. T. Coutrot, « Relations sociales et performance économique : une première analyse empirique du cas français », *Travail et Emploi*, n° 66, avril 1996.

tut de recherches économiques et sociales[6]), car les résultats de ces enquêtes, d'un point de vue quantitatif, renouvellent en profondeur la perception du fait syndical et des relations professionnelles en lien avec l'économie de l'entreprise[7].

Métiers et qualifications

Mon dernier exemple sera celui des métiers et qualifications. Après mon départ de la DARES, j'ai présidé pendant six ans le groupe de « prospective de métiers et qualifications » auprès du Commissariat général du Plan (devenu en 2006 le Centre d'analyse stratégique). Ces travaux prospectifs, d'abord sur 2010[8] et maintenant sur 2015[9], auraient été impossibles s'il n'y avait eu deux apports fondamentaux de la DARES et plus précisément de son département « Métiers et qualifications » créé en 1998.

Le premier saut méthodologique a été la mise au point d'une nomenclature de métiers qui articulait logiquement les données sur l'emploi et celles du marché du travail ou, pour être plus précis, la description de l'emploi par l'INSEE en « professions catégories sociales » (PCS) et celle du marché du travail de l'ANPE à travers son « Répertoire opérationnel des métiers et de l'emploi », le ROME. Cette nomenclature de « familles professionnelles » se diffuse très rapidement dans l'administration du travail (DRTEFP, DDTEFP) et dans les branches professionnelles dans le cadre des Observatoires de métiers par branche, car elle permet, sur le court terme, de disposer d'indicateurs de tension sur le marché du travail par groupes de métiers jusqu'au niveau des bassins d'emploi. Elle a permis également ces travaux prospectifs nationaux par familles professionnelles, travaux qui vont maintenant être déclinés par branches et par régions.

Mais pour y parvenir, il a fallu gagner un deuxième pari méthodologique, c'est la capacité de projeter à dix-quinze ans les relations économiques des vingt dernières années (1982-2002) entre chacune des « familles professionnelles » et des indicateurs macroéconomiques tels que PIB, consommation des ménages, investissement productif, etc. C'est le défi qu'a relevé la DARES en mettant au point le modèle FLIP-FAP (familles d'activité professionnelle) que nous avons largement utilisé. En effet, en ajoutant aux résultats de FLIP-FAP, qui nous indiquent à long terme les besoins de l'économie, les perspectives démographiques de départs de l'emploi, du fait en particulier des retraites, nous dessinons, dans cette optique « métiers », les grandes transformations du marché du travail à moyen-long terme. Ces travaux sont très largement repris dans la presse mais surtout ils changent peu à peu la perception de l'avenir des acteurs sociaux et politiques sur ces thèmes.

Ces exemples sont plutôt positifs, car ils montrent que ces travaux techniques ont acquis peu à peu une légitimité reconnue par les partenaires sociaux et

---

6. C. Dufour, A. Hege, A. Malan et P. Zouary, *Post-enquête REPONSE*, IRES, avril 2004.
7. M. Cezard, A. Malan et P. Zouary, « Conflits et régulation sociale dans les établissements », *Travail et Emploi*, n° 66, avril 1996.
8. C. Seibel et C. Afriat, *Avenirs des métiers*, Paris, La Documentation française, 2002.
9. « Les métiers en 2015 », *Premières synthèses*, n° 50.1, décembre 2005.

le pouvoir politique. On pourrait les multiplier. Il serait naïf de croire que cette reconnaissance et cette légitimité sont automatiques. Un concept, même s'il est scientifique et pertinent, peut rester incompris ou détourné s'il modifie trop une orientation jugée stratégique, ou s'il heurte le sens commun et les idées reçues. À cet égard, deux exemples me viennent à l'esprit.

Dans l'annonce des politiques d'emploi, il y a très fréquemment une confusion entre « embauches » et « créations nettes d'emplois ». Ainsi, en prenant un exemple déjà historique, lorsqu'en 1995 a été décidée la mise en place de 350 000 « contrats initiative emploi », la Mission d'analyse économique de la DARES a montré que, du fait de l'abaissement du coût du travail (20 % environ pour l'employeur), on pouvait anticiper une création nette de 70 000 emplois dans les deux à trois ans (également 20 %, compte tenu d'une élasticité de –1 pour la relation emploi-masse salariale). Ce chiffrage, *ex ante*, fit évidemment scandale par rapport aux espoirs de ceux qui avaient confondu les deux concepts ou qui avaient pris leurs désirs pour des réalités.

Le deuxième exemple est celui du « chômage des jeunes » car on oublie souvent que le taux de chômage est calculé par rapport aux actifs (c'est-à-dire le total « occupés + chômeurs ») et que deux tiers des jeunes de 18 à 25 ans poursuivent des études. Comme tous ici, je ne me résigne pas à ce que 8 % de cette génération soit sans emploi (dans la moyenne européenne). Mais ce résultat n'a rien à voir avec le chiffre souvent avancé de 22 % qui est précisément le « taux de chômage des jeunes actifs ». Pourtant, la clarification conceptuelle est ancienne : elle a été fournie par une des *Premières synthèses* de la DARES publiée en octobre 1993 sous les plumes alertes et compétentes de Mireille Elbaum et Olivier Marchand[10]. Treize ans plus tard, les confusions demeurent. On le voit : il y a toujours du pain sur la planche...

10. « Emploi et chômage des jeunes dans les pays industrialisés : la spécificité française », *Premières synthèses*, n° 34, octobre 1993.

Septième partie

Les projets sociaux de l'après-Seconde Guerre mondiale : réussites et échecs

Naissance de deux modèles sociaux : les projets d'après-guerre mis à l'épreuve en France et en Suède (1944-1948)

Örjan Appelqvist

Les années qui suivent la libération des pays occupés de l'occupation allemande et la fin des hostilités armées en Europe sont dans tous les pays de l'Europe de l'Ouest un temps tumultueux aussi bien sur le plan économique que social[1]. Des projets nationaux de reconstruction vont à l'encontre de réalités matérielles souvent très difficiles. Il en découle des luttes politiques et sociales d'une grande intensité qui ne s'apaisent qu'une fois toute une série de nouvelles institutions installées sur le plan national et international. Il est donc tout à fait pertinent de voir cette période comme une phase de refondation des États providence dans ces pays, comme le fait Adam Steinhouse dans son étude sur les relations industrielles en France[2].

Que les années 1944-1948 puissent être considérées comme créatrices pour les relations industrielles en France est assez évident : les grandes lignes des relations entre syndicat, patronat et État, énoncées par le Conseil national de la Résistance dans son Programme de 1944, sont construites dans une opposition explicite au corporatisme du régime de Vichy. En Suède, ces années-là aboutissent aussi à un système de relations sociales profondément nouveau. Dans la littérature sur ce qu'on appelle « le modèle suédois », une continuité est malheureusement trop souvent affirmée, datant ce système de l'avant-guerre avec l'accession de la social-démocratie au gouvernement en 1932 et les accords de Saltsjöbaden en 1938 entre les confédérations syndicales et patronales, sur la base d'un esprit de consensus[3]. On ne peut pas nier que des efforts pour maintenir un consensus corporatif aient joué un

1. Texte révisé dans sa version française par Alain Chatriot et Odile Join-Lambert.
2. A. Steinhouse, *Workers' Participation in Post-Liberation France*, Oxford, Lexington Books, 2001.
3. Cela vaut pour l'ouvrage de référence, A. L. Johansson, *Tillväxt och klassamarbete – en studie av den svenska modellens uppkomst*, Stockholm, Tiden, 1988, mais aussi pour des approches différentes comme W. Korpi, *Working class in welfare capitalism*, Londres, Routledge, 1988 ; B. Rothstein, *Corporatism and reformism : the social democratic institutionalisation of class conflict*, Uppsala, Maktutredningen, 1987 ; B. Rothstein, *The Social Democratic State : The Swedish Model and the Bureaucratic Problem of Social Reform*, Pittsburgh, University of Pittsburgh Press, 1996 ; B. Rothstein, « The State, Associations and the Transition to Democracy : Early Corporatism in Sweden », D. Rueschemeyer *et alii* (dir.), *Participation and Democracy, East and West : Comparisons and Interpretations*, Armonk, M. E. Sharpe, 1998 ; et B. Stråth, *Organisation of labour markets : modernity, culture and governance*

rôle juste à la fin de la guerre, mais il est tout à fait impossible de comprendre ces relations sociales sans tenir compte de la grande grève de la métallurgie en 1945 et de la vaste entreprise de confrontation politique et idéologique du patronat suédois en 1946-1948. Le modèle social qui s'ensuivit, autour d'une coordination spécifique de la politique salariale, était une construction toute neuve, ayant peu de choses en commun avec le passé et avec le compromis de 1938, ni même avec le corporatisme pratiqué en temps de guerre [4].

Certes, ces deux expériences se produisent dans des conditions largement différentes. D'où viennent les forces et les faiblesses des mouvements ouvriers des deux pays ? Du taux de syndicalisation ? De la structure d'organisation patronale ? Du rôle de l'État ? Une comparaison entre les deux trajectoires, travaillées par le même climat d'idées au milieu du XXe siècle, peut se révéler utile comme laboratoire pour l'analyse historique. Je poursuis ici une approche théorique développée dans mon étude sur la politique économique d'après-guerre de la Suède [5].

De manière générale, tout projet de politique de long terme se construit sous l'influence contraignante des adaptations au quotidien. Les dernières années de la Seconde Guerre mondiale sont extraordinaires en ce sens qu'on vit alors avec un horizon d'attente particulier : on sait qu'une fois la guerre finie, les conditions économiques et politiques vont être radicalement changées et qu'il faut s'y préparer. La période est donc propice aux projets nationaux, bâtis sur des vues cohérentes, des valeurs et des buts à atteindre [6].

Pour comprendre l'évolution des rapports industriels en France et en Suède, ceux-ci étant compris comme s'insérant dans le cadre d'un compromis social lié à un projet national, deux documents ont eu tenu un rôle majeur et sont restés des références incontournables. En France, il s'agit du « Programme du Conseil national de la Résistance » adopté le 15 mars 1944 par ce Conseil, constitué des représentants des partis, syndicats et autres organisations actives dans la résistance intérieure contre l'occupant allemand [7]. En Suède, il s'agit de l'*Arbetarrörelsens efterkrigsprogram* (le Programme d'après-guerre du mouvement ouvrier) adopté deux mois plus tard par le parti social-démocrate suédois réuni en congrès préélectoral.

Ma démarche comparative ici procède en deux temps. D'abord, j'évoque les similitudes et les différences entre ces deux projets nationaux. Ensuite, une analyse est faite de l'impact de ces projets vus sous l'angle des relations industrielles dans les épreuves des reconstructions et des mouvements sociaux et politiques des années qui suivirent la Libération. C'est à partir de ces analyses que j'entame la discussion

---

in Germany, Sweden, Britain and Japan, Londres, Routledge, 1996, pour ne citer que les œuvres en langues étrangères.

4. Notons que nous utiliserons ici le concept de « modèle social » d'une manière différente, plus globale que celle – sociologique – qui est utilisée par G. ESPING-ANDERSEN, *Les trois mondes de l'État providence*, Paris, PUF, 1999.
5. Ö. APPELQVIST, *Bruten Brygga. Gunnar Myrdal och Sveriges ekonomiska efterkrigspolitik, 1943-1947*, Stockholm, Santérus, 2000.
6. Cette réflexion est un point de départ du projet de recherche *National projects, European choices : Sweden, France and Great Britain 1945-1950*, soutenu par le Vetenskapsrådet (le Conseil national de recherches en Suède) sur lequel cet article se fonde.
7. *Programme du Conseil national de la Résistance*, rééd., Paris, ANACR, 1974.

comparative entre les modèles sociaux tels qu'ils se présentent à l'issue de leurs phases fondatrices. C'est aussi l'occasion de revenir sur quelques débats sur cette période alimentés par les principaux historiens de ces questions. Il est évident que la discussion ainsi entamée n'est qu'une esquisse ayant pour but d'ouvrir un débat sur lequel trop de certitudes se sont sédimentées. Pour l'analyse des développements en France, je m'appuie en premier lieu sur l'analyse empirique présentée par Steinhouse, approfondie par des références à des sources imprimées et à d'autres analyses historiques. En ce qui concerne la Suède, force est de constater qu'aucune des références traduites sur ce qu'il est convenu d'appeler « le modèle suédois » n'aborde en profondeur les années cruciales de 1945-1948. Je m'appuie en premier lieu sur mon propre travail concernant cette période en y intégrant toutefois la littérature accessible en anglais ou en français.

Deux projets nationaux comparés : le Programme du Conseil national de la Résistance et les 27 points du Programme d'après-guerre du mouvement ouvrier suédois

Avant d'aborder les textes programmatiques, il convient de rappeler les différences de contexte dans lesquels ils ont été conçus.

Le programme du CNR, conçu dans les conditions difficiles de l'illégalité (son premier président, Jean Moulin, vient d'être arrêté par les Allemands), se veut un prolongement et une accélération de la résistance anti-nazie jetant en même temps les bases sur lesquelles l'union nationale devait se faire une fois l'occupant chassé du territoire français[8].

Le Programme d'après-guerre du mouvement ouvrier en Suède communément et ci-après appelé « Le programme des 27 points[9] », en revanche, est élaboré uniquement par des représentants de la social-démocratie suédoise et de la confédération syndicale ouvrière *Landsorganisationen* (LO). Ce programme vise à jeter les bases d'un nouveau projet national pour la Suède après la victoire des Alliés, partant aussi bien de la coopération corporatiste avec les dirigeants des organisations patronales obtenue pendant la guerre que de la position de force de la social-démocratie espérée après l'issue des élections législatives de l'automne 1944.

Bien que les deux programmes soient conçus dans des situations fort différentes, ils témoignent néanmoins des aspirations nationales à l'issue de la guerre et en constituent un point de référence idéologique dépassant les clivages ultérieurs liés à l'arrivée de l'ère de la guerre froide.

Le Programme du CNR, de huit pages en total, est constitué en deux parties : le « Plan d'action immédiate » et les « Mesures à appliquer dès la libération du territoire ». Si la première partie se concentre surtout sur la façon d'organiser efficace-

8. C. Andrieu, L. Le Van et A. Prost (dir.), *Les nationalisations de la Libération : de l'utopie au compromis*, Paris, Presses de la FNSP, 1987, p. 55-61 et C. Andrieu, *Le Programme Commun de la Résistance. Des idées dans la guerre*, Paris, Éd. de l'Érudit, 1984, p. 53-81.
9. *Arbetarrörelsens Efterkrigsprogram. De 27 punkterna med motivering*, Stockholm, Landsorganisationen, 1944.

ment la résistance militaire, il y a néanmoins des points qui ont de l'intérêt pour les relations sociales ultérieures comme l'insistance sur l'union patriotique des ouvriers et du patronat et la création des comités d'entreprise.

Si la deuxième partie du programme est brève, elle réussit néanmoins à proposer un condensé de toute une refonte sociale. Si le premier but est d'établir l'autorité du gouvernement provisoire formé par le général de Gaulle, la suite peut se résumer en deux volet : « châtiment des traîtres » et « établissement de la démocratie la plus large ». Les réformes économiques méritent d'être évoquées ici dans leur totalité :

> « – L'instauration d'une véritable démocratie économique et sociale, impliquant l'éviction des grandes féodalités économiques et financières de la direction de l'Économie ;
> – une organisation rationnelle de l'économie assurant la subordination des intérêts particuliers à l'intérêt général et affranchie de la dictature professionnelle instaurée à l'image des États fascistes ;
> – l'intensification de la production nationale selon les lignes d'un plan arrêté par l'État après consultation des représentants de tous les éléments concernés par cette production ;
> – le retour à la nation des grands moyens monopolisés, fruits du travail commun, des sources d'énergie, des richesses du sous-sol, des compagnies d'assurances et des grandes banques ;
> – le développement et le soutien des coopératives de production, d'achat et de ventes, agricoles et artisanales ;
> – le droit d'accès, dans le cadre de l'entreprise, aux fonctions de direction et d'administration, pour les ouvriers possédant les qualifications nécessaires, et la participation des travailleurs à la direction de l'Économie [10]. »

On note ici que le fil directeur est celui d'un approfondissement de la démocratie dans toutes les instances. Même quand il s'agit de renforcements des capacités de l'État, le programme veille à les lier avec une « consultation des représentants de tous les éléments concernés ». Sur le volet social, les demandes syndicales traditionnelles sont mises en avant : l'amélioration du régime contractuel de travail, le réajustement important des salaires et la garantie d'un niveau de salaire digne. Plus nouveau est la demande d'un plan complet de Sécurité sociale. On demande aussi la reconstitution d'un syndicalisme indépendant, doté de larges pouvoirs dans l'organisation de la vie économique et sociale, le rétablissement des délégués d'atelier. Sur la politique économique, le programme reste par contre assez vague, demandant la garantie du pouvoir d'achat national par une politique tendant à une stabilité de la monnaie.

Le programme des 27 points est d'évidence plus étoffé [11]. Il est organisé en trois aspirations générales. La politique économique est explicitée sous la rubrique du « Plein emploi », la politique sociale sous le titre de « Répartition juste et niveau de vie amélioré » et les orientations structurelles sous celui-ci : « Efficacité accrue et plus de démocratie dans la vie économique ».

---

10. *Programme du Conseil…*, *op. cit.*, p. 12-13.
11. Les 27 points ici reproduits étaient assortis d'approfondissements s'étalant sur une trentaine de pages et à cette partie était joint un exposé des motifs d'ordre général, en tout un livret de 190 pages.

La peur sur le fond de laquelle s'inscrit le programme est celle du retour de la dépression économique du début des années vingt et trente en Suède. Le plein emploi est donc le tout premier but de la politique économique. Sur la base d'une politique monétaire centraliste prônant une baisse des prix « au fur et à mesure que les ravitaillements s'améliorent », tout doit être mis en œuvre pour utiliser pleinement toutes les ressources productives. C'est la croissance économique qui rendra possible toute répartition ultérieure des richesses obtenues par le biais de la politique sociale. Et cette croissance n'est possible qu'en liant les besoins énormes de la reconstruction économique européenne aux intérêts des industries exportatrices suédoises pour gagner des marchés nouveaux. Si cet appel au productivisme témoigne de la volonté de sauvegarder les intérêts bien compris de l'industrie privée suédoise, il n'est pas sans contrepartie : la politique de répartition vise à faire bénéficier la population tout entière de ces bienfaits. Sont évoquées ici des demandes de sécurité sociale assez identiques à celles du programme du CNR. Mais il y a aussi la demande d'une « politique de solidarité salariale » exigeant une égalisation des niveaux de vies en fonction des branches d'activité. Que ce soit dans l'agriculture, la pêche ou l'industrie forestière, les ouvriers doivent être assurés d'avoir un niveau de vie égal aux autres groupes de travailleurs.

Le troisième volet, celui des politiques structurelles, a pour fil directeur l'efficacité et la rationalisation économique. Fait significatif, ce n'est qu'ici que la question de la démocratie participative est abordée, non comme un but en soi mais comme un outil destiné à « augmenter la sécurité et le bien-être dans le travail ainsi que la capacité des entreprises à payer des bons salaires[12] ». La démocratie se limite ici à un moyen de faciliter la rationalisation technologique des entreprises. Il est à ce propos souligné qu'« il incombe en premier lieu au mouvement syndical de réaliser ces demandes par des accords avec les représentants patronaux[13] ». La voie législative n'est brandie que comme dernier recours. Étant donné la réticence de la social-démocratie à s'engager dans une politique de confrontation, on est ici proche de l'aveu d'un veto patronal.

Nous pouvons résumer la comparaison en quelques mots. Les deux programmes sont semblables en ceci qu'ils se voient comme des projets nationaux transgressant les clivages de classes pour un intérêt national jugé supérieur à ceux-ci. Il y a aussi un point commun dans l'attitude internationale : les deux programmes se réjouissent de la victoire des Alliés mais ils soulignent en même temps l'indépendance nationale comme une valeur primordiale. Pourtant les points de divergence n'en sont pas moins saisissants. Tandis que le programme du CNR se voit comme une rupture fondamentale avec le régime corporatiste de Vichy dans tous ses aspects, le programme des 27 points préconise au contraire la poursuite du consensus national tout en l'approfondissant dans ses aspects sociaux aussi bien qu'économiques. Tandis que le fil directeur du programme du CNR est celui d'une démocratisation économique et sociale, les 27 points sont bâtis autour des objectifs du plein emploi

12. Dans l'explication du point 27 : « Influence accrue des travailleurs sur la direction de la Production », *Arbetarrörelsens…*, *op. cit.*, p. 29.
13. *Ibidem*, p. 30.

et de la croissance économique. Pour le programme du CNR, la participation des travailleurs doit s'opérer aussi bien dans les entreprises privées que dans la gestion du secteur nationalisé et de la Sécurité sociale. Dans le programme des 27 points au contraire, la démocratie n'est qu'un concept très auxiliaire, et le rôle de l'État y est caractérisé comme « socialisme fonctionnel » : ce n'est que dans le cas d'une faillite patente du capitalisme privé qu'intervient l'État. S'il est vrai que tous les deux se veulent modernisateurs, le contenu de cette modernisation se présente donc sous des angles bien différents.

Le projet suédois confronté à des dilemmes matériels

La politique d'après-guerre de la Suède est préparée par deux démarches consensuelles : la formulation d'une politique monétaire (de tendance déflationniste) par la Banque nationale, entérinée par le parlement en mai 1944, et la mise en place d'une Commission de planification économique de l'après-guerre (CPEA) [14].

L'impatience accumulée, les besoins insatisfaits et les déséquilibres dans le commerce international mettent rapidement ces ambitions et l'espoir d'une coopération prolongée face à quatre rudes épreuves.

La première confrontation se joue au sein de la CPEA sur la politique industrielle. Les experts de la CPEA y prônent une approche de « rationalisation structurelle » des branches industrielles ainsi que de l'agriculture. Cette rationalisation nécessite une concertation dans le domaine des politiques d'investissements entre les pouvoirs publics et les représentants patronaux. Une telle concertation est pourtant vue par le patronat comme une ingérence inacceptable dans les prérogatives exclusives du patronat : en novembre 1944, les représentants patronaux se retirent des sous-commissions travaillant sur ces questions. Comme toute la démarche de la CPEA est fondée sur la coopération active entre l'État et les partenaires sociaux, ce retrait signale une première et notable limitation à la capacité de l'État à peser sur la politique industrielle.

La deuxième épreuve concerne la grande grève de la métallurgie en février 1945. Réconfortés par la nette victoire des partis de gauche aux élections législatives, avec une forte poussée des voix communistes, les ouvriers de la métallurgie ne veulent pas suivre les consignes confédérales d'accepter le maintien du blocage des salaires et d'attendre l'amélioration du ravitaillement pour rattraper le niveau de vie perdu pendant la guerre. Une large majorité (77 %) écoute les voix radicales – fortement implantées dans ce milieu – et les 120000 ouvriers des grandes entreprises métallurgiques entrent en grève. Il s'agit d'une grève dure et longue, qui s'arrête sur une semi-défaite quatre mois plus tard : le relèvement des salaires des métallos n'est que très légèrement supérieur à celui des autres branches. Pourtant la crédibilité du blocage des salaires est atteinte, et ce que la grève n'a pas réussi à faire, la pénurie

14. *Kommissionen för Ekonomisk Efterkrigsplanering*. Une étude approfondie du travail de cette commission ainsi que de celui de la Banque nationale se trouve dans Ö. APPELQVIST, « Civil servant or politician? Dag Hammarskjöld's role in Swedish government policy in the Forties », *Sveriges Riksbank Economic Review*, 2005, 3, p. 33-49.

de main-d'œuvre le fait dans beaucoup de secteurs. En outre la grève met la coopération entre le patronat et la confédération syndicale en crise et révèle la vigueur à l'intérieur du mouvement syndical d'un courant radical très fort.

La troisième épreuve pour la politique économique du programme des 27 points est la crise des devises en 1947. Les grands espoirs qu'exprime le programme dans une reprise rapide des exportations comme voie vers un bien-être partagé sont vite déçus. Les exportations reprennent certes, mais vers des pays aux devises faibles, tandis que la demande d'importations de marchandises payées en dollars explose. Les réserves en or et dollars sont épuisées début 1947. Quand le gouvernement essaye de trouver un consensus sur un rétrécissement équilibré du pouvoir d'achat, il se heurte à un refus catégorique des représentants patronaux et des partis d'opposition de droite. Toute la coordination consensuelle de la politique économique est donc interrompue à ce moment : c'est au gouvernement social-démocrate d'entreprendre les mesures d'austérité qui s'imposent.

La dernière épreuve pour les ambitions du projet national des 27 points est politique : les élections législatives de 1948. Avec un soutien massif par des fonds secrets à la presse et aux partis conservateurs et libéraux, la confédération patronale cherche à passer du blocage de 1947 à une offensive politique pour changer la direction du pays durablement[15]. Dans un climat de guerre froide aiguë, la social-démocratie doit se battre sur deux fronts : défendre son programme de réformes, mais légitimer son allégeance démocratique en attaquant le parti communiste sans relâche. « Nous ferons de chaque lieu de travail un champ de bataille contre les communistes » constitue une des célèbres répliques du Premier ministre Erlander à cette occasion.

Ce n'est qu'après la défaite de l'opposition des partis de droite dans cette élection que les représentants patronaux se résignent à coopérer avec le gouvernement social-démocrate de manière consensuelle. Mais le compromis social qui se développe au début des années cinquante est fondamentalement différent de celui esquissé par le programme de 27 points. Au lieu d'une politique indépendante, équidistante entre les grandes puissances[16], la neutralité suédoise est dorénavant pro-occidentale avec des forts volets de coopération économique et militaire. À la place d'une politique économique d'ensemble où l'État coordonne les efforts d'investissement, le gouvernement laisse ceux-ci au libre choix des entreprises. Au lieu des accords centraux tripartites sur les salaires, la politique salariale est totalement remise aux partenaires sociaux.

Comment doit-on caractériser le compromis social ainsi obtenu ? Le concept original consistait à maintenir le rôle central de l'État dans le contrôle des salaires aussi bien que les prix, avec une concertation centralisée entre patronat et syndicat. Le dénouement de la guerre brise cette régulation, d'une part à cause de l'affran-

---

15. N. STENLÅS, *Den inre kretsen. Den svenska ekonomiska elitens inflytande över partipolitik och opinionsbildning 1940-1949*, Lund, Arkiv, 1997.

16. Remarquons que cette équidistance voulait également s'appliquer envers l'Allemagne vaincue. Cf. Ö. APPELQVIST, « Gunnar Myrdal and the ideals of a World New Deal », P. KETTUNEN et H. ESKOLA (dir.), *Myrdals, Models and Modernity*, Helsinki, Renvall Institute Publications, 1997.

chissement des forces sociales bridées pendant la guerre, d'autre part à cause des effets de la conjoncture d'expansion qui suit la guerre. Le gouvernement social-démocrate n'ayant pu amener les organisations patronales à un compromis social sur ce terrain, les fédérations syndicales de l'industrie préfèrent trouver un terrain de compromis plus restreint avec le secteur industriel le plus important. L'évolution économique de 1948 à 1951 est caractérisée par une tendance inflationniste des salaires dans l'industrie, qui a toutefois pu être résorbée par les entreprises grâce à l'expansion de la demande extérieure et à des gains de productivité. C'est de ces années que date le compromis de base entre l'association patronale et les fédérations syndicales de la métallurgie [17].

Le contenu réside dans une acceptation des syndicats de l'innovation technologique permanente comme base des augmentations de salaires. Cette acceptation, entérinée par l'accord central de 1948 sur les études de l'organisation du travail, *1948 års arbetsstudieavtal*, n'est pourtant mise en œuvre localement qu'après une série de grèves sauvages dans la métallurgie (1950-1956) [18]. La contrepartie du côté patronal est que ces hausses ne doivent pas attendre que les pleins effets de cette innovation se soient produits dans toutes les entreprises mais y sont introduits préalablement comme *omvandlingstryck*, comme un facteur de pression permanent vers cette rénovation, poussant toutes les entreprises réfractaires dans cette direction sous peine de disparaître.

Sur le plan des principes, cette politique dite « de solidarité salariale » est établie par le rapport *Fackföreningsrörelsen och den tekniska utvecklingen* (Le mouvement syndical et le développement technique) présenté au congrès 1951 de LO. Du point de vue syndical, cette politique se construit sur deux revendications fondamentales : salaire égal pour travail égal et réduction des différences entre salaires. Selon l'initiateur de cette politique, Rudolf Meidner, l'élément essentiel réside dans le fait que c'est le travail fourni et non la productivité de l'entreprise qui est le critère du niveau salarial [19]. L'effet est une contrainte de rationalisation sur toutes les entreprises ayant une faible productivité.

Avec la « politique de solidarité salariale », les syndicats formulent plus qu'une manière de négocier une distribution de la plus-value générée dans l'industrie : ils formulent aussi les termes selon lesquels la rénovation continue de l'industrie doit se poursuivre, et donc une part essentielle de la politique industrielle en Suède. Cependant, il est évident que cette politique se fonde sur un rapport de force concret dans chaque branche et a des effets fort différenciés. L'industrie textile en fait les frais avec d'autres quelques années après.

Pour la question de la participation, nous avons déjà mentionné le peu de poids de la démocratie dans le programme des 27 points. La suite de l'histoire

---

17. Les organisations centrales ici sont *Verkstadsföreningen* du côté du patronat et *Metallarbetarförbundet* du côté syndical. C'était entre ces deux partenaires que se concluaient tous les accords salariaux dont découlaient les autres applications de la « politique salariale solidaire ».
18. P. Sundgren, « Införandet av MTM-metoden i svensk verkstadsindustri 1950-1956 », *Arkiv för studier i arbetarrörelsens historia*, 13-14, 1978, p. 3-33.
19. R. Meidner, « Succès, faiblesses et perspectives d'avenir du mouvement syndical suédois », *Revue de l'IRES*, 14, hiver 1994, p. 5.

allait le confirmer. Il y a certes un aide-mémoire présenté par LO évoquant les « commissions mixtes de production » britanniques et les propositions ambitieuses en Norvège, mais devant le refus patronal ces velléités sont vite abandonnées. Un accord central sur les comités d'entreprise est négocié début 1946. Mais c'est un accord-cadre que les entreprises peuvent appliquer à leur gré. Ces comités sont surtout constitués dans quelques grandes entreprises aux échelons centraux, plutôt en complément de la concertation avec les syndicats sur les questions de salaires. Ils restent d'importance très marginale, puisque le patronat refuse d'accepter quelque coordination que ce soit entre les différents comités d'entreprise. Ils n'acceptent ni les systèmes représentatifs à l'intérieur des entreprises ni *a fortiori* les systèmes de branches industrielles[20].

Le fait que le patronat bloque ainsi les propositions de la confédération syndicale ne conduit pourtant pas celle-ci à soulever la question par la voie parlementaire. Cela montre, d'une part, la réticence des syndicats à utiliser leurs appuis politiques pour forcer la main du patronat et, d'autre part, le peu de poids qu'a la question de la démocratie industrielle en Suède à cette époque. À cet égard, on peut remarquer que c'est à travers leurs syndicats que les ouvriers, fortement syndiqués, font entendre leur volonté de participation. Mais ici aussi on peut émettre des réserves.

Une des conditions nécessaires pour le marchandage, le compromis social entre les fédérations syndicales et les organisations patronales réside dans le fait que les premières ont effectivement quelque chose à offrir en échange des hausses de salaires consentis par le patronat. Et ce quelque chose est la garantie de la paix sociale pendant la période du contrat. Pour pouvoir l'offrir, il faut que la décision d'entamer une grève soit rigoureusement formalisée et centralisée. Il y a aussi une raison politique à cette centralisation : le maintien du contrôle des syndicats devient un enjeu majeur pour la social-démocratie. Il ne s'agit pas seulement d'une lutte pour la légitimité comme représentant de la classe ouvrière : les autorités américaines exigent que la social-démocratie tienne tous les communistes dans les industries dites « sensibles » sous haute surveillance pour que les États-Unis développent leur coopération dans l'industrie de l'aviation par exemple. La conséquence n'en est pas seulement une politisation du travail des syndicats mais aussi le développement d'un système de repérage des ouvriers jugés dissidents (communistes ou autres) avec des listes régulièrement fournies par les syndicalistes sociaux-démocrates aux instances de la police de sécurité militaire[21]. Cela veut dire que la cohésion syndicale et la tendance vers le consensus datant de ce temps-là ne sont pas seulement des traits culturels propres à la Suède, elles sont aussi le produit de pratiques centralisatrices et conformistes et d'une démocratie pour partie émasculée. Présenter ce

20. Même ceux qui d'ordinaire vantent les mérites du modèle suédois ont très peu écrit sur la participation ouvrière sur les lieux de travail. Ce n'est qu'après 1970 que cette question est soulevée avec force. Sur le développement de la cogestion *(medbestämmande)*, cf. B. STRÅTH, *Mellan medbestämmande och medarbetare. Metall och samhällsutvecklingen 1957-1997*, Stockholm, Tiden, 2000, p. 48-51.

21. La commission officielle d'enquête créée à ce propos a conclu que le nombre d'individus se trouvant dans ces registres était entre 430 000 et 450 000 en 1953. *Statens Offentliga Utredningar (SOU)* – rapports officiels de l'État, 2002, p. 88 et 93.

système de négociations salariales centralisées comme un accès des travailleurs à la participation est tout fait erroné.

Abordons ensuite la dimension de la sécurité : est-ce qu'elle se conçoit comme un droit citoyen ou un acquis contractuel ? Au début du modèle social suédois dans les années trente, le problème fondamental du compromis entre syndicats et patronat se trouve dans l'accord négocié sur l'organisation des allocations de chômage. Le « Programme des 27 points » marque ici un tournant. Le volet social du programme souligne à propos des « assurances contre chômage » que chaque ouvrier doit « sentir que ce revenu est un droit et pas une aumône. C'est pourquoi il faut qu'il y ait une assurance chômage générale, englobant tous les salariés ». C'est aussi avec le même argument que le programme prône une assurance maladie générale avec des niveaux fortement augmentés afin de libérer les gens de la nécessité de recourir aux institutions d'assistance sociale. Le même argument est d'ailleurs évoqué pour les retraites. Donc, en ce qui concerne la politique sociale et les droits sociaux, le programme des syndicats œuvre à un changement très prononcé des anciens systèmes d'assistance vers des politiques générales ayant pour but une réduction des inégalités générale plutôt que ciblée.

L'originalité de cette approche consiste surtout dans le degré élevé d'ambition. En 1934, les syndicats avaient rejeté un système d'allocations de chômage égales au salaire minimum. Ils avaient obtenu que soit retenu le principe de « substitution de revenu perdu », où la perte serait aussi limitée que possible [22]. Dans l'après-guerre c'est de ce principe que partent les syndicats : outrepassant les besoins de base, la politique doit être fondée sur le principe de « substitution de revenu » – ce qui est un élément important pour l'implication massive aussi des employés et cadres dans cette régulation. Mais la traduction de ces principes est assez lente. Ce n'est qu'en 1955 que la loi sur la Sécurité sociale est adoptée, prenant le dessus et englobant tous les accords contractuels entre employés et organisations patronales. Et pour arriver à l'achèvement de ce système de Sécurité sociale à un système de fonds de pensions généralisé, il faut une dure campagne de référendum en 1956 [23].

Ne reste-t-il donc rien des ambitions interventionnistes de l'État dans le programme des 27 points ? Nous avons déjà noté l'échec de l'espoir d'une politique économique animée par l'État. Celle-ci reste en dehors des compétences de l'État (sauf dans l'agriculture où les réformes mises en place laissent deviner les ambitions de la CPEA pour les autres sphères économiques). Dans le gouvernement social-democrate d'après-guerre, les questions de politique industrielle sont placées sous la responsabilité du ministère de Commerce et de son titulaire, le très dynamique Gunnar Myrdal. Pourtant, déjà avant le départ de celui-ci en 1947, cette bataille est perdue. Le rôle très limité de l'État suédois est marqué par le fait que la

22. Cf. N. Unga, *Socialdemokratin och arbetslöshetsfrågan 1912-1934*, Stockholm, Arkiv, 1976.

23. G. Esping-Andersen et W. Korpi, « From Poor Relief to Institutional Welfare States : the Development of Scandinavian Social Policy », *International Journal of Sociology*, XVI, 3-4, 1987, p. 42 et W. Korpi, « Un État providence contesté et fragmenté. Le développement de la citoyenneté sociale en France. Comparaisons avec la Belgique, l'Allemagne, l'Italie et la Suède », *Revue française de science politique*, 45, août 1995, p. 650.

Suède ne peut obtenir de ministère du Travail qu'en 1974. Qu'il s'agisse de politique industrielle, salariale ou du Code du travail, les partenaires sociaux sont également soucieux de tenir l'État à l'écart[24].

Les partenaires sociaux acceptent pleinement l'intervention de l'État s'il se limite à veiller au bon fonctionnement du marché de travail. C'est en effet dans la régulation de la main-d'œuvre que l'État suédois fait preuve de plus de modernité. L'administration de la main-d'œuvre, *Arbetsmarknadsverket* (Commission du marché de travail), créée en 1948 avec ses instances locales *(Arbetsmarknadsnämn derna)*, est un produit de la réglementation de l'économie pendant la guerre. Après la guerre, ses différents échelons sont peuplés par des gens issus des syndicats et dotés de priorités nouvelles : il s'agit d'assurer la mobilité de la main-d'œuvre aussi bien géographique que professionnelle. C'est la condition nécessaire à l'acceptation active du changement technologique permanent dans l'industrie : que ceux qui perdent leur travail dans ce processus aient des possibilités de réembauche dans les délais les plus courts. Il y a aussi un autre aspect interventionniste de l'État suédois : celui des impôts. Les efforts de la guerre sont partiellement financés par une fiscalité élevée : la victoire des sociaux-démocrates en 1948 laisse en place ce système d'impôts égalitaire.

Le « Programme des 27 points » contient un credo fortement modernisateur : c'est en se centrant sur les efforts d'investissement que l'économie suédoise doit se tenir toujours à la pointe du développement technologique. Si l'État doit se démettre d'une partie ses ambitions et jouer un rôle directeur, cette orientation est néanmoins reprise dans l'accord entre les partenaires sociaux sur la « politique de solidarité salariale ». Au-delà des effets sur la répartition des richesses, il a un effet structurel, poussant les entreprises à une innovation permanente. Celle-ci permet durablement un ajustement dynamique de l'économie suédoise aux changements du contexte international, prolongeant ainsi le plein emploi, qui est donc la pierre de touche du compromis social suédois.

État, syndicats, patronat et comités d'entreprise : la question de représentativité en France, 1944-1948

Pendant les années de la Résistance s'est donc cristallisé en France un projet national-gaullien d'une certaine cohérence : rétablir le rôle international de la France en s'affichant clairement au rang des pouvoirs vainqueurs, en s'assurant un rôle pivot sur le continent européen aussi bien sur le plan politique qu'industriel. Pour affirmer sa prééminence politique envers l'Allemagne défaite ainsi que sa pleine indépendance envers les autres puissances alliées il faut opérer une rupture nette avec les forces qui ont collaboré avec l'occupant allemand : pour y parvenir,

24. Le développement des structures de l'État suédois est ici instructif : les réformes sociales se préparaient pendant la guerre dans le *Socialdepartementet* (ministère social) mais quand fut créé un ministère de l'Intérieur s'occupant de la police et de la politique de santé les questions du marché de travail devinrent le domaine de l'*Arbetsmarknadsverket*, organisme semi-autonome pourvu d'une direction paritaire.

le programme du CNR préconise une « république nouvelle » caractérisée par une démocratisation profonde, une extension des droits sociaux et un nouveau rôle de l'État : ce dernier sera l'artisan d'une coopération approfondie entre les représentants des travailleurs et ceux du patronat.

Ce qui frappe aujourd'hui, c'est la vitesse avec laquelle la refonte des relations industrielles est mise en œuvre après la Libération. L'ordonnance sur la Sécurité sociale est promulguée en octobre 1945, à peine quinze mois après la libération de Paris. Le printemps de 1946 voit les nationalisations des sociétés d'électricité, de gaz, des mines de charbon ainsi que de nombre de banques et de sociétés d'assurance. En ce qui concerne les relations sur les lieux de travail, la législation ce printemps-là n'est pas moins importante : avec les statuts pour les délégués du personnel et la loi sur les comités d'entreprise, les travailleurs et leurs représentants sont dotés de toute une nouvelle panoplie d'outils pour faire valoir leurs points de vue. On peut considérer l'inscription du Conseil économique dans la Constitution en octobre 1946 comme le couronnement de toute une série d'institutions instaurant la participation entre les partenaires sociaux et l'État à niveaux différents.

Un facteur intervient dans ce processus : la capacité remarquable du mouvement ouvrier à changer ses mentalités. Le mouvement syndical a tendance à se méfier des exhortations à la participation, qu'elles viennent du patronat ou de l'État. Cette tendance s'est évidemment considérablement renforcée sous les coups du corporatisme forcé du régime de Vichy. Néanmoins, comme le note Steinhouse, les travailleurs et leurs représentants s'impliquent activement pour ces réformes participatives dans les deux premières années qui suivent la Libération[25]. Suivant les appels productivistes du PCF à l'époque, les ouvriers s'y engagent en dépit de conditions matérielles difficiles. Concernant les réformes des relations industrielles, on peut supposer, comme le fait Steinhouse, qu'ils pensent avoir une voix directe au sein du gouvernement par la présence des ministres communistes comme Ambroise Croizat ou Charles Tillon. La vitesse avec laquelle la loi sur les comités d'entreprise s'est traduite sur le terrain (il y en a plus de 6000 dès juillet 1947) doit peut-être aussi quelque chose aux comités sociaux du régime de Vichy, mais plutôt en sens contraire : cette fois-ci les comités ne sont pas façonnés par le patronat.

Les problèmes dans le projet de concertation tripartite État-syndicats-patronat viennent surtout du côté patronal. L'échec de la Commission de représentation patronale est éclairant. Créée en octobre 1944 par Charles de Gaulle et Alexandre Parodi, le premier alors président du Conseil du gouvernement provisoire et le second ministre du Travail, elle est reçue froidement et avec méfiance par les cercles patronaux[26].

La volonté du gouvernement de distinguer entre les entreprises marquées par la collaboration et celles étiquetées comme « patriotiques », ainsi que le projet de

25. J.-P. Le Crom, *L'introuvable démocratie salariale. Le droit de la représentation du personnel dans l'entreprise (1890-2002)*, Paris, Syllepse, 2003, p. 33-40 et A. Prost, « Un mouvement venu par en bas », C. Andrieu *et alii.* (dir.), *Les nationalisations…*, *op. cit.*, p. 65-88.

26. J.-N. Jeanneney, « Hommes d'affaires au piquet : le difficile intérim d'une représentation patronale (septembre 1944-janvier 1946) », *Revue historique*, janvier-mars 1980, p. 91-97.

contrôler les grandes entreprises, jugées plus impliquées avec le régime de Vichy que les PME, s'avèrent très difficiles à mettre en pratique, étant donné la mainmise des grands entreprises sur les fédérations de branches industrielles : « *As long as business was ostracised, the large trade associations, controlled as they were by big business, went quietly about the defence of their own interests*[27]. » Même ceux des dirigeants d'entreprise qui étaient acquis à la Résistance, tel Georges Villiers, s'opposent à une « épuration » de ceux qui ont entretenu des liens avec le régime de Vichy car ils savent que l'imbrication était généralisée. La création du CNPF en janvier 1946 fut donc une manifestation d'indépendance patronale, la création d'un outil puissant unissant tous les cercles patronaux indépendamment de leur attitude envers le régime de Vichy, en défense de leurs intérêts propres. Si les nationalisations du printemps de 1946 dotent l'État de leviers économiques importants, son rôle de promoteur d'une coopération approfondie entre les représentants des travailleurs et des patrons est irrémédiablement scellé. Il faut être deux pour coopérer et le patronat n'est de toute évidence pas en accord avec le projet proposé. Le CNPF se montre dès son début très sceptique envers une extension radicale des droits de participation des travailleurs. Dans son étude sur l'attitude du patronat français vis-à-vis de la politique, Richard Vinen écrit que la leçon fondamentale pour le patronat des épreuves de Vichy et de la Libération « *was that political popularity was not a necessary condition of commercial prosperity*[28] ».

Pour les modernisateurs de l'État, tout redressement économique était fondé sur deux piliers : l'accès aux prix bas des matières premières des zones occupées et l'accès aux crédits d'investissement américains Mais ni l'un ni l'autre ne sont utiles sans le concours actif des dirigeants de la grande industrie. À la Libération, la participation des travailleurs était nécessaire pour rétablir la légitimité de l'État. En 1946, le concours des travailleurs est certes toujours souhaitable mais celui des cercles patronaux et de l'administration américaine est dorénavant primordial.

On peut toujours se demander pourquoi le projet social et économique de la Résistance a eu si peu de temps pour s'affermir. D'un point de vue général, il faut constater que les prémisses sont extrêmement difficiles : l'économie de la France à l'issue de la Libération était dans un état de délabrement généralisé : l'indice de la production industrielle de 1944 était 38 % de celui de 1938. En dépit de tous les efforts productivistes le pouvoir d'achat des ouvriers chute de manière drastique durant ces années[29]. Maintenir un climat de coopération, engager les travailleurs dans des efforts de participation au milieu d'une dégradation générale des conditions de vie est très difficile. Il n'est donc pas étonnant que les luttes redistributives soient alors au premier plan.

---

27. H. Ehrmann, *Organized Business in France*, Princeton, Princeton University Press, 1957, p. 117.
28. R. Vinen, *The Politics of French Business, 1936-1945*, Cambridge, Cambridge University Press, 1991, p. 204.
29. Selon les statistiques du *Bulletin de la Statistique générale de France*, relevées dans A. Lacroix-Riz, *La CGT de la Libération à la scission, de 1944 à 1947*, Paris, Éditions sociales, 1983, p. 370, le pouvoir d'achat qui en avril 1945 était un peu plus que 80 % de celui d'octobre 1938 tombe à 50 % en octobre 1947.

Dans l'échange mutuel de récriminations qui caractérise l'historiographie de la guerre froide, il est fréquent de mettre l'accent sur la dimension internationale du contexte. On peut mettre en avant l'action déterminée des représentants des États-Unis afin d'exclure la participation du parti communiste, et par là un segment important du mouvement syndical, de toute participation plus profonde à la reconstruction économique[30]. Mais sans relais chez les forces sociales en France, l'importance de celle-ci aurait été tout autre.

Le point essentiel concerne la relation entre instances étatiques et représentants patronaux. L'approche gaullienne voulant séparer les « bons » patrons des « collaborateurs » était irréalisable. Dans la logique nouvelle des « modernisateurs », l'exclusion des travailleurs du CGT n'est pas un problème mais une condition nécessaire. Cela veut-il dire que l'héritage du projet du CNR soit entièrement effacé ? Il est vrai que dans le domaine de la politique salariale, les relations se révèlent beaucoup plus conflictuelles que ne l'ont souhaité les auteurs du programme du CNR. Il est néanmoins faux d'y voir un réflexe atavique du mouvement syndicaliste révolutionnaire. D'abord parce que le compromis social entre les « modernisateurs » de l'État français et le CNPF est fondé sur la reconnaissance de la légitimité incontestée des représentants patronaux à régler les questions avec les syndicats et le retrait de l'État de toute velléité de s'y introduire comme médiateur. D'autre part parce que le CNPF lui-même n'est pas prêt à imposer des contraintes à ses membres sur les négociations collectives, préférant plutôt jouer sur les divisions syndicales là où c'est possible. En l'absence de normes régulatrices dans le domaine des salaires, il n'est que naturel que les accords proviennent des rapports de force maintes fois testés.

Dans les autres domaines pourtant, l'héritage des projets de la Résistance est beaucoup plus présent. Pour la Sécurité sociale, aussi bien les principes que les modes de gestion restent entièrement en place[31]. En ce qui concerne la participation – l'espoir d'une démocratisation sur les lieux de travail –, les milliers de comités d'entreprise créés avant 1948 constituent autant de terrains où peuvent se développer les aspirations de participation des travailleurs, malgré les divisions syndicales. Si les dirigeants patronaux ne veulent pas accorder au Conseil économique le poids prévu, le fait qu'il y ait des réseaux hiérarchisés de comités d'entreprises facilite une réflexion stratégique d'ensemble des syndicats. Si les dirigeants patronaux dans les entreprises privées sont peu enclins à leur laisser un terrain d'intervention, c'est beaucoup moins le cas dans le secteur nationalisé.

D'emblée on peut constater la grande différence entre les compromis constitutifs des modèles sociaux suédois et français. Tandis que le compromis suédois s'était fait entre la confédération patronale de l'industrie et les fédérations syndicales de la métallurgie sur le fond d'un gouvernement social-démocrate le compromis français

30. E. Rice-Maximin, « The United States and the French Left, 1945-1949 : The View from State Department », *Journal of Contemporary History*, 19, 1984, p. 744-745 et W. I. Hitchcock, *France Restored. Cold War Diplomacy and the Quest for Leadership in Europe, 1944-1954*, Chapel Hill, University of North Carolina Press, 1998, p. 206.

31. B. Valat, *Histoire de la Sécurité sociale, 1945-1967. L'État, l'institution et la santé*, Paris, Economica, 2001, p. 58 *sqq*.

s'est établi entre les instances modernisatrices de l'État (Trésor, Commissariat général au Plan, ministère de Finances) et le CNPF sur le fond d'une gestion concertée des ressources du plan Marshall. De là découlent de grandes différences aussi bien dans les rapports entre les partenaires sociaux que dans l'insertion de l'État dans ces rapports et du rôle de l'État dans l'économie.

Tandis que les rapports entre patronat et syndicats sont bâtis en Suède sur une compréhension commune des besoins de productivité, de paix sociale et sur l'acceptation de la prérogative incontestée du patronat dans les domaines de gestion et d'investissement, les rapports équivalents en France sont d'emblée conflictuels. Tout le compromis entre État et patronat est basé sur la reconnaissance de la hiérarchie patronale et le refus de compromis avec des syndicats souvent dominés par des communistes. Si des compromis partiels ont été recherchés, ce fut surtout de manière politique, en jouant sur la scission au sein du mouvement syndical. À cause de la force du segment radical de ce mouvement, un compromis général avec les représentants était exclu. La question de la répartition des richesses issues de la production n'a pas pu être réglée de manière structurelle comme en Suède mais toujours par des rapports de force contingents.

Il peut paraître paradoxal que l'État suédois, modelé par un gouvernement social-démocrate d'inspiration socialiste, ait un rôle beaucoup plus modeste dans la gestion de l'économie que l'État français, dominé par des cadres et des partis d'inspiration libérale ou conservatrice. On retrouve parfois des références à un relent « jacobin » comme orientation de cet État[32]. Mais il faut insister ici sur la conjoncture. L'interventionnisme moderne de l'État me paraît être le produit de deux démarches différentes. D'une part, les nationalisations et la gestion paritaire d'institutions comme la Sécurité sociale proviennent du programme du CNR, du besoin d'opérer une rupture avec la collaboration de Vichy, de l'espoir d'une « République nouvelle » fondée sur la participation active des populations qui en étaient exclues. De l'autre, la gestion active des orientations de l'économie nationale, les plans quadriennaux proviennent de la peur d'une Allemagne ressuscitée, du besoin senti d'une reconstruction et d'une modernisation rapides par les modernisateurs autour du plan Monnet. L'acceptation d'une dépendance de l'aide américaine et d'un patronat réinstauré dans ses prérogatives allait déterminer les choix politiques de cet interventionnisme.

Que peut-on dire sur la force et la faiblesse des mouvements ouvriers respectifs ? Il y a certes une littérature abondante sur la faiblesse du mouvement syndical français par rapport à ses homologues européens, surtout ceux de l'Allemagne de l'Ouest et de la Scandinavie[33]. Le taux de syndicalisation est ici invoqué comme point de départ incontestable. C'est vrai même au temps fort du syndicalisme français d'après-guerre : tandis que la CGT affiche 900 000 membres dans la métal-

32. On peut ici penser à l'évocation de la « spécificité française » issue de la Révolution dans l'œuvre de P. Rosanvallon, *L'État en France de 1789 à nos jours*, Paris, Seuil, 1990.

33. W. Korpi, « Sweden : conflict, power and politics in industrial relations », P. B. Doeringer (dir.), *Industrial relations in international perspective : essays on research and policy*, Londres, Macmillan, 1981.

lurgie en avril 1946 et regroupe plus de la moitié des ouvriers, son homologue suédois, *Metallindustriarbetarförbundet*, atteint avec ses 212 000 membres un taux de syndicalisation de plus de 90 %[34]. Et par la suite, avec les scissions syndicales en France, cette différence s'accentue considérablement. Mais est-il vraiment sûr que cela traduit un rapport de force en soi ? Le rôle des syndicats dans l'articulation des compromis peut être radicalement différent, les recherches sociologiques en conviennent de plus en plus. En poussant à la création d'institutions comme les comités d'entreprise, les délégués du personnel et les collèges de la Sécurité sociale, avec leurs modes spécifiques d'élection les syndicalistes français ont réussi à faire gagner aux travailleurs français des droits individuels desquels leurs collègues suédois sont encore dépourvus.

Tandis que les syndicats français ont œuvré pour que les travailleurs aient des droits démocratiques en ces domaines – qu'ils soient syndiqués ou non –, les syndicats suédois ne donnent aucun droit d'élection aux travailleurs s'ils ne cotisent pas. S'ils demandent que les conventions collectives soient appliquées à tous, c'est plutôt pour garder le monopole des négociations que par une solidarité active.

Il s'ensuit un autre rapport entre les travailleurs individuels et les syndicats. Si le taux de syndicalisation français est si faible, n'est-ce pas aussi une conséquence du fait qu'ils ont gagné à tous des droits individuels, sans l'obligation de cotiser ? De plus, ils gardent une légitimité lors des crises : l'application parfois massive des consignes de grève en témoigne. Si la force économique des syndicats suédois est plusieurs fois supérieure à celle des syndicats français réunis, leur capacité de mobilisation peut parfois être mise en doute. Sans la moindre prétention de trancher dans une question si épineuse, il convient donc de noter que les forces et faiblesses des mouvements ouvriers européens ne se prêtent pas à des généralisations excessives.

Est-ce que la classe ouvrière en France est plus exclue des décisions portant sur la production que ses homologues européennes, ou est-ce qu'elle y participe plus ? Si la question des forces et faiblesses des mouvements syndicaux en général reste ambiguë, tel est aussi le cas pour cette interrogation plus spécifique. Certes, il est probable que les travailleurs suédois, au moins dans les années cinquante et soixante, se sentaient mieux intégrés voire respectés dans la société, au vu du train régulier d'améliorations sociales et économiques, que les Français pour lesquels la plupart des avancées ont dû être arrachées après des épreuves de force. Pourtant se développait sur les lieux de travail un réseau de plus en plus étendu de comités d'entreprise qui donnait lieu à une concertation concrète qu'auraient enviée les travailleurs suédois de l'époque. Pour eux ce ne fut qu'au milieu des années soixante-dix, avec la *Medbestämmandelagen* (la loi sur la codécision) en 1975, que ces questions furent posées de manière précise. Plutôt que de partir d'affirmations d'ordre général, telles que « l'exclusion du mouvement ouvrier français », il paraît plus pertinent d'essayer de discerner des dilemmes communs en partant de configurations très spécifiques des relations industrielles européennes.

---

34. Cf. les statistiques suédoises dans P.-E. BACK, *Svenska metallindustriarbetarförbundet*, tome 4 : *1940-1956*, Stockholm, Förb, 1986.

Nous avons vu à quel point les projets nationaux originaux en France et en Suède ont été révisés au cours des trajectoires économiques et politiques des deux pays entre 1944 et 1950. Pourtant ils ont bien laissé leurs traces évidentes dans les configurations concrètes des États sociaux issues de cette période. Cela vaut pour le programme du CNR aussi bien que pour celui de « 27 points ». Qu'il s'agisse de la manière d'organiser la Sécurité sociale, de promouvoir la démocratisation ou du rôle de l'État, les différences d'approches se retrouvent dans les différences actuelles. Est-ce que c'est l'approfondissement de la démocratie ou l'efficacité économique qui doit être le fil directeur du compromis social ? Il est évident que ce choix a entraîné beaucoup de répercussions. En même temps, la priorité donnée par le programme suédois au plein emploi rendait possible des avantages mutuels entre différents partenaires sociaux et par là un développement plus approfondi pour plusieurs aspects de l'État social suédois.

Cette comparaison historique ouvre ainsi finalement la réflexion sur plusieurs dilemmes actuels. Quel doit être le rôle de l'État vis-à-vis de la régulation des rapports des partenaires sociaux dans la production ? Comment intégrer l'intérêt général dans des sociétés traversées par les dilemmes entre le court terme et le long terme dans la gestion des entreprises ? Comment concilier, ou mieux faire renforcer mutuellement, les intérêts de l'entreprise et l'intérêt du bien commun ? Est-ce que l'État doit se concevoir comme médiateur ou force d'appoint ? Si on estime qu'une participation, voire une influence réelle, des travailleurs est souhaitable aussi bien sur les lieux de travail qu'aux échelons les plus hauts du monde de travail, alors l'existence en France de plus de vingt-sept mille comités d'entreprise et d'établissement rassemblant plus de cent mille élus pourrait être un outil non négligeable.

L'introuvable démocratie sociale : débats intellectuels, luttes politiques, acteurs sociaux et administratifs, 1944-1950

Alain CHATRIOT

> « Au cours des débats constitutionnels de 1946, tant devant la première que devant la seconde Constituante, une affirmation a été répétée si souvent qu'on peut y voir le leitmotiv de ces débats et peut-être l'intuition (sinon l'idée) fondamentale d'où procède notre régime constitutionnel actuel. Cette intuition, c'est que la démocratie que nous avons vécue avant la guerre était incomplète ; elle se limitait au terrain politique et ne touchait que très imparfaitement à l'ordre économique et l'ordre social. Il fallait compléter 1789, sinon le refaire »,

ainsi s'exprime le juriste Georges Vedel dans un article intitulé « Démocratie politique, démocratie économique, démocratie sociale » en 1947[1]. Cette déclaration résonne évidemment avec la déclaration contenue dans le Programme du Conseil national de la Résistance du 15 mars 1944 qui, parmi les « mesures à appliquer dès la libération du territoire » prévoyait « l'instauration d'une véritable démocratie économique et sociale, impliquant l'éviction des grandes féodalités économiques et financières de la direction de l'Économie[2] ». On ne souhaite pas établir ici une genèse de cette expression de « démocratie sociale[3] », mais l'intérêt est de souligner qu'elle constitue un point de rencontre possible en 1944 aussi bien pour les socialistes, pour les démocrates-chrétiens, et même pour les communistes et les gaullistes. Elle regroupe de plus différents phénomènes qui permettent de saisir les activités du ministère du Travail dans un cadre institutionnel et politique élargi.

L'objet de ce texte est d'analyser les débats théoriques et les luttes politiques en suivant ceux qui en sont les porteurs, et particulièrement les figures administrati-

1. G. VEDEL, « Démocratie politique, démocratie économique, démocratie sociale », *Collection Droit Social*, XXXI, mai 1947, « Les problèmes économiques et sociaux de la Constitution du 27 octobre 1946 », p. 45-58.
2. C. ANDRIEU, *Le programme commun de la Résistance : des idées dans la guerre*, Paris, Éd. de l'Érudit, 1984.
3. On peut juste rappeler que si l'expression n'est pas d'un emploi commun, elle est présente chez Jaurès dans les *Études socialistes* en 1901 et dans *L'Armée nouvelle* en 1911, puis reprise par l'économiste et député socialiste E. ANTONELLI, *La démocratie sociale devant les idées présentes*, Paris, Librairie M. Rivière, 1911. Le terme avait aussi servi de titre à divers périodiques politiques durant la première moitié du XXe siècle. Pour une version actualisée de l'expression : cf. J. LE GARREC, *Rapport d'information sur la démocratie sociale*, Assemblée nationale, n° 2323, 4 avril 2000.

ves et politiques en charge de ces affaires. Si la Libération voit arriver des hommes nouveaux (et des femmes), la plupart de ces acteurs avaient déjà connu des expériences touchant aux questions sociales et économiques durant les années trente, en particulier en lien avec le Conseil national économique (CNE) et l'application des lois sociales du Front populaire [4]. Ils avaient parfois été confrontés directement à quelques-uns des épineux dossiers qu'ils retrouvaient après la période de l'Occupation et du gouvernement de Vichy. Ne pouvant suivre l'ensemble des sujets traités au ministère du Travail à la Libération et encore moins l'ensemble de l'évolution de la politique économique [5], on utilise comme fil directeur la question de la représentativité syndicale [6] qui est au cœur de nombreux débats sur les formes de la démocratie sociale. Il ne s'agit pas de revenir sur toutes les institutions créées où les organisations syndicales devaient être représentées [7], mais bien de considérer la manière dont ce débat, issu en fait des années 1920, est repris et arbitré dans un nouveau contexte politique. D'autres thèmes, pourtant alors fortement débattus, seront donc laissés de côté dans l'analyse ; on peut penser par exemple aux rôles des inspecteurs du travail, à l'évolution de l'ensemble de la législation sociale [8], à la formation professionnelle, au débat sur la durée du travail, sur les salaires, à l'évolution des politiques migratoires, aux grèves, aux effets des nationalisations [9] et puis à l'ensemble des questions touchant à la Sécurité sociale [10] et à la médecine du travail [11]. Le choix de limiter l'analyse aux années comprises entre 1944 et 1950 se justifie tout à la fois par la densité des événements, des débats et des créations institutionnelles durant cette période et par le fait qu'une logique assez différente s'ouvre en 1950 avec l'arrivée au ministère du Travail du « quasi-inamovible » Paul Bacon [12].

Compte tenu de ce cadre d'analyse, cette contribution s'organise de manière non chronologique autour de trois thèmes. On présente d'abord les équipes à la tête du

---

4. A. Chatriot, *La démocratie sociale à la française. L'expérience du Conseil national économique, 1924-1940*, Paris, La Découverte, 2002.
5. Sur cette question, le guide le plus suggestif nous semble rester : F. Bloch-Lainé et J. Bouvier, *La France restaurée, 1944-1954. Dialogue sur les choix d'une modernisation*, Paris, Fayard, 1986.
6. Le sujet n'a pas fait l'objet d'une étude systématique. On peut se reporter à D. Andolfatto, « La représentativité syndicale en débat », *Regards sur l'actualité*, 2001, 267, p. 35-49 et aux analyses juridiques plus anciennes d'A. Arseguel, *La notion d'organisations syndicales les plus représentatives*, thèse pour le doctorat de droit, université Toulouse I, 1976 et surtout d'H. Trouvé, *La notion de syndicats les plus représentatifs de la profession, contribution à l'histoire du droit syndical*, Paris, Librairie du Recueil Sirey, 1942.
7. Cf. la liste fournie en annexes (p. 209-212) par A. Steinhouse, *Workers' Participation in Post-Liberation France*, Lanham, Lexington Books, 2001.
8. Cf. B. Béthouart, « Les réformes sociales de la Libération : le poids des parlementaires MRP », *Revue du Nord*, LXXVI, 305, avril-juin 1994, p. 359-390.
9. C. Andrieu, L. Le Van et A. Prost (dir.), *Les nationalisations de la Libération : de l'utopie au compromis*, Paris, Presses de la FNSP, 1987.
10. Parmi une littérature abondante, cf. B. Valat, *Histoire de la Sécurité sociale (1945-1967). L'État, l'institution et la santé*, Paris, Economica, 2001 et P. V. Dutton, *Origins of the French Welfare State. The Struggle for Social Reform in France, 1914-1947*, Cambridge, Cambridge University Press, 2002.
11. S. Buzzi, J.-C. Devinck et P.-A. Rosental, *La santé au travail, 1880-2006*, Paris, La Découverte, 2006.
12. B. Béthouart, *Le ministère du Travail et de la Sécurité sociale, de la Libération au début de la Vᵉ République*, Rennes, PUR, 2006. Sous la IVᵉ République, Paul Bacon est ministre du Travail de février 1950 à mars 1952, puis de janvier 1953 à juin 1954, de février 1955 à février 1956 puis durant les deux derniers gouvernements du régime et sous la Vᵉ République jusqu'en 1962.

ministère du Travail entre 1944 et 1950, acteurs principaux de la mise en œuvre de la démocratie sociale. Sans être exhaustif, on veut montrer ici les éléments de continuité avec les équipes et les expériences de l'immédiat avant-guerre. Puis on analyse les nombreux débats entourant la recréation puis la composition du Conseil économique, souvent présenté comme l'assemblée de la démocratie sociale. Enfin, pour poursuivre les débats et les luttes politiques et sociales autour de la représentativité syndicale, on revient sur l'évolution des dispositifs de la négociation collective entre 1946 et 1950.

De bons connaisseurs des questions sociales

Les hommes en charge des questions du travail et de politique sociale à la Libération ont le plus souvent eu des parcours politiques commencés durant l'entre-deux-guerres. On se propose en présentant les ministres successifs du Travail et leurs hauts fonctionnaires d'éclairer ce point. On ne peut ici tracer un bilan de la situation syndicale et sociale de la France à la Libération, l'entreprise est trop vaste et devrait s'appuyer sur des travaux disparates[13]. Les héritages de la période de Vichy et des projets de la France libre et de la Résistance ne peuvent également être abordés qu'à la marge[14]. Il faut juste rappeler pour ne prendre que cet exemple que sur les neuf membres du Comité général d'études de la résistance (dits les « neuf sages »)[15], trois ont été des acteurs de premier plan de la construction du droit social entre 1936 et 1940 : Alexandre Parodi au CNE puis comme directeur du Travail et de la Main-d'œuvre, François de Menthon et Paul-Henri Teitgen comme professeurs et fondateurs de la revue *Droit social* en 1938.

Les ministres successifs

Le Comité français de Libération nationale (CFLN) à Alger avait nommé Adrien Tixier[16] comme commissaire au Travail et à la Protection sociale puis comme commissaire aux Affaires sociales. Entre le 26 août et le 4 septembre 1944, la fonction de secrétaire général au Travail est assurée par Fernand Samson, un fonctionnaire du ministère qui avait été détaché au CNE durant les années trente[17]. Alexandre

13. Signalons cependant le souci chez les juristes et les économistes de l'époque de tracer de tels bilans : cf. par exemple G. Dehove, « Le mouvement ouvrier et la politique syndicale », *Revue d'économie politique*, novembre-décembre 1947, « La France économique de 1939 à 1946 », p. 1556-1593 ; H. Bartoli, « La législation sociale », p. 1594-1629 ; et aussi R. Petit, « Étude sur la réorganisation syndicale en France depuis la Libération », *Droit social*, février 1946, p. 70-80.

14. Cf. A. Shennan, *Rethinking France : Plans for Renewal 1940-1946*, Oxford, Oxford University Press, 1989 et sur la politique corporatiste de Vichy : J.-P. Le Crom, *Syndicats nous voilà ! Vichy et le corporatisme*, Paris, Éd. de l'Atelier, 1995.

15. D. de Bellescize, *Les neuf sages de la Résistance. Le Comité général d'études dans la clandestinité*, Paris, Plon, 1979.

16. Adrien Tixier, 1893-1946, militant syndicaliste et membre de la SFIO, avait connu Albert Thomas et le fonctionnement du Bureau international du travail dans l'entre-deux-guerres ; il devient ministre de l'Intérieur du Gouvernement provisoire de la République française en septembre 1944.

17. Devenu trésorier-payeur général de la Marne, Samson revient au ministère comme directeur de cabinet de Daniel Mayer sur la recommandation d'Olga Raffalovich.

Parodi[18], ancien délégué général du CFLN, est nommé ministre du Travail et de la Sécurité sociale le 10 septembre 1944 et il le reste jusqu'au 21 novembre 1945. Son passage au ministère reste marqué par l'élaboration définitive de la grille de catégories professionnelles qui reste associée à son nom[19] et par les décisions concernant la représentativité syndicale. Dans ces domaines, il peut investir l'ensemble de son expérience des années trente durant lesquelles, au CNE puis à la direction du Travail, il avait arbitré des conflits de représentativité. André Ségalat qui est alors son directeur de cabinet écrit dans un hommage posthume : « Alexandre Parodi a été l'architecte inspiré de ce grand œuvre de reconstitution des institutions sociales du pays. Il a été certes remarquablement préparé à cette tâche[20]. »

Son successeur est Ambroise Croizat[21]. La présence de ce syndicaliste communiste au ministère du Travail de novembre 1945 à mai 1947 suscite de nombreuses interrogations. Il est certain que la présence des communistes au pouvoir[22] et avec cette charge ministérielle du Travail a constitué une situation particulière[23]. Tout en maintenant un discours ouvriériste[24], Croizat a lutté avec les grévistes de la presse parisienne, a travaillé à la généralisation de la Sécurité sociale[25]. Sur le sujet qui nous occupe, la représentativité, Croizat fait adopter la loi sur les délégués du personnel en avril 1946. Le dirigeant communiste Marcel Cachin note régulièrement dans ses carnets son sens des difficultés de la situation politique et sociale[26]. Il est certain qu'il s'affronte en particulier régulièrement avec François de Menthon,

18. En l'absence d'étude synthétique, cf. le volume d'hommage : *Alexandre Parodi*, Paris, Association des membres et anciens membres du Conseil d'État, 1980 et en particulier le texte d'A. SÉGALAT, « Le ministre du Travail et de la Sécurité sociale », p. 61-70.

19. A. DESROSIÈRES et L. THEVENOT, *Les catégories socio-professionnelles*, Paris, La Découverte, 1988.

20. A. SÉGALAT, « Le ministre du Travail... », art. cit., p. 61. André Ségalat, 1910-1986 est un membre du Conseil d'État et proche ami de Parodi. Son chef de cabinet, Pierre Chatenet, 1917-1997, est également membre du Conseil et a secondé Parodi dans ses activités résistantes, il est par ailleurs son beau-frère.

21. Ambroise Croizat, 1901-1951, militant syndical et politique, ouvrier métallurgiste, membre du Parti communiste français, il est élu député de la Seine en 1936. Cf. la notice écrite par J. MAITRON et C. PENNETIER in *Dictionnaire biographique du mouvement ouvrier français*, 4e série 1914-1939, Paris, Éd. de l'Atelier.

22. Il faut rappeler que dans les gouvernements De Gaulle, Gouin, Bidault et Ramadier sont présents Maurice Thorez (ministre d'État), Charles Tillon (ministre de l'Air puis de l'Armement), Ambroise Croizat (Travail), François Billoux (Santé publique puis Économie nationale, Reconstruction), Marcel Paul (Production industrielle), Laurent Casanova (Anciens Combattants), et deux sous-secrétaires d'État : Marius Patinaud (Travail) et Auguste Lecœur (Production charbonnière).

23. Cette période ministérielle n'a pas vraiment fait l'objet d'une étude historique. On trouve des éléments dans l'article d'A. LACROIX-RIZ, « Un ministre communiste face à la question des salaires : l'action d'Ambroise Croizat de novembre 1945 à mai 1947 », *Le Mouvement social*, 123, avril-juin 1983, p. 3-44. Cf. aussi la version publiée de la thèse de doctorat d'État de la même auteur : *La CGT, de la Libération à la scission 1944-1947*, Paris, Éditions sociales, 1983.

24. « Ministre du Travail, j'entends demeurer fidèle à mon origine, à ma formation, à mes attaches ouvrières et mettre mon expérience de militant au service de la Nation », *Revue française du Travail*, 1, avril 1946, p. 3-8, p. 3.

25. Proposition de loi relative à l'organisation administrative de la Sécurité sociale, proposition de résolution concernant les élections aux conseils d'administration des caisses de sécurité sociale et d'allocations familiales et projet de loi relatif au régime de sécurité sociale des fonctionnaires.

26. « 14 février 1946 [...] Croizat. Il y a mécontentement profond dans les masses ouvrières. On peut avoir des mouvements. [...] Nous ne pourrons pas tenir longtemps » (M. CACHIN, *Carnets 1935-1947*, tome IV, Paris, CNRS Éditions, 1997, p. 909-910). Et à nouveau le 2 mai 1947 : « Aggravation de la classe ouvrière en ces derniers temps. Croizat : aux élections pour la Sécurité sociale, 60 % pour la CGT. Donc dans la classe ouvrière : c'est inquiétant. [...] On empêche Croizat d'augmenter

comme lors de la conférence nationale économique, dite Conférence du Palais-Royal, à l'été 1946[27]. Mais l'un des points à souligner est que Croizat en 1936 avait à la Chambre des députés déjà été rapporteur du projet de loi sur les conventions collectives et donc sensibilisé à ces questions de régulation du marché du travail. Comme un des secrétaires de la Fédération des ouvriers des métaux et similaires de France, il avait même été nommé membre du Conseil national économique entre 1936 et 1939 et avait participé à la vie d'une section professionnelle et de l'assemblée générale. Ambroise Croizat est par ailleurs secondé par Marius Patinaud[28] comme sous-secrétaire d'État au Travail et à la Sécurité sociale dans le gouvernement Gouin puis au Travail dans le gouvernement Bidault. Croizat est ainsi resté vingt-huit mois, coupés par un intermède de deux mois de Daniel Mayer dans l'éphémère gouvernement Blum de décembre 1946-janvier 1947. Il avait choisi comme directeur de cabinet Marcel Willard, célèbre juriste communiste, qui travaille en liaison avec Pierre Laroque, le directeur de la Sécurité sociale.

Après le renvoi des ministres communistes de son gouvernement, Paul Ramadier appelle Daniel Mayer[29] au ministère. Militant SFIO et journaliste au *Populaire* avant la guerre, où il avait appris à connaître les milieux syndicaux, Mayer s'est surtout signalé par son activité durant la guerre comme secrétaire du Parti socialiste clandestin. Dans une situation politique et sociale très tendue, son objectif est comme il l'explique lors du Conseil des ministres du 5 août 1948 : « Ne pas jeter la classe ouvrière dans les bras des communistes[30]. » Mayer n'hésite d'ailleurs pas à parler de « colonisation » du ministère par les communistes quand il arrive à ce poste[31]. Dans le cadre de la grève des électriciens, il recourt même à un arbitre, Paul Grunebaum-Ballin[32], conseiller d'État, premier président de la « section sociale » du Conseil d'État en 1938, et ami très proche de Léon Blum (la négociation se règle directement avec Marcel Paul...). Il a aussi la difficile tâche d'entériner la scission de la CGT.

Enfin, à la fin d'octobre 1949 dans le gouvernement Bidault, Pierre Ségelle[33] succède pour quelques mois à Daniel Mayer. Militant SFIO, Ségelle avait été un membre influent de la commission du Travail à la Chambre.

---

les salaires même si peu que ce soit. Mécontentement grandissant dans la métallurgie de l'Est [...]. On a bridé Croizat par tous les moyens » (*ibid.*, p. 1098).

27. L. DUCERF, *François de Menthon. Un catholique au service de la République (1900-1984)*, Paris, Les Éditions du Cerf, 2006, p. 360-365 et M.-P. CHELINI, *Inflation, État et opinion en France de 1944 à 1952*, Paris, CHEFF, 1998.
28. Marius Patinaud (1910-1987), militant syndical et politique communiste durant les années trente, est député de la Loire mais se retire à partir de 1953 de la politique.
29. Cf. sa notice écrite par M. PRADOUX, *Dictionnaire biographique du mouvement ouvrier français*, *op. cit.* et de manière générale le numéro spécial qui lui est consacré de *Matériaux pour l'histoire de notre temps*, 51, 1998.
30. J.-J. BECKER, « Daniel Mayer et les communistes (1945-1947) », *Matériaux pour l'histoire de notre temps*, 51, 1998, p. 46-51.
31. « Entretien avec Daniel Mayer », *Cahiers Léon Blum*, 6-7-8, décembre 1979-juillet 1980, p. 137-164, dossier « La SFIO face aux défis de l'après-guerre (1944-1947) ».
32. Témoignage supplémentaire de l'influence de la génération des Cahen-Salvador, Scelle... Cf. B. BERGMANN, *Paul Grunebaum-Ballin 1871-1969, un siècle au service de la République*, mémoire de DEA sous la direction de Pascal Ory, IEP de Paris, 1988.
33. Médecin, grand résistant, déporté, membre des deux assemblées constituantes, Pierre Ségelle est maire d'Orléans de 1954 à 1959.

La haute administration

Certes une génération de « grands anciens » n'est plus présente à la Libération, ou participe seulement à quelques débats dans les revues [34], mais la plupart des hauts fonctionnaires de l'administration du Travail ont participé aux expériences des années trente et parfois à celles du gouvernement de Vichy. On ne retrace pas ici l'ensemble de la structure du ministère [35], mais juste une série de portraits significatifs de ces éléments de continuité.

Le directeur des relations avec les organisations professionnelles pour le CFLN était Henry Hauck [36] qui avait été directeur du Travail à Londres à partir de 1940, un membre de la SFIO, au départ néosocialiste mais qui avait refusé de suivre Déat et Marquet. Il garde cette fonction jusqu'en 1947, date à laquelle il est nommé conseiller social auprès de l'ambassade de France à Londres. Un autre directeur occupe des fonctions au ministère entre 1944 et 1947 [37], il s'agit de Jacques Maillet [38]. Polytechnicien et ingénieur spécialiste d'aéronautique, il s'est distingué au Bureau central de renseignements et d'action de la France libre. La situation en France à la Libération était assez complexe [39] : le directeur de l'Organisation sociale de l'administration de Vichy, Henri Pouillot, ancien inspecteur du travail, est exclu de l'administration, tandis que son adjoint, Édouard Lambert, également inspecteur du travail, engagé dans la résistance à l'OCM [40], reste à son poste et occupe la direction du Travail de 1947 à 1955. Alfred Rosier, ancien rédacteur au ministère, assure quant à lui la direction de la Main-d'œuvre de 1947 à 1955. Il était pour sa part accoutumé aux questions du « chômage intellectuel » et de l'orientation universitaire depuis les années trente durant lesquelles il avait créé le Bureau universitaire de statistique, ancêtre de l'ONISEP [41].

L'une des particularités du ministère de l'époque est le rôle joué par les femmes. Fernande Girard est entrée au ministère en 1921 et en a gravi les échelons progressivement. Promue sous-directeur à la Libération, elle est nommée par D. Mayer direc-

---

34. Ainsi, Charles Picquenard, le successeur d'Arthur Fontaine et le directeur du Travail de 1920 à 1936, né en 1873, est décédé en 1940. Georges Cahen-Salvador, né en 1875, décède en 1963 mais sans avoir repris de fonctions liées à l'administration du Travail. Le professeur de droit Georges Scelle, né en 1878, meurt en 1961, cependant ses derniers travaux ne concernent plus le droit social mais le droit international.
35. Cf. les organigrammes, p. 210-211, *in* Comité d'histoire, *Études et documents pour servir à l'histoire de l'administration du travail*, 2-3, janvier 2000.
36. Henry Hauck, 1902-1967, occupe par la suite des fonctions au BIT et représente la France dans les conférences internationales ; ministre plénipotentiaire en 1956, il est nommé conseiller d'État en service extraordinaire peu avant sa mort.
37. Nommé directeur de la Main-d'œuvre en octobre 1944, il est ensuite directeur général du Travail et de la Main-d'œuvre en janvier 1946 et jusqu'à la suppression de cette direction en octobre 1947.
38. Né en 1913, Maillet semble le moins au fait des questions sociales. Après son départ en 1948, il prend la direction de la Snecma puis d'autres entreprises aéronautiques.
39. Cf. sur ce point témoignage écrit par Pierre FOURNIER, *Quarante ans, place de Fontenoy*, Rennes, Presses universitaires de Rennes, 2006..
40. A. CALMETTE, *L' « OCM » Organisation civile et militaire. Histoire d'un mouvement de Résistance de 1940 à 1946*, Paris, PUF, 1961.
41. A. CHATRIOT, « La lutte contre le « chômage intellectuel » : l'action de la Confédération des Travailleurs Intellectuels (CTI) face à la crise des années trente », *Le Mouvement social*, 214, janvier-mars 2006, p. 77-91.

teur du Personnel et de l'Administration générale, en remplacement d'un inspecteur du travail communiste. Elle reste dans ce poste jusqu'en 1962, assurant ainsi une continuité certaine dans la politique menée. Olga Raffalovich est indéniablement une des figures marquantes de cette administration[42]. Née en Russie en 1906, rédactrice au ministère dans les années trente, elle est détachée au CNE en 1936 et travaille ainsi aux côtés de Georges Cahen-Salvador et d'Alexandre Parodi. Protégée à la direction des Prix comme d'autres personnels du CNE après sa dissolution en 1940, elle est proche de Léon Blum et devient chef de cabinet de Parodi en septembre 1944. Elle est ensuite sous-directeur des Relations professionnelles et des questions sociales de la direction générale du Travail et de la Main-d'œuvre et semble avoir eu une influence importante sur l'ensemble du ministère[43]. On peut aussi signaler l'activité de Renée Petit, chef de bureau à la sous-direction des Relations professionnelles[44]. Enfin, Pierre Laroque comme directeur des Assurances sociales et de la Mutualité (le 5 octobre 1944) puis comme directeur général de la Sécurité sociale (le 1er décembre) représente aussi une continuité certaine avec l'entre-deux-guerres[45], et même avec le premier Vichy, puisque, avant de rejoindre Londres et la France libre, Laroque participe à l'été 1940 aux travaux du cabinet de René Belin, secrétaire d'État au Travail[46]. Bon connaisseur de l'ensemble des questions sociales et syndicales, il a, comme il l'exprime dans ses mémoires, le « souci de la démocratie sociale[47] ».

Ainsi les équipes successives, et pourtant politiquement divergentes, qui sont confrontées aux politiques sociales du ministère du Travail après la Seconde Guerre mondiale disposent très souvent d'expériences antérieures sur ces questions à partir de leur participation aux débats et aux pratiques des années trente, et en particulier en termes de négociation collective et de représentativité syndicale. Pierre Fournier, jeune fonctionnaire participant de près à ces politiques, insiste sur la complexité de sa tâche dans un monde partisan à partir de 1947 : « Au ministère du Travail, l'ambiance était nouvelle. À l'unanimisme patriotique des lendemains de la Libération avait succédé un climat beaucoup plus politisé. [...] Le personnel se partageait entre toutes ces tendances ; en gros, les collègues se répartissaient entre les trois grandes tendances : socialistes, communistes et chrétiens sociaux[48]. »

---

42. Je remercie Dominique Guyot de m'avoir fait partager sa connaissance et son enthousiasme pour Olga Raffalovich. On peut signaler que cette figure, ainsi que celle de Fernande Girard, sont signalées brièvement dans le livre de L. L. CLARK, *The Rise of Professional Women in France. Gender and Public Administration since 1830*, Cambridge, Cambridge University Press, 2000, p. 274.
43. « Entretien avec Daniel Mayer », art. cit., p. 141. Cf. aussi le témoignage de Pierre Fournier : « Rien d'important dans le domaine des relations professionnelles ne s'est fait, pendant tout ce temps, sans qu'elle en fût le plus souvent l'inspiratrice ou sans son approbation. »
44. Il faut signaler ici que Renée Petit était l'auteur d'une thèse de droit sur les conventions collectives en France avant la guerre : *Les conventions collectives de travail (commentaire théorique et pratique des lois du 25 mars 1919 et 24 juin 1936)*, Paris, Librairie Dalloz, 1938.
45. Il avait également été l'auteur d'un très important rapport au CNE sur les conventions collectives en 1934, cf. A. CHATRIOT, *La démocratie sociale...*, *op. cit.*, p. 277-284.
46. J.-P. AZÉMA, « Les années d'avant-guerre et la guerre 1931-1943 », *Hommage à Pierre Laroque*, Paris, Association pour l'étude de l'histoire de la Sécurité sociale, 2003, p. 19-25.
47. P. LAROQUE, *Au service de l'homme et du droit, souvenirs et réflexions*, Paris, Association pour l'étude de l'histoire de la Sécurité sociale, 1993, p. 215.
48. P. FOURNIER, *Quarante ans, place Fontenoy*, *op. cit.*

Une assemblée constitutionnelle pour la démocratie sociale

Le double débat constitutionnel de 1946

L'existence d'un Conseil économique et social semble certaine à la Libération tant elle a été affirmée dans la plupart des projets préparés par les différents mouvements de Résistance[49]. Des figures de premier plan comme Vincent Auriol, Maxime Blocq-Mascart, Paul Coste-Floret[50], François de Menthon, Jules Moch[51] ou André Philip[52] en sont de fervents partisans. Les thèmes de la démocratie économique et sociale sont portés aussi bien dans le programme du Conseil national de la Résistance que par le parti socialiste ou le mouvement des républicains populaires. Le préambule de la Constitution de 1946 le manifeste avec éclat[53]. Des débats vifs existent cependant car se pose nettement le choix du monocamérisme[54]. Il n'est pas ici question de retracer en détail l'ampleur de ces discussions théoriques et pratiques[55] mais juste de montrer que les choix possibles pour organiser le Conseil économique sont clairement posés.

L'une des voix écoutées dans ce débat est celle de Georges Cahen-Salvador, qui a tenu le secrétariat général du Conseil national économique pendant ses quinze années d'existence, et qui, président de section au Conseil d'État, avait été mis à la retraite du Conseil d'État en application du statut des Juifs promulgué par le maréchal Pétain. Au début de l'automne 1946, il réaffirme ses convictions opposées à faire d'un Conseil économique une deuxième chambre douée de pouvoirs de décisions :

> « Conférer une représentation politique intégrale ou partielle à des corporations, c'est compromettre la souveraineté populaire, en altérer l'exercice normal, en diluer l'autorité. C'est aussi ruiner l'unité de l'État ; l'érection des catégories sociales en personnalités électorales, ayant leurs mandataires spécialisés, ne tend à rien moins qu'à solidifier les oppositions d'intérêts, ou mieux à les catalyser, et à conduire à des dictatures économiques, appuyées soit sur la force, soit sur l'argent[56]. »

---

49. E.-J. Callon (dir.), *Les projets constitutionnels de la Résistance*, Paris, La Documentation française, 1998, p. 33-34.
50. H. Michel et B. Mirkine-Guetzevitch, *Les idées politiques et sociales de la Résistance, documents clandestins, 1940-1944*, Paris, PUF, 1954, p. 281.
51. Dans un projet de 1944, Jules Moch propose la création d'un « conseil national du travail » (divisé en trois sections : intérêt général, travailleurs et employeurs) en remplacement du Conseil national économique supprimé et dont il juge sévèrement l'expérience : « Ce conseil tout d'abord n'a guère répondu aux espoirs de ses créateurs. Il s'est vite transformé en une assemblée académique publiant de très savants rapports, en général sans conclusions, ni applications pratiques. Il a plus satisfait des ambitions personnelles que servi l'intérêt général » (*ibid.*, p. 122-146 et 145 pour la citation).
52. Dans un projet de 1942, André Philip parle de créer un « conseil national consultatif de 250 membres au plus [qui] assure la représentation des intérêts territoriaux, professionnels ainsi que des compétences » (*ibid.*, p. 51).
53. J. Rivero et G. Vedel, « Les principes économiques et sociaux de la Constitution : le préambule », *Collection du Droit Social*, XXXI, *op. cit.*, p. 13-35 ; Curapp, *Le préambule de la Constitution de 1946 : antinomies juridiques et contradictions politiques*, Paris, PUF, 1996 et G. Conac, X. Pretot et G. Teboul (dir.), *Le préambule de la Constitution de 1946 : histoire, analyse et commentaires*, Paris, Dalloz, 2001.
54. A. Chatriot, « La Chambre haute », V. Duclert et C. Prochasson (dir.), *Dictionnaire critique de la République*, Paris, Flammarion, 2002, p. 676-683.
55. J. Bougrab, *Aux origines de la Constitution de la IVe République*, Paris, Dalloz, 2002.
56. G. Cahen-Salvador, « Le Conseil national économique », *Droit social*, septembre-octobre 1946, p. 3-11, p. 3.

Concernant la composition, il tente de plaider pour l'équilibre atteint en 1936 en vantant le pragmatisme adopté. Sa conclusion optimiste est cependant loin des nouveaux débats très vifs qui se tiennent alors aux deux constituantes successives.

Lors des débats d'avril la tendance était déjà différente[57]. Le Conseil se voyait confier plutôt plus de pouvoirs dès lors que l'ensemble de la Constitution était monocamériste et que le Conseil économique pouvait sembler jouer un rôle d'équilibre institutionnel. Les débats sur la loi organique prévue permettent de préciser les différences envisagées avec l'institution d'avant 1940. Le rapporteur de la loi, le communiste Jean Pronteau, explique ainsi :

> « En aucun cas – et c'est une différence profonde avec la conception et les méthodes de l'ancien conseil – notre organisme consultatif ne devra faire double emploi avec les commissions consultatives qui existent déjà auprès de certains ministères. [...] Pour exprimer notre intention par une formule, je dirai que le conseil économique devra [...] détenir la spécialité des généralités. »

Mais un des représentants MRP, Maurice Guérin, le met en garde contre la possibilité de provoquer « une déception des espoirs que le peuple qui travaille avait mis dans la démocratie, spécialement dans ce que nous appelions et ce que nous appelons encore [...] la démocratie économique et sociale[58] ».

Le MRP se fait alors le propagandiste des associations familiales – on reparle aussi du vote familial[59]. Certains constituants essayent même de faire inscrire dans la loi organique la présence de l'UNAF récemment créée au Conseil. Le rapporteur général, Pierre Cot, doit même souligner les règles institutionnelles :

> « Faut-il rappeler des principes élémentaires ? Il faut distinguer entre le domaine de la loi, qui fixe des principes, et le domaine du décret d'administration publique – à ne pas confondre avec le décret-loi –, qui édicte des mesures d'application. Il ne faut pas confondre les deux choses ! Nous voulons que la famille soit représentée. Il appartient à l'administration de préciser quelle est l'organisation la plus caractéristique et la plus qualifiée pour la représenter[60]. »

Dans l'activité constitutionnelle de l'année 1946, même le général de Gaulle intervient sur la question de la représentation sociale et économique. Dans le discours de Bayeux du 16 juin 1946, il explique sa vision bicamériste dans laquelle la deuxième chambre contient en fait une part de représentation professionnelle :

> « Tout nous conduit donc à instituer une deuxième Chambre dont, pour l'essentiel, nos conseils généraux et municipaux éliront les membres. Cette Chambre complétera la première en l'amenant, s'il y a lieu, soit à réviser ses propres projets, soit à en examiner d'autres, et en faisant valoir dans la confection des lois ce facteur d'ordre administratif qu'un collège purement politique a forcément tendance à négliger. Il sera normal d'y introduire, d'autre part, des représentants des organisations écono-

57. Cf. le commentaire partisan mais intéressant de ces débats : Y. ARCHAMBEAUD, « Conseil économique et régime démocratique », *Politique*, 36, juillet-août 1948, p. 578-591.
58. *Journal officiel, Débats de l'Assemblée nationale constituante*, 20 avril 1946, p. 2036 et 2038.
59. G. VEDEL, « Conceptions sociales et organisations politiques », *Collection du Droit Social*, XXXI, *op. cit.*, p. 5-12.
60. *Journal officiel, Débats de l'Assemblée nationale constituante*, 25 avril 1946, p. 2218.

miques, familiales, intellectuelles, pour que se fasse entendre, au-dedans même de l'État, la voix des grandes activités du pays[61]. »

Après l'échec du référendum, les débats constitutionnels reprennent avec pour partie les mêmes acteurs[62]. Pronteau réaffirme les mêmes choix :

> « À la conception ancienne d'une chambre économique ambitieuse de totaliser en son sein la somme des représentations professionnelles votre commission a préféré – sans aller toutefois jusqu'au rigorisme du précédent projet de la précédente Constituante – la conception d'un Conseil à recrutement interprofessionnel, moins étoffé certes, mais plus synthétique dans sa structure, encore que fortement articulé, et surtout ne courant pas le risque de paraître – comme ce fut le cas et comme ce pourrait l'être, dans un autre système – comme un fourre-tout économique accueillant en son sein des représentations parfois quasi honorifiques[63]. »

La mise en place de l'institution

La Constitution finalement ratifiée par référendum le 13 octobre 1946 ne parle du Conseil économique que dans son article 25 qui précise seulement les éléments suivants :

> « Un Conseil économique, dont le statut est réglé par la loi, examine, pour avis, les projets et propositions de loi de sa compétence. Ces projets lui sont soumis par l'Assemblée nationale avant qu'elle en délibère. Le Conseil économique peut, en outre, être consulté par le conseil des ministres. Il l'est obligatoirement sur l'établissement d'un plan économique national, ayant pour objet le plein emploi des hommes et l'utilisation rationnelle des ressources matérielles. »

C'est donc la loi 46-2384 du 27 octobre 1946 qui donne la composition et détaille le fonctionnement du Conseil économique[64]. Le texte voté de la loi organique n'est pas dénué d'incertitudes. Ainsi, un juriste n'hésite pas à écrire en 1947 : « Le texte est aussi mal rédigé qu'il est possible. [...] Le pouvoir réglementaire aura sans doute quelque peine à débrouiller l'écheveau de bonnes intentions que le législateur laisse entre ses mains[65]. » Le décret pris en application de la loi organique (n° 47-330 du 24 février 1947) est attaqué par les communistes qui remettent en cause la sous-représentation des petites entreprises et des artisans dans le collège patronal[66].

De plus cet arbitrage temporaire est régulièrement contesté que ce soit par les gaullistes qui réclament une révision générale de la Constitution – Michel Debré rêvant d'un Conseil de la production et du travail placé auprès du président du Gouvernement[67] –, soit par les démocrates-chrétiens qui demandent plus de

61. F. DECAUMONT (dir.), *Le discours de Bayeux. Hier et aujourd'hui*, Aix-en-Provence/Paris, Presses universitaires d'Aix-Marseille/Economica/Institut Charles de Gaulle/Association française des constitutionnalistes, 1991.
62. Signalons au passage l'intéressant texte d'H. LEROY-JAY, « La représentation des professions et la Constitution », *Droit social*, 7, juillet-août 1946.
63. *Journal officiel, Débats de l'Assemblée nationale constituante*, 3 octobre 1946, p. 4370.
64. *Journal officiel, Lois et décrets*, 28 octobre 1948.
65. J. RIVERO, « Les institutions économiques et sociales de la Constitution : le Conseil économique », *Collection du Droit Social*, XXXI, *op. cit.*, p. 35-44, p. 42.
66. Proposition de résolution, *Impressions parlementaires*, Assemblée nationale, 956, 18 mars 1947.
67. Proposition de résolution, *Impressions parlementaires*, Conseil de la République, 442, 2 juin 1949.

pouvoir pour l'institution[68]. Après des débats à nouveau tendus, une nouvelle loi régissant la composition et l'organisation du Conseil est finalement votée le 20 mars 1951 : pour l'essentiel, elle prend acte de la division entre la CGT et la CGT-FO et réduit de fait le pouvoir de la CGT au Conseil. On ne peut présenter l'ensemble de l'activité de cette assemblée durant la IVe République[69], mais le fait qu'elle soit présidée, jusqu'à sa mort, par Léon Jouhaux et que son secrétaire général soit Jean Cahen-Salvador (membre du Conseil d'État et fils de Georges Cahen-Salvador) renforcent les liens entre l'institution et certains projets de l'entre-deux-guerres. Par ailleurs, même s'il est difficile de porter une appréciation globale sur le rôle et l'efficacité du Conseil, il faut rappeler qu'il est mobilisé en décembre 1947 par le gouvernement sous la forme d'une délégation afin de travailler sur l'évolution des salaires et les prix ; le comité des experts ainsi créé donne lieu à de vifs débats internes et on craint même le départ des membres de la CGT du Conseil. Par ailleurs, c'est dans les colonnes de la *Revue française du Travail* que le secrétariat général du Conseil économique publie au début de l'année 1948 un bilan de la première année d'existence de l'institution dans lequel il est réaffirmé que le Conseil compte bien participer « au perfectionnement et au développement de [la] législation sociale[70] ».

Négociations collectives et représentativité

Poser la question des négociations collectives et de la représentativité consiste en fait dans le contexte de la Libération à retrouver les débats de 1936 mais dans un cadre où l'expérience du syndicalisme unique et obligatoire de Vichy pèse de tout son poids[71]. Là encore, on retrouve certains acteurs de l'entre-deux-guerres. L'hypothèse du suffrage professionnel est même encore promue. C'est le cas d'un de ses fervents défenseurs durant les années trente[72], le professeur de droit Bernard Lavergne qui, à Alger en 1944 explique nettement que l'élection est une des solutions aux conflits de représentativité :

> « Le principe de la représentation syndicale ne pouvant faire de doute, restent à imaginer ses modalités d'application. Pour organiser la représentation des corps syndicaux, il est suffisant et nécessaire à la fois de prévoir une troisième et dernière consultation du suffrage universel, cette fois-ci sur le plan syndical, comme précédemment sur le plan culturel ou le plan social[73]. »

---

68. Proposition de loi, *Impressions parlementaires*, Assemblée nationale, 9349, 24 février 1950.

69. Cf. N. Gobert, *Le Conseil économique et ses premiers travaux (1947-1951)*, mémoire de maîtrise d'histoire, université Paris I, 1979 et A. Chatriot, « Renouveaux et permanence d'une institution représentative. Le Conseil économique sous la IVe République », L. Duclos, G. Groux et O. Mériaux (dir.), *Le politique et la dynamique des relations professionnelles*, Paris, LGDJ, à paraître.

70. « Le rôle social du Conseil économique », *Revue française du Travail*, 1-2-3, janvier-février-mars 1948, p. 3-8.

71. L'analyse juridique la plus approfondie est proposée par M.-L. Morin, *Le droit des salariés à la négociation collective principe général du droit*, Paris, LGDJ, 1994.

72. B. Lavergne, *Le gouvernement des démocraties modernes, la nécessité du double suffrage universel : suffrage individuel et suffrage social*, Librairie Félix Alcan, 1933, 2 vol.

73. B. Lavergne, « Rôle et composition de la seconde assemblée législative », *Renaissances*, Alger, 1944, 6, p. 8-29 cité par E.-J. Callon, *Les projets constitutionnels...*, *op. cit.*, p. 197.

À l'Assemblée consultative provisoire d'Alger, le 31 mars 1944, le polytechnicien Louis Vallon résumait très bien une partie de la situation :

> « Lors de la libération, nous ne trouverons devant nous ni le corporatisme vichyssois qui a abouti à l'impasse de la révolution nationale ni le socialisme totalitaire qui aura été vaincu avec Hitler et Mussolini. Nous serons seulement en présence d'une force patronale banale qui se sera tellement compromise dans la défaite qu'elle n'osera plus se défendre dans la victoire. Nous trouverons donc à notre arrivée en France une situation privilégiée. Mais ce serait toutefois une erreur de croire que nous vaincrons facilement [74]. »

Bien que conscient des limites d'une histoire vue par le prisme administratif et politique central, on cherche ici à montrer l'évolution des dispositifs de la négociation collective mettant en pratique la question de la représentativité syndicale. Cette approche ne doit pas faire oublier la réalité des entreprises et le fait que comme a pu l'écrire l'historien Patrick Fridenson : « On peut affirmer à bon droit que ces années 1944-1947 constituent l'âge d'or de la négociation sociale en France [75]. » Compte tenu de l'ampleur du sujet, on n'aborde pas ici les délégués du personnel et les comités d'entreprise [76] ni le problème plus méconnu de la recomposition du syndicalisme patronal.

Les premiers dispositifs

Parodi prend le 28 mai 1945 une circulaire restée célèbre « relative à l'appréciation du caractère représentatif des organisations syndicales [77] ». Rappelant la circulaire du 17 août 1936 [78] prise dans le contexte de la reconnaissance de représentativité dans le contexte de la nouvelle loi sur les conventions collectives, Parodi pose cinq « éléments d'appréciation » : les effectifs, l'indépendance, les cotisations, l'expérience et l'ancienneté des syndicats et l'attitude patriotique. Très critiquée par de nombreux juristes [79], cette mesure amène une série de précisions successives. Cette circulaire se comprend dans le contexte agité du printemps 1945. L'ordonnance du 22 février instituant les comités d'entreprise avait fait naître des tensions et Parodi avait dû préciser à plusieurs reprises la représentativité de la CFTC et sous certaines réserves celle des cadres [80]. Le syndicalisme des cadres est une question

74. *Les débats de l'Assemblée consultative provisoire*, réimpression des *Journaux officiels*, Paris, Les éditions des Journaux officiels, 2003, p. 251.

75. P. Fridenson, « Le conflit social », A. Burguière et J. Revel (dir.), *Histoire de la France*, t. V : *Les conflits*, rééd., Paris, Seuil, 2000, p. 381-495, p. 485.

76. J.-P. Le Crom, *L'introuvable démocratie salariale. Le droit de la représentation du personnel dans l'entreprise (1890-2002)*, Paris, Syllepse, 2003.

77. *Journal officiel de la République française*, *Lois et Décrets*, 28 juin 1945, p. 3915-3916.

78. Circulaire du ministre du Travail relative à l'application de la loi du 24 juin 1936 sur les conventions collectives du travail du 17 août 1936, *Journal officiel de la République française*, *Lois et Décrets*, 3 septembre 1936, p. 9392-9393.

79. Cf. entre autres la lecture informée et plutôt négative de J. Desplats, « La notion d'organisations syndicales les plus représentatives », *Droit social*, 7, juillet-août 1945, p. 270-275 ou la lecture franchement polémique de Testis, « La représentation syndicale et la "Doctrine Parodi" », *Économie contemporaine*, octobre-décembre 1947, p. 30-33.

80. Cf. par exemple la circulaire n° 5/DRP du 13 mars 1945, citée dans la *Revue française du Travail*,

complexe[81]. Ce n'est pas une nouveauté à la Libération tant la problématique s'est cristallisée pendant l'entre-deux-guerres[82] et a été actualisée par la politique corporatiste du régime de Vichy.

En décembre 1946, lors de son premier passage au ministère, Daniel Mayer, à la demande de Léon Blum, fait voter une loi rétablissant la libre négociation des conventions collectives[83]. Mais cette loi est vue comme dirigiste car les conventions sont soumises à l'agrément ministériel et leur caractère réglementaire est donc plus affirmé qu'avant la Seconde Guerre mondiale. Cette loi du 23 décembre 1946 crée également une Commission supérieure des conventions collectives[84]. Cette loi repose la question des organisations appelées à négocier. Le grand juriste Georges Scelle livre alors son commentaire dans la *Revue française du Travail* et après avoir énoncé une série de mises en garde conclut sur « l'évolution de l'ordre juridique français du travail vers un idéal original d'ordre et de liberté conjugués[85] ».

Le débat reste vif et la tension entre MRP et PCF se fait sentir en février 1947 jusqu'au Conseil des ministres. Les notes retranscrites dans le journal du président de la République Vincent Auriol permettent d'en avoir le témoignage direct. À propos du Conseil du 21 février 1947, Auriol rapporte l'échange suivant :

> « Teitgen remercie Croizat de son exposé et aussi de l'effort qu'il a fait. Mais il pose une question de fond. En fait, derrière ces règles il y a une revendication de la CGT pour le monopole des discussions des conventions collectives, et cette prétention est, dit-il, dangereuse pour l'État qu'elle laisse seul en présence d'une confédération syndicale toute puissante. Ou bien c'est l'État qui absorbera la CGT ou celle-ci qui absorbera l'État. Ensuite, c'est contraire au principe de la liberté syndicale inscrit dans la Constitution; que devient donc cette liberté dès le moment où on voit seule la Confédération habilitée à discuter des conventions collectives? Cette prétention au monopole est contraire au principe de la démocratie; or il faut créer une démocratie économique aux côtés de la démocratie politique. Il faut une minorité aux côtés de la majorité. L'élimination de la minorité conduit au fascisme[86]. »

---

numéro spécial, 1948, « Guide de législation sociale », p. 46-49. Dans ce même numéro, sans pouvoir les commenter ici, on se doit de signaler la publication de toute une série de jugements et arrêts concernant le caractère représentatif de syndicats dans des élections de comités d'entreprises (p. 160-173).

81. L. Boltanski, *Les cadres. La formation d'un groupe social*, Paris, Minuit, 1982; M. Descostes et J.-L. Robert (dir.), *Clefs pour une histoire du syndicalisme cadre*, Paris, Éditions ouvrières, 1984 et P. Bouffartigue (dir.), *Cadres : la grande rupture*, Paris, La Découverte, 2001 (en particulier les contributions d'A. Grelon et de G. Groux).

82. A. Chatriot, « Comment représenter la société ? Associations et syndicats au Conseil national économique, 1925-1940 », D. Tartakowsky et F. Tetard (dir.), *Syndicats et associations. Concurrence ou complémentarité ?*, Rennes, Presses universitaires de Rennes, 2006, p. 381-389.

83. D. Mayer, « Les conventions collectives », *Revue française du Travail*, 10, janvier 1947, p. 2-3.

84. « Le droit transitoire des conventions collectives », *Revue française du Travail*, 13 et 14, avril et mai 1947, p. 340-353 et p. 458-481.

85. G. Scelle, « La notion d'organisation la plus représentative et la loi du 23 décembre 1946 », *Revue française du Travail*, 15-16, juin-juillet 1947, p. 529-539, p. 539. Signalons aussi le commentaire d'un autre juriste influent des années trente : J. Brethe de la Gressaye, « Le nouveau statut des conventions collectives de travail », *Droit social*, mars 1947, p. 103-114. Le commentaire le plus surprenant reste sans doute celui de l'ancien secrétaire d'État au Travail du premier gouvernement du maréchal Pétain : R. Belin, « Sur les conventions collectives de travail », *Nouvelle Revue de l'Économie contemporaine*, 2, 1950, p. 23-28. Pour une présentation venant d'un militant communiste : M. Dufriche, « Retour aux conventions collectives », *Revue française du Travail*, 11, février 1947, p. 107-115.

86. V. Auriol, *Journal du septennat 1947-1954*, tome premier : *1947*, Paris, Armand Colin, 1970, p. 92.

Le texte envoyé en Conseil d'État pour examen, le débat se poursuit, et Auriol peut ainsi écrire dans son journal : « Dès le début du Conseil, débat interminable sur la représentation des syndicats pour les conventions collectives[87]. » L'accord est finalement trouvé le 11 mars et Auriol se félicite de l'avis du Conseil d'État et de la « sagesse des chefs syndicaux[88] ».

Prenant en compte les modifications dues à la loi du 16 mai 1946 relative aux comités d'entreprise, Croizat et Ramadier prennent un arrêté interministériel le 13 mars 1947 puis une circulaire reprécisant les éléments de la représentativité, le 4 décembre, en application de la nouvelle loi du 7 juillet 1947. Enfin, la circulaire du 26 janvier 1948, signée par Fernand Samson, le directeur de cabinet de Mayer, rappelle les critères Parodi et entérine en fait la scission de la CGT[89]. La décision du 8 avril 1948 relative à la détermination des organisations appelées à la discussion et à la négociation des conventions collectives de travail, abrogeant la décision du 13 mars 1947 reconnaît officiellement, la CGT, la CGT-FO, la CFTC et la CGC[90].

Par ailleurs, le choix d'introduire la représentation proportionnelle aux élections professionnelles en 1947 (loi du 7 juillet), contre l'opinion de la CGT[91], « consacre explicitement le pluralisme » pour reprendre l'expression de Dominique Andolfatto[92]. L'histoire de cette « réticence vis-à-vis de la légitimation électorale » s'inscrit dans la longue durée comme l'a montré Pierre Rosanvallon[93].

Le difficile arbitrage de la loi de 1950

L'échec des dispositifs de 1946 peut s'expliquer de différentes manières. Il est certain que la scission de la CGT et de la CGT-FO et le nouveau contexte affirmé de guerre froide compliquent les formes de négociation sociale[94]. Le témoignage de Pierre Fournier est ici précieux car il précise que c'est à l'été 1949 que Daniel Mayer demande à ses services de préparer une nouvelle loi. Son souvenir est précis et instructif : « Ce fut le moment pour la petite équipe réunie autour d'Olga Raffalovich et de Renée Petit de mobiliser tous les enthousiasmes, toutes les capacités de travail et toutes les expériences accumulées depuis dix ans : 1936, 1938, 1946 et même les travaux effectués sous Vichy (utiles pour moi par leur aspect théorique et documentaire)[95]. »

---

87. Séance du 25 février 1947, *ibid.*, p. 100.
88. *Ibid.*, p. 135.
89. *Droit social*, mars 1948, p. 117-118.
90. *Droit social*, avril 1948, p. 156.
91. La *Revue française du Travail* présente dans son numéro 18 de septembre 1947 l'avis de la CFTC puis de la CGT sur ce point : J.-P. MURCIER, « Nouveau régime des élections professionnelles », p. 733-740 et G. DELAMARRE, « Que penser de la représentation proportionnelle dans les élections professionnelles ? », p. 741-746.
92. D. ANDOLFATTO, « La représentativité syndicale… », art. cit., et du même auteur, *L'univers des élections professionnelles*, Paris, Éditions ouvrières/Éd. de l'Atelier, 1992.
93. P. ROSANVALLON, *La question syndicale*, rééd., Paris, Hachette Littératures, 1998, p. 214-225.
94. Cf. l'analyse remarquable de Pierre Rosanvallon sur les nouvelles conditions du pluralisme syndical à la Libération (« Le biais équivoque du pluralisme », *ibid.*, p. 226-235).
95. P. FOURNIER, *Quarante ans…*, *op. cit.*

La préparation d'une nouvelle loi est donc vite ressentie comme une nécessité et différents projets sont déposés en 1949[96]. Le Conseil économique se saisit d'ailleurs de l'étude de l'un d'entre eux à l'automne 1949[97]. Le rapport confié à un représentant de la CGT, Michel Rius, rappelle l'hostilité des représentants syndicaux aux procédures d'arbitrage des conflits du travail[98] et plus largement propose un avis très négatif face aux projets gouvernementaux[99]. L'ensemble du projet d'avis réunit en fait la plupart des syndicats, les associations familiales et une large partie de l'agriculture contre principalement le groupe des entreprises privées.

La loi finalement votée[100] est diversement appréciée : Pierre Waline pour le patronat parle de « loi mal faite[101] », Robert Bothereau pour la CGT-FO critique le « triomphe du libéralisme intégral[102] » et le juriste Jean Rivero conclut : « Dans l'ensemble de nos institutions, la convention collective vient donc s'inscrire comme une concession de la démocratie politique à la démocratie syndicale[103]. » La réponse apportée à la question de la représentativité, fondée sur la jurisprudence administrative, reprend dans son article 31 f les cinq critères[104] énoncés par Parodi en 1945.

Luttes politiques, rivalités syndicales, insolubles débats sur la représentativité, résistance du patronat en cours de reconstitution, priorité à la croissance industrielle, autant d'éléments qui relativisent les projets de démocratie sociale tels qu'ils avaient été portés par toute une série d'acteurs depuis les années 1930, pendant la Seconde Guerre mondiale et à la Libération. Sécurité sociale, médecine du travail, comités d'entreprise, conventions collectives, Conseil économique, « arrêtés Parodi » sont cependant autant de réalisations qui ont marqué la France des « Trente Glorieuses ».

Le Conseil économique, dans les débats entourant sa constitution, a bien montré que les appels à la mise en place de la démocratie sociale achoppent vite sur des choix institutionnels délicats. Les luttes sur la composition de l'institution conti-

96. Cf. la mise en perspective de M.-L. Morin, « Démocratie sociale ou démocratie politique ? La loi du 11 février 1950 sur les conventions collectives », J.-P. Le Crom (dir.), *Deux siècles de droit du travail, l'histoire par les lois*, Paris, Éd. de l'Atelier, 1998, p. 179-191.

97. Il avait déjà abordé la question par le biais du retour à la liberté des salaires dans le cadre des conventions collectives : *Journal officiel de la République française, Avis et rapports du Conseil économique*, 8, 15 avril 1949, p. 215-224.

98. Thématique centrale des années 1936-1939, le débat semble alors réapparaître : J. Danel, « Une institution oubliée : la conciliation et l'arbitrage », *Droit social*, juin 1945, p. 232-235 ; M. Chachuat, « L'arbitrage en pratique avant la guerre », *Revue française du Travail*, 5-6, août-septembre 1946, p. 440-453 et B. Chenot, « Réflexions sur l'arbitrage », *Revue économique*, 1, février 1951, p. 1-14. Le titre II de la loi finalement votée portant sur ces questions n'est par la suite quasiment pas mis en application.

99. « Conventions collectives et procédures de règlement des conflits collectifs du travail », *Journal officiel de la République française, Avis et rapports du Conseil économique*, 22, 1er décembre 1949, p. 405-408.

100. *Journal officiel de la République française, Lois et Décrets*, 12 février 1950, p. 1688-1693.

101. P. Waline, « Le patronat français et les conventions collectives », *Revue économique*, 2-1, 1951, p. 25-34, p. 34.

102. R. Bothereau, « Le régime des conventions », *Revue économique*, 2-1, 1951, p. 35-44, p. 44.

103. J. Rivero, « La convention collective et le droit public français », *Revue économique*, 2-1, 1951, p. 15-24, p. 24.

104. *Journal officiel de la République française, Lois et Décrets*, 12 février 1950, p. 1688-1689.

nuent à s'exprimer au début des années 1950 en des termes vifs comme lorsque le cégétiste Pierre Le Brun commente suite à la loi du 21 mars 1951 la nouvelle organisation :

> « Nos premières paroles, dans cette nouvelle Assemblée, seront pour élever la protestation des travailleurs contre les mesures gouvernementales qui y faussent la représentation ouvrière, qui nous mettent à parité avec la CFTC et FO. [...] En résumé, nous estimons que le Gouvernement s'est efforcé de politiser dans un sens réactionnaire ce nouveau Conseil, pour en faire un Conseil de complaisance, pour ne pas dire de complicité [105]. »

Pareillement la loi de 1950 sur les conventions collectives connaît d'importantes transformations dans sa mise en pratique. Marie-Laure Morin a parlé à son propos de « destin paradoxal [106] » mêlant un bilan quantitatif modeste et de très importants accords d'entreprise expérimentaux. Les choix concernant la représentativité syndicale posés par ce texte ont des conséquences de longue durée car ils sont en partie repris dans l'arrêté du 31 mars 1966 puis dans les lois de 1982. S'interroger sur la seconde moitié des années 1940 permet ainsi de saisir un moment clef dans ce que Pierre Rosanvallon nomme très justement « l'histoire sédimentaire de la notion de représentativité [107] ». De récents rapports ont rappelé toute l'actualité de ces questions [108].

En plus de cette histoire des discours et des structures étatiques, des études des pratiques de terrain de négociations sociales pourraient être menées sur ces thèmes en complément des travaux existants [109]. Par ailleurs, les projets internationaux autour de l'ONU, avec par exemple la création du Conseil économique et social de New York, mériteraient d'être mieux connus [110]. De même, malgré quelques travaux récents [111], nous ne connaissons finalement pas bien l'histoire du syndicalisme français durant l'Occupation et sous les débuts de la IVe République.

Pour conclure, on peut donner la parole à Léon Blum qui durant l'année 1941, en résidence surveillée, condense ses réflexions sous le titre *À l'échelle humaine*. À propos de ces débats, il y développe l'analyse suivante :

> « Démocratie politique et démocratie sociale sont, en France tout au moins, des termes inséparables. La démocratie politique ne sera pas viable si elle ne s'épanouit

105. *Bulletin du Conseil économique*, *Journal officiel*, 5 juillet 1951, p. 104.
106. M.-L. MORIN, « Démocratie sociale... », art. cit., p. 188.
107. P. ROSANVALLON, *La question syndicale*, *op. cit.*, p. 239.
108. D.-J. CHERTIER, *Pour une modernisation du dialogue social*, rapport au Premier ministre, 31 mars 2006 et R. HADAS-LEBEL, *Pour un dialogue social efficace et légitime : représentativité et financement des organisations professionnelles et syndicales*, rapport au Premier ministre, mai 2006.
109. On pense ici principalement aux études de R. MENCHERINI, *La Libération et les entreprises sous gestion ouvrière : Marseille 1944-1948*, Paris, L'Harmattan, 1994, et N. MARTY, *Perrier, c'est nous ! Histoire de la source Perrier et de son personnel*, Paris, Éd. de l'Atelier, 2005.
110. « L'organisation économique internationale », *Collection Droit Social*, XXXIII, janvier 1948 et L. DELBEZ, « Les pouvoirs du Conseil économique et social », *La technique et les principes du droit public. Études en l'honneur de Georges Scelle*, vol. 1, Paris, LGDJ, 1950, p. 213-240.
111. M. DREYFUS, G. GAUTRON et J.-L. ROBERT (dir.), *La naissance de Force ouvrière. Autour de Robert Bothereau*, Rennes, Presses universitaires de Rennes, 2003 ; et le colloque organisé par l'Institut CGT d'histoire sociale et l'université Paris 8 les 1er et 2 décembre 2005 sur « Le syndicalisme sous la botte 1939-1945 » au ministère du Travail.

pas en démocratie sociale ; la démocratie sociale ne serait ni réelle ni stable si elle ne se fondait pas sur une démocratie politique. Le peuple français ne saurait sacrifier les uns aux autres ni les grands idéaux humains définis en 89 ni les grands "impératifs" qui se sont dégagés depuis lors de la réalité matérielle ; il veut combiner l'ordre économique et l'égalité sociale avec la liberté politique, civique, personnelle. L'œuvre est difficile [112]. »

112. L. Blum, *À l'échelle humaine*, in *L'œuvre de Léon Blum 1940-1945*, Paris, Albin Michel, 1955, p. 472.

Entre fonction technique et démocratie participative, les débuts discutés des CHS (1947-1970)

Nicolas HATZFELD

Le 25 mars 1969, le directeur régional du Travail et de la Main-d'œuvre de Haute-Normandie conclut un rapport par cette phrase : « Je crois qu'il n'est pas possible d'envisager de supprimer les comités d'hygiène et de sécurité et de confier leurs attributions aux comités d'entreprise ou d'établissement. » En face, dans la marge, un point d'interrogation est tracé à la main, sans doute par un responsable du ministère, surpris devant cette hypothèse. Rien n'atteste, en effet, une intention ministérielle de procéder à cette suppression. L'existence d'un tel malentendu invite à s'interroger sur la situation des CHS, à mi-chemin de leur création vingt-deux ans plus tôt et de leur élargissement en CHSCT en 1982. Émergés dans les circonstances complexes de la Seconde Guerre mondiale et de la Reconstruction, les Comités d'hygiène et de sécurité s'inscrivent dans la dynamique de prévention des risques au travail [1] qui s'affirme alors. Cette orientation correspond à la prise en charge des accidents du travail et des maladies professionnelles par la nation et sur une base mutualiste, selon la volonté de démocratie sociale affirmée par la Résistance. Si, dans les décennies qui suivent, les principes sont maintenus, leur déclinaison évolue au gré des recompositions politiques et sociales et de leur traduction dans le monde du travail.

Dans les entreprises, la politique de prévention se concrétise par la mise en place de la médecine du travail et des CHS. D'emblée, ceux-ci sont pris entre plusieurs logiques [2]. D'un côté, ils ont à prolonger l'action technique de l'inspection du travail au sein des établissements industriels. D'un autre côté, ils se trouvent étroitement pris entre l'autorité patronale et celle des comités d'entreprise [3], comme par un paradoxe de la démocratie participative. Pour étudier la fonction qu'assure effectivement cette instance de la prévention au travail [4], les archives du ministère du Travail

1. V. VIET et M. RUFFAT, *Le choix de la prévention*, Paris, Economica, 1999, p. 81-109.
2. *Les CHSCT ont 50 ans. 50 ans au service de la prévention des risques et de l'amélioration des conditions de travail : bilan, enjeux économiques et sociaux*, actes du colloque du 15 décembre 1997, Aubagne, DRTEFP et Institut régional du travail d'Aix-en-Provence, 2000.
3. Sur les aspects juridiques de la question, cf. J.-P. LE CROM, *L'introuvable démocratie salariale : le droit de la représentation du personnel dans l'entreprise (1890-2002)*, Paris, Syllepse, 2003.
4. Sur le cas belge, cf. E. GEERKENS, « Genèse et fonctionnement des comités sécurité – hygiène en Belgique, 1945-1975 », communication au colloque « Cultures du risque au travail et pratiques de prévention en Europe au XXe siècle », université de Versailles-Saint-Quentin en Yvelines, 2005.

comportent un ensemble de dossiers[5] constitués par la direction des Relations du travail[6]. On y trouve des textes législatifs ou réglementaires définissant ces organismes, quelques notes échangées entre responsables, et surtout des rapports dont la majeure partie répond à deux enquêtes lancées par le ministère, en 1956 et en 1966. Ils sont rédigés par des responsables régionaux ou départementaux de l'inspection du travail, et souvent annotés par leurs destinataires. Ainsi se compose un ensemble de regards portés sur les comités d'hygiène et de sécurité par l'administration de tutelle : regards prescriptifs, constats et appréciations, questionnements sur l'orientation à leur donner. Ces regards ne se situent pas directement au niveau des CHS dont les acteurs ne s'expriment pas ici, et très peu à celui de la stratégie. Ce sont les regards intermédiaires, situés au milieu de l'échelle administrative, et appliqués à l'agencement des dispositifs[7].

Généalogie : discontinuités politiques et continuités techniques

Les comités d'hygiène et de sécurité sont institués par le décret du 1er août 1947, dans les entreprises industrielles occupant habituellement plus de cinquante personnes, ainsi que les établissements tertiaires occupant plus de cinq cents salariés. En outre, un arrêté du ministre du Travail peut imposer la création d'un tel comité dans un établissement de moindre effectif, s'il emploie des catégories professionnelles concernées ou si l'on y exécute « des travaux de nature à présenter une insécurité particulière[8] ».

Plusieurs missions sont dévolues au CHS. Tout d'abord, effectuer « une enquête à l'occasion de chaque accident ou chaque maladie professionnelle ayant entraîné mort d'homme ou paraissant devoir entraîner une incapacité permanente, ou qui aura révélé l'existence d'un danger grave, même si les conséquences ont pu en être évitées ». Ensuite, « procéder à l'inspection de l'établissement en vue de s'assurer de l'application des prescriptions législatives et réglementaires et des consignes concernant l'hygiène et la sécurité ». Il doit veiller à l'instruction des services de sécurité et à leur rigueur pratique, et enfin « développer par tous les moyens le sens du risque professionnel ». Le comité d'hygiène et de sécurité doit se réunir une fois par trimestre, ainsi qu'après chaque accident grave. Les réunions et les missions individuelles confiées par le comité à ses membres doivent être rémunérées comme temps de travail. Elles se tiennent dans l'établissement et si possible durant les heures de travail. Enfin, le décret instaure un registre où sont consignés les procès-verbaux de séances et les rapports, et sur lequel un membre peut signaler une cause de danger imminent. Ce registre est tenu à la disposition de l'inspecteur du travail.

---

5. Archives de la DRT, CAC, 88 0597/4. Sauf mention particulière, les documents cités ici sont tirés de ce fonds d'archives.
6. M. Cointepas, « Les CHS des années 50 et 60 vus par les inspecteurs du travail » et « Les origines du CHSCT », *Les Cahiers du Comité d'histoire des administrations chargées du Travail, de l'Emploi et de la Formation professionnelle*, n° 5, mai 2001.
7. Parmi les nombreuses références sur l'*agency*, cf. A. Pickering, *The Mangle of Practice : Time, Agency and Science*, Chicago, University of Chicago Press, 1995.
8. Décret n° 47-1430 du 1er août 1947, *Jounal officiel* du 2 août 1947, rectificatif *JO* du 13 août 1947.

Le décret fait suite à celui qu'édictait le régime de Vichy le 4 août 1941 pour instituer l'obligation de comités de sécurité [9]. Dans la plupart des domaines, la compétence de cette instance a été élargie et renforcée par rapport à ce premier décret. Le seuil de création des comités était alors fixé à cinq cents salariés. Les enquêtes après un accident n'étaient prévues que lorsqu'il avait été effectif. Il n'était pas prévu que les délégués du personnel [10] pussent intervenir dans le registre des procès-verbaux des séances. Mais celui-ci était prévu, ainsi qu'une partie notable des règles de fonctionnement. Il s'agissait notamment de faire face à une situation d'exception, marquée par l'emploi généralisé d'une main-d'œuvre inexpérimentée, affaiblie par la sous-alimentation et plus exposée au danger d'accidents [11]. Les décrets de Vichy faisaient suite à une recommandation républicaine et patriotique publiée le 1er juin 1940. Celle-ci prolongeait une dynamique d'initiatives privées qui, à partir de 1926, créaient en nombre croissant des comités de sécurité au sein d'entreprises, sidérurgiques et minières notamment [12].

Le décret de 1947 hérite donc d'une succession d'initiatives qui correspondent à des changements politiques radicaux. Toutefois il convient, dans ce domaine, comme à propos de la médecine du travail qui connaît une institutionnalisation parallèle à de nombreux égards [13], de « faire la part entre continuités et ruptures [14] ». À la Libération, les responsables veillent à rappeler la continuité du projet d'ensemble : « C'est dans le même esprit que le Gouvernement fit paraître, le 1er juin 1940, une recommandation [...] [qui] préconisait la création dans certains cas d'un service médical, d'un service social, d'un comité d'hygiène et d'un comité de sécurité [15]. » À l'occasion de l'application du décret de 1947, une note du ministre se fait plus prescriptive :

> « Il ne serait pas inutile, le cas échéant, de rappeler que [les comités de sécurité], dont la création a été préconisée dès 1928 par le Bureau International du Travail, ont fait l'objet d'une recommandation du 1er juin 1940, préparée en commun accord par les représentants des organisations syndicales patronales et ouvrières les plus représentatives et dont les dispositions ont été reprises dans le décret du 4 août 1941 [16]. »

---

9. *Journal officiel*, numéros des 10 août 1941 et 9 décembre 1942.
10. Sur la représentation du personnel sous Vichy, cf. D. PESCHANSKI et J.-L. ROBERT (dir.), *Les ouvriers en France pendant la Seconde Guerre mondiale*, Paris, IHTP, 1992. Et plus récemment, *Le syndicalisme sous la botte, 1939-1945*, colloque organisé par le ministère du Travail, l'Institut d'histoire sociale CGT et l'université Paris VIII, 1er et 2 décembre 2005.
11. Hubert Lagardelle, ministre secrétaire d'État au Travail, *Note à messieurs les inspecteurs divisionnaires du travail et de la main-d'œuvre*, 15 mai 1943. Document imprimé, en-tête de la direction du Travail.
12. Note sur la constitution et le fonctionnement de comités d'hygiène et de sécurité, 26 juillet 1945 ; M. COINTEPAS, « Les origines... », art. cit., p. 5-6.
13. M. COINTEPAS, « La mise en œuvre... », art. cit.
14. S. BUZZI, J.-C. DEVINCK et P.-A. ROSENTAL, *La santé au travail, 1880-2006*, Paris, La Découverte, 2006, p. 41.
15. *Note sur la constitution et le fonctionnement des comités d'hygiène et de sécurité*, 26 juillet 1945.
16. Le ministre du Travail et de la Sécurité sociale, *Note sur l'application du décret du 1er août 1947*, 11 septembre 1947.

Entre l'inspection et le CHS, une coopération plurielle

En 1943, le ministre présente les relations entre inspecteurs du travail et comités de sécurité :

> « Si la création de comités de sécurité exige, au début, un effort exceptionnel de la part de l'inspecteur, celui-ci doit trouver, à bref délai, dans le fonctionnement des comités, sinon un allégement de sa tâche, du moins une aide rendant celle-ci plus efficace. [...] Le comité est en effet un auxiliaire précieux de l'Inspecteur du Travail : il prolonge en quelque sorte son action, le renseigne [et] met à profit ses conseils[17]. »

Après la Libération, le ministère nouveau confirme la définition d'informateur et de relais pour l'inspecteur : « L'inspecteur du travail a trouvé en eux un auxiliaire, placé en permanence sur les lieux mêmes du travail, qui lui permet de prendre des décisions en toute connaissance de cause lors de ses visites, et de prolonger son action dans l'intervalle de celles-ci[18]. » Mais il établit une priorité pour les comités qui, « plus que des organismes administratifs, sont avant tout des institutions chargées d'exercer une action à l'intérieur de l'établissement ». À partir de 1956, l'aide est à double sens et l'inspecteur se fait auxiliaire des CHS. Son intervention « favorise et élargit la discussion tout en tempérant éventuellement certaines tensions sociales qui se manifestent à l'occasion de la réunion, au sein du comité, de la direction et de représentants du personnel[19] ». Cette action peut atteindre une ampleur problématique :

> « Une politique judicieuse d'assistance [des inspecteurs du travail] aux réunions doit être envisagée : tel comité qui fonctionne parfaitement nécessite moins la présence de l'inspecteur que tel autre nouvellement constitué ou qui, bien qu'anciennement constitué, connaît des difficultés particulières de fonctionnement. Il n'en reste pas moins qu'une telle politique grève lourdement l'emploi du temps de l'inspecteur du travail[20]. »

L'inspection n'est pas seule à être impliquée par l'activité des CHS. La Sécurité sociale intervient elle aussi, en coopération avec les inspecteurs. En Rhône-Alpes, ses représentants assistent aux réunions discutant des rapports annuels dans les entreprises importantes ou dans celles qui l'invitent, tandis que ses services animent des formations. Ses statistiques, et notamment les taux de fréquence ou de gravité d'accidents, permettent aux inspecteurs d'orienter leurs interventions vers les établissements à fort risque[21]. Les relations sont plus difficiles avec les organismes professionnels agréés. Des sociétés ou associations sont parfois créditées d'un apport bénéfique, en formation ou en conseil de prévention, tandis que tel cabinet conseil expédie à la va-vite les obligations légales :

---

17. Hubert Lagardelle, ministre secrétaire d'État au Travail, *Note à messieurs*..., doc. cit., 15 mai 1943.
18. *Note sur la constitution et le fonctionnement*..., doc. cit., 26 juillet 1945.
19. Rapports des inspecteurs divisionnaires ou directeurs régionaux de Limoges, mai 1956 ; de Rouen, mars 1969 ; de Poitiers, octobre 1970.
20. Rapport de l'inspecteur divisionnaire de Toulouse, février 1966.
21. Rapports des inspecteurs divisionnaires ou directeurs régionaux de Lyon, mars 1966 ; de Poitiers, octobre 1970.

« Le Cabinet d'Études de Prévention et de Protection de Bordeaux est présent dans 15 entreprises sur les 40 qui nous ont adressé un rapport annuel. [...] L'animateur vient quelques jours par trimestre et groupe ses 15 réunions dans un laps de temps très court. Nous sommes très rarement prévenus de la date de ces réunions. La rédaction des rapports annuels qui lui est confiée s'en tient au strict respect du cadre légal[22]. »

Fonctionnement : médiocre, forcément médiocre ?

Dès mai 1943, le ministre du Travail se félicite que, grâce à l'action des inspecteurs du travail, le nombre de comités de sécurité soit passé de 126 à 1 386 depuis le décret d'août 1941[23]. Il tempère toutefois son constat : « L'effectif du personnel occupé dans ces établissements ne représente qu'une assez faible partie du personnel occupé. » Avec les grandes entreprises, c'est le plus facile qui a été accompli. Par la suite, les CHS déçoivent dans leur implantation comme dans leur activité.

La Libération suscite des flottements néfastes : « Les milieux du travail, incertains du sort qui sera réservé à ces organismes et généralement peu préoccupés par les questions d'hygiène et de sécurité, ont actuellement tendance à s'en désintéresser. En outre, les délégués en place, proposés par les syndicats uniques ou nommés par les employeurs, n'ont pas la confiance du personnel[24]. » En 1949, un article fait mention de 70 % de CHS créés parmi les entreprises assujetties, chiffre que Michèle Ruffat et Vincent Viet estiment optimiste[25]. Quelques années plus tard, l'enquête de 1956 permet de faire le point. À Toulouse, « à peine la moitié des Comités d'hygiène et de sécurité devant exister fonctionnent effectivement ». En 1966, l'inspecteur divisionnaire de Marseille note une activité très inégale : « Très satisfaisante dans 30 % des établissements, médiocre dans 30 % des établissements, à peu près nulle ou sans intérêt ailleurs. » En Rhône-Alpes, « il reste encore beaucoup à faire pour que l'institution atteigne sa pleine efficacité, puisque 45 % des entreprises assujetties n'ont pas de CHS[26] ». À la fin de la décennie, la Haute-Normandie compte 60 % de comités existants dans les entreprises assujetties, et Poitou-Charentes 56 %[27]. La Sécurité sociale, disposant de chiffres globaux, alerte le ministre des Affaires sociales : 14 558 entreprises devraient avoir un CHS alors qu'il n'en existe que 8 839 dont seuls 5 309 envoient des rapports[28]. Le ministre lui-même note en mai 1965 « combien il est regrettable que, dans bon nombre d'entreprises, les comités n'aient

22. Rapport du directeur régional de Poitiers, octobre 1970.
23. Hubert Lagardelle, ministre secrétaire d'État au Travail, *Note à messieurs...*, doc. cit., 15 mai 1943. Sur les raisons de l'engagement des inspecteurs, cf. M. Cointepas, « L'état d'esprit des inspecteurs du travail en février 1942 », J.-L. Robert (dir.), *Inspecteurs et Inspection du travail sous la IIIe et la IVe République*, Paris, La Documentation française, 1998, p. 149-159.
24. *Note sur la constitution et le fonctionnement...*, doc. cit., 26 juillet 1945.
25. « Fonctionnement des comités d'hygiène et de sécurité », *Revue française du Travail*, n° 3-4, mars-avril 1949, cité par V. Viet et M. Ruffat, *Le choix de la prévention...*, *op. cit.*, p. 106.
26. Rapports des inspecteurs divisionnaires de Toulouse, mai 1956 ; Marseille et Lyon, février-mars 1966.
27. Rapports des directeurs régionaux du Travail et de la Main-d'œuvre, Rouen, 1969 et Poitiers, 1970.
28. Fédération nationale des organismes de Sécurité sociale, *Lettre à Monsieur le ministre des Affaires sociales*, 13 janvier 1966.

qu'une activité réduite, ou même n'aient jamais été constitués[29] ». Les statistiques soulignent la médiocre implantation des CHS, à un niveau plutôt inférieur aux deux tiers de ce que la loi exigerait.

Sur le fonctionnement effectif des comités d'hygiène et de sécurité, le ministère a lancé l'alerte dès la Libération à partir d'un cas :

> « Dans l'établissement considéré, le comité a bien été institué mais il n'exerce aucune des attributions prévues [...] : pas d'enquêtes à l'occasion des accidents ou maladies professionnelles graves, pas d'inspection de l'établissement, etc. Les membres qui en font partie rapportent seulement à la direction les faits qui leur sont signalés par les ouvriers. C'est dire qu'en fait, ce comité de sécurité n'existe pas ; ses résultats sont d'ailleurs nuls[30]. »

Après quoi la note établit un plan d'action régulière destiné à réactiver les comités. Mais en 1956, l'inspecteur divisionnaire de Strasbourg écrit que « ces comités sont partiellement en léthargie et tous les agents de l'inspection du travail sont unanimes pour constater qu'il n'y a pas de litige car, dans cette matière, les travailleurs sont absolument passifs ». Même inquiétude à Bordeaux où le fonctionnement des comités n'est jugé excellent que dans quelques rares établissements, et bon dans un petit nombre d'autres. « C'est donc la majorité des comités d'hygiène et de sécurité qui fonctionnent mal », écrit l'inspecteur divisionnaire, formule soulignée au crayon gras par le destinataire du Service d'hygiène et sécurité, au ministère[31]. En 1966, les inquiétudes persistent au ministère :

> « La mise en place et le fonctionnement de ces institutions d'entreprise restent l'objet de revendications et de doléances syndicales, et sont aussi l'objet d'interventions des services de prévention des Caisses régionales de Sécurité sociale. L'examen des rapports annuels des CHS confirme la persistance de difficultés, et dans la circulaire du 6 mai 1965, M. le ministre du Travail a tenu à souligner "combien il est regrettable que, dans bon nombre d'entreprises, les comités n'aient qu'une activité réduite, ou même n'aient jamais été constitués. La question se pose donc de savoir comment réduire les retards qui subsistent"[32]. »

Les réponses confirment le diagnostic. En Rhône-Alpes, sur les 1 203 comités d'hygiène et de sécurité que compte la région, moins de 10 % se réunissent plus de quatre fois par an et sont considérés comme ayant une réelle efficacité, 53 % se réunissent deux, trois ou quatre fois par an, et enfin près de 25 %, tiennent une réunion par an pour la préparation du rapport annuel qui n'est souvent que l'accomplissement d'une simple formalité. En Haute-Normandie, on estime que 40 % des comités ont une activité normale et fournissent des enquêtes et des rapports[33].

29. Division de l'Hygiène et de la Sécurité, *Questionnaire sur la mise en place et le fonctionnement des CHS*, 24 janvier 1966.
30. Le ministre du Travail et de la Sécurité sociale à MM. les inspecteurs divisionnaires et directeurs régionaux du Travail, 1945. Note non signée.
31. Rapports des inspecteurs divisionnaires de Paris 2e circonscription, Strasbourg, Bordeaux, février-mars 1966.
32. Division de l'Hygiène et de la Sécurité, *Questionnaire sur la mise en place et le fonctionnement des CHS*, annexe 3, 24 janvier 1966.
33. Rapports des inspecteurs divisionnaires et directeurs régionaux de Marseille, Lyon, Rouen, février-mars 1966.

De fait, l'examen fait ressortir, tout au long de la période, une grande difficulté de l'administration à faire vivre les CHS selon les exigences légales. Toutefois, il convient de se garder des rapports des CHS qui, note l'inspecteur divisionnaire de Poitiers, servent « au responsable de sécurité pour démontrer à l'employeur l'efficacité de son service, quitte pour cela à taire l'apport paritaire pourtant non négligeable [34] ».

Quels représentants ouvriers ?

Derrière l'insatisfaction que suscite le fonctionnement des CHS, les explications varient. La composition des comités en est une. Le décret de 1941 prévoyait une désignation de la maîtrise par l'employeur et des représentants ouvriers par les préfets, après avis des organisations syndicales. Après la mise en place des comités d'entreprise [35], le comité d'hygiène et sécurité devient une commission du CE. Les représentants de salariés en son sein sont désignés par les élus du personnel, et leur nombre est accru. Cette réforme illustre la volonté affirmée dès 1945 d'élargir la composition des comités et de démocratiser leur désignation. Dans le même temps, leur autonomie technique vis-à-vis du comité d'entreprise est confortée [36]. La mise en œuvre de ces principes suscite des questions.

Dans l'enquête qu'il lance en 1956, le ministère demande à ses services de réfléchir notamment au mode de désignation des représentants, et à leur compétence ; il s'inquiète de savoir si les membres des syndicats minoritaires en sont exclus. En d'autres termes, il se demande si la primauté de la CGT [37] devient une exclusivité par le jeu des règles de représentation, au détriment de FO et de la CFTC notamment, et transforme les CHS en tribunes revendicatives. Trois circonscriptions, dont celles de Lille et de Marseille, évoquent effectivement l'élimination de représentants des syndicats minoritaires [38]. Mais dans d'autres rapports, à Strasbourg ou à Lyon, on fait état de désignations *ad hoc*, effectuées par les chefs d'entreprise. La plupart des réponses font ressortir les tensions entre technicité et représentativité. Plusieurs rapports déplorent l'engagement syndicaliste, tel celui venant de Marseille : « Beaucoup de comités d'entreprise tiennent plus souvent compte dans leur choix de l'esprit combatif de leurs représentants que de leur compétence technique et de leurs aptitudes. Incontestablement, le comité en souffre, d'abord, parce que les problèmes ne peuvent être et ne sont pas étudiés, ensuite, parce que l'employeur se désintéresse du comité et n'assiste pas à ses réunions. » Faut-il s'alarmer de cette influence syndicale ? D'autres rapports ne le pensent pas. À Limoges,

---

34. Rapport du directeur régional de Poitou-Charentes, Poitiers, 20 octobre 1970.
35. P. Cam, P. Chaumette et J.-P. Le Crom, *La représentation du personnel dans les entreprises françaises*, Paris, CNRS Éditions, 1995.
36. Ministère du Travail et de la Sécurité sociale, Note sur l'application du décret du 1er août 1947, 11 septembre 1947.
37. E. Bressol et *alii* (dir.), *La CGT dans les années 1950*, Rennes, Presses universitaires de Rennes, 2005.
38. Direction du Travail, service Hygiène et Sécurité, 1re section, *Note sur la modification éventuelle du décret du 1er août 1947 relatif aux comité (sic) d'hygiène et de sécurité*, 10 décembre 1956.

on souligne que les plaintes de ces minoritaires seraient plutôt un bon signe : « La question de l'élimination des représentants des syndicats minoritaires n'est soulevée que pour les établissements dans lesquels le collège des membres du comité d'entreprise et des délégués du personnel a conservé une certaine vitalité. » Le plus grave, selon la plupart des fonctionnaires, vient plutôt de « l'indifférence générale[39] » qui entoure l'activité des CHS[40]. « Ni les directeurs d'établissement, indique la note de synthèse, ni les cadres et agents de maîtrise, ni les ouvriers n'ont pris conscience de l'intérêt que présentent la prévention des accidents et, plus généralement, le fonctionnement efficace de comités d'hygiène et de sécurité. » C'est généralement un cercle vicieux qui est tracé : désignation patronale de préposés peu mobilisés et pas toujours compétents, désintérêt des élus, passivité du personnel[41]. Deux appréciations accentuent l'analyse. D'abord, le CE est généralement la condition de l'existence des CHS : « L'absence de CE entraîne, *ipso facto*, celle du CHS. » Surtout, « les raisons qui sont à la base de l'absence de candidats au Comité d'entreprise se retrouvent pour la mise en place du comité d'hygiène et de sécurité[42] », la même passivité ouvrière s'applique. Le même lien s'établit avec le syndicalisme : « La création est particulièrement difficile lorsqu'il n'existe pas de représentants des organisations syndicales dans l'établissement[43]. » La question de la représentativité doit au fond se comprendre au sens large. Dans les entreprises où existe une pratique de représentation, illustrée par des délégués du personnel ou un comité d'entreprise, les CHS ont les meilleures chances d'être actifs. Dans le même ordre d'idées, les grandes entreprises sont un terrain beaucoup plus propice que les petits établissements.

En somme, la plupart des rapports montrent que la consolidation des CHS tient certes au respect de leur spécificité technique contre les tentations tribuniciennes de certains syndicalistes, mais que la désignation de représentants ouvriers légitimes suscite une reconnaissance décisive pour cette instance.

Formation et statut des représentants : des questions insistantes

L'intérêt des syndicats pour les questions d'hygiène et de sécurité n'est pas systématique. Dans certains cas, ils font preuve d'indifférence. « En général, les comités d'entreprise ne s'intéressent pas beaucoup à l'activité des comités d'hygiène et de sécurité, si ce n'est pour élire les membres. Ils estiment que les comités ont une activité qui leur est propre et ils leur font confiance. » Une telle attitude traduit une hiérarchie des valeurs du militantisme qui joue au détriment du CHS.

39. Compte rendu de l'enquête effectuée auprès des inspecteurs divisionnaires du travail et de la main-d'œuvre par lettre-circulaire du 24 mars 1956.
40. La situation semble être comparable en Belgique. Cf. E. GEERKENS, « Genèse et fonctionnement... », art. cit.
41. Rapports des inspecteurs divisionnaires et directeurs départementaux de Bordeaux, Marseille, Toulouse, Limoges et Lyon, avril et mai 1956.
42. Rapports des inspecteurs divisionnaires de Limoges et de Bourges, avril et mai 1956.
43. Sans en-tête ni date. Au crayon : « Lille ». Probablement 1966, comme l'ensemble dans lequel le document se trouve.

> « Nombre de militants syndicaux sont tentés par une action plus directe que leur permettent les fonctions de délégué ouvrier ou de membre du comité d'entreprise et il convient d'ajouter que la complexité des questions étudiées, le temps nécessaire pour mener à bien ces tâches, permettent difficilement de cumuler à la fois ces différentes fonctions[44]... »

L'attitude du chef d'entreprise est souvent considérée comme plus décisive encore : « Dans presque tous les cas, le fonctionnement n'est bon que dans les établissements où soit le patron, soit l'ingénieur à la sécurité est convaincu de l'utilité de l'institution. » Mais l'engagement patronal est loin d'être acquis. Souvent, les rapports déplorent l'indifférence, voire parfois l'hostilité « de la part d'employeurs qui ne tiennent pas plus à voir en place comité d'hygiène et de sécurité que délégués du personnel ou comité d'entreprise ». On écrit parfois qu'« il importerait aussi de vaincre la mauvaise volonté ou la passivité des employeurs » en rendant plus contraignant le décret de 1947[45]. La majorité des points de vue exprimés met plutôt en avant les éléments sur lesquels s'appuyer. Parmi ceux-ci, le rôle décisif d'animation, souvent évoqué, donne lieu à débat :

> « Un comité vaut ce que vaut l'animateur, qu'est donc l'animateur ? C'est d'abord une personne psychologiquement "motivée" pour cette tâche, ayant la conviction du service à rendre et la foi en ce qu'il fait. Mais cela n'est pas suffisant : la prévention est sans doute à base de psychologie, elle est de plus en plus d'ordre technique. L'animateur ne remplira vraiment son rôle que s'il a reçu une formation adéquate. »

La problématique technique évolue. Il ne s'agit plus seulement de choisir des membres compétents parmi les ouvriers qualifiés de l'entretien[46], mais de veiller à la formation des représentants légitimement désignés. Plusieurs rapports détaillent les stages, journées d'études et conférences dispensés aux représentants et animateurs de CHS[47] avec la participation d'experts de la Sécurité sociale ou d'organismes spécialisés. L'effort de formation conduit à envisager la stabilisation des représentants :

> « Cette insuffisance des connaissances techniques constitue une des raisons du manque de vitalité et d'efficacité de certains comités. Il faut dire cependant qu'une amélioration est constatée sur ce point, les personnes désignées restant, en général, longtemps dans leurs fonctions par suite de la reconduction de leur mandat et pouvant ainsi acquérir, en matière d'hygiène et de sécurité, une certaine expérience[48]. »

Pour stabiliser les représentants et leur donner « le désir de s'occuper plus sérieusement de leurs fonctions », nombre de rapports suggèrent d'allonger la durée du mandat à deux ans[49] et d'instaurer le paiement d'heures de fonctionnement, comme

44. Rapports, directeur régional de Haute-Normandie, mars 1969, et inspecteur divisionnaire de Toulouse, février 1966.
45. Rapports des inspecteurs divisionnaires de Bordeaux et Toulouse, avril et mai 1956.
46. Rapports des inspecteurs divisionnaires de Bourges, Marseille et Lyon, avril et mai 1956.
47. Rapports des inspecteurs divisionnaires de Marseille, Lille et Lyon, directeur régional de Châlons-sur-Marne, 1966.
48. Rapport de l'inspecteur divisionnaire de Lyon, 16 mai 1956.
49. Rapports des inspecteurs divisionnaires de Strasbourg, Bordeaux et Lyon, mai 1956, et compte rendu de l'enquête, décembre 1956.

cela se pratique dans certaines branches[50]. Les inspecteurs du travail voient là un moyen décisif pour aider à l'émergence de candidatures et faciliter « l'exercice de leur fonction sur le "tas" notamment pour effectuer des visites d'inspection, des études de poste ou pour recueillir directement les observations de leurs camarades de travail ». La demande est généralement associée à l'idée de garantie d'emploi, particulièrement pour le responsable du CHS « car il lui arrivera de s'opposer à la direction responsable dans ses demandes et ses initiatives[51] ». Mais le bureau des relations entre salariés et employeurs, consulté, s'oppose à ces mesures au motif, noté dans la marge d'un des rapports, que ce genre de protection doit rester exceptionnelle[52]. En 1965 et 1966, la direction de la Sécurité sociale monte au créneau : « Il a été souligné une fois encore que l'absence de garanties raréfie les candidatures pour les emplois de membres des CHS et constitue fréquemment pour ces membres un frein dans l'exercice de leurs fonctions. » En conséquence, l'organisme de prévention « a émis le vœu que soit élaboré un véritable statut des membres des CHS qui préciserait leurs fonctions exactes ainsi que les garanties dont ils bénéficieraient au même titre que les délégués du personnel[53] ». Quelques mois plus tard, une autre lettre insiste :

> « Une des raisons de la carence [des CHS] provient de l'absence d'un statut des membres leur assurant une sécurité d'emploi et d'un crédit d'heures leur permettant d'assurer leur mission dans des conditions analogues à celles dont bénéficient les DP (loi du 16 avril 1946) et les membres des CE (ordonnance du 22 fév. 1945). La Fédération nationale des organismes de Sécurité sociale [...] souhaiterait l'intervention d'un tel statut[54]. »

Dans l'attente d'une telle mesure, il n'est pas étonnant que les années 1960 suscitent, parmi les acteurs de la prévention, une décourageante impression de stagnation[55].

Une définition des risques centrée sur l'accident

À plusieurs reprises, les documents conduisent à s'interroger sur les définitions du risque et leurs évolutions. Le décret de 1947 élargit la compétence des comités, en ajoutant à la sécurité l'hygiène. L'argument est celui du bon sens : « Dans la pratique, les comités de sécurité ont eu, dès l'origine, à connaître des problèmes posés par les conditions d'hygiène des travailleurs, souvent inséparables des conditions de sécurité. Le décret de 1947, rappelle cette note, reprend sur ce point une disposition de la recommandation du 1er juin 1940[56]. » Toutefois, il semble qu'au

50. Rapports des inspecteurs divisionnaires de Marseille et Toulouse, mai 1956 ; Toulouse, Lyon et Lille, 1966 ; Rouen 1969.
51. Rapport de l'inspecteur divisionnaire de Marseille, 2 mai 1956.
52. On est tenté de rapprocher ces refus de l'orientation restrictive adoptée en 1949 et 1952 par le ministère en matière de médecine du travail, d'après S. Buzzi *et alii*, *La santé au travail*..., *op. cit.*, p. 64-66.
53. Lettre du directeur de la Caisse nationale de Sécurité sociale au ministre du Travail, 30 avril 1965.
54. Lettre du directeur de la Sécurité sociale au directeur général du Travail et de l'Emploi, 31 janvier 1966.
55. IGAS, rapport annuel, 1973. Cité dans V. Viet et M. Ruffat, *Le choix*..., *op. cit.*, p. 172.
56. Service Hygiène et Sécurité, *Note sur l'application*..., doc. cit., 11 septembre 1947.

cours de la période, la représentation du risque apparaît encore très liée à l'accident. Selon quelques rapports, l'indifférence aux CHS est liée non seulement au type de personnel employé (femmes, et jeunes salariés) mais aussi à la relative faiblesse des risques d'accident dans les entreprises étudiées. À Lille, on distingue ainsi le textile de la métallurgie pour expliquer la faiblesse relative des CHS dans le premier secteur. À Lyon :

> « Pour déterminer les établissements qui doivent mettre en place un comité d'hygiène et de sécurité, la réglementation se réfère uniquement à l'effectif occupé et à la nature industrielle ou commerciale de l'activité de l'établissement. Or nombre d'établissements industriels, et particulièrement dans certains groupes professionnels, ont des taux de fréquence ou de gravité nuls ou si faibles qu'un CHS n'y trouve pas matière à activité[57]. »

Le même rapport ajoute : « Au contraire, des établissements commerciaux occupant moins de 50 salariés, particulièrement dans le commerce de gros, ont des taux de fréquence élevés et ne sont pas assujettis. » Le constat débouche sur la proposition de recourir au taux de fréquence d'accidents du travail pour définir les entreprises devant créer un CHS, sans distinction du caractère industriel ou commercial de l'activité. Mais il n'est pas suivi.

Parallèlement, une réflexion s'amorce pour élargir le champ de compétence des CHS, comme l'indique un rapport de 1969 :

> « Le titre [des CHS] se compose de deux éléments d'un sens différent. Le premier [...] est quelque peu restrictif : les problèmes d'hygiène sont essentiels mais en fait il s'agit plutôt d'amélioration des conditions générales de travail et d'ambiance [...]. Le second élément est par contre primordial : diminuer le risque d'accident par la protection et développer le sens de la sécurité par une observation stricte des règles imposées par la prévention[58]. »

La question posée portait, semble-t-il, sur une éventuelle intégration de la question des conditions de travail. Les réponses conservées préfèrent continuer de mettre l'accent sur le problème de la sécurité. Tout en étant présent depuis la Libération, ne serait-ce que dans la dénomination de la « sous-direction des Conditions de travail », ce thème d'intervention, discuté au sein de l'inspection du travail, n'est pas encore suffisamment adopté pour être ajouté aux domaines d'intervention des CHS.

Par-delà les circonstances tempétueuses de leur émergence, les comités d'hygiène et de sécurité résultent d'une volonté construite de prolonger l'action préventive de l'inspection du travail dans les entreprises à travers la mobilisation technique des partenaires du travail. Après la courte séquence vichyssoise, la Libération établit durablement des modalités complexes de fonctionnement. Sous la tutelle de l'inspection du travail, les chefs d'entreprise ont à former une instance aux compétences strictement délimitées aux enjeux techniques du suivi des risques et de leur prévention. Cette instance compte obligatoirement une part de ses membres issus

57. Rapport de l'inspecteur divisionnaire de Lyon, 1966.
58. Rapport du directeur régional du Travail de Champagne-Ardennes, 4 avril 1969.

de la représentation des ouvriers, à côté de ceux que leur fonction qualifie d'office. Ce dispositif hybride n'est en rien assuré de fonctionner. À bien des égards, les discordances font leur effet. Parmi ceux qui existent, dont le nombre reste installé bien au-dessous des exigences légales, seule une partie restreinte répond aux attentes en matière de fonctionnement, de compétence et de mobilisation. Le territoire des CHS se concentre dans les grandes entreprises, tandis que nombre de petits établissements les ignorent. Et, pour aggraver le tableau, l'action de ces comités se dilue dans un environnement indifférent. Au vu de tels résultats, l'administration ne cesse de regarder les tribulations des CHS avec un mélange d'impatience et de déception.

Cependant, un autre regard est possible, à l'aune des idées de démocratie participative et d'apprentissage organisationnel. Dans deux tiers des entreprises, selon une périodicité certes variable et souvent restreinte, salariés, employeurs et spécialistes œuvrent, selon des cadres stricts, à étudier les risques. La parole et l'écrit ne sont pas seulement autorisés, mais légitimés sur les diverses formes que prend le danger au travail. Le formalisme des procédures (visites, enquêtes, suggestions et alertes) et la stricte délimitation des débats encadrent et libèrent tout à la fois des possibilités d'échange et de suivi. Pour autant qu'ils sont entraînés par un souci de prévention, les partenaires apprennent à coopérer, à l'écart des projecteurs de la vie économique ou de la scène sociale[59]. Les représentants ouvriers acquièrent une formation technique appropriée, les responsables rendent compte de leur action. Au cours des années 1960, ces expériences suscitent des recherches d'amélioration, signes d'un ancrage effectif bien que discret. De plus en plus clairement, les observateurs repèrent les blocages, et proposent les consolidations institutionnelles susceptibles de conforter le rôle des représentants du personnel et d'asseoir plus solidement les CHS. Imparfaite, incomplète, la démocratie participative s'avère néanmoins centrale dans le renforcement de la prévention et l'élargissement du souci des partenaires sociaux aux conditions de travail.

59. Plus tard, les cas de l'usage industriel d'amiante à Amisol ou de plomb à Pennaroya suscitent des comportements différents de la part des CHS des entreprises concernées. Cf. S. Buzzi *et alii*, *La santé…*, *op. cit.* ; L. Pitti, « Du rôle des mouvements sociaux dans la prévention et la réparation des risques professionnels : l'exemple de Penarroya, années 1960 – années 1980 », communication au colloque « Cultures du risque au travail et pratiques de prévention en Europe au XXe siècle », université de Versailles-Saint-Quentin en Yvelines, 2005.

La participation des travailleurs dans la France de l'après-Seconde Guerre mondiale. Éléments d'une comparaison internationale

Adam STEINHOUSE

Cet article comporte trois objectifs [1]. Le premier est de décrire le rôle des représentants de l'État français dans le fait d'encourager et d'entraver la participation des travailleurs sur le lieu de travail et au niveau de l'État à la Libération. Le second objectif est d'évaluer les efforts entrepris par l'État afin de lutter contre les contraintes pesant sur la participation. Le troisième objectif est d'utiliser le cas français comme contribution à la littérature théorique sur l'État et l'action collective des travailleurs. Nous situons ensuite l'étude par rapport aux autres travaux sur la participation des travailleurs et des syndicats en Suède, en Allemagne, aux États-Unis et au Japon au cours de l'après-guerre.[2]

Les représentants de l'État encouragent et entravent la participation des travailleurs

Au cours des années 1944-1948, la participation des travailleurs a pris de nombreuses formes : contrôle du travailleur et/ou processus codécisionnel dans l'entreprise, consultation avec le patronat dans le cadre d'un comité d'entreprise et contribution au niveau étatique dans les commissions élaborant la politique gouvernementale, les commissions ministérielles, les groupes de planification et les organes départementaux et régionaux.

En France, les programmes de participation des travailleurs requéraient l'aide de l'État en raison d'une opposition profondément ancrée des employeurs, de la faiblesse de la main-d'œuvre sur le lieu de travail et des opinions fermement enracinées au sein du mouvement ouvrier contre tout type de participation dans les structures étatiques ou avec le patronat. Traditionnellement, les représentants de

1. Texte traduit de l'anglais par Maria Janko, que je remercie, et révisé par Odile Join-Lambert et Alain Chatriot. Merci également à Herrick Chapman, Orjan Appelqvist, et aux autres membres du comité d'organisation pour leurs commentaires.

2. Cet essai constitue un prolongement du chapitre VII de A. STEINHOUSE, *Workers' Participation in Post-Liberation France*, Lanham et Oxford, Lexington Books, 2001.

l'État n'étaient pas vraiment intervenus dans les relations industrielles au sein de la société. Après la Libération, en 1944-1945, le début de l'interventionnisme étatique ouvre la voie d'un nouvel examen du rôle du gouvernement sur le lieu de travail.

Dans la période de la Libération, les hauts fonctionnaires sont préparés à utiliser le pouvoir de l'État pour encourager une vision commune sur le lieu de travail. Les représentants du ministère du Travail, par exemple, souhaitent que les travailleurs et leurs représentants jouent un rôle plus important dans les affaires publiques et qu'ils fassent entendre leur voix dans la direction de leurs entreprises. Par ailleurs, l'appel de la Résistance à la démocratisation a éveillé les réflexions de certains fonctionnaires, notamment dans le prolongement du programme du Conseil national de la Résistance (CNR), soulignant le besoin de consultation avec tous les acteurs économiques et favorable à l'établissement d'une vraie démocratie économique et sociale.

La principale motivation de l'État pour intégrer les syndicats est d'ordre pragmatique : le mouvement ouvrier constitue un obstacle potentiel à la reconstruction après la guerre. En période de pénurie de main-d'œuvre, l'État dépend des travailleurs pour accroître la production : c'est le premier élément sur lequel se concentrent les initiatives de planification d'après-guerre. C'est pourquoi les représentants étatiques veulent également limiter l'imprévisibilité et le militantisme occasionnel des travailleurs.

Le principal moyen envisagé par les représentants de l'État afin de créer la démocratie sur le lieu de travail concerne la législation relative aux comités d'entreprise. Beaucoup d'autres mesures vont également dans ce sens, y compris l'accroissement du pouvoir des délégués du personnel et la représentation électorale des délégués des travailleurs dans les conseils des caisses de la Sécurité sociale. Pour la première fois, les travailleurs ont des possibilités formelles d'exprimer leurs demandes sur le lieu de travail. Henry Hauck, directeur des Relations professionnelles au sein du ministère du Travail et allié de Léon Jouhaux, le leader de la CGT, mentionne dans une lettre adressée au ministre du Travail en 1945 la manière dont les syndicats se voient confier un rôle de plus en plus important : « Les syndicats ouvriers appelés à jouer un rôle de plus en plus important dans la vie sociale du pays[3]... »

Hauck ordonne aux inspecteurs du travail de créer un climat de confiance avec les syndicats afin de confirmer la nouvelle politique sociale du gouvernement comme la législation relative aux comités d'entreprise, et d'assurer la promotion des objectifs de conciliation et de « paix sociale ». Les inspecteurs du travail sont exhortés à être actifs dans leurs relations avec les syndicats et à encourager davantage la participation syndicale dans les structures étatiques.

Sur le lieu de travail, les inspecteurs du travail jouent un rôle déterminant dans l'application de la première ordonnance de février 1945 et ensuite de la loi de mai 1946 relative aux comités d'entreprise. Ces textes facilitent la désignation des candidats, les relations entre les employeurs et les travailleurs et incitent les

3. Archives nationales (AN), TR 13634, lettre d'Henry Hauck au ministre du Travail, 31 mars 1945, p. 2.

travailleurs à utiliser leur droit de participation, leur place de droit dans les commissions (« à prendre une participation effective à la gestion, à assumer une responsabilité plus grande[4] »).

D'autres représentants de l'État, notamment les commissaires de la République et les préfets, responsables devant le ministère de l'Intérieur (le commissaire de la République et le préfet ne représentaient pas seulement le ministre de l'Intérieur mais également tous les autres ministres et le gouvernement), jouent également un rôle important sur le terrain, en assurant la promotion de cette conception de la participation[5]. Les commissaires de la République et les préfets recherchent, au moins au début en 1944-1945, la participation active des syndicats dans les conférences économiques afin d'accélérer la reconstruction et d'augmenter la productivité. Certains commissaires, notamment Raymond Aubrac à Marseille et Yves Farge à Lyon, réquisitionnent en outre des entreprises et développent de nouvelles structures de gestion en faisant participer les représentants du personnel. Farge, notamment, joue un rôle déterminant dans la création de l'expérience Berliet sur le contrôle ouvrier. Seul un représentant de l'État a le pouvoir de confisquer l'entreprise d'un collaborateur économique déclaré comme Marius Berliet.

Les efforts étatiques voient cependant leur orientation changer progressivement au cours de l'année 1946 et en 1947. Les instructions ministérielles mettent désormais l'accent sur une adhésion stricte aux maxima et minima salariaux et non plus à l'importance de la collaboration sociale comme auparavant. La politique de réquisition est abandonnée, tout comme les expériences de nouvelles formes de participation des travailleurs à Lyon, Marseille, Montluçon et Toulouse. Les commissaires de la République sont supprimés au printemps 1946 et les préfets sont revenus à leurs domaines traditionnels d'administration générale et au maintien de l'ordre public au lieu d'intervenir sur le lieu de travail.

Les inspecteurs du travail compatissent moins aux inquiétudes des travailleurs. Ils travaillent peu à la promotion de l'intégration et prennent de plus en plus le parti des employeurs dans les conflits et appliquent les instructions ministérielles relatives aux restrictions salariales. Les travailleurs, quant à eux, reconsidèrent l'autorité et le rôle de l'État : le mécontentement envers leurs mauvaises conditions de vie est de plus en plus dirigé contre les préfets, les ministres du gouvernement et les fonctionnaires.

Ce retournement dans les efforts de participation des travailleurs se produit pour trois raisons principales. Les employeurs refusent d'accepter les nouveaux pouvoirs d'intervention sur le lieu de travail. La CGT est insuffisamment engagée dans la participation sur le lieu de travail. Le pouvoir centralisé de l'État est solidement ancré dans le domaine de la planification économique mais ne pénètre pas suffisamment sur le lieu de travail pour établir et soutenir la participation. La structure étatique souffre également du secret administratif et du manque d'ouverture envers les initiatives de participation.

4. AN, TR 13633, « Les comités d'entreprise », Centre d'études et de recherches sociales, ministère du Travail, 14 septembre 1945, p. 3.
5. B. CHAPMAN, *The Prefects and Provincial France*, Londres, Allen and Unwin, 1955, p. 71.

Après la Libération, les employeurs acceptent à contrecœur de faire des concessions dans leurs négociations avec les administrateurs de l'État. Le patronat introduit des mesures de rationalisation, alors qu'il cherche à maintenir et à étendre le contrôle sur le lieu de travail[6]. Les patrons mènent également une lutte déterminée contre le développement des comités d'entreprise : ils interprètent la législation de mai 1946 aussi strictement que possible et refusent de permettre aux comités d'examiner les affaires de l'entreprise, quelles qu'elles soient. En juillet 1947, un syndicaliste de la CGT conclut que cette attitude rend inopérante la loi de mai 1946[7]. La question du faible taux de création des comités d'entreprise se pose également : en 1967, la moitié des entreprises soumises à la loi de 1946 n'ont pas encore créé un comité sur le lieu de travail[8]. En 1946, les employeurs refondent en outre une confédération, le CNPF, élargissant ainsi leur influence politique, notamment au sein du Plan. En se représentant eux-mêmes sur le lieu de travail et dans l'État et en s'opposant à chaque extension de la participation des travailleurs, les employeurs rencontrent peu de problèmes.

La physionomie de la CGT, et plus généralement du mouvement ouvrier, restreint les initiatives des représentants de l'État en matière de participation. La CGT manque d'une forte base organisationnelle et de ressources financières suffisantes pour imposer plus efficacement les exigences des travailleurs à l'État. La proximité de la CGT et du PCF impose des choix à la confédération syndicale qui font obstacle à sa capacité à faire entendre une voix indépendante des travailleurs dans les institutions de l'État ou dans les entreprises. La CGT réussit cependant à émerger grâce à des garanties étatiques, telles que les statuts légaux de 1946 dans les mines et les ports, secteurs considérés comme indispensables à la reprise économique pour les planificateurs de l'après-guerre.

Le long combat d'idées entre guesdistes et syndicalistes dans le mouvement ouvrier débouche sur un manque d'expérience des représentants des travailleurs en matière de participation dans les structures soutenues par l'État et sur le lieu de travail. La culture d'opposition de la CGT n'a pas réellement sa place au sein des nouveaux comités d'entreprise : « Compte tenu de ses réflexes anti-étatiques, anti-patronaux et de sa culture d'affrontement, la CGT a initialement tâtonné pour mener à bien ce type de pratiques gestionnaires, pour la plupart inconnues de son champ d'intervention[9]. » Un fossé existe ainsi entre les exigences et la rhétorique de la CGT et son manque de compétences en matière de gestion. À l'époque, un militant de la CGT déclare que les comités d'entreprise ne fonctionnaient pas réellement : « C'était nouveau, on n'a pas su les gérer. On s'intéressait au ravitaillement. À cette période, on pensait que c'était un pas irréversible vers le socialisme[10]. » Ce

6. A. Steinhouse, *op. cit.*, p. 119-140.
7. AN, DRT 907, lettre de Georges Delamarre, secrétaire de la CGT, à Renée Petit, direction du Travail, 4 juillet 1947.
8. G. Adam, *Le pouvoir syndical*, Paris, Dunod, 1985 ; C. Howell, *Regulating Labor : The State and Industrial Relations Reform in Postwar France*, Princeton, Princeton University Press, 1992, p. 45.
9. M. Dreyfus, *Histoire de la CGT*, Bruxelles, Complexe, 1995, p. 328.
10. Entretien de l'auteur avec Achille Blondeau, ancien secrétaire général, CGT Fédération du sous-Sol, 22 septembre 1989.

n'est pas le fantôme de Rosa Luxemburg mais plutôt ceux de Kautsky et de Lénine qui hantent la CGT.

La relation entre la direction et la base de la CGT change après la Libération. Ce changement est en partie dû à la préoccupation de la plupart des travailleurs relative aux pénuries alimentaires et aux effets de l'inflation, mais également à la perspective productiviste adoptée par la confédération et illustrée par le cas des travailleurs qualifiés. Les intérêts des travailleurs qualifiés et ceux des travailleurs non qualifiés, des immigrants et des femmes, tous moins payés sur le lieu de travail et moins bien représentés par la CGT, ne sont pas les mêmes. Le recul du patronat face aux inquiétudes des ouvriers est également illustré par l'adhésion à la ligne du Parti communiste pour la « bataille de la production » afin de veiller à ce que le PCF reste un parti gouvernemental.

C'est cependant la faiblesse de la CGT, non seulement sur le lieu de travail mais également en tant que confédération syndicale de masse, qui contribue finalement à l'échec des initiatives en matière de participation. À la fin 1947, la scission au sein de la CGT débouche sur la création de Force ouvrière. L'échec des mouvements de grèves de 1947 et 1948 signifie que la capacité du mouvement syndical à influencer le programme de l'État est amoindrie, contrairement à la situation corporatiste dans d'autres pays où les travailleurs peuvent réussir à remettre en question le consensus gouvernemental dominant et imposer leurs opinions (le terme de « corporatisme » est ici compris dans le sens anglophone de système de relations professionnelles, et non dans le sens utilisé à l'époque en France de système politique autoritaire encadrant les professions).

La structure de l'État constitue la troisième raison majeure de l'entrave aux initiatives des travailleurs en matière de participation entre 1944 et 1948. L'intervention de l'État même large, comme dans la période de la Libération, ne peut ébranler les préjugés inscrits dans les relations industrielles car elle se consacre à d'autres objectifs. Dès lors, les mesures initiales d'après-guerre visant à encourager la participation sur le lieu de travail et dans les institutions étatiques en 1944-1945 disparaissent rapidement, alors que les inquiétudes relatives à l'ordre social, à l'expansion de l'investissement, à la capacité productrice et au partenariat avec la grande entreprise deviennent les principales priorités.

L'avènement de « l'économie concertée » est structuré autour des grandes entreprises et des capacités de planification de l'État aux dépens de tout engagement substantiel des travailleurs. Une modification dans la façon de penser s'opère en l'espace de quelques années et trouve sa parfaite illustration dans la comparaison des deux citations suivantes. En 1945, René Pleven, alors ministre des Finances, soutient avec enthousiasme la perspective de la consultation : « Pour la première fois depuis la Libération, les responsables des organisations des travailleurs, les patrons et quelques hommes choisis en raison de leur expertise technique, vont s'asseoir à la même table et discuter des grands problèmes affectant l'avenir de l'économie française [11]. » En revanche, un syndicaliste s'exprime de la façon suivante

11. René Pleven, 4 juillet 1945, cité par A. SHENNAN, *Rethinking France : Plans for Renewal, 1940-1946*, Oxford, Clarendon Press, 1989, p. 246-247.

lors d'une réunion ultérieure du Commissariat général du Plan (CGP) : « Il semble que tout se déroule comme si la procédure était arrangée au préalable de manière à ce qu'un certain nombre de décisions soient prises directement par les représentants des employeurs et des fonctionnaires [12]. »

La participation des travailleurs ne peut ainsi pas aller plus loin en raison de l'inaccessibilité de la structure administrative de l'État et de sa profonde fermeture à la participation : « [L]'autonomie de l'État par rapport aux pressions populaires constitue le principal obstacle [à l'extension du contrôle démocratique] en France [13]. » La meilleure évocation du fossé entre les attentes des travailleurs et le rôle des hauts fonctionnaires de l'État peut être trouvée dans la pétition ci-dessous, adressée au sous-préfet de Villefranche-sur-Saône, dans le département du Rhône, en mai 1945 :

> « Messieurs de l'Administration, vous devrez montrer plus d'énergie pour imposer les mesures que réclame la situation. Si vos chefs ou leurs mandants font obstacle à vos initiatives, passez outre, devriez-vous le payer de vos situations ! Vous êtes en place pour diriger les masses, c'est le moment où jamais de montrer vos qualités d'administrateurs honnêtes qui ne songent pas qu'à leurs situations ou à leurs réélections [14]. »

Théoriquement, le pouvoir de l'État centralisé est plus assuré à cette période mais, dans la pratique des relations industrielles, les administrateurs étatiques sont dispersés sur le territoire, en nombre insuffisant pour mettre en œuvre leurs politiques. Le ministère du Travail est notoirement en sous-effectif, notamment en inspecteurs du travail [15]. Le gouvernement évite beaucoup – et de plus en plus – le terrain des négociations collectives en raison des relations conflictuelles entre les travailleurs et le patronat, conflits qui risquent d'entraîner l'administration et le gouvernement dans les sables mouvants du conflit industriel. En effet, lorsqu'il tente d'intervenir, comme avec la Commission supérieure des conventions collectives, l'État manque souvent de pouvoir et encourage simplement la mauvaise foi des employeurs dans la négociation [16]. En abandonnant beaucoup de ce terrain aux syndicats et au patronat, l'administration maintient en place des relations profondément antagonistes sur le lieu de travail.

En résumé, les relations industrielles d'après-guerre évoluent donc différemment en France et dans le reste de l'Europe. Le poids des travailleurs dans l'élaboration de la politique économique est non seulement insignifiant, mais leur influence sur le lieu de travail est marginale, à l'exception de brefs épisodes. Dans une période comme celle de la Libération, où les attentes de la démocratie économique sont

---

12. P. A. HALL, *Governing the Economy : The Politics of State Intervention in Britain and France*, Cambridge, Polity, 1986, p. 158. Le récit non daté semblerait être des années 1950.
13. J. PONTUSSON, « Comparative Political Economy of Advanced Capitalist States : Sweden and France », *Kapitalistate*, n° 10, 1982, p. 68.
14. AN, Fla 4022, pétition adressée au sous-préfet de la part de 1 500 travailleurs en grève générale, Villefranche-sur-Saône, 16 mai 1945, rapport du commissaire de la République Yves Farge à Lyon, 17 mai 1945.
15. A. STEINHOUSE, *op. cit.*, p. 57-86.
16. *Ibid.*, p. 132-133.

à leur apogée, la participation des travailleurs ne va pas plus loin pour plusieurs raisons : la structure et la forme de l'État, le pouvoir des employeurs, la faiblesse du mouvement ouvrier en général et l'indifférence effective du plus grand syndicat, la CGT, sur la question de la participation des travailleurs. Envisagées dans ce contexte élargi de contraintes, les tentatives des représentants de l'État pour encourager la participation ne sont pas suffisantes.

Contribution théorique

Une contribution théorique sur la participation des travailleurs en France conduit à mettre en rapport les relations travailleurs-employeurs et travailleurs-État. Cette dimension théorique a pour objectif de comparer deux littératures disparates sur l'État et l'action collective des travailleurs afin de montrer la nécessité de reconsidérer le rôle de l'État face aux intérêts des travailleurs. Le travail de Claus Offe en collaboration avec Helmut Wiesenthal constitue une rare tentative pour faire correspondre analytiquement ces thèmes[17].

Offe et Wiesenthal soutiennent que les syndicats européens ont été historiquement constitués afin, d'une part, de fournir des avantages immédiats aux travailleurs et, d'autre part, de transformer la société de façon à répondre à leurs intérêts. Cette seconde caractéristique a été perdue dans certains pays mais a subsisté en France de manière particulière, en raison du lien profond unissant la CGT au PCF. Une analyse différente de la transformation est donc nécessaire pour la France. Cependant, les objectifs industriels et les allégeances de la CGT sont le plus souvent considérés uniquement à la lumière des théories des « courroies de transmission » reliant exclusivement le syndicat aux exigences du Parti communiste. Ce type d'approche privilégie le politique sur l'industriel : il ignore le lieu de travail. Il est plus intéressant de définir le débat d'une autre manière. Offe et Wiesenthal offrent une solution partielle (et non une réponse complète) à la tension entre le politique et l'industriel : leur point de vue est peut-être trop influencé par la démocratie sociale du Nord et le corporatisme faisant participer le mouvement ouvrier et l'État. Dans la France de la Libération, le mouvement ouvrier était trop faible pour imposer des sanctions à l'État, comme en 1947-1948. De plus, l'État n'a pas encouragé un mouvement ouvrier centralisé. Du fait de cette faiblesse ouvrière, de la réticence de l'État et de l'opposition des employeurs, un système corporatiste n'était pas réalisable.

La question théorique est de savoir comment intégrer l'État dans cette analyse des objectifs et des modes d'action collective des travailleurs. En France, en 1944-1947, la CGT est intervenue à un premier niveau, celui du « qui gagne quoi ? ». C'est une question qu'on peut poser non seulement sur les lieux de travail mais aussi dans les structures de participation au sein de l'État. À ce stade, le conflit se concentre sur des questions de distribution. Le deuxième niveau correspond à une conception de l'identité du mouvement ouvrier et de ses intérêts, tant sur le lieu de travail qu'au sein de l'État. Il va au-delà des questions de redistribution des

17. C. Offe et H. Wiesenthal, « Two Logics of Collective Action », C. Offe (dir.), *Disorganized Capitalism*, Cambridge, Polity, 1985, p. 170-220.

ressources et des capitaux et engage une notion de démocratie sur le lieu de travail et dans l'État. À cette période, il y avait en France deux conflits séparés de premier et de second niveaux : l'un au niveau de l'État et l'autre au niveau du lieu de travail. En plus des conflits au travail, un conflit de premier niveau régnait au sein de l'État sur des questions permanentes en matière de production et d'efficacité. Dans ces conflits, les paramètres étaient établis et les partenaires politiques, notamment la CGT, connaissaient les règles qu'ils devaient suivre afin d'en retirer des avantages pour leurs membres. Un conflit de second niveau, aux frontières plus fluides et mouvantes, existait également là où les travailleurs souhaitaient plus de démocratie économique afin d'obtenir des pouvoirs en matière de négociations collectives et une position plus forte à partir de laquelle ils pourraient faire entendre leur voix.

Dans la France de l'après-guerre, ce qui aurait pu être un débat important sur la nature même du rôle de l'État a tourné court puisque celui-ci s'est encore présenté comme l'arbitre impartial de l'orientation adaptée à la nation. Les représentants du patronat et des syndicats ont accepté l'intervention de l'État et le besoin de jouer selon certaines règles, c'est-à-dire celles de l'analyse coût/profit.

Il était ainsi dans l'intérêt de l'État français de transformer tout conflit concevable de second niveau en conflit de premier niveau. De 1944 à 1947, les formes de politiques libérales soutenues par l'État étaient supposées diminuer l'identité collective des travailleurs et faciliter la transition de la Libération au début de la IVe République. La CGT voulait faire partie des nouvelles structures de l'État pour des raisons de répartition : elle souhaitait obtenir une plus grande représentation déjà définie comme souhaitable. Les institutions étatiques n'encourageaient cependant pas la cohésion des travailleurs mais plutôt leur division, dans la mesure où les syndicats rivaux étaient en concurrence en matière de représentation démocratique. Afin de ne pas perdre de membres, la faible représentation sur le lieu de travail a obligé la CGT à réaffirmer son analyse ancrée dans l'opposition.

L'étude du cas français souligne à quel point les travailleurs et leurs organisations ne pouvaient pas utiliser l'État ou le lieu de travail comme soutien à leurs exigences s'ils voulaient éviter l'intervention étatique, mettant ainsi les décisions réelles hors d'atteinte des citoyens. Un autre problème pour le mouvement ouvrier était de plus la suppression de la ségrégation : les intérêts des immigrants, des travailleurs non qualifiés ou semi-qualifiés et des femmes n'étaient pas toujours bien représentés. Traditionnellement, le mouvement ouvrier a été défini uniquement par les expériences professionnelles. Il fallait également prendre en compte et résoudre des questions politiques élargies au niveau de la famille et de la commune.

L'analyse de Claus Offe et d'Helmut Wiesenthal illustre les tensions entre les facteurs industriels et politiques dans la détermination des identités collectives des travailleurs. Des preuves extraites des archives du ministère du Travail français témoignent bien qu'une compréhension de la représentation des exigences sur le lieu de travail peut être située dans une action réciproque entre les sphères politiques et industrielles[18].

18. A. Steinhouse, *op. cit.*, p. 57-118.

La participation dans un contexte international : Suède, Allemagne, États-Unis, Japon

Cette analyse peut également être considérée dans un contexte international à des fins comparatives. Tout comme en France, l'interaction d'après-guerre entre les syndicats, l'État et le patronat dans des pays comme la Suède, l'Allemagne, les États-Unis et le Japon a révélé la capacité du pouvoir étatique à résoudre les différences avec ou par opposition à la capacité d'action collective des travailleurs et de leurs organisations. En Suède, l'État avait, avant la Seconde Guerre mondiale, déjà fait preuve de sa volonté d'intervenir dans les relations industrielles et d'aider employeurs et syndicats à élaborer des accords sur le lieu de travail. Dans l'Allemagne d'après-guerre, l'État interventionniste, en association avec un mouvement syndical radicalisé, a institué une réforme en profondeur et établi un système stable de relations industrielles avec des possibilités de participation des travailleurs au sein de l'entreprise et de l'État. En revanche, les syndicats dominants dans les États-Unis d'après-guerre n'avaient pas recherché de participation de l'État dans les relations industrielles. Le gouvernement américain n'avait pas la même capacité que l'État français, et encore moins que le suédois et l'allemand, d'intervenir dans la sphère industrielle, sauf de manière restrictive comme avec l'adoption de la loi Taft-Hartley de 1947. Au Japon, l'intervention étatique a soutenu les contre-offensives du patronat contre le mouvement ouvrier contestataire et a, à sa place, favorisé un syndicalisme d'entreprise en accord avec l'accent de nouveau mis sur la productivité.

Dans les années 1940 en Suède, les travailleurs ont déjà confirmé leur position en tant que partenaire social au niveau de l'État et sur le lieu de travail. Le corporatisme s'est développé tôt, avant la Première Guerre mondiale, et l'accord de Saltsjöbaden en 1938 a établi une réglementation commune des relations industrielles entre la confédération ouvrière et le patronat. Bo Rothstein pense que le « corporatisme anticipé pratiqué en Suède a fourni à la classe ouvrière organisée un canal vers l'État suédois [19] », contrairement à la France où le mouvement ouvrier était exclu de l'État [20]. D'après Rothstein, l'État suédois était marqué par « son ouverture politique et son autonomie administrative ». La nature ouverte et centralisée de l'action étatique en Suède renforçait en fait les organisations volontaires telles que les syndicats au lieu de porter préjudice à la participation accrue, comme c'était le cas en France [21].

Lorsque le Parti social-démocrate suédois a accédé au pouvoir en 1932, il a adhéré à la gestion commune par le capital et le travail et a limité l'intervention de l'État, la prise de décision dans la sphère de production restant aux mains des employeurs [22]. En fait, le système des négociations salariales centralisées lancé en

19. B. ROTHSTEIN, « The State, Associations, and the Transition to Democracy : Early Corporatism in Sweden », D. RUESCHEMEYER, M. RUESCHEMEYER, B. WITTROCK (dir.), *Participation and Democracy, East and West : Comparisons and Interpretations*, Armonk, NY, M.E. Sharpe, 1998, p. 134.
20. P. BIRNBAUM, *States and Collective Action : The European Experience*, Cambridge, Cambridge University Press, 1988, cité *in* B. ROTHSTEIN, art. cit., p. 134.
21. B. ROTHSTEIN, « The State », art. cit., p. 152.
22. L. GILL, « Myrdal and the "Third Way" », G. DOSTALER, D. ETHIER et L. LEPAGE (dir.), *Gunnar Myrdal and his Works*, Montréal, Harvest House, 1992, p. 53.

1938 allait perdurer pendant plus de trente ans jusqu'à la fin des années 1960 et au début des années 1970, avant que les travailleurs n'aspirent à « l'autogestion de leur activité professionnelle et de leurs conditions de travail[23] ». En réponse à ces nouvelles demandes, les leaders du mouvement ouvrier en Suède ont soutenu, en 1976, la proposition de l'économiste du travail Rudolf Meidner relative aux fonds d'investissement des employés, visant à inaugurer une nouvelle forme de propriété collective de l'entreprise par les employés[24].

Il est intéressant de noter que les idées de Meidner étaient en France préfigurées par les membres du parti radical au cours de la seconde assemblée constituante de 1946, lorsqu'ils ont proposé un système de propriété d'entreprise basé sur des « parts du travail », qui allait progressivement atteindre un nombre équivalent aux « parts du capital[25] ». Ce programme, comme d'autres à cette époque en France, n'a pas été couronné de succès en raison du désaccord entre les partis politiques. L'expérience suédoise montre les avantages d'un consensus politique pour accomplir les réformes en matière de relations industrielles, même si celles-ci sont limitées. Les prérequis de la réforme industrielle en Suède comprenaient une voix des travailleurs au niveau de l'État et un terrain réglementé et incontesté de relations industrielles. Ces deux éléments se sont avérés irréalisables en France.

En Allemagne, le modèle d'après-guerre de codétermination pleinement paritaire dans les industries du charbon et de l'acier de la Ruhr est devenu l'élément essentiel des tentatives visant à augmenter le contrôle des ouvriers dans l'économie allemande. En 1951, le modèle institué comme « résultat d'une longue bataille syndicale pour la démocratie économique » a permis une représentation égale des employés et des détenteurs du capital dans les conseils de surveillance des entreprises de l'industrie de l'acier et du charbon[26].

En effet, le cas allemand illustre bien les particularités françaises. La mission d'enquête gouvernementale de 1946 sur les entreprises réquisitionnées à Marseille a conclu que la participation ouvrière à la gestion devrait être étendue au niveau national afin de compenser les avantages dont bénéficiaient les travailleurs marseillais par rapport aux autres ouvriers[27]. Cette enquête n'a pas été prise en considération par le gouvernement, et les réquisitions ont en outre été toutes annulées à la fin de l'année suivante, le 1er mars 1947. En revanche, en Allemagne, la loi de 1951 devait rapidement être complétée par la loi constitutionnelle de 1952 relative au travail. Celle-ci réglemente une représentation des employés à hauteur d'un tiers dans les entreprises de plus de 500 employés, à l'exception de celles des industries de l'acier et du charbon. Cette loi a en outre jeté les fondations des comités d'entreprise[28].

23. *Ibid.*, p. 60.
24. Entretien avec Rudolf Meidner avec l'auteur, 15 avril 1987.
25. A. Shennan, *op. cit.*, p. 198.
26. J. Visser et J. Van Ruysseveldt, « Robust Corporatism, Still? Industrial Relations in Germany », J. Van Ruysseveldt et J. Visser (dir.), *Industrial Relations in Europe : Traditions and Transitions*, Londres, Sage, 1996, p. 150.
27. AN, F60 1001, « Rapport de la mission chargée de procéder à une enquête sur les entreprises réquisitionnées de Marseille », mai-juin 1946.
28. J. Visser et J. Van Ruysseveldt, *op. cit.*, p. 150-151.

Même si une grande partie du mouvement syndicaliste allemand était contre le modèle de codétermination car il n'allait pas suffisamment loin dans le sens de la copropriété des travailleurs[29], un système stable de relations industrielles en a découlé et a intégré des opportunités de participation des travailleurs au sein de l'entreprise et de l'État.

La capacité interventionniste de l'État américain après la guerre était essentiellement négative. Un renversement de certains gains du mouvement ouvrier du New Deal des années 1930 et un rejet des institutions tripartites, ouvriers-patronat-gouvernement, qui avaient dominé au cours de la Seconde Guerre mondiale, sont intervenus. D'après Alan Brinkley, l'expérience tirée de la guerre « a amené la plupart des personnes à conclure que [...] ni le nouvel ordre économique ni la gestion active de l'ordre actuel n'étaient nécessaires, possibles ou désirables, que la structure existante du capitalisme (y compris son indépendance relative par rapport au contrôle étatique) représentait le meilleur espoir de progrès social[30] ».

Le patronat américain n'avait pas exigé d'être légitimé par la collaboration ouvriers-patronat soutenue par l'État, puisqu'il « n'avait pas les mêmes défauts que la collaboration ou l'apaisement » comme en Europe. Ce patronat souhaitait en outre la restauration de ses prérogatives d'avant-guerre[31]. Une résistance provenant de l'intérieur du mouvement syndical se faisait également jour face au corporatisme et à l'intervention de l'État : « Les syndicats de l'AFL n'avaient jamais été aussi engagés que le CIO dans des ententes collectives tripartites datant de la période de la guerre. Ces syndicats demandaient un retour à la convention collective libre et sans restriction[32]. » L'adoption de la loi Taft-Hartley de 1947, instituant diverses restrictions anti-ouvrières comme la fin des piquets de grève secondaires, scellait la fin de possibles et nouvelles ententes en matière de relations industrielles aux États-Unis. Nelson Lichtenstein affirme que « les leaders syndicaux ont à juste titre reconnu que la loi représentait une fin définitive à la brève époque au cours de laquelle l'État servait d'arène pour que les syndicats puissent négocier une sorte d'accord tripartite avec l'industrie. Cet accord caractérisait bien les années du New Deal[33] ».

Un élève de l'École nationale d'administration a commenté et traduit la loi Taft-Hartley pour le ministère du Travail français. Il a conclu que la loi ne constituait pas une expérience intéressante pour la France, en raison de la force des syndicats français, et ce même à l'issue de la scission de la CGT[34]. Le rédacteur faisait probablement référence à la force politique d'opposition de la CGT, laquelle contrastait avec la situation observée aux États-Unis[35]. Aux États-Unis, on pouvait noter une

29. *Ibid.*, p. 149.
30. A. Brinkley, « The New Deal and the Idea of the State », S. Fraser et G. Gerstle (dir.), *The Rise and Fall of the New Deal Order, 1930-1980*, Princeton, Princeton University Press, 1989, p. 101.
31. N. Lichtenstein, « From Corporatism to Collective Bargaining : Organized Labor and the Eclipse of Social Democracy in the Postwar Era », S. Fraser et G. Gerstle (dir.), *op.cit.*, p. 130.
32. *Ibid.*, p. 131.
33. *Ibid.*, p. 134.
34. AN, CAC TR 14121, « Étude et traduction de Taft-Hartley », Fernand Jeanclaude, stagiaire au ministère du Travail, 1948.
35. I. Katznelson, « Was the Great Society a Lost Opportunity ? », S. Fraser et G. Gerstle (dir.), *op. cit.*, p. 191.

désagrégation de la force politique du travail par rapport à sa force industrielle. La loi Taft-Hartley n'était cependant pas nécessaire en France, où les défaites des vagues de grèves des années 1947-1948 et le manque d'accès des syndicats à l'État ont confirmé la faiblesse du mouvement syndical sans nécessiter davantage de mesures punitives.

Dans les suites immédiates de la Seconde Guerre mondiale, le mouvement syndical au Japon « était assez fort et les syndicats avaient généralement l'avantage lors des rapports avec le patronat[36] ». Il n'en va plus de même avec l'avènement de la Guerre froide, lorsque le « gouvernement et le patronat ont pu coopérer avec les syndicats minoritaires [les fractions conservatrices du mouvement syndical] et ont atteint ainsi une sorte de nationalisme élaboré autour de notions se concentrant sur l'optimisation de la taille du "gâteau" (c'est-à-dire l'économie nationale)[37] ». Andrew Gordon souligne également ce « triomphe d'après-guerre de la "politique de la propriété"[38] » au Japon, où la « force combinée de la pression américaine et de l'hostilité étatique envers les premiers syndicats japonais a créé un environnement favorable pour la contre-offensive du patronat[39] ». Pour Kawanishi, jusqu'à la fin des années 1940, la contre-attaque du patronat « avait pour objectif de restaurer le contrôle de celui-ci sur l'usine [et] les autorités d'Occupation ont soutenu son offensive[40] ». Cette imbrication réussie du pouvoir de l'employeur se reflétait dans le développement des conseils travailleurs-patronat. Il s'agit là d'une innovation de l'immédiate après-guerre instituée à la forte demande des leaders syndicaux au Japon. Ces leaders souhaitaient qu'elle devienne une démocratisation industrielle complète[41]. Néanmoins, pour Joe Moore, « jusqu'au printemps 1966, les soutiens les plus importants du système de conseil travailleurs-patronat se trouvaient en fait au sein du gouvernement et des grandes entreprises, et leurs intentions divergeaient sensiblement par rapport à la demande de démocratisation des travailleurs[42] ». Comme en France, l'État souhaitait que les conseils assurent la promotion de la paix sociale et une production plus importante et cela a débouché sur une focalisation sur des questions de répartition de premier niveau.

Ces exemples montrent que la capacité interventionniste de l'État est importante mais insuffisante pour encourager la participation des travailleurs. L'ouverture de la structure étatique et l'accès institutionnel des travailleurs et de leurs organisations au sein de l'entreprise et de l'État prédominent souvent. En Suède et en Allemagne, un État interventionniste a atteint ou imposé un aménagement des relations industrielles avec le patronat. Aux États-Unis, l'État n'a pas choisi de suivre

36. H. Kawanishi, préface, H. Kawanishi (dir.), *The Human Face of Industrial Conflict in Post-War Japan*, Londres, Kegan Paul, 1999, p. ix.
37. *Ibid.*, p. x.
38. A. Gordon, « Contests for the Workplace », A. Gordon (dir.), *Postwar Japan as History*, Berkeley, University of California Press, 1993, p. 375.
39. *Ibid.*, p. 391.
40. H. Kawanishi, *Enterprise Unionism in Japan*, Londres, Kegan Paul, 1992, p. 108.
41. S. Izataro, « Japanese Trade Unionism : Past and Present », Tokyo, 1950, cité *in* J. Moore, *Japanese Workers and the Struggle for Power, 1945-1947*, Madison, University of Wisconsin Press, 1983, p. 140.
42. J. Moore, *op. cit.*, p. 140.

cette initiative. Comme en France, les représentants de l'État ont laissé perdurer des relations conflictuelles enracinées sur le lieu de travail. Au Japon, le syndicalisme d'entreprise a été encouragé sans structure étatique intégrant les syndicats dans la vie économique.

En France, les relations au niveau local entre les représentants de l'État et les travailleurs révèlent, de 1944 à 1948, le modèle futur de l'exclusion des structures étatiques des travailleurs dans ce pays. Une étude plus détaillée des relations au niveau local entre l'État et le travail en Suède, Allemagne, États-Unis et au Japon, renforcerait certaines des comparaisons avec la France. Le présent article s'est limité à l'examen du rôle des représentants étatiques dans l'élaboration de la nouvelle forme de participation sur le lieu de travail en 1944-1948. Des questions restent en suspens quant au type précis de participation souhaitée par les travailleurs. Dans une certaine mesure, les travailleurs n'avaient pas suffisamment d'espace pour définir les questions dans leurs propres termes. Elles étaient définies ailleurs, souvent par les efforts combinés des représentants du patronat et de l'État.

Témoignage de Marcel David

Professeur émérite de l'université Paris I Panthéon-Sorbonne, ancien directeur des Instituts universitaires du travail de Strasbourg et de Paris, Marcel David est l'auteur de très nombreux ouvrages portant notamment sur l'histoire des institutions et des faits sociaux, sur la fraternité et la solidarité, sur la souveraineté du peuple ; il a de plus dirigé diverses enquêtes sur la participation des salariés à la gestion des entreprises, sur l'individuel et le collectif dans la formation des travailleurs.

Durant les dix à douze minutes qui me sont imparties en tant que témoin, il ne m'est évidemment pas possible de traiter, fût-ce plus que succinctement, des quatre thèmes dont j'aurais aimé entretenir les participants à ce colloque. Je me contente de les présenter, quitte à me limiter en substance à deux d'entre eux. Le premier en date remonte à la période 1950-1960 durant laquelle j'ai, à Strasbourg, pris l'initiative de susciter l'émergence d'activités de « formation ouvrière » auprès de divers comités d'entreprise de la région. Elles ont été pleines d'enseignements quand il s'est agi ultérieurement de créer un Institut du travail doté d'une pleine autonomie de structure et de fonctionnement au sein de la faculté de droit. Le second point aurait consisté en une comparaison des expériences de participation déployées dans divers pays d'Europe occidentale, en y adjoignant celle d'autogestion en Yougoslavie. Et ceci sur la base des enquêtes que j'ai dirigées de 1954 à 1957 et dont les résultats, à l'époque, ont été publiés aux éditions Dalloz. Nous avions alors porté une attention toute particulière à l'instauration dès 1951 de la codétermination, qualifiée de *Mitbestimmungsrecht* dans les entreprises du Charbon-acier de la Ruhr, s'y juxtaposant, à l'échelle de l'Allemagne fédérale, à la *Partnerschaft*. Avaient aussi retenu notre attention les contrastes entre des expériences passant pour similaires en France et en Italie, en Suède et en Norvège. On ne s'étonnera pas que le troisième point sur lequel dans ce colloque on ne saurait faire l'impasse porte sur la teneur conceptuelle et pratique de la participation à la gestion par rapport aux notions voisines que l'on présente couramment comme interchangeables mais qui, en réalité, impliquent des arrière-plans idéologiques différents voire opposés. Le quatrième point aurait consisté à s'interroger sur la portée du concept de « gouvernance » dans la mesure où il tend à se substituer à celui de participation, ou à celui de « souveraineté relative » entendue comme le pouvoir de décider en dernier ressort des diverses instances, notamment économiques et sociales, dotées de l'autonomie dans l'ordre de leur compétence. J'ai choisi de m'en tenir au premier et au troisième de ces points.

Les enseignements socio-scientifiques d'une activité de formation au sein de comités d'entreprise

Alors jeune professeur d'histoire du droit, j'étais animé du désir, dans le prolongement des Équipes sociales, mais désormais en liaison avec le mouvement syndical ouvrier, de contribuer à la formation des militants de celui-ci au sein des comités d'entreprise. J'eus, à cette fin, l'idée de monter un groupe informel qui s'adonnerait à cette tâche dans certaines des grandes entreprises d'Alsace. Je constituais une équipe de collègues de disciplines aussi différentes, en plus de l'économie et du droit, que la philosophie en la personne de Paul Ricœur, des mathématiques en celle d'André Lichnerowicz, de l'histoire en celle de l'épouse du doyen de la faculté des lettres, M. Simon. Je me suis mis, à cette fin, en liaison avec les responsables régionaux des diverses organisations syndicales ouvrières. Celui de la CGT s'est montré favorable à ce projet, à la condition que je prenne au préalable ma carte à son organisation. Ce qui n'était pas compatible avec ce que je souhaitais réaliser. FO, peu importante en Alsace, demeura dans l'expectative. Seule la CFTC, la mieux implantée en Alsace, accepta mon offre par la voix de son secrétaire général Théo Braun, et sans qu'il me soit demandé d'adhésion à son organisation.

Je me suis donc présenté à l'entrée d'une de ces grandes entreprises techniquement en pointe. J'y ai été fort courtoisement reçu par quelqu'un qui me fit savoir que la direction souhaitait au préalable s'entretenir avec moi. Je lui ai répondu que ceux avec lesquels je m'étais donné pour mission d'établir le contact étaient les militants de la section CFTC et personne d'autre. Malgré les réticences que l'on devine, j'ai pu, nanti à l'époque et en Alsace du prestige de l'universitaire, sans en passer par la direction, établir le contact avec les militants CFTcistes dudit comité. À l'issue de quelques séances de formation, ils m'ont fait savoir qu'ils souhaitaient être informés, en plus du bilan, du compte de pertes et profits et des prix de revient. Nous nous sommes donc mes amis et moi-même, qui n'étions pas des spécialistes de l'interprétation de ces documents, employés à rendre les militants assez compétents pour poser les bonnes questions. Tant et si bien que ceux-ci demandèrent à l'une des séances dudit comité que les documents afférents à ces éléments d'information leur soient communiqués. En précisant – ce dont nous les avions assurés – que leur demande était conforme à la législation. La direction refusa de répondre. D'où l'initiative prise par eux, sur notre suggestion et en accord avec leurs responsables régionaux, d'intenter un recours auprès de l'instance administrative compétente qui se décida à transmettre la requête au ministre du Travail. Celui-ci qui était depuis peu Paul Bacon, un ancien jociste, leur fit répondre qu'ils avaient effectivement droit à communication de ces documents.

À la réunion suivante du comité, la direction présenta une telle accumulation de chiffres que les militants furent bien en peine de les interpréter. D'un autre côté, l'ingénieur CFTciste élu au comité en tant que cadre, s'étant mis en flèche dans cette revendication, fut menacé de licenciement. Branle-bas de combat au sein de l'Union régionale, dont les responsables, Théo Braun en tête, décident d'intenter un recours cette fois d'ordre judiciaire. Je m'emploie en conséquence à assurer le cadre menacé de la défense d'un des meilleurs avocats de la région, mari d'une de mes collègues de droit du travail. Alors que le procès était sur le point de s'enclencher, Théo Braun me fit savoir que, par contact avec la direction de l'entreprise, il avait obtenu que celle-ci renonce au licenciement envisagé. Ce qui nous mit en porte-à-faux par rapport à l'avocat qui avait assumé une charge qui n'était pas sans inconvénients éventuels pour lui. Notre victoire à la Pyrrhus s'est soldée par une atonie de ladite section syndicale, qui a mis du temps à se résorber !

En l'occurrence, l'intervention du droit par la voie judiciaire a été mise hors d'état de remplir son office qui d'ailleurs, en l'état de notre législation sur le licenciement, aurait eu du mal à assurer le succès de la cause syndicale. Ce qui m'amène à évoquer, surtout dans cette salle qui lui est consacrée, la personnalité hors pair de Pierre Laroque, auquel j'ai eu l'honneur de consacrer un article nécrologique dans la revue du ministère du Travail. Celui-ci, en dépit du grand prestige dont il jouissait, n'a pas réussi à faire prendre en considération, en vue d'une réforme de fond de notre organisation judiciaire, la thèse qu'il a défendue dans un remarquable article de la revue *Droit social* en 1954 sous le titre « Juridiction du travail et contentieux social ». Il y expliquait que, pour parvenir à des résultats plus efficaces dans le domaine de la démocratie sociale, il conviendrait de susciter la création d'un troisième ordre de juridiction jusqu'au plus haut niveau et qui devrait être en mesure de confronter ses principes avec ceux dont s'inspirent tant la Cour de cassation que le Conseil d'État, tout en parvenant à leur conciliation. Toujours est-il que si, lors de l'affaire que j'ai évoquée, un tel ordre juridictionnel social avait existé, l'issue aurait pu être autre que celle du découragement des militants et du doute qui en est résulté, à nos propres yeux, sur le bien-fondé des modalités de notre activité de formation.

À propos de la participation à la gestion

La participation dont je souhaite un instant vous entretenir est celle qui va de pair avec l'accession à la gestion d'ordre économico-social et plus précisément éducatif. Il me semble tout d'abord que celle-ci, assortie de la négociation entre interlocuteurs sociaux, est à distinguer de notions apparemment apparentées mais qui en réalité se situent dans un contexte doctrinal différent par nature, à savoir la concertation, la cohésion, le dialogue entre « partenaires sociaux ». D'un autre côté, encore faut-il, pour qu'il y ait vraiment accession à la gestion, que pour le moins deux conditions soient remplies : d'abord qu'il y ait vraiment matière à gestion à proprement parler, qu'elle soit du plus haut niveau ou subordonnée à celui-ci ; ensuite que les divers acteurs sociaux soient admis à prendre part aux décisions qu'implique le fonctionnement des instances qui, aux divers niveaux de la vie économique et sociale, sont habilitées à s'y consacrer. En ce qui concerne le rôle des salariés desdites instances, la question se pose de savoir si ce à quoi ils ont droit d'accéder s'étend à l'ensemble des problèmes de gestion ou seulement à ceux considérés comme les concernant directement. Ceci bien sûr en proportion variable selon les secteurs dont les salariés, notamment par le truchement de leurs organisations syndicales, sont en droit de se prévaloir. Il arrive même qu'à ceux-ci soit confiée, au sein des comités d'entreprise, l'entière responsabilité de la gestion, mais seulement pour ce qui relève du social et plus précisément des activités éducatives.

C'est précisément, à la faveur de la minute dont je dispose encore, à cet aspect de la gestion que je voudrais consacrer cette intervention. Ne serait-ce qu'en raison du fait, comme on a pu le constater, que je ne m'en suis pas tenu à une approche théorique du problème. Mettant à profit ce premier type d'expériences, je me suis efforcé de l'étayer et de l'élargir au sein même de l'université par la création en 1956 de l'Institut du travail de Strasbourg à l'animation duquel je me suis employé, avant d'avoir à faire de même à l'Institut des sciences sociales du travail de l'université de Paris. Ce qui, au total, m'a retenu pendant quelque vingt-cinq années.

Mais j'en reviens plus précisément aux activités éducatives des comités d'entreprise qui relèvent des « activités sociales » dont ils ont la gestion. Ce qui d'ailleurs n'est qu'un aspect d'un problème plus général qui concerne la place susceptible d'être impartie au développement de la culture populaire, voire de la culture en général, au sein des entreprises. J'ai eu d'ailleurs l'occasion de consacrer naguère tout un article au *Rôle culturel des comités d'entreprise* dans le cadre d'un colloque qui s'est tenu à Lille en 1966 et dont les actes ont été édités par Sirey. L'un des problèmes qui, à cet égard, ont été le plus matière à controverse a concerné la possibilité ou non des responsables culturels au sein des comités d'entreprise de faire appel, pour y pourvoir, à des instances éducatives extérieures à ceux-ci, y compris le recours aux instituts du Travail. Cette possibilité s'est heurtée longtemps au fait qu'une telle activité de leur part impliquerait de s'adresser à l'ensemble des élus à ces comités, quelle que soit leur organisation syndicale, et non pas de façon distincte comme cela a été jusqu'à ce jour la règle dans les instituts universitaires du travail, à quelques exceptions près qui tendent cependant à se répandre. Plus largement, il y a lieu de se féliciter que, par le truchement des activités éducatives, une moindre division soit de nature à prévaloir entre les organisations syndicales. Ce qui était me semble-t-il un des objectifs de la loi Delors de 1971 en matière de « formation continue dans le cadre de l'éducation permanente ».

J'ajoute, en guise de mot de la fin, qu'au sein du comité d'entreprise l'éducation/formation, selon la façon dont elle est prodiguée peut être, à l'instar de tout autre activité éducative, l'élément déclencheur d'un saut qualitatif ou celui d'un surcroît d'intégration.

Huitième partie

Le ministère du Travail et les organisations professionnelles et syndicales

Syndicats-État (1890-1914) : un couple d'avenir

Jacques Le Goff

Cette contribution vise à saisir la mutation des rapports mutuels de l'État et des acteurs sociaux dans une période de métamorphose de l'État républicain sur fond d'arrachement de la République à l'emprise jacobine. Entre l'idéologie révolutionnaire centenaire et le discours dominant des républicains de gouvernement, l'écart se creuse insensiblement pour laisser place à une nouvelle représentation visant l'ouverture du monisme politique à une forme de pluralisme social manifesté par la légitimation de la distinction entre le social et le politique. L'État n'est pas, ou plus, tout. La société se voit progressivement reconnue dans son droit à vivre de sa propre respiration. Non sans hésitation d'ailleurs. Car si les républicains se sont assez vite montrés favorables à l'institution syndicale reconnue en 1884, l'association est loin d'avoir bénéficié des mêmes faveurs. Les vieux réflexes jacobins ont la vie dure. D'où une forme d'alliage assez baroque, base de la « synthèse républicaine » chère à Stanley Hoffmann, entre « la fidélité politique à l'héritage de la culture politique révolutionnaire » et « tout un ensemble de facteurs qui conduisent à redonner une certaine place aux corps intermédiaires dans la régulation économique et sociale [1] ». C'est le même processus qui conduira, au même moment, à la séparation des églises et de l'État, c'est-à-dire à la « reconnaissance institutionnelle, ô combien difficile, de la pluralité sociale de la société civile au-delà de la diversité individuelle [2] ».

Dans cette « démocratie polarisée » (Pierre Rosanvallon) organisée autour de deux pôles en tension dynamique, État et société, soit donc avant la loi de 1901 pouvoirs publics et syndicats, vont l'un et l'autre devoir se repositionner mutuellement à la fois dans leurs missions respectives et dans le style de leurs rapports.

S'agissant de l'État, peu de périodes de notre histoire sont aussi bruissantes de réflexions et projets réformateurs visant la promotion d'une nouvelle image de l'action publique désacralisée et vouée, sous un horizon de justice, au service de la société, au *service public*. « La République, c'est la justice sociale. » Le mot de Jaurès a valeur de programme et l'État se redéploie en conséquence avec pour mission

1. P. Rosanvallon, *Le modèle politique français. La société civile contre le jacobinisme de 1789 à nos jours*, Paris, Seuil, 2003, p. 351.
2. M. Gauchet, *La religion dans la démocratie. Parcours de la laïcité*, Paris, Gallimard, 1998, p. 43.

d'assurer, par sa présence active à la société, les conditions de la cohésion dans un contexte désintégrateur. Contre le socialisme marxiste, guesdiste ou proudhonien, la plupart des républicains sont disposés à admettre, à l'instar d'Élie Halévy, un socialisme libéral, hybride de transformation sociale dans la garantie des libertés essentielles. « Voilà une épithète qui ne me déplairait pas : socialiste libéral. Il serait beau d'essayer de montrer que ce n'est pas contradictoire, et que si l'anarchie économique doit cesser en effet, ce n'est pas une raison pour effacer d'un trait toutes les libertés de la vie privée, sinon toutes les libertés de pensée, croyante ou savante[3]. » D'où le ralliement au réformisme comme stratégie érigeant « les réformes légales [en] objectif immédiat et seul procédé pratique pour nous rapprocher du but lointain[4] », un « but lointain » qui relève de plus en plus, chez les républicains de gouvernement, de la rhétorique. D'où également la consécration de la notion de service public comme critère juridique d'identification de l'intervention de l'État. Léon Duguit s'en fera le plus ardent défenseur en n'hésitant pas à passer par pertes et profits la théorie de l'État-puissance publique au profit de celle de « coopération de services publics organisés et contrôlés par des gouvernants[5] » « gérants d'affaire de la collectivité[6] ». On ne pouvait mieux énoncer ce nouveau type d'encastrement souhaité entre la société et son État ramené, dans une perspective sécularisante, à un rôle de modeste « serviteur » de l'intérêt commun.

Une vision à laquelle la majorité du monde syndical (la plupart des mutuellistes, le syndicalisme d'action directe, la Fédération nationale des syndicats de tendance guesdiste et la CGT après 1895) est loin de se rallier d'enthousiasme. On multiplierait à l'envi les déclarations incendiaires du style « L'État, c'est notre ennemi ». Elles font vibrer les salles enfumées des congrès ouvriers sur lesquels continue de planer l'ombre de la Commune. Mais l'examen des conduites effectives révèle un dédoublement assez saisissant entre la rationalité doctrinale et une rationalité pratique portée aux accommodements sur la base d'une distinction pour longtemps commode entre le long terme, lieu d'une intransigeante espérance, et un court terme où toute amélioration de la condition ouvrière est, dans le fond, bonne à prendre sous condition de maintien du potentiel de transformation révolutionnaire. « La loi sur les syndicats, toute défectueuse qu'elle soit, a rendu des services[7] » reconnaît, en 1892, Delescluze, secrétaire général de la Fédération nationale des syndicats. Si l'objectif demeure le renversement du régime, les améliorations de la condition ouvrière « arrachées à la voracité capitaliste » ne sont pas à dédaigner « jusqu'au déclenchement général, jusqu'au jour où la classe ouvrière après avoir préparé en son sein la rupture finale, après s'être aguerrie par de continuelles et de plus en plus fréquentes escarmouches contre son ennemi de classe, sera assez puissante pour donner l'assaut

3. Cité par C. PROCHASSON, « Entre science et action sociale : le "réseau Albert Thomas" et le socialisme normalien, 1900-1914 », C. TOPALOV (dir.), *Laboratoires du nouveau siècle. La nébuleuse réformatrice et ses réseaux en France, 1880-1914*, Paris, Éditions de l'EHESS, 1999, p. 142.
4. A. MILLERAND, *Le socialisme réformiste français*, Paris, Société nouvelle de librairie, 1903, p. 16.
5. L. DUGUIT, *Traité de droit constitutionnel*, Paris, Fontemoing, 1921, t. I, p. 59.
6. *Ibidem*, p. 55.
7. Cité par P. BANCE, *Les fondateurs de la CGT à l'épreuve du droit*, Claix, La pensée sauvage, 1978, p. 76.

final [...]. Et ce sera l'Action directe portée à son maximum : la Grève générale [8] ». En attendant, « devons-nous rejeter tout ce qui peut quelquefois nous tirer des griffes de ce monstre qui mange les petits et caresse les gros qu'on appelle la Justice ? [...]. Servons-nous donc de ce qui s'offre gracieusement à nous [9] ».

Sous des discours éruptifs, émerge une nouvelle perception de l'État. S'il demeure l'emblème de l'oppression à combattre, la possibilité de prendre langue avec lui n'est plus exclue, au prix d'une division du travail entre modérés de principe, modérés de circonstance et irréductibles, une division confinant à la schizophrénie lorsqu'elle a son siège dans le même individu, Fernand Pelloutier par exemple, se déclarant dans une lettre à Paul Delesalle, au moment de sa collaboration avec l'Office du travail, « toujours anarchiste bien que fonctionnaire du gouvernement [10] ».

Parmi les modérés de conviction, figure le courant des « ouvriers positivistes » assurés de la possible (nombre d'entre eux sont possibilistes) conjonction du progrès et de l'ordre dans une démarche réformiste soucieuse de pacification des rapports sociaux. Pour le très emblématique représentant de ce courant, Isidore Finance, tôt associé à l'œuvre de l'Office du travail, l'urgence est de « régler pacifiquement les rapports du capital et du travail, en aidant à l'établissement et à la libre acceptation d'un ensemble de devoirs mutuels entre les chefs industriels et leurs employés [11] ». Et derrière Finance, se profile la stature de l'influent Joseph Barberet – à qui d'ailleurs Finance doît son entrée dans le monde administratif, en 1887, *via* la Commission consultative sur les syndicats –, infatigable défenseur du rapprochement entre le monde patronal et celui du travail : « Patrons et ouvriers ne demandent qu'à s'entendre et à vivre en bonne harmonie. Les ouvriers comme les patrons sont directement intéressés à ce que la production double au lieu de se ralentir et de cesser tout à fait[12]. » Et le syndicat lui paraît constituer à terme, avec la technique coopérative, un puissant vecteur de pacification. En quoi il se trouve en concordance de vue avec Jules Ferry pour qui la loi de 1884 fut l'une des initiatives qui ont le plus contribué à « l'atténuation considérable et progressive de la lutte entre le capital et le travail » parce qu'elle a fait le choix de « la carte syndicale contre la révolution sociale [13] ». Les tenants du syndicalisme d'action directe ne se trompent guère dans leur diagnostic de la situation en 1904 : « Sous le pavillon du réformisme, c'est le positivisme qui mène l'assaut contre le bloc des révolutionnaires [14]. »

Mais il faut aussitôt ajouter que nombre de ces révolutionnaires font dans le même temps le choix d'une tactique modérantiste d'« entrisme » dans les institutions et procédures mises en place par la République. Et ici se retrouve la division du travail entre les modérés, plus ou moins de circonstance, et les opposants à

8. Pouget cité par P. Bance, *ibid.*, p. 64.
9. Yvetot cité par P. Bance, *ibid.*, p. 62.
10. Cité par I. Lespinet, *Théories et pratiques républicaines de la réforme sociale : l'Office du travail, 1891-1914*, thèse de doctorat d'histoire sous la direction d'Alain Plessis, université Paris X, 1997, 2 vol., p. 243.
11. *Le positivisme au Congrès ouvrier*, Paris, Ritti, 1877, p. 174.
12. Cité par P. Sorlin, *Waldeck-Rousseau*, Paris, Armand Colin, 1966, p. 253.
13. Cité par J.-M. Gaillard, *Jules Ferry*, Paris, Fayard, 1989, p. 411-412.
14. *Action directe*, août 1904, p. 122.

tout compromis, selon une ligne de partage qui n'est pas sans évoquer la future distinction entre le syndicalisme de proposition et le syndicalisme de protestation et de contestation. La question se posera en particulier à propos de la participation aux travaux du Conseil supérieur du travail institué en 1891. Le monde syndical se montre très partagé entre la politique de la chaise vide, préconisée par Victor Griffuelhes[15] et quelques radicaux, et une politique de participation présentant le double avantage de permettre, d'une part, de suivre les projets de réforme en faisant entendre la voix du monde ouvrier et, de l'autre, de bénéficier de l'effet de « reconnaissance officielle du rôle de représentation du prolétariat par les syndicats[16] ». Il est révélateur d'observer que Yvetot, du groupe des radicaux, se portera en 1902 candidat à la désignation. Il sera d'ailleurs battu par suite de l'opposition de ses propres partisans qui, explique Bance, « ne voulaient pas le voir siéger dans cette assemblée[17] ». C'est bien le signe d'une évolution notable des esprits et des choix face à l'État. Un événement qui, parmi d'autres, confirme bien la pertinence de l'analyse de Jacques Julliard selon laquelle l'esprit de réforme des syndicalistes révolutionnaires allait au-delà des seules concessions tactiques. « Loin d'avoir refusé la négociation et le compromis, remarque-t-il, le mouvement ouvrier français les a presque toujours recherchés[18]. » Il ajoute :

> « La tactique du syndicalisme français, dans les vingt-cinq années qui précèdent la guerre de 1914, nous paraît beaucoup moins irresponsable, beaucoup moins oublieuse des réalités économiques qu'on ne le dit généralement [...]. Le syndicalisme révolutionnaire n'a pas été assassiné en 1914. Il n'est pas non plus mort de sa belle mort. Il avait préparé de lui-même, et de longue date, les conditions de son évolution[19]. »

Et c'est ce qui fait toute la difficulté d'analyse de stratégies où se mêlent, à des doses variables, ces deux composantes de l'action. Tocqueville avait finement remarqué qu'en France à « loi rigide » correspondait souvent « pratique molle ». L'action syndicale authentifie, pour part, la justesse de l'observation : à discours radical, pratique de compromis.

C'est sur ce fond de réalisme tacite, manœuvrier ou assumé que peut se comprendre le considérable redéploiement de l'action publique dans la période considérée au cours de laquelle la création du ministère du Travail en 1906 fait moins événement que moment révélateur d'un processus de restructuration déjà largement esquissé en 1884 et engagé dans les années 1890. Ramené à l'essentiel, ce processus s'opère à travers un double mouvement d'imbrication : de l'État dans la société *via* la redéfinition de son mode de présence et d'intervention ; de la société dans l'État.

---

15. « La constitution du CST procède d'un esprit qui n'a rien de commun avec l'esprit ouvrier, car il a pour but de faire du mouvement syndical un organisme de l'État recevant de celui-ci toute impulsion et toute vie » (cité par P. BANCE, *op. cit.*, p. 181).
16. Congrès de la CGT, 1901, cité par P. BANCE, *op. cit.*, p. 182.
17. *Ibid.*, p. 183.
18. J. JULLIARD, *Autonomie ouvrière. Études sur le syndicalisme d'action directe*, Paris, Gallimard-Seuil-Hautes études, 1988, p. 15.
19. *Ibid.*, p. 65 et 68.

Je ne m'attarderai pas au premier volet du diptyque pour m'attacher à l'évocation des voies imaginées par le régime républicain pour associer la société à son œuvre selon la conviction du rôle essentiel de l'État dans le processus de décrispation des rapports sociaux. Nul n'en fut plus convaincu qu'Arthur Fontaine dont l'inspiration et l'action seront décisives : « Multiplions, ne cesse-t-il de répéter, les institutions qui ont pour objet [...] de pacifier et d'unir[20]... » dans des espaces mixtes où peuvent se retrouver et se connaître le monde ouvrier et patronal ainsi que l'administration. Bien que portés à la directive – l'urgence fait loi –, les républicains manifestent le réel souci d'affermir la société dans sa consistance propre selon une préoccupation d'équilibre entre État et société qu'exprime parfaitement Maurice Hauriou dans un article de 1896 significativement intitulé « La limitation de l'État ». Il y plaide pour une

> « [...] séparation suffisante entre cette société et l'État, et l'intervention simultanée et combinée de ces deux pouvoirs ; de cette façon l'intervention collective dans la lutte économique peut trouver en elle-même son propre contrepoids, elle peut se développer indéfiniment parce qu'il y a séparation des pouvoirs. À l'État, par exemple, l'intervention législative, aux organisations de la société positive, aux syndicats, aux corporations érigées s'il le faut en établissements d'utilité publique, l'intervention administrative, la direction des services publics nécessaires. En somme, partage de l'administration économique entre l'État et les organisations de la société positive[21] ».

Un redéploiement de la théorie de la séparation des pouvoirs, de l'intra-politique vers l'extra-politique dans une stratégie mixte où se mêlent, dans un composé instable, jacobinisme et girondinisme.

Ce projet va se décliner autour de deux principaux axes stratégiques : l'organisation du débat social et l'association au fonctionnement ordinaire de l'État, l'objectif étant dans les deux cas d'ériger les syndicats en interlocuteurs privilégiés.

Organiser le débat social

Que le ministère du Travail s'annonce dès 1891 par la double création du Conseil supérieur du travail et de l'Office du travail indique bien la tonalité d'une institution d'emblée associée au couple fondateur connaissance/débat. Il est un espace de parole, comme y insistera René Viviani : « Le ministère du Travail [...] n'est pas fondé, comme le demandait Louis Blanc, pour préparer la révolution sociale ; il n'est même pas fondé pour résoudre la question sociale ; il est, tout d'abord, un ministère d'enquête et d'étude[22]. »

C'est dire l'importance du Conseil supérieur du travail[23] dont la création annonce l'institutionnalisation du traitement de la question sociale. Le décret

20. E. Raguin, « Arthur Fontaine », *Annales des mines*, mars 1932, p. 250.
21. M. Hauriou, « La limitation de l'État », *Revue politique et parlementaire*, 21, 10 mars 1896, p. 554-562, p. 556.
22. Cité par G. Wormser, *La République de Clemenceau*, Paris, PUF, 1961, p. 226-227.
23. Il se distingue de la Commission du travail de la Chambre, créée en 1864 (cf. D. Barbet, « Travail en commission et Commission du travail », J. Luciani [dir.], *Histoire de l'Office du travail, 1890-1914*, Paris, Syros, 1992, p. 301 *sqq.*) et de la Commission supérieure du travail, organisme institué par

du 22 janvier 1891 donne naissance à une assemblée tripartite composée de 50 membres nommés[24] par décret (12 représentants ouvriers, 15 représentants patronaux, 13 parlementaires et dix « compétences ») et de 10 membres de droit (directeurs de ministères...). Purement consultative, cette instance a des allures de forum social et une vocation de sagesse pratique. Il lui revient d'évoquer les grands problèmes du jour sur la base des informations recueillies par l'Office du travail, d'en débattre largement et de formuler des vœux dont l'influence comptera. À l'ordre du jour des premières sessions figurent, sans retard, les sujets suivants : arbitrage dans les différends entre ouvriers et patrons, placement des ouvriers, salaires, règlement d'atelier, durée du travail..., bref, la plupart des sujets brûlants de l'heure, dans de riches discussions, dont l'écho nous parvient encore grâce à de beaux comptes rendus, auxquelles participent, entre autres, les Keufer, Mesureur, Say, Tolain, de Mun, Finance, Challemel-Lacour, Gay, Poulot, Siegfried, Simon, Waddington... dans une atmosphère d'écoute mutuelle et de réelle tolérance à la hauteur des attentes exprimées par J. Roche, ministre du Commerce, dans son discours d'installation du Conseil.

> « Le gouvernement de la République [...] a voulu associer aux mêmes travaux des patrons et des ouvriers recherchant ensemble non point la solution unique et idéale de ces problèmes divers et complexes, trop souvent confondus sous le nom de "la question sociale", mais bien des solutions pratiques à des questions particulières et précises [...]. Vous écarterez donc ces vaines discussions qui troublent tant d'esprits, dispersent en pure perte tant d'efforts et ne pourraient que paralyser votre action [...]. Vous devez vous efforcer de rendre plus faciles les rapports entre le capital et le travail, vous devez aussi ne toucher que d'une main prudente à la liberté des conventions, éviter de porter à l'industrie française [...] des coups dont elle pourrait ne pas se relever [...]. Je vous convie, vous tous, d'opinions, de professions, d'habitudes si diverses, à des œuvres de concorde, de sincérité, de progrès positif. Vos efforts communs peuvent être non seulement d'une sérieuse efficacité pratique, mais mieux encore d'un grand exemple moral, et profiter ainsi, puissamment, à la paix des esprits, au progrès de la justice[25]... »

Cet objectif fut-il atteint ? Bien difficile de le dire et d'ailleurs peu probable si l'on en juge à l'intensité de la conflictualité dans la période contemporaine de l'institution, soit jusqu'en 1924. Il semble pourtant que le CST ait contribué au déblocage de la situation sociale et doublement : d'abord, par acclimatation de thèmes importants qui vont prendre place dans le paysage social et politique et, souvent avec une étonnante lenteur, s'inscrire à l'agenda politique. On le sait, à cette époque, un différé d'une, deux décennies, voire plus entre la déclaration d'urgence d'un problème et la réponse législative est monnaie commune. Mais le plus important tiendra au fait que les deux protagonistes du conflit social central, patronat et syndi-

---

un décret du 7 décembre 1868 pour suivre l'application de la loi du 22 mars 1841 sur le travail des enfants, réorganisé en 1874 et 1892 pour suivre la mise en œuvre du régime de travail des enfants et des femmes.

24. À partir de 1899, les représentants patronaux et ouvriers seront élus tandis que le nombre total passe à 72.
25. *Conseil supérieur du travail*, première session, Paris, Imprimerie nationale, 1891, p. 7 *sqq*.

cats, vont faire l'expérience d'une possible coexistence dans des débats qui constituent la propédeutique de ce que l'on nommera plus tard le « dialogue social » entre les « partenaires ». Une pédagogie de la parole démocratique traversant l'épaisseur du conflit a incontestablement ouvert des perspectives de civilisation des mœurs sociales. C'est probablement ce qui explique que, malgré l'apparente modestie des résultats tangibles en termes d'avancées législatives, la CGT n'ait jamais envisagé de s'en retirer malgré la menace brandie en 1900 par l'ouvrier Riom qui en est membre : « Si on se moque de nos délibérations, ce qui équivaudra pour nous à la négation du Conseil supérieur, nous l'enverrons promener avec le ministre et tout le tremblement[26]. » Ils ne l'ont pas fait et cette constance dans la politique de présence, malgré tout, a valeur de signe de l'intérêt, fût-il lointain, porté à l'institution. Il faut dire que les représentants ouvriers au CST, les Lamendin, Barafort, Charvet, Delahaye, Favaron, Dalle… brillaient, à l'exception de Keufer et Guérard, par la remarquable discrétion accompagnant leur modération.

Mais si le rapprochement des acteurs se justifie à l'échelon le plus élevé, comment ne l'envisagerait-on pas au plus près du terrain social, dans les relations ordinaires nouées, jour après jour, au niveau local ? L'idée est dans l'air dès les années 1890, comme le donne à penser cette suggestion de Jules Siegfried de « provoquer des contacts plus fréquents et des échanges de vues plus approfondis entre les hommes qui se combattent d'ordinaire […] parce qu'ils manquent des moyens de s'apprécier et de rendre justice de leurs intentions réciproques[27] ». Elle sera mise en forme en 1900 par un décret Millerand du 17 septembre qui institue les conseils du travail dans toutes les régions industrielles où l'utilité en serait constatée. Il s'agit de comités paritaires conçus comme espaces pilotes du dialogue et de la coexistence entre patrons et ouvriers.

> « Il y a un intérêt de premier ordre, souligne son auteur, à instituer entre les patrons et la collectivité des ouvriers des relations suivies qui permettent d'échanger à temps les explications nécessaires et de régler certaines natures de difficultés […]. Il n'est pas indifférent d'habituer les patrons et les ouvriers à se rencontrer périodiquement, à discuter ensemble et en dehors de toute subordination hiérarchique, dans des réunions où leurs intérêts personnels et immédiats ne se choquent pas directement […]. De telles pratiques ne peuvent qu'aider à acclimater les nouvelles mœurs que l'on voudrait en honneur. En les intronisant, le gouvernement de la République reste fidèle à son rôle de pacificateur et d'arbitre[28]. »

Il faut cependant convenir que, malgré la loi de régularisation[29] des 17-22 juillet 1908 qui braque à nouveau les projecteurs sur l'institution légèrement retouchée[30], le bilan s'avérera mince. « Ils n'ont jusqu'ici [années 1920] donné aucun résultat, justifiant l'épithète de "Conseils fantômes" que leur appliquait, dès le vote de la loi de 1908, un député à la tribune[31]. »

26. Cité par P. Bance, *op. cit.*, p. 179.
27. Circulaire du 23 janvier 1893, p. 35.
28. *Revue socialiste*, 1900, p. 606.
29. La procédure réglementaire ayant été contestée pour empiétement sur le domaine législatif.
30. En particulier, l'introduction de l'élection des ouvriers et des patrons au lieu de la désignation.
31. R. Picard, *Le contrôle ouvrier*, Paris, M. Rivière, 1922, p. 119.

Mais si la présence de l'État au fonctionnement de la société se fait intense, dans cette période, l'inverse n'est pas moins vrai : la société civile accède en tant que telle à l'appareil d'État. C'est la manifestation d'un choix délibéré, méthodiquement orchestré à partir des années 1890, fondé sur la conviction du rôle essentiel de l'État dans le processus de décrispation des rapports sociaux. Un redéploiement de la théorie de la séparation des pouvoirs, de l'intra-politique vers l'extra-politique dans une stratégie mixte où se mêlent, dans un composé instable, jacobinisme et girondinisme.

Associer au fonctionnement étatique

> « Croyant que la faillite faite par les écoles socialistes était imputable à la défectuosité de leur tactique, ils aspirèrent – tout en poursuivant leur action syndicale, c'est-à-dire l'organisation du placement, l'institution de services de mutualité… – à jouer le rôle de législateur et à présenter au Parlement, par l'intermédiaire des députés sortis de leurs rangs et soumis à leur contrôle, des projets de réforme économique élaborés dans leur sein [32]. »

Le propos de Pelloutier, secrétaire national de la Fédération des Bourses du travail, est manifestement critique à l'encontre des partisans de la « collaboration » minimale avec les pouvoirs publics. L'anarchiste voit d'un mauvais œil ces pas-de-deux avec les représentants d'un État honni. Du moins en théorie, car, dans les faits, le syndicalisme révolutionnaire s'accommode des arrangements précédemment évoqués, Pelloutier devenant lui-même salarié de l'État.

Mais le mouvement est en cours qui conduit à un resserrement des relations entre l'État et les syndicats par implication croissante de ces derniers dans la mise en œuvre de trois aspects essentiels de l'action publique : la connaissance du social par l'enquête, l'élaboration des projets et décisions, le contrôle de l'application des textes.

Participation au travail d'enquête au sein de l'Office du travail

L'enjeu scientifique de l'analyse positive de la réalité sociale ne prend son vrai sens que rapporté à un projet proprement pédagogique indissociable de l'approche réformatrice. Les républicains sont convaincus qu'un peuple éclairé se détournera insensiblement des « chimères » révolutionnaires [33] parce qu'il aura acquis le sens du temps politique [34] et de la résistance des choses aux réquisitions de la volonté et du désir. « Croyez qu'il n'y a pas de remède social, affirme Gambetta en 1872, parce qu'il n'y a pas une question sociale. Il y a une série de problèmes à résoudre, de difficultés à résoudre […]. Eh bien, les problèmes doivent être résolus un par un et non par une formule unique. Il y a tous les jours un progrès à faire, mais non pas

32. F. Pelloutier, *Histoire des Bourses du Travail : origine, institutions, avenir*, Paris, Schleicher frères, 1902, p. 58.

33. Déjà en 1848, l'Académie des sciences morales et politiques « regarde comme nécessaire de pacifier les esprits en les éclairant », cité par V. Cousin, *Justice et charité*, Paris, Pagnerre, 1848, p. 7.

34. Exprimant sa fierté d'être « opportuniste », René Waldeck-Rousseau rappelle qu'« on entendait par là que le parti des républicains de gouvernement croyait que chaque chose doit se faire en son temps, que la vie politique ressemble beaucoup à la vie humaine, que son œuvre doit être patiente, successive, faite de progrès quotidiens » (*Pour la République*, Paris, Fasquelle, 1904, p. 192-193).

de solution immédiate. » Le discours de la méthode est bien un discours politique visant à « introduire la raison là où seule la passion régnait[35] ». Tout est dit...

Il est peu de points de plus grand accord chez les défenseurs de la République. Le positivisme étend son influence au plus large et se joue des clivages idéologiques. Écoutons le libéral très orthodoxe Paul Leroy-Beaulieu s'indigner de la méconnaissance de la réalité des sociétés :

> « Prenons en main ces feuilles légères, aux milliers d'abonnés, est-ce qu'elles ne regorgent pas des hérésies économiques les plus criantes, est-ce qu'on ne voit pas s'y étaler à grand fracas les plus fantaisistes erreurs sur la constitution de la société ? [...]. Si les notions de science économique sont si rares et si mutilées dans les classes opulentes de la société, quoi d'étonnant que l'école primaire et le foyer de l'ouvrier y soient demeurés étrangers[36] ? »

Ou encore Eugène Tallon : « Si les appréhensions les plus graves naissent au simple aspect de tels problèmes, si elles s'accroissent au spectacle des agitations provoquées par ceux qui [...] ne cessent de répandre l'agitation dans les ateliers, elles se dissipent à l'étude pratique des faits. Le fantôme s'évanouit au contact de la réalité[37]. » Frédéric Le Play, le penseur traditionaliste initiateur d'enquêtes et monographies sur le monde social, ne pense pas autrement lorsqu'il suggère d'en revenir, à l'heure où « les faits et principes sont obscurcis par la passion et le préjugé, à la vérité par l'étude impartiale des faits[38] ». Les catholiques sociaux (cf. les Semaines sociales) ne sont pas en reste dans leur insistance sur les vertus du « fait », au point que l'on pourrait parler d'un positivisme chrétien. Un positivisme qu'illustrent par ailleurs, dans le monde ouvrier[39], les noms de Keufer, Finance, Fagnot, si actifs dans les débats au Conseil supérieur du travail et à l'Association pour la protection légale des travailleurs. Quarante ans plus tard, Hyacinthe Dubreuil, exprimant sa foi dans les vertus pacificatrices de l'organisation scientifique du travail, ne tiendra pas d'autre discours :

> « Cette transformation demandera de longs et persévérants efforts, et il semble qu'il n'est qu'une voie possible pour l'accélérer : c'est la voie qui a été suivie déjà par les sciences positives et les a conduites vers de si prodigieux résultats, la voie de l'expérience. Lorsqu'on cessera de traiter l'antagonisme social à l'aide des seules ressources des discussions métaphysiques, et qu'on passera à l'utilisation de la méthode expérimentale, on pourra espérer atteindre enfin la pleine coopération des éléments en présence. C'est à ce prix seulement qu'on trouvera un jour la paix qui ne récompense que les hommes de bonne volonté[40]. »

Déjà en 1891, Jules Roche, ministre du Commerce, associait indissolublement, dans son discours d'installation du Conseil supérieur du travail, « bonne volonté », « bonne foi », « œuvres de concorde », « paix des esprits[41] » et analyse empirique.

35. J. Siegfried, cité par C. TOPALOV (dir.), *op. cit.*, p. 44.
36. P. LEROY-BEAULIEU, *La question ouvrière au XIXe siècle*, Paris, Charpentier, 1872, p. 304.
37. E. TALLON, *La vie morale et intellectuelle des ouvriers*, Paris, Plon, 1877, p. 37.
38. F. LE PLAY, *La réforme sociale*, Paris, Plon, 1864, p. 60.
39. Il existe un Cercle des prolétaires positivistes. Cf. l'étude de M. PERROT, « Note sur le positivisme ouvrier », *in* « Le(s) positivisme(s) ? », *Romantisme*, n° 21-22, 1978, et F. BIRCK, « Le positivisme ouvrier et la question du travail », J. LUCIANI (dir.), *Histoire de l'Office du travail*, *op. cit.*, p. 51 *sqq.*
40. H. DUBREUIL, *Employeurs et salariés en France*, Paris, Félix Alcan, 1934, p. 455.
41. *Conseil supérieur du travail*, première session, p. 7 *sqq.*

Quelle meilleure voie d'accès à la « connaissance des faits[42] » que l'enquête et la statistique[43], garantes d'une radiographie exacte et fiable de la réalité et de discussions fructueuses sur des bases assurées ? Les temps antérieurs en avaient eu l'intuition, révélée par les grandes enquêtes menées en 1848 et 1872-1875 sur les conditions du travail ouvrier. La création par une loi des 20-21 juillet 1891 de l'Office du travail lui confère son plein essor.

L'idée est d'associer, à sa demande[44], aux travaux du Conseil supérieur du travail une cellule administrative de collecte d'informations susceptibles d'alimenter les débats et, pense-t-on non sans raison, d'en optimiser les profits intellectuels et politiques. Dans un rapport de la même année, Keufer en précise la philosophie institutive fondée sur le couple désormais indissociable connaissance/action politique. Relativement au premier terme, il insiste sur « la nécessité, pour les uns et pour les autres, de baser leurs études, leurs points de comparaison, leurs déductions, sur des faits positifs, sur des renseignements exacts, authentiques, débarrassés de toute passion quelconque ». À propos du second terme, il souligne à quel point « ces renseignements deviennent indispensables aux législateurs, au pouvoir exécutif, au public, pour savoir de cette manière où, quand et comment il faut intervenir et prévoir les catastrophes, les rendre moins désastreuses, pour permettre de mieux gouverner et assurer une plus grande stabilité dans l'ordre économique[45] ».

Le décret des 19-21 août 1891 organisant l'Office du travail en fixe, en ces termes, la mission qui est

> « [...] de recueillir, de coordonner et de publier [...] toutes informations relatives au travail, notamment en ce qui concerne l'état et le développement de la production, l'organisation et la rémunération du travail, ses rapports avec le capital, la condition des ouvriers, la situation comparée du travail en France et à l'étranger ; et d'effectuer tous travaux se rattachant à cet ordre d'idées, qui lui seraient demandés par le ministre du Commerce, de l'Industrie et des Colonies ».

Il s'agit de remédier, selon les termes d'Albert de Mun, à « une pénurie presque absolue de renseignements statistiques » dont la conséquence est que « les orateurs en sont, la plupart du temps, réduits à faire des conjectures, à émettre des considérations générales ou à donner des renseignements personnels qui sont faciles à récuser ou à contredire par d'autres renseignements de même nature[46] ». Bref, le but est de mieux débattre pour « mieux gouverner[47] ».

---

42. F. Le Play, *op. cit.* Sur son école, cf. B. Kaloara et A. Savoye, *Les inventeurs oubliés. Le Play et ses continuateurs aux origines des sciences sociales*, Seyssel, Champ Vallon, 1989 ; Y. Breton, « Émile Cheysson et l'économie sociale », J. Luciani (dir.), *Histoire de l'Office du travail, op. cit.*, p. 173 *sqq.*
43. Pour P. du Maroussem, « La statistique est le travail d'arpentage et l'enquête monographique est le coup de sonde », *Les enquêtes, pratique et théorie*, Paris, Félix Alcan, 1900, p. 8.
44. L'exposé des motifs de la loi de juillet 1891 portant création de l'Office s'ouvre ainsi : « Dans sa première session, le Conseil supérieur du travail a demandé, à l'unanimité, la prompte organisation, au ministère du Commerce, d'un office du travail destiné à rassembler et à vulgariser toutes les informations relatives au travail, dans la plus large acception de ce mot » (*Dalloz*, 1891, IV, p. 70).
45. Rapport au nom de la commission de l'Office du travail, *Conseil supérieur du travail*, 1891, p. 162-163.
46. *Conseil supérieur du travail*, session de 1891, p. 98.
47. A. Keufer, *ibidem*, p. 163.

Réduite à une petite équipe de *17* personnes à l'origine, l'institution ne tarde pas à s'étoffer pour réunir en 1900 une *centaine* d'enquêteurs et statisticiens qui préfigurent le futur ministère du Travail. « Là se retrouvent, note Michelle Perrot, comme en une sorte de franc-maçonnerie scientiste, ouvriers, fonctionnaires et ingénieurs[48] » placés sous la direction d'animateurs de premier plan, en particulier, Arthur Fontaine[49], sous-directeur en 1891 et directeur en 1899. Sans insister sur son développement[50], retenons la très remarquable qualité du travail accompli dont témoignent à la fois les statistiques régulièrement diffusées par le *Bulletin de l'Office du travail* et spécialement le premier grand recensement professionnel de 1896, ainsi que les enquêtes sur les conditions du travail, le travail à domicile, les associations professionnelles, les grèves, les salaires et la durée du travail qui restent aujourd'hui encore des sources inestimables d'informations pour le chercheur en histoire sociale.

Une nouvelle rationalité politique se déploie dont la contribution sera déterminante dans l'émergence d'un nouvel imaginaire *social*, grâce à l'étroite association du monde du travail à ses travaux, et *politique* dans les sphères du pouvoir comme dans l'opinion publique[51]. Un bel exemple en est donné par Eugène Raguin dans l'article qu'il consacre à Arthur Fontaine en 1932 :

> « Le chômage avait été une question tout particulièrement envisagée par l'Office du travail dès le début : plusieurs notes parues en 1895 donnaient les résultats d'enquêtes sur les assurances, les caisses de secours et les travaux de secours relatifs au chômage. La dernière de ces enquêtes fit découvrir que cette œuvre d'assistance par le travail, qu'on aurait pu croire inexistante depuis l'essai malheureux des ateliers nationaux de 1848, était au contraire florissante. À ce moment, 114 villes consacraient en moyenne un million par an à de tels travaux. Cette activité persista. Afin de la favoriser, le Conseil du travail obtient que les préfets soient invités à faire de la propagande auprès des municipalités, et Arthur Fontaine [...] provoque en 1900 une circulaire ministérielle déterminant certaines facilités à la même fin[52]. »

Une preuve du bien-fondé de l'intuition originaire et d'un rôle qui ne s'en est pas tenu à la collecte passive d'informations[53].

Il participe déjà, à sa manière, de l'œuvre de régulation sociale à laquelle est étroitement associée une nébuleuse de commissions dont la cartographie demeure encore incertaine.

---

48. Article précité de la revue *Romantisme*, p. 203.
49. Sur A. Fontaine, cf. I. Lespinet, « Arthur Fontaine, grand commis de la nation et ambassadeur du travail », *Histoire et sociétés*, n° 6, avril 2003, p. 111 *sqq.* ; M. Cointepas, *Arthur Fontaine (1860-1931), haut fonctionnaire de la IIIe République*, thèse de doctorat sous la dir. de C. Charle, université Paris I, 2006.
50. I. Lespinet, « Rôle et fonctionnement de l'Office du travail », J. Luciani (dir.), *Histoire de l'Office du travail, op. cit.*, p. 219 *sqq.* et « Le travail représenté : le réseau de l'Office du travail, 1891-1914 », C. Topalov (dir.), *Laboratoires du nouveau siècle, op. cit.*, p. 335 *sqq.*
51. Une opinion publique qui entre, dès l'origine, dans les préoccupations des instigateurs. Celles de Deville, par exemple : « Nous tenons par-dessus tout à ce que cette création ne soit pas œuvre morte : nous voudrions que, dès ses débuts, elle trouvât pour ainsi dire, crédit dans l'opinion publique par son énergie, par sa pensée générale » (*Conseil supérieur du travail*, session de 1891, p. 107).
52. « Arthur Fontaine », art. cit., p. 258-259.
53. L'initiative signalée d'A. Fontaine infirmant les vues de L. Say en 1891 lorsqu'il déclare au Conseil supérieur du travail : « Nous avons été d'avis que les conclusions à retenir des renseignements fournis, pour la modification de la législation, ne rentreraient pas dans les attributions de l'Office... » (*Conseil supérieur du travail*, session de 1891, p. 92).

Préparation des décisions : le réseau des commissions

En 1896, Keufer, convaincu de l'absolue nécessité d'associer le monde du travail à l'œuvre législative elle-même, fait adopter par le Conseil supérieur du travail le vœu suivant : « Le CST, désireux d'assurer la représentation de tous les intérêts dans les diverses commissions ressortissant à chaque ministère et au sein desquelles sont examinées les questions du travail, émet le vœu que dans chacune de ces commissions spéciales figurent des membres ouvriers dûment qualifiés. » Il ne pouvait mieux rejoindre les attentes de l'État républicain, plus assuré que jamais des vertus cathartiques de l'insertion du monde du travail dans son appareil. On attend encore la recherche qui dresserait la cartographie de ces interfaces officielles et officieuses sous la forme d'interventions ponctuelles ou régulières à des fins d'évocation de questions particulières ou de lobbying. Le fait est que dès le début du siècle, l'expression d'« administration consultative » est déjà usitée [54]. C'est un symptôme que confirme une pratique de consultation dans des instances telles que la Commission supérieure du travail dans l'industrie chargée de veiller, à partir de 1868, à l'application de la réglementation du travail contrôlée par les inspecteurs du travail, la Commission d'hygiène industrielle instituée en 1900, celle des Associations ouvrières de production (1902), des Caisses de chômage (1905) auxquelles il faut ajouter le Comité consultatif des arts et manufactures…

Les représentants du monde du travail sont-ils directement entendus, à l'occasion, par les commissions parlementaires ? Ce point serait à élucider. Qui, précisément, représente leurs intérêts dans ces enceintes, en quels termes ? Outre les débats parlementaires encore accessibles, il serait du plus grand intérêt de tenter une reconstitution de l'activité souterraine qui anime le monde des commissions.

Et puis, à ce travail commissionnaire, il faut ajouter la participation d'au moins un représentant ouvrier au jury du concours de l'inspection du travail. Une initiative qui sera d'ailleurs contestée au nom de la règle d'impartialité et abandonnée en 1911.

Mais l'entreprise d'encastrement du monde du travail dans l'orbe étatique serait demeurée inconséquente sans le souci de l'effectivité du droit appelant association du monde du travail à son application.

Association au contrôle

Rien de plus révélateur d'un tel souci que la grande circulaire Millerand du 19 janvier 1900 qui s'ouvre sur un constat plein de dépit :

> « Il ressort que, jusqu'à ce jour, le service de l'Inspection a été presque complètement privé du concours des travailleurs. L'ouvrier ne se rend pour ainsi dire jamais chez l'inspecteur ; il lui écrit rarement. À l'atelier, pendant la visite, il ne lui adresse

54. Entre autres, par M. Hauriou dans son *Précis de droit administratif et de droit public général*, Paris, Larose et Tenin, 6ᵉ éd., 1907. Cf. G. Dauphin, *L'administration consultative centrale*, Paris, M. Rivière, 1932 ; Y. Weber, *L'administration consultative*, Paris, LGDJ, 1968 ; P. Rosanvallon, *Le peuple introuvable : histoire de la représentation démocratique en France*, Paris, Gallimard, 1998, p. 257 *sqq*.

presque jamais la parole de lui-même ; quand il est interrogé, il répond souvent de manière évasive ; et il arrive fréquemment d'ailleurs que l'inspecteur ne l'interroge pas, dans la crainte des suites que ce dialogue pourrait avoir pour l'ouvrier. »

Une déliaison ou une non-liaison des plus regrettables dès lors que la qualité de l'intervention dépend, pour l'essentiel, des informations transmises par les salariés.

Millerand se propose d'inverser le cours des choses par une action sur les deux parties prenantes à la relation. Il invite, tout d'abord, les syndicats à offrir leur concours à l'inspection en les assurant que « les inspecteurs du travail fer[aient] tous leurs efforts pour qu'entre eux et les organisations corporatives, bourses du travail, syndicats, s'établissent des relations suivies ». Dans le même temps, les inspecteurs du travail sont invités à se rapprocher des syndicats et bourses du travail :

> « Le service de l'inspection ne peut être en mesure d'assurer pleinement l'application des lois sur le travail que par la collaboration des travailleurs pour qui elles ont été faites. On obtiendra cette collaboration en s'adressant aux syndicats professionnels ouvriers. Ce que l'inspecteur n'aurait pu que difficilement apprendre, à l'atelier du travailleur isolé, il l'apprendra sans peine au siège du syndicat, de la bouche du secrétaire, instruit par les ouvriers de sa corporation des abus qui se seront passés sous ses yeux. Il importe donc que des relations suivies s'établissent entre les représentants des syndicats, auxquels les ouvriers ont confié la défense de leurs intérêts, et les inspecteurs, à qui l'État a confié la mission de faire respecter les lois de protection ouvrière. »

Il s'agit, en d'autres termes, à la fois de « généraliser et organiser une façon de procéder dont l'initiative de quelques-uns a montré le prix », de « signaler [aux représentants du monde du travail] toutes les infractions aux lois protectrices du travail qu'ils pourraient connaître » et « d'informer oralement ou par lettre, dans un délai de quinze jours, les secrétaires des bourses du travail, unions locales ou syndicats, du résultat des visites faites d'après leurs indications ».

Une initiative d'apparence modeste. En réalité, le symbole puissant de la prise au sérieux du monde syndical par les pouvoirs publics. Jaurès ne s'y trompe pas :

> « Les syndicats ouvriers commencent donc à entrer en ligne et d'accord avec les inspecteurs du travail, ils contrôlent le travail dans les usines. Vous voyez donc que c'est la classe ouvrière elle-même qui commence à intervenir dans l'organisation technique de l'industrie. Cette première prise de possession de l'organisation capitaliste par la classe ouvrière, c'est un commencement de révolution sociale[55] ».

Quant à Henri Lorin, éminent représentant du catholicisme social, au cours du débat qui a lieu à l'Association pour la protection légale des travailleurs sur la collaboration des ouvriers organisés à l'œuvre de l'inspection du travail, il tient que

> « [...] reconnaître aux organisations syndicales seules l'aptitude à faire valoir efficacement les droits des salariés, c'est considérer l'affiliation syndicale comme dénotant chez les syndicalistes un sens de la fraternité et une notion de la solidarité qui les élèvent au-dessus de la préoccupation exclusive des avantages individuels matériels immédiats et qui leur donnent, avec l'intelligence de l'intérêt collectif, la conscience

55. « Le socialisme », *Revue socialiste*, 1900, p. 265.

d'un idéal à poursuivre ; c'est investir les syndicats d'un rôle éducateur de la responsabilité sociale, c'est-à-dire du sentiment de l'équilibre nécessaire entre les droits et les devoirs ; c'est enfin engager leur activité dans une direction qui répond à leur raison d'être, qui est susceptible de leur attirer des adhérents et de favoriser le développement de l'organisation du monde ouvrier[56] ».

C'est de la même problématique d'encastrement de la société dans l'État que relève l'intéressant débat des années 1900-1910 autour de l'institution de délégués adjoints ouvriers à l'inspection du travail[57]. L'idée de base du projet dérive du constat d'impossibilité pour les services d'inspection de surveiller l'ensemble des établissements. Il semble donc expédient d'y associer des représentants du monde du travail. Une idée, à dire vrai, guère nouvelle puisqu'existent depuis 1890 des délégués-mineurs chargés de visiter les travaux souterrains en vue de s'assurer des conditions d'hygiène, de sécurité et d'analyser les causes des accidents du travail. Les délégués prévus par le projet Viviani de mai 1907 seraient habilités à veiller à l'hygiène et à la sécurité et à signaler les infractions constatées sans néanmoins pouvoir dresser procès-verbal ni même faire d'observations au chef d'établissement. Élus par l'ensemble des ouvriers, ils auraient moins statut de représentant syndical que de représentants du personnel. Une sorte de délégué du personnel spécialisé, avant la lettre. Le projet avortera. Mais, comme le notera Eugène Duthoit, « ce projet n'en met pas moins en relief l'idée maîtresse du concours possible des intéressés à l'application des lois de protection ouvrière[58] », une manière de resserrer les liens entre la société et son administration qui passe par le renforcement, au sein de cette dernière, de la présence des « forces vives » de la nation. D'où la question émergente de la représentation professionnelle au cœur même de l'État.

Ainsi s'esquisse un nouveau compromis entre société et État, entre les revendications d'autonomie de la société civile et la culture politique républicaine traditionnelle, où se profile sur fond de « jacobinisme amendé » (Rosanvallon) un modèle politique identifiable à son allure baroque qui mêle l'indécision, le flou, l'incertitude quant aux lieux réels de pouvoir, à une incontestable efficacité finale attestée par la productivité sociale du « néo-corporatisme à la française[59] » (P. C. Schmitter). La preuve, s'il en était besoin, que la classe politique française a su se convertir à ce pragmatisme dont le ministère du Travail deviendra l'un des hauts lieux.

56. H. Lorin, *La collaboration des ouvriers organisés à l'œuvre de l'inspection du travail*, Paris, Félix Alcan, 1909, p. 5.

57. Cf. sur ce point V. Viet, *Les voltigeurs de la République. L'Inspection du travail en France jusqu'en 1914*, Paris, CNRS Éditions, 1994, vol. 1, p. 313 *sqq*.

58. « Relations des syndicats avec les pouvoirs publics », *Semaine sociale 1909*, p. 219.

59. Défini comme « système de représentation des intérêts par des acteurs, en nombre limité, obligatoires, hiérarchisés. Reconnus et admis par l'État, ils bénéficient d'un monopole de représentation si, en échange, ils réussissent à garantir un relatif contrôle sur la sélection de leurs dirigeants, sur le type de revendications exprimées par la base et le soutien dont elles font l'objet » (« Still the century of corporatism ? », P. C. Schmitter et G. Lembruch [dir.], *Trends towards corporatist intermediation*, Londres, Sage, 1979). Et des mêmes auteurs, *Patterns of Corporatist Policy Making*, Londres, Sage, 1982.

L'Union des industries métallurgiques et minières et le ministère du Travail durant le premier XXe siècle

Danièle FRABOULET

Les liens entre les organisations patronales et les pouvoirs politiques ne sont pas nés avec la création du ministère du Travail, ni même avec la création de la République. Certes la IIIe République modifie profondément l'organisation des pouvoirs publics et leurs rapports avec les citoyens et leurs organisations. Les espaces de discussions et les objets des débats se multiplient ; les contre-pouvoirs sont de mieux en mieux organisés. Les organisations patronales comme avant elles les organisations ouvrières sont devenues les interlocuteurs privilégiés des pouvoirs publics. L'Union des industries métallurgiques et minières (UIMM) est créée à la fin de l'année 1900 pour faire face à la montée en puissance des organisations ouvrières et à l'intervention croissante de l'État, notamment depuis l'arrivée au gouvernement de Défense républicaine d'Alexandre Millerand [1]. Le vieux Comité des forges ne semblait plus suffisamment combatif et rassembleur. Pour constituer un groupe de pression politique puissant, il fallait alors réunir tous les secteurs de la métallurgie à la fois sur le plan professionnel et spatial. La métallurgie, dont le poids économique a crû avec les guerres, a en fait eu une influence qui a largement dépassé la profession. Elle est devenue le porte-parole du patronat dans toutes les négociations sociales.

Les archives de l'Union et celles de quelques groupements régionaux et locaux [2] que nous avons pu consulter apportent un certain nombre de réponses sur les stratégies mises en place pour contrer ou infléchir les débats parlementaires au mieux des intérêts de l'ensemble de la profession. Les liens tissés avec l'administration, particulièrement le ministère du Travail, apparaissent au travers des grandes questions débattues durant cette première partie du siècle : la régulation du marché du travail, les réductions du temps de travail ou l'assistance.

En premier lieu, nous examinerons par quelles instances passent les discussions entre le ministère et l'UIMM. En second lieu, nous étudierons l'attitude des

1. D. FRABOULET, *Les organisations patronales de la métallurgie : acteurs, stratégies et pratiques durant le premier XXe siècle*, HDR, université Paris VIII, 2004.
2. Le GIMM (Groupe des industries métallurgiques et mécaniques de la région parisienne), le GIRD (le Groupe interprofessionnel de la région de Saint-Denis), le Groupe de Pantin-Aubervilliers, la Chambre syndicale des industries métallurgiques du Rhône.

organisations patronales par rapport aux règlements d'administration publique et l'appréhension de la politique du travail par ce patronat très hétérogène. La dernière partie sera consacrée à l'immédiate avant-guerre et à la guerre, période où se sont intensifiés les rapports entre l'Union et le ministère.

Le ministère du Travail : un interlocuteur devenu essentiel (1906-1938)

Les rapports entre les organisations patronales et le monde politique sont bien antérieurs à la création du ministère du Travail. Le Comité des forges a tenté ainsi dès sa création en 1864 d'infléchir la législation dans le sens de ses intérêts, essentiellement dans le domaine douanier [3]. Sous la IIIe République, afin de contrer plus efficacement le syndicalisme ouvrier et l'accélération de l'interventionnisme étatique, l'UIMM déploie des stratégies élaborées et expérimentées au Musée social [4] puis à la Chambre syndicale du matériel ferroviaire par le premier secrétaire général de la jeune Union, Robert Pinot. Ces méthodes sont employées tout au long de la période quelles que soient les questions abordées. Il s'agit dans un premier temps d'empêcher ou d'orienter la discussion et le vote de projets de loi. Cela implique leur étude systématique par les juristes de l'Union. Des enquêtes auprès des adhérents et des autres organisations patronales, des comparaisons internationales permettent de construire des dossiers sur chacune des questions à l'ordre du jour. Parallèlement, des contacts sont établis avec les commissions parlementaires. L'Union formule des critiques et dépose de nouvelles propositions par l'intermédiaire notamment de parlementaires dévoués à sa cause. Ces liaisons ne sont pas à sens unique. Les responsables des décisions ont également besoin de connaître les positions de leurs interlocuteurs, voire d'obtenir leur coopération afin de mettre en œuvre la politique choisie. Les comités de direction de l'UIMM mentionnent la fréquence des réunions entre les parlementaires, les représentants des différents ministères, de l'administration et les métallurgistes.

La plupart du temps, les contacts avec l'administration interviennent dans la phase d'application de la loi, suivie très attentivement par les organisations patronales. Avant la création du ministère du Travail, les services étaient dispersés aux ministères de l'Intérieur et du Commerce (Hygiène publique, Prévoyance sociale et Travail). Le conseil de l'UIMM ne fait aucun commentaire lorsque le ministère du Travail est créé en 1906. Sans doute parce que cela ne change en aucune manière les méthodes de travail et que les contacts passent par les mêmes instances et les mêmes hommes. Outre les rapports directs avec les différents services, les discussions se font au sein d'un certain nombre d'institutions parfois créées avant le ministère, la législation du travail ayant modifié les relations industrielles depuis les années 1890, institutions qui y sont plus ou moins étroitement rattachées.

---

3. M. Rust, *Business and Politics in the Third Republic : the Comité des Forges, 1896-1914*, thèse de doctorat, Princeton University, 1973.
4. J. Horne, *Le Musée social. Les origines de l'État providence*, Paris, Belin, 2004.

Parmi les interlocuteurs les plus souvent mentionnés en dehors du ministre, on trouve Arthur Fontaine, directeur depuis 1899 de l'Office du travail[5], puis de la direction du Travail du nouveau ministère. Les documents de l'Office alimentent la réflexion des services de l'UIMM. Inversement les statistiques produites par l'UIMM sont utiles à l'Office et servent souvent de base de travail aux commissions parlementaires. Les rapports avec l'inspection du travail chargée de contrôler l'application de la loi sont souvent houleux, le patronat supportant difficilement les contrôles. La concertation se fait aussi via le Conseil supérieur du travail[6] qui forme un relais dans les enquêtes lancées par le ministère. Prévu à l'origine avec les représentants ouvriers, il s'élargit ensuite à l'ensemble du monde du travail. Des membres de la direction de l'UIMM (Henry Darcy, Léopold Pralon, Jules Quantin) y participent. Les patrons s'y estiment souvent desservis, car, comme ils ne sont pas majoritaires, les vœux émis à l'issue de la session annuelle leur conviennent rarement. Toutefois débattre des questions du travail avec les syndicats ouvriers constitue une expérience nouvelle pour le patronat.

Les relations s'institutionnalisent à partir de la Première Guerre mondiale, durant laquelle le concours de l'Union est requis pour organiser le travail et la paix sociale dans les usines. Elle doit inciter les entreprises à réorienter leurs productions et à mettre en place des méthodes nouvelles de fabrication. Si l'interlocuteur privilégié est le ministère de l'Armement et éventuellement celui du Commerce, la collaboration avec le ministère du Travail se révèle essentielle car elle porte sur la mobilisation et la pénurie de main-d'œuvre qui s'en suit (rappel d'ouvriers et d'ingénieurs mobilisés, recours aux réfugiés, à la main-d'œuvre féminine, allégement des règlements de protection du travail). Les problèmes de politique sociale s'effacent cependant devant les questions conjoncturelles, le travail législatif étant en veilleuse. Le social revient en force à la fin du conflit, avec les discussions sur les salaires, l'apprentissage (projet de loi Astier), la lutte contre la tuberculose, l'alcoolisme… et les relations s'intensifient avec une autre direction du ministère, celle des Assurances et de la Prévoyance sociale. La guerre a également provoqué une réorganisation de l'Union, entre autres avec la création de groupes régionaux et un recentrage de ses objectifs sur les questions sociales afin de cimenter la cohésion mise à mal par l'opposition entre les producteurs de métaux et les constructeurs.

Les débats s'internationalisent avec l'instauration de l'OIT et du BIT où se retrouvent Arthur Fontaine, qui démissionne en 1920 de la direction du Travail pour se consacrer complètement à l'organisation internationale, le délégué général de l'UIMM, Robert Pinot, et son secrétaire général, Alfred Lambert-Ribot, représentant les intérêts de la CGPF.

5. I. Moret-Lespinet, *Théories et pratiques républicaines de la Réforme sociale : l'Office du travail, 1891-1914*, 2 vol., thèse de doctorat sous la dir. d'A. Plessis, université Paris X, 1997.

6. A. Ziegler, « Un Parlement social », *Revue française des affaires sociales*, 2, avril-juin, et 4, octobre-novembre 1973, p. 60-176 ; P. Rosanvallon, *Le peuple introuvable. Histoire de la représentation démocratique en France*, Paris, Gallimard, 1998, p. 257-261 ; I. Moret-Lespinet, « Rencontres autour de la question sociale : le Conseil supérieur du travail entre 1891 et 1914 », C. Chambelland (dir.), *Le Musée social en son temps*, Paris, Presses de l'ENS, 1998, p. 269-280.

Un autre espace de discussion est créé en 1925, le Conseil national économique à partir d'un projet élaboré au ministère du Travail[7]. Il est difficilement accepté par l'UIMM. Celle-ci y participe néanmoins puisque le CNE peut être consulté pour l'élaboration des règlements d'administration publique. Elle y délègue ses principaux dirigeants pour y présenter ses propres données statistiques et synthétiques et y défendre ses thèses habituelles. Si sur certaines questions comme l'outillage national, l'Union admet le rôle de conseil du CNE, sur d'autres elle est plus réservée. Les polémiques sont parfois très vives comme en décembre 1928 à propos des rapports sur l'aéronautique, l'épargne et les PTT[8] ou au printemps 1930 à propos de celui sur l'industrie de la construction navale, les délégués ouvriers ayant obtenu de faire voter des conclusions en faveur de l'application des conventions collectives. Les patrons obtiennent seulement que leurs réserves soient inscrites sur le texte officiel du rapport[9].

Le rôle de l'État se renforçant à partir du Front populaire, les liens deviennent plus étroits, d'abord avec le président du Conseil, les dirigeants de l'UIMM conduisant la délégation patronale lors de l'accord Matignon, puis lors des débats souvent tendus avec le ministère pour les règlements d'application.

La qualité des relations tissées avec les services du ministère et au sein de ces diverses institutions dépend en partie des relations personnelles entre les membres de l'UIMM et les fonctionnaires et hommes politiques. Elles varient également en fonction de la personnalité du ministre ou du haut fonctionnaire, de la durée de son mandat ou de sa fonction. Une formation intellectuelle identique et un même milieu social favorisent les contacts et facilitent le travail. Plusieurs directeurs de services et hauts fonctionnaires sortent de l'École polytechnique, du Corps des Mines ou des Ponts et Chaussées. Ils comprennent ainsi plus aisément les arguments techniques, mais ces communautés de vues ne garantissent pas forcément le succès des démarches, les supérieurs ayant des préoccupations plus générales. De plus, le fonctionnaire peut avoir besoin du concours des organisations privées pour faire appliquer les décisions efficacement, mais aussi pour se faire appuyer dans des rivalités entre ministères ou entre services. Le contraire peut aussi se produire : le ministre qui souhaite résister aux revendications des groupes peut aussi trouver des points d'appuis dans son administration. Autre situation : l'homme politique peut l'emporter sur l'administrateur.

Robert Pinot connaissait Arthur Fontaine[10] (X-Mines) depuis son passage au Musée social. Un autre secrétaire général de l'UIMM, Alfred Lambert-Ribot après des études de droit et de sciences politiques, un passage au Conseil d'État et au cabinet (chef adjoint) du ministre du Travail, Albert Métin, en 1913, entre à l'UIMM en 1919. Il n'y a pas que les fonctionnaires patronaux qui ont débuté leurs carrières dans l'administration. Certains patrons ont également suivi cette

7. A. Chatriot, *La démocratie sociale à la française. L'expérience du Conseil national économique (1924-1940)*, Paris, La Découverte, 2002, notamment p. 66-69 sur la création.
8. AUIMM (Archives de l'UIMM). CD du 18 décembre 1928.
9. AUIMM. CD du 13 mai 1930.
10. E. Raguin, « Arthur Fontaine », *Annales des mines*, 1, 1932, p. 235-301.

voie. Théodore Laurent, ingénieur des mines à Moulins, puis à Angers, prend la direction des Forges de la Marine et d'Homécourt après avoir travaillé dans des compagnies ferroviaires. Il joue un rôle important à la direction de l'UIMM en tant que trésorier (1918-1943) et au Comité des forges (vice-président 1928-1940). Il y a également, parmi les membres du bureau de l'Union, d'anciens auditeurs et des maîtres de requêtes du Conseil d'État[11] : le vice-président Henry Darcy ou le secrétaire Henri de Peyerimhoff. Ces hommes connaissent bien les rouages de l'administration, le langage, les concessions indispensables à faire... Ils y ont éventuellement conservé des amis. Le pantouflage est un moyen pour le secteur privé de renforcer son emprise sur la puissance publique et « un indice de la circulation des élites[12] ». Le successeur d'Arthur Fontaine à la direction du Travail, Charles Picquenard, est administrateur des Mines et Potasse d'Alsace[13]. Cela peut expliquer qu'il partage certaines positions de l'UIMM.

Ces liens personnels, évidemment, ne signifient pas qu'il n'y ait pas des désaccords sur de nombreux sujets, même si dans les témoignages patronaux les acteurs insistent surtout sur les très bonnes relations avec l'administration comme c'est le cas d'un des successeurs de Robert Pinot, Pierre Waline, à propos d'Arthur Fontaine[14]. Mais avoir de bons contacts personnels est précieux, car de la rédaction des règlements dépend telle ou telle interprétation de la loi.

Les règlements d'administration publique : entre opposition et coopération

Marché du travail, réduction du temps de travail, assistance sont les thèmes principaux abordés avec le ministère du Travail. Si les rapports entre l'UIMM et le ministère s'institutionnalisent, les prises de position du patronat de la métallurgie ne varient pas, tout au moins dans les discours. Dans les faits, l'attitude de l'Union change en fonction du type de questions abordées, passant de l'opposition systématique à une coopération pragmatique.

La régulation du marché du travail est un des enjeux de la lutte qui oppose le patronat à l'État. La poussée du syndicalisme ouvrier pousse l'État à s'intéresser aux règlements d'atelier et plus globalement aux contrats de travail, ce qui provoque de vives réactions patronales. Les patrons préfèrent les contrats individuels aux contrats collectifs, mais ne répugnent pas à l'intervention des pouvoirs publics pour réguler les flux de main-d'œuvre étrangère ou pour augmenter l'efficacité de l'apprentissage. L'UIMM mène le combat sur tous les fronts, tout d'abord et principalement au Parlement en s'opposant à toute loi remettant en cause la liberté de recrute-

---

11. C. Charle signale qu'un certain nombre d'auditeurs de 1re classe et de maîtres de requêtes partent dans le privé, faute de pouvoir accéder aux grades supérieurs. C. CHARLE, *Histoire sociale de la France au XIXe siècle*, Paris, Seuil, 1991, p. 265.
12. G. CHAUSSINAND-NOGARET (dir.), *Histoire des élites en France du XVIe au XXe siècle : l'honneur, le mérite, l'argent*, Paris, Tallandier, 1991, p. 430-431.
13. Y. FREY, « Le bassin potassique de Haute-Alsace, laboratoire des rapatriements massifs de Polonais », P. RYGIEL (dir.), *Le bon grain et l'ivraie*, Paris, Éditions ENS, 2004, p. 97-116.
14. P. WALINE, *Un patron au Bureau international du travail*, Paris, France-Empire, 1976, p. 19-21.

ment et de licenciement du personnel[15]. Par exemple, la réinsertion des mutilés de guerre, du travail ou des handicapés, qui pourrait être une des solutions à la pénurie de main-d'œuvre dans les années 1920, est vécue comme une contrainte, d'une part parce qu'elle apparaît obligatoire, d'autre part car cela implique des charges supplémentaires[16]. Sur la question des mutilés, la lutte commencée dès 1915 à la Chambre des députés s'intensifie de 1920 à 1924 lors de la gestation de la loi sur leur réinsertion professionnelle[17]. Si les patrons acceptent dans l'ensemble de reprendre leurs anciens salariés diminués physiquement, ils refusent l'embauche systématique voulue par le législateur, qui induit une remise en cause éventuelle des processus de fabrication et ne tient pas compte de la situation des différents secteurs de la métallurgie. Malgré les protestations des patrons, l'arrêté ministériel du 16 juillet 1925 fixe le taux de mutilés à employer à 10 %. La mise en application de la loi se fait alors sous haute surveillance. Le combat se poursuit durant toute l'entre-deux-guerres[18], en vain puisque le chiffre de 10 % est maintenu, non d'ailleurs du fait du ministère du Travail, mais sous la pression des groupements de mutilés.

Sur le recrutement de travailleurs étrangers, la politique de l'Union est différente, la collaboration avec les pouvoirs publics s'avérant nécessaire puisque l'introduction de main-d'œuvre dépend des négociations diplomatiques et des accords entre gouvernements. Un Comité central de la main-d'œuvre étrangère sert en 1923 d'organe de liaison et de coordination entre les organismes patronaux afin de réaliser une politique commune d'immigration et de défendre leurs intérêts auprès des pouvoirs publics[19]. Les demandes d'ouvriers suisses, anglais et italiens sont menées à bien avec la collaboration du ministère du Travail. L'UIMM soutient l'administration dans sa volonté de multiplier les sources de recrutement, les gouvernements des pays d'émigration voulant « intervenir non seulement dans les conditions de recrutement, mais dans les conditions d'emploi de la main-d'œuvre, allant parfois jusqu'à toucher aux prérogatives de la souveraineté nationale[20] ».

La réduction du temps de travail est acquise au fil des multiples combats des syndicats ouvriers pour l'obtention du repos hebdomadaire, du premier mai chômé, de la limitation de la durée de la journée de travail, et enfin des congés payés. Dans ces processus, les dirigeants patronaux doivent compter non seulement avec les revendications ouvrières, mais aussi avec les partisans d'une organisation du travail plus rationnelle, avec les réformateurs sociaux, y compris certains fonctionnaires, médecins, ou hygiénistes et avec les organisations internationales[21]. L'Union, enga-

15. A. Chatriot, *La démocratie sociale…*, *op. cit.*, p. 218 ; C. Didry, *Naissance de la convention collective. Débats juridiques et luttes sociales en France au début du 20e siècle*, Paris, Éditions de l'EHESS, 2002.
16. D. Fraboulet, « Le patronat de la métallurgie et l'(in)aptitude durant la première partie du XXe siècle », C. Omnès et A.-S. Bruno (dir.), *Les mains inutiles. L'inaptitude au travail en Europe*, Paris, Belin, 2004, p. 287-305.
17. AUIMM. CD des 16 novembre 1920, 14 décembre 1920, 18 janvier 1921, 14 novembre 1922, et 13 mai 1924.
18. AUIMM. CD des 17 janvier 1928, 18 juin 1929, 18 mars 1930 et 17 février 1936.
19. AUIMM. CD du 18 décembre 1923.
20. AUIMM. AG du 18 février 1930.
21. P. Fridenson, « La multiplicité des processus de réduction de la durée du travail de 1814 à 1932 : négociations, luttes, textes et pratiques », P. Fridenson et B. Reynaud (dir.), *La France et le temps de travail, 1814-2004*, Paris, Odile Jacob, 2004, p. 56-62.

gée dans cette lutte dès sa création, emploie à chaque fois la même argumentation mettant en avant les incidences sur les coûts, sur les investissements en hommes et en machines, sur l'organisation du travail, et enfin le handicap face à la concurrence étrangère. Toute réduction de la durée du travail doit être compensée financièrement pour l'industriel, à défaut d'une baisse de pouvoir d'achat difficilement admissible pour les salariés. La seule solution pour rester compétitif est donc de s'opposer à toutes les mesures de réduction[22].

Le combat se déroule au plan national, au Conseil supérieur du travail où Léopold Pralon représente l'Union et le Comité des forges[23], au sein des commissions parlementaires, et, à partir de 1936, au Conseil national économique, et au plan international, après la Première Guerre, au Bureau international du travail à Genève et lors des conférences de l'Organisation internationale du travail. Sur ce sujet comme sur la plupart des autres, nous constatons la permanence du discours patronal, des méthodes utilisées, mais le pragmatisme des pratiques. Se basant sur des rapports rédigés à partir d'enquêtes sur le terrain, l'UIMM multiplie les démarches auprès des politiques à différents niveaux, particulièrement auprès du ministre du Travail, durant les phases de gestation du projet, puis, dans un second temps une fois la loi votée, lors de l'élaboration des circulaires d'application. Quand le contexte leur est défavorable, comme c'est le cas pour les huit heures en 1919 ou pour les 40 heures en 1936, les représentants patronaux finissent par accepter le principe de réduction. Mais ils reviennent à la charge dès qu'ils le peuvent, tentant d'obtenir, par exemple, dès l'automne 1936 des dérogations en insistant particulièrement sur la pénurie de spécialistes dans l'industrie des métaux[24]. Dans cette lutte sur les modalités d'application de la loi, la délégation patronale a une écoute favorable, selon Pierre Waline, auprès de Charles Picquenard, qui était chargé par Léon Blum de rédiger au lendemain de l'accord Matignon les trois projets de lois sur les conventions collectives, les congés payés et les 40 heures. En effet, le directeur du Travail a l'impression que « le gouvernement avait complètement perdu le sens de ses responsabilités. Blum ne pensait qu'à donner satisfaction aux masses, à tenir ses engagements électoraux. Il ne paraissait avoir aucune idée des conséquences économiques des 40 heures[25] ». Le texte s'applique néanmoins à partir du 6 décembre 1936, excepté pour les établissements à feu continu, qui obtiennent un délai. Profitant des nouvelles orientations politiques du gouvernement Daladier[26], le président de l'Union, Jacques Lenté,

22. Lors de l'élaboration de la loi des huit heures, « les discussions ont été passionnées, parfois rudes et à la limite de la rupture ». AUIMM. Document du 5 mai 1919 sur la loi du 23 avril 1919, annexe III, p. 30.
23. Sur l'application de la semaine anglaise, L. Pralon, qui redoute une diminution de la production en période de pénurie de main-d'œuvre, s'oppose à toute intervention du législateur dans ce domaine et donc au représentant des ouvriers, E. Briat, qui y est favorable du moins pour les femmes et les enfants et pour les hommes adultes dans certaines industries après accord entre les syndicats ouvriers et patronaux. Toutefois le Conseil supérieur du travail, contre l'avis des représentants de l'Union et grâce aux voix des conseillers étrangers à l'industrie, se rallie à la proposition ouvrière. AUIMM. AG du 18 février 1913, rapport du Bureau de l'Union, 16 février 1914.
24. AUIMM. Dossier 40 heures. Lettre adressée au ministre du Travail le 1er août 1936.
25. AUIMM. Rapport du CFF. Archives Waline (dossier 40 heures). Note manuscrite de P. Waline du 13 février 1939 mentionnant les réflexions de C. Picquenard.
26. AN, 496 AP 28 à 48 sur la préparation de la guerre.

revient à la charge, en juillet 1938, auprès du ministre du Travail Paul Ramadier en demandant l'accélération de l'assouplissement des 40 heures.

Rarement initiateur, le patronat se trouve la plupart du temps dans une attitude défensive face à la législation du travail, essayant de limiter dans la mesure du possible les interventions extérieures à l'entreprise et l'alourdissement des charges. Certes, l'UIMM a momentanément perdu le combat contre la réduction du temps de travail. Mais les tensions internationales et l'échec de la grève de novembre 1938 permettent d'enterrer la semaine de 40 heures.

Sur le terrain de la législation sociale, les patrons insistent cette fois sur leur rôle ancien et important dans la protection ouvrière. Dans ce domaine aussi, le pragmatisme est de rigueur : le « oui, mais... » est parfois utilisé, dès que les avancées sociales ne vont pas à l'encontre de la compétitivité mais permettent une amélioration. C'est le cas en juillet 1914 lorsque la Chambre des députés adopte un projet de loi sur l'extension du risque professionnel applicable à l'accident du travail à certaines maladies dites professionnelles. Le diagnostic doit prouver que c'est la profession qui a engendré la maladie [27]. Les patrons sont plus sensibles aux maladies « fléaux sociaux », qui font des ravages parmi la population ouvrière et proposent leur aide au ministre d'État Léon Bourgeois, qui a créé un Comité central d'assistance aux anciens militaires tuberculeux en novembre 1916. Parallèlement l'Union alerte les parlementaires et les membres du gouvernement sur les dangers de l'alcoolisme qui perturbe les productions de guerre et demande l'interdiction de la consommation d'alcool « imposée en tous lieux et à tous les citoyens par les pouvoirs publics », et « qui est la cause la plus efficiente de la tuberculose sous toutes ses formes [28] ».

Ces prises de position sont révélatrices de l'attitude patronale dans le domaine de l'assistance. Lorsque Alexandre Millerand, alors président du Conseil, propose en 1920 au Parlement de réfléchir sur les assurances sociales, l'UIMM participe aux débats passionnés sur la « loi folle [29] » qui durent une dizaine d'années [30]. L'examen du projet de loi du ministre du Travail du gouvernement Briand, Daniel-Vincent, à la commission des Assurances et de Prévoyance sociale de la Chambre en décembre 1921 et janvier 1922 amène l'envoi d'une délégation de l'Union, qui proteste contre un système fondé sur l'obligation et le précompte, assimilable à « un véritable essai de nationalisation », jugé irréaliste et ne tenant pas compte des expériences passées [31]. Aux arguments habituellement utilisés par l'UIMM contre l'immixtion de l'État (atteinte à la liberté, augmentation des charges) s'ajoute une argumentation de circonstance : objection morale, l'assistance systématique encourageant la

27. AUIMM. Rapport du Bureau de l'Union, 16 février 1914.
28. AUIMM. CD du 16 janvier 1917.
29. Expression de *La France active*, juillet-août 1929, citée par D. SIMON, « Le patronat face aux assurances sociales : 1920-1930 », *Le Mouvement social*, 137, octobre-décembre 1986, p. 11.
30. D. SIMON, *Les origines des assurances sociales au début des années 1930*, thèse de doctorat de 3e cycle, université Paris I, 1983, p. 27-37.
31. Déposition de l'UIMM devant la commission des Assurances et de Prévoyance sociale de la Chambre des députés (23 décembre 1921) et le Conseil supérieur du travail (9 janvier 1922) sur le projet de loi relatif aux Assurances sociales, document n° 1273, AUIMM.

paresse, et bien sûr défense et valorisation des initiatives patronales. L'intervention de l'État n'a pas lieu d'être dans un domaine où le patronat estime avoir déjà trouvé des solutions intégrant le double souci « de dominer la main-d'œuvre et de lui faire du bien[32] ». L'UIMM insiste, bien sûr, sur les qualités de ce système social qui allie « souplesse d'organisation et de fonctionnement[33] ». N'ayant pu empêcher le vote de cette loi, l'Union s'attache à en retarder l'application et à en modifier dans la mesure du possible les orientations, d'autant que le vote a été précipité à la veille des élections. Deux ans de discussions sont nécessaires et permettent la mise en place des parades patronales. L'Union continue de développer les mutuelles patronales d'entreprise ou interentreprises pour les établissements les plus petits, afin de contrôler la gestion des assurances sociales[34]. Après dix ans de lutte et des compromis incessants, l'UIMM n'a donc pu empêcher l'entrée en vigueur de la loi sur les assurances sociales, mais elle a tout de même réussi à l'infléchir dans le sens de ses intérêts : possibilité de créer et de contrôler des caisses primaires, réduction des charges et compensation fiscale, absence de compensation salariale. Le contexte de la crise n'est pas totalement étranger à ses succès.

Même si, comme nous l'avons vu dans ces quelques exemples, les stratégies de l'Union sont demeurées souvent défensives, la pluralité des réponses patronales à l'interventionnisme étatique s'explique par la perception des multiples visages de l'État : concurrent, oppresseur, producteur d'informations, mais aussi client et agent utile pour faire respecter l'ordre (éventuellement médiateur) et servir les intérêts extérieurs au territoire national. Le pragmatisme des organisations patronales est à souligner, par exemple leur adaptation et la manière dont elles ont consolidé leurs institutions après les grèves de 1936. Quand l'argumentation et les interventions patronales ne peuvent faire reculer le vote d'une loi, la lutte autour des règlements d'application continue et la résistance s'organise sur le terrain. Des essais de politique contractuelle, souhaitée par l'État ou choisie suite à des conflits très durs, sont cependant tentés, avec des résultats mitigés. Parfois même c'est l'Union qui sollicite la négociation, comme en juin 1936. Un État de plus en plus présent dans le champ social auquel s'ajoute la présence de courants rénovateurs encore très minoritaires au sein du patronat, qui proposent de transformer les relations dans les entreprises et d'établir avec l'État une « économie concertée », laissant entrevoir à la fin des années 1930 les possibilités d'autres pratiques.

À la veille du second conflit mondial, le changement est notable. Le patronat semble avoir retrouvé une partie de sa puissance d'avant les concessions de 1936 : dérogations aux 40 heures, syndicats diminués. Interlocuteur incontournable de la Défense nationale, sa voix est mieux perçue dans les couloirs des ministères.

32. H. HATZFELD, *Du paupérisme à la Sécurité Sociale, essai sur les origines de la sécurité sociale en France*, Paris, Armand Colin, 1971, p. 110.

33. R. PINOT, *Les œuvres sociales des industries métallurgiques*, Paris, Armand Colin, 1924, particulièrement la 2e partie.

34. M. DREYFUS, *La mutualité, une histoire maintenant accessible*, Paris, La Mutualité française, 1988 et *Liberté, égalité, mutualité. Mutualisme et syndicalisme, 1852-1967*, Paris, Éditions de l'Atelier, 2001 ; D. DESSERTINE et O. FAURE, *La prise en charge du risque maladie, son histoire et sa gestion au niveau local avant la Sécurité sociale 1850-1945*, ATP CNRS-MIRE, Lyon, Centre Pierre-Léon, 1987.

Une « économie concertée » ? (1938-1945)

Avec la loi du 11 juillet 1938 sur l'organisation de la nation en temps de guerre, complétée par différents décrets et réglementations[35], les organisations patronales redeviennent le partenaire privilégié des pouvoirs publics. Omniprésentes lors de la préparation du conflit et lors de la drôle de guerre, elles veulent montrer qu'une bonne organisation professionnelle rend à l'État et aux entreprises « les plus grands services[36] ». Elles ont la mission de coordonner le recensement, par région, du personnel non soumis aux obligations militaires et l'évaluation des besoins des entreprises. Ces renseignements, quoiqu'approximatifs, doivent permettre de mesurer l'effort à accomplir et les moyens à employer. Le recrutement de la main-d'œuvre civile est du ressort du ministère du Travail jusqu'au début des hostilités. Ensuite l'affectation des ressources et la fixation des conditions de travail doivent être partagées avec le ministère de l'Armement. Un organisme spécial couvrant tout le territoire est chargé de préparer l'affectation des travailleurs ; il comprend un inspecteur du travail par département et par région militaire. Les réquisitions collectives et individuelles, l'engagement volontaire sont les moyens juridiques envisagés. Les entreprises travaillant pour la Défense nationale doivent normalement bénéficier d'affectés spéciaux, généralement des cadres ou des spécialistes, de personnel dégagé des obligations militaires, des jeunes de 16 à 18 ans, de la main-d'œuvre coloniale et des étrangers, et éventuellement de travailleurs appartenant à des usines non mobilisées. Dans le cadre de la mobilisation de toutes les forces disponibles, il doit également être fait appel aux femmes. Dans la réalité, la mobilisation entraîne une désorganisation totale dans les usines[37]. Le régime du travail institué en septembre 1939, l'allongement de la durée du travail, le blocage des salaires et le remplacement des anciens délégués du personnel, même si cela pose des problèmes particuliers, répondent aux désirs patronaux de revanche de 1936. Un certain nombre de dirigeants patronaux espèrent néanmoins une transformation des rapports professionnels « en vue d'une collaboration dont la lutte des classes serait exclue[38] ».

L'instauration de cette collaboration n'est pas chose facile, car l'effort demandé aux ouvriers est d'autant plus mal supporté qu'il remet en cause des réformes durement acquises et n'entraîne pas de hausses salariales. Les heures supplémentaires sont soumises à un prélèvement de 40 %[39] ; les salariés doivent s'acquitter en sus de l'impôt cédulaire et d'une contribution extraordinaire. Les salaires sont bloqués depuis le 1er septembre 1939, ce qui réduit la marge de manœuvre des organisations patronales, qui n'ont plus le pouvoir de les négocier. De la même manière, l'organi-

35. Réglementation d'administration publique du 28 novembre 1938, décret-loi du 12 avril et décret d'application du 19 avril 1939.
36. AUIMM. Archives Waline. Rôle des organisations professionnelles pendant la guerre, par A. Lambert-Ribot, 4 mars 1940.
37. D. Rousselier-Fraboulet, *Entreprises et Occupation. Le monde de la métallurgie à Saint-Denis*, Paris, CNRS Éditions, 1998.
38. AUIMM. CD du 16 novembre 1939.
39. Article 3 du décret du 27 octobre 1939.

sation des conditions de travail leur échappe dans les établissements travaillant pour la Défense nationale (décret du 10 novembre). L'initiative des organisations professionnelles est finalement limitée au profit de l'État, mais la paix sociale règne.

Le ministère et l'inspection du travail s'inquiètent, en janvier 1940, des répercussions de l'augmentation de la durée du travail, de la suspension du repos hebdomadaire et de l'impact du travail de nuit sur la santé des travailleurs et aussi sur leur rendement[40]. Le ministère préconise d'aménager des temps de repos au cours de la journée et de la semaine, de contrôler l'aptitude physique des travailleurs en développant la surveillance médicale, de s'assurer de la salubrité des locaux. L'UIMM estime que, si le nombre d'accidents tend à augmenter, cela est dû « à l'éclairage défectueux de la défense passive[41] » et non à la durée du travail. La pratique des heures supplémentaires permet d'absorber l'augmentation du coût de la vie, solution pour l'Union qui refuse tout relèvement des salaires.

La défaite de mai-juin 1940 perturbe la marche des entreprises et désorganise les fabrications. Les industriels sont rapidement soumis à une double tutelle, celle de l'Occupant et celle du régime de Vichy. Celui-ci impose un bouleversement de l'organisation économique et sociale. Non seulement les syndicats patronaux de la métallurgie s'y adaptent, mais ils contribuent à le mettre en place. Ils ne sont pas touchés par la loi du 16 août 1940 (en dehors du Comité des forges et de la CGPF). La réorganisation de la production industrielle leur est confiée, les membres du conseil de direction de l'UIMM occupant des responsabilités importantes dans les différents organismes mis en place par la Révolution nationale.

Au niveau social le président de l'UIMM Jacques Lenté participe, aux côtés d'autres représentants patronaux, au Comité d'organisation professionnelle[42] qui a pour tâche de préparer la Charte. Il fait également partie avec Alban de Canisy et Georges-Jean Painvin[43] du Conseil supérieur de la Charte constitué par le ministre de la Production industrielle et du Travail, René Belin, puis du Conseil supérieur du travail[44], qui prend sa succession en décembre 1943. Les patrons préconisent un retour à un État fort où les discussions « d'homme à homme » doivent avoir lieu entre les élites ouvrières et les dirigeants patronaux. Le moment est venu de substituer à la lutte des classes la collaboration de classes. La Charte doit être construite par en haut et par en bas avec les comités sociaux d'entreprise. Toute une réflexion se développe alors sur l'organisation professionnelle ainsi que sur l'articulation du social avec l'économique et montre des approches différentes dans le monde patronal. D'ailleurs sur la deuxième question, les dirigeants de l'UIMM estiment que « l'arbitrage doit revenir à l'État qui est seul qualifié, en l'état actuel des choses, pour

---

40. AUIMM, 58 12 11.
41. AUIMM. CD du 14 mars 1940.
42. Composé de 6 hauts fonctionnaires, de 7 employeurs, de 11 syndicalistes salariés et de 3 artisans. AUIMM, exposé de J. Lenté sur la Charte du travail, 6 novembre 1941. D. FRABOULET, *Les organisations…*, *op. cit.*, chap. XV.
43. Président de l'Union des industries chimiques, il ne fait pas partie de l'UIMM, mais il est administrateur du Comité des forges (1939-1940), de sociétés métallurgiques et peut-être du GIM.
44. AN, F22 1837, 1838 et 1840. Cité par Y. POULLE, « Le Conseil supérieur du travail (1943-1944) », D. PESCHANSKI et J.-L. ROBERT (dir.), *Les ouvriers en France pendant la Seconde Guerre mondiale*, Paris, IHTP, 1992, p. 257.

apprécier l'intérêt général[45] ». Cependant des tensions existent avec le successeur de Belin, Hubert Lagardelle, notamment sur la désignation des membres des comités sociaux, le ministre préconisant l'élection.

Le fossé se creuse au Conseil supérieur de la Charte[46], présidé par le secrétaire d'État au Travail et surtout par son vice-président Gérard Bardet. Il doit être consulté sur la législation du travail et les conditions de vie des travailleurs, ainsi que réfléchir sur le projet d'union de l'économique et du social cher à Bardet, mais qui suscite l'opposition de l'UIMM. En août 1944, il est décidé que « la fonction de représentation économique des entreprises soit l'apanage des syndicats de la Charte au niveau de la Fédération, au sein des commissions de travail, émanation des sections professionnelles et des comités d'organisation[47] ». Les idées « révolutionnaires » de Gérard Bardet, qui demande la suppression de l'UIMM[48], au Conseil supérieur du travail effraient les représentants patronaux. L'éventualité d'un contrôle accru de l'administration sur les familles professionnelles, avec la nomination d'un commissaire du gouvernement auprès de chacune d'elles, est redoutée. Lenté met en garde Bardet en insistant sur le caractère professionnel que doivent garder les décisions des familles.

Les organisations patronales de la métallurgie soutiennent la volonté de rénovation sociale impulsée par la Charte tant que celle-ci ne remet pas en cause l'organisation patronale elle-même et la liberté d'action des employeurs. L'Union, mais aussi les autres organisations patronales, fonctionnent efficacement durant cette période. L'UIMM enregistre même de nouvelles adhésions en 1943 et 1944. Mais l'orientation corporatiste du régime, qui implique une intervention croissante de l'État, heurte bon nombre de patrons. À la Libération, soulagement et inquiétude se mêlent : il leur faut affronter les pouvoirs politiques issus de la résistance, les syndicats ouvriers et une opinion publique défavorable. L'instauration de l'État providence et le risque d'une révolution communiste conduisent l'UIMM à se réorganiser une fois encore et à réemployer ses stratégies traditionnelles en les adaptant au nouveau contexte (présence dans les instances politiques nouvelles et utilisation de ses contacts institutionnels, etc.).

Le ministère du Travail a été l'un des partenaires de l'UIMM durant la première partie du XXe siècle, le travail en amont, c'est-à-dire auprès des commissions parlementaires, semblant dans un premier temps essentiel. La primauté progressive du législatif sur le contractuel, mouvement alors général dans les économies capitalistes, a beaucoup inquiété le patronat. Le rôle du ministère s'accroissant, particulièrement à partir du Front populaire, les rapports se sont bien sûr intensifiés et

45. AUIMM, CD du 18 juin 1942.
46. Il comprend quatre-vingt-douze membres dont trente employeurs et représente la nouvelle organisation professionnelle des vingt-neuf familles.
47. Rapport du 7 août 1944, cité par Y. POULLE, art. cit., p. 259.
48. A. WEEXSTEEN, « La Commission générale d'organisation scientifique du travail (CEGOS) sous l'Occupation, 1940-1944 », O. DARD, J.-C. DAUMAS et F. MARCOT (dir.), *L'Occupation, l'État français et les entreprises*, Paris, ADHE, 2000, p. 203. Sur G. Bardet dans cette période, cf. R. DE ROCHEBRUNE et J.-C. HAZERA, *Les patrons sous l'Occupation*, Paris, Odile Jacob, 2e éd. revue et augmentée, 1997, p. 723-781.

institutionnalisés, d'autant que la métallurgie est alors un secteur clé de l'économie. L'UIMM occupe ainsi une position centrale et joue un rôle non négligeable dans les orientations et l'élaboration de la législation.

Méfiance et pragmatisme caractérisent ses rapports avec les pouvoirs publics, même quand la direction des affaires devient plus favorable aux intérêts patronaux. Si la modalité de ces relations a changé durant cette période, on ne peut que constater la rigidité du discours patronal qui contraste avec l'adaptation constante des pratiques. La multiplicité des objectifs entre les différents acteurs sociaux, entre l'économique et le social, explique la longueur des négociations et leur remise en cause éventuelle.

Le patronat de l'ennoblissement textile lyonnais face à l'irruption de la législation du Travail (du milieu des années 1880 à la Première Guerre mondiale)

Pierre VERNUS

Lyon se caractérise par la précocité et la densité des structures sectorielles et interprofessionnelles du mouvement patronal[1]. De surcroît, l'activité et l'influence des responsables patronaux lyonnais ne se sont pas limitées au seul niveau local et régional : l'ampleur de leurs affaires ou le niveau de responsabilité auquel ils avaient accédé ont permis à certains d'entre eux d'exercer une influence nationale. L'espace lyonnais constitue donc un observatoire propice pour étudier le patronat organisé face à la montée de l'intervention de l'État, particulièrement dans les sphères de compétence du ministère du Travail et de la Prévoyance sociale.

Ces questions seront abordées en étudiant plus particulièrement le patronat de l'ennoblissement textile, c'est-à-dire des activités visant à donner aux étoffes leur aspect final et leur conférant leur valeur marchande (il s'agit principalement de la teinture, de l'impression et de l'apprêt), secteur intéressant à plusieurs titres. D'abord, à partir du milieu du XIXe siècle et, plus encore, des années 1880-1890 ce secteur a connu un mouvement d'industrialisation et de concentration juridique et technique qui a cependant touché inégalement les différentes activités le composant : il présente donc une certaine diversité. De plus, son patronat s'est précocement organisé et ses organisations étaient parties prenantes des structures de défense et de représentation patronale locales ou nationales et même engagées dans des réseaux internationaux. Pourtant, les institutions patronales de ce secteur sont mal connues, notamment parce que leurs archives sont restées longtemps difficiles d'accès[2]. Cette étude ne se propose pas d'autre objectif que de poser quelques

1. P. VERNUS (dir.), *Les organisations patronales. Une approche locale (XIXe-XXe siècles)*, Cahiers du Centre Pierrre-Léon d'histoire économique et sociale, n° 1, Lyon, 2002.
2. Michel LAFERRÈRE avait pu consulter une partie des archives de l'actuel Syndicat de l'ennoblissement textile de Lyon et sa région (SETRL) pour son ouvrage *Lyon ville industrielle. Essai d'une géographie urbaine des techniques et des entreprises*, Paris, PUF, 1960. Cependant, les archives de cette organisation n'ont été déposées que récemment aux archives du Rhône (AD 69, sous-série 154J en cours d'inventaire). Nous n'en avons consulté qu'une partie, principalement les registres de procès-verbaux de réunions, documents facilement identifiables. Cet ensemble documentaire présente des lacunes pour la période de l'entre-deux-guerres.

jalons dans une recherche qui mérite d'être complétée. Nous avons donc choisi de privilégier trois points particuliers. D'abord, il convenait de tester l'hypothèse d'une inaptitude des organisations ouvrières et patronales à réguler leurs rapports. Ensuite, nous tenterons de voir comment le patronat de l'ennoblissement a réagi face à la succession des grandes lois sociales des années 1890-1900, comment et selon quelles voies il a tenté de peser sur les mesures législatives et réglementaires et sur leur mise en œuvre.

Les structures de la branche et les structures patronales

Concentration et structures duales

Les activités d'ennoblissement appartiennent à la filière de fabrication des étoffes de soie. La qualité de la teinture lyonnaise et son bon marché ont longtemps été considérés comme un des facteurs de la supériorité de la fabrique lyonnaise sur la concurrence étrangère. Jusqu'au milieu du XIXe siècle, les opérations de teinture ou d'apprêt s'effectuaient dans de nombreux ateliers de dimension artisanale. Néanmoins, dès cette période, un mouvement de concentration commençait à être perceptible, d'autant que, au-delà de la teinture, les différents traitements qui donnaient aux soieries leur aspect final et leur valeur marchande prenaient une importance croissante. La poursuite de ce processus contribua à modifier les équilibres et les liens de dépendance au sein de la filière soie. En effet, l'industrialisation et la concentration juridique et usinière des activités étaient encouragées par le développement de nouvelles méthodes comme la charge (procédé consistant à accroître le poids du tissu par incorporation de corps étrangers à la soie) ou l'assouplissage (consistant à conserver une partie du grès de la soie, abaissant le coût de la matière soyeuse employée dans le tissu), qui contribuèrent fortement à l'abaissement des coûts de production en limitant la quantité de soie incorporée dans les tissus.

Les recherches concernant ces nouveaux procédés ont nourri les progrès de la teinture en noir : noirs légers pour les tissus de belle qualité, domaine dans lequel François Gillet assura sa renommée, noirs lourds, chargés avec des sels métalliques, pour les étoffes bon marché. Dans le même temps, la teinture en couleur bénéficiait de la mise au point des colorants artificiels. Mais les entreprises spécialisées dans ce domaine n'ont pas joui d'un dynamisme équivalent à celui de la teinture des soieries en noir, dont la croissance tirait la production lyonnaise. Dès le milieu des années 1870, la taille moyenne des entreprises de teinture en noir était supérieure à celle des firmes orientées vers la teinture couleur.

À cette différenciation traditionnelle entre teinturiers en flottes noires et teinturiers en flottes couleurs, la baisse de la demande d'articles façonnés, l'orientation de la demande vers les unis et les articles souples en ont ajouté une nouvelle, distinguant la teinture en flottes de la teinture en pièces (les flottes sont les écheveaux de fils de soie passant à la teinture). Ce dernier type de manipulation présentait un avantage certain en période d'instabilité de la demande, lorsque les délais des commissions devenaient plus courts. Il permettait de tisser d'avance les étoffes écrues et de ne les faire teindre que dans un deuxième temps, aux coloris ayant la faveur de la clientèle. Sur les articles classiques, dont la demande se renouvelait d'année en année, les teinturiers en pièces pouvaient offrir des prix de façon très bas, mais ils devaient accroître les quantités manipulées pour amortir leur équipement puisque la production était plus mécanisée que celle de la teinture en flottes. Ils le pouvaient en grande partie grâce à l'admission temporaire des pongées asiatiques et des tissus étrangers. De son côté, à partir des années 1870, l'impression sur soieries a tiré profit du dynamisme de la demande en faveur des tissus mélangés, des nouveautés et des fantaisies puis, à partir de la deuxième moitié des années 1880, de la mode des pongées.

En 1908, la production de la teinture en flottes et celle de la teinture en pièces étaient à peu près équivalentes, mais la seconde ne cessait de progresser en s'étendant à tous les types d'articles, des plus courants aux plus chers, d'autant qu'elle bénéficiait de la vogue des crêpes. Ainsi, « teinture en flottes et teinture en pièces ne représentent pas seulement deux techniques différentes ; ce sont aussi deux milieux d'affaires distincts[3] ». Néanmoins cette opposition ne doit pas être exagérée, car ces deux milieux conservaient de nombreux intérêts communs et les principales entreprises, à l'instar des établissements Gillet ou Vulliod-Ancel, s'adonnaient aux deux types de teintures.

En effet, dès les années 1870, quelques grandes entreprises dominaient le secteur de l'ennoblissement « grâce à leur développement géographique, leur équipement, leur main-d'œuvre et leur chiffre d'affaires[4] ». Les années 1880-1890 ont été marquées par des regroupements spécialisés qui correspondaient souvent à des ententes visant à contrecarrer la dépréciation des prix des façons. Mais on enregistrait aussi une accélération du mouvement de concentration et d'intégration autour des sociétés Bonnet, Ramel, Savigny, Giraud et Marnas, mais aussi Vulliod-Ancel et Cie ainsi que Gillet fils. En 1908, ces deux derniers ensembles, qui étaient les deux plus grands sur la place de Lyon, représentaient le tiers des soieries manipulées[5].

La réussite industrielle la plus remarquable fut celle de la famille Gillet, qui a constitua un groupe de stature internationale autour de l'ennoblissement textile, mais aussi de la production des textiles artificiels et de la chimie. Dans le domaine de la teinture et de l'apprêt, la société Gillet et fils contrôlait plusieurs établissements à l'étranger, notamment à Moscou et à Côme où, en 1906, après avoir ouvert un établissement, elle mettait la main sur la Tintoria Comese[6]. Il faut néanmoins souligner que l'établissement progressif de la domination des Gillet n'a pas empêché la survie de petites ou moyennes entreprises, ce qui donnait aux activités d'ennoblissement textiles régionales un caractère dual. On ne sera pas étonné de constater que la structuration du mouvement patronal dans ces activités a été marquée par les évolutions et les clivages qui viennent d'être évoqués.

3. M. Laferrère, *op. cit.*, p. 195.
4. P. Cayez, *Crises et croissance de l'industrie lyonnaise 1850-1900*, Lyon, CNRS Éditions, 1980, p. 115.
5. M. Laferrère, *op. cit.*, p. 198-199.
6. M. Lorenzini, V. Merazzi, R. Pini, O. Pozzi et D. Tosca, *Comense Ticosa 1872-1980. Storia documentaria di una fabbrica*, Como, Filo, 1994.

L'organisation patronale et ses relais

Nous ignorons tout des débuts de l'organisation du patronat de l'ennoblissement. Nous savons seulement que la plupart des teinturiers étaient réunis dans un cercle qui existait déjà en 1855 [7]. Son existence reposait sur l'engagement pris par ses membres, et renouvelé tous les six ans, de payer un abonnement régulier. Il a probablement joué un rôle dans la coordination de la résistance patronale aux mouvements de grèves qui frappaient fréquemment la corporation [8]. Mais il avait d'autres fonctions. Il semble être resté longtemps un réel lieu de sociabilité où l'on se réunissait pour lire, discuter, dîner ou jouer ensemble au billard. Les premiers comptes rendus de réunions dont nous disposons [9] indiquent qu'il était aussi un lieu de concertation pour discuter des hausses des prix de façon à l'égard des fabricants, qu'il jouait le rôle d'un groupe de pression intervenant auprès des autorités municipales pour négocier les modalités d'approvisionnement en eau des établissements de la profession [10] ou bien auprès des fournisseurs de produits chimiques pour obtenir des prix plus avantageux [11]. En juillet 1887, les apprêteurs, qui s'étaient engagés dans un mouvement de concentration afin de lutter contre la baisse des prix de façon et sortaient d'un conflit avec les fabricants de soieries, rejoignaient le Cercle [12].

En décembre 1897, celui-ci adoptait la forme juridique du syndicat sous l'appellation de Chambre syndicale des patrons teinturiers et apprêteurs de Lyon [13]. Mais au même moment, les dissensions sur les questions douanières engendraient une scission entre les teinturiers en flottes et ceux en pièces [14]. Ces derniers formaient une nouvelle structure : l'Association syndicale de la teinture en pièces, de l'apprêt, de l'impression et industries similaires [15], dite aussi chambre syndicale n° 2 pour la distinguer de la première, désignée également comme chambre n° 1. Cependant, les dissensions douanières n'effaçaient pas les convergences d'intérêts, notamment dans le domaine social, et n'engendrèrent pas une âpre rivalité comme cela avait été le cas parmi les fabricants de soieries. Les deux chambres continuèrent de partager le même siège et tenaient fréquemment des réunions communes [16].

En 1904, un troisième syndicat patronal, la Chambre syndicale amicale des maîtres teinturiers et apprêteurs en tous genres de Lyon et de la banlieue, appelée

7. AD 69 154J, livre de caisse du Cercle des teinturiers.

8. Y. LEQUIN, *Les ouvriers de la région lyonnaise (1848-1914)*, vol. 2 : *Les intérêts de classe et la république*, Lyon, Presses universitaires de Lyon, 1977, p. 130-132.

9. AD 69 154J, Cercle des teinturiers, comptes rendus des réunions, 1885-1899.

10. *Ibidem*, réunion du 23 février 1886.

11. *Ibid.*, réunion du 17 novembre 1886.

12. *Ibid.*, réunions du 14 mars et 4 juillet 1887 et P. CAYEZ, *op. cit.*, p. 115.

13. *Ibid.*, réunions des 19 juin, 14, 18 et 24 décembre 1897.

14. *Ibid.*, réunions du 24 décembre 1897 et du 25 janvier 1898. Sur ce point, cf. M. LAFERRÈRE, *op. cit.*, p. 196-197 ; P. VERNUS, « Protectionnisme et libre-échangisme dans la Fabrique lyonnaise de soieries (années 1880-1917) », H. JOLY (dir.), *Patronat, bourgeoisie, catholicisme et libéralisme. Autour du journal d'Auguste Isaac*, Cahiers Pierre-Léon, n° 5, Lyon, 2004, p. 63-90.

15. AD 69 154J, comptes rendus des réunions de l'Association syndicale des teinturiers, apprêteurs et imprimeurs d'étoffes de Lyon, 3 février 1898-13 février 1917, réunion du 3 février 1898.

16. AD 69 154J, comptes rendus des assemblées plénières des deux chambres syndicales de la teinture, 14 janvier 1899-15 décembre 1904.

chambre n° 3, était créé. Elle regroupait des entreprises de moindre importance que celles adhérant aux deux autres organisations, ce qui ne l'empêchait pas d'entretenir des relations suivies avec ces dernières et même, à partir de 1905, des réunions communes.

Le 25 février 1908, alors que la situation douanière s'était stabilisée, les deux premières chambres se rapprochaient pour constituer l'Union des syndicats patronaux de la teinture, de l'apprêt et de l'impression [17], laquelle se transforma en Association syndicale des teinturiers, apprêteurs et imprimeurs d'étoffes de Lyon après leur fusion le 3 février 1913 [18].

Les liens entre les trois chambres étaient assurés par des responsables communs. Ainsi, en 1912, les maisons Gillet et Vulliod-Ancel, qui dominaient le secteur, appartenaient aux deux premières chambres. De janvier 1901 à février 1908, Joseph Gillet avait présidé la chambre n° 1 [19]. Son fils Edmond lui succéda quelques mois à ce poste avant de l'abandonner à Claudius Bunand pour prendre la présidence de l'Union. Quant à la chambre n° 2, elle avait Joseph Vulliod à sa tête. Pour sa part, la chambre n° 3 comptait 31 adhérents dont trois appartenaient à la chambre n° 1 et trois autres à la chambre n° 2, parmi lesquels son trésorier, Chambard [20].

Il convient aussi de souligner que ces organisations n'étaient pas des organismes isolés. Elles étaient des éléments d'un plus vaste système de représentation et de défense des intérêts patronaux : organismes consulaires, unions interprofessionnelles ou intersyndicales locales ou régionales, organisations nationales, etc. avec lesquelles les organisations lyonnaises de l'ennoblissement collaboraient, par lesquelles elles faisaient transiter leurs demandes ou auxquelles elles demandaient de les appuyer.

À la chambre de commerce de Lyon, la teinture a disposé tout au cours de la période, à l'exception d'un court intervalle, d'un siège occupé par les représentants des maisons Gillet et Vulliod-Ancel [21]. À côté de l'organisme consulaire les ennoblisseurs étaient représentés dans les organisations intersyndicales comme l'Union des chambres syndicales lyonnaises (UCSL), à laquelle ont adhéré le Cercle des teinturiers puis les chambres n° 1 et n° 2 et, enfin, l'Association syndicale des teinturiers, apprêteurs et imprimeurs de Lyon. En revanche la chambre n° 3 appartenait à l'Alliance des chambres syndicales de la ville de Lyon constituée en 1890 et qui regroupait plutôt, sans que cette règle soit absolue, des syndicats patronaux représentant le petit commerce ou des petites et moyennes entreprises [22]. Appartenant aux

---

17. AD 69 10M344, Fédérations de syndicats patronaux créées entre 1878 et 1908. Teinture, impression, apprêt (1908-1914).
18. AD 69 10M344, lettre de l'Association syndicale des teinturiers, apprêteurs et imprimeurs d'étoffes de Lyon à la préfecture du Rhône, 18 février 1913.
19. Elle compte alors 13 adhérents contre deux pour la chambre n° 2.
20. Union des syndicats patronaux des industries textiles de France, *Annuaire 1912*, Paris, 1912.
21. Joseph Gillet succéda à Joannès Vindry (membre de 1869 à 1876) de 1877 à 1882. Puis il siégea à nouveau de 1889 à 1912, après le retrait de son successeur Jean Aimé Marnas. Il fut remplacé par Joseph Vulliod qui siégea jusqu'en 1941.
22. AD 69 154J, Chambre syndicale amicale des maîtres teinturiers et apprêteurs en tous genres de Lyon et de la banlieue, comptes rendus des assemblées générales, 4 juillet 1920-10 mai 1929, réunion du 4 novembre 1921.

premières unions généralistes françaises, l'UCSL a été constituée en 1885, initialement pour organiser les élections au tribunal de commerce après l'élargissement du droit de suffrage. Puis elle s'intéressa rapidement au renouvellement de la chambre de commerce. Mais elle est devenue très vite, aux côtés de la chambre de commerce, un lieu d'élaboration et d'expression des intérêts communs aux organisations qu'elle regroupait. Elle ne manqua pas de jouer ce rôle dans les années 1890 [23].

Les lois sociales des années 1890 et 1900, ainsi que la montée des grèves, poussèrent le patronat textile à s'organiser au niveau national. L'idée d'un regroupement, étudiée à partir de 1899, déboucha en mai 1900 sur la formation de l'Union des syndicats patronaux des industries textiles de France, dite Union textile. Les trois chambres syndicales lyonnaises de l'ennoblissement y adhérèrent précocement. Elles envoyèrent régulièrement des délégués au comité permanent de l'Union et, lors de leurs réunions, elles évoquaient régulièrement ses communications. Il est à noter que la naissance de l'Union textile précéda la constitution du Syndicat général des industries françaises de la teinture et de l'apprêt qui ne fut formé qu'en 1907 [24].

Enfin, l'action des organisations patronales de l'ennoblissement bénéficiait des réseaux et de l'entregent de leurs membres les plus influents. De ce point de vue, les représentants de la famille Gillet, Joseph puis ses fils, Edmond et Charles, ont joué un rôle fondamental qui reflétait l'affirmation et le renforcement du groupe familial à la tête du secteur de la teinture et de l'apprêt. La lecture des comptes rendus de réunions des organisations auxquelles ils adhéraient révèle que leurs avis étaient sollicités et largement pris en compte. Grâce à ses réseaux politiques, économiques ou sociaux qui se recoupaient largement, J. Gillet a eu le rôle d'une interface entre le patronat de l'ennoblissement et les autres milieux d'affaires, mais aussi entre le milieu lyonnais et les milieux parisiens et même internationaux. Il était d'abord un des piliers des réseaux libéraux lyonnais, réseaux tout à la fois politiques, d'affaires, intellectuels et familiaux. Il appartenait au premier cercle des proches d'Édouard Aynard auquel il était aussi attaché par des liens familiaux [25]. Politiquement, il était donc lié au centre gauche et au courant modéré. En 1903, lors de la fondation de la Fédération républicaine, il fut un des six Lyonnais appelés au conseil général du nouveau parti. Outre Joseph Gillet, il s'agit d'Édouard Aynard, d'Auguste Isaac, de Jean Coignet, d'Achille Lignon et de Joseph Garin. Seul le dernier n'a pas appartenu à la chambre de commerce [26]. Il retrouvait aussi les représentants du milieu libéral lyonnais dans les conseils d'administration de grandes entreprises régionales ou de la chambre de commerce, présidée par Édouard Aynard (1890-1898) puis par Auguste Isaac (1899-1910).

---

23. H. Joly, « L'Union des chambres syndicales lyonnaises (1885-1914) : une organisation interprofessionnelle pionnière », P. Vernus (dir.), *Les organisations patronales…*, *op. cit.*, p. 145-167.
24. AD 69 154J, comptes rendus des assemblées générales de la Chambre syndicale des teinturiers de Lyon, 5 février 1900-19 novembre 1911, assemblée du 9 juillet 1907.
25. S. Geneste, « Édouard Aynard, leader d'un groupe libéral », H. Joly (éd.), *Patronat…*, *op. cit.*, p. 49.
26. M. Bernard, « Auguste Isaac et les réseaux modérés à Lyon », H. Joly (éd.), *Patronat…*, *op. cit.*, p. 179.

L'expansion nationale et, pour les Gillet, internationale des entreprises a induit le développement de relations extra-régionales. Sans remettre en cause l'implantation lyonnaise, des alliances à plus large échelle se sont nouées, notamment nordistes. Ainsi, les liens de Joseph avec Albert Motte, qui a présidé l'organisation patronale des teinturiers nordistes, se sont doublés d'alliances matrimoniales (Joseph a marié son fils Edmond, et sa petite fille Mathilde respectivement à Léonie et à Fernand Motte, fille et fils d'Albert).

Le jeu subtil de l'affrontement et de la négociation

La politique sociale des patrons teinturiers et apprêteurs était guidée par leurs conceptions économiques, sociales et idéologiques. Celles de J. Gillet ont été évoquées par son ami Auguste Isaac :

> « Joseph Gillet, écrivait-il, ne craignait pas de profiter des bas salaires de tout un monde de manœuvres qui n'avaient que leurs bras… mais sa conscience lui commandait d'ajouter quelque chose à ces salaires insuffisants, et il se montrait également généreux pour les œuvres confessionnelles et les fondations laïques. J. Gillet était loin d'être indifférent au sort difficile de la classe laborieuse, mais il pensait qu'il ne lui appartenait pas de prendre l'initiative des hausses de salaires. Ni lui ni Aynard ne croyaient au juste prix qui fait l'objet de la grande réforme des Semaines sociales et qui me fait à moi-même l'effet d'une quadrature du cercle [27]. »

Ces principes largement partagés au sein des élites économiques lyonnaises proches d'É. Aynard ont inspiré l'attitude des patrons ennoblisseurs à l'égard des ouvriers et de leurs organisations. Ils reposaient en premier lieu sur l'adhésion au libéralisme économique, qui n'excluait d'ailleurs pas les oppositions entre protectionnistes et libre-échangistes. Ils induisaient un fort antiétatisme, d'autant que le régime parlementaire était accusé de favoriser l'accroissement des dépenses de l'État au lieu de veiller à leur stricte limitation. Sur le plan social, la prévoyance, la responsabilité personnelle et l'association volontaire, particulièrement le mutualisme, étaient préférées à l'assistance. Pour ce milieu patronal, la bourgeoisie avait pour mission morale d'inculquer l'esprit de prévoyance et de responsabilité aux milieux populaires pour qu'ils puissent résoudre par eux-mêmes leurs problèmes sociaux [28]. C'était donc au patron, conscient de ses devoirs moraux, qu'il revenait, librement, de prendre l'initiative d'institutions destinées à améliorer la condition de ses ouvriers.

Dans la pratique, « ce libéralisme progressiste confin[ait] au conservatisme social » (Mathias Bernard). Il justifiait en effet l'opposition à toute réglementation du travail et réforme qui perturberaient le libre jeu de l'évolution sociale. Il inspirait l'hostilité au socialisme qui apparaissait comme le stade suprême de l'étatisme et était accusé de saper la liberté et l'autorité, fondements de l'ordre social.

27. Journal d'Auguste Isaac, 30 novembre 1934, cité *in* C. PONSON, *Les catholiques lyonnais et la Chronique sociale, 1892-1914*, Lyon, Presses universitaires de Lyon, 1979, p. 210.
28. M. BERNARD, *La dérive des modérés. La Fédération républicaine du Rhône sous la Troisième République*, Paris, L'Harmattan, 1998, p. 67-73 et S. GENESTE, art. cit., p. 60.

L'antisocialisme se nourrissait d'ailleurs des progrès électoraux du mouvement socialiste et de la poussée du syndicalisme d'action directe, deux phénomènes qui touchaient particulièrement le Rhône. De surcroît, les ouvriers teinturiers et apprêteurs s'étaient précocement structurés à l'abri de sociétés de secours mutuels puis sous la forme syndicale, et ils avaient constitué un réseau régional de solidarité. La corporation se distinguait par sa combativité à l'origine de vastes mouvements de grèves parfois très dures[29]. Dès les années 1860, l'influence révolutionnaire s'y était développée. Ainsi, la société de prévoyance créée en septembre 1872 avait à sa tête Auguste Vindry, qui avait pris une part active dans la formation de la section lyonnaise de l'Internationale et avait été délégué au congrès de Bâle. On le retrouve parmi les animateurs de la grève de 1874 et il fut conseiller prud'homme de 1875 à 1877[30]. Forts de leur qualification et de leur organisation, les teinturiers et les apprêteurs avaient réussi à s'assurer une situation relativement favorable. Ils étaient parmi les ouvriers du textile les mieux payés et en juin-juillet 1865, une grève de 26 jours leur avait permis d'obtenir la journée de dix heures[31].

Face à un mouvement ouvrier très structuré la résistance des employeurs s'était organisée. Les archives des organisations de patrons nous permettent d'étudier la manière dont ils se coordonnaient lors des conflits sociaux qui ont éclaté des années 1880 à la Première Guerre mondiale[32]. Une première remarque s'impose : la rudesse des confrontations n'excluait pas les concessions et les négociations.

Plusieurs principes d'action étaient affirmés. En premier lieu, le refus régulièrement renouvelé d'engager des négociations collectives directes, d'organisation à organisation, avec les syndicats ouvriers. En mai 1890, le Cercle des teinturiers refusait la proposition ouvrière de constituer une commission paritaire en vue d'élaborer un règlement de la corporation. En 1913, à l'unanimité, « suivant en cela les usages établis dans les conflits précédents », il était décidé de ne pas entrer en pourparlers de syndicat patronal à syndicat ouvrier[33]. La transformation tardive du Cercle en syndicat professionnel trouve sa source dans ce principe. Évoquée en 1884, elle avait été repoussée avec l'argument suivant :

> « Dans le cas de notre fonctionnement en chambre syndicale de patrons, nous prêterions davantage le flanc aux revendications ouvrières et, par conséquent, plus facilement prise à leurs attaques, tandis que, au contraire, à l'état de cercle, nous serions beaucoup plus libres et beaucoup plus indépendants, et que par le seul fait de ce genre d'institution nous ne reconnaissions pas ou ne semblions pas reconnaître une existence quelconque aux chambres syndicales ouvrières[34]. »

---

29. Y. LEQUIN, *op. cit.*, p. 130-132 et 197-202.
30. AD 69 10 M 394, grève des teinturiers en soie 1874.
31. AD 69 10 M 394, grève des teinturiers en soie 1865, lettre du commissariat spécial au préfet, 28 juin 1870.
32. Les comptes rendus de la Chambre syndicale amicale des maîtres teinturiers et apprêteurs couvrant les années 1920 à 1929 n'abordent pas ce sujet. Il est fort probable que la stratégie patronale se définissait dans une autre structure dont les archives n'ont pas été conservées.
33. AD 69 154 J, comptes rendus des réunions de l'Association syndicale des teinturiers, apprêteurs et imprimeurs d'étoffes de Lyon, 3 février 1898-13 février 1917, réunion du 5 décembre 1913.
34. AD 69 154 J, comptes rendus des réunions du Cercle des teinturiers, réunion du 16 mai 1890.

Malgré les doutes émis par certains dès 1890 sur la pertinence de cette analyse, elle ne fut pas remise en cause avant 1897.

Cette attitude à l'égard des organisations de travailleurs ne distinguait guère les ennoblisseurs du reste du patronat. Elle provenait du refus de reconnaître des organisations d'inspiration révolutionnaire mais peut-être plus encore du refus de s'engager dans toute procédure ou institution qui limiterait l'autorité et la liberté d'action du patron dans son établissement. Négocier de syndicat à syndicat, c'était s'engager dans une logique qui aboutirait à la remise en cause du caractère personnel du contrat liant l'employeur à ses ouvriers.

La même logique sous-tendait le refus de toute intervention d'un tiers arbitre dans le règlement des conflits et l'hostilité au principe de l'arbitrage obligatoire. Cette dernière se manifesta en décembre 1900 quand les chambres n° 1 et n° 2 décidèrent en commun de rédiger une protestation contre la loi sur l'arbitrage[35]. Lors des grèves de 1903, à un collègue qui exposait que le juge de paix lui demandait de fournir tous les renseignements et les documents relatifs à la grève et de lui faire savoir s'il acceptait sa conciliation ou son arbitrage. J. Gillet expliquait, « en se basant sur l'avis de gens compétents en la matière, qu'il y a lieu de déférer à cette invitation et de fournir à M. le juge de paix tous les éclaircissements possibles en présence des délégués ouvriers, mais qu'il ne faut pas s'engager à accepter son arbitrage[36] ».

Lors du conflit de novembre 1909-janvier 1910, les tentatives d'intervention du maire, Édouard Herriot, et du juge de paix furent aussi repoussées[37]. Dans ces conditions, il n'est pas surprenant que les inspecteurs du travail n'aient pas exercé de fonction conciliatrice comme cela a pu parfois être observé ailleurs[38].

En outre, les patrons ennoblisseurs ne reculaient pas devant la manière forte comme le *lock-out* et le congédiement en masse. Ainsi, en mai 1890, la forte mobilisation du 1er mai avait été prolongée par un mouvement réclamant la généralisation de la journée de 10 heures en faveur des manœuvres, des femmes et des apprentis ainsi que l'interdiction des heures supplémentaires. Les employeurs cédèrent sur la première revendication. Mais peu après, les maisons de couleur étaient confrontées à de nouveaux arrêts de travail et à des mises à l'index. Elles fermèrent alors leurs usines et rédigèrent un texte rappelant les concessions déjà effectuées en menaçant de renvoyer les grévistes :

> « Il est décidé que si dans un délai de trois jours, les ouvriers ne sont pas rentrés dans ces maisons, les maisons ci-dessous fermeront leurs ateliers et la présente affiche dans les ateliers tiendra lieu de signification de trois jours [il s'agit du délai de congé d'usage dans la profession] qui expireront vendredi soir 23 courant, pour les ouvriers, ouvrières et manœuvres de la flotte couleur[39]. »

35. AD 69 154J, comptes rendus des assemblées plénières des deux chambres syndicales de la teinture, 14 janvier 1899-15 décembre 1904, réunion du 3 décembre 1900.
36. AD 69 154J, comptes rendus des réunions de la Chambre syndicale des patrons teinturiers et apprêteurs de Lyon, 2 mai 1900-19 novembre 1912, réunion du 27 novembre 1903.
37. V. Robert, *Les chemins de la manifestation, 1848-1914*, Lyon, Presses universitaires de Lyon, 1996, p. 310.
38. V. Viet, *Les voltigeurs de la République. L'Inspection du travail en France jusqu'en 1914*, vol. 1, Paris, CNRS Éditions, 1994, p. 356-359.
39. AD 69 154J, comptes rendus des réunions du Cercle des teinturiers, réunion du 19 mai 1890.

Autre outil au service de la résistance patronale : la caisse de grève. Les premières allusions à un tel fonds, probablement établi lors du conflit de 1903, remontent à 1904[40]. Deux ans plus tard, en mai 1906, 17 entreprises des chambres n° 1 et n° 2 fondaient une association baptisée Union des teinturiers et apprêteurs de Lyon et de la région, et dont une des principales sinon la principale fonction fut de constituer un fonds de garantie pour soutenir les adhérents confrontés à une grève, d'où son nom officieux de « caisse de grève[41] ».

La coordination patronale s'effectuait au cours des réunions syndicales qui se multipliaient au moment des conflits ou avant lorsque leur éclatement était prévisible. Ainsi, plusieurs réunions précédèrent le 1er mai 1890, et celui de 1906 était évoqué dès le mois de février. Ces réunions pouvaient être convoquées à la demande des patrons qui étaient menacés ou touchés par une grève ou par une mise à l'index et qui désiraient consulter leurs collègues. Un débat s'engageait alors sur la stratégie à suivre, sur la réponse à faire dans les usines aux délégués ouvriers. Si nécessaire, il était suivi d'un vote. La confirmation de la stratégie arrêtée était parfois vérifiée lors de chaque réunion. Dans certaines circonstances, l'engagement était confirmé par écrit. Ce fut le cas en mai 1890 entre les maisons de couleur alors que celles de teinture en noir, épargnées par le conflit, refusèrent, par la voix de J. Gillet, de suivre leurs collègues[42].

La vigueur des conflits n'excluait pas la volonté d'éviter les provocations. Ainsi, lors de la discussion précédant le 1er mai 1890, J. Gillet conseillait de ne pas renvoyer les ouvriers absents ce jour-là « afin de ne point irriter les rapports entre les patrons et les ouvriers et empêcher ainsi des conflits dans la suite[43] ». De même, quelques jours plus tard, un adhérent proposait « en prévision des événements futurs sur la question des huit heures » de passer à l'heure la main-d'œuvre qui dans la plupart des entreprises était à la journée. Cette idée fut « vigoureusement rejettée *(sic)* sous raisons que dans le moment actuel, elle ne pourrait servir qu'à compliquer la situation au lieu de l'améliorer et qu'il ne faillait rien toucher à l'état de chose existant[44] ».

D'ailleurs, la confrontation et le refus de la négociation collective n'excluaient ni les contacts ni les concessions. La négociation empruntait des voies variées. En mai 1890, après la menace de *lock-out* de la part des maisons de couleur, les prud'hommes ouvriers firent une démarche de conciliation auprès de leurs collègues patrons, membres du Cercles des teinturiers. La décision de reprise du travail fut aussi transmise par ce canal. Puis, durant la négociation qui suivit et qui portait sur un projet de règlement de la corporation, les contacts avec la commission ouvrière

40. Il s'agissait alors de décider de l'utilisation du reliquat. AD 69 154J, comptes rendus des assemblées plénières des deux chambres syndicales de la teinture, 14 janvier 1899-15 décembre 1904, réunion du 15 avril 1904.

41. J. FOURNIER, *L'ennoblissement textile, Lyon. Essai sur l'histoire d'une profession « haute en couleurs »*, étude reprographiée, 1999.

42. AD 69 154J, comptes rendus des réunions du Cercle des teinturiers, réunions du 13 mai 1890 et suivantes.

43. *Ibidem*, réunion du 29 avril 1890.

44. *Ibid.*, réunion du 2 mai 1890.

et les prud'hommes ouvriers furent assurés par les prud'hommes patrons. Un texte de compromis fut accepté par les représentants ouvriers mais ils ne furent pas suivis par leur assemblée générale. Les employeurs décidèrent néanmoins d'adopter un règlement. Non pas celui sur lequel on s'était accordé, mais une version modifiée, rédigée par un de leurs conseillers prud'hommes. Il reprenait la réduction à 10 heures de la journée de travail des manœuvres, femmes et apprentis qui avait été consentie peu auparavant, mais il réaffirmait la liberté des patrons de régler le travail comme ils l'entendaient et donc de recourir aux heures supplémentaires dont le taux était fixé dans le document[45]. Ce règlement fut modifié à plusieurs reprises, en 1903, 1909, 1913, et le tarif des rémunérations lui fut intégré. Il allait donc devenir une base contractuelle pour les employeurs comme pour les employés. On le voit bien en 1913, lorsque les ouvriers apprêteurs proposèrent de modifier ce règlement pour y inscrire leurs revendications salariales. Ils l'envoyèrent aux organisations patronales. Du côté de ces dernières, certains envisagèrent de répondre à cette proposition par un nouveau règlement intégrant une augmentation des salaires mais supprimant le préavis de trois jours. Il leur fut objecté que cette suppression pourrait être considérée comme une rupture du « contrat de travail de 1903 » (c'est-à-dire du règlement modifié en 1903) de la part des employeurs et qu'il valait mieux attendre qu'elle vienne des ouvriers.

Ainsi, même si les patrons ne le considéraient pas comme tel, ce règlement a fini par prendre la forme d'une quasi-convention collective au sens que lui donnera la loi de 1919. Il fit d'ailleurs l'objet de modifications entre les deux guerres en 1919 et 1934. Affiché dans les établissements, il fut aussi déposé au greffe des prud'hommes. En lui donnant cette publicité, les employeurs entendaient faire que ses termes soient intégrés par les prud'hommes dans les usages de la corporation. On notera d'ailleurs que, selon le même principe, la publicité donnée conjointement à certaines pratiques commerciales par les organisations patronales des fabricants et des marchands de soie visait à les faire reconnaître comme des usages auxquels se référait le tribunal de commerce.

Qu'il faille prendre en compte l'élaboration d'une régulation locale ou régionale est évident. Mais les réticences patronales à l'égard de la négociation collective faisaient que les formes de cette régulation étaient insuffisantes pour déboucher sur de grandes avancées dans le domaine de la réglementation du travail ou de l'hygiène des établissements industriels.

Renforcement et structuration du mouvement patronal en réponse aux grandes lois sociales

Étant donnés les principes qui dominaient au sein du patronat de l'ennoblissement, on ne sera pas étonné de constater que, au fil des comptes rendus de réunions, l'évocation des textes relatifs à la législation ou à l'organisation du travail fassent l'objet de vives critiques ou de sévères condamnations. De ce point de vue, rien ne

45. *Ibid.*, réunion du 6 juin 1890.

distingue particulièrement les ennoblisseurs des autres industriels. En revanche, il convient de souligner combien les années 1890 et 1900 sont importantes dans la structuration du mouvement patronal et qu'elles se caractérisent par l'évolution des fonctions de ses organisations.

La législation du travail : un sujet de préoccupation majeur

À partir de 1892, une succession de grandes lois témoigne d'une volonté marquée d'intégration sociale du monde ouvrier à la République [46]. Et de fait, la législation du travail et sa mise en œuvre prennent une place croissante dans les préoccupations des industriels de l'ennoblissement. Ces questions émergent en 1891 dans les comptes rendus de réunion auparavant dominés par les problèmes d'ordre technique, de prix de façon, de tarification douanière ou, plus ponctuellement, les conflits sociaux. À la fin du mois de mai 1891, la discussion consacrée aux projets de réglementation du travail était l'occasion de rappeler le principe de « liberté absolue du travail », c'est-à-dire l'opposition à toute limitation par la loi. Celle-ci ne paraissait acceptable que pour les filles, les femmes – et encore pour certains seules les filles mineures devaient être concernées – et les enfants. Un an et demi plus tard, le Cercle protestait contre la loi du 2 novembre 1892 sur les « femmes et les filles mineures ». À partir de décembre 1892, il se penchait sur le projet de loi sur les règlements d'atelier adopté par la Chambre le 3 novembre précédent et le discutait article par article [47]. Les teinturiers en pièces et en noir étaient en pointe car ceux en flottes couleur, dont le personnel était beaucoup plus masculin, se sentaient moins concernés [48]. En décembre 1897, ce fut le projet de loi sur les accidents de travail qui concentra les attaques, mais cette fois la critique du texte et la manifestation de soutien au projet sénatorial étaient prises en charge par l'UCSL [49]. Après son adoption ce furent les modalités d'assurance qui préoccupèrent les ennoblisseurs. Ceux-ci participèrent à une commission chargée d'étudier la formation d'une caisse d'assurance mutuelle contre les accidents de travail. Mais cette initiative tardive ne paraît guère avoir eu d'écho parmi les membres des chambres syndicales qui étaient nombreux à s'être engagés auprès d'autres structures d'assurances. La loi du 30 mars 1900 suscita les inquiétudes patronales, qui décidèrent de faire porter leurs efforts sur quatre points. D'abord, l'interprétation de la division des locaux afin d'« obtenir de faire considérer par MM. les inspecteurs comme locaux séparés dans une usine ceux dans lesquels ne seront occupés que des hommes adultes, à l'exclusion de toute femme, fille mineure ou enfants protégés par la nouvelle loi » ; avoir l'autorisation de « garder quelques hommes pendant le repos général, afin de permettre et entretenir les opérations commencées qui ne peuvent être suspendues

46. V. VIET, *op. cit.*, p. 241.
47. AD 69 154J, comptes rendus des réunions du Cercle des teinturiers, réunion du 23 décembre 1892.
48. *Ibidem*, réunion du 30 janvier 1893.
49. AD 69 154J, comptes rendus des réunions du Cercle des teinturiers, réunions du 14 décembre 1897 et du 29 juillet 1898.

sans occasionner un préjudice grave et souvent la perte totale de la marchandise » ; faire admettre les établissements d'ennoblissement parmi les « ateliers dans lesquels un travail supplémentaire est permis pour une durée de 2 heures par jour et cela pendant 120 jours » et, enfin, pouvoir « faire venir avant l'entrée réglementaire et [...] garder après la sortie générale quelques ouvriers et ouvrières indispensables à la bonne marche des manipulations ; et cela tout en ne demandant à personne plus de 10 ou 11 heures de travail effectif[50] ». Cette question des heures supplémentaires fut à nouveau évoquée en 1905.

En 1901, l'adoption du projet de loi sur les retraites ouvrières par la commission d'Assurance et de Prévoyance sociales donna lieu à son tour à discussion. Si une minorité ne rejetait pas le principe de l'obligation, la plupart manifestaient leurs craintes de voir les ouvriers refuser les retenues prévues sur leurs salaires et d'en voir la charge retomber sur l'employeur. Ils considéraient également que l'obligation contenue dans le projet était contraire à la liberté et à la dignité tant du patron que de l'ouvrier. Cohérents avec leurs convictions, ils proposaient au contraire d'étudier « les moyens pratiques pour obtenir par la mutualité la constitution d'une retraite aux ouvriers. Que dans ce but, une allocation soit accordée par l'État aux ouvriers qui auront fait les versements, combinée ou non avec celui du patron[51] ». À nouveau, l'UCSL se chargeait de synthétiser les critiques formulées par les organisations adhérentes pour les communiquer au ministère du Commerce[52]. En 1905 et 1906, l'offensive des inspecteurs du travail en vue de faire appliquer le décret du 29 novembre 1904 devint un sujet de préoccupation. Après 1906 et jusqu'en 1914, la place tenue par ces questions dans les comptes rendus se réduit considérablement. Est-ce à dire que les patrons ennoblisseurs y accordaient moins d'attention ? Probablement pas. Mais la vague législative était retombée après cette date. D'autre part, nombre d'incertitudes concernant l'interprétation des textes étaient levées. De surcroît, peut-être les discussions se déroulaient-elles désormais en d'autres lieux. Enfin, il faut tenir compte de la source : les comptes rendus de réunions tendent aussi à devenir plus succincts.

Informer et peser

Cette période d'intense activité dans le domaine de la législation du travail a été un facteur important d'évolution des structures de représentation patronale, de leurs fonctions et de leurs modalités d'intervention.

En premier lieu, l'essor de la législation du travail et des textes réglementaires a imposé le développement de la fonction de veille et de consultation juridique au sein des organisations patronales. Il s'agissait non seulement de s'informer des modifications législatives mais aussi de la jurisprudence. Elle se manifesta modestement au sein de la chambre n° 1, qui décida en avril 1901 de souscrire un abon-

50. AD 69 154J, comptes rendus des assemblées plénières des deux chambres syndicales de la teinture, 14 janvier 1899-15 décembre 1904, réunion du 19 juillet 1900.
51. *Ibidem*.
52. *Ibid.*, réunion du 5 septembre 1901.

nement à la *Gazette judiciaire et commerciale de Lyon*[53] afin de suivre l'évolution de la jurisprudence de la loi du 30 mars 1900[54]. En 1902, lors d'un bureau commun des chambres n° 1 et n° 2, il fut décidé de « réunir tous les textes de lois et décrets touchant la réglementation du travail et [d'aviser] aux moyens de les faire distribuer [à leurs] membres[55] ». À un niveau supérieur, cette fonction fut de plus en plus endossée par l'UCSL et par l'Union des syndicats patronaux de l'industrie textile dont les annuaires, pour l'essentiel, étaient composés de la reproduction de textes législatifs et réglementaires, de jurisprudence et de leurs commentaires. En 1912, sur les quelque 230 pages consacrées à ce sujet, les questions relevant du droit du Travail et de la Prévoyance sociale en occupaient la moitié[56].

Mais s'informer ne suffisait pas, il fallait tenter d'orienter les textes et leur application dans un sens plus acceptable aux vues des employeurs. Pour ce faire, le patronat de l'ennoblissement usa de plusieurs stratégies. La voie judiciaire en était une dont on attendait une clarification de l'interprétation des textes législatifs et, si possible, l'établissement d'une jurisprudence favorable. J. Gillet l'exprimait clairement en 1900. Suite à des conversations avec d'autres dirigeants de syndicats de teinturiers (L. Guillaumet de Paris, A. Motte et d'autres industriels du Nord), il fit observer que l'interprétation des textes sur la durée du travail laissait apparaître de fortes divergences, ce qui l'amena, après consultation « des jurisconsultes experts », à rédiger une « note sur les lois ouvrières » qu'il présenta lors d'une réunion plénière des chambres n° 1 et n° 2. Il encourageait ses collègues à lire attentivement les textes et décrets, à consulter comme lui et leur conseillait « la plus grande circonspection jusqu'à ce que tout soit bien élucidé ». Considérant que son entreprise serait prise à partie par les inspecteurs du travail, il entendait « faire juger la question ». Pour ce faire, il voulait éviter la justice de paix et « engager le débat en police correctionnelle afin, chemin faisant, de trouver des opinions éclairées qui trancheront la question en [sa] faveur ». Il constatait que la question des relais, elle aussi sujette à interprétations diverses, aurait besoin d'être tranchée judiciairement et suggérait : « Il y aurait peut-être intérêt à ce qu'un industriel provoque le débat[57]. »

L'analyse des démarches développées en 1900-1901 autour de la mise en œuvre de la loi du 30 mars 1900 éclaire les modalités d'intervention dont disposaient les teinturiers et imprimeurs lyonnais. Sur ce sujet les chambres n° 1 et n° 2 ont opéré conjointement. Au niveau local, des contacts furent établis avec l'inspecteur divisionnaire du Travail, Barral, avec un objectif qui était clairement exprimé :

> « Il y a lieu de craindre telle interprétation arbitraire qui pourrait être absolument ruineuse pour notre industrie ; déjà des observations ont été faites touchant la manière de procéder d'une usine qui fait commencer le travail d'une brigade une

53. AD 69 154J, comptes rendus des réunions de la Chambre syndicale des patrons teinturiers et apprêteurs de Lyon, 2 mai 1900-19 novembre 1912, réunion du 11 avril 1901.
54. *Ibidem*, réunions des 6 juin 1901 et du 16 janvier 1902.
55. AD 69 154J, comptes rendus des assemblées plénières des deux chambres syndicales de la teinture, 14 janvier 1899-15 décembre 1904, réunion du 12 octobre 1902.
56. Union textile, *Annuaire*, 1912.
57. *Ibidem*, réunion du 6 novembre 1900.

heure avant la rentrée générale et l'on est en droit de craindre que des manifestations émanant des syndicats ouvriers influencent Messieurs les inspecteurs dans leur application future de la loi[58]. »

Une entrevue fut donc organisée au cours de laquelle le fonctionnaire précisa ce qu'il fallait entendre par locaux séparés et le nombre d'heures supplémentaires qu'il était en mesure d'accorder. Il indiqua que, puisqu'à Lyon la journée n'était que de 10 heures et que le repas était de deux heures (de 11 heures à 13 heures), les usiniers étaient légalement autorisés à faire effectuer 11 heures et à garder des ouvriers de 11 heures à midi pour achever les opérations en cours. Il livra aussi quelques conseils permettant aux patrons teinturiers, imprimeurs et apprêteurs de faire valoir leurs réclamations, véritable *vade-mecum* pour les interventions auprès de l'administration du Travail. Il suggéra de solliciter l'admission des activités d'ennoblissement dans l'article 1er du décret du 15 juillet 1893 en exposant qu'à Lyon, l'heure supplémentaire était payée 25 % plus cher que l'heure normale, alors qu'elle ne bénéficiait pas de majoration dans le Nord. En cas de succès, le contingent d'heures supplémentaires autorisées serait doublé. Il proposait aussi d'intervenir auprès du ministère pour faire inclure la teinture dans les décrets qui définiraient les établissements autorisés à pratiquer le travail par relais et de rédiger un mémoire qu'il pourrait appuyer, puis de le faire parvenir au ministère par l'intermédiaire des deux députés modérés du Rhône, Aynard et Ravarin, et, enfin, de prendre contact avec le comité consultatif des Arts et manufactures[59].

À Paris, les contacts furent plus limités. À la suite d'un courrier au ministre du Commerce, J. Gillet avait été convoqué devant le Conseil supérieur du travail où il avait défendu, vainement, le maintien du décret du 17 mai 1851 et insisté sur la saisonnalité des activités qu'il défendait.

Au total, l'expérience prouvait que pour peser, il fallait mieux s'organiser. D'abord, en multipliant les contacts entre les patronats des différentes régions. De ce point de vue, la période a été marquée par une intensification des contacts. En 1893, J. Gillet, toujours lui, insistait pour que les Lyonnais joignent leurs protestations à celles des industriels du Nord. Ce qu'il mit en œuvre, sept ans plus tard, alors qu'il présidait la chambre n° 1, en prenant contact avec les responsables des teinturiers de Paris et du Nord de la France. La lettre de protestation des Lyonnais fut d'ailleurs reprise, légèrement modifiée, par les Nordistes. En 1905-1906, ce même besoin de coordination incita les teinturiers français à constituer un comité pour défendre leurs positions, à la suite de l'offensive de l'inspection du travail visant à faire disparaître les buées des ateliers en application de l'article 6 du décret du 29 novembre 1904. Cette structure, on l'a vu, donna naissance en 1907 au Syndicat général des industries françaises et de l'apprêt[60]. Entre-temps, l'Union textile était née de la même exigence :

« À ce moment, de nombreux projets qui modifiaient profondément l'organisation industrielle étaient déposés à la Chambre des députés ; toute une jurisprudence

58. *Ibidem*, réunion du 5 juillet 1900.
59. *Ibidem*, réunion du 19 septembre 1900.
60. Cf. V. VIET, *op. cit.*, vol. 2, p. 546-548.

> nouvelle en matière de législation industrielle se formait. N'était-il pas nécessaire que les industriels textiles pussent échanger leurs vues sur tous les sujets qui leur étaient communs, étudier les lois proposées, faire entendre aux pouvoirs publics une voix d'autant plus autorisée qu'elle était appuyée sur l'expérience pratique [...] [61] ? »

Pour répondre à ces objectifs elle développa, à côté de la veille et du conseil juridique, les fonctions de forum d'échanges d'expériences et de coordination des stratégies d'intervention à travers les réunions de son comité permanent ou de son bureau. Elle entendait aussi devenir un groupe de pression auprès de l'administration et des députés : en 1902, l'Union proposait aux syndicats adhérents de faire des démarches auprès des pouvoirs publics en vue de d'obtenir des modifications ou des adjonctions aux lois ou décrets en vigueur sur la réglementation du travail et quatre ans plus tard, elle soulignait l'urgence qu'il y avait à nouer des contacts avec les commissions de la Chambre des députés et à chercher pour les graves questions soulevées, un député compétent pouvant prendre en main la défense des intérêts de l'industrie [62].

Aux yeux des responsables patronaux, la naissance du ministère du Travail ne constituait pas un tournant. Au vrai, ceci n'est guère étonnant puisque cette création, qui était avant tout un acte politique marquant la consécration publique du monde du travail, se réduisait d'un point de vue administratif à un regroupement de directions ou de bureaux préexistants relevant des ministères de l'Intérieur ou du Commerce et de l'Industrie [63]. Pour les patrons, le véritable tournant est celui des années 1890-1900 qui voit se succéder de grandes lois du travail modifiant les rapports entre les industriels et leurs salariés. Dans l'ennoblissement, comme dans les autres activités, les nouvelles lois ne s'appliquaient pas à un milieu vide de règles. Le jeu subtil de l'affrontement et de la négociation participait d'une régulation locale faite d'usages, de pratiques ou de normes changeantes, à laquelle participaient les prud'hommes et qui avait assuré aux ouvriers lyonnais une situation qui paraît relativement privilégiée au regard de celle des ouvriers nordistes. Face à la nouvelle donne législative et pour peser dans la république parlementaire le patronat a adapté et renforcé les institutions qui défendaient ses intérêts mais il a aussi dû faire l'apprentissage de nouvelles formes d'intervention.

---

61. Union textile, *Annuaire 1910*, Paris, 1910, p. 5.
62. AD 69 154J, comptes rendus des réunions de la Chambre syndicale des patrons teinturiers et apprêteurs de Lyon 2 mai 1900-19 novembre 1912, réunions des 9 décembre 1902 et 23 novembre 1906.
63. V. VIET, *op. cit.*, p. 232-241 ; D. RENARD, « Un train peut en cacher un autre. La création du ministère du Travail et de la Prévoyance sociale en 1906 », *Revue française des affaires sociales*, 55ᵉ année, n° 2 avril-juin 2001, p. 81-103.

Institutionnalisation de la formation syndicale et politique sociale du ministère du Travail (1950-1970)

Lucie TANGUY

E. C. Hughes et beaucoup de sociologues à sa suite ont défini les institutions comme des entreprises collectives, signifiant par là qu'elles résultent de diverses actions congruentes, actions qui prennent souvent la forme de mouvements sociaux avant d'aboutir à faire exister les institutions [1]. L'institutionnalisation de la formation syndicale est une illustration de cette thèse. Elle a été initiée par le mouvement ouvrier corrélativement à son organisation en syndicats. Les syndicats ont, en effet, été les premiers à impulser des actions destinées à diffuser doctrines et stratégies en leur sein afin d'affermir leur cohésion : le Centre confédéral d'éducation ouvrière (CCEO) en 1932 pour la CGT et les Écoles normales ouvrières pour la CFTC à partir de 1925. Les pratiques mises en place à cet effet se sont progressivement cristallisées et ont donné lieu à des règles et des normes qui se transmettent dans des dispositifs particuliers. La formation, ou plutôt l'éducation ouvrière, est ainsi devenue une activité spécialisée qui s'accomplit dans les écoles syndicales [2]. Cette activité s'est développée après la Seconde Guerre mondiale pour offrir à un public élargi des cursus de formation gradués.

Ce sujet n'a guère retenu l'attention des historiens, sociologues et politistes qui ont étudié le mouvement ouvrier et le syndicalisme. La connaissance que nous en avons provient des militants eux-mêmes et, singulièrement, de ceux qui ont eu pour tâche et responsabilité d'organiser cette activité, tels que G. Lefranc, G. Vidalenc, P. Vignaux, etc. [3]. Ces personnalités, d'origine populaire, sont des intellectuels

1. E. C. HUGHES, *Le regard sociologique*, Paris, Éditions de l'École des hautes études en sciences sociales, 1996, p. 137-199.
2. Pour les controverses sur les noms donnés à cette activité, cf. L. TANGUY, *Les instituts du travail, la formation syndicale à l'université de 1945 à nos jours*, Rennes, Presses universitaires de Rennes, 2006.
3. G. LEFRANC, *Essais sur les problèmes socialistes et syndicaux*, Paris, Payot, 1977 ; M. BRANCIARD, *Histoire de la CFDT, soixante-dix ans d'action syndicale*, Paris, La Découverte, 1990. Cf. aussi les mémoires de syndicalistes pour la validation d'études supérieures : J.-F. FAYOL, *Étude préalable à l'élaboration d'une démarche de pilotage du système de formation syndicale CFDT*, mémoire pour le Diplôme d'études supérieures spécialisées, université Paris 1, 1991 ; M. LOMBARDO, *Genèse de l'ISO, 1932-1939*, mémoire de DEA, université Paris 1, 1996 ; N. COLLAS-FRANCHAUT, *Stratégie syndicale et formation au sein de la CGT*, mémoire, Centre d'éducation permanente, université Paris X, 1999 ; G. QUENEL, *Le droit au*

formés dans les Écoles normales supérieures : G. Lefranc est agrégé d'histoire (ENS Ulm), G. Vidalenc est professeur d'histoire (ENS Saint-Cloud) et P. Vignaux est agrégé de philosophie (ENS Ulm).

Nous ne disposons pas, à ce jour, d'ouvrage synthétique sur les écoles syndicales des différentes confédérations bien que chacune se soit préoccupée d'assurer l'éducation de ses membres en fonction de la doctrine qui présidait à son rapport au monde social[4]. La CFTC d'abord et la CFDT ensuite se distinguent par le primat qu'elles ont toujours accordé à la formation dans leur matrice d'action en héritières des mouvements catholiques sociaux particulièrement actifs dans l'entre-deux-guerres.

Prenant acte de ce manque, nous centrerons notre analyse sur un moment de ce processus d'institutionnalisation, qui consacre et élargit l'action entreprise par les organisations syndicales : l'édiction des lois qui reconnaissent un droit à la formation pour les travailleurs exerçant une responsabilité syndicale ou se destinant à le faire. Les lois du 23 juillet 1957 instaurant le congé d'éducation ouvrière, d'une part, et celle du 28 décembre 1959 « tendant à favoriser la formation économique et sociale des travailleurs appelés à exercer des responsabilités syndicales », d'autre part, ont constitué les cadres juridiques et politiques que les syndicats ont utilisés pour affirmer leur pouvoir face à l'État[5]. Ces lois, généralement considérées comme étant à l'origine de l'institutionnalisation de l'éducation ouvrière, n'en sont pourtant qu'un moment. À la méconnaissance de l'action du mouvement ouvrier et syndical signalée plus haut s'ajoute celle concernant le ministère du Travail dans ce domaine.

C'est pourquoi nous commencerons par examiner les initiatives prises par ce ministère dès le début des années 1950, en direction des syndicats dits « libres », CFTC, CGT-FO, CGC, en vue de les constituer en interlocuteurs responsables dans l'accomplissement des nouvelles fonctions qui leur ont été conférées : participation à des fonctions de représentation ou à des responsabilités au sein des organismes tels que la Sécurité sociale, les conseils d'administration des entreprises nationalisées, les comités d'entreprise, etc. Rappelons que dans ces années, la CFTC est encore une organisation relativement modeste, la CGT-FO est surtout implantée chez les fonctionnaires et la CGT est, de loin, majoritaire chez les ouvriers. Le ministère organise des missions de productivité aux États-Unis à leur intention pour leur faire connaître l'organisation et le fonctionnement des syndicats améri-

congé de formation économique, sociale et syndicale, université Paris 1, Département AES études sociales, 2002. Les travaux sur les militants en formation syndicale sont rares. Cf. cependant l'enquête du Centre confédéral d'études économiques et sociales et du Centre confédéral d'éducation ouvrière : J. Magniadas, R. Mouriaux et M. Piolot, *Les militants de la CGT en formation syndicale*, CGT, 1973.

4. À titre d'exception, cf. M. David (dir.), *L'individuel et le collectif dans la formation des travailleurs, approche historique (1944-1968)*, Paris, Economica, 1976 ; A. Vuillod-Mounier, *La formation des militants dans les syndicats ouvriers, son rôle et son influence dans l'activité syndicale*, thèse de 3e cycle, faculté des lettres et sciences humaines de Paris, École pratique des hautes études, 1969 ; *Éducation permanente*, « La formation syndicale », n° spécial 154, 2003.

5. Loi n° 57-821 du 23 juillet 1957 « accordant des congés non rémunérés aux travailleurs en vue de favoriser l'éducation ouvrière » ; loi n° 59-1481 du 28 décembre 1959 « tendant à favoriser la formation économique et sociale des travailleurs appelés à exercer des responsabilités syndicales ».

cains ainsi que les relations de coopération contractuelle qu'ils entretiennent avec les dirigeants d'entreprise. Il soutient – voire impulse – la mise en place de bureaux d'études auprès des directions syndicales dans le même objectif, et crée un institut de recherches en sciences sociales dans l'université de Paris.

Après avoir rappelé le mode d'intervention du ministère du Travail durant les années qui précèdent l'édiction des lois fondatrices, nous observerons les modalités de leur mise en œuvre et discuterons l'opinion selon laquelle « la loi de 1957 et son application est le résultat d'un réel et triple consensus : État, syndicats, chefs d'entreprise[6] ». Elle n'a, en effet, pas suscité de controverses publiques puisqu'elle consacrait des pratiques antérieures. Pourtant les archives laissent apparaître que la mise en application de ces lois a été, tout au long de la période observée, un objet et un lieu de conflits entre acteurs politiques, ministres, élus (nationaux ou régionaux), hauts fonctionnaires de l'administration du ministère, et syndicats. Chacun de ces protagonistes a tenté d'interpréter et d'utiliser ces lois en vue de fins les dépassant. La reconnaissance d'un droit à une formation syndicale apparaît avoir été plus conflictuelle qu'il ne l'est admis.

Nous examinerons ensuite un autre segment de l'institutionnalisation de la formation syndicale, les instituts du travail. Créés en 1955 à l'initiative d'universitaires, au sein des facultés de droit, ils représentent une véritable innovation et occupent toujours une position originale. L'ouverture des onze instituts existants a été soumise au contrôle de l'application des lois sur la formation économique et sociale par les organisations syndicales. La carte géographique des instituts que nous connaissons aujourd'hui résulte, nous le verrons, des décisions prises conjointement par le ministère du Travail et les trois principales centrales syndicales de salariés représentatives à l'époque.

Notre étude montre que l'institutionnalisation de la formation syndicale a été façonnée au terme d'interactions entre le ministère du Travail, son administration et les syndicats. Elle repose pour l'essentiel sur le dépouillement des archives déposées par le ministère du Travail, et plus précisément par une de ses directions, la direction du Travail (dénomination qui a connu des variantes dans le temps) en charge des lois relatives aux congés éducation, aux comités d'entreprise, aux représentants du personnel et aux aspects internationaux des problèmes du travail[7]. La réalité ainsi éclairée se limite aux aspects les plus visibles et les plus disputés : les règles et prescriptions qui organisent l'éducation ouvrière et, partiellement, son financement par l'État. Les sources utilisées ne permettent pas d'accéder à l'usage que les organisations syndicales ont pu faire de ce droit et des subsides qui lui étaient assortis. Les politiques de formation de ces organisations et, *a fortiori*, les contenus enseignés restent, à ce jour, quasiment méconnus. Leur investigation nécessite d'autres approches et d'autres sources documentaires que nous avons pu appliquer sur un

6. J.-P. Brière, « introduction », inventaire du fonds AN, 760121, 1991.
7. La consultation des archives de la DRT a été complétée par des entretiens de l'auteur avec Yves Delamotte, conseiller dans les cabinets de deux ministres du Travail et chef de la sous-direction des Relations professionnelles de ce ministère, et avec Pierre Fournier (cf. P. Fournier, *Quarante ans place Fontenoy*, Rennes, Presses universitaires de Rennes, 2006).

segment singulier de la formation syndicale, les instituts du travail[8]. L'étude est centrée ici sur les pratiques développées au cours du temps dans les écoles syndicales et l'espace au sein duquel l'État (par l'intermédiaire du ministère du Travail) et les syndicats se rencontrent pour négocier les problèmes du travail.

Associer les syndicats à l'entreprise de modernisation de la France

Au lendemain de la Seconde Guerre mondiale, l'accroissement de la productivité économique est un impératif qui s'impose autant aux dirigeants politiques qu'aux dirigeants et aux personnels des entreprises. La bataille pour la productivité est engagée dès 1948 par des hommes d'État comme Jean Monnet (elle fut de fait engagée dès l'automne 1944 dans le cadre de la « bataille pour la production » cautionnée par le PCF et la CGT, mais en 1948 les communistes ne sont plus au pouvoir et s'opposent à cette politique). Des institutions sont mises en place à cet effet : le Comité national de productivité (CNP) en 1950, où les syndicats sont représentés, l'Association française pour la productivité (AFAP) qui reçoit des fonds importants pour organiser des missions de productivité aux États-Unis et, en 1953, le Commissariat général à la productivité (CGP)[9]. Une véritable mobilisation nationale est alors lancée au moyen de multiples actions allant de la législation au changement des comportements et des attitudes au travail qui présente l'accroissement de la productivité comme une « panacée ». L'accent alors mis sur l'importance du « facteur humain » (« les relations humaines, l'intéressement des salariés, la psychotechnique, la psychosociologie ») donnait une représentation presque exclusivement psychologique de la productivité, et la formule « la productivité est un état d'esprit », répétée à satiété, aboutissait à développer une mystique qui n'a pas été sans provoquer quelques mécomptes[10].

Les problèmes soulevés par la mise en œuvre de cette idée ont fait l'objet d'études par des commissions et des groupes de travail composés, eux aussi, de représentants « d'organisations syndicales de chefs d'entreprise, de cadres, d'ouvriers, des professions industrielles et commerciales et des divers départements ministériels intéressés ». Le découpage de la politique de productivité en domaines d'action et leur dénomination sont autant d'indices qui expriment l'orientation de cette politique. C'est ainsi que la troisième partie du rapport relie le travail à la consommation et que l'un des chapitres a pour titre « Travail, climat social et productivité » pour désigner quatre sous-ensembles de questions : productivité et plein emploi ; l'adaptation de l'homme à l'évolution des métiers ; la coopération du personnel dans les entreprises ; l'action syndicale et la productivité. J. Gouin, inspecteur du travail représentant le ministère, assume les fonctions de secrétaire général de l'une

8. L. Tanguy, *op. cit.*, chap. 5 et 8.
9. G. Brucy, « La doctrine de la CGT sur la formation des adultes : entre pragmatisme et lutte de classes (1945-1955) », *Travail et Emploi*, n° 86, avril 2001, p. 65-87.
10. AN, 760121, art. 64, Programme d'études et de recherches de productivité présenté par la commission Productivité du 4e Plan d'Équipement.

des premières commissions mises en place en 1950 dont le titre, « Productivité et coopération du personnel des entreprises », indique bien l'orientation des actions dévolues à ce ministère. La commission d'étude, intitulée « Productivité et plein emploi » (créée elle aussi dès 1950 pour répondre aux craintes de chômage ressenties par les travailleurs) est présidée par M. Bapaume, vice-président de la CFTC. L'architecture de ce dispositif conçue pour mobiliser les principales composantes du corps social va assurer le succès de son fonctionnement tout au long de la décennie des années 1950 durant lesquelles les États-Unis accorderont leur assistance technique et financière au redressement économique de la France. Le ministère du Travail y trouve un lieu et des occasions de développer des liens étroits avec les organisations syndicales[11].

Face aux ministères de l'Industrie et du Commerce et de l'Agriculture, spontanément désignés comme les premiers bénéficiaires de l'aide technique américaine, le ministère du Travail justifie son domaine de compétence par son action en direction des organisations syndicales. Plus généralement, les discours tenus par les représentants du ministère du Travail soulignent toujours la nécessité de donner un caractère social, et pas seulement économique, à la politique de productivité. Conquérir et défendre cette position au sein de l'appareil d'État a généré des disputes. En 1949, le directeur de la Main-d'œuvre juge le projet de création de groupes mixtes, réunissant des employeurs, des cadres, des techniciens et des ouvriers, élaboré par le ministère de l'Industrie et du commerce, « dangereux parce qu'il est marqué d'une emprise patronale trop apparente » qui ignore le rôle capital qu'ont les organisations syndicales pour « promouvoir l'esprit de productivité[12] ».

La formation ouvrière représente un chapitre essentiel de cette action, puisque l'accord de coopération économique prévoit dès 1952 l'attribution d'un crédit de 1,1 million de dollars à celle-ci, « sur les 30 millions de dollars accordés à l'ensemble du programme productivité du gouvernement français pour cette année ». L'initiative de ces formations peut revenir aux syndicats mais leur contrôle, leur financement et leur réalisation appartiennent au ministère du Travail. Elles ont pour fin d'intéresser les syndicats ouvriers aux programmes de productivité, objectif explicite des accords d'assistance technique américaine au gouvernement français.

Cette attente rencontre la volonté du ministre du Travail qu'est Paul Bacon, en exercice de 1950 à 1962, dont le nom est attaché à la mise en place de la Sécurité sociale et à la politique de participation. Ancien jociste, très lié à la CFTC, élu député MRP, il partage cette conviction des organisations catholiques que la formation est le meilleur vecteur des transformations sociales à instaurer dans le cadre d'un régime politique libéral[13]. Il apparaît aujourd'hui comme un de ces grands réformateurs de la France d'après-guerre qui ont promu, avec d'autres, et dans un contexte historique favorable, un train de réformes sociales en faveur du monde du

11. *Actions et problèmes de productivité*, premier rapport du Comité national de productivité, 1950-1953.
12. AN 760121, art. 46, note de M. Rosier, directeur de la Main-d'œuvre, au ministre, 1949.
13. B. Béthouart, *Des syndicalistes chrétiens en politique (1944-1962), de la Libération à la Ve République*, Villeneuve-d'Ascq, Presses universitaires du Septentrion, 1999.

travail. Il utilise le programme de productivité pour tenter d'introduire un régime de relations professionnelles où la coopération entre ouvriers et employeurs se substitue à leur confrontation.

Les missions organisées en direction des syndicats dits libres visent à leur faire découvrir la puissance du mouvement ouvrier américain, dont les directions sont formées dans les mêmes établissements d'enseignement que les cadres et les spécialistes en sciences sociales. L'organisation et le fonctionnement de ces syndicats, assistés de bureaux d'études, sont montrés comme autant de facteurs qui instituent des conventions collectives en « véritables codes de rapports entre employeurs et salariés dans les entreprises [14] ». Des missions à caractère plus technique, comme la formation de comptables syndicalistes par exemple, visent l'acquisition de techniques et de dispositions pour participer aux organismes de consultation dans les entreprises. Car il ne s'agit pas de former des techniciens ou des experts proprement dits mais de « placer [les syndicalistes] à la hauteur des discussions qu'ils doivent avoir avec les chefs d'entreprise [15] ». Parallèlement à ces missions aux États-Unis, le ministère du Travail attribue des subventions aux confédérations syndicales afin d'assurer la formation de leurs militants et de créer des bureaux d'études qui les assistent sur le plan de l'information et de l'analyse. CFTC, CGT-FO, CGC, bénéficient de ces subsides octroyés par l'AFAP. La CGT est exclue à cause de son refus de participer à la politique de productivité. À côté de cette aide accordée aux syndicats représentatifs, le ministère du Travail participe à la création et au financement d'organismes spécialisés dans l'étude des questions de productivité en rapport avec les relations de travail dans les entreprises, parmi lesquels le CIERP (Centre intersyndical d'études et de recherches de productivité) créé en 1951 au retour d'une mission interprofessionnelle d'étude aux USA, le BIEIC (Bureau intersyndical d'études de l'industrie cotonnière), devenu BIEIT (bureau intersyndical d'études de l'industrie textile), et le CADIPPE (Comité d'action pour le développement de l'intéressement du personnel à la productivité des entreprises) [16].

Parmi ces créations, la plus connue et la première en date en 1951, l'ISST (Institut des sciences sociales du travail), est réalisée à l'initiative du ministère du Travail et de l'université de Paris. En lui donnant pour mission de développer un enseignement auprès des spécialistes des problèmes humains du travail et d'entreprendre des recherches sur les mêmes questions, Paul Bacon place cette initiative dans le sillage de l'action du BIT et d'expériences étrangères telles que les relations industrielles qui, toutes, témoignent selon lui de la recherche d'un humanisme du travail.

14. AN, 76012, art. 122, note de la direction du Travail, sous-direction des Relations professionnelle, Plan pour une allocation aux membres des missions « Conventions collectives D » et « Études et recherches syndicales », s. d.

15. AN, 76021, art. 65, note du Centre de formation des militants syndicalistes CGT-FO, demande de subventions pour la formation et le perfectionnement des militants syndicaux d'entreprises, s. d.

16. R. RICHARD, « Le syndicalisme français devant les problèmes de la productivité », *Revue internationale du travail*, 1953, n° 3, p. 297-323. René Richard est secrétaire général de la Fédération nationale des ingénieurs et cadres supérieurs CGT-FO, vice-président de l'AFAP et président fondateur du CIERP. Sur cet aspect de l'action du ministère, cf. P. CRISTOFALO, *Syndicalisme et expertise*, université Paris X-Nanterre (thèse en cours).

Tous les indicateurs de mesure des actions menées dans le cadre de la politique de productivité placent celles du ministère du Travail loin derrière celles du ministère de l'Industrie et de l'énergie (le ministère de l'Industrie et de l'Énergie a organisé 35 % des missions groupant 41 % des participants, alors que le ministère du Travail et de la Sécurité sociale a, à la même date, organisé 10 % des missions qui ont regroupé 12 % des participants [17]). Mais ces mesures ne peuvent rendre compte des effets durables que ces actions ont imprimés aux relations sociales du travail et singulièrement aux relations entre État et syndicats en France. Ainsi, lorsque les crédits de l'assistance américaine s'interrompent en 1960, le ministère du Travail s'était doté d'une autorité lui permettant d'imposer aux organisations professionnelles patronales les règles éprouvées durant la décennie précédente et d'assurer le relais des financements accordés aux organismes de formation, d'études ou de recherches syndicales.

Une application des lois négociée entre l'administration étatique et les syndicats

La loi de 1957 introduit une discontinuité avec les pratiques antérieures en instituant une commission dont le ministère du Travail doit prendre l'avis avant d'arrêter la liste des centres et instituts habilités à offrir des stages de formation. Placée sous l'autorité du représentant de ce ministère, elle comprend, outre un représentant du ministère de l'Éducation nationale et un représentant du ministère de l'Agriculture, deux représentants de chacune des organisations syndicales les plus représentatives sur le plan national. Les syndicats utilisent cette place pour contrôler l'application de la loi en l'interprétant de manière à asseoir leur pouvoir d'action et à en écarter tous les prétendants susceptibles de leur porter ombre. Les procès-verbaux de cette commission permettent d'observer la diversité des points de vue en présence, les oppositions et ententes sur l'acception à donner à cette loi dont les enjeux dépassent son énoncé : elle consacre en effet la possibilité, pour une organisation, d'exister comme acteur collectif dans le domaine des relations de travail. La lecture de ces procès-verbaux montre que, durant la période 1958-1973, les syndicats se sont tantôt coalisés contre le CNPF, tantôt divisés, la CGC s'alliant parfois au CNPF. Le représentant du ministère du Travail qui présidait la séance se bornait, le plus souvent, à enregistrer les divergences de points de vue et à renvoyer les demandes commentées à leurs auteurs. Le fonctionnement de cette commission a pu favoriser un certain consensus entre les différentes parties mais a, simultanément, engendré un conservatisme des positions acquises, au sein des instituts du travail notamment [18].

17. Résultats d'une enquête lancée par l'AFAP en 1952. Cf. *Action et problèmes de productivité*, premier rapport du CNP, 1950-1953, p. 57-61.
18. Cette institution reste aujourd'hui réservée aux trois organisations reconnues représentatives à la fin des années 1950 (malgré le décret de 1989 spécifiant les missions de ces instituts : la formation des membres des organisations syndicales et des organismes du secteur de l'économie sociale et des associations).

La première réunion de cette commission se tient en février 1958, sous la présidence de Pierre Laurent, directeur général du Travail et de la Main-d'œuvre, qui expose le cadre général dans lequel doivent être examinées les demandes, compte tenu que

> « [...] l'objet essentiel de cette loi est de promouvoir la formation sociale et économique des travailleurs en vue de leur permettre de faire face aux responsabilités nouvelles qui leur ont été conférées et qui s'imposent : responsabilités syndicales proprement dites et participation à des fonctions de représentation ou à des responsabilités au sein d'organismes ayant un caractère institutionnel (comme les organismes de sécurité sociale, les juridictions prud'homales, les comités d'entreprises) et qui sont essentiels pour le monde du travail ».

Ce caractère institutionnel est reconnu par les centres rattachés à des organisations ouvrières représentatives mais reste plus indéterminé pour les « instituts spécialisés dont la commission devra examiner les structures et les réalisations dans ce domaine[19] ». Les syndicats représentatifs doivent pourtant administrer la preuve de leur capacité en la matière. Les lois sur les congés éducation et l'aide à leur financement instaurent un droit collectif qui substitue une formation inscrite dans le temps de travail aux cours du soir, lesquels font appel à la volonté individuelle d'apprendre. La première de ces lois place les syndicats en position d'acteurs participant effectivement à l'exercice de ce nouveau droit collectif, alors que la seconde leur confère les ressources nécessaires pour le réaliser. L'application de ces deux lois révèle leur caractère éminemment politique.

La reconnaissance de la représentativité à l'échelle nationale devient ainsi une obligation sur laquelle le ministère exerce une surveillance intéressée. La lutte menée par la CFDT (CFTC) et la CFTC (maintenue) après la scission de 1964 en est une illustration éloquente. La CFDT (CFTC) introduit toutes sortes de recours auprès du ministère et des tribunaux pour retirer à la CFTC (maintenue) son statut de représentativité et d'une manière concomitante les droits assortis à ce statut. Après trois années de luttes particulièrement âpres, où la CFDT (CFTC) est soutenue par les trois autres organisations représentatives (CGT, CGT-FO, CGC), le ministère tranche en faisant valoir son interprétation face à la coalition syndicale[20]. L'argumentation qu'il développe à cet effet traduit son intérêt pour un pluralisme syndical qui lui donne de plus grandes marges d'action tout en en restant maître.

La demande faite en 1971 après d'autres essais par la Confédération française du travail (CFT) et par l'Union des cadres et techniciens (UCT), et soutenue par le ministre du Développement industriel et scientifique qui plaide la reconnaissance de sa représentativité, est rejetée au motif que la commission a émis un avis de refus : « En conséquence, je n'ai pas estimé possible d'inscrire l'ACPE (Association Cadres et Prospectives affiliée à l'UCT) sur la liste dont il s'agit. » Le représentant

19. AN, 1991 0187, article 1, procès-verbal de la séance du février 1958.

20. AN, 1984 0268, article 4, Observations produites par le ministère des Affaires sociales en réponse au pourvoi formé le 11 juillet 1966 par la CFTC contre un arrêté du ministère des Affaires sociales en date du 9 mai 1966 complétant la liste des organismes dont les stages ou sessions ouvrent droit aux congés non rémunérés d'éducation ouvrière.

de la CFDT fait valoir que se pose le problème de la représentativité de ces deux organisations,

> « [...] lequel est d'ordre politique au sens large et qu'il revient au Gouvernement de le régler. Par ailleurs, il tient à faire observer, en ce qui concerne la CFT, que cette organisation, qui se prétend syndicale constitue une déviation du syndicalisme et utilise les travailleurs à de basses besognes. Il estime qu'elle renie les valeurs du mouvement ouvrier français et international. Or reconnaître ne serait-ce qu'un soupçon de légitimité à ce Centre dans l'action ouvrière serait, pour la CFDT, se dévoyer elle-même. En conséquence, la CFDT est opposée à l'inscription du Centre de la CFT sur la liste des organismes ouvrant droit au congé-éducation ».

La majorité des syndicats de salariés s'aligneront sur cette position ; la CGC et le CNPF s'abstiendront. De l'autre côté, le ministre du Développement industriel et scientifique plaidait pour que l'UCT retrouve la représentativité qu'elle a perdue en 1969 en se séparant de la CGC, confédération à laquelle elle s'était affiliée. Le directeur de l'Électricité et du Charbon de ce ministère développait, lui aussi, divers arguments en faveur d'une reconnaissance de représentativité sur le plan national, puisque l'UCT « a recueilli, en 1969, 15,5 % des suffrages exprimés dans le collège maîtrise et cadres[21] ».

Les demandes faites par d'autres organisations, telles que la Confédération nationale des chauffeurs routiers et salariés de France, connaissent la même issue. Après avoir essuyé deux refus successifs, cette organisation se tourne, en 1969, vers le secrétariat d'État auprès du Premier ministre chargé de la Fonction publique et des réformes administratives, qui s'adresse au ministre du Travail Joseph Fontanet. La réponse du ministre du Travail s'en tient au rappel des conditions requises et fixées par les dispositions législatives qui ne peuvent être transgressées[22]. Le tribunal administratif de Clermont-Ferrand, auprès duquel cette organisation introduit un recours, récuse le bien-fondé de la décision ministérielle. Une étude est alors entreprise par les services du ministère du Travail pour connaître la proportion de conducteurs de véhicules appartenant aux branches d'activités de l'industrie et du commerce. Il en ressort que « la Fédération des chauffeurs routiers doit être considérée comme un syndicat de nature "catégorielle" et nullement représentative d'une branche ». Un nouveau refus d'agréer le centre de formation des salariés des transports, en 1971, suscite une intervention de cette organisation auprès du ministre dont le style et la teneur ramènent le cadre juridique à son caractère politique :

> « Il ne pouvait en être autrement, les membres de la Commission représentant des organisations syndicales qui nous sont opposées pour diverses raisons et qui ne veulent pas qu'une organisation syndicale non politisée puisse dispenser un enseignement syndical autre que celui qui consiste en définitive à détruire la société dans laquelle nous vivons. Monsieur le directeur de l'Emploi veut bien me faire connaître qu'il "a estimé suivre l'avis de la commission" [souligné dans le texte] ; or cet avis est textuellement celui de la direction de l'Emploi, qui interprète l'esprit du législateur, alors que seul le texte intégral de la loi doit être appliqué. J'ajoute, et vous

21. AN, 1984 0268, art. 5, réunion du 20 septembre 1972.
22. AN, 1991 0187, art. 2, lettre du 13 décembre 1970.

> le savez, que cette interprétation a été condamnée par le Tribunal administratif de Clermont-Ferrand. Mais il y a plus grave, l'agrément de ce centre nous a été promis en mai 1968, par le représentant de Monsieur le Premier ministre en contrepartie de la sagesse et du sens civique des chauffeurs routiers qui ont accepté de ravitailler le pays alors que l'ensemble des salariés français avaient cessé de travailler. Doit-on penser que non seulement les promesses faites par le Premier Ministre sont lettre morte, mais que le directeur interprète la loi au lieu de l'appliquer ? Il y a là un déni de justice qui risque d'être profondément ressenti dans un métier où si les révoltes sont rares elles peuvent être violentes[23]. »

On pourrait multiplier les exemples qui, tous, montrent que l'interprétation du dispositif législatif concernant la représentativité syndicale et l'habilitation à délivrer une formation ouvrière résulte d'interactions entre le cabinet du ministère chargé de veiller au bon usage des lois et règlements en matière de relations de travail, les services administratifs de celui-ci chargés du contrôle technique de cette exécution et les syndicats représentatifs. Au-delà des oppositions structurelles dans lesquelles se trouvent ces protagonistes, des alliances conjoncturelles et circonstancielles peuvent se réaliser pour repousser les arrangements que d'autres ministres seraient tentés de conclure avec leur clientèle parce que « la politique de concertation suppose pour le gouvernement des interlocuteurs en nombre limité et de compétence étendue[24] ».

La loi de 1959 limite la portée de celle de 1957, puisqu'elle relève de la seule décision du ministère sans consultation de la commission. C'est ainsi que la CGT, majoritaire aux élections professionnelles, ne bénéficie d'une aide financière de l'État pour son activité de formation qu'à partir de 1966. La privation de ressources à l'encontre de cette confédération, durant les années de guerre froide, années où elle est attachée à la doctrine de luttes de classes (et qui sera traitée à parité avec les deux premières centrales professionnelles à partir de 1970), manifeste également le caractère éminemment politique de ce dispositif législatif. Les dirigeants politiques des ministères et les élus cultivent de longue date une vision instrumentale des syndicats en les considérant comme des instruments d'ordre social[25]. Cette vision, qui sous-tend la législation sur l'éducation ouvrière, a joué un rôle décisif dans l'institutionnalisation des syndicats.

La formation, un domaine pacifié, sous contrôle syndical

Le contrôle par les syndicats dont la représentativité a été reconnue par l'État ne s'exerce pas seulement sur les candidatures d'autres syndicats mais également sur la demande d'agrément faite par des instituts spécialisés. Cette demande est

---

23. Lettre du secrétaire confédéral au ministre du Travail, 22 décembre 1971, AN, 1991 0187, art. 2.
24. L'exemple de la FEN est éloquent. En annonçant (en juin puis juillet 1976) à la FEN son intention de la reconnaître comme la sixième centrale syndicale française représentative, J. Chirac (alors Premier ministre) lui précisa qu'elle pourrait ainsi bénéficier des subventions attribuées au titre de l'éducation ouvrière. Sur tous ces aspects, cf. G. Brucy, *Histoire de la FEN*, Paris, Belin, 2003.
25. P. Rosanvallon, *Le modèle politique français. La société civile contre le jacobinisme de 1789 à nos jours*, Paris, Seuil, 2004.

toujours examinée au regard des liens que ces instituts entretiennent avec les organisations syndicales représentatives, liens mesurés par la présence des représentants de ces organisations dans les conseils d'administration. Elle l'est également, mais en second lieu, au regard des activités qu'ils ont menées préalablement. Ces règles vont permettre aux syndicats d'écarter toutes les institutions de formation et d'études qui entendent élargir leurs activités au domaine de l'éducation ouvrière, devenu désormais une source de revenus. L'institut du travail de Strasbourg, qui a inspiré la loi de 1957 (et qui est constamment rappelé par les services du ministère du Travail qui administrent ce domaine d'activité, ainsi que par le rapporteur de la commission du Travail et de la Sécurité sociale au Sénat dans sa présentation du projet de loi), s'impose progressivement comme modèle d'organisation sur lequel État et syndicats font accord. Il comporte un conseil d'administration doté de pouvoirs qui en font une véritable source d'autorité puisqu'il délibère de toutes les questions intéressant l'activité de l'institut : organisation des sessions et des enseignements, élaboration des programmes, choix des titulaires des enseignements, examen du budget et des comptes administratifs et publications. Une telle organisation inverse les règles antérieurement établies, puisqu'elle place les universitaires et les syndicats à parité dans les instances de décision d'où l'administration étatique se trouve exclue. Ces principes fondateurs deviennent en effet rapidement les conditions nécessaires à réunir pour toute instance prétendant obtenir l'agrément de la commission. Les syndicats repoussent invariablement toutes les tentatives de contournement de celles-ci, quelle qu'en soit la provenance. En cette fin des années 1950, ils apparaissent ainsi comme des organisations disposant d'un pouvoir de représentation et d'action avec lequel l'État doit composer et se présentent d'emblée comme les premiers bénéficiaires de mesures juridiques dont ils conservent la maîtrise durant toute la décennie qui suit.

Le refus d'agrément opposé, en 1965, à l'Institut de formation des travailleurs aux responsabilités économiques et sociales (IFTRES), rattaché au Collège des sciences sociales et économiques fondé en 1895, illustre cette position[26]. CFDT, CGC et CGT-FO mobilisent les mêmes arguments pour écarter cette demande, à savoir que « la formation syndicale est avant tout l'affaire des syndicats eux-mêmes et, en dehors d'eux, des instituts dont l'impartialité n'est pas sujette à caution ». Le CUCES (Centre universitaire de coopération économique et sociale) dirigé par B. Schwartz, qui a déjà fait ses preuves en matière de formation, est également repoussé parce qu'il relève, disent les représentants syndicaux, de la promotion sociale et non de l'éducation ouvrière et ne saurait donc bénéficier des ressources publiques affectées à cette dernière.

Les instituts du travail, rattachés aux universités, sont eux-mêmes sous contrôle syndical, puisque toute ouverture d'un nouvel institut de ce type doit être soumise à l'examen de cette commission pour être inscrite sur la liste des organismes agréés. C'est là que les syndicats peuvent contrôler et rejeter l'initiative d'universitaires ou d'hommes politiques qui ne s'est pas conformée aux conditions exigées par eux

26. AN, 1984 0268, art. 5, procès-verbal de la séance du 28 octobre 1965.

pour s'inscrire dans un espace relevant de leur autorité. En 1967, la demande de création d'un centre de formation ouvrière dans l'institut du travail de Nancy est refusée parce qu'elle n'a pas été préalablement négociée avec les organisations syndicales et que la composition de son conseil d'administration comprend « la présence du directeur du Centre européen d'administration des entreprises, de représentants des syndicats agricoles, et de deux représentants des employeurs, personnalités qui n'ont pas à contrôler les activités de formation ouvrière[27] ».

Plus généralement, CFDT/CFTC, CGT et CGT-FO, les trois organisations ayant autorité sur les instituts du travail, s'opposent à toute tentative de création de tels instituts dans des universités qui mette en cause l'équilibre du compromis établi : la formation syndicale de base aux organisations syndicales elles-mêmes et la formation supérieure aux instituts du travail. Au nom de ce pacte, les syndicats justifient leur droit à contrôler l'implantation géographique de ces instituts en « fonction des besoins ».

Les essais de mise en place de nouveaux instituts du travail à Rennes, Montpellier, Bordeaux ou Toulouse, avec le soutien du ministère du Travail, sont repoussés au nom des mêmes raisons :

> « On ne peut accepter que, sous le masque d'une prétendue "neutralité", on essaie d'amener les militants de la CGT envoyés par les instituts sur des positions de collaboration de classe contraires à l'orientation même de notre confédération. Nous sommes en droit de souhaiter que les universitaires dans les instituts se situent globalement en faveur du mouvement syndical et du monde du travail, par-delà ses diversités [...]. Cette collaboration constitue, selon nous, un pas vers le dialogue nécessaire entre le monde ouvrier et le monde universitaire, amorce d'un cheminement convergent des intellectuels et des militants syndicaux[28]. »

L'agrément est également refusé à l'institut de Picardie, dont la forme juridique est contestée parce que le conseil d'administration n'est pas paritaire et admet des personnalités politiques en son sein[29]. La lettre du ministère signifiant au directeur de cet institut le refus de la commission rapporte les arguments exposés par les représentants syndicaux :

> « Les observations exprimées cette année sont relatives d'une part à la forme juridique adoptée (association loi 1901) alors que la Commission préconise, pour des organisations de cette nature, un lien structurel plus étroit à l'Université intéressée, d'autre part aux statuts de l'Institut qui ont été arrêtés sans avoir, au préalable, fait l'objet de discussions avec les organisations syndicales concernées. Dans ces conditions, il ne m'a pas été possible, cette année encore, de donner satisfaction à votre demande et je vous en exprime mes regrets. »

Le directeur général du Travail s'efface, ici encore, derrière l'avis des représentants des trois grandes centrales (la CGC y étant plutôt favorable ainsi que le représentant des employeurs) qui s'opposent farouchement à la forme associative : cette forme peut être acceptée pour un centre d'éducation permanente mais non pour

27. AN, 1984 0268, art. 5, procès-verbal de la réunion du 12 septembre 1967.
28. R. DUHAMEL, « La participation de la CGT aux instituts du travail », *Le Peuple*, n° 756, août 1966.
29. AN, 1984 0268, art. 5, procès-verbal de la réunion du 20 septembre 1972.

un centre universitaire de formation syndicale[30]. Ils s'élèvent aussi vivement contre une « participation des organisations syndicales au conseil d'administration [qui] a été octroyée et non pas négociée[31] », termes utilisés par M. Piolot, représentant de la CGT, signifiant par là qu'ils doivent être établis avec les représentants nationaux et non provenir d'arrangements entre universitaires et représentants locaux.

Tous ces exemples montrent le pouvoir acquis par les organisations syndicales au cours des années 1960-1970 pour contrôler l'application de la loi sur le congé éducation, qui s'est traduit par une limitation des organismes habilités à délivrer cette formation : les écoles syndicales elles-mêmes et les instituts du travail. La carte géographique des instituts que nous connaissons aujourd'hui résulte, elle aussi, des décisions prises conjointement par le ministère du Travail et les cinq centrales syndicales représentatives de l'époque. Le refus d'agrément est rapporté comme émanant de la commission, derrière lequel le directeur général du Travail s'efface.

Parmi les actions engagées par le ministère du Travail à l'égard des syndicats, on ne saurait négliger celles concernant le développement des recherches sociales et la diffusion d'« informations objectives » qui ont précédé la promulgation des lois de 1957 et de 1959. Elles ont été initiées dans le cadre de la politique de productivité, au titre de « programme d'intérêt général » tout comme la formation ouvrière et en tant que « facteur d'efficacité de l'économie française ». L'aide américaine prévoyait, en effet, un crédit spécial pour développer « les recherches dans le domaine technique [mais aussi] dans la sociologie et la psychologie sociale, ainsi que dans les relations entre patrons, directions et salariés, [… qui devaient être mises en œuvre] grâce à des accords passés avec les Universités et les Instituts économiques ». Plusieurs recherches ont été impulsées par l'AEP (Agence européenne de productivité) à ce titre, dont celle qui fait référence, sur les attitudes ouvrières à l'égard des changements techniques dans la sidérurgie au sein de six pays européens, menée en France par l'ISST[32]. En 1953, au retour d'une mission sur l'enseignement des sciences sociales aux États-Unis, le ministère du Travail crée un centre de recherche[33] au sein de cet institut. Il est administré par une direction collégiale, comprenant un nombre égal de représentants du ministère du Travail et de l'Université, et financé par des subventions du ministère et du Commissariat général à la productivité jusqu'au début des années 1960. Y participent Pierre Laurent, directeur des Relations de travail (1954-1962), Olga Raffalovitch, directrice adjointe à la direction des Relations du travail (durant toute la vie de cette institution), et Yves Delamotte, qui est d'abord le secrétaire général, puis le directeur de l'institut. Durant les années qui suivent, le ministère s'emploie à trouver les financements complémentaires pour réaliser de vastes enquêtes sur « les problèmes humains du travail ». Conçu pour être un centre de recherche appliqué contribuant à rapprocher l'Université des milieux professionnels afin d'améliorer les relations de

30. Le centre relève de la loi du 3 décembre 1966 puis de la loi du 17 juillet 1971.
31. AN, 1999 0187, art. 2, procès-verbal de la réunion du 24 septembre 1971.
32. « La recherche sociale en France », *Revue internationale du travail*, avril 1960, n° 4, p. 367-381.
33. La création et l'évolution de cette institution de recherche sont l'objet d'une recherche en cours financée par la DARES.

travail, cet institut apparaît *a posteriori* avoir été un lieu de formation à la sociologie du travail empirique, de loin, plus important que le Centre d'études sociologiques. De l'héritage sociologique de cet institut, on mentionnera l'institutionnalisation du courant de recherches appelé « relations professionnelles », inspiré par les théories *Industrial relations* alors développées aux États-Unis et en Grande-Bretagne, et porté en France par Jean-Daniel Reynaud qui fut l'un des premiers chercheurs de l'ISST.

Associer formation et recherches sociales représente, dans le contexte des années 1950-1960, une initiative innovante qui émane du ministère du Travail et répond à des attentes, puisque des organisations syndicales ont déjà tenté diverses expériences en matière de centre de documentation et d'études dès l'entre-deux-guerres. D'orientations parfois opposées, ces expériences témoignent pourtant d'une convergence d'intérêts. C'est ainsi que les syndicats reconnus représentatifs (à l'exception de la CGT) bénéficient de subventions publiques pour la formation de leurs responsables, mais aussi pour leurs centres de recherche ou bureaux d'études : le Bureau de recherches, d'analyses et d'études coordonnées créé en 1956 (BRAEC) pour la CFTC, « Cadres et prospectives » pour la CGC, le Bureau d'études économiques et sociales (BEES) pour la CGT-FO, auxquels s'ajoutent les centres intersyndicaux déjà nommés comme le CIERP et le BIEIT. Tous émargent au même budget du ministère. Les divers objectifs que ce ministère poursuit par le financement de la formation ouvrière et de la recherche sociale l'obligent à agir d'une manière pragmatique selon les moments et les situations, pragmatisme qui s'accompagne d'un certain arbitraire exercé à l'égard de toutes les instances trop éloignées des institutions de participation. C'est ainsi que des organisations sans liens organiques avec les syndicats comme la Jeunesse ouvrière catholique (JOC) ou le CADIPPE peuvent, durant quelques années, obtenir des subventions de même origine. Cette infraction à la règle est signalée par les administrateurs des services (dont les contrôleurs financiers) pour justifier un refus, décision parfois révisée à la suite d'une intervention de tel ou tel ministre, montrant que l'application de la loi est l'objet d'appréciations différentes selon les segments politiques de l'appareil d'État et de l'administration et, singulièrement, de celui qui semble le plus éloigné de la vie politique, les services financiers.

Au terme de cette analyse, il apparaît que la formation économique et sociale des militants syndicaux a été perçue et utilisée par ces dirigeants comme un instrument permettant aux syndicats d'exercer les nouvelles responsabilités qui leur étaient conférées dans les institutions sociales créées au lendemain de la Seconde Guerre mondiale, mais aussi comme un moyen de les intégrer en les faisant participer aux instances de consultation ou de concertation et de les détourner ainsi de l'action conflictuelle qui marquait encore le régime de relations sociales dans les années 1960-1970. Le droit à la formation sociale et économique apparaît alors comme une de ces innovations qui résultent de nombreuses « convergences équivoques » dont l'histoire est faite[34] : un droit dont les syndicats peuvent revendiquer la paternité

34. P. ROSANVALLON, *Le modèle politique français*, *op. cit.*, p. 265.

mais aussi les réformateurs politiques de l'après-guerre qui y voyaient un moyen de tempérer la radicalité de l'action collective. Les uns et les autres ont tenté de l'utiliser à des fins sociales plus générales. Le ministère du Travail a considéré la formation syndicale comme un instrument d'intégration de ces organisations en les détachant du terrain revendicatif pour les inscrire dans les institutions sociales et les faire adhérer à une politique de participation. Les syndicats s'en sont servis pour développer leur autonomie sur des modes spécifiques revendiqués par chacun d'eux : la CFDT pour acquérir les compétences nécessaires à sa participation dans les instances paritaires, et la CGT pour étendre sa capacité d'encadrement idéologique de la classe ouvrière[35]. Au-delà de ces différences d'orientation, les syndicats ont conjugué leurs actions pour faire reconnaître leur vocation naturelle à occuper le premier rang dans cet espace éducatif, à définir celle des instituts du travail en deuxième place et à éliminer toutes les organisations ne respectant pas les règles et les positions acquises. Au terme de cette mobilisation, la coalition syndicale est parvenue à contrôler les conditions d'exercice de la formation sociale et économique des travailleurs et de la répartition des subventions publiques qui lui sont consacrées.

L'institutionnalisation de la formation syndicale, sous l'autorité du ministère du Travail, a ouvert un espace d'action envers et avec les syndicats qu'il conviendrait d'étudier dans ses différentes dimensions. Celle analysée ici porte les empreintes d'une période historique, celle de la reconstruction d'après-guerre et du rôle qu'y a joué le plan Marshall, de la politique de participation sociale ardemment défendue par le ministre Paul Bacon, proche des milieux syndicaux, assisté de hauts fonctionnaires, non moins engagés, à la direction des Relations du travail, qui tous ont inscrit leurs actions dans la durée. Elle laisse dans l'ombre d'autres aspects parmi lesquels les courants de pensée, les acteurs et les politiques contre lesquels l'innovation ici décrite s'est réalisée.

35. Les archives consultées ne contiennent pas de documents relatifs à des situations permettant d'observer aussi nettement la position de la CGT-FO.

Témoignage de Jean Lavergne

Diplômé d'études supérieures de droit public, Jean Lavergne est d'abord inspecteur des impôts (1959-1965) puis inspecteur du travail (1965-1971). Il est ensuite successivement conseiller technique au cabinet du ministre du Travail, de l'Emploi et de la Population (1971-1972), chargé de mission au comité interministériel de la Formation professionnelle présidé par Jacques Delors (1973-1974), directeur départemental du Travail du Doubs chargé du conflit Lip, directeur de la Planification et du Budget à l'AFPA (1975-1977), directeur départemental du Travail et de l'Emploi du Gard et de la Lozère lors du conflit Furnon (1978-1981), conseiller technique au cabinet du ministre de l'Économie et des Finances (1981-1984), directeur du Travail et de l'Emploi de la région Île-de-France (1984-1988) et inspecteur général du travail et de la main-d'œuvre (1988), chargé en 1990 de missions de conciliation (UNCASS, Peugeot). Il devient conseiller social à la présidence de la République (1991-1995), président du conseil d'administration du GIP pour le développement de la coopération internationale du ministère du Travail (1995-2002), membre de la commission consultative sur les étrangers en situation irrégulière (1998) et délégué adjoint puis titulaire du gouvernement français au conseil d'administration de l'OIT (1999-2002).

J'ai choisi de faire porter ce témoignage sur la puissance et l'influence des forces vives de la démocratie sociale incarnées par 500 000 élus, et le rôle du ministère du Travail dont les agents sont les seuls observateurs sociaux à pénétrer dans toutes les entreprises et à y rencontrer les acteurs sociaux.

La puissance des organisations ouvrières et patronales

Le mouvement syndical a fait en France le choix d'un syndicalisme revendicatif, en partie révolutionnaire, méfiant à l'égard des activités gestionnaires du social.

Il faut donc, pour en apprécier la puissance réelle, considérer à la fois la force revendicative constituée par les syndicats et le réseau gestionnaire de la mutualité, des coopératives et des associations. Les organisations syndicales peuvent paraître faibles si l'on considère le taux d'adhésion, le versement de cotisations. Leur audience est par contre forte aux élections professionnelles et elles ont la capacité d'orienter l'opinion et de mobiliser les citoyens. Le taux d'adhésion traduit un engagement militant. Il est très supérieur à celui des partis politiques et ne peut être comparé à celui de pays dans lesquels les cotisations ouvrent droit à une mutuelle ou à des services. Mais il est vrai que l'adhésion au syndicat est sa condition de survie, d'indépendance et un moyen de sélection démocratique des responsables sociaux.

Il existe en France 500 000 mandats sociaux exercés par 300 000 salariés élus. Ils résultent du Code du travail : comités d'entreprise, délégués du personnel, comités d'hygiène et de sécurité, délégués syndicaux et institutions sociales. Le taux de participation des salariés à ces élections est très supérieur à celui des élections politiques. Les organisations syndicales emportent directement ou indirectement la grande majorité des sièges. Ces représentants ont ainsi une véritable légitimité dans la défense des intérêts matériels et moraux de leurs mandants. Il s'agit d'une force colossale qui structure la société et lui permet de traverser les crises. En 1968, alors que les usines et les bureaux étaient désertés, seuls les représentants du personnel, les employeurs et l'inspection du travail sont restés présents pour trouver les accords au niveau des entreprises qui ont permis la sortie de l'épreuve.

Ces mandats sociaux sont à l'honneur du ministère du Travail. Ils ont été un formidable moyen de sélection et de promotion humaine individuelle et collective, même si les femmes et les jeunes n'y ont pas encore la part qui leur est due. Des militants sans formation de base ayant commencé à travailler à 14 ans sont devenus responsables de leurs organisations, ministres, dirigeants de valeur aux plus hauts postes de l'administration, des entreprises ou des associations caritatives. Mais l'immense majorité d'entre eux est constituée de gens modestes, passionnés, dévoués qui ont parfois payé cher cet engagement. Les mandats sont aussi un mode d'apprentissage de la gestion des relations sociales qui exige à la fois sensibilité, connaissance et pratique. Ces mandats équilibrent de manière démocratique l'entreprise. Pour survivre, elle a besoin d'interlocuteurs patronaux et syndicaux représentatifs qui se respectent. Les inspecteurs disent à certains employeurs qu'ils ont les syndicats qu'ils méritent, car ils ont constaté que dans les entreprises les plus dures, les salariés choisissent leurs représentants parmi les plus intransigeants. J'ai vu ce mécanisme à l'œuvre dans les anciennes usines Citroën. Le combat y était quotidien, les procès-verbaux pour entrave au fonctionnement du comité d'entreprise étaient soutenus par la hiérarchie de l'inspection, mais classés au bout de cinq ans par les juges. Certes, les mandats sociaux n'évitent pas les crises, mais ils permettent, en fait, à l'entreprise de s'adapter et de faire face à un environnement économique menaçant.

La force gestionnaire de la solidarité sociale est composée de la mutualité, des coopératives ouvrières et des associations. La mutualité est curieusement méconnue du grand public. Elle rassemble pourtant 38 000 000 bénéficiaires sur la base d'adhésions individuelles ou collectives. C'est la seule force en France à s'être réunifiée après la fin de la guerre froide. Elle est dirigée par 100 000 bénévoles animés d'un esprit mutualiste ancré dans une longue histoire. Le phénomène nouveau au plan national et international est le développement massif des associations de solidarité. Largement spontané, il a été renforcé par les politiques sociales (emploi, familles, personnes en difficulté). Les adhérents des associations, environ 100 000 bénévoles, sont reconnus et affichent volontiers leur engagement (à la différence en France de l'appartenance à un syndicat ou à un parti politique). Dans les pays anglo-saxons, les associations prennent même la forme de multinationales caritatives influentes parmi les opérateurs de l'ONU et de l'Union européenne. Elles tentent d'être reconnues à l'OIT. Les syndicats comme les organisations patronales sont sur la défensive lorsque ces associations prétendent être les seules représentantes des populations défavorisées. Au sommet social mondial réuni en 1995 à Copenhague, 180 chefs d'État et de gouvernement étaient présents, 3 à 400 représentants des employeurs et des salariés du monde entier et 10 000 représentants des associations. Ces rapports de forces ont influé sur la charte sociale. Les partenaires sociaux privilégient la prévention, l'action sur les mécanismes d'exclusion ou les normes. Les associations défendent en priorité l'augmentation des moyens financiers pour traiter les conséquences des dérives sociales. C'est l'éternel débat entre charité et justice.

Le mouvement des travailleurs même rassemblé dans ses diverses composantes revendicatives et gestionnaires, n'atteint pas en France la puissance du mouvement des entreprises. L'organisation patronale tire son influence de son discours et de sa structure unitaire (au moins en apparence). Elle est omniprésente à tous les niveaux du ministère du Travail (inspection du travail, bureaux, techniciens, directeurs, dans la Commission supérieure des conventions collectives, le Comité supérieur de l'emploi, le Comité sur les handicapés, le conseil d'administration de l'ANPE et de l'AFPA), mais aussi dans l'entourage des responsables politiques nationaux locaux et internationaux. Auprès de Jacques Delors en 1981, j'ai constaté l'influence du CNPF et des groupes de pression sur les directions du ministère de l'Économie et des Finances alors que les syndicats n'avaient aucun contact avec le Trésor, la Prévision et le Budget qui préparaient la politique économique, financière et monétaire.

C'est un appareil dont on a vu l'efficacité dans la présentation de l'UIMM et du GIM lors de ce colloque. Il dispose d'experts techniques de valeur, de sources autonomes d'information, d'une logistique et de méthodes modernes de diffusion sans rapport avec celles des syndicats. Leur situation financière est également très différente. Les directeurs adhèrent mais c'est l'entreprise qui paye les cotisations. Cette structure représentative est épaulée par les chambres de commerce et d'industrie, les chambres de métiers, les chambres syndicales, toutes sur financements obligatoires. Enfin, l'ensemble a généré un vaste réseau d'associations qui rendent des services réels aux entreprises (médecine du travail, contrôle, assistance, écoles, centres de recherche, de formation grâce à la taxe d'apprentissage et même des tribunaux). C'est un véritable secteur économique de 100 000 salariés contrôlé par plusieurs milliers d'élus bénévoles. Dans les organisations professionnelles, l'exercice de mandats est un honneur qui n'est pas sans risque si les employeurs négligent la gestion de leur entreprise.

Le rôle des mouvements patronaux et syndicaux au ministère

Le rôle traditionnel des mouvements patronaux et syndicaux est bien connu. Je me limiterai à quelques observations sur ce point. J'insisterai sur l'aspect moins évident de l'influence des partenaires sociaux sur les responsables économiques et politiques.

La raison d'être des organisations de salariés comme d'employeurs est la défense des intérêts de leurs mandants par la signature d'accords collectifs d'entreprise ou d'établissement, de conventions collectives, d'engagements dans les procès-verbaux de comités d'entreprise ou de délégués du personnel. Il est impossible de rassembler ni d'étudier l'ensemble de ces documents détenus pour l'essentiel dans les entreprises. Le flux officiel est de 50 000 textes déposés dans les directions du Travail chaque année. Le millier de conventions collectives maintenant accessible par Internet est renégocié en permanence. Ces organisations ont souvent été à l'origine de la législation et de la réglementation du travail. Elles orientent le système de formation continue et de validation des acquis professionnels ; elles dirigent des structures paritaires essentielles telle l'UNEDIC qu'elles ont créée.

Les forces syndicales peuvent être redoutables quand elles s'opposent à des décisions qui touchent à l'essentiel ou quand elles ne les soutiennent pas. On l'a vu dans le passé pour le rapprochement des inspections du travail. Le rassemblement des inspections du travail, de l'agriculture et des transports, annoncé par le président de la République lors de leur centenaire en 1992, était une revendication ancienne. Il s'agissait là de fonctionnaires recrutés par le même concours, recevant une même formation, ayant le même statut, pouvant postuler aux mêmes emplois et appliquant le même code. La fusion avait été préparée par la ministre, les bleus budgétaires établis, les affectations organisées, les problèmes matériels réglés en concertation avec la majorité des syndicats. En avril 1993, à la faveur d'un changement de gouvernement, la fusion est annulée sans explication.

J'ai été témoin de l'influence des partenaires sociaux sur les décisions politiques comme conseiller dans le domaine social auprès de Joseph Fontanet, ministre du Travail, de Jacques Delors (à la Formation professionnelle, puis lorsqu'il était ministre de l'Économie et des Finances) et enfin du président François Mitterrand.

Les responsables politiques pour lesquels j'ai travaillé connaissaient parfaitement les analyses, les réflexions et les positions des organisations syndicales, patronales et mutualistes. Chacun d'eux y était très attentif. Ils abordaient le social à partir de sensibilités proches mais d'expériences personnelles très différentes. Joseph Fontanet, en harmonie avec la CFTC alors unifiée, connaissait parfaitement le monde industriel. Dans une période de conflits violents, il a fait progresser le droit du travail sur des points majeurs (salaire minimum de croissance, formation, négociation). François Mitterrand portait un regard plus politique sur le social. Il était sensible aux rapports de forces. Volontariste, il était convaincu que l'on pouvait et qu'il fallait imposer des objectifs sociaux à l'économique. Jacques Delors a gravi tous les échelons du syndicalisme. Il a une connaissance humaine étendue et profonde de la société, du monde du travail, rural, industriel et commerçant. Il fait partie de ces hommes visionnaires, dans l'interrogation permanente, porteurs d'un projet de société humaniste. Il a été l'initiateur des nouvelles politiques économiques, salariales, monétaires et sociales ainsi qu'au niveau européen.

François Mitterrand de même que Jacques Delors recevaient très régulièrement, sans annonce, en tête-à-tête, les secrétaires généraux des syndicats et le président du CNPF. C'était un dialogue portant sur l'essentiel dans le respect des fonctions et des opinions de chacun. Ils étaient attachés à ces relations personnelles qui leur permettaient de mieux faire le choix entre les priorités, de comprendre les aspirations, les alertes et de corriger parfois brusquement les propositions ou les projets. Dans les années 1981-1983 de crise monétaire et financière, Jacques Delors tenait informé directement ces responsables des données dont disposaient seuls quelques membres du gouvernement au plus haut niveau, de l'état des réflexions et des mesures en préparation. Jamais cette confiance mutuelle n'a été trahie. C'est à l'honneur de la démocratie sociale et de ces hommes car les risques de spéculation étaient alors considérables.

Le rôle de l'inspection du travail dans les conflits collectifs

Le rôle de conciliation de l'inspection du travail dans les conflits collectifs a toujours été considéré comme la part la plus noble de notre fonction. Elle est sans doute l'élément déterminant du sentiment d'appartenance au corps et au ministère qui défend la justice sociale. Tous les membres de l'inspection sont intervenus pour aider au règlement de conflits. Traditionnellement, ils disent jouer un rôle « d'amiable compositeur ». Certains d'entre eux sont considérés comme des maîtres dans l'art de résoudre les conflits : MM. Blanc, Salmon, Cornu, Bois et bien d'autres. C'est cette aristocratie qui maintenait par la tradition orale la transmission du savoir-faire des générations passées. J'ai toujours regretté que ces maîtres des conflits n'aient pas écrit. L'Institut national du travail a fait un guide de la conciliation avec les Québécois, mais il ne pallie pas cette absence. Il faut dire que jusque dans les années 1970, tous les inspecteurs et directeurs se connaissaient. Comme tous nous avons appris dans l'action ce qui ne s'enseigne pas. Les règles non écrites connues par tous les membres de l'inspection sont de bon sens mais éprouvées par l'expérience : se tenir informé dès la survenance d'une grève auprès de l'employeur et des différents syndicats de l'origine des conflits et des possibilités de compromis ; ne pas intervenir entre les parties ; savoir attendre le moment d'intervention décisif ; n'intervenir que si les deux parties le demandent car la confiance est essentielle ; écouter d'abord chacun dans ses locaux ou son bureau ; essayer de faire reconnaître l'essentiel dans les revendications ; négocier un compromis en faisant un va-et-vient entre les parties ; limiter les réunions plénières destinées à conclure ou à faire prendre conscience des blocages et de la nécessité des remises en cause. Les compromis ne sont pas toujours équilibrés, et les revendications sur les conditions de travail, l'hygiène et la sécurité sont souvent abandonnées pour des augmentations de salaires. J'ai toujours pensé dans ces moments à la réponse de Nietzsche à la question « Qu'y a-t-il de plus humain ? » : « S'efforcer d'épargner la honte. »

Pour l'inspecteur s'y ajoute le fait de savoir s'effacer pour que l'accord soit celui des salariés et de l'employeur, de faire preuve de discrétion vis-à-vis de tous et en particulier de la presse – conditions de confiance pour l'avenir. Les interventions des inspecteurs ne sont pas prévues par le code. Elles sont liées à leur appartenance au ministère du Travail. C'est aussi la raison pour laquelle cette part si importante de la vie du ministère reste secrète : personne ne parle ni n'écrit l'histoire de ces grèves sur lesquelles nous avons tous de gros dossiers. Peut-être s'agit-il aussi d'un code d'honneur entre les interlocuteurs sociaux et l'inspection, ou d'une part intime de la violence sociale. Comme après les guerres, tout le monde a envie d'oublier pour pouvoir continuer à vivre ensemble.

Pour Jacques Delors, les conflits doivent être traités au niveau où ils se posent. J'ai toujours vérifié la pertinence de cette réflexion. Les pouvoirs politiques ont souvent transgressé cette règle toujours à leur détriment. Leur intervention directe change la nature des conflits qui deviennent politiques et insolubles (sauf si l'État est actionnaire). Dans le passé, les patrons étaient propriétaires de leur entreprise, et souhaitaient la maintenir. Aujourd'hui, les dirigeants sont salariés, les actionnaires des financiers, des fonds d'investissement qui ignorent tout des usines : l'État n'est plus dans la capacité d'agir sur les conflits majeurs dans les entreprises.

Les conflits nationaux dans lesquels je suis intervenu ne sont pas significatifs des situations décrites comme le travail habituel des services. Chaque fois, c'était le ministre qui désignait un conciliateur sans référence au Code du travail : Lip, Peugeot, Renault, Uncanss. Il fallait ensuite se faire accepter. Dans le cas de Peugeot, ce n'est qu'au bout de quinze jours que le PDG a admis enfin de nous recevoir avec Francis Blanchard et de signer l'accord de fin de grève que nous avions négocié avec les syndicats. Dans le cas de Lip, sur lequel il a beaucoup été écrit, je voudrais juste préciser que dans cette période, Gabriel Oheix était directeur général du Travail et de l'Emploi. Il a organisé la première grande opération de reconversion de ce personnel pour 400 salariés. Je lui faisais un rapport tous les samedi matin sur son déroulement. Il a convaincu les ministres avec Dominique Balmary que s'amorçait une longue période de reconversions, qui demandait des mesures et des moyens nouveaux. Ils ont ensemble créé la délégation à l'Emploi, réformé l'AFPA, l'ANPE, et sans cesse renforcé le dispositif de lutte contre le chômage.

La célébration du centenaire est aussi le moment de rendre hommage aux 500 000 femmes et hommes représentants des syndicats, des organisations patronales, de la mutualité, des coopératives, des associations qui sont une part de la richesse du monde du travail. Ils ont été et sont les interlocuteurs du ministère à tous les niveaux. Pendant ce siècle ils ont fait preuve de beaucoup de courage et d'abnégation. Il en fallait pour représenter les travailleurs. On risquait sa carrière, son emploi. Il en fallait pour engager ou arrêter une grève, et défendre le compromis qui n'est jamais à la hauteur des sacrifices. Ces générations d'élus sociaux ont été au premier rang durant les crises, la résistance, le programme du CNR qui a fondé le modèle social français. Ils mériteraient d'être reconnus et distingués comme le sont ceux qui dans tous les domaines de l'esprit et de la société ouvrent la trace dans laquelle un pays avance. Même s'ils défendaient des intérêts différents : ceux des salariés ou des entreprises ils partageaient des valeurs humanistes communes. Ils ne doutaient pas que le progrès économique et le progrès social ne soient liés. Le 8 novembre 1906 René Viviani pressentait cette histoire sociale en appelant la Chambre à créer un ministère pour le monde du travail. Son discours mérite d'être relu. Il emporta l'adhésion des députés : 532 votèrent pour, 20 contre.

Index des noms

Sigles

AEF	Afrique équatoriale française
AEP	Agence européenne de productivité
AFAP	Association française de productivité
AFPA	Association pour la formation professionnelle des adultes
AINF	Association des industriels du Nord de la France
AIPLT	Association internationale pour la protection légale des travailleurs
AN	Archives nationales
ANI	Accord national interprofessionnel
ANACT	Agence national pour l'amélioration des conditions de travail
ANIFRMO	Association nationale interprofessionnelle pour la formation rationnelle de la main-d'œuvre
ANPE	Agence nationale pour l'emploi
AOF	Afrique occidentale française
APE	Allocation parentale d'éducation
API	Allocation parent isolé
ASS	Allocation de solidarité spécifique
ASSEDIC	Association pour l'emploi dans l'industrie et le commerce
BEES	Bureau d'études économiques et sociales
BIEIT	Bureau intersyndical d'étude de l'industrie textile
BIT	Bureau international du travail
BRAEC	Bureau de recherches, d'analyses et d'études coordonnées
CAC	Centre d'archives contemporaines (de Fontainebleau)
CADIPPE	Comité d'action pour le développement et l'intéressement du personnel à la productivité des entreprises
CAOM	Centre des archives d'outre-mer d'Aix-en-Provence
CC	Conventions collectives
CCEO	Centre confédéral d'éducation ouvrière
CDC	Caisse des dépôts et consignations
CE	Conseil économique
CERES	Comité d'études régionales économiques et sociales
CES	Conseil économique et social
CFDT	Confédération française démocratique du travail
CFLN	Comité français de Libération nationale
CFT	Confédération française du travail
CFTC	Confédération française des travailleurs chrétiens
CGA	Confédération générale de l'agriculture
CGC	Confédération générale des cadres
CGPF	Confédération générale de la production française (puis : du patronat français)
CGSTO	Commissariat général au service du travail obligatoire
CGT	Confédération générale du travail
CGT-FO	Confédération générale du travail – Force ouvrière
CGTU	Confédération générale du travail unitaire
CHATEFP	Comité d'histoire des administrations du travail, de l'emploi et de la formation professionnelle
CHS	Comité d'hygiène et de sécurité

CHSCT	Comité d'hygiène et de sécurité et des conditions de travail
CIERP	Centre intersyndical d'études et de recherches de productivité
CNE	Conseil national économique
CNP	Comité national de productivité
CNPF	Conseil national du patronat français
CNR	Conseil national de la résistance
CNRS	Centre national de la recherche scientifique
CNRV	Caisse nationale des retraites pour la vieillesse
CST	Conseil supérieur du travail
CUCES	Centre universitaire de coopération économique et sociale
DAGEMO	Direction de l'administration générale et de la modernisation des services
DARES	Direction de l'animation de la recherche, des études et des statistiques
DATAR	Délégation à l'aménagement du territoire et à l'action régionale
DDTEFP	Direction départementale du travail et de l'emploi et de la formation professionnelle
DE	Direction de l'emploi
DFP	Direction de la formation professionnelle
DGTMO	Direction générale du travail et de la main-d'œuvre
DPM	Direction de la population et des migrations
DRT	Direction des relations du travail
ERET	Échelon régional de l'emploi et du travail
FDES	Fonds de développement économique et social
FNE	Fonds national de l'emploi
FNCC	Fédération nationale des coopératives de consommation
FOREC	Fonds pour la réduction des cotisations sociales
FPA	Formation professionnelle des adultes
GIMM	Groupement des industries métallurgiques et mécaniques (devenu GIM : Groupe des industries métallurgiques de la région parisienne)
GPRF	Gouvernement provisoire de la République française
HBM	Habitations à bon marché
IFSA	Institut français des sciences administratives
IFTRES	Institut de formation des travailleurs aux responsabilités économiques et sociales
INRS	Institut national de recherche et de sécurité
INSEE	Institut national de la statistique et des études économiques
IRES	Institut de recherches économiques et sociales
IRT	Institut régional du travail
ISST	Institut des sciences sociales du travail
IT	Inspection du travail
ITMO	Inspection du travail et de la main-d'œuvre
JOC	Jeunesse ouvrière chrétienne
LVF	Légion des volontaires français
MT	Ministère du Travail
MTPS	Ministère du Travail et de la Prévoyance sociale
MiRe	Mission recherche (du ministère de la Santé et des Solidarités)
MRP	Mouvement républicain populaire
OCMO	Office central de la main-d'œuvre
OIT	Organisation internationale du travail
ONI	Office national de l'immigration

ORMO	Office régional de la main-d'œuvre
PCF	Parti communiste français
PPF	Parti populaire français
RMI	Revenu minimum d'insertion
RNP	Rassemblement national populaire
ROP	Retraites ouvrières et paysannes
SSAE	Service social d'aide aux émigrants
SCMO	Service central de la main-d'œuvre
SDMO	Service départemental de la main-d'œuvre
SDN	Société des nations
SFIO	Section française de l'Internationale ouvrière
SGF	Statistique générale de la France
SGMO	Secrétariat général à la main-d'œuvre
SMIC	Salaire minimum interprofessionnel de croissance
SMIG	Salaire minimum interprofessionnel garanti
SMOA	Service de la main-d'œuvre agricole
SMOE	Service de la main-d'œuvre étrangère
SNEA	Société nationale d'encouragement à l'agriculture
STO	Service du travail obligatoire
STOC	Service d'organisation des travailleurs coloniaux
UCT	Union des cadres et techniciens
UIMM	Union des industries métallurgiques et minières
UNAF	Union nationale des associations familiales
UNEDIC	Union nationale pour l'emploi dans l'industrie et le commerce
UNSA	Union nationale des syndicats agricoles
ZFU	Zones franches urbaines
ZRU	Zones de redynamisation urbaine

Les auteurs

APPELQVIST Orjan, professeur, université de Stockholm
BEAU Anne-Sophie, docteure, université Lumière Lyon 2
BÉTHOUART Bruno, professeur, université du Littoral – Côte d'Opale
BOSMAN Françoise, directrice du Centre des Archives du monde du travail, Roubaix
BOURRIGAUD René, maître de conférences, université de Nantes
CHATRIOT Alain, chargé de recherche au CNRS, CRH-AHMOC
CHAZE Jean-Paul, directeur régional honoraire du Travail, de l'Emploi et de la Formation professionnelle
CHETCUTI Claude, inspecteur général honoraire des affaires sociales
COURDOUAN Jean, directeur honoraire du Travail
DAVID Marcel, professeur émérite, université Paris I
DOUKI Caroline, maître de conférences, université Paris VIII
DREYFUS Michel, directeur de recherche au CNRS, CHS du XXe siècle
DUPRÉ Michèle, chercheur, GLYSI-SAFA
ECK Jean-François, professeur, université Charles de Gaulle – Lille 3
ELBAUM Mireille, professeur au CNAM, chaire politique et économie de la protection sociale
FELDMAN David, *reader*, Birkbeck College, université de Londres
FRABOULET Danièle, professeur, université Paris XIII
FREYSSINET Jacques, professeur émérite, université Paris I
FROUARD Hélène, agrégée, docteure en histoire de l'art
GIRAUD Olivier, chargé de recherche au CNRS, Centre Marc Bloch Berlin
HAMMAN Philippe, docteur, université Robert Schuman – Strasbourg III
HATZFELD Nicolas, maître de conférences, université d'Évry – Val d'Essonne
JOIN-LAMBERT Odile, chercheur, IRES
LAVERGNE Jean, inspecteur général honoraire des affaires sociales
LE CROM Jean-Pierre, directeur de recherche au CNRS, Droit et changement social, Nantes
LE GOFF Jacques, professeur, université de Bretagne occidentale, Brest
LESPINET-MORET Isabelle, maître de conférences, université Paris X
MACLOUF Pierre, maître de conférences, université de Paris-Dauphine
MICHARD Claire-Élise, doctorante, université de Nantes
MIGNOT Gabriel, président de chambre à la Cour des comptes
PITTI Laure, chargée de mission à la Cité nationale de l'histoire de l'immigration, chercheure associée au CRESC-Paris XIII
PENISSAT Étienne, doctorant, EHESS
RENUCCI Florence, docteur, université Paul Cézanne – Aix-Marseille III
ROSENTAL Paul-André, directeur d'études, EHESS
RUDISCHHAUSER Sabine, chercheur associée au Centre Marc Bloch, Berlin
SCHWEITZER Sylvie, professeure, université Lumière Lyon 2
STEINHOUSE Adam, directeur de l'École des études européennes, National School of Government, UK Cabinet Office
SEIBEL Claude, inspecteur général honoraire de l'INSEE
TALLARD Michèle, chargée de recherche au CNRS, IRISES
TANGUY Lucie, directrice de recherche au CNRS, Genre, Travail et Mobilités
TOUCHELAY Béatrice, maître de conférences, université Paris XII – Val-de-Marne
VERNUS Pierre, maître de conférences, université Lumière Lyon 2
VIET Vincent, chargé de mission, MiRe, DREES
VINCENT Catherine, chercheur, IRES

Table des matières

Quatrième partie
Des politiques de main-d'œuvre aux politiques d'emploi

Cinquième partie
Le ministère du Travail et les administrations nationales et internationales

Sixième partie
Savoirs, discours et expertise

Septième partie
Les projets sociaux de l'après-Seconde Guerre mondiale : réussites et échecs

Huitième partie
Le ministère du Travail
et les organisations professionnelles et syndicales

Achevé d'imprimer sur les presses de l'Imprimerie BARNÉOUD
B.P. 44 - 53960 BONCHAMP-LÈS-LAVAL
Dépôt légal : décembre 2006 - N° d'imprimeur : 612057
Imprimé en France